역사를 바꾼 모략의 천재들

중국편

역사를 바꾼 모략의 천재들_중국편

ⓒ 김영수 2016

초판 1쇄 발행일 2016년 2월 25일

지 은 이   차이위치우 외
옮 긴 이   김영수·김영진

출판책임   박성규
기획실장   선우미정
편   집   김상진·유예림·구소연
디 자 인   김지연·이수빈
마 케 팅   석철호·나다연
경영지원   김은주·이순복
제   작   송세언
관   리   구법모·엄철용

펴 낸 곳   도서출판 들녘
펴 낸 이   이정원
등록일자   1987년 12월 12일
등록번호   10-156
주   소   경기도 파주시 회동길 198
전   화   마케팅 031-955-7374 편집 031-955-7381
팩시밀리   031-955-7393
홈페이지   www.ddd21.co.kr

I S B N   978-89-7527-721-4 (03910)

값은 뒤표지에 있습니다. 잘못된 책은 구입하신 곳에서 바꿔드립니다.

「이 도서의 국립중앙도서관 출판예정도서목록(CIP)은 서지정보유통지원시스템 홈페이지(http://seoji.
nl.go.kr)와 국가자료공동목록시스템(http://www.nl.go.kr/kolisnet)에서 이용하실 수 있습니다.(CIP제어
번호: CIP2015028816)」

역사를 바꾼 모략의 천재들

―――――

중국편

역사를 바꾼 모략의 천재들 - 중국편

* 이 책은 2004년 도서출판 들녘에서 나온 『모략가: 5000년 중국을 이끌어온 50인의』를 개정 증보한 것이다. 정치모략가 16인과 외교모략가 9인이 추가되어 총 75인의 모략가로 구성되었다.

* 『모략가』는 중국 광서인민출판사에서 출간한 '모략' 시리즈 중에서 『모략론』『모략고』와 함께 대표적인 3부작을 이루고 있는 책이다. 그중 『모략고』는 『모략』이란 제목으로 1996년에 초판이, 2003년에 개정판이 도서출판 들녘에서 번역 출간되었다.

* 『모략가』 원서는 1993년 4월에 초판이 나왔고, 94년 3월에 재판이 나왔다. 번역은 재판을 텍스트로 삼았다.

* 이 원서를 집필하고 편집하는 데 동원된 인원은 고문 · 주편 · 부주편 · 편집위원 · 특약편집위원 · 외부원고 청탁자를 포함하여 89명에 이른다.

* 이 원서는 상 · 하 두 권으로 되어 있으며, 상권은 정치모략가 61명, 군사모략가 61명, 외교모략가 21명, 간사모략가 15명, 외국모략가 11명 총 169명이 수록되어 있다. 하권은 정치모략가 45명, 군사모략가 59명, 경제모략가 7명, 간사모략가 17명, 외국모략가 35명 총 163명이 수록되어 있다. 모두 332명의 모략가가 망라되어 있다.

* 이 방대한 역작을 완역하는 것이 이 책에 대한 예의이기는 하나, 분량이 너무 많고 내용 중 중복되는 부분도 많아 편역자가 인물과 내용의 참신성, 시대 안배 등을 고려하여 75명으로 줄였다(정치 41명, 경제 7명, 외교 20명, 군사 6명).

* 외국모략가는 전부 제외시켰으며, 절대적인 부분을 차지하는 정치 · 군사모략가를 대폭 제외시켰다. 최근의 시세와 중요성을 감안하여 경제모략가는 모두 수록했고, 외교모략가는 1명을 제외하고 모두 실었다. 여성 모략가는 그 예가 드물기 때문에 모두 수록했다. 간사모략가도 모두 제외했다.

* 정치모략가는 개혁가와 개혁 성향이 강한 인물들 위주로 선정하여 책의 성격을 비교적 분명히 했고, 군사모략가는 병법에 관한 저서를 남기거나 탁월한 이론을 남긴 인물들로 한정했다.

* 이 책에 실린 초상화와 지도는 원서에 있지 않다.

* 번역은 철저하게 의역했다. 독자들의 이해를 돕기 위해서라면 내용을 보태거나 줄이기도 했다. 주석이 필요하더라도 가독성을 위해 주석을 따로 두지 않고 본문에서 소화시켰다. 따라서 번역상의 오류는 전적으로 편역자의 책임이다.

현대인과 역사의 거리를 좁히는 사람들

『모략』 개정판(2003년)이 1996년 초판에 이어 독자들에게 적지 않은 반응을 얻었고, 지금도 꾸준한 관심을 받고 있는 편이다. 초판 때 보여주었던 큰 관심이 개정판에서도 꾸준하게 반영된 결과라고 생각한다. 다만 개정판에서 많이 달라진 모습을 기대했던 독자들에게 송구할 따름이다.

독자들도 잘 알다시피 '모략'은 3부작으로 이루어져 있다. 이미 선보인 『모략』(원서 제목 『謀略庫모략고』과 『모략가』) 그리고 『모략론』이 그것이다. 옮긴이는 당초 이 3부작 전체를 염두에 두고 번역에 임했으나 3부작 모두를 번역해내지 못했다. 그사이 중국 내 출판 상황이 급변하여 '모략'과 비슷한 책들이 홍수처럼 쏟아져 나왔고 또 지금도 그 아류들이 줄줄이 시장의 문을 두드리고 있다. 그러나 '모략'과 최근 출판물들의 근본적인 차이점은 역시 '질'에 있다. 백여 명에 가까운 전문가들을 동원하여 토론하고 집필한 '모략'과 시류에 편승하여 비슷하게 흉내 내거나 급조한 아류들을 같은 수준에 놓고 논할 수 없기 때문이다.

그럼에도 '모략' 3부작은 한계가 뚜렷하다. 무엇보다 문장이 너무 딱딱하고 진지하여 요즘 독자들의 시선을 붙들기에 부족하며, 또 이미지 자료가 전무하여 흥미를 돋우는 데 조금은 한계가 있다는 약점이 그것이다. 게다가 분량이 너무 방대하여 책을 손에 잡을 엄두조차 내지 못하게 만든다. 심하게 말해 책 자체가 공포의 대상이다. 3부작 중에서 이번에 선보이는 『모략가』가 특히 그렇다.

고민 끝에 옮긴이와 출판사는 분량을 대폭 줄이기로 했는데, 옮긴이는 인물 선정에 적지 않은 시간을 빼앗기지 않을 수 없었다. 그렇게 해서 50명의 모략가가 선정되었다(선정 기준이나 대상에 대해서는 '일러두기'에 밝혀두었다). 그리고 『모략』 개정판에서 시도한 것처럼 시각 자료를 보완하기로 했다. 특히 초상화와 지도 등을 『모략』 전3권에 들어간 자료에 버금갈 정도의 양으로 대폭 늘려 보완했다. 문장을 쉽게 의역하는 일은 당연했다. 따라서 번역에 대한 모든 책임은 편역자의 몫이 될 수밖에 없다.

이렇게 적지 않은 시간과 품을 들여 번역을 해놓고서도 무엇인가 또 빠져 있다는 느낌이 들었다. 그래서 옮긴이는 고심 끝에 50명의 모략가를 독자들이 쉽게 이해할 수 있도록 이들의 삶과 모략가로서의 면모를 간략하게 요약해서 소개하는 쪽으로 가닥을 잡았다. 한 모략가당 200자 원고지 4~5매 정도로 정리했다. 번역 대신 편역이라고 한 것도 이 때문이다

최근 우리 출판계의 한 귀퉁이를 차지하고 있는 중국 처세서들의 원조이자 선구는 말할 것도 없이 『모략』이다. 중국 출판계의 현실을 염두에 둔다면, 최근 1, 2년 사이에 쏟아져 나온 우리 출판계의 이런 책들은 엄밀하게 말해 '모략' 3부작의 아류들이다. 사실 이 점은 독자들이 더 잘 판단할 것으로 믿는다.

이제 또 한 번 두려운 마음으로 『모략가』를 독자들에게 선보인다. "『모략』이 좀 나간다 하니까 이번에는 『모략가』냐?"라는 비아냥을 듣지

않으려고 애는 썼지만『모략』과의 일부 중복은 피할 길이 없었다. 독자들의 양해를 구한다.

중국인들은 현재의 문제를 해결하기 위해 과거 역사로 시곗바늘을 돌리길 좋아한다. 요즘 정신없이 쏟아져 나오는 역사서와 역사 관련 교양물들을 보노라면 한편으로 부러워진다. 그런데도 중국 학자들은 자기네 국민이 역사책을 읽지 않는다고 혀를 찬다. 배부른 소리같이 들린다.

현대인들이 역사책을 읽지 않는 현상을 단순하게 나무랄 수만은 없다. 종래의 역사서나 역사 관련 교양물들이 현대인에게서 너무 멀리 떨어진 채 교과서식 설교나 계몽의 차원에 머물렀기 때문에 역사가 사람들에게 외면당한 것이 아닌가 싶다. 일단 효과적으로 현대인과 역사의 거리를 좁힐 수만 있다면, 사람들은 생동감 넘치는 역사에서 이성의 깨우침을 얻고 역사의 이치를 터득하여 자신에게 잠재되어 있는 예지력을 충분히 계발할 수 있을 것이다. 나아가서는 현대 사회와 현대 문명에 대한 인식의 폭과 깊이를 넓히고 심화시켜 자신들의 의식 수준을 새로운 차원으로 끌어올릴 수 있을 것이다.

문제는 공부와 방법론인 셈이다. 역사와 현대인의 거리를 좁힐 수 있는 새로운 방법론을 작가나 연구자들이 고민하고 공부해야 한다는 숙제가 가로놓여 있다.

『모략가』는 본격적인 역사서는 아니지만 모든 면에서 역사와 닿아 있다. 따라서 역사 관련 교양물로 불려도 전혀 문제가 없는 책이다. 사실, 『모략』이 독자들에게 적지 않은 호응을 얻었던 까닭도 과거사를 현재 상황과 생생하게 접목시킨 데서 찾을 수 있다. 독자와 역사의 거리를 좁혔던 것이다. 이런 점에서 본다면『모략가』는『모략』에 비해 붙임성이 좀 떨어진다. 다만 『모략』처럼 사례 위주가 아닌 한 인간이 시대의 요구에 부응하여 역사 속에서 발휘한 자기 역할이 비교적 설득력 넘치게 묘사된다는 점에서 『모략』과는 다른 매력을 발산한다.

늘 그렇듯 옮긴이로서 번역에 최선을 다했고, 또 독자들을 위해 이런저런 배려를 하느라고 했지만 돌아서면 아쉬움이 남는다. 독자들의 호응에 힘입어 3부작의 결산이라 할 수 있는 모략 이론서인 『모략론』까지 마저 선보였으면 하는 바람이다.

2004년 7월
새로운 시대정신을 갈망하는 땅에서
김영수

제대로 된 '인간'을 갈망하는 시대

『역사를 바꾼 모략의 천재들: 중국편』은 2004년 들녘에서 출간된 『모략가』의 전면 확장개정판이라 할 수 있다. 총 75명에 이르는 각 방면의 전문가들이 정치(42명), 경제(7명), 외교(20명), 군사(6명)의 네 방면으로 나뉘어 수록되어 있는데 초판에 비해 50% 이상 늘어 방대한 자료집이 되었다. 관련 자료의 많고 적음에 따라 정치가 과반을 차지할 수밖에 없었다. 이번에는 특히 외교 부분의 비중이 크게 늘었다.

지금 우리는 총체적 난국에 직면해 있다. 어느 것 하나 제대로 작동하는 곳이 없는 상황이다. 이런 난국에 가장 절실하게 필요한 것이 무엇일까? 생각해보니 역시 제대로 된 리더와 인재라는 결론이 나왔다. 그런 점에서 정치 부분을 독자들은 리더와 리더십의 함수관계를 염두에 두고 정독해주시길 바란다.

경제도 외교도 군사도 상황은 별반 다르지 않다. 일찍이 우리 경제가, 우리 외교가, 우리 군대가 이토록 처참하게 망가진 적이 있을까 싶다. 리더들이란 자들이 모조리 사리사욕에 찌들어 나라를 아주 나쁜 쪽으로 이끌고 있다. 그러다 보니 사이비들이 판을 친다. 진정한 고수들은 숨어서 나오지 않는다. 나와봤자 다치기 때문이다.

중국 역사상 그 이름을 남긴 모략가들의 행적을 충실하게 추적한 이

책은 여러 면에서 오늘날 우리 사회의 문제점들을 떠올리게 한다. 아울러 그와 유사한 문제들을 이 고수들은 어떻게 인식하고 어떤 대책을 강구하여 어떻게 해결했는가를 주의 깊게 들여다보게 한다. 나아가 진정한 인재와 리더가 갖추어야 할 조건이 무엇인가를 고심하게 만든다. 지금 우리 상황이 더더욱 이 같은 고민을 요구하고 있기 때문이다.

이런 점에서 정치 부분에 수록된 춘추시대 정나라의 정치가 정자산 鄭子産의 다음과 같은 말은 정말이지 우리의 폐부를 찌르고 우리의 심장을 도려내는 듯한 고통을 함께 느끼게 한다.

"나는 배운 뒤 벼슬한다는 소리는 들어보았어도, 벼슬한 다음 배운다는 소리는 못 들어보았다."

정자산은 부와 권력은 자신을 비호하는 수단이 된다면서 위와 같이 말했다. 요컨대 '인간'이 된 다음 부와 권력을 가져야지 그것으로 자신의 부당함과 부패를 비호하지 않을 수 있다는 지적이다. 다시 말해 정자산은 '인간'이 된 다음 벼슬을 해야 한다고 확신했다. '인간'이 덜 된 자들, '인간'이 아예 되지도 못한 자들이 높은 자리와 권력과 부를 독점하고 있으니 온갖 부정과 비리 그리고 사사로운 탐욕으로 나라가 병들고 있는 것 아니겠는가?

정자산은 죽어서 장례를 치를 돈이 없을 정도로 깨끗하게 살다 갔다. 그는 정나라의 재상을 무려 20년 가까이 지냈다. 후손들은 자산의 시신을 광주리에 담아 산에다 그냥 묻었다. 백성들이 보다 못해 돈이며 패물을 들고 와서 장례를 후하게 치러주라고 후손들에게 당부했지만 후손들은 그것을 거절했다.

백성들은 정자산이 죽자 이제 우리는 누구와 함께 살아가야 한단 말이냐며 통곡했다. 우리는 왜 이런 정치가와 지도자를 갖지 못하는가? 우리는 왜 백성들과 세상을 구하는 일이라면 모든 것을 다 하겠다는 자산과 같은 지도자를 만들어내지 못하는가? 이 책을 마무리하면서 내내 이런 생각이 머리와 마음을 떠나지 않아 답답하기 그지없었다.

우리는 지금 후퇴하고 있다. 백성들이 대오각성大悟覺醒하지 않는 한 가망이 없어 보인다. 혹자는 필리핀이나 멕시코처럼 될 것이라는 비참한 전망까지 내놓는다. 지금 현상들, 특히 사회 지도층들의 작태를 보면 그 말이 들어맞을 것 같다. 하지만 우리는 우리 힘으로 독재를 끝냈고, 정권도 교체했다. 이제 다시 그때의 환희를 재연하기 위해 마음을 다잡을 시점이다. 이미 떠오른 별, 중국의 존재감을 인식하며 역대 중국 최고 모략가들의 행적을 읽어보는 일도 이런 다짐에 일말의 도움이 되지 않을까 하는 마음으로 12년 만에 전면 확장개정판을 독자들에게 선보인다.

이번에 새롭게 추가된 20여 명의 인물들은 함께 작업한 김영진 박사가 번역을 하고 김영수가 감수했음을 밝혀둔다. 사진과 도면도 많이 보충되었다. 2004년 초판 서문에서 편역자는 '새로운 시대정신을 갈망하는 땅에서'라는 말로 서문에 마침표를 찍은 바 있다. 그로부터 12년이 지났지만 그 말이 여전히 유효한 것 같다는 착잡한 심경으로 서문을 마무리한다. 번역상의 잘못은 1차적으로 김영수에게 있음도 함께 말씀드려둔다.

2016년 1월 4일 21시 15분
김영수

　이 책은 '모략' 총서의 제3부로, 역사 인물들의 모략사상과 모략 실천을 연구한 모략 행위학이라 할 수 있다. 따라서 통상적인 의미의 인물 전기는 아니다. 모략가들이 모략을 운용하는 스타일과 특색을 소개하는 데 중점을 두고 그들이 모략에 끼친 공헌을 개괄·기술했다. 가장 뛰어나고 큰 영향을 끼친 모략 사례를 골라 중점적으로 연구하고, 모략을 펼치는 데 활용한 규칙을 밝혀 우리들의 모략 사유를 계발하고자 했다.

　역사라는 긴 강물의 흐름 속에서 각 영역의 모략가는 헤아릴 수 없이 많았다. 이 책에 뽑힌 중국의 모략가들은 위로는 전설 속의 오제로부터 아래로는 청나라 말기에 이른다.

　연구의 편의를 위해 모략가들을 정치·경제·외교·군사 등으로 나누었고, 각 분류는 시대 순에 따라 배열했다. 이런 방법으로 모략가를 나눈 것은 상대적 의의를 지닐 뿐이다. 일부 모략가들은 정치·군사·외교·경제모략을 한 몸에 지니고 있어 간단하게 어느 한 분야에 갖다 붙일 수 없다. 그래서 우리는 그 인물의 주요한 모략 성취에 따라 분류할 수밖에 없었다.

　모략가들의 창조성은 수천 년 인류의 지혜와 재능을 집중적으로 그리고 뛰어나게 반영한다. 『모략가』『모략론』『모략고』 및 장차 선보일 『모략심리학』『모략 · 종교 · 방술』『사법 모략』『모택동의 모략』은 모략의 사회 실천, 모략의 역사 발전, 모략의 이론 연구 및 모략의 구체적 운용을 담아낼 것이다. 또한 이는 모략이란 학문에 대한 새로운 탐색이자 시도라 할 수 있다. 모략 이론은 모략 실천의 산물이며 다른 한편으로 모략 사유의 발전을 추진한다. 우리는 독자들이 이 책을 통해 정신적으로 성숙하길 바라마지 않는다.

이 책은 대량의 역사 자료를 활용했을 뿐 아니라 오늘날의 연구 성과를 많이 참고했다. 선배들과 여러 선생들에게 진심으로 감사드린다. 우리들 수준의 한계 때문에 부족한 점과 잘못을 면하기 어려울 것이다. 여러분들의 아낌없는 가르침을 고개 숙여 바랄 뿐이다.

지은이들을 대표해서
차이위치우柴宇球

역사를 바꾼
모략의 천재들
중국편

정치모략의 천재들_ 20

경제모략의 천재들_ 494

외교모략의 천재들_ 554

군사모략의 천재들_ 774

정치모략의 천재들

정치모략가는 줄여서 '정략가'라 부른다. 정략가는 우리들이 흔히 알고 있듯이 삼군을 호령하며 위세를 떨치는 군사가와 다르고, 청산유수처럼 말을 잘하는 외교가와도 다르다. 그러나 정략가는 군사·경제·외교 등 각 방면의 어떤 모략가들보다 가장 높은 수준과 차원을 가진 모략가이다. 정략가는 정치·군사·외교·통치모략을 한 몸에 지니고 있다. 그러나 성공을 위한 가장 중요한 조건은 무엇보다도 수준 높은 정치모략을 터득하는 것이다.

이 책에 실린 정치모략가들을 보면 체계적인 사상이론을 갖춘 인물도 있고, 독특한 정치적 주장을 내세운 인물도 있다. 또 나라를 세우고 안정시키는 묘책을 들고 나온 인물이 있는가 하면, 갖은 어려움을 헤쳐나가는 뛰어난 방안을 가진 인물도 있다. 이들 모두가 역사 발전에 일정한 역할을 해냈으며 사회 진보에 공헌했다.

수천 년 인류 역사를 통해 수많은 왕조가 바뀌었고 나라가 일어섰다가 쓰러졌다. 민족이 모였다가 흩어지기도 했다. 이 과정에서 수많은 정치 세력이 성장하고 쇠퇴했다. 그 과정은 계급투쟁이자 정치투쟁이었고 또 권력투쟁이기도 했다. 그 투쟁은 숱한 모순과 잘잘못이 뒤섞여 다양한 형태로 표출되었다. 역사가 발걸음을 옮길 때마다 특정한 사회적 모순이 생겨났고, 그 모순은 우리들로 하여금 해결책을 생각하고 탐색하도록 다그쳤다. 바로 그때 정략가들은 그들의 남다른 정치적 감각과 지혜 그리고 초인적인 재능으로 역사 발전의 앞자리에 버티고 서서 먼 곳을 내다보며 당시 역사적 조건 중에서 최선의 선택을 제기하거나 취했다.

대우大禹가 주조한 천하를 뜻하는 아홉 개의 솥 '구정九鼎'은 천자 권위의 상징물이 되어 많은 민족이 중화민족으로 모이는 데 거대한 작용을 했다.

관중管仲은 종합적이고 총체적인 전략을 제정하여 제나라 환공桓公이 "천하의 제후들을 모아 천하를 하나로 통합"하게 함으로써 뒷날 심대한 영향을 끼쳤다.

상앙商鞅이 실행한 변법 개혁은 진나라를 강성하게 만들었으며 대대로 개혁을 주장하는 인물들을 이끄는 선도자 역할을 했다. 웅대한 포부와 지략을 지닌 진시황秦始皇은 봉건 경제와 문화 발전의 요구에 부응하여 흩어진 여러 제후 나라들을 통합하여 대통일을 향한 문을 활짝 열었다.

공자孔子와 맹자孟子의 인의仁義 정치론, 노자老子와 장자莊子의 억지로 하지 않고 다스린다는 '무위이치無爲而治'의 사상, 한비자韓非子의 법法·술術·세勢를 겸비하라는 이론 등등은 시대는 서로 달라도 모두가 정략가의 정신적 무기가 되었다. 정략가들은 자신들의 시대에 각자의 무대 위에서 나름대로의 활약을 펼쳤다. 그들의 모략은 오늘날 우리가 보아도 참으로 감탄스럽기 그지없다.

이 책에 실린 모략가들은 하나같이 역사상 빛나는 정치 스타들이었다. 그들의 경력과 전형적인 모략 사례들을 통해 우리는 여러 방면에서 계발을 얻을 수 있을 것이다.

나라를 세우고 안정시킨 최고 통치자는 말할 것 없고 직업 정치가들, 여러 정략에 통달한 노련한 자들은 물론 갓 세상을 알기 시작하는 청년들까지 역대 정략가들의 빛나는 실천 경험을 이해하고 그들의 전형적인 정치 모략을 분석한다면 복잡하고 급변하는 현대 사회에 제대로 적응하고 비바람과 파도가 몰아치는 정치 무대에서 바른 방향을 잡는 데 큰 도움이 될 것이다.

황제黃帝

화하華夏의 시조, 모략의 원조

전설 속의 황제는 중국 원시시대 한 부락의 수령이자 중화민족의 선조다. 그는 출중한 군사 통솔력과 비범한 통치모략을 가진, 말 그대로 지혜와 용기, 문과 무를 두루 갖춘 모략가의 원조라 할 만하다.

황제의 본래 성은 공손公孫이고, 헌원軒轅이란 언덕에서 살았기 때문에 헌원씨라고 불렀다. 그런가 하면 유웅有熊 부족(지금의 하남성 신정현 일대)에 속했기 때문에 유웅씨라고도 불렀다. 황제는 훗날 중원 각 부족 연맹의 공동 수령이 되었다.

전설에 따르면 재위 중에 누런 용과 지렁이가 나타났기 때문에 "토덕土德의 상서로움"(『사기』 「오제본기」)이라 했고, 흙이 본래 누런색이기 때문에 『제왕세기帝王世紀』에서는 "황제는 수구壽丘에서 태어나 희수姬水에서 자랐다. 이 때문에 희를 성으로 삼았다. 헌원이란 언덕에서 살았기 때문에 헌원을 이름으로 삼아 불렀다."고 했다. 여러 기록들이 황제를 희성으로 보고 있다. 『국어國語』(「진어晉語」)에 보면 "옛날 소전少典이 유교씨有蟜氏를 맞아들여 황제와 염제炎帝를 낳았다."고 되어 있다. 신화와 전설에 따르면 소전의 아내 부옥附玉이 야외에서 기도를 드리다가 천둥과 번개가 북두칠성을 감싸는 것을 보고 감응을 받아 임신한 다음 24개월 만에 수구(지금의 산동성 곡부현 동북쪽)에서 황제를 낳았다고 한다.

염제 신농씨와 함께 중화민족의 조상으로 추앙받고 있는 전설시대의 황제는 부족연맹체의 수령으로 뛰어난 지략을 펼쳐 여러 부족들을 통합했다. 또한 수레와 배, 궁실, 문자, 음률, 역법, 관직 등 여러 문명을 발명·창조한 것으로 전해진다.

황제는 태어나자마자 남다른 용모를 보였는데, 태양과 같은 이마에 눈썹 언저리는 용 뼈와 같았다고 한다. 몇 달 되지 않아 말을 할 줄 알았고, 총명한 어린 시절을 거쳐 널리 견문을 넓혀 옳고 그름을 잘 가리는 인물로 성장했다.

황제 당시는 각 부락이 서로 얽혀 혼전을 벌이는 상황이었다. 신농神農 씨족은 이미 쇠퇴해 있었다. 이에 황제는 병사를 훈련시켜 조공을 바치지 않는 씨족들을 정벌했다. 안으로는 덕으로 정치를 행하고 군대를 정돈했다. 또 생산력을 높이고 민중을 어루만져주었다. 이러한 힘을 바탕으로 판천(阪泉, 지금의 하북성 탁록현 동쪽)에서 세 차례 큰 전쟁을 승리로 이끌 수 있었다.

대략 기원전 2600년 무렵 전설상의 구려九黎의 수장인 치우蚩尤가 난을 일으켰다. 황제는 각 부락의 군대를 징발하여 치우에 대항하는 전쟁을 펼쳐나갔다. 황제는 치우 부족의 무기가 북방 부락의 무기보다 뛰어나 쉽게 당해낼 수 없지만 치우의 군대는 남쪽에서 이동해 왔기 때문에 북방의 기후와 지형에 낯설다는 것을 잘 알고 있었다. 이에 황제는 한 발 물러서 기회를 엿보다가 때가 되면 결전을 벌이는 작전을 세웠다. 먼저 치우의 군대를 낯선 지역으로 끌어들여 생활과 활동상의 불편함을 증대시킨 다음 전투력이 떨어지면 기회를 잡아 섬멸시킨다는 생각이었다. 이러한 작전에 따라 황제는 첫 번째 전투에서 일부러 못 이기는 척 군대를 한 걸음 한 걸음 뒤로 물렸다. 황제의 작전을 눈치채지 못한 치우는 군대를 몰아 황제를 뒤쫓았다. 숲이 들을 덮은 하북 평원에 들어서자 치우 군대는 낯선 환경, 맞지 않는 기후, 통하지 않는 말, 상황을 알 수 없는 적의 정세, 식량 부족 등으로 행동이 갈수록 불편해졌다. 그에 따라 사기도 점점 떨어져만 갔다. 하북 북부에 이르렀을 무렵에는 군대는 피로가 겹칠 대로 겹쳐 전투력을 이미 크게 잃은 상태였다. 반면에 황제 군대의 실력과 사기는 상대적으로 높아져 있었다. 황제는 치우를 탁록涿鹿 들로 유인했다. 때마침 불어닥친 광풍과 모래 때문에 치우의 군대가 앞이 안 보여 우왕좌왕하는 순간 황제는 나침반으로 방향을 지시해가며 치우의 군대에 맹공을 가했다. 치우의 군대는 단 일격을 견뎌내지 못했다.

치우가 이끄는 여묘黎苗 부락은 병력과 무기 면에서 황제가 이끄는

공동 조상인 황제(가운데), 염제(오른쪽), 치우(왼쪽)를 모셔 놓은 중화삼조당

각 부락보다 우위에 있었지만 결과적으로 대패하고 말았다. 그 까닭은 황제가 정확하게 전략을 지휘했고 높은 수준의 모략을 구사했기 때문이다.

황제는 안으로는 자신의 인격 수양을 바탕으로 덕의 정치를 펼쳤고, 곳곳에 군영을 짓고 망루를 쌓는 등 강력한 군대를 만드는 데 힘을 쏟았다. 이와 함께 지리와 기상을 연구하여 백성에게 오곡을 심도록 가르쳤고, 각지의 인민을 어루만지는 한편 토지를 반듯하게 나누기도 했다. 관리를 두어 각 부락을 다스리게 했고, 자연법칙에 충실하게 각종 제도를 만들어 역대 부락이 흥하고 망한 이치를 연구했다. 늘 생각하고 관찰했으며 여러 견해를 고루 듣는 데 힘을 썼다. 이에 각 부락들이 다투어 그를 섬기니 마침내 황제는 신농씨를 대신해 천자가 되었다.

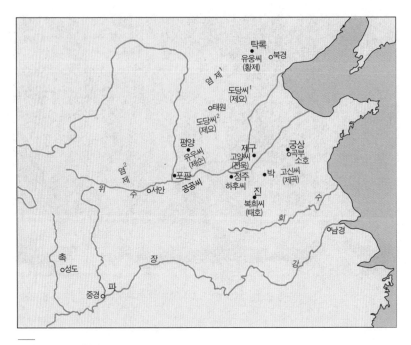
황제 당시 각 부락형세도

　그 뒤 황제는 천자에게 복속하지 않는 부락을 몸소 정벌하여 천하를 자신에게로 귀속시켰다. 중화민족의 선조로서 황제는 부락을 다스리는 각 방면에서 대단히 높은 수준의 지혜와 재능을 발휘했다.

　물론 황제 시대는 인류의 초기에 해당한다. 아직 씨족 부락 단계에 사회생활도 훗날처럼 복잡하지 않았을 것이다. 따라서 그의 모략 사유도 후대의 정치·군사모략가들처럼 그렇게 완전하지는 않았을 것이다. 그렇다고 이를 그의 책임으로 돌릴 수는 없다.

하우 夏禹

홍수를 다스리고, 구정九鼎을 주조하다

중국 고대 전설에 나오는 '대우치수大禹治水'라는 고사는 누구나 다 알고 있을 것이다.

우의 이름은 문명文命이고 성은 사姒다. 기원전 약 2000년 무렵 하夏 부락의 추장이었다. 전설에 따르면 사천성 서북부 북천현 우리禹里 강족향 羌族鄕에서 태어났다고 한다. 『제왕세기』에는 "우가 하백에 봉해졌다. 예주 외방의 남쪽으로 지금의 하남 양책陽翟이 그곳이다."라는 대목이 보이는데, 양책은 지금의 하남성 우현禹縣이다. 또 『한서』에서는 "전욱 이후 5대에 이르러 곤鯀이 태어났다."고 했는데, 곤은 우의 아버지다.

홍수를 다스려 나라를 이롭게 하고 천하의 왕이 되다

우의 총명함과 재능 그리고 지혜가 가장 집중적으로 실현된 분야는 수해를 다스리는 '치수'였다. 그는 여기서 엄청난 성공을 거두었다. 이 일은 요堯·순舜 시대까지 거슬러 올라가야 한다.

요 임금이 한번은 홍수를 다스려 백성들의 근심을 풀어줄 사람이 누군가를 자문했다. 신하들은 곤이 괜찮다고 말했다. 요는 신하들의 추천을 달가워하지 않았다. 그는 곤이 교화하기 힘들고 동족을 해치기

치수 사업의 대명사 하우는 자신의 일에 얼마나 열중했던지 정 강이 털이 다 닳아 다시는 나지 않았다고 한다. 그는 차단이 아 니라 소통의 논리로 치수 사업에 신기원을 이룩한 모략가였다.

때문에 기용할 수 없다고 했다. 그러나 대신들은 곤만 한 사람이 없다 면서 한번 써보고 안되면 그때 다시 논의하자고 했다. 요는 하는 수 없 이 대신들의 건의에 따라 곤에게 치수를 맡겼다.

그로부터 곤은 9년을 치수에 매달렸으나 별다른 성과를 얻지 못했 다. 이 무렵 요는 천하의 대업을 이을 후계자를 물색하고 있었고, 마 침내 순을 얻었다. 순은 치수에 실패한 곤을 멀리 우산(羽山, 지금의 산동 성 봉래현 동남)으로 보내 동방 소수민족을 다스리게 하라는 건의를 요에 게 올렸다(일설에는 처형했다고 한다). 순이 임금 자리에 오른 뒤에도 홍수는 여전히 천하의 큰 근심거리였다. 순은 곤의 아들 우를 기용하여 홍수 를 다스리게 했다. 우는 무릎을 꿇고 절을 올리며 기꺼이 명을 받들었다. 우는 설契 · 후직后稷 · 고요皐陶 등 세 씨족 수령이 자신의 치수 사업에 협조하게 해줄 것을 순에게 요청했다.

홍수를 다스리려면 물길을 트는 방법을 사용하여 물 흐름에 따라 강을 열고 물을 빠져나가게 해야 한다. 지금으로 보면 이런 정도의 일은 상식에 속한다. 그러나 상고시대 사람들은 자연계와 투쟁한 경험이 그리 많지 않았다. 우의 아버지 곤도 9년이나 치수에 매달렸지만 매번 제방을 쌓아 물길을 막으려 했기 때문에 해마다 홍수에 당했다. 우는 부친의 실패를 몹시 가슴 아파했다. 그는 전욱顓頊 임금 때 공공共工의 치수와 아버지 곤의 치수가 남긴 교훈을 바탕으로, 선배들이 성공하지 못한 주요 원인이 물의 흐름이라는 자연스러운 원칙을 거스른 데 있음을 깨달았다. 즉, 물 흐름의 기세대로 물길을 이끌지 않고 그저 높은 제방만 쌓아 막으려는 방법을 취했던 것이다.

우는 치수 방법을 바꾸어 물길을 대대적으로 소통시켜 시원스럽게 흘러가게 하는 방법을 취했다. 『국어』(「주어」)에서 말한 대로, 천지자연에 따라 높은 곳은 흙을 쌓고 낮은 곳은 준설하여 강을 만들고, 막힌 곳은 뚫어 물길을 냈다. 『맹자』(「이루 · 하」)에서는 이 대목을 두고 "우의 치수는 억지로 행하지 않은 것이다."라고 했다. 우는 물의 주류 지역에서는 땅을 더욱 넓고 깊게 파서 물이 땅속을 흐르게 했다. 또한 지류들도 길을 터서 주류로 흘러들게 했다. 물이 제 갈 길로 흘렀기 때문에 물이 없는 곳에서도 농사를 지을 수 있게 되었다.

우가 대규모 치수 사업을 주도한 지도자로서 성공할 수 있었던 또 다른 원인은 그의 솔선수범에 있다. 그는 평생 위험을 마다않고 고통을 견디며 오로지 공적인 자세로 일을 했다. "몸소 쟁기와 삽을 들고 백성들보다 앞장섰다."(『한비자』 「오두」) 이는 우 자신이 직접 치수에 필요한 장비를 들고 노동에 참여하여 치수에 동원된 사람들에게 시범을 보였다는 말이다.

치수를 명령받은 뒤로 우는 한결같은 자세로 10여 년을 보냈다. 몸은 말랐고, 정강이의 털은 다 닳아 없어졌다. 머리를 묶는 비녀와 모자를 떨어뜨려도 허리를 굽혀 주울 수조차 없었다. 치수라는 중책을 완성하기 위해 우는 도산씨涂山氏를 아내로 맞이한 넷째 날 집을 떠나 13년 동안 외지를 떠돌며 한 번도 집에 들르지 않았다고 한다. 그사이 "세 차례 대문 앞을 지났지만 문 안으로 들어가지 않았다(삼과이불입三過而不入)."는 일화는 만고의 미담으로 전해온다.

우의 치수는 나라를 이롭게 다스린다는 종합적 차원에서 진행된 일이었다. 이는 나라를 다스리고 백성을 보살핌으로써 강국으로 나아가는 큰 방략이었다. 수해를 다스리는 동시에 수리 사업을 일으켰다. 물고기를 기르고 나무를 심고 수상 교통을 크게 일으켰으며, 한 지방을 다스릴 때마다 씨족 부락의 추장들을 주동적으로 단결시켜 정권을 다지고 사회를 안정시킴으로써 백성들이 편안하게 생업에 종사할 수 있게 했다. 치수에 참여하는 부락이 갈수록 늘었고, 이에 따라 우의 명성도 높아져만 갔다. 많은 부락들이 한결같이 우의 명령을 받들어 치수에 뛰어들었고 우의 공로는 천하에 두루 미쳤다.

순은 씨족 부락의 추장들을 소집하여 성공 대회를 열었다. 이 자리에서 순은 치수 사업의 성공을 선포하는 한편 검은 현규玄圭를 상으로 내렸다. '현규'는 검은 옥을 다듬어 만든, 위는 뾰족하고 아래는 네모난 형태로, 위대한 공적을 상징한다.

일찍이 공자는 우가 치수 사업으로 이룬 공적을 찬양하면서 "나는 솔직히 그의 결점을 찾지 못했다. 궁실이 허름해도 고칠 생각을 하지 않았고, 오로지 온 힘을 쏟아 물과 땅을 다스려 물길을 내고 농업을 발전시켜 백성들을 노동에 종사하도록 격려했다."(『논어』「태백편」)고 말했다.

하우 치수도

치수의 성공으로 하 부락의 세력도 커지기 시작했다. 전설에 따르면 이 무렵 순은 이미 80이 넘은 노인이었다. 그는 "우를 하늘에 추천하고 후계자로 삼았다."(『사기』 「하본기」) 그리고는 '선양禪讓'의 전통에 따라 우에게 자리를 양보한 다음 자신은 외부를 순수하며 더 이상 정치에 간여하지 않았다.

삼묘三苗 정벌, 제후회맹, 구정九鼎의 주조

위 세 항목은 우가 정권을 다지는 모략사상의 체현이다. 우가 천자 자리를 이어받을 당시 중원 각 부락이 이미 하족을 중심으로 한 통치집단이 형성되어 있었고, 우는 이 집단들 중에서 초보적이나마 왕권의 성격을 갖춘 지위에 올라 있었다. 우는 치수 사업 당시 사법과 형벌을 전담했던 고요皐陶로 하여금 규정들을 만들게 했다. 각 씨족 부락들 중에 우의 호령에 따르지 않는 자가 있으면 형벌에 따라 징계했다. 우가 묘족을 정벌할 당시 그는 이미 '정치적 동원'의 이치를 체득하고 있었다. 출병에 앞서 그는 '현(玄. 조상의 사당)'에서 성대한 제사 의식을 치른 다음 군사들과 맹서했다.

우는 의식을 이끌면서 손에 '현규'를 쥔 채 삼묘가 난동을 부리며 교화를 거부하기 때문에 하늘이 그들을 징벌하려 한다고 선포했다. 그러니 모두 한마음으로 서로를 도와 죄인을 없애자고 외쳤다. 엄격한 조직력을 갖춘 이 정벌 전쟁은 목적이 뚜렷했고 전투력도 강했다. 쌍방은 한 차례 접전했고, 삼묘의 추장은 우의 군대를 막아내지 못하고 물러났다. 우의 세력은 장강과 회수 유역에까지 미쳤다.

삼묘에 대한 정벌 전쟁은 그 규모 면에서 요 임금 시대보다 훨씬 컸으며 조직력은 더욱 강력했다. 이 전쟁 이후 "사방이 우에게 귀순했고, 우는 땅을 얻고 왕이 되었다."(『태평어람』에 인용된 『수소자』) 하 왕조는 노예제 국가의 원형을 갖추기 시작했다. 순이 죽자 우는 삼년상을 지냈고, 역시 전통적인 선양 제도에 따라 제위를 순의 아들 상균商均에게 양보했다. 그러나 "천하 제후들이 모두 상균을 버리고 우에게 와서 인사를 드렸다."(『사기』, 「하본기」) 우는 다시 천자 자리에 올랐고, 나라 이름을 하후夏后, 성을 사씨姒氏라 했다.

우는 중국 최초의 왕조를 세웠다. 하 왕조를 튼튼히 하기 위해 우는 남방을 순시하여 도산(涂山, 지금의 안휘성 방부시 서쪽. 회하 동안)에서 제후들과 회맹하기로 약속했다. 이 모임은 아마 중국 역사상 전국적 규모의 회의로는 처음이었을 것이다. 역사에서는 이 회맹을 '도산대회'라 부른다. 우는 이 성대한 모임을 기념하기 위해 각지 제후 부락의 추장들이 보내온 청동으로 아홉 개의 세발솥, 즉 '구정九鼎'을 주조했다. '구정'은 천하 구주九州의 통일을 상징하는 신성한 기물이자 하 왕조의 상

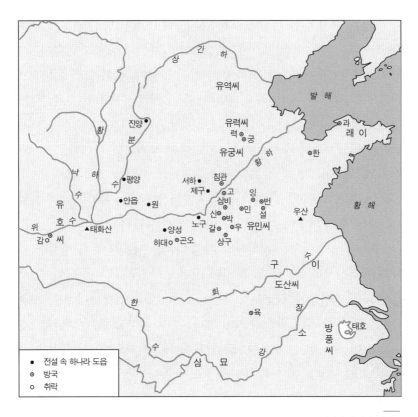

하나라의 당시 형세도

징이기도 했다. 중국을 일명 '구주'로 부르는 유례도 여기에서 비롯되었다.

은혜를 베풀고, 교화를 강화하고, 이족을 복속시키다

은혜와 위엄을 함께 구사하는 '은위병제恩威并濟'는 우가 이족 부락이

나 씨족에 대해 취한 가장 중요한 통치모략이었다. 당시 서부에 유호씨有扈氏라는 부족이 있었는데, 호전적이고 하에 복종하지 않았다. 이에 우는 먼저 군사력으로 정복에 나섰다. 잇달아 세 차례 전쟁을 일으켰음에도 유호씨는 귀순하지 않았다. 우는 책략을 바꾸어 문무 두 가지 방법을 동시에 취했다. 즉, 한편으로는 군대를 동원하여 다시 싸울 준비를 하고, 또 한편으로는 덕정으로 유호 부락을 교화했다. 그 결과 좋은 효과를 거두었고, 유호씨는 마침내 하의 신하로 복속했다.

장강長江과 회수淮水 유역인 동남 지구를 옛날에는 '구이九夷'라 불렀다. 아홉 개의 비교적 큰 부락이 있었기 때문에 생긴 이름이다. 우는 이 지구에 대한 통치를 강화하기 위해 다시 동남을 순수하여 중원 문화와 예교를 전파함으로써 그 지역 인민의 공경과 예우를 받았다. 우는 각지의 인민들에게 습속을 자문하고 농경을 격려했는데 농사 지을 시기를 알려 오곡의 씨를 뿌리게 했다. 부락 추장들에게는 예의를 가르치고 법도를 알게 하여 힘으로 약자를 괴롭히지 말고 서로 잘 어울려 지내도록 했다. 이 씨족 부락들은 모두 우를 따르기로 했다.

우의 통치에 맞서거나 독립하려는 부락의 추장들에 대해서는 조금도 사정을 봐주지 않았다. 옛 월越 부락의 추장 방풍씨防風氏는 늘 한 구역을 독차지하고 싶어 했으며, 스스로 월인 부락의 우두머리로 자처하며 우의 명령을 듣지 않았다. 각지의 제후와 방백들에게 경고하기 위해 우는 회계산대회에서 여러 사람이 보는 앞에서 그를 처형하게 하고, 그 시체를 3일 동안 공개 전시했다. 각지 제후와 방백들은 하 왕조의 위력과 우의 신성함을 실감하고 더 이상 우에게 대들지 않았다. 우 왕이 주도한 이 모임에 참가하지 않았던 씨족이나 부락들도 이 소식을 듣고는 서둘러 하 왕조에 신하를 자청하며 복속해 왔다.

소강 小康

첩자 활용의 시초, 하의 중흥조

　음모가 한착寒浞이 하나라 왕 상相을 살해할 당시 임신 중이던 아내 후민后緡은 성 담장에 난 작은 구멍을 통해 도망칠 수 있었다. 후민은 하 왕조의 제후인 유잉씨有仍氏의 딸이었다. 그녀는 친정 유잉(지금의 산동성 제녕)으로 도망친 뒤 얼마 되지 않아 아들을 낳았다. 이 아이가 바로 상의 유복자 소강이다. 유잉씨는 소강이 하후씨의 계승자였기 때문에 특별히 잘 보살폈다. 어느 정도 자라자 소강은 자신의 처지를 알게 되었고, 한착과 그 아들 요澆에 대해 깊은 원한을 품기에 이르렀다. 그리고 하 왕조를 회복하기로 결심했다.

　한착과 그 아들 요가 소강을 해치는 것을 막기 위해 유잉씨는 소강을 목축을 주관하는 목정牧正으로 삼았다. 그러나 유잉씨는 규모가 작은 제후였기 때문에 소강과 관련된 일을 머지않아 요가 알게 되었다. 요는 초椒를 보내 소강을 붙잡도록 했다. 이때 소강의 나이 열다섯이었다. 소식을 접한 유잉씨는 소강을 유우(有虞, 지금의 하남성 우성)로 피신시켰다. 유우의 제후는 우사虞思로, 유우씨의 후손이며 하 왕조와는 대대로 우호 관계를 유지해왔다. 소강이 하상의 아들임을 안 유우는 그를 적극적으로 받아들였다. 신분을 숨기고 남의 이목을 피하기 위해 유우는 소강을 요리를 책임지는 포정庖正으로 삼았다.

　소강은 이렇게 스무 살이 될 때까지 5년을 숨어 지냈다. 우사는 성

소강 사당에 조성되어 있는 소강의 상

인이 된 소강에게 두 딸 대요大姚와 이요二姚를 시집보냈다. 그리고 사
방 10리의 륜(綸. 지금의 하남성 우성 동쪽) 지역을 소강에게 떼어 주었다. 노
예 500명도 딸려 보냈다.(『좌전』 애공 원년조) 소강은 이곳에서 한착을 멸망
시키고 하를 수복하기 위한 대업을 세우기 시작했다.

소강은 우선 은혜와 덕을 두루 베풀면서 많은 사람들과 사귀었다.
그러면서 몰래 하 왕조의 옛 신하들을 다독거리는 한편 하 백성들을
거두기 시작했다. 아버지 상을 죽인 원수 한착에게는 두 아들이 있었
다. 큰아들 요는 과(過. 지금의 산동성 액현 북쪽)에 봉해졌고, 작은아들 희豷
는 과(戈. 지금의 하남성 기현과 태강 일대)에 봉해져 있었다. 요는 용기와 힘이
남달랐다. 이런 요의 허실을 파악하기 위해 소강은 자신의 곁에 있던

여애女艾를 요의 봉지로 보내 정보를 탐색하게 했다. 이 일은 지금으로부터 약 4,000년 전에 있었다. 아마 역사상 최초로 첩자를 이용한 사례가 아닌가 한다. 소강은 또 자신의 아들 계저季杼를 한착의 작은아들 봉지로 보내 궁중 깊이 침투하여 첩자가 되게 했다.

소강이 요와 희를 멸망시킬 준비를 하고 있을 무렵, 유력有鬲에 귀순해 온 백미伯靡도 적극적으로 한착을 멸망시킬 준비를 하고 있었다. 백미는 원래 하 왕조의 신하였는데, 후예가 태강을 내쫓자 조정의 적지 않은 신료들이 유궁국有窮國에 남아 후예에 복종했고 백미도 그 가운데 하나였다. 그 뒤 한착이 후예를 죽이고 유궁국의 왕위를 빼앗자 백미는 관직을 버리고 유력이라는 제후국(지금의 산동성 덕주 북쪽)으로 도망쳤다. 상이 압박을 받아 제구帝丘로 옮겨 가자 그는 유력씨의 도움을 받아 힘을 비축하면서 한착을 멸망시킬 준비를 하고 있었다.

백미는 유우에 있는 소강이 상의 유복자임을 알고는 하를 건립한 우의 훌륭한 공덕을 떠올리면서 한착을 멸망시키는 대열에 참여하도록 사람들을 격려했다. 이 세력은 전투력이 아주 강했으며, 백미는 이들을 이끌고 유궁국의 수도를 공격했다. 예상치 못한 공격을 한착은 막아내지 못했고, 군사들에게 피살되었다. 이어 소강은 백미로 하여금 여애를 도와 과성에 있는 요를 죽이고 요국을 멸망시키도록 했다.

요는 죽고 과는 고립되었다. 때가 되었음을 안 계저는 틈을 타서 희를 죽이고 과국을 멸망시켰다. 유궁국도 따라서 멸망했다. 백미와 하후씨 귀족들은 소강을 옹립하여 하왕의 자리를 다시 잇도록 했다. 각지의 제후와 방백들은 소강이 하의 도읍을 되찾고 하 왕조를 회복했다는 소식에 다투어 달려와 축하 인사를 올렸다.

소강은 하 왕조를 되찾은 뒤 통치와 국가 정치에서 자신의 재능을 충분히 발휘했다. 그는 어려서부터 이곳저곳을 떠돌면서 가축을 치고 요리를 하는 등 평민은 물론 노예 계층과 많은 접촉을 가진지라 그들의 고통을 잘 알고 있었다. 그가 하 왕조를 회복하는 데 인민의 지지와 옹호를 얻을 수 있었던 것도 이런 체험이 있었기 때문이다. 또 한편으로 소강은 태강·중강의 행적으로부터 통치 지위를 튼튼히 하기 위해서는 백성의 지지를 얻어야 한다는 교훈을 잘 알고 있었다. 백성들로 하여금 하 왕조를 지지하게 만들기 위해서는 인민의 생산과 생활에 관심을 가져야지 태강처럼 '멋대로 굴어서는' 안 된다는 점도 잘 알고 있었다. 따라서 복위 이후 소강은 직관稷官을 다시 기용하여 농업을 관리하게 했다. 상후商侯 명冥을 수리 책임자로 임명하여 수해를 다스리게 했다. 이렇게 해서 사회 생산력이 비교적 빠른 속도로 발전했고 왕조 통치도 안정을 찾았다.

소강은 21년 동안 재위했다고 전해지며, 죽은 뒤 아들 계저가 뒤를 이었다. 역사 기록에 따르면 계저는 나이는 어렸지만 하의 사업을 계승하여 왕조의 통치를 다졌을 뿐만 아니라 동이 각 부락을 정복하기도 했다. 소강에서 계저에 이르는 이 역사 단계가 역사상 유명한 '소강 중흥' 시기다.

이윤伊尹

첩자를 이용해 강약을 바꾸고, 모략으로 흥쇠를 정하다

이윤의 생애와 사적에 관한 기록은『죽서기년』·『서경』·『장자』·『묵자』·『맹자』·『손자』·『여씨춘추』·『사기』·『설원』 등 여러 사적에 흩어져 있으나 안타깝게도 양이 아주 적고 내용도 간략하기 짝이 없다. 게다가 견해들이 다 달라서 종잡을 수 없다. 현재 있는 역사 자료에 근거하여 우리는 이윤의 본명이 윤지尹摯이고 상 왕조에서 윤尹·아형阿衡·보형保衡 등의 관직을 맡았으며, 그 관직 이름을 따서 아형·보형이라고도 부른다는 사실 정도를 알 수 있을 뿐이다. 이런저런 기록을 종합하여 그의 생애를 재구성해보자.

이윤은 유신씨有莘氏 씨족(지금의 산동성 조현, 하남성 진류 일대) 출신으로, 전설에 의하면 황제黃帝 시대의 대장 역목力牧의 후손이며 원대한 포부를 품은 박학다식한 인물이라고 한다. 이윤은 "천하의 중책을 자임하고" "하를 정벌하고 백성을 구하는" 일이 자기 책임이라고 생각했다. 그렇게 해서 천하 백성이 요·순 때와 같은 행복을 누리지 못한다면 자신이 그들을 구렁텅이로 빠뜨리는 것이나 마찬가지라고 생각했다.(『맹자』「만장·상」) 그의 재능은 상탕商湯의 눈에 들기 전부터 이미 나라 밖까지 알려져 있었다. 상탕은 "우리나라에 이윤이 있다는 것은 훌륭한 의사와 좋은 약에 비유할 수 있다."(『묵자』「귀의」)고 여길 정도였다.

이윤과 상탕의 만남에 관해서는 두 가지 대표적인 주장이 있다. 하

중국사 최초의 명재상으로 꼽히는 이윤은 제왕을 보좌하여 나라를 다스렸을 뿐 아니라 제왕의 스승 역할을 하기도 했다. 또 한때 첩자 임무를 직접 수행한 실천적 모략가였다.

나는 이윤이 스스로 탕을 찾아가 자신을 기용해줄 것을 요청했다는 설이다. 탕을 만나고 싶었으나 기회를 얻지 못하던 이윤은 유신씨 군주의 딸이 시집갈 때 노복으로 수행할 것을 자원하고, 솥과 도마를 지고 상의 도읍으로 갔다. 그는 자신의 특기인 "요리 맛으로 탕을 기쁘게" 한 다음 기회를 봐가며 국가를 다스리는 방략을 취했다. 또 다른 설은 이윤이 탕에 의해 초빙되었다는 것이다. 상탕은 "유신씨 땅에서 농사 짓고 있던" 이윤이 대단한 재능을 소유한 인물이라는 정보를 듣고는 전후 세 차례(다섯 차례라는 설도 있음)나 사람을 보내 그를 초빙했고(오청이윤五請伊尹이란 고사가 여기서 나왔다), 이윤은 마침내 상탕을 보좌하기 위해 전면에 나섰다. 그는 탕에게 '왕도'를 이야기했다. 여기에는 역대 군주들이 천하를 다스린 경험과 교훈 그리고 천하를 탈취한 책략이 포함되어 있었다. 이로써 상탕은 이윤을 크게 신임하면서 파격적으로 그를 "상相의 자리에 발탁하여 천하의 정치를 맡기고 천하의 인민을 다스리게 했다."

개국 단계에서 그는 군사정책을 결정하고 전쟁을 지휘하는 일에 참여했으며, 적진의 전략을 정탐하는 '용간用間'의 임무도 완성함으로써 탁월한 모략사상과 정치·군사적 재능을 아낌없이 발휘했다. 건국 단계에서는 몇 대에 걸쳐 상나라 왕들을 도와 나라를 다스리고 천하를 통일했으며, 3년간 섭정으로 있으면서 상왕이 중국 역사상 두 번째로 통일된 노예제 국가를 세우는 데 큰 공을 세웠다. 중훼仲虺·여구汝鳩·여방汝方 등 상탕의 중요한 조력자들 중에서도 이윤은 단연 으뜸이었고 공도 가장 컸다.

이윤의 모략사상과 정치·군사적 재능은 다음 세 방면에서 집중적으로 표현되었다.

용간(用間, 첩자 활용)

이윤은 두 차례에 걸쳐 하나라 도읍으로 파견되어 정찰 임무를 수행했다. 그리고 하 왕조 통치 집단 내부에서 이들을 와해시키는 활동을 펼쳤다. 상탕은 혹 하나라 임금 걸桀이 의심할까 봐 일부러 "자기 손으로 이윤에게 활을 쏘아 이윤을 달아나게 하는" 고육책을 연출하기까지 했다. 이윤은 3년 동안 전후 다섯 차례나 하나라를 들락거리며 하 왕조의 정치·군사 및 경제·지리 상황을 파악했다.

귀국한 이윤은 상탕에게 하걸이 포악하고 음탕하기 그지없어 자기 백성들도 아끼지 않고 위아래가 서로 미워하며 민심에 원한만 쌓여간다고 보고했다. 아울러 사람들은 하 왕조가 빨리 망하길 바란다면서 한결같이 "하늘이 하를 어여삐 여기지 않으니 망할 운명이로다."라고 수군거린다는 분위기를 알렸다. 상탕은 만족스러웠다. 이윤의 활동을

이윤이 하나라에 들어가 첩자 활동을 벌이는 모습

칭찬한 상탕은 마침내 하를 멸망시키기 위한 전략을 수립하고 다시 이윤을 하의 수도로 보냈다. 하에 들어간 이윤은 하걸이 버린 원비 말희妹嬉를 구슬려 하를 이간질하는 등 하의 통치 집단 내부를 책동하기 시작했다. 이 활동은 상탕이 하에 대한 결정적 전략을 수립하는 데 아주 중요한 작용을 했다.

손무(孫武, 손자)는 이러한 역사 경험을 종합하여 자신의 병법 13편에서 "나를 알고 남을 알면 백 번 싸워도 위태롭지 않다."고 했으며, 나아가서는 "그 옛날 상이 흥기한 데는 이지(이윤)가 하에 있었기 때문이며, 주가 흥기한 것은 여아(강태공)가 은에 있었기 때문이다. 따라서 현명한 군주나 장수는 아주 지혜로운 자를 첩자로 활용하면 크게 성공한다."("손자병법」 「모공편」, 「용간편」)고 했던 것이다.

벌교(伐交, 외교)

상은 원래 사방 70리 정도에 불과한 하의 속국이었다. 정치 · 군사 등 모든 면에서 불리했다. 그런데 어떻게 열세에서 우세로, 약에서 강으로 역전할 수 있었을까? 상탕이 하를 대신하여 자립하겠다는 전략 목표를 실현하기 위해서는 먼저 이 문제를 해결하지 않으면 안 되었다. 이에 이윤은 상탕을 도와 적당한 정책을 만들고 유력한 조치들을 취해나갔다.

하걸이 덕은 닦지 않고 무력으로 백성을 상하게 함으로써 백성들이 견디지 못하고 있다는 상황에 맞추어 그들은 백성들을 위해 죄인을 징벌한다는 정치적 구호를 내걸었으며, 안으로 덕의 정치를 펼치고 밖으로는 제후들을 모아 하걸의 죄상을 폭로하는 한편, 상탕의 덕정을 선전하여 가뭄에 비를 갈구하듯이 인민들이 구원의 손길을 갈망하는 분위기를 조성했다. 제후들은 제후들대로 탕에 귀순하는 정치 국면이 만들어지기 시작했다. 동시에 군사적 공격과 정치적 투쟁을 결합하는 책략을 취하여 하 왕조의 속국들과 관계를 맺고 그들을 병합해나갔다. 이런 식으로 하걸의 날개를 자르고 자신의 실력을 넓혀나갔다.

하와 상 사이에 위치에 있던 갈葛 · 위韋 · 고顧 · 곤오昆吾는 모두 하의 속국으로 하걸이 의지하는 세력들이었다. 이들 중에서도 상의 도읍인 박亳 부근의 갈은 힘이 비교적 약했고 통치도 안정되어 있지 못했다. 상은 갈을 정벌함으로써 돌파구를 찾고 합병 활동에 나섰다. 그는 우선 갈이 조상에게 제사를 지내지 않는다는 핑계를 내세워 정치적 공세를 펼쳤다. 또 제사를 돕는다는 명분으로 사람을 보내 농사를 돕게 하고 노약자에게 술과 음식을 나눠 주는 등 민심을 얻어나갔다. 그럼에도 갈백은 선조에게 제사 드리지 않는 행동을 바꾸기는커녕 상탕이 보낸 술과 음식을 약탈하고 그것을 내놓지 않으려는 아이들마저 죽였다. 상탕은 이 기회를 놓치지 않고 군사를 일으켜 죄를 묻고는 갈국을 멸망시켜버렸다. 그런 다음 차례로 위·고·곤오 세 나라를 없애고 이들 나라들이 소유하고 있던 평원을 차지함으로써 하 도읍에 대한 전략적 위협을 조성했다. 이로써 군사상 열세였던 형세를 역전시켰다.

벌모(伐謀, 모략)

'명조鳴鳥의 전투'는 상탕이 하 왕조를 뒤엎은 전략적 결전이었다. 결전의 시기를 선택하고 결전 방향을 결정하는 데 이윤은 중요한 역할을 했다.

『설원』 기록에 따르면 탕이 걸을 치려 하자 이윤은 상황을 더 지켜보자고 권했다고 한다. 결전 시기의 선택에서 상탕과 이윤은 쌍방의 군사적 역량을 고려했을 뿐만 아니라 인심의 향방까지 고려하고 있다. 이는 마치 화력 정찰 방식과 비슷하여, 진퇴로써 상대방의 반응을 관찰하는 것이었다. 하걸이 여전히 구이의 군대를 동원할 수 있음을 확인하고는 하걸에게 공납을 바쳤다. 구이의 군대가 동원 명령을 듣지 않자 그제야 군사를 일으켜 걸을 정벌하러 나섰다. 작전에서 먼저 승리한 다음 전투를 시작한 것은 신중하면서도 과감한 결정이었다.

그렇다면 결전의 방향은 어떻게 확정했을까? 『상서』·『여씨춘추』·『사기』의 기록을 보면, 상탕은 하·상이 처한 자연지리에 따라 동에서 서로 하의 도읍을 향해 정면 공격한 것이 아니라, 동쪽에서 나라 서쪽으로 나와 진공하는 우회 전략으로 하 도읍의 서쪽을 포위했다. 의표를 찌르는 진공 작전이었다. 그 결과 하의 군대는 당황한 상태에서 적을 맞이하여 제대로 싸워보지도 못했고, 하걸은 "명조로 도망갔다." 상탕은 하걸의 뒤를 추격하여 명조에서 대전을 벌여 하걸을 대파함으로써 단숨에 하 왕조를 뒤엎었다. 이 책략은 하의 군대 내부와 지리 환경에 익숙했던 상탕·이윤과 비교적 큰 관련이 있다.

이윤의 군사적 실천 활동은 그가 상탕의 군사적 결정에 참여하고 작전지휘를 도왔을 뿐만 아니라 심지어는 직접 전략적 정찰까지 행했음을 보여준다. 이는 실제상 후세 군사(軍師, 고문)와 군대 총참모장의 자리와 역할까지 맡았다는 뜻이다. 이윤은 중국 고대에 가장 먼저 출현한 고차원의 모략 인재라 할 수 있을 것이다.

주 문왕周 文王

서주의 터전을 닦고, 은상의 권위에 도전하다

주 문왕은 탁월한 정치적 재능 및 자신이 이룩한 위대한 공적으로 주나라 역사상 특별하고 숭고한 지위를 차지하고 있으며, 뒷사람으로부터 큰 존경을 받았다.

그는 주가 상은(商殷, 상과 은은 각각 초기와 후기의 도읍지 이름이고, 이것이 나라 이름이기도 했다. 흔히 은상이라고도 한다.)을 멸망시킬 수 있는 역량을 닦았을 뿐만 아니라 그 아들 주 무왕武王이 은상의 마지막 군주 주紂를 정벌하는 데 필요한 길을 말끔히 닦아놓았다. 말하자면 은상을 멸하고 전국적인 정권을 탈취하여 서주 왕조를 건립한 창업주와 같았다.

'어진 정치'를 베풀어 민심을 끌어들이다

주 문왕은 성이 희姬, 이름은 창昌이었다. 어렸을 때 입에 '붉은 글씨'를 문 주작이 집 문 앞에 떨어지는 일이 있었는데, 일단 정권을 잡으면 주가 크게 흥성할 것이라는 상서로운 징조였다고 한다. 이 일로 할아버지는 희창을 특별히 아끼게 되었다. 할아버지가 세상을 떠나자 아버지 계력季歷이 뒤를 이었고, 계력이 세상을 떠나자 희창이 뒤를 이으니 이가 바로 역사상 저 유명한 주 문왕이다. 역사에서는 서백西伯

민심을 얻는 자가 천하를 얻는다는 정치모략 제1조항의 본보기를 보여주는 주 문왕은 인재의 중요성을 누구보다 절감했던 진정한 모략가의 한 사람이었다.

창이라 부른다.

주는 당시 중국 서북부 황토고원 일대에서 활동한 오랜 부락으로, 은상의 서쪽 속국의 하나이기도 했다. 그래서 문왕을 사서에서는 서백이라 부른 것이다. 주는 상은이 천하의 주인이라는 지위를 인정하고 정기적으로 상은에 공납을 바치고 있었다. 희창은 지위를 이어받은 뒤에도 선조들의 업을 이어나갔다. 아버지 시대에 제정한 법도를 본받아 어진 정치를 베풀고, 노인을 공경하고, 어린이를 아끼고, 유능한 선비를 예의로 대우했다. 그는 자기 집안에서도 위로는 부모에게 아침저녁으로 문안을 드리는 등 효성을 다했으며, 아래로는 처자형제에게도 엄격하게 따를 것을 요구하면서 전 가족의 모범이 되었다. 자신의 대가족을 핵심으로 삼아 강력한 응집력을 형성해가면서 부족을 단결시키고 내부를 튼튼하게 다져나갔다.

그는 인민의 생활을 몸소 관찰하고 체험하여 일반 백성들의 삶이 얼마나 힘든지 잘 이해하고 있었다. 홀로 사는 사람들, 의지할 데 없는 가난한 백성들에게 관심을 가지고 갖은 방법으로 그들의 어려움을 해결하기 위해 애를 썼다. 주 문왕이 실행한 '어진 정치'는 확실한 효과를 거두었다. 『시경』(대아 '영대')에 의하면, 문왕이 언덕에 아무렇게나 버려져 있는 해골들을 위해 영대靈臺를 쌓는다고 하자 이 소식을 들은 백성들이 마치 아들이 아버지를 위해 일을 하듯 서로 앞다투어 달려와 돕는 바람에 영대가 눈 깜짝할 사이에 완성되었다고 한다.

생산 발전과 다스림에도 도가 있다

주는 이제 막 상승 단계에 오른 신흥 국가였다. 정치적 두뇌를 갖춘 희창은 일련의 적극적인 조치를 취했는데, 정치 면에서 조정 기능을 끊임없이 작동시켜 생산력을 크게 높이고 계급 간 모순을 누그러뜨림으로써 사람들은 서로 어울리고 상하가 안정되는 바람직한 국면이 조성되었다. 경제 면에서는 노동력과 땅에 대한 세금을 거두는 것과 비슷한 비교적 높은 수준의 정책을 취했는데, 이를 '경자구일耕者九一'이라 했다. 즉, 한 사람이 100무의 땅을 경작할 경우 국가를 위해 어느 정도의 땅을 함께 경작하게 하고, 세금은 1/10을 거두었다. 이는 노예제 국가인 상은에 비해 다소 가벼운 편이었다.

그는 또 관문을 개방하여 자유롭게 장사하도록 격려했다. 말(언어)과 복장이 이상한 사람만 조사할 뿐 세금도 걷지 않았다. 이렇게 상업의 발전이 촉진되었다. 또 백성들이 수시로 산이나 호수를 드나들며 사냥하거나 물고기를 잡을 수 있도록 허락했다. 이 밖에 범죄자에 대한 처벌은 당사자에게만 한정하고 연좌連坐로 그 가족을 노비도 삼는 일이 없도록 했다. 이는 자유민의 분화를 막기 위한 조치였는데, 이를 통해 농업에 종사하는 충분한 노동력을 확보했으며 아울러 정치적으로 더 많은 지지를 얻을 수 있었다.

노예제 정권을 대표하는 사람으로서 희창은 노예제 통치 질서를 안정시키기 위해 '유망황열有亡荒閱'이란 법령을 제정했다. 정기적으로 도망간 노예들의 실태를 대규모로 조사하여 도망 나온 노예를 원래 주인에게 돌려보내는 법이었다. 그는 또 "관리 집안은 대대로 그 후손들까지 녹봉을 받을 수 있도록" 했다. 이로써 노예주 귀족들의 일치된 지지를 얻을 수 있었다.

50년이나 되는 그의 재위 기간도 차분하고 지속적으로 사업을 밀고 나갈 수 있는 충분한 기회를 주었다. 상은 왕조에 소속된 속국들 중 일부 소국은 무력으로 정복했다. 또 다른 일부 소국은 주의 세력을 무서워하면서도 동시에 상은의 통제에서 벗어나고 싶어 주도적으로 주에 귀순하기도 했다. 심지어 상은 정부 내부의 노예와 평민 및 중·소 노예주도 잔혹한 정치적 압박과 경제적 착취를 견디다 못해 주 쪽으로 도망쳐 왔다. 희창이 나라를 다스리는 데는 나름의 방법이 있었기 때문에 효과도 두드러졌다. 이렇게 해서 주는 상은과의 신속臣屬 관계로부터 상은에 대항할 정도로 힘을 갖춘 세력으로 변화해갔다.

자신을 엄격하게 단속하고, 근본과 덕을 다지고 닦다

상은商殷 주왕의 욕심과 사치는 극에 달했다. 허구한 날 주색에 빠져

살았다. 무거운 세금으로 백성들의 재산을 긁어 들였다. 노는 데 빠져
의지를 상실했고, 나라의 일은 뒷전이었다. 자기에게 반대하거나 눈
에 거슬리면 가혹한 법과 혹형으로 다스렸다. 유능하고 어진 자를 멀
리하고 간사한 자를 중용하여 민심을 흩어놓고 원망이 들끓게 했다.
희창은 이를 반면교사로 삼아 물질적 욕망을 최대한 억제하고, 사치
와 음탕은 물론 지나친 방종은 추호도 용납하지 않았다. 그는 엄격하
게 자신을 통제했지만 다른 사람에게는 관대했다. 이렇게 주나라 사
람의 소박하고 근면한 미덕을 유지하면서 검소한 생활을 유지해나갔
다. 그는 조심스럽게 그리고 부지런하게 나라를 다스렸다. 한순간도
게으름을 피우지 않기 위해 노력했다. 다음 사건 하나가 이 점을 잘
말해준다.

우(虞, 지금의 산서성 평육현 동북)와 예(芮, 지금의 섬서성 동관 서북) 두 나라는
모두 상은의 서쪽에 있는 속국으로 산과 강을 경계로 삼고 있었다. 그
러던 중 어떤 사건 때문에 영토 분쟁이 벌어졌다. 분쟁이 터졌으니 두
나라가 자신들의 종주국인 상은을 찾아가 해결을 부탁하는 것은 당연
한 일이었다. 그러나 두 나라 군주는 주 문왕의 명성을 흠모하여, 상
은에 대해 정기적 인사인 조견朝見도 하지 않았을 뿐만 아니라 도리어
주 문왕을 찾아가 인사를 드리며 해결을 요청했다.

주의 경내로 들어선 그들은 가는 곳마다 감동스러운 장면들과 만날
수 있었다. 그들은 "농사짓는 사람들이 밭고랑(밭의 경계)을 서로 양보하
고(양반讓畔), 길에서는 길을 양보하는" 광경을 목격할 수 있었고, "남녀
가 길을 달리해서 다니고, 짐을 진 노인이 없다."는 사실도 볼 수 있었
다. "사는 대부에게, 대부는 경에게 양보하는" 군자의 풍토가 조성되
어 있었다. 실제 상황이 우·예 두 나라 군주를 교육시킨 셈이었다.
두 군주는 자신들이 몹시 부끄러웠다. 귀국한 뒤 서로 다투었던 땅을

'한전閒田'이란 이름으로 원만하게 처리했다.

주 문왕이 입으로가 아닌 생생한 사실로 그들을 교육시켰고 아주 간단하게 영토 분쟁을 해결했다는 소식은 발 없는 말이 천 리를 가듯 퍼져나가 제후들 사이에서 그의 신망을 크게 높였다. 이 일이 있은 후 무려 40여 개국이 제 발로 문왕을 찾아왔고, 주는 정치·외교상 극대 효과를 거둘 수 있었다.

아들을 삶은 곰탕을 억지로 먹고, 노련한 술수를 운용하다

상은의 주왕이 포악무도하다는 사실은 천하가 다 알게 되었다. 구후九侯와 악후鄂侯 그리고 서백창(즉, 주 문왕)은 상은 주왕의 '삼공三公'이었다. 구후에게는 아름다운 딸이 있어 궁녀로 선발되어 궁으로 들어갔다. 하지만 그녀는 자신의 몸을 깨끗하게 지키며 음란함을 싫어하여 주왕을 대노하게 만들었다. 분노한 주왕은 그녀를 죽였을 뿐만 아니라 아버지 구후까지 죽여 고기젓을 담갔다. 이 소식을 들은 악후가 주후의 억울함을 호소하다가 역시 육신을 포로 떠 말린 육포 신세가 되었다. 주왕의 형 미자微子는 이런 꼴을 보고는 멀리 도망가 몸을 숨겼으며, 기자箕子는 일부러 미친 척했다. 숙부 비간比干은 3일 동안 계속 직간하다가 끝내는 주왕에 의해 심장을 도려내는 형벌을 당하고 죽었다. 이런 일련의 상황을 알게 된 주 문왕은 화가 조만간 자신에게도 미칠 것이라 직감했다.

한편, 상은 주왕의 측근인 숭후호崇侯虎는 주가 장차 상은 왕조의 위협이 될 것이라고 예감하고는 "서백 문왕이 선행을 하면서 덕을 쌓아 제후들이 다투어 그에게로 달려가고 있어 장차 큰 걱정거리가 될 것

주 문왕이 감금되었던 유리성

입니다."라고 일깨워주었다. 그래도 최소한의 판단력은 남았던지 주
왕은 문왕을 잡아 유리(羑里, 지금의 하남성 탕음현)에 감금시켰다. 그러고는
이제 발 뻗고 편히 잘 수 있게 되었다며 기뻐 어쩔 줄 몰라 했다.

후환을 없애기 위해 주왕은 문왕의 큰아들 백읍고伯邑考를 상은의
수도 조가朝歌로 잡아와 인질로 삼은 다음 자신을 위해 수레를 몰게 했
다. 그 얼마 뒤 문왕이 진짜 '성인'인지 여부를 시험해본다며 백읍고를
죽여 그 몸을 가마솥에 넣고 끓여서 곰탕으로 만들고는 그것을 문왕에
게 먹게 했다. 그러면서 주위 사람들에게 "내 눈으로 직접 그가 성인
인지 아닌지 확인해야겠다. 만약 성인이라면 자기 아들의 고기라는 것
을 알 것 아닌가?"라고 말했다. 문왕은 울분을 억지로 삼키며 모르는
척 아들을 삶은 곰탕을 다 먹었다. 주왕은 그제야 마음을 놓았다.

문왕이 감금된 뒤 그의 신하인 태전太顚·굉요閎天·산의생散宜生·

남궁괄南宮适이 유리성으로 면회를 왔다. 문왕은 네 명의 신하들에게 표정과 손짓 등으로 주왕에게 뇌물을 먹이라고 명령했다. 그들은 미녀와 준마 그리고 진귀한 보물들을 두루 모아 주왕이 아끼는 신하 비중費仲을 통해 주왕에게 바쳤다. 주왕은 "이것(미녀) 하나면 충분한데 이런 보물까지 뭣하러 가져왔는가?"라며 몹시 기뻐했다. 그는 선뜻 문왕을 석방했음은 물론 활·화살·도끼·큰도끼를 내려주며 말을 듣지 않는 제후를 징벌할 권리를 주어 서방 제후의 우두머리로 삼았다.

풀려난 문왕은 즉시 낙수(洛水, 위수渭水의 지류로 지금의 섬서성 함양 서쪽) 서쪽 지역을 주왕에게 바침으로써 확실하게 주왕의 마음을 사로잡은 다음 이를 대가로 포락형炮烙刑을 폐지해줄 것을 요청했다. 포락형이란 가혹한 형벌의 하나다. 동으로 만든 기둥에 기름을 발라놓고 아래에서 불을 땐다. 그런 다음 죄수를 동 기둥에 올려놓고 기어 다니게 하는데, 뜨거움을 참지 못하고 불덩이 속으로 떨어지면 타 죽는다. 그 처참함은 말로 다 할 수 없을 만큼 끔찍한 형벌이었다. 그런데 뜻밖에도 주왕은 문왕의 청을 다 받아주었다. 문왕은 이 덕행으로 또 한 번 크게 민심을 얻었고, 제후들은 너도나도 주왕을 배반하고 문왕에게로 달려왔다. 문왕의 세력은 날이 갈수록 커져갔다.

목마른 듯 인재를 구하여 널리 포섭하다

주 문왕은 인재를 구하되 마치 갈증이라도 나는 듯 널리 각 방면의 인재를 모시려 했다. 한번은 사냥을 나가기 위해 사편史編에게 점을 치게 했다. 사편의 점괘는 이랬다.

"위수 이북에서 사냥하면 큰 수확이 있을 것입니다. 용도 이무기도 곰도 아닌 사부師傅 한 사람을 얻을 것이니, 그를 기용하시어 나랏일을 돕게 하면 크게 번창할 것입니다."

문왕은 귀가 번쩍 뜨이는 듯 몹시 기뻐하며 "점괘가 그렇게 좋단 말이오?" 하고 되물었다. 사편은 "옛날 우리 선조 사주史疇께서 대우를 위해 점을 쳐서 고요를 얻었사온데 이번 징조가 그때와 같습니다."라고 대답했다. 문왕은 사흘 동안 경건한 자세로 목욕재계한 다음 위수 북쪽에서 사냥을 했고, 아니나 다를까 강태공姜太公을 만났다. 강태공과 대화를 나눈 문왕은 크게 만족하여 그를 자신의 수레에 앉혀 돌아왔다. 태공을 사師에 임명하여 '사상보師尙父'라 불렀으며, 그의 도움을 받아 끝내는 대업을 성취했다.

문왕에게는 괵중虢仲과 괵숙虢叔이라는 두 동생이 있었다. 두 사람 모두 현명하고 재주가 뛰어났다. 문왕은 인재 등용에서 친척이라 하여 피하지 않았기 때문에 그들을 경사卿士로 삼았다. 두 형제는 주 왕실을 키우는 데 많은 공을 남겼다.

이 무렵 고죽(孤竹, 지금의 하북성 노룡 남쪽)의 국군에게 두 아들이 있었다. 백이伯夷와 숙제叔齊가 그들이었는데, 부친이 임종할 때 작은아들 숙제를 계승자로 삼고자 했다. 고죽군이 죽은 뒤 동생은 형에게 자리를 양보했으나 형 백이는 받지 않았다. 동생 숙제도 자리를 원치 않았다. 해결을 보지 못한 두 형제는 서백 문왕이 나이 들고 어진 이를 존중한다는 소문을 듣고 주나라로 도망쳐 왔다.

원래 상은 주왕의 신하였던 신갑辛甲은 주왕의 포악함과 음란함을 보고 여러 차례 바른 소리로 충고했으나 듣지 않자 상은을 버리고 주로 왔다. 문왕은 직접 그를 맞이하여 그가 어질고 능력 있다는 것을 확인하고는 공경으로 삼고 장자(長子, 지금의 산서성 상당)의 관리로 봉했다. 주왕이 혹형을 남발하여 무고한 사람을 마구 죽이자 신하들은 모두 신변의 불안을 느끼고 속속 떨어져 나왔다. 심지어는 문헌과 전적 및 음악을 관장하는 태사太師 · 소사少師들마저 전적과 악기 따위를 들고 주나라로 투항해 왔다.

태전 · 굉요 · 산의생 등과 같이 사회적으로 명망 높은 인재들도 문왕의 명성을 흠모하여 달려온 인물들이었다. 주 문왕의 주변은 순식간에 인재들로 넘쳤고, 명성을 듣고 찾아오는 사람들이 갈수록 늘었다. 어진 자를 멀리하고 간사한 자들을 가까이하면서 민심으로부터 점점 멀어져간 주왕과는 뚜렷한 대조를 이루었다.

군마를 다듬어 상은을 멸할 준비를 하다

주가 상은 왕조를 뒤엎고 전국 정권을 탈취하기 위한 실질적 준비는 주 문왕이 왕을 칭한 뒤 7년 사이에, 즉 주 문왕의 생애 마지막 7년 동안에 완성되었다. 이전 43년 동안은 웅대한 지략의 문왕과 포악무도한 주왕, 즉 주와 상은의 역량이 서로 맞서는 가운데 실제로는 주가 천하의 2/3를 차지하는 국면이 형성되는 과정이었다. 희창이 왕으로 자처한 뒤 역사 발전의 새로운 전환점이 마련되었다. 『상서대전』의 기록에 따르면, 주 문왕은 칭왕한 뒤 7년 동안 모두 여섯 건의 큰일을 해냈다. 첫 해에 우와 예의 분쟁을 해결했다. 2년째는 견융犬戎을 정벌했다. 3년째는 밀수密須를 공격했다. 견융은 주의 북방에, 밀수는 서방에 있던 나라들로, 문왕은 무력으로 이 상은의 속국을 정복하여 후방의 근심을 해소했다. 이로써 마음 놓고 동방의 상은을 압박할 수 있게 된 것이다.

4년째는 기耆를 정벌했고, 5년째는 한邘을 정벌했다. 이 두 나라 역시 상은의 속국으로 모두 주의 동방에 있었고, 상은의 수도권과 가까

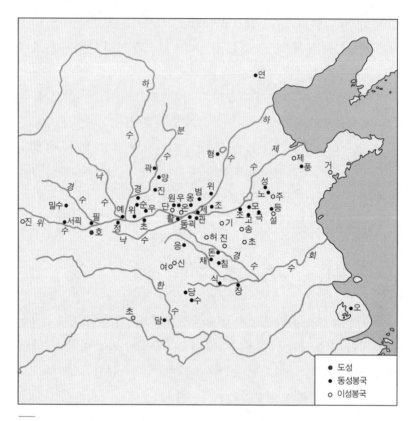

서주시대의 분봉제후도

왔다. 이 두 나라에 대한 정벌은 사실상 상은에 대한 정면 공격의 시작
으로, 상은의 도읍 조가를 직접 위협하려는 것이나 마찬가지였다. 기
와 한이 주에게 당하자 상은의 통치자들이 경악하는 것은 당연했다.
대신 조윤祖尹이 이 소식을 주왕에게 보고하자 주왕은 새파랗게 질려
"하늘이 우리 상은 왕조의 명을 거두시려나 보다!" 하며 탄식했다.

6년째는 숭崇을 정벌했다. 이는 전쟁 지역이 상은의 한복판으로 확

대된 것이나 마찬가지였다. 숭은 숭산 부근에 있는 소국으로, 상은을 공격하기 위해 거쳐야 할 마지막이자 최대의 장애였다. 숭국의 성은 높고 튼튼했고 방어도 물샐 틈 없었다. 주는 성을 공격하는 공성 기계로 좌충우돌 공격을 가했다. 그러나 상은의 장수 숭후호崇侯虎는 한 달 이상을 버티며 항복을 거부했다. 문왕은 직접 군사를 격려하며 공격에 박차를 가해 결국 숭후호를 소멸시켰다.

주 문왕이 동쪽의 상은을 정벌하기 전, 주의 도성은 기岐에 있었다. 서쪽에 치우쳐 있고 상은의 도읍과는 너무 멀어 힘이 미치기 어려웠다. 이에 서북의 소국들을 제거하여 후방을 안정시킨 다음 힘의 중심을 동쪽으로 옮겼다. 문왕은 먼저 경수涇水와 위수渭水 사이에다 화읍(華邑, 지금의 섬서성 함양 북판)을 건설하여 동방으로 세력을 확장하기 위한 전초기지로 삼았다. 기·한·숭 세 나라를 제거하여 상은의 도읍 조가를 포위하는 작전을 완성한 다음 문왕은 도읍을 기에서 풍(豊, 지금의 섬서성 호현 동북)으로 옮겨 상은을 멸망시키기 위한 마지막 준비 작업에 착수했다. 그러나 최후의 한 삽을 앞두고 문왕은 불행히도 세상을 뜨고 말았다. 대업은 아들 무왕에 의해 완수될 수밖에 없었다.

정 장공鄭 莊公

상대의 꾀에 맞추어 꾀를 쓰고, 동생을 물리치고 어머니를 가두다

정 장공은 춘추시대 정나라의 국군으로 기원전 743년부터 기원전
701까지 43년 동안 재위했다. 아버지는 무공(武公, 굴돌掘突)이고, 어머니
는 신(申, 지금의 하남성 남양시 동북) 지역의 권력자 신후申侯의 딸 무강武姜
이다. 장공은 태어날 때 어머니를 몹시 힘들게 만들어 이름을 '오생寤
生'이라 지었다. 이 때문에 어머니는 아들을 좋아하지 않았다. 그러나
장공은 계산에 능하고 모략을 잘 운용할 줄 알아 그가 국군이 된 뒤 정
나라는 춘추 초기 가장 강력한 제후국의 하나로 성장했다.

상대의 꾀에 맞추어 언鄢에서 단段을 물리치다

장공과 그 동생 공숙단共叔段은 같은 어머니에게서 난 형제였다. 그
러나 어머니는 장공을 미워하여 여러 차례 아버지 무공 앞에서 작은아
들 공숙단이 재주가 나으니 그를 계승자로 삼아야 한다고 말했다. 무
공은 허락하지 않고 오생을 태자로 삼았다. 뜻을 이루지 못한 무강은
마음이 편치 않았다. 그녀는 장공이 즉위한 뒤에도 경성(京城, 정의 도읍으
로 지금의 하남성 형양현 동남)을 동생 단의 봉지로 주라고 장공을 핍박했다.
공숙단은 경성에서 자신의 세력을 강화하면서 어머니 무강과 함께

정 장공의 상

안팎으로 호응하며 정나라 정권 탈취를 준비했다.

장공은 자신의 즉위로 어머니의 마음이 크게 상해 있다는 것을 잘 알고 있었다. 또 어머니와 동생이 안팎으로 힘을 합쳐 정권을 탈취하려 한다는 음모도 훤히 꿰뚫고 있었다. 그러나 그는 전혀 내색하지 않았다. "지혜로운 자는 말하지 않는다."(『장자』)는 자세로 "없애려거든 치켜세우고" "얻으려거든 주어야 한다."(『노자』)는 계책을 세워놓고 때를 기다렸다. 이때 정나라의 대부 제중祭仲이 공숙단이 군대를 모으고 군마를 사들이며 성지를 확대하고 있어 장차 큰 골칫거리가 될 것이라는 보고를 올렸다. 이에 장공은 "그것은 어머니의 뜻이니라." 하고 대답했다. 제중이 거듭 선수를 쳐서 우환을 제거하자고 건의했으나 장공은 기다리라고만 말했다. 얼마 뒤 공숙단이 경성 부근의 작은 성 두 곳을 차지하자 이번에는 대부 공자 여몸가 "한 나라에 두 명이 국군이 있을 수는 없습니다. 어쩌실 생각이니까? 대권을 숙단에게 넘기실 작정이라면 우리는 그의 대신이 될 것이고, 아니라면 그를 제거하여 백성들로 하여금 두마음을 품지 않게 하십시오."라며 강경하게 건의했다. 장공은 일부러 화를 버럭 내며 "이 일은 당신이 상관할 바가 아니다!"라고 소리를 질렀다.

장공은 너무 일찍 손을 썼다간 쓸데없는 시빗거리만 생기고 자신은 불효 불의한 사람이라는 소리를 듣게 될 가능성이 있다는 점을 잘 알고 있었다. 그래서 장공은 일부러 공숙단의 음모가 잇따라 드러날 때까지 놔두었다가 결정적인 순간에 공자 여에게 경성을 치도록 명령했다. 숙단은 언(정나라의 지명으로 지금의 하남성 언능현)으로 도망쳤다. 장공은 언을 공격했고, 숙단은 다시 공(共, 나라 이름으로 도성은 지금의 하남성 휘현)으로 달아났다. 장공은 또 숙단을 부추겨 난을 일으키게 한 어머니를 영성(潁城, 지금의 하남성 임영 서북)에 가두고는 "황천에 갈 때까지 보지 않으리라!" 맹서했다.

매복으로 적을 유인하여 북융을 대파하다

기원전 714년, 북융 부락이 중원의 제후국들이 해마다 혼전을 벌이는 틈을 타서 정국을 남침해왔다. 장공은 몸소 군대를 이끌고 방어에 나섰다. 당시 북융의 군대는 용감하고 강력했다. 게다가 지형적으로 보아도 정국의 병사와 수레가 북융을 맞서기에 불리했다. 적과 자신의 장단점을 잘 알고 있는 장공은 몹시 걱정이 되었다. 이때 공자 돌突이 북융 군대의 약점을 상세히 분석하여 매복으로 적을 유인하여 적을 나

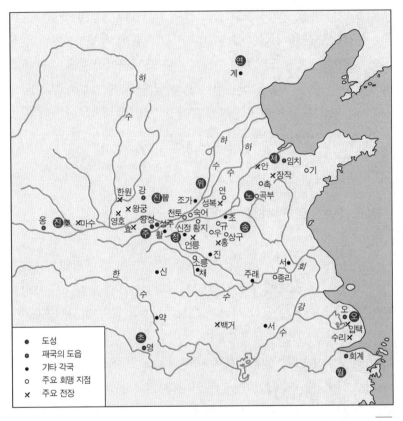

춘추시대(기원전 8세기) 대국 쟁패 형세도

누어 섬멸하는 것이 좋겠다는 계책을 올렸다. 장공도 그 계책이 아주 타당하다고 판단하여 군사를 셋으로 나누어 매복시킨 다음, 대부 축담祝聃에게 일부 부대를 이끌고 나가 먼저 적과 싸워 일부러 패한 척하며 융의 군대를 유인하도록 했다. 북융은 이 계책을 눈치채지 못하고 정의 군대가 매복하고 있는 곳으로 뒤쫓아왔다. 매복권 안으로 완전히 적이 들어오자 세 곳에서 일제히 병사들이 고함을 지르며 북융의 군대를 공격했다. 북융의 군대가 앞뒤로 서로 호응하지 못하도록 중간을 끊어 공격하는 한편 도망치던 축담의 군대도 되돌려 반격을 가하니 북융의 군대는 전후 협공을 받는 처지가 되었다. 북융의 후속 부대는 앞서 간 군대를 도울 수 없는 상황에 몰렸고, 정의 군대로부터 협공을 당한 북융의 전방 부대는 완전히 섬멸당했다.

원교근공으로 천하를 쟁패하다

'원교근공遠交近攻'은 『전국책』(「진책」)에 보이는데, 전국시대 범수范雎가 진秦나라 소왕昭王에게 펼친 외교모략의 하나다. 그러나 구체적으로 이 모략을 처음 운용한 사람은 그보다 400여 년 전의 정 장공이었다. 주 평왕平王이 동쪽 낙읍으로 천도한 뒤 주 왕실은 힘을 잃고 열국이 패권을 다투었다. 정국의 동쪽 이웃인 송宋, 북쪽 이웃인 위衛는 정과 서로 사이가 좋지 않았다. 정은 언제든지 두 나라의 협공을 받을 수 있는 위험을 안고 있었다. 장공은 적절한 기회에 노魯와 수교하고 자진해서 대부 완宛을 노나라로 파견하여 정국의 방(枋, 지금의 산동성 비현 동남에 있었던 성. 주 천자가 정후에게 태산에 제사를 드릴 때 드는 비용을 충당하라고 내린 탕목읍으로 노나라와 가까운 곳에 있었다.) 지방을 노나라에 넘겨주어 두 나라의 관계를 개선하고 싶다는 뜻을 밝혔다.

이에 강대국 제齊가 나서 정과 송의 화해를 권했다. 장공은 송과의 모순은 결코 해결할 수 없다는 것을 알고 있으면서도 재빨리 제나라의 의견을 존중하여 송·위와 결맹하겠다는 의견을 밝혔고 그로써 제나라의 호감을 얻었다.

장공은 멀리 있는 제 · 노 두 나라와 수교하는 원교의 목적을 달성함으로써 송 · 위의 동맹을 깨고 두 나라를 고립시키는 데 성공했다. 그런 다음 두 나라를 공격하는 근공의 계책을 실행에 옮겨 마침내 두 나라를 굴복시켰다.

먼저 약한 적을 쳐서 주의 군대에 대승하다

장공이 다스리는 정나라의 세력은 갈수록 커져 종주국인 주 평왕마저 깔보기 시작했다. 그 뒤 주 환왕桓王이 집정했는데도 장공은 인사를 드리러 가는 절차인 조견朝見조차 이행하지 않았다. 기원전 707년, 주환왕은 직접 주의 군대와 진陳 · 채蔡 · 괵虢 · 위衛 4개국 연합군을 이끌고 정나라 정벌에 나섰다. 장공은 수갈(繻葛, 지금의 하남성 장갈현 이북)에다 진을 쳤다. 당시 주의 군대는 셋으로 나누어져 있었고 환왕은 좌군과 진국 군대를 이끌며 장공을 공격하려 했다. 이때 정국의 자항子亢이 나서서 다음과 같은 계책을 건의했다. 현재 진국의 정세가 불안하여 병사들이 싸울 의욕을 잃고 있으니 먼저 가장 약한 진국의 군대를 공격하면 진이 먼저 흩어질 것이다. 진의 군대가 흩어지면 주나라 군대의 진열도 틀림없이 혼란에 빠질 것이다. 채와 위는 원래 힘이 약하니 틀림없이 앞을 다투어 후퇴한다. 그때 다시 힘을 모아 주의 군대를 공격하면 승리를 거둘 수 있으리라는 계획이었다.

장공은 자항의 계책에 따랐다. 아니나 다를까, 진의 군대는 단 한 번의 접전에 궤멸되었고, 채 · 위는 바로 꽁무니를 뺐다. 장공의 삼군은 즉각 힘을 모아 주의 군대를 공격했다. 정의 군대는 싸울수록 용맹해졌고, 주의 군대는 대패했다. 주 환왕은 정의 군사가 쏜 화살에 어깨를 맞고 고통을 참으면서 억지로 군대를 지휘하여 포위를 뚫고자 했다. 축담은 주 환왕을 사로잡자고 주장했으나 장공은 짐짓 인의가 중요하다는 듯 "우리는 자신을 지킬 따름이지 천자를 욕보일 수는 없다!"며 손을 내저었다. 전투가 끝난 뒤 장공은 주왕에 대한 존중의 뜻을 표시하기 위해 특사를 보내 부상당한 환왕을 위문했다. 이로부터 주 왕실의 위신은 완전히 땅에 떨어졌다. 정국은 당시 중원에서 가장 강한 제후국이 되었다.

진 문공晉 文公

90리를 양보하고, 사방을 어루만지다

　기원전 636년 봄, 진晉 공자 중이重耳는 진秦나라 군대의 호위를 받고 진국으로 되돌아왔다. 그때 그의 나이 62세였다. 19년 동안이나 외지를 떠돌던 중이가 마침내 조국으로 돌아와 진국의 국군이 된 것이다. 이가 바로 제 환공이 제후들을 쟁패한 뒤 춘추시대 두 번째로 제후의 패주가 된 진 문공이다. 진 문공은 오랜 세월 고난을 겪으면서 풍부한 이력과 정치적 경험을 쌓아 나라를 다스리는 이치를 깊이 깨치고 있었다. 그의 통치술은 경지에 올라 있었다. 패자로 군림한 시간은 그리 길지 않지만 그의 정치적 통치모략은 후대에 깊은 영향을 남겼다.

유능한 인재를 받아들이다

　중이는 열일곱 살 때부터 주변에 유능한 인재를 거느렸다. 유명한 호언·조최·가타·전힐·선진·개자추 등이 그들이었다. 배다른 형님인 태자 신생申生이 피살된 후 중이는 적狄으로 도망가 12년 동안 난을 피해야만 했다. 호언 등 중이의 측근들이 시종 그를 수행했다. 진 혜공惠公은 사인피寺人披를 적국에 보내 중이를 암살하려 했다. 이때 중이의 나이 벌써 50이었다. 중이는 서둘러 측근들과 함께 적국을

진 문공의 망명을 나타낸
『동주열국지』 삽화

떠나 제齊를 거쳐 위衛를 지나게 되었다. 그러나 위 문공은 그들을 반기지 않았다. 일행은 위에 머물지 못하고 오록(五鹿, 지금의 하남성 복양 동쪽)을 지나게 되었는데 며칠을 굶주린 탓에 마을 사람들에게 먹을 것을 구걸하지 않을 수 없었다. 그런데 이 마을 사람은 일부러 흙덩이를 먹으라고 주었다. 중이는 크게 화가 나서 채찍으로 그자를 때리려 했다. 그러자 호언이 나서 말리기를 "이는 하늘이 땅을 내리실 좋은 징조입니다. 하늘이 마을 사람의 손을 빌려 공자께 토지를 바치니 이보다 더 좋은 보물이 어디 있겠습니까?"라고 말했다. 이 말에 중이는 무릎을 꿇고 마을 사람이 주는 흙을 받은 다음 수레에 실었다.

90리를 양보하여 초의 덕을 갚다

중이는 초나라로 도망쳤다. 초 성왕成王은 중원에다 거점을 마련할수 있는 좋은 기회라고 판단하여 정중하게 중이를 접대했다. 중이는 초왕의 환대에 매우 감격했지만 진과 초 두 나라의 관계상 비굴할 수도 강경할 수도 없어 원칙적 입장을 지켰다. 성왕은 중이에게 "만약 당신이 진국으로 돌아간다면 내게 어떻게 보답하겠소?"라고 물었다. 이에 중이는 "미녀나 보물은 왕께서 많이 소유하고 계시고 상아나 모피 등 진기한 물품도 왕의 땅에서 나지 않는 것이 없습니다. 우리 진국에서 나는 것이라 해봐야 왕의 나라에서 나고도 남으니 제가 무엇으로 왕께 보답할 수 있겠습니까?" 하고 대답했다. 이에 성왕은 "그렇더라도 보답은 해야 할 것 아닙니까?"라며 보답을 거듭 요구했다. 중이는 야심만만한 성왕이 자신에게 무엇을 요구하는지 예민하게 알아챘고, 이에 정중하면서도 침착하게 "만약 왕의 힘을 빌려 진국으로 돌아갈 수 있다면, 훗날 두 나라에 전쟁이 벌어져 군대가 서로 전장에서 마주치면 제가 왕께 90리(3일 여정)를 양보하겠습니다. 이렇게 해서도 왕의 관용을 얻지 못한다면 저는 하는 수 없이 왼손에는 채찍과 활을 쥐고 오른쪽에는 활집을 매고 왕과 한바탕 싸울 수밖에요."라고 응수했다. 이 말에 초의 영윤令尹 자옥子玉이 깜짝 놀라며 중이를 죽일 것을 초왕에게 청했다. 그러나 성왕은 "진 공자는 뜻이 원대하고 생활도 검소하다. 말이 화려하지만 예의에 맞으며, 그를 따르는 사람들도 모두 충성스럽고 유능한 신하들이다."라며 자옥을 말렸다. 성왕은 여러 차례의 재난에도 중이가 죽지 않은 것은 하늘이 그를 도운 것이니 중이를 죽이는 것은 하늘의 뜻을 거역하는 것으로 생각하여 중이를 죽이지 않았다.

그 뒤 중이는 귀국하여 진의 국군이 되었고, 주 양왕 20년인 기원전

진 문공의 위업을 나타낸 조형물

632년 과연 진과 초 사이에 큰 싸움이 벌어졌다. 이것이 역사상 유명한 '성복城濮의 전투'다. 여기서 진 문공 중이는 이전 약속을 어기지 않고 3일 여정인 90리를 뒤로 물러났다. 이는 한편으로는 초국에 망명갔을 때 성왕에게 한 약속을 지키는 것이었고, 또 한편으로는 제후국들에게 진국은 은혜를 저버리는 식언食言 따위는 하지 않는다는 것을 보여주기 위해서였다. 또 진국은 어쩔 수 없이 싸우는 것이며, 초국은 졸렬하게 억지를 부린다는 의미이기도 했다. 중이는 도의상 제후국의 동정을 샀으며, 이는 곧 군사들의 사기와 직결되었다. 이어 중이는 초군의 주장인 자옥이 적을 가볍게 여기는 교만 방자한 성격이라는 사실을 이용하여 적을 깊숙이 유인하는 작전을 택했다. 적을 유인한 중이는 좌우에서 날개로 감싸듯 초군을 공격하여 대승을 거두었다.

죄를 용서하고 잔당을 제거하다

태자 신생이 피살된 이듬해 사인피는 진 헌공의 명령을 받고 포성蒲城에서 중이를 죽이려 했다. 중이는 담장을 뛰어넘어 달아났고, 사인피는 계속 추격하여 칼로 중이의 옷자락을 베었다. 그 뒤 중이가 적국으로 도망가자, 사인피는 혜공의 명령을 받고 또다시 중이를 죽이려 했다. 중이에게 사인피는 정말 철천지원수나 마찬가지였다. 중이가 집권한 뒤 혜공의 잔당인 여생呂甥 · 극예郤芮 등이 궁실에 불을 질러, 놀란 문공이 나올 때를 기다렸다가 죽이려는 음모를 꾸몄다. 이 정보를 캐낸 사인피는 문공에게 이 음모를 알려 지난날 자신이 저지른 죄를 줄여보려고 했다. 그는 문공을 찾아갔다. 그러나 문공은 그를 만나려 하지 않았다. 사인피는 "두 명의 군주를 섬기지 않는 자를 신하라 하고, 좋고 싫음을 바꾸지 않는 자를 군주라 합니다. 지난날 제 환공은 관중이 자신에게 활을 쏜 사실을 따지지 않고 그를 등용하여 패업을 이룩했습니다. 상탕 때 이윤이 태갑太甲을 동궁桐宮으로 내쫓았기 때문에 태갑은 훌륭한 군주가 될 수 있었습니다. 지난날의 원한 때문에 저를 보려 하시지 않는다면 장차 화가 군께 미칠 것입니다."라고 말했다. 문공은 그를 만났고, 그는 곧 일어날 불미스러운 일을 알렸다. 문공은 변장을 하고 몰래 나라를 빠져나가 비밀리에 진秦 목공穆公을 만났다. 영생과 극예는 왕궁에 불을 질렀으나 문공을 찾지는 못했다. 진 목공은 여생과 극예를 황하 가에서 죽였다. 이어 문공과 목공은 연합하여 음모 집단을 뿌리 뽑았다. 사인피는 문공에게 등용되어 문공이 패자가 되는 데 적지 않은 도움을 주었다.

존왕양이, 패업을 달성하다

문공은 정권을 쥔 다음 헌공 이래 혼란으로 흔들려온 진국을 안정시키겠다고 결심했다. 그는 군신들이 올리는 온갖 계책들에 충분히 귀를 기울였고, 이를 바탕으로 사회를 정돈하고 안정시켰으며, 내정을 개혁하고 군대를 상·중·하 삼군으로 개편하는 등 전력을 강화했다. 진국에는 일순간 생기가 넘쳤고, 국력은 강성해졌다. 진 문공은 환갑을 넘긴 나이에 즉위했기 때문에 미래가 많지 않았다. 그러나 패업 성취를 향한 의지는 대단히 강렬했다. 그는 잘 알고 있었다. 진국이 패업을 이루려면 '존왕양이尊王攘夷'의 기치를 세워야 한다는 사실을. 왜냐하면 진국은 주왕의 인척인 희姬 성의 대국이었기 때문이다. 진국 사람들은 여러 해 동안 융적과 섞여 살아왔기 때문에 기질이 강하고 싸움을 잘했다. 진국은 또 지키기는 쉬워도 공격하기는 힘든 지리적 여건을 갖추고 있었기 때문에 이 우세한 여건을 잘 살리면 빠르게 제후국을 대표하는 패자가 될 수 있었다.

주 양왕 16년(기원전 636년), 주왕의 동생 태숙 자대子帶가 적국 군대와 결탁하여 경성 낙읍을 공격하고 왕위를 빼앗으려 했다. 양왕은 정국으로 도망친 다음 제후국들에게 군대를 동원하여 왕을 지킬 것을 요구했다. 진 문공은 호언과 조최의 계책에 따라 대군을 이끌고 나가 적의 군대를 대파하고 태숙 자대를 사로잡았다. 그리고 양왕을 호송하여 낙읍으로 돌려보내 주 왕실을 안정시키는 공을 세움으로써 제 환공이 다시 세상에 내려왔다는 칭송을 듣기까지 했다. 주 양왕은 연회를 베풀어 문공을 위로하는 한편 왕기(王畿, 왕도 부근의 땅) 내의 양번(지금의 하남성 제원현)·원성(지금의 하남성 제원현 서북) 등의 땅을 문공에게 하사했다.

성복의 전투 이후 진 문공은 천토(踐土, 지금의 하남성 정주시 북쪽)에다 주

70

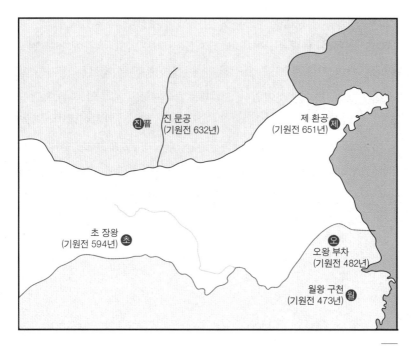

진 문공
(기원전 632년)

제 환공
(기원전 651년)

초 장왕
(기원전 594년)

오왕 부차
(기원전 482년)

월왕 구천
(기원전 473년)

'춘추 5패' 상황도

왕을 위해 왕궁을 짓고 각 제후국들을 거느리고 천토회맹을 개최하여 맹약을 맺었다. 이어 주 양왕에게 초나라 포로와 전리품 및 땅을 바쳤다. 주 양왕은 책서策書로 진 문공을 제후의 영수인 패자로 명하는 한편, 큰 수레와 그에 상응하는 복장과 의장 그리고 붉은 활 하나와 붉은 화살 백 개, 검은 활 열 자루와 화살 1,000개, 향주 한 단, 왕 국자 한쌍, 용사 300명을 하사했다. 그리고 천자의 명에 복종하여 사방의 제후를 다독거리고 사악을 징벌하게 했다. 진 문공은 세 번 사양한 다음 명령을 접수했다.

그해 겨울, 진 문공은 다시 옛 땅에서 제후들과 회맹했다. 그는 주 양왕도 초청하여 명목상이나마 제후들을 거느리고 주왕에게 조견을 올리는 한편 그에게 사냥을 권했다. 이런 행동은 실제로는 천자를 끼고 제후를 호령하는 것이었다. 이 때문에 공자는 "제후의 신분으로 군주를 초청하는 것이 될 말인가?"라며 흥분했다. 그래서인지 『춘추』에는 이 일을 피휘(避諱, 천자의 체면과 관련하여 불미스러운 일을 그대로 기록하지 않고 피하는 전례)하여 그대로 기록하지 않고 그저 "왕이 하양(지금의 하남성 맹현)에서 사냥을 했다."고 했다. 진 문공의 권세가 당시 주 천자를 통제하기에 충분했음을 알 수 있다.

진 목공秦 穆公

현명한 인재를 모으고, 서융의 패자가 되다

진 목공은 춘추오패의 하나로 진晉나라가 중원에서 패자를 칭한 전
후로 점차 강대해지기 시작했다. 진 목공은 성공成公의 자리를 이어받
아 백리해百里奚, 건숙蹇叔, 유여由余 등을 모신謀臣으로 임용하여 안으
로 나라를 다스리며 날로 국력을 강화시켰다. 밖으로는 서융西戎을 정
벌하여 국토를 천리나 넓혔다. 진 목공은 참으로 용인술에 능한, 크고
뛰어난 재능과 원대한 지략을 겸비한 춘추시대의 군주라 할 수 있다.

널리 인재를 모으고 제후들의 패자로 칭하다.

고대의 군왕은 정권을 공고히 하고 국가를 통치하기 위해 널리 인재
를 임용했다. 진 목공이 제후들의 패자로 칭하게 된 것은 인재가 중요
하다는 것을 깊게 숙지하고 있었기 때문이다. 그는 온갖 방법과 계책
으로 현명한 사람들을 모았다. 백리해는 본래 우虞나라 사람(지금의 산서
성 평륙현 동북쪽, 삼문협 부근)이다. 기원전 655년, 진晉 헌공獻公은 우나라의
길을 빌려 괵虢나라를 정벌하고 돌아오다가 내친김에 우나라도 멸망
시켰다. 이때 백리해도 진晉나라에 포로로 잡혔다. 진秦나라는 아주 외
진 서쪽 부근에 있었기 때문에 오랑캐인 융戎과 적狄 사이에서 섞여 살

진 목공의 상

고 있었다. 토지도 협소했고, 단지 경수涇水와 위수渭水가 흐르는 골짜기에 의지하며 살고 있었다.

동쪽으로는 진晉나라가 있었다. 따라서 진 목공이 중원으로 진출하여 제후들의 패자가 위해서는 반드시 진晉나라와 교류를 터서 우호 관계를 유지하는 것이 관건이었다. 진 목공은 자신의 원대한 정치적 목적을 달성시키기 위해서 공자 집縶을 파견하여 진晉나라에 국혼을 청했다. 이때는 백리해가 진晉나라 포로로 있은 지 1년째 되던 해다. 진 헌공은 자신의 큰딸을 진秦 공자에게 시집보냈다. 아울러 일군의 노비들로 그녀를 시종하게 했는데 백리해도 그중에 있었다. 백리해는 공자

집을 따라 진秦나라로 가는 도중에 탈출, 초나라로 달아났다.

진 목공은 백리해가 재능 있는 사람이라는 것을 소문으로 알고 있었다. 그는 백리해를 중용하기 위해 천금을 아끼지 않고 초나라 성공成公에게 되돌려달라고 청할 계획이었다. 그러자 어떤 이가 반대하며 말했다. "초나라 사람들이 아직까지 백리해가 인재인 줄 모르고 있는데, 만약 천금을 아끼지 않고 청한다면 초왕이 그를 쉽게 내보내지 않을 것입니다." 이에 진목공은 당시 일반 노예의 가격인 다섯 장의 양가죽을 보내 초나라 성공에게 말했다. "나의 노비 중에 백리해라는 자가 있는데 당신 나라로 도망갔습니다. 청컨대 다섯 장의 양가죽을 보내니, 그를 다시 돌려받고 싶습니다." 초왕은 흔쾌히 동의하고, 백리해를 진秦나라로 보냈다. 이때 백리해의 나이는 이미 70여 세였다. 진목공은 백리해와 만나 부국강병의 도리를 의논해보고는, 그가 나라를 다스리는 데 꼭 필요한 인재임을 새삼 깨달았다. 백리해는 건숙을 추천했고, 건숙은 진 목공에게 명석한 군주가 되는 도리를 개진했다. 진목공은 그의 말의 듣고 매우 기뻐하며 건숙을 우상으로, 백리해를 좌상으로 삼아 전심전력으로 나라를 다스리도록 했다.

얻으려면 먼저 주고, 진나라 혜공을 생포하다

기원전 647년, 진晉나라는 대 가뭄을 만나 국내의 곡식 창고가 텅텅 비었다. 다급해진 진晉 혜공惠公은 진秦나라에 사신을 보내 양식을 빌려 오도록 했다. 그러나 진 목공의 입장에서는 이때가 진晉나라를 공격할 절호의 기회였다. 과거에 진 혜공은 진秦나라의 도움으로 진晉나라의 군주가 된 뒤, 하서河西 일대의 8성城을 진秦나라에 할양하기로 한 약속을 지키지 않았다. 이후 진 목공은 이를 계속 마음 한편에 담아 둔 채 분노를 삭이고 있었다. 따라서 진晉나라가 가뭄의 난관에 봉착한 현재의 상황은 그야말로 하늘이 복수를 위해 마련해준 절호의 기회가 아닐 수 없었다. 그러나 대신 공손지公孫支가 말했다. "흉년과 풍년은 교대로 출현하게 됩니다. 도와주지 않을 수 없습니다." 건숙과 백리해도 거들어 말했다. "어느 나라든지 천재지변을 면할 수 없습니다. 그런 변을 만나면 이웃나라로서 마땅히 구해주어야 합니다. 비록 그 나라의 임금이 우리에게 죄를 지었으나, 백성들은 무슨 죄가 있겠습니까?" 진 목공은 대신들의 의견을 받아들여 진晉나라에 육로와 수로를 통해 대규모 곡식 원조를 했다. 진나라는 간신히 백성들을 구할 수 있었고, 이 덕분에 진 목공은 진晉나라 백성들의 호감을 사게 되었다.

그다음 해인 기원전 646년, 진秦나라에도 천재지변이 찾아와 흉년으로 농작물을 거둘 수 없었으나 진晉나라는 대 풍년이었다. 진秦나라는 사람을 보내 진晉나라에 빌려준 양식을 돌려달라고 했다. 그러나 진 혜공은 빌린 곡식을 갚기는커녕 그 기회를 틈타 진秦나라를 공격했다. 이 사건으로 진 목공은 진晉나라를 반격할 명분을 얻을 수 있었다. 양군은 한원(韓原, 섬서성 한성현 서남쪽 일대)에서 전투를 벌였다. 기원전 645년(주 양왕 7년, 진 목공 15년), 진 목공은 진晉나라 군대에 포위되어 부상을 입고 곧 포로가 될 처지에 빠졌다.

그 전에 한번은 진 목공이 양산(梁山, 섬서성 기산현)에 사냥을 나갔다가 몇 마리의 말을 도둑맞은 적이 있었다. 이튿날 사병들이 산골짜기에서 시골 사람 수백 명이 말고기를 먹는 것을 발견했다. 병사들은 진 목공에게 이를 보고하고 부대를 보내 그들을 소탕하고자 청했다. 진 목공이 말했다. "그만두어라! 말은 이미 죽었지 않느냐. 지금 그들을 잡아와 벌을 주면 내가 말 몇 마리 때문에 백성들을 해쳤다는 소리만 들을 것이다." 그러고는 병사들에게 몇 단지의 좋은 술을 그 백성들에게 보내주라면서 이런 말을 전하게 했다. "군주께서 당신들이 좋은 말고기를 급히 훔쳐 먹다가 너무 느끼하고 소화가 되지 않을 것을 걱정하여 이 술을 상으로 보낸다." 이 말을 들은 사람들이 모두 무릎을 꿇고 죄를 빌었다. 이렇게 몇 단지의 술로 목공은 인심을 사로잡았다. 그들은 목공이 친히 대군을 거느리고 진晉나라와 전투를 벌인다는 소식을 듣자 모두 전쟁터로 나왔다.

진 목공이 위급한 처지에 빠지자 그들은 죽기를 각오하고 큰 도끼를 손에 들고 진晉나라 군인들을 맹렬하게 베어 죽였다. 진군은 사분오열되어 동분서주했고, 마침내는 포위망을 뚫고 들어가 목공을 구해냈다. 승기를 잡은 목공의 군대는 진군을 압박하여 진 혜공을 사로잡을 수 있었다.

자신의 과오를 엄히 반성하고, 장병을 아끼고 사랑하다

기원전 628년, 진晉 문공文公이 죽자 진 목공은 맹명시孟明視 등의 장수들로 하여금 정나라를 기습하도록 했다. 출정 도중에 정나라 상인 현고弦高를 만났다. 현고는 진秦나라가 정나라를 기습하는 것을 눈치채고 농간을 부렸다. 즉, 자신이 팔려고 가져온 소를 정나라 군주가 진나라 병사를 위로하기 위해 보낸 것이라고 거짓말을 한 것이다. 이는 정나라가 이미 진나라의 기습에 대비하고 있으니 공격을 단념하라는 암시였다. 그러자 빈손으로 돌아갈 수 없었던 장수들은 진晉나라 국경 근처에 있던 활滑나라를 공격하여 멸망시키고 철군했다. 애당초 이 공격은 명분도 없고 실익도 없는 것이었다. 이에 자극을 받은 진晉

진 목공의 인재들을 그린
『동주열국지』 삽화(오른쪽이 백리혜)

나라는 효산崤山에 군사를 매복시켰다가 철군하는 진秦나라 군대를 몰살하고 세 장군을 사로잡았다.

얼마 후 진晉나라가 세 장군을 석방하여 돌려보냈다. 건숙 등의 대신들은 장수들의 징벌을 진언했지만, 진 목공은 이들의 의견을 물리치고 무리한 전쟁을 강행시켰던 자신의 잘못을 인정했다. 그러고는 맹명시 등의 장군에게 말했다.

"이번 실패의 책임은 나에게 있지, 그대들에게는 아무 잘못이 없다.

사소한 잘못으로 그대들의 큰 공덕을 가려서는 안 된다."

목공은 세 장군의 관직과 봉록을 회복시켜주었을 뿐 아니라 그들을 더욱 중용했다.

3년 후 여름, 목공은 맹명시로 하여금 대군을 이끌고 진晉나라를 공격하게 하여 대승을 거두었다. 승전보를 전해 들은 목공은 상복을 입고 효산까지 왔다. 그러고는 3년 전 전투 때 사망한 자국 병사들의 백골을 수습하여 묘지를 만들어주고 그들을 위해 3일 동안 추도식을 거행했다. 목공은 대성통곡한 뒤 전체 장병들 앞에서 다음과 같이 맹세했다.

"장병들이여! 내 그대들에게 맹세하노니, 옛사람들은 일을 도모함에 노인의 가르침을 따랐기에 과실이 없었다. 앞으로는 이를 명심하여 두 번 다시 과오를 저지르지 않겠다."

사람들은 깊이 감동했고, 목공의 인품과 덕성을 칭송해마지 않았다.

융왕에게 이간책을 써서 서융을 정벌하다

서쪽 이민족의 왕인 융왕戎王은 유여由余를 사신으로 보내 진秦나라의 허실을 살펴보도록 했다. 유여는 원래 진晉나라 사람으로, 현인으로 소문이 난 사람이다. 진 목공이 그와 더불어 치국治國의 도를 담론해보니, 과연 매우 뛰어난 현재賢才였다. 유여가 물러나자 진목공은 내사 왕료王廖를 불러 말했다.

"이웃 나라에 성인이 있으면 상대국에게 우환이 된다고 했습니다. 융나라에 유여라는 현인이 있으니 우리가 향후 서융西戎의 패자가 되는 데 큰 장애가 될 것 같습니다. 어찌하면 좋겠습니까?"

이에 왕료는 융왕에게 춤 잘 추는 미녀들을 보내 융왕과 유여의 사이를 이간질시키고, 국정을 돌보지 못하도록 만들자고 건의했다. 목공은 그의 말대로 16명의 춤추는 미녀들을 융왕에게 보냈다. 진나라의 미녀들을 본 융왕은 매우 기뻐하면서 한동안 환락 속에 빠져 헤어 나오지 못했다. 또 유여에게 성대한 연회를 베풀고 장기간 진나라에 머물게 하여 융족의 병력에 대한 정보를 빼냈다. 나중에 귀국한 유여는 사태가 심상치 않음을 느끼고 여러 차례 융왕에게 간언을 올려 음란한 생활에서 벗어나 국정을 돌보라고 했지만 받아들이지 않았다. 그런 상황에서 목공은 암암리에 사람들을 보내 유여를 진나라로 초빙했고, 융왕에게 실망한 유여는 마침내 진나라로 망명했다. 기원전 623년, 목공은 유여의 계책으로 군사를 일으켜 융족과 서융 일대를 완전히 평정했다. 진나라의 영토는 천리나 늘어났고, 드디어 서융의 패자가 되었다.

노자老子

무위無爲의 학설을 세우고 강함과 부드러움의 도를 제창하다

1987년, 미국 대통령 레이건은 국정보고서 중에서 "큰 나라를 다스리는 것은 작은 생선을 삶는 것과 같다."는 노자의 명언 '치대국治大國, 약팽소선若烹小鮮'을 인용했다. 이는 "작은 생선은 자주 뒤집으면 오히려 먹을 것이 없다."는 뜻으로, 경우에 따라 무엇이든 가만히 두면서 지켜보는 것이 가장 좋은 정치란 의미다. 이 말은 당시 미국인들의 마음을 사로잡았고, 이후 한때 미국에서는 노자 열풍이 일어났다.

노자는 춘추시대 말기 사람이다. 그의 이름에 대해서는 여러 설이 분분한데, 성은 이李씨, 이름은 이耳, 자는 담聃이라는 설, 자는 백양伯陽이고 담은 시호라는 설, 혹은 성은 노씨, 이름은 담이라는 설도 있다. 기원전 571년에 출생했으므로 공자보다 약 20여 세 정도 연장자로 알려져 있다. 주나라 왕실의 수장실收藏室에서 도서를 관리하는 사관史官을 지냈다. 훗날 주나라 왕실이 쇠약해져가는 것을 보고 은퇴했는데, 어떤 사람은 그가 푸른 소를 타고 서쪽의 함곡관函谷關으로 가는 것을 보았다고 한다. 그는 다시 돌아오지 않고 일생을 은거하며 지냈다. 도가道家의 창시자인 노자는 "억지로 일삼지 않는다."는 '무위無爲'의 다스림을 통치사상으로 삼았다. 이 사상은 중국 봉건사회의 정치 통치에 심대한 영향을 끼쳤다. 노자는 90여 세까지 살았다고 전해지는

소를 타고 떠나는 노자의 모습을 그린 그림

데, 중국 최초의 본격적인 역사서 『사기史記』를 남긴 태사공太史公 사마
천司馬遷은 대략 160살, 혹자는 200살까지 장수했다는 설도 있다고 했
다. 어떤 설이 옳은지는 단정할 수 없지만 노자가 장수했을 거라는 점
은 공통된다.

공자가 동주東周의 수도인 낙읍洛邑에 와서 노자에게 예법의 학문에
대한 가르침을 청한 적이 있는데, 당시 노자는 공자에게 이렇게 말했다.

"어진 상인은 창고에 많은 물건을 간직하고 있으면서도 겉보기엔 아무
것도 없는 것처럼 보이며, 군자라는 것은 안에 크고 훌륭한 덕이 있으

면서도 용모는 어리석은 자와 같다고 하오. 당신도 그 교만한 기상과 허다한 욕심과 허세와 정도에 지나친 마음을 버리시오. 이는 모두 그대 자신에게 무익하오. 내가 그대에게 말해줄 수 있는 것은 이 뿐이라오."

노자를 만나고 돌아온 공자는 제자들에게 노자에 대한 인상을 다음 과 같이 말했다.

"나는 새는 화살로 쏘아 떨어뜨릴 수 있고, 헤엄치는 물고기는 낚아 올 릴 수 있으며, 달리는 짐승은 그물로 잡을 수가 있지만, 용에 대해서는 짐작조차 할 수 없었다. 그 출몰과 변화가 자유자재라 풍운을 타고 하 늘에 오르고 연못에 잠기며 변화가 무쌍하기 때문이다. 오늘 만난 노자 가 용과 같은 인물이었다. 그 학덕은 넓고 멀고도 깊어 도저히 헤아릴 수가 없었다."

현존하는 노자의 『도덕경道德經』 상 · 하권은 모두 81편에 5천여 글 자로 이뤄져 있다. 이 책은 중국 역사상 처음으로 민간 속어를 바탕으 로 쓴 운문 형식의 글로, 인생과 우주에 대한 원리를 담고 있는 동시에 노자의 사상을 집대성한 철학 명저이자 저명한 모략서이기도 하다.

당나라의 왕진王縉은 『도덕경논병요의술道德經論兵要義術』이란 책에서 "노자의 책은 병법에 속하지 않는 글이 없을 정도다."고 말했고, 청나 라 때 사상가 왕부지王夫之는 『송론宋論』「신종神宗」에서 "병법을 말하는 자는 노자를 으뜸으로 삼는다."고 했다. 근대의 유명한 수필가 임어당 林語堂은 노자에 대해 "전 세계 문단 가운데 가장 찬란한 자기 보호를 위한 음모陰謀 철학이다."고 논한 적이 있었다.

무위의 다스림은 노자의 가장 중요한 정치모략사상이다. 노자는 이렇게 말한다.

"무위로 다스리지 못할 것이 없다."(『노자』 3장)
"백성을 사랑하고 나라를 다스림에 무위의 방식으로 할 수 있는가?"(10
장)
"가장 훌륭한 군주는 그가 있는지조차 알지 못한다."(17장)

성인聖人은 무위의 방식으로 사회를 다스리기 때문에 다스리지 못함이 없다고 노자는 생각했다. 자연에 순응하며 억지로 일삼지 않음으로써 백성을 사랑하고 나라를 다스리는 것이 성인의 큰 덕이다. 가장 현명한 임금은 무위하는 임금이다. 행동하되 직접 말로 가르침을 펴지 않기 때문에 백성들은 각기 그 천성을 지키며 살아간다. 백성들은 구속됨 없이 자연스럽게 노동하고 안식하며 살아가기에 심지어는 임금이 존재하는지조차 모른다. 가장 못난 최하의 임금은 백성들을 가볍게 여기고 모욕하는 통치자다. 이런 임금은 권모술수로 백성을 우롱하고 속인다. 따라서 법령이 시행되지 않는다. 말에 신의가 없으니 백성들도 임금을 신임하지 않는다. 현명한 임금은 유유자적하며 무위로 보낸다. 함부로 법령을 고쳐 시행하지 않기에, 백성들은 편안히 맡은 바 일을 즐기면서 풍족한 이익을 거둔다. 늘 이와 같으니, 백성들은 현명한 임금의 공로를 느끼지 못하고 자신들이 원래 이렇다고 여기는 것이다.
양자거陽子居가 일찍이 노자에게 "영명한 임금은 어떻게 천하를 다스립니까?"라고 묻자는 노자는 이렇게 말했다.

"영명한 임금은 그 공로가 천하를 덮어도 자기의 공로가 아니라 하고, 만물에 교화를 베풀지만 백성들은 그에게 의지하지 않는다. 백성들은 그의 영향을 말하지 않아도 그와 더불어 기뻐한다."

또 『노자』 48장에서는 이렇게 말했다.

"무위로써 다스리면 다스리지 못하는 것이 없다. 천하를 취하는 것은 억지로 일을 꾸미지 않을 때만 가능하다. 억지로 일을 꾸미면 천하를 취하기에 부족하다."

도가의 정신으로 수련하여 자신의 정욕과 망상을 날마다 제거해나 간다면 무위의 경지에 도달할 수 있고, 그리되면 무위로써 다스리지 못할 것이 없는 경지에 이른다는 것, 이것이 노자의 주장이다. 무위로 천하를 다스리면 천하를 다스리지 못할 걱정을 하지 않아도 되고 천하에 안 좋은 일도 없다는 것이다. 이와 반대로 자기의 뜻대로만 천하를 다스리려 하면 도리어 천하를 다스릴 수 없다고 한다.

어째서 "무위로써 천하를 다스릴 수 있는가?" 노자는 "성인은 고정된 마음 없이 백성의 마음을 자신의 마음으로 삼기 때문이다."고 답한다.(49장) 또한 "도는 항상 아무것도 하지 않는 것 같지만 하지 않는 것도 없다. 군왕이 그 도를 지킬 수 있다면 만물은 저절로 이루어질 것이다."(37장)고 말했다. 여기서 도를 무위라 한 것은, 도란 자연을 따르며 자연의 변화의 규율을 준수하기 때문이다. 그 규율이란 '상(常: 변함없음)'을 말한다. "상을 아는 것은 밝음이다. 상을 알지 못하면 미망으로 화를 불러일으킨다."(16장) "얻으려 하면 잃고, 지키려 하면 잃는다."(64장) 억지로 하려고 하면 반드시 실패하고 억지로 지키려고 하면 잃어버린다는 것이다. 결론은 이렇다. "(성인은) 만물의 자연스러움(저절로 그러함)을 도울 뿐이니, 감히 억지로 하지 않는다."(64장)

요컨대 만물의 자연적 규율을 돕고 강압적으로 꾸미지 않으며 객관적 규율에 따라 일 처리를 한다는 것이다. 자연에 맡기고 이치에 따라 일하는 것이 바로 노자학의 정수이고 무위 다스림의 기본 내용이다. 이런 모략은 말하자면 일종의 고차원적인 지도자의 예술이다. 군주는 선량한 백성은 선량하게 대하고, 선량하지 못한 사람들은 그냥 방치하지 않고 감화시킨다. 성인은 천하를 다스림에 사욕이 없고 적막(適莫: 꼭 그래야 하는 것과 절대 그래서는 안 되는 것)이 없다. 그의 다스림에 백성들은 순박해지고 투기하는 마음이 없어진다. "나라는 바름으로 다스리고, 전쟁은 기교로 하며, 천하는 '행하지 않음[無事]'으로 얻는다. ……내가 무위로 대하면 백성은 감화되고, 내가 고요히 있는 것을 좋아하면 백성은 스스로 바르게 되며, 내가 일을 만들지 않으면 백성은 스스로 부유해지고, 내가 욕심을 부리지 않으면 백성은 스스로 소박해진다."(57장)고 했다. 내가 무위를 견지하면 일반 백성은 제 스스로 감화되고, 내가 조용히 있는 것을 좋아하면 백성들은 스스로 단정해지며, 내가 간섭하고 분란을 일으키지 않으면 백성들은 스스로 부유해지고, 내가 사욕 없이 행동하면 백성들은 스스로 순박해진다는 것이다.

정치적으로 노자는 "무위로 정치를 하고, 일 없음을 일로 삼는다."(63장)를 중요시했다. 그리하여 "일을 꾸미지 않으면 걱정이 없고, 걱정이 없으면 사람들은 편히 거처하며 자기 일을 지킨다. 정치는 간소하고 백성들은 편안하다."고 했고, "일을 꾸미지 않음으로써 천하를 취한다."고 했다.

춘추전국시대의 사회는 어지럽고 불안했다. 당연히 인심은 고요하고 안정됨을 갈망했다. 노자의 무위 다스림은 이런 백성들의 갈망을 어느 정도 반영한 것이다. 중국 역사상 큰 난리를 겪은 뒤에는 제허수정制虛守靜의 치국 방책을 삼았는데, 백성들에게 휴식과 양생의 기회를 줌으로써 큰 발전을 이룰 수 있었다.

미국에서 나온 『미래의 행정 지도자』란 책에는 『도덕경』의 "공을 이루고 일을 성취했어도 백성들이 모두 말하기를 내가 절로 그리되었다."는 구절이 인용되고 있다. 많은 성과를 낸 미국의 한 저명한 과학 연구기관 리더에게 누군가가 관리법에 대한 가르침을 청했다. 그러자 리더는 벽에 써 붙여놓은 좌우명을 가리켰는데, 그것은 바로 노자의 명언인 '무위의 다스림(무이위치無爲而治)'이었다.

노자는 용병用兵과 치국治國의 경계를 분명히 하고, 그 각각에 다른 모략 방식을 사용하고 있다. 그는 "바름으로써 정치를 한다(이정치국以正治國)."에 불만을 표한다. 왜냐하면 '정正'은 공자가 '정政'으로 보았기 때문에 여전히 무위無爲가 아닌 유위有爲의 다스림이기 때문이다. 바름으로 나라를 다스리고 기교로 용병하는 것은 노자의 '무위의 다스림' 사상과는 부합되지 않는다. 노자는 법령이 너무 많으면 필연적으로 금

공자가 노자를 찾아가 만나는 장면을 묘사한 벽돌 그림

기도 많아지게 되고 백성들은 걸핏하면 법규를 위반하게 되어 안심하고 노동에 종사할 수 없게 되며, 생활은 편안하지 못한다고 보았다. 정부는 모략술을 더 많이 시행하고, 권력 있는 자는 서로 아귀다툼을 하며 국가는 혼란에 빠지게 될 것이 자명하고 사악한 일들이 잇달아 터져 나와 끝이 없을 것이라고 했다. 법령은 더욱 가혹해지고 백성은 삶은 더욱 피폐해져 도적은 날이 갈수록 많아지게 된다고 보았다. 때문에 성인이 나라를 다스리면 "내가 무위로 대하면 백성은 감화된다."고 했고 자기 갈 길에 따라 스스로 많은 복을 구하여 자연히 소박하게 변한다고 했다.

"정치가 느슨하면 백성이 순박해진다."(58장)

나라를 다스리는 자가 무위무사無爲無事하면 그 나라는 정치가 혼탁해질 것 같아도 기실 백성들의 생활은 안정되고 그들의 덕성은 오히려 순박하고 인정이 두터워진다. 화복에 관해서도 노자는 사람들에게 이렇게 경계했다. "화에는 복이 기대어 있고, 복에는 화가 숨어 있다."(58장) 이 사상에는 심오한 변증법이 내포돼 있어, 후일 정치·군사 영역의 뛰어난 리더들은 이 도리를 깨우쳐 변화무쌍한 현실 무대에서 시종일관 주도적인 역할을 했다.

"큰 나라를 다스리는 것은 작은 생선을 삶는 것과 같다."(60장)

노자가 치국의 도를 비유한 말이다. 그는 대국을 다스리는 것도 작은 생선을 삶는 것과 마찬가지라고 보았다. 작은 생선을 삶을 때는 너무 센 불로 가마를 달구지 않도록 하고 계속해서 뒤집어줘야 흐물흐물

바스러지지 않는다. 나라를 다스릴 때도 마찬가지다. 원대한 대책이 있어야 하며 정령政令을 자주 바꾸어선 안 된다. 정령이 조변석개하면 사람들은 누구를 따라야 할지 혼란스럽게 된다. 근심 걱정을 품게 되고, 내일 또 어떻게 변할 줄 몰라 불안해한다. 그리되면 국가에 난리가 일어날 수밖에 없다. 이는 노자의 기본 정치모략술인 '무위의 다스림'을 치국에 구체적으로 적용한 방법이다.

노자의 소박한 변증법 사상은 후세 모략사상에 많은 경고를 남겨주고 있다. 노자는 말했다. "약한 것이 강한 것을 이기고, 부드러운 것이 단단한 것을 이긴다."(78장) 그는 사람들이 유약柔弱의 법칙을 지킬 수 있다면 적들로부터 자신을 안전하게 지킬 수 있고 나아가 전쟁에서 이길 수 있다고 했다. 그는 약자의 도를 물에 비유했다.

"천하에 물보다 부드럽고 약한 것이 없지만 단단하고 강한 것을 공격하는 데 물을 이길 것이 없다."(78장)

세상 모든 사물 중에 물보다 부드럽고 약한 것은 없지만, 강하고 단단한 것을 공격하는 데 물보다 더한 것도 없다.

"세상에서 그지없이 부드러운 것이 세상에서 더할 수 없이 단단한 것을 이긴다."(43장).
"부드러운 것이 강한 것을 이기고, 물러서는 것이 나아가는 것이다. 굽힌 뒤에 펼 때를 기다린다."

이런 명구들은 노자의 처세, 치국의 모략사상을 예술의 경지까지 끌어올린 것들이다. 노자는 투쟁의 모략과 예술을 적극적으로 연구했다. 노자가 말한다.

"장차 그것을 오므리고자 하면 반드시 먼저 펴지게 하고, 장차 그것을
약하게 하고자 하면 반드시 먼저 그것을 강하게 만들어야 한다. 장차
그것을 폐하고자 하면 반드시 흥성하게 하고, 장차 빼앗고자 하면 반드
시 먼저 주어야 한다."(36장)

전쟁에 대한 노자의 기본 사상은 이렇다. "좋은 무기는 상서롭지 못
한 것이라 모두가 싫어하니 도를 따르는 사람은 그것을 가까이하지 않
는다. 군자는 평소에는 왼쪽을 귀히 여기고, 용병할 때는 오른쪽을 귀
히 여긴다. 무기는 상서롭지 못한 물건이라 군자가 쓸 것이 못 된다.
부득이 써야 할 때는……."(31장) 그래서 다음과 같이 주장했다. "도로
써 군자를 보좌하는 이는 군사력으로 천하에 강함을 드러내지 않는
다."(31장) 그는 말했다. "힘으로 남을 복종시키면 사람들은 복종하지
않을뿐더러 기회가 오기를 기다려 다시 보복하려 든다. 부득이한 용병
은 단지 위난을 구제하는 것에 그칠 뿐이니 호기를 부려 무력을 남발
해서는 안 된다."
그는 당시에 빈번했던 재물 약탈 등 의롭지 못한 전쟁을 통치자의
죄악으로 보아 전쟁을 강렬하게 반대했다. 하지만 동시에 부득이한 정
황에서는 다른 나라의 침략에 반대하는 전쟁을 벌일 수도 있다고 했
다. "부득이 써야 한다면 욕심 없이 담담하게 쓰는 것이 최상이다."(31
장) 즉, 부득불 전쟁을 할 경우에는 분노와 탐욕을 버리고 담담한 평정
심으로 임해야 한다는 것이다.

"좋은 사람은 이룬 것에 그치고 더 이상 강해지려 않지 않는다. 이뤄낸

결과에 대해 자랑하지 않고 뽐내지 않고 교만하지 않는다. 이룬 것은 어쩔 수 없이 이룬 것이고, 이루었다고 강해지려 하지 않는다."(30장)

즉, 정의의 전쟁일지라도 승리하면 그만이지 위세를 부리지 말아야 한다는 것이다. 침략을 제지했으면 그만둔다.

"싸워 이겨도 이를 좋게 여기지 않는다. 이것을 좋게 여기는 것은 살인을 좋게 여기는 것이다. 살인을 좋아하는 자는 천하에 뜻을 얻을 수 없다."(31장)

말인즉슨, 이겼다고 득의만만하지 말라는 것이다. 승리를 득의만만해하는 것은 살인을 즐기는 것이다. 살인을 즐기는 자는 천하 사람들이 그에게 귀부하지 않는 법이다. 그런 자는 천하를 다스릴 방법이 없다.

용병에 관하여 노자는 당시 병가兵家의 명언을 인용했다.

"내가 감히 먼저 군사를 일으키지 않고 단지 적에 응대하며, 나는 한 치 앞으로 나아가지 않고 한 자 뒤로 물러난다."(69장)

그 뜻은 내가 먼저 도발하여 전쟁을 일으키지 말고 단지 부득이한 경우에 응전을 한다는 것이다. 작전 때에는 차라리 90리(옛날 사흘간의 행군 거리)를 피할지언정 호기를 부려 무모하게 돌진하지 않는다. 이 사상에서 군을 통솔하는 작전은 "행군하려 해도 진영이 없고, 팔뚝을 걷어붙이려 해도 팔뚝이 없으며, 잡으려고 해도 병기가 없고, 잡아채려고 해도 적이 없다는 것이다."(69장)

이는 뒤에서 적을 제압하는 용병 모략의 방침이다. 비록 행진行陣이 있더라도 마치 무진무열無陣無列한 듯이 보이고, 비록 팔소매를 걷어 올리지만 마치 걷어 올릴 팔이 없는 듯이 하고, 비록 병기가 있지만 그런 병기가 없는 듯하고, 비록 강적을 대하고 있지만 적이 없는 듯이 나아간다는 뜻이다. 이러면 도리어 앞에서 적을 제압할 수 있다. 노자는 또 말했다.

> "재앙은 적을 가볍게 여기는 것보다 더 큰 것이 없으니 적을 가볍게 여기면 내 보물을 다 잃게 될 것이다. 그러므로 비슷한 군사가 서로 부딪칠 때는 애통해하는 사람이 이긴다."(69장)

병사를 통솔하면서 작전을 벌일 때 치명적인 것은 적을 가볍게 보는 것이다. 적을 가볍게 보면 가장 근본적인 보물을 잃어버린다. 노자가 말하는 '보寶'는 "첫째 자비이고, 둘째 검소함이며, 셋째 감히 천하의 앞에 나서지 않는 것이다."(67장) 자비는 병사를 어린아이처럼 힘써 보호하게 하고 그러면 병사들은 용기를 불러일으킨다. 검소함은 덕을 쌓은 자원이니 그 응용은 무궁무진하다. 감히 천하의 앞에 나서지 않는다는 것은 반대로 천하 사람들에게 지지를 받을 수 있다는 뜻이다. 삼보三寶 중에 자비를 가장 귀히 여긴다. 자애로 통솔하고 전쟁에서 승리하고 수비를 견고하게 할 수 있으면 하늘도 그들을 호위한다.

> "훌륭한 장수는 무력을 보이지 않고, 싸움을 잘하는 사람은 노하지 않는다. 적을 잘 이기는 사람은 남과 다투지 않고, 남을 잘 부리는 사람은 아래에 머문다."(68장)

노자의 모략사상은 사회에 널리 전해졌다. 예컨대 '대성약결(大成若

缺: 크게 이루어진 것은 흠이 있는 듯하다)', '대영약충(大盈若沖: 크게 채워진 것은 마치 빈 듯하다)', '대직약굴(大直若屈: 큰 곧음은 마치 구부러진 듯하다)', '대교약졸(大巧 若拙: 큰 재주는 마치 졸렬한 듯하다)', '대변약눌(大辨若訥: 뛰어난 능변은 마치 더듬는 듯하다)', '약지승강(弱之勝强: 연약한 것이 강한 것을 이긴다)', '유지승강(柔之勝剛: 부드러운 것이 단단한 것을 이긴다)' 등등. 사람들은 노자의 이런 모략을 사회 실생활에서 적용할 때마다 『노자』라는 책을 재삼 생각하게 된다.

노자는 많은 나라를 돌아다니면서 실업의 걱정과 재해를 입은 조국의 통한 그리고 떠돌이 생활의 고통과 근심 속에서 일생을 살았다. 총 81장으로 된 『노자』는 그가 평생 겪은 사회 경험의 결정판이라 할 수 있다. 그는 주 왕실의 도서관 관리로 있으면서 얻은 풍부한 지식에다 철학적 추상을 더했다. 『노자』는 박대정심(博大精深: 넓고 크고 정교하고 깊음) 한 철리哲理를 상세히 해석한 책으로, 중국 문화의 정수이자 인류 모략 사상의 중요한 핵심이라 할 수 있다. 통계에 따르면 외국에서 각종 언어로 번역된 『도덕경』 판본은 100여 종에 달한다고 한다. 어떤 학자는 시로써 이렇게 찬미했다.

"5천 경문은 쓸 때마다 항상 새롭구나.
도덕의 근본이요, 역리의 뿌리라네.
노자는 늙지 않았고, 영원히 청춘이어라.
녹읍鹿邑의 선철先哲이자 세계의 명인名人이라네."

자산子産

큰 나라를 섬기고, 작지만 강한 나라를 만들다

자산은 성이 국國, 이름은 교僑이다. 자산은 그의 자다. 정鄭나라 목 공穆公의 손자이기도 하다. 그래서 흔히 정자산이라 부르기도 한다. 기 원전 547년 재상에 임명되어 기원전 522년 세상을 뜨기까지 20년 넘게 국내 정치의 혁신에 심혈을 기울였으며, 대외적으로도 실용적인 외교 활동을 벌여 열강들이 감히 정나라에 칼을 겨누지 못하게 했다. 공자 는 자산이 세상을 떠났다는 소식을 듣고 눈물을 흘리며 "그는 고대에 어짊과 사랑의 풍모를 지닌 화신이었다!"며 애통해했다.

당시 정나라는 소국인 데다 진晉과 초楚라는 두 강대국 사이에 끼여 있어 두 나라의 신경을 모두 건드릴 수 없었다. 초가 오면 초와 동맹하 고 진이 오면 진과 동맹하지 않으면 안 되었다(여기서 '조진모초朝晉暮楚', 즉 '아침에는 진나라, 저녁에는 초나라'라는 성어가 나왔다). 양쪽 모두를 돌아봐야 하 는 힘겨운 외교정책에다 내부의 투쟁까지 첨예하게 대립하고 있었다. 자산은 바로 이런 상황에서 재상이 되었다. 그는 국내의 정치 질서를 회복했을 뿐만 아니라 일련의 교묘한 외교 활동을 통해 약한 정나라를 열강 사이에서 쓰러지지 않고 우뚝 설 수 있게 만들었다. 이에 따라 정 치적 지위도 존중받게 되었다.

정자산의 초상화

강경과 온건을 함께 구사하고, 정치를 깨끗하게 하다

정치를 어떻게 해나갈 것인가에 대해 자산은 자신의 경험을 근거로
다음과 같은 결론을 내렸다.

"정치는 두 가지 방법밖에는 없다. 하나는 너그러움이고, 하나는 엄격
함이다. 덕망이 높고 큰 사람만이 관대한 정치로 백성들을 따르게 할
수 있다. 물과 불을 가지고 비유하면 적절할 것이다. 불이 활활 타오르
면 백성들은 겁을 먹는다. 따라서 불에 타 죽는 사람은 아주 적다. 물은
성질이 부드럽기 때문에 백성들이 겁을 내지 않는다. 그래서 물 때문에
죽는 사람이 많은 것이다. 관대한 통치술이란 물과 같아 효과를 내기가
여간 어렵지 않다. 그래서 엄격한 정치가 훨씬 더 많은 것이다."

공자도 이런 정치관을 칭찬했는데, 자산이 자태숙子太叔에게 해준 말을 듣고는 다음과 같이 말했다.

"일리가 있다. 지나치게 관대하면 백성들이 게을러져 통치에 복종하지 않는다. 그렇다고 엄격한 법으로 다스리면 상처를 면키 어려워 다시 관대함으로 돌아간다. 따라서 강경과 온건을 함께 구사하여 서로 보완 작용을 하도록 해야만 정책이 통하고 인화를 이룰 수 있다."

자산이 병든 지 몇 달 만에 세상을 떠나자 자태숙이 뒤를 이어 재상이 되었다. 그는 차마 엄한 정치를 펼치지 못하고 관대한 정책으로 일관했다. 그 결과 정나라에 도적이 갈수록 늘고 사회 치안이 혼란에 빠졌다. 자태숙은 "그분(자산)의 말을 들었더라면 이런 골치는 없었을 것을."이라며 후회했다. 그리하여 사회를 혼란하게 만드는 강도들을 무력으로 잡아들이고 죽였더니 사회 치안이 비로소 점차 회복되었다.

자산은 재상으로 있으면서 통치 집단 내부의 암흑, 정치 문란, 민중들의 무법, 불법 비리 등 범국가적인 혼란에 맞서 먼저 국가 질서를 정돈하는 일부터 손을 댔다. 법규와 제도를 건전하게 다듬고 통치 기구의 등급을 제대로 갖추었으며, 각종 법률 조항을 형정刑鼎에다 새겨 전국에 반포했다(이는 아마 중국 최초의 성문법이 될 것이다). 각종 엄격한 제도를 실행하기 시작했다. 그러나 줄곧 혼란 속에 빠져 허우적대던 정나라에서 이런 조치는 결코 순조롭게 이행되지 못했다. 백성들은 원망의 목소리를 끊임없이 냈고, 심지어는 노래까지 만들어 자산을 저주했다. 그러나 자산은 시정 개혁을 굳세게 밀고 나갔다. 그리하여 3년에서 5년 사이에 정나라의 정치는 큰 효과를 보게 되었고, 백성들은 다시 노래를 지어 자산을 칭송했다.

정자산은 아무것도 남기지 않고 죽어 장례를 치를 비용조차 없었다. 백성들이 그를 생각하여 돈이며 패물을 가져왔지만 자손들은 그것을 거절했다. 백성들은 돈과 패물을 자산의 집 앞을 흐르는 시내에 던졌고, 시내는 황금물결이 일었다. 그때부터 이 시내는 금수하라 불렸고, 지금 하남성 정주시 한복판을 흐르고 있다.

이렇게 엄격한 정책을 밀고 나가는 동시에 자산은 민심도 마찬가지로 중시하여 관용의 정치적 분위기를 조성했다. 정나라에는 '향교鄕校'라 부르는 교육 기구가 있었다. 이 기구는 원래 통치 계급 중 하층 대부大夫나 사士 등 지방 귀족을 교육시키기 위해 설치한 것인데, 시간이 지날수록 정치 활동의 장소로 변질되어 당파를 짓고 폭동을 일으키는 쪽으로까지 발전했다. 자산의 아버지 자국子國은 이 폭동의 와중에서 피살되었다.

대부 연명然明이 자산도 아버지와 같은 해를 당하지나 않을까 걱정이 되어 자산에게 향교를 없애자고 건의했다. 자산은 그 건의에 대해 이렇게 말했다.

"왜 향교를 없애려 하는가? 조만간 그곳에 모여 권력을 쥔 사람들의 장단점을 논의할 텐데. 그들이 칭찬하는 점은 계속 유지하고 비판하는 점은 고치면 될 터이니, 그곳이 바로 우리의 스승이 될 것이다. 충성스럽게 백성을 위해 좋은 일을 하면 백성의 원성도 줄어들 것이다. 위엄과 사나움만 가지고는 원망을 막을 수 없다. 사람은 누구든지 비난을 받으면 그것을 하루빨리 제지하려 한다. 그러나 이는 마치 넘치는 홍수를 막으려는 것과 같다. 홍수로 인한 피해는 많은 사람들을 다치게 하여 어찌해볼 수가 없다. 제방을 터서 물길을 다른 곳으로 흐르게 하느니만 못하다. 향교를 남겨두는 것은 사람들의 논의를 듣는 것 자체가 좋은 약으로 병을 낫게 하는 것과 마찬가지기 때문이다."

연명은 자산이 큰일을 해낼 것이라 생각했다. 이 이야기를 들은 공자는 "자산더러 어질지 못하다고 말하는 자가 있다면 나는 그 이야기를 믿지 않을 것이다."고 했다.

모순을 이용하여 귀족들을 제압하다

정나라는 오랫동안 큰 나라들에게 통제 당해왔기 때문에 통치 계층 내부의 귀족 세력도 이해관계에 따라 상호간 모순이 겹겹이 쌓여 있었고 권력 쟁탈을 위한 살상과 같은 상호 투쟁도 그칠 날이 없었다. 자산은 재상이 된 뒤 국내의 이런 상황을 깊이 인식하고 있었다. 처음부터 고압적인 수단으로 나간다면 각종 세력이 연합하여 반발할 것이 뻔했다. 그는 잠시 모순을 이용하여 양측 모두 상처를 입힌 다음 다시 하나하나 징벌하는 책략을 구사하기로 결심했다.

당시 사駟씨 집안의 자석(子皙, 공손흑)은 일찍이 양良씨 집안의 우두머리 백유伯有를 죽인 적이 있었다. 처벌을 받아야 마땅했으나 사씨의 세력이 워낙 강했기 때문에 자산은 잠시 죄를 추궁하지 않고 지켜보았다. 서오범徐吾犯에게 아리따운 여동생이 있었는데, 자남(子南, 공손초)이 이미 그녀를 아내로 삼고자 했음에도 사촌형 자석은 이를 모른 척하고 그녀에게 흑심을 품었다. 서오범이 이 사실을 자산에게 고발했다. 자산은 이는 국가의 정치를 혼란하게 만드는 것이라고 말했다. 그 뒤 서오범의 여동생은 결국 자남에게 시집을 갔다. 이에 자석은 크게 화를 내며 갑옷을 입고 자남을 찾아가 그를 죽이고 그 아내를 빼앗으려 했다. 자남은 자석의 음모를 알고는 창으로 자석을 찔러 상처를 입혔다. 돌아온 자석은 이를 깨물며 "내가 좋은 뜻에서 찾아갔는데 뜻밖에 그가 내게 상처를 입혔다."며 엉뚱한 소리를 늘어놓았다.

대부들은 이 사건을 어떻게 처리할 것인가를 놓고 상의했다. 자산은 자석이 문제를 일으켰다는 것을 잘 알고 있으면서도 나이가 젊은 자남에게 죄가 있다고 판결하면서 그가 다섯 가지 법규를 위반했다고 말했다. 국군이 엄연히 조정에 계시는데 무력을 사용한 것은 위엄을 무시하는 것이고, 법을 위반한 것은 정치 명령을 듣지 않는 것이며, 자석은 상대부고 자남은 하대부인데 복종하지 않은 것은 귀인을 존중하지 않은 것이고, 젊은 사람이 공경하지 않는 것은 장자를 받들지 않는 것이며, 무기를 사촌형에게 사용한 것은 친속을 봉양하지 않은 것이라는 이유에서였다. 그러고는 자남을 오吳나라로 내쫓았다. 그 뒤 자석이 반란을 일으키려 하자 자산은 자석의 세 가지 죄상을 꼽아 자석을 자결케 했다. 그리고 그 죄상을 적은 나무를 시체 위에 올려놓고 거리를 돌며 조리돌리게 했다.

비굴하지도 않고 신경을 긁지도 않고 대국을 설득하다

정나라가 생존하기 위해서는 외교의 성패가 매우 중요했다. 자산은 집정 기간에 제후들과 여섯 차례 이상 동맹을 가졌는데, 민첩한 외교 수단으로 정나라의 굴욕적인 모습을 일변시켜 명예와 지위를 누리게 했다.

기원전 542년, 자산은 간공簡公을 수행하여 진晉을 예방했다. 진의 국군은 일부러 노魯 양공襄公의 장례를 핑계대면서 접견을 질질 끌었다. 마냥 기다릴 수만 없었던 자산은 계책 하나를 생각해냈다. 그는 수행원들에게 빈관의 담장을 다 허물고 수레와 마차를 모두 뜰 안으로 몰고 오게 했다. 외국 손님의 접대를 책임진 예빈관禮賓館 사문백이 항의했다. "최근 우리나라에 도적이 날뛰고 있어 빈객들이 피해를 받는 것을 방지하기 위해 그렇게 높은 담장을 쌓았는데 귀하께서는 그 담장을 왜 허물었단 말입니까?" 자산은 전혀 동요 없이 이렇게 말했다.

"우리는 귀국의 초청을 받고 후한 예물을 갖추어 귀국의 국군을 뵈러 왔는데, 당신들은 만날 시간이 없다고 하고 또 만날 날짜도 확정되지 않았으니 우리가 가지고 온 예물들이 밖에서 비바람을 맞아 모두 썩고 있습니다. 귀국의 문공 때에는 각국의 빈객들을 잘 대접하고 빈관도 호화롭고 편안하여 빈객들을 감동시켰습니다. 그런데 지금 국군은 호화롭고 장엄한 이궁에서 살면서 빈관은 누추한 골목의 극장 같고 좁기는 수레와 마차도 다닐 수 없을 정도입니다. 도적을 예방한다고 해놓고서 경비 하나 없습니다. 이 예물들을 보호하기 위해 하는 수 없이 담장을 허문 것입니다. 귀국의 국군이 노의 국군을 위해 복상하시겠다니 우리 국군도 그렇게 해야겠지요. 귀국이 예물을 받아 가면 우리는 바로 담장을 고쳐놓고 귀국하겠소. 그러니 귀하께서 우리 뜻을 전해주시오."

진국의 재상이 보고를 받고는 도리에 어긋났다는 것을 인정하고 사문백을 통해 자산에게 사과했고, 국군도 서둘러 간공을 만나 융숭하게 접대한 뒤 환송까지 했다. 빈관을 다시 지었음은 물론이다.

기원전 529년, 진晉은 평구平丘에서 제후들과 회맹했다. 자산은 정나라를 대표하여 회맹에 참석했다. 각국 대표들은 순서대로 맹서했고 모두 이의가 없었으나 자산은 회비 분담을 줄이는 문제를 제기하고 나섰다. 그는 다음과 같이 말했다.

"예로부터 납부 조항은 작위 등급에 따라 규정하는 것입니다. 우리 정나라는 등급이 백남伯男에 해당하는데도 공후公侯 등급의 의무를 부담해왔으니 부담이 너무 큽니다. 우리같이 작은 나라로서는 부담할 수 없을 정도입니다. 헌금액을 줄여주시기 바랍니다. 회맹을 거행하는 목적이 소국의 생존을 유지하기 위한 것일진대 부담이 너무 크면 소국들은 자멸하고 말 것이고, 이는 회맹의 큰 뜻에 어긋나는 것 아닙니까? 우리의 존망은 오로지 오늘에 달려 있으니 신중하게 고려해주십시오."

이 제안을 진이 받아들일 리 없었다. 하지만 자산도 양보하지 않았다. 정오에 시작된 회맹은 저녁까지 계속되었지만 결론을 내리지 못했다. 대부분의 시간이 이 제안을 논의하는 데 할애되었다. 이렇게 해서 맹주 진국의 체면은 갈수록 구겨졌고, 전체 국면을 고려하여 진의 국군은 자산의 요구를 받아들일 수밖에 없었다.

공자孔子

기운은 사시四時에 갖추어져 있고, 교화는 만세에 드리웠다

공자(기원전 551~기원전 478년)의 이름은 구丘, 자는 중니仲尼다. 노나라 추읍(陬邑, 지금의 산동성 곡부현 동남) 사람이다. 어릴 적에 집이 가난하고 천했으며, 성장하여 노나라에서 회계와 목축 등과 관련된 벼슬아치로 있다가 후에 사구司寇, 즉 재상의 직무 대행을 했다. 그러나 얼마 후 면직되자, 강학講學과 여러 나라를 떠도는 일에 전념했다. 그는 춘추전국 시대의 위대한 사상가이자 교육자였고, 유가儒家의 창시자이며, 동시에 모략가이기도 했다. 정치와 군사 영역에서 공자의 모략사상은 역대 왕조의 통치 수단에 크고 깊은 영향을 끼쳤고, 그 외 다른 영역의 사유방식에도 영향을 주었다.

공자가 살았던 춘추 말기는 노예사회가 날로 쇠미해지고 봉건사회가 흥기하기 시작하는 때였다. 주나라 왕실은 예전의 권력과 위신이 추락했고, 천하 정국은 동요하는 변혁의 소용돌이 속에 있었다. 기원전 546년, 즉 공자가 출생한 뒤 5~6년이 지난 즈음은 진晉나라와 초나라 양대국의 수십 년간 전쟁이 끝나고 모두 기진맥진한 상태에서 휴전의 분위기가 조성되고 있었다. 송나라 대부 융분戎奔이 진晉·초·제·진秦나라 사이를 분주하게 다니면서 4대국 간의 전쟁 중지를 주장하니 여타 중·소국들은 이에 반대할 수가 없었다. 진晉·초 등 13개 제후국들은 송나라에서 미병대회弭兵大會를 열고 휴전 맹약을 성사시켰다.

대사구 시절의 공자 초상화

이후 제후 간의 합병 전쟁은 줄어들었지만, 각 나라의 내부, 특히 큰 나라 내부의 권신 혹은 씨족 간에 서로 공격하고 죽이는 일이 많아졌다. 신하는 임금을 시해하고, 자식은 아비를 살해하며, 남의 환심을 사려고 교묘한 말과 아첨하는 얼굴을 하고 다니며, 분수에 넘치는 행동에 예의를 무시하는 일들이 다반사처럼 자행되고 있었다. 공자 역시 노나라의 계씨季氏, 맹씨孟氏, 숙손씨叔孫氏 등 3대 가족이 공실公室을 나눠 먹는 것을 직접 듣고 보았다. 이 동요와 변혁의 시기에, 공자는 세상에 큰 도가 펼쳐지기를 희망하는 동시에 늘 태평성대를 꿈꾸었다. 이처럼 세상과 백성을 걱정하는 마음에서 그는 "아침에 도를 들으면 저녁에 죽어도 좋다."는 '조문도朝聞道, 석사가의夕死可矣'라는 말까지 남길 정도였다.

공자는 노년에 이르기까지 세상을 구하려는 장한 기상을 지켰으며,

남들로부터 안 될 줄 알면서도 행하는 사람이라는 말을 들었다. 사회에 대한 강렬한 사명감으로, 공자는 정치, 사상, 교육 등의 영역에서 자신의 총명함과 재능을 발휘했다. 그가 죽은 후 제자들이 그가 남긴 언행을 기록하여 책으로 펴냈는데, 그것이 바로 『논어論語』다. 이 책은 중국 문명사에서 영원히 빛날 저작이며, 인류가 남긴 모략의 보물창고 속에서 가장 진귀한 보물이라고 할 수 있다.

덕정을 나라 다스리는 도의 으뜸으로 삼다

공자는 "정치란 바름이다." "덕으로 정치를 한다."고 했다. 덕정德政은 유가의 정치 이상理想이다. 공자는 요와 순 임금을 숭상했는데, 그들을 가리켜 "무위의 다스림"을 하고 "자기를 공손히 하고 똑바로 남쪽을 향해 앉아 있을 뿐이다."고 했다. "자기를 공손히 하고 똑바로 남쪽을 향해 앉아 있을 뿐이다."는 것은 정사를 덕으로 했다는 뜻이다. 공자의 모든 정치사상에는 이런 관념이 깔려 있다. 자기를 바르게 하면 뭇사람들이 공손히 따를 것이요, 무위의 다스림을 실현하기 위해서는 '바름[正]'으로 '정치[政]'를, 즉 덕으로 정사를 해야 한다는 것이다. 그저 준엄한 형법에 의거하여 법을 어긴 사람을 모두 잡아 죽인다면 사람들은 통치자의 폭정이 두려워 길에서 만나도 말도 못 하고 눈짓으로만 뜻을 나누게 된다. 그런 사회는 영원히 안정되지 못할 것이다.

계강자季康子가 치국의 방법에 대해 공자에게 가르침을 구한 적이 있었다. 그가 나라를 다스리기 위해 "무도無道한 자를 죽여 도道가 있는 데로 나아가는 것은 어떻습니까?" 하고 묻자, 공자는 이렇게 대답했다. "그대는 정치를 함에 무엇 때문에 사람을 죽이려 합니까? 그대가 선하면 백성들도 선해집니다. 군자의 덕은 바람이요 소인의 덕은 풀이니, 풀은 바람이 불면 반드시 따라 눕게 됩니다." 이는 "대들보가 바르지 못하면 기둥도 비뚤어진다."는 말과 같은 이치다. 제나라 환공이 보라색 옷을 좋아하여 보라색 옷감 값이 폭등하자 환공이 즉각 보라색 옷을 싫어했고[환공오자의桓公惡紫衣], 초나라 영왕이 가는 허리를 좋아하자 다이어트 열풍이 불었다는 고사[영왕호세요靈王好細腰]도 통치자의 행위가 정치 교화에 얼마나 큰 영향을 끼치는지를 반증한다.

공자는 교화를 주장하고, 엄중한 형법은 아주 위급한 상황에서만 쓰라고 했다. 그는 대사구大司寇를 지낼 때 이렇게 말한 적이 있었다. "송사를 청취하고 처리하는 일은 나도 남과 마찬가지다. 그러나 그보다는 송사가 없도록 해야 할 것이다."

백성의 마음을 얻는 자가 승리한다

역대 정치가들은 모두가 간명하면서도 중요한 모략 하나를 가슴 깊이 숙지하고 있었다. 민심을 얻으면 천하를 얻는다는 것! 이는 2천 년 전에 공자가 통치와 전쟁의 기본 원칙으로 내놓은 것이다. 『좌전左傳』의 기록에 의하면 제齊 간공簡公 4년(기원전 481년) 제나라 진항陳恒이 간공을 시해했다. 신하가 군주를 시해한 이 사건은 당시의 정치 도덕관으로 본다면 대역무도한 짓이라 제나라 민중 대부분이 이에 반대했다. 공자는 노魯 애공哀公에게 건의하기를, 진항의 자국 군주 시해를 일반 민중이 반대하고 있으니 노나라도 그들과 더불어 반드시 진항의 난을 평정해야 한다고 주장했다. 노 애공은 공자의 건의를 받아들여 제나라를 공격했다. 여기서 공자가 민중의 힘과 마음을 정치 수단으로 삼았음을 알 수 있다.

『사기』「공자세가孔子世家」에서는 침략 전쟁은 정의로운 전쟁이 아니므로 오로지 민중의 지지에 의거하여 제지할 수 있다고 했다. 기원전 486년, 제나라의 전상田常이 반란을 일으켰으나 제나라의 실권은 경대부卿大夫인 고씨高氏, 국씨國氏, 포씨鮑氏, 안씨晏氏 가문에 있었다. 전상은 그들을 두려워하여 그들의 군대로 노나라를 공격하도록 선동했다. 노나라는 매우 위급한 상황에 처하게 되었다. 노나라의 존망이 달려 있는 이때 공자는 제자들을 격려하면서 "노나라는 조상들의 무덤이 있는 곳이고 부모의 나라다. 나라의 위급함이 이와 같은데 너희들은 왜 나서지 않느냐?"고 말했다. 제자들은 앞장서서 국난을 타개하기 위해 달려갔다. 공자는 민중을 동원하는 한편, 제자 자공을 각국에 외교 사신으로 보내 노나라를 보존하고 제나라에 대란이 일어나게 했다.

공자가 활동했던 시기는 전쟁이 끊이지 않았고 백성들의 원성은 하늘을 찌를 듯이 높았다. 백성들은 안심하고 살아갈 수가 없었다. 공자는 왕실이 쇠미해지는 상황에서 나라를 다스리고 백성을 편안하게 하기 위한 기본 방책으로 민중을 기본으로 하는 한편 '의義'를 내세웠다.

동서고금을 막론하고 나라를 다스리기 위해서는 정치, 경제, 군사 세 방면을 고려하지 않을 수 없다. 이 삼자의 관계는 국가의 안위에 지대한 영향을 끼친다. 이에 대한 공자의 사상은 "식량을 풍족하게 하는 것, 군비를 넉넉히 하는 것, 백성들이 믿도록 하는 것."(『논어』「안연顏淵」)이었다. 공자는 백성이 부유하고 경제가 발달하면 군비를 충실히 할 수 있고, 백성들의 국가와 위정자에 대한 믿음이 충만해진다고 보았다. 동시에 공자는 이 삼자 중에서 군비보다는 식량을, 식량보다는 백성의 믿음이 더 중요하다고 말했다. 『논어』에는 다음과 같은 기록이 보인다.

노나라 애공이 유약有若에게 물었다. "흉년이 들어 나라 재정이 부족하니 어찌하면 좋겠소?" 유약이 대답했다. "왜 백성들의 세금을 10분의 1로 감소시키는 철徹이라는 세법을 시행하지 않으십니까?" "10분의 2로도 부족한데 어찌 그 철 세법을 쓸 수 있겠소?" 그러자 유약이 말했다. "백성이 풍족한데 어찌 임금 혼자만 부족할 것이며, 백성이 부족한데 어찌 임금 혼자만 풍족하겠습니까?"

이는 만고의 명언이다. 이 문답은 백성에게 믿음을 주는 것에 대한 공자의 구체적인 설명이라고 할 수 있다. 경제가 어려우면 국가도 곤란해지지만, 이런 상황에서도 백성에게 믿음을 심어주면 민족의 응집력이 커지니 국가는 세금을 더 거두지 말고 마땅히 감세를 해야 한다고 주장한 것이다. 『논어』 「헌문憲問」에는 다음과 같은 기록이 있다.

공자의 제자 남궁괄南宮适이 공자에게 여쭈었다. "예羿는 활을 잘 쏘았고, 하夏나라 한착寒浞의 아들은 수전水戰에 능했는데, 모두 제명에 죽지 못했습니다. 그러나 우禹와 직稷은 전쟁을 하지 않고 몸소 농사를 지었으나 천하를 가지게 되었습니다." 그러자 공자는 남궁괄을 크게 칭찬하면서 말했다. "그대는 진정한 군자다. 도덕을 숭상하는 사람이구나!"

이 사례도 공자 사상을 가장 잘 설명해주는 부분이다. 무력만을 숭상하는 자는 그 결과가 좋지 못하고, 도덕을 숭상하고 백성들의 믿음을 얻는 자가 종국에 천하를 얻게 된다. 거시적으로 나라를 다스리려는 공자의 모략사상은 넓고도 정밀하고 심오하다. 만약 한 나라가 국가의 재정 상황을 고려하지 않고 무력을 남발하고 전쟁을 일삼으면 군비 지출은 국가 경제가 감당할 능력을 초과하게 된다. 그런 국가는 먹을 것이 풍족해질 수 없으며 군비도 충실히 할 수 없다. 국가 경제의 파탄도 두렵지만, 더 두려운 것은 그로 인해 민족의 자부심과 응집력도 뿔뿔이 흩어지는 것이다. 이런 사상은 오늘날에도 귀감으로 삼을 만한 것이다.

그렇다고 오직 백성의 믿음만으로는 전쟁의 승리를 보증할 수 없다. 반드시 백성을 가르쳐 전투에 임해야 한다. 『논어』「자로子路」에 "선인善人이 칠 년 동안 백성을 가르친다면 그 백성들도 전쟁에 나아갈 수 있다."고 했다. 만약 백성을 작전에 투입하려면 먼저 훈련을 시켜야 한다는 뜻이다. 또 말하길 "가르치지 않은 백성을 가지고 전쟁을 하는 것은 그들을 내버리는 것이다."고 했다.

공자는 전투 승리와 더불어 백성들의 생명을 소중히 하는 점을 민신民信 사상에 구체적으로 드러냈다. 민중에 대해 공자는 신信과 의義를 중시했다. 의는 가장 보배롭고 귀한 것으로, 단지 용맹하기만 하고 의롭지 못하면 토비土匪나 강도일 뿐이라고 했다. 『논어』「자한子罕」에 "아무리 큰 부대라도 그 장수를 빼앗을 수 있지만 아무리 필부라도 그 지조는 빼앗을 수 없다."는 천고의 명언을 남겼다. 이는 공자가 백성을 다스리는 데 신와 의를 얼마나 중시하는지를 보여주는 것이다.

문무를 겸비하고 좋은 계략을 세워 성사시키다

공자는 장수라면 어려움에 처해서도 놀라지 않고 용기와 계략은 물론이고 문무를 겸비해야 한다고 했다. 『논어』「술이述而」에 이런 기록이 있다.

자로가 물었다. "선생께서 삼군을 지휘하신다면 누구와 함께하시겠습니까?" 공자가 말했다. "맨손으로 범을 잡으려 하고 맨발로 황하를 건너려 하면서 죽어도 후회하지 않는다는 사람과는 나는 함께하지 않을 것이다. 일을 앞두고 반드시 조심하고 두려워하며 계획을 잘 세워 성사시키는 사람과 함께할 것이다."

공자는 특별히 세 가지 일에 대해 신중한 입장을 취했는데, '제사', '전쟁', '질병'이 그것이었다. 그는 특히 전쟁에 신중했다. 전쟁은 국가의 존망과 안위를 가르는 큰일이기 때문이다. 그래서 공자는 장수 된 자는 경솔하게 전투를 추진해서는 안 되고, 용기와 계략뿐 아니라 문무도 겸비해야 한다고 명확히 지적했다. 공자는 일생 동안 정치와 군사 활동에 참여했고, 그 자신 문무를 겸비한 대 모략가였다.

공자는 평생 치국의 도를 탐색했으나 그가 처한 사회 조건하에서는 이를 실행할 수가 없었다. 뒤에 노魯 정공定公이 공자를 중도장관中都長官으로 임명했는데, 그가 일을 맡은 지 1년 만에 각지에서 그의 방법을 본받게 되었다. 공자는 중도장관에서 사공司空으로 승진했고, 다시 대사구大司寇로 승진했다. 노 정공 10년(기원전 500년) 봄, 제나라의 대부 여서黎鉏가 경공景公에게 말했다.

"노나라에서 공구(孔丘, 공자)를 중용하여 국내 형세가 날로 호전되고 발전하면 반드시 제나라가 위급해질 것입니다. 수단과 방법을 가리지 말고 노나라를 힘으로 굴복시켜야 합니다."

그래서 사신을 노나라에 보내 협곡夾谷에서 우호 회담을 거행하기로 했다. 노 정공은 조금도 경계하지 않고 수레를 타고 협곡으로 가 우호 회담에 성실히 임할 생각이었고, 공자에게 대사구의 신분으로 일의 안배와 처리를 분명히 하도록 명했다. 공자가 말했다.

"비록 의례적인 우호 회담일지라도 반드시 군사적으로 대비를 해야 하고 또 그렇지 않는 회담일지라도 반드시 의례적인 절차가 필요합니다. 제후가 나라 국경을 넘어살 때는 분부 관원이 따라가며 군사들이 호송해야 하니 청컨대 좌우 사마司馬와 함께 가셔야 합니다."

이로 미루어볼 때 공자의 모략 의식은 노 정공보다 훨씬 깊었음을 알 수 있다.

쌍방이 선물을 교환한 후, 제나라 관원이 경공에게 말했다.

"청컨대 사방 각 민족의 음악을 연주하는 것을 윤허해주십시오."

경공은 흔쾌히 승낙했다. 제나라 음악대들이 나왔는데, 깃발을 앞세우고 머리에는 깃털을 꽂고 털 가죽옷을 걸쳐 입고, 손에 긴 창과 두 갈래 창, 검, 방패 등의 병기를 들고 벌떼처럼 모여 요란하게 춤을 춤 추는 모습이 당시 소수민족의 모습을 그대로 재현하는 듯했다. 공자가

공자의 사당인 공묘 대성전

이를 보고 재빨리 대에 올라가 가장 높은 계단에 이르기 전에 옷소매를 높이 휘날리며 말했다.

"두 나라의 군주가 우호 회담을 하는데, 굳이 오랑캐의 음악을 연주할 필요가 있습니까? 이 일을 주관하는 관리에게 모두 물리치라고 명령하시오."

그러고는 좌우에 앉은 제나라의 안자晏子와 경공을 노려보자, 경공은 스스로 회담 분위기에 맞지 않는 것을 깨닫고는 손을 흔들어 악대를 물리쳤다. 제나라 관리들이 다시 궁중악을 연주할 것을 청하자 경공이 이를 승낙했다. 제나라의 광대놀이와 난쟁이로 조직된 악대가 노래 부르고 춤을 추며 올라왔다. 공자가 또 서둘러 앞으로 나와서 말했다.

"이런 조잡한 광대꾼들이 제후를 희롱하는 것은 그 죄가 사형에 해당하니, 이 일을 주관하는 관리는 빨리 형을 집행하시오."

관리는 어쩔 수 없이 난쟁이와 광대꾼들의 허리를 자르는 형을 집행했다. 경공은 이를 보고 두려워하며 도의상 자신들이 노나라에게 진 것을 깨달았다. 뒤에 노나라에게 배상을 하게 되었는데, 이전에 노나라를 침탈하여 빼앗은 운鄆, 문양汶陽, 귀龜 등의 토지를 돌려주고 노나라에게 사과했다.

이 협곡의 회담에서 공자의 계획이 주도면밀하지 않고 적절하게 응기응변하지 못했다면 공자는 노나라의 관직에서 물러났을 것이고, 그 이후의 벼슬살이는 꿈도 꾸지 못할 상황에 처했을 것이다.

정공 14년(기원전 496년) 공자가 56세가 되었을 때, 그는 대사구에서 재상을 대리하여 석 달 동안 집정했다. 이때 상인들은 물건 가격을 함부로 올리지 않았고, 남녀들은 각기 예의를 지켰으며, 길에 떨어진 것을 줍지 않았다. 사방에서 상인과 손님이 도시로 몰려오자 이를 담당하는 부서에서는 자신들의 직무와 책임을 다하여 몸소 나서 열정적으로 접대했다. 그러나 선물이나 뇌물은 받지 않고 필요한 물건을 얻게 하니 빈객들은 모두가 만족해서 돌아갔다. 제나라는 이러한 노나라의 정황을 듣고 더욱더 두려워했다. 이런 상황에서 누군가 "공자가 나라를 다스리면 노나라는 반드시 다른 나라를 제패하는 나라가 될 것이고, 그러면 노나라와 가까운 제나라가 가장 먼저 병합될 것이다. 땅을 미리 그들에게 바치는 것이 좋을 듯하다."라고 했다.

이에 제나라 대부 여서黎鉏는 80여 명의 미인을 뽑아 노나라 군주에게 보냈다. 노나라 군주가 여색에 빠져 조정의 일을 돌보지 않자, 공자는 화가 나 노나라를 떠나게 되었다. 떠나면서 공자는 이런 노래를 불렀다고 한다.

"군주가 여인의 말을 믿으면 군자는 떠나가고, 군주가 여인을 너무 가까이하면 신하와 나라는 망하도다. 유유히 자적하며 나는 이렇게 세월이나 보내리라."

공자가 전쟁을 직접 치른 경험이 없기 때문에 혹자는 그가 군사모략에 공헌한 것은 없다고 말한다. 그러나 공자가 군사 방면에도 천재였다는 것은 분명하다. 노 애공 11년(기원전 484년), 공자의 제자인 염유는 계씨의 군대를 통솔하여 제나라와 낭읍 작전을 벌여 큰 승리를 거두었다. 계강자가 "당신의 군사적인 재능은 배운 것입니까, 아니면 천생으로 타고난 것입니까?" 하고 물었다. 이에 염유는 "스승인 공자에게 배운 것입니다." 하고 답했다. 그런데 위衛나라의 공문자孔文子가 장차 태숙太叔을 공격하려고 공자에게 가르침을 청하면서 대책을 물어보았다. 그러자 공자는 자신은 군사적인 일에 대해 아는 것이 없다고 대답했다고 한다. 이는 공자가 군사적인 일에 대해 잘 알고 있으면서도 책략을 숨기고 있었음을 보여준다. 다만, 그의 정치모략과 통제술이 더

공자 강학도

넓고 위대하기 때문에 후인들은 그의 군사상 모략과 재능에 대해 그다지 주목하지 않았던 것 같다.

천자 · 왕 · 제후들부터 보통 백성에 이르기까지 모두가 공자를 스승으로 본받았고, 그는 지고무상한 성인의 한 사람으로 추앙되었다. 청 건륭제는 『사기』 「공자세가」의 글에 대련하여 공자를 찬미하는 글을 이렇게 썼다.

"기운은 사시에 갖추어져 있고, 천지 · 일월 · 귀신과 더불어 그 덕이 합하고, 교화는 만세에 드리웠으니 요순, 우탕, 문무의 뒤를 이어 스승이 되었도다."

공자가 중화민족의 가장 우수한 문화를 계승하고 이를 더욱 갈고 닦아서 독특한 사상 체계를 형성했다고 칭찬한 것이다. 공자의 사상은 맹자에 의해 더 넓고 깊게 소개되었고, 훗날 송대 유학자들이 종합적으로 그 체계를 잡았으며, 명·청대에는 새로운 발전이 있었다. 후대에 미친 공자의 영향은 엄청날 정도라 할 수 있다.

공자가 철학과 교육학에서 이룬 성취도 거대하다. 그의 기본 철학 사상은 인仁이다. 인은 "남을 사랑한다."는 것이다. 그는 "자신의 사욕을 이겨 예로 돌아가는 것이 인을 행하는 것이다."고 했는데, 인을 덕德과 연계시킨 말이다. 그의 교육 사상은 학學과 사思의 결합, '온고이지신(溫故而知新, 옛것을 배워 새로운 것을 안다.)'이라 할 수 있다. 그는 또 "사람을 가르치는 데는 어떤 차별도 없다."고 했고, "배우는 것에 싫증내지 아니하고 남을 가르치는 데 게을리한 적이 없다."고 했는데, 이는 봉건사회에서 행하기 어려웠던 매우 귀한 일이었다.

이 밖에도 "세 사람이 가다 보면 반드시 내가 본받을 사람이 있다." "나는 날마다 세 번씩 내 몸을 돌아본다." 등 일련의 어록은 모두 심오한 철리를 담고 있다. 거시적인 각도에서 공자의 모략사상을 이야기한다면, 그는 분명 탁월한 모략사상가였다고 할 수 있다.

추기鄒忌

뛰어난 재주를 감추고 혀를 한번 놀리니 교묘하기가 마치 생황을 부는 듯하다

추기는 전국시대 제나라 사람이다. 그는 가슴에 뛰어난 재주를 감추었고, 한번 말을 하면 능수능란하기 그지없었다. 기원전 371년, 제 위왕威王의 눈에 들어 평범한 하층 지식인에 불과했던 그는 단번에 높은 지위에 올랐다. 관직은 재상에 올랐고 관작은 성후成侯에 봉해졌다. 그는 교묘한 유세와 모략으로 제 위왕이 자신의 간언을 채택하게 하고, 현명하고 능력 있는 사람을 천거하여 왕이 나라를 잘 다스리도록 했다. 그리하여 패왕의 대업을 성취함으로써 자신의 주장을 실현해냈다. 하지만 뒷날 자리를 지키기 위해 총애를 다투던 전기田忌를 음해함으로써 영원히 지울 수 없는 오점을 남기기도 했다.

사물에 비유하라, 거문고를 어루만져 재상이 되다

기원전 379년, 전인田因은 제나라의 제후였던 아버지를 계승하여 새로운 제후가 되었다. 그는 오와 월나라의 뒤를 따라 제후의 명칭을 버리고 왕을 자칭했다. 그가 바로 제 위왕이다. 그는 왕이 된 후 자만에 빠져 매일 가무와 여색을 탐하며 조정 일을 소홀히 했다. 제나라의 정치가 부패한 틈을 타고 한韓 · 위魏 · 노魯 · 조趙나라 등에서 병사를

일으켜 계속 제나라를 공격해 왔다. 제나라를 지키는 변방 장수들은 싸울 투지마저 잃고 매번 전투에서 패했다. 상당한 땅이 다른 나라 손에 넘어갔다. 이렇게 나라가 날로 쇠약해지는 국면에서도 제 위왕은 여전히 자신의 잘못을 깨닫지 못하고 있었다. 일개 하층 지식인에 불과했던 추기의 마음은 불타듯 초초했다. 추기는 나라의 면모를 바꾸려면 반드시 위왕의 정신 상태를 돌려놓아야 하고, 이를 위해 적당한 방법으로 자극해야 한다고 판단했다. 추기는 삼일 밤낮을 고민하다 마침내 한 가지 방책을 생각해냈다.

어느 날 오전, 그는 단정하게 의복을 갖추고 왕궁으로 들어가 위왕에게 인사를 올린 다음 말했다.

"소문에 대왕께서 음악을 좋아하신다고 들었습니다. 제가 거문고에 대해 연구한 것이 있어 특별히 찾아뵙게 되었습니다."

위왕은 크게 기뻐하며 바로 좌우 시종들에게 거문고를 가져와 추기 앞에 놓도록 했다. 거문고를 자기 앞으로 끌어 온 추기는 손을 거문고 현 위에 올려놓았다. 그러나 한참이 지나도록 연주는커녕 말도 하지 않았다. 위왕이 영문을 몰라 물었다.

"그대가 방금 거문고에 대해 잘 안다고 하여 과인이 그대의 거문고 솜씨를 감상하려는데, 거문고 현만 어루만지고 타지를 않으니 거문고가 좋지 않아서 그렇소? 아니면 과인에게 무슨 말이 하고 싶은 것이오?"

추기는 거문고를 한쪽으로 밀어놓고 정색을 하며 위왕에게 말했다.

"신이 알고 있는 것은 거문고 소리에 대한 이치입니다. 거문고로 아름다운 소리를 내는 것은 악공들의 일입니다. 신이 비록 거문고 소리의 이치를 알고 있다고는 하나 들으신다면 왕을 욕보이지나 않을까 걱정되어 이렇게 머뭇거리는 것입니다."

"괜찮소. 그럼 먼저 거문고의 이치에 대해 말해보시오."

"거문고를 뜻하는 금琴이라는 글자는 금禁자와 통합니다. 즉, 음탕하고 사악한 것을 금하고 모든 것을 올바르게 돌려놓는다는 뜻입니다. 태고에 복희씨가 거문고를 만들 때 길이는 3자 6치 7푼으로 1년 366일을 본떴고, 폭은 6치로 육합六合을 상징했습니다. 앞이 넓고 뒤가 좁은 것은 귀천을 구분하기 위해서입니다. 또한 위가 둥글고 네모난 것은 하늘과 땅을 상징합니다. 줄이 5개인 것은 금金 · 목木 · 수水 · 화火 · 토土의 오행을 말하고, 큰 줄은 군주를, 작은 줄은 신하를 말합니다. 소리에 완급이 있는 것은 청탁을 표현하고자 함인데, 탁한 소리는 너그럽되 절제가 있으니 이는 임금의 도를 말하고, 청한 소리는 깨끗하나 어지럽지 않으니 이는 신하의 도리를 말합니다. 군신 간에 서로 믿음이 있으면 정책과 명령이 화합합니다. 이렇게 보면 치국의 도는 곧 거문고의 도와 같습니다."

위왕은 추기의 말에 흥미를 가졌으나 여전히 그 뜻을 몰라 이렇게 말했다.

"거문고에 대해 해석한 말은 참으로 좋소! 그대가 거문고의 이치를 깨닫고 있으니 필시 그 음에도 정통하리라 생각하오. 원컨대 나를 위해 거문고를 한번 타보시오."

"신은 거문고의 이치를 깨닫는 것이 업이라 거문고에 정통한 것은 당연합니다. 그런데 대왕의 업은 나라를 다스리는 것인데 어찌하여 치국의 이치에 정통하지 못하십니까? 신이 거문고를 어루만지면서 타지 않듯이 대왕께서도 나라를 어루만지기만 하고 다스리지 않으시면 백성들이 어찌 즐거울 수 있겠습니까?"

제 위왕은 그제야 크게 깨닫고는 벅찬 감동을 누르지 못한 채 말했다.

"그대가 거문고로 과인에게 말하고자 하는 바를 알겠소. 그대의 말

추기를 발탁한 제 위왕

에 따르리다!"

위왕은 추기를 자기 침소의 오른쪽 방에 머물도록 했다. 다음 날 아침, 위왕은 목욕으로 몸을 깨끗이 한 다음 추기를 불러 치국의 도리에 대해 물었다. 추기는 위왕에게 치국에 대한 자신의 주장을 솔직하게 말했다. 술을 절제하고 여인을 멀리할 것, 백성들을 편안케 하고 교육시킬 것, 그리하여 패왕의 업을 이룰 것을 권했다. 추기는 이렇게 먼저 모략으로 위왕을 움직여 자신의 이야기를 흥미진진하게 듣도록 만듦으로써 위왕의 잠들어 있는 통치자의 본능과 자질을 일깨웠던 것이다. 얼마 후 위왕은 추기를 재상으로 삼아 제나라를 다스리는 일에 본격적으로 참여시켰다.

자신의 몸에 비유하라, 왕에게 넌지시 충고하다

재상이 된 추기는 제나라 조정에 아주 좋지 못한 풍조가 있음을 발견했다. 그것은 대신들이 위왕의 말을 받들기만 할 뿐 위왕이 좋아하는 것에 어긋나는 의견은 내놓지 않는다는 것이었다. 위왕은 이런 것에 습관이 되어 예사로이 여기고 있었다. 추기는 이런 풍조를 바꿔놓지 않으면 제나라의 발전이 매우 어렵다는 것을 인식했다. 그는 어떤 방법으로 이를 바꿀 수 있을지 고민하다가 문득 자기 집에서 있었던 한 가지 일을 떠올렸다.

어느 날 아침 추기는 거울을 보다가 자신의 몸과 얼굴 등 모든 부분이 참 멋지다는 생각이 들었다. 그래서 아내에게 물었다. "당신은 나와 성 북쪽에 사는 서공徐公 중 누가 더 멋있다고 보오?" 아내는 생각할 필요도 없다는 듯 서슴없이 말했다. "그야 당연히 당신이 더 멋있지요. 서공은 당신과 비교할 수도 없습니다." 듣기는 좋았지만 추기는 약간의 의구심이 들었다. 서공이 이 일대에서 가장 잘생긴 미남자로 소문이 자자했기 때문이다. 이번에는 첩에게 물었다. "당신은 나와 서공 중에 누가 더 멋있다고 생각하는가?" 첩 또한 조금도 망설임 없이 대답했다. "서공은 당신과 비교할 수 없습니다. 당연히 당신이 더 멋있습니다." 같은 날 마침 추기를 찾아온 손님이 있어 그와 이야기를 나눈 뒤에 다시 물었다. "나와 서공 중에 누가 더 멋있다고 생각하시오?" 손님은 진지한 표정으로 말했다. "당신이 서공보다 멋있습니다. 그는 당신을 도저히 따라올 수가 없습니다." 여러 사람들의 한결같은 대답에 추기는 기분이 한껏 좋아졌다. 그런데 공교롭게도 다음 날 서

아내와 이야기를 나누는 추기

공이 추기의 집에 손님으로 왔다. 추기는 서공을 가까운 곳에서 자세히 살필 수 있었고, 결과적으로 자기가 서공보다 멋있다는 생각을 거두게 되었다. 그러고는 거울을 가져와 새삼 비춰보니 서공이 자신보다 훨씬 잘생겼음을 알게 되었다.

추기는 침상에 누워 곰곰이 생각해보았다. 분명히 내가 서공보다 못생겼는데, 아내와 첩 그리고 손님은 어째서 내가 서공보다 더 잘생기고 멋있다고 했을까? 추기는 마침내 그 숨은 뜻을 깨닫게 되었다. 아내가 자신이 더 멋있다고 한 것은 편애偏愛고, 첩은 두려움 때문이며, 손님은 자신에게 뭔가 원하는 것이 있기 때문이라는 것을!

추기는 이 일에서 힌트를 얻어, 위왕의 주변 인사들이 그저 왕명을 받들기만 하고 비위와 아첨을 일삼는 풍조를 바꾸기로 했다. 추기는 위왕을 알현하는 자리에서 이렇게 말했다.

"신에게 이런 일이 있었습니다. 신이 서공과 비교하여 어떤지 물어 보니, 제 아내는 편애하는 마음에, 첩은 두려운 마음에, 손님은 저에 게 바라는 것이 있어서 사실이 아닌데도 신이 서공보다 잘생기고 멋 있다고 말했습니다. 지금 제나라의 땅은 천리에 이르고, 성은 120개나 되며, 궁녀 중에는 대왕을 편애하지 않는 자가 없습니다. 조정 신하들 중에 대왕을 두려워하지 않는 자가 없고, 만백성들도 대왕에게 바라는 것이 없는 자가 없습니다. 그러니 대왕에게 사실을 감추고 기만할 위 험성이 매우 크다 하지 않을 수 없습니다."

추기는 이어 사람들이 믿을 수 있는 비유를 들어 이런저런 사례를 이야기하니 위왕은 깨닫는 바가 있어 바로 추기의 완곡한 충고를 받아 들였다. 다음 날 위왕은 전국에 다음과 같은 포고령을 내렸다.

"관리들과 백성 중에 과인의 잘못을 그 자리에서 바로 지적하는 자 에게는 큰 상을 내릴 것이요, 상소문을 올리는 자에게는 중간 상을 내 릴 것이요, 거리에서 과인의 결점을 논하여 그것을 과인이 알게 된 경 우에도 작은 상을 내릴 것이다."

포고령이 내려지자 대신들과 관리 그리고 백성들이 너 나 할 것 없 이 간언을 올렸고, 왕궁 문 앞은 시장 바닥처럼 왁자지껄했다. 이렇 게 위왕이 몇 달에 걸쳐 자신의 허물을 고쳐나가자 간언을 올리는 자 가 차츰 적어지고, 1년 후에는 어떤 의견도 제기되지 않았다. 위왕은 여러 건의 사항을 받아들여 율령을 고치고, 현명하고 어진 인재를 뽑 는 한편 간신과 아첨배들을 징벌하는 등 나라를 잘 다스리게 되었다. 연ㆍ조ㆍ한ㆍ위나라 등에서도 제나라의 변화를 알고 앞서거니 뒷서 거니 사신을 파견하여 제왕에게 인사를 올렸다. 위왕은 이러한 변화를 보고는 몹시 감개무량하여 "이는 조정에서 전투하여 승리한 것과 같다!"고 감탄했다.

지혜로 승복시켜라, 은유의 말을 명석하게 분별해내다

추기는 세 치 혀로 어렵지 않게 재상의 도장을 찼다. 이 일은 제나라에 여러 가지 반응을 불러일으켰다. 어떤 사람은 흠모했고, 어떤 사람은 질투했고, 어떤 사람은 불공평하다고 생각했다. 순우곤淳于髡은 제나라의 유명한 변사辯士로, 평소 추기를 못마땅하게 여겼다. 그는 추기의 실력을 알아보기 위해 다섯 가지 은유의 말을 만들어냈다. 이를 통해 추기가 꼴불견을 보이거나 적어도 불편한 심정을 드러내 보이게 하려는 계획이었다. 모든 준비를 마친 후, 순우곤은 제자들을 거느리고 추기를 찾아갔다. 추기는 겸손하고 공경한 태도로 거처에서 나와 직접 순우곤을 맞이했다. 차를 대접한 뒤 추기는 순우곤에게 자신을 찾아온 이유를 물었다.

"선생께서 이곳에 왕림해주시니, 무슨 가르침을 주실 생각입니까?"

순우곤은 오만한 태도로 태연자약 윗자리에 앉아 말했다

"저에게 나라를 다스리는 일련의 생각이 있는데, 재상께서 한번 들어보시고 그 가부를 말해주셨으면 합니다."

"기꺼이 선생의 가르침을 받겠습니다."

"자식은 부모를 떠나지 못하고, 부인은 남편을 떠나지 못합니다."

순우곤이 이 말을 마치고 추기의 반응을 살펴보는데, 추기는 바로 응답했다.

"삼가 가르침대로 군주를 잘 받들도록 하겠습니다."

순우곤은 첫 번째 은유의 숨은 의도를 추기가 간파한 것을 알고 바로 두 번째 은유를 건넸다.

"돼지기름을 수레의 굴대에 바르는 것은 수레바퀴를 잘 구르게 하는 것이나, 굴대의 구멍이 네모나게 뚫려 있으면 수레가 굴러갈 수 없는 법이지요."

추기는 생각할 필요도 없다는 듯 바로 말했다.

"삼가 가르침대로 인정人情에 순응하겠습니다."

순우곤이 또 질문했다.

"활은 비록 아교를 붙여 만드나 느슨해질 수 있고, 모든 흐르는 물은 바다로 들어가 자연과 합해집니다."

"삼가 가르침대로 만백성의 뜻에 어긋나지 않도록 조심하겠습니다."

이 대목에서 순우곤은 바짝 긴장되었다. 하지만 말소리와 얼굴빛을 바꾸지 않고 계속 말했다.

"여우 가죽으로 만든 갖옷이 헤졌다고 해서 개가죽으로 깁지 않도록 해야 할 것입니다."

"삼가 가르침을 받들어 군자를 잘 가려보고 소인들이 끼어들지 못하도록 조심하겠습니다."

네 번째 은유까지 추기에게 간파당하자 순우곤의 이마에서는 구슬 같은 땀이 떨어지기 시작했다. 하지만 화살은 당겨졌고, 마지막 남은 은유를 말했다.

"아무리 커다란 수레라 할지라도 균형을 잡지 못하면 평소에 실을 수 있는 짐을 싣지 못하고, 금琴과 슬瑟도 서로 화음을 맞추지 못하면 오음五音을 이룰 수 없는 법이오."

추기는 계속해서 침착하게 대답했다.

"삼가 가르침을 받들어 반드시 대왕에게 청하여 법률을 개선하고 간사한 관리들을 감독하는 데 온 힘을 쏟겠습니다."

순우곤은 온갖 지혜를 다 짜내 만든 다섯 개의 은유가 추기에게 간파당하자 더 이상 할 말이 없어 정색을 하고는 인사말을 나누고 물러나왔다. 문밖으로 나오자 순우곤의 제자들이 스승의 표정이 올 때와 크게 다른 것을 보고 일제히 물었다.

"스승님께서 올 때는 가슴을 활짝 펴고 활보하셨는데, 무슨 일로 지금은 머리를 숙이며 말을 하지 않으십니까?"

이에 순우곤이 말했다.

"내가 애써 만든 다섯 가지 은유에 그는 자연스럽게 응답했는데, 내 뜻을 온전히 이해하는 듯했다. 재상은 확실히 재능과 실력을 구비한 사람으로 내가 따라갈 수 없는 인물이다. 승복하지 않을 수가 없구나!"

순우곤과 추기가 나눈 다섯 가지 질문과 답변에 대한 이야기가 전해지자 각국의 유세가들은 모두 추기에 감탄하게 되었다. 이후 제나라를 찾아와 추기와 실력을 겨뤄보자는 사람이 없었다. 이 일로 추기에 대한 순우곤의 불만과 마음속 응어리가 풀어졌고, 두 사람은 도리어 좋은 친구가 되어 학문과 정치에 대해 서로 토론하고 연구하는 사이가 되었다.

은밀한 중상모략으로 전기를 못살게 굴다

추기는 공을 세워 이름을 날린 뒤로는 사상이 점차 보수적으로 바뀌어갔다. 심지어는 현명하고 유능한 인재를 질투하는 마음까지 생겼다. 추기의 재상 말기 시절, 제나라에 아주 유능한 장군이 등장했다. 전기田忌라는 무장이었다. 추기는 전기가 자신의 재상 직을 빼앗을 것을 우려하여 음모술수와 궤변으로 전기를 모함에 빠뜨릴 계획을 세웠다.

　기원전 353년, 추기는 위왕에 건의하여 전기로 하여금 위魏나라를 공격토록 했다. 추기는 이중으로 손익을 계산해놓았다. 만약 전기의 위나라 공격이 승리로 끝나면 공격을 건의한 자신이 그 공을 가로채고, 패하여 전기가 전사하거나 혹 후퇴하여 돌아오면 패전의 벌로 사형에 처할 생각이었다. 이때는 마침 위나라가 조趙나라를 공격하던 시점이라 조趙 성후成侯가 제나라에 구원을 요청해 온 상태였다. 이에 제 위왕은 전기를 파병하여 위나라를 정벌하고 조나라를 구원토록 했다. 전기는 양릉襄陵 · 계릉桂陵 · 마릉馬陵에서 위나라 군에 대승을 거두었다. 이로써 전기의 탁월한 군사 재능이 더욱 빛을 발했고, 제나라의 위엄과 명망이 더욱 높아졌다. 제 위왕은 전기를 더욱 신뢰하게 되었고, 군사 전권을 전기에게 일임했다. 추기의 음모는 한순간에 무산되고 말았다.

　그러나 추기는 포기하지 않았다. 이번에는 터무니없는 날조로 전기에게 죄를 뒤집어씌우기로 했다. 추기는 문객 공손열公孫閱을 전기의 집안사람으로 가장시켜 야밤에 점쟁이 집을 찾아가게 했다. 공손열은 안으로 들어가 점쟁이에게 말했다.

　"전기 장군의 명으로 점을 보러 왔소이다."

　점쟁이가 물었다.

　"무슨 일로 점을 보시려 합니까?"

　"우리 전 장군은 종실 귀족인 데다 병권까지 장악하여 그 위세가 이웃나라에까지 떨치고 있습니다. 현재 큰일을 도모하려 하는데, 그 성공 여부를 알고 싶습니다."

　점쟁이는 크게 놀라며 말했다.

　"이는 모반과 관련된 일이라 소인은 감히 점을 볼 수가 없습니다."

그러자 공손열은 더 이상 강요하지 않고, 마치 그것이 중대사인 것을 이제야 깨달았다는 듯 목소리를 죽여 말했다.

"선생이 점을 보지 않겠다면 그만두어도 좋소. 다만, 이 일이 혹여 밖으로 발설되지 않도록 조심하시오."

공손열이 밖으로 나오자, 뒤이어 추기가 파견한 관리가 점쟁이를 찾아갔다. 그는 점쟁이에게 전기를 대신하여 온 사람이 무슨 점을 보러 왔는지 따져 물었다. 다급해진 점쟁이가 말했다.

"전기 장군이 사람을 보내 소인네 점집을 찾아온 건 맞지만 소인은 점괘를 보지 않았습니다."

그러나 추기는 점쟁이를 잡아다가 족치고는, 위왕을 알현하여 전기가 모반을 기도했다면서 점쟁이를 증인으로 내세웠다. 제 위왕은 반신반의하면서도 매일 사람을 보내 전기의 일거수일투족을 살피고 죄를 다스릴 준비를 했다. 이 사실을 알게 된 전기는 일단 옥에 갇히면 변명해도 믿어주지 않을 것이라 판단하여 초나라로 망명했다. 전기가 도망한 후에도 추기는 여전히 전기에 대한 모함을 중지하지 않았다. 그는 전기가 초나라의 재량에 따라 제나라에 돌아올 것을 걱정했다. 그래서 초왕에게 사람을 보내 이렇게 말하게 했다.

"제나라의 권신인 추기가 전기의 문제로 초나라에 한 가지 의견을 제시하고자 합니다. 추기는 초나라가 전기를 제나라로 다시 보낼 것을 걱정하고 있습니다. 그래서 말씀드립니다만, 만일 대왕께서 전기에게 강남을 봉지로 주어 전기가 다시 제나라로 돌아오지 않는다면 추기는 반드시 초나라를 후대할 것입니다. 또한 전기는 도망자인지라 대왕께 봉지를 받으면 이를 감격해마지 않을 것이고, 장차 그가 제나라로 돌아온 뒤라도 초나라의 은혜를 잊지 않을 것입니다."

초왕은 사자의 말이 일리가 있다고 여겨 전기에게 강남을 봉지로 주었다. 기원전 333년, 제 위왕이 서거하고 그 아들 벽강辟疆이 즉위하여 선왕宣王이 되었다. 제 선왕은 전기가 억울한 누명을 쓴 것을 알고 사람을 보내 불러들였다. 더불어 추기의 재상 직을 박탈하니, 추기는 부끄러움에 시름하다가 얼마 뒤에 세상을 떠났다.

상앙商鞅

남문에다 믿음을 세우니 법령이 시행되다

상앙은 위衛나라 귀족 집안 출신으로 위앙衛鞅 또는 공손앙公孫鞅이라고도 불렀다. 젊은 시절에는 위魏의 재상 공손좌公孫痤 문하에서 식객 노릇을 하면서 중서자中庶子로 뽑히기도 했다. 공손좌는 그가 인재임을 알아보고 위 혜왕惠王에게 추천할 생각이었다. 그러나 갑자기 병이 나서 자리에 눕고 말았다. 혜왕이 병문안을 왔고 이 틈을 타서 공손좌는 상앙을 재상으로 임용하라며 추천했다. 그러나 혜왕은 결정을 내리지 못했다. 이에 공손좌는 "대왕께서 그를 기용하지 않으시려면 그가 다른 나라로 못 가도록 죽이십시오."라고 말했다. 혜왕은 그러겠노라 대답했다. 혜왕이 떠나자 공손좌는 상앙을 불러 "좀 전에 내가 너를 혜왕에게 재상으로 추천했다. 그러나 왕이 아무런 말을 하지 않는 걸 보니 마음이 없는 것 같았다. 그래서 내가 너를 꼭 죽여야 한다고 했더니 그 말에는 동의했다. 그러니 빨리 떠나는 것이 좋겠다."고 일러주었다.

잡으려면 놓아주어라, 효공을 만나다

공손좌가 죽은 뒤에도 혜왕은 그가 한 말의 의도를 이해하지 못하고

중국 최고의 개혁가 상앙

있었다. 이 무렵 위국의 서쪽에 있는 진秦에서는 21세의 젊은 효공孝公
이 막 즉위했다. 그는 헌공憲公의 유업을 계승하리라 결심하고 야심만
만하게 사업을 추진하기 시작했다. 효공은 우선 인재들을 불러 모으는
이른바 '초현령招賢令'을 내려, 진나라를 강대하게 만들 수 있는 뛰어난
계책을 내는 사람에게는 예외없이 높은 관직과 후한 녹봉을 내렸다.

　이런 소식을 들은 상앙은 즉각 진으로 달려가 효공의 측근 경감景監
의 주선으로 효공을 만났다. 첫 만남에서 상앙은 요·순의 큰 도에 대
해 청산유수처럼 늘어놓았으나 효공은 듣다가 잠이 들고 말았다. 상앙
이 물러간 후 효공은 만남을 주선한 경감을 크게 호통쳤다. 하지만 상

상앙을 기용하여 천하통일의 기초를 놓은 효공

앙은 다시 경감에게 효공과의 만남을 부탁했다. 닷새 뒤 효공은 두 번째로 상앙을 만났고, 상앙은 또 요·순·주 문왕·주 무왕의 도를 막힘없이 줄줄 이야기했으나 이번에도 잠이 들 뻔했다. 효공은 경감을 호통쳤지만 경감은 효공에게 다시 한 번 상앙을 만나볼 것을 권했다. 세 번째 만남에서 상앙은 천하의 패자가 되는 모략을 이야기했고, 효공은 그제야 흥미를 보이며 귀를 기울였다. 하지만 그의 기용에 대해서는 가타부타 말이 없었다. 상앙이 물러간 뒤 효공은 지난번처럼 경감을 호통치지는 않았다. 그 대신 "당신이 추천한 그 사람이 참 괜찮소이다. 더불어 이야기할 만하오."라고 말했다. 상앙은 상앙대로 "이번에는 천하의 패자가 되는 모략을 말씀드렸더니 대왕이 아주 흥미를 보이셨습니다. 내 이미 왕의 의도를 알았으니 다시 한 번 더 뵐 수 있게 해주십시오."라고 말했다. 이렇게 4차 면담이 마련되었고, 두 사람은 의기투합하여 며칠을 토론으로 보내고도 피곤한 줄 몰랐다. 경감은 몹시 의아했다. 『사기』에서는 이 대목을 상앙이 일부러 의도한 것이라 말하고 있다. 상앙이 처음에 고의로 제왕의 도를 이야기한 것은 효공의 눈에 들기 위한 수단이었다는 것이다. 상앙은 본래 '형명刑名의 학문'을 높이 평가하던 인물이었는데, 처음 효공을 만나서 왕도를 이야기한 것은 사실 효공의 의중을 한번 짚어보고 그에 맞추어 효공의 심리를 완전히 정복하기 위해서였다. 그는 이렇게 해서 효공의 신임을 얻었고, 자신의 정치 생애를 열어나갔다.

상은 믿음 있게 벌은 반드시, 변법을 추진하다

상앙은 효공에 의해 좌서장左庶長이란 요직에 발탁되어 전권을 가지고 일련의 변법變法을 시행해나갔다. 변법의 내용에는 정치·사회·경제·문화 등 모든 방면이 포함되었고, 목적은 중앙집권제도를 확립하여 부국강병을 달성하는 데 있었다. 농본農本과 법치法治가 두 개의 큰 축이었다. 어떤 사회 개혁이 되었건, 개혁은 예외 없이 일부의 개인적 이익을 건드릴 수밖에 없다. 개혁의 본질이 이익의 재분배였기 때문이다. 따라서 개혁에 저항하는 세력이 나타나는 것은 당연했다. 백성의 신임을 어떻게 얻느냐가 상앙이 가장 고심한 문제였다. 그는 관리에게 수도 남문에 세 길쯤 되는 나무 기둥을 세우고 거기에다 "누구든 이 기둥을 북문으로 옮기는 사람에게는 10금을 상으로 준다."는 방을 써서 붙이도록 했다. 사람들이 서로 숙덕거리며 달려와 기둥에 붙은 방을 보았지만 이 말을 믿는 사람은 아무도 없었다. 상앙은 다시 상금을 50금으로 올린다는 방을 붙이도록 했다. 어떤 사람 하나가 반신반의하면서 나무 기둥을 북문으로 옮겼더니 상앙은 그 자리에서 50금을 상금으로 주었다. 이 사건 이후 새로운 법 조항들이 백성들에게 공고되었다.

신법의 반포는 일부의 이익을 건드렸다. 특히, 특권계급과 그들의 대변자들이 벌떼처럼 들고 일어나 신법을 비난하고 나섰다. 신법은 바야흐로 심각한 시험대에 올랐다. 공교롭게도 이때 태자 사駟가 사형 선고를 받은 왕족을 숨겨주는 사건이 터졌다. 신법에 따르면 범죄자를 숨기면 마찬가지 죄를 받게 되어 있었다. 따라서 태자의 행위도 사형죄에 해당했다. 상앙은 신법이 제대로 이행되지 못하는 까닭은 고위층 인물이 법을 어겨도 벌을 주지 않기 때문이라고 했다. 그러고는 법에 따라 태자 사의 죄를 다스릴 준비를 했다. 하지만 당시 규정에 따르면 태자를 죽이는 것은 불가능했다. 상앙은 하는 수 없이 타협하여 태자를 시위하는 장공자 건虔을 코를 베는 비형鼻刑에 처하고, 태자의 사부 공손고에게는 얼굴을 칼로 그어 먹으로 뜨는 묵형墨刑에 처했다. 이 일은 전국을 놀라게 했다.(『사기』「상군열전」) 신법은 이런 우여곡절 끝에 순조롭게 추진되었다. 『전국책』은 당시 개혁 정치의 모습을 다음과 같이 묘사했다.

"상군이 진을 다스리니 법령이 공평무사하게 잘 시행되었다. 벌은 강한 자라고 피하지 않았으며 가깝다고 상을 함부로 주지 않았다. 법이 태자에게까지 적용되어 그 사부를 묵형에 처했다. 몇 년 뒤 길에 물건이 떨어져 있어도 줍지 않았고, 군대는 강해지고 제후들은 두려워했다."

공자 앙을 편지로 이간하여 위를 대파하다

상앙의 변법으로 진은 크게 부강해졌다. 내부 정치는 맑아졌고, 생활은 안정되었다. 주 현왕顯王도 제사용 고기를 효공에게 내려 특별히 존중의 의미를 나타냈다. 제후들도 와서 축하를 드렸다. 이로써 효공의 패업을 향한 발걸음이 바빠졌다. 이에 상앙은 위나라가 제나라에 다시 패한 틈을 타서 위를 공격하여 진의 패업에 방해가 되는 장애물을 제거하자고 제안했다. 위나라는 공자 앙卬을 장수로 삼아 진을 막게 했고, 진은 상앙을 장군으로 삼아 정예병을 이끌고 출전하게 했다. 상앙은 "군대의 가장 중요한 규율은 경계에 있다."고 생각하여 경거망동하지 않았다. 그러고는 하나의 계책을 생각해냈다. 사실 공자 앙은 한때 상앙의 오랜 친구였다. 상앙은 직접 한 통의 편지를 써서 다음과 같이 권유했다.

"당시 제가 위나라에 있을 때는 그대와 좋은 친구였는데 지금은 두 나라의 장수로 나누어졌습니다. 하지만 어찌 서로 죽일 수 있겠습니까? 연회를 열어 함께 대화하면서 평화조약을 맺고 기쁘게 술을 마신 다음 군대를 철수함으로써 진과 위가 평화롭게 공존하도록 합시다."

공자 앙은 좋은 이야기라 생각하여 화의를 위한 연회에 참석하기 위해 상앙 진영으로 왔다. 진즉에 군사를 매복시켜놓은 상앙은 앙이 접근하자 기습을 가하여 앙을 사로잡았다. 장수를 잃은 위나라 군대는 크게 흔들렸고 결국 대패했다. 상앙은 앙을 잡아 진으로 돌아왔다.

상앙은 "군사는 속임수를 꺼려 않는다."는『손자병법』의 기본 모략을 아주 잘 알고 있었다. 이번 진의 대승은 상앙의 모략사상의 승리이기도 했다. 위나라는 이 패배로 크게 기운을 상실했고, 혜왕은 하는 수 없이 황하 서쪽 하서河西 땅을 떼어 주며 진에 화의를 청할 수밖에 없었다. 그리고 또다시 압박을 받아 대량大粱으로 도읍을 옮기지 않으면 안 되었다. 혜왕은 옛날 일을 떠올리며 "그때 공손좌의 말을 듣고 상앙을 죽였더라면 지금 이런 비통한 꼴은 되지 않았을 것을!" 하며 후회했다.

기원전 338년, 진 효공이 45세의 한창 나이에 병으로 죽고 효혜왕孝惠王이 즉위했다. 조량趙良이란 자가 상앙에게 물러나라고 충고했으나 상앙은 아랑곳하지 않았다. 혜왕이 누구인가? 태자 시절 법을 어겼다고 상앙이 처벌하겠다고 한 그 사람이었다. 혜왕은 사람을 보내 상앙을 체포하게 했고, 정나라 민지澠池라는 곳에서 도망치던 상앙을 잡아 죽였다. 그래도 분이 풀리지 않은 혜왕은 상앙의 시체를 수레에 매달아 사지를 찢어 죽이는 거열형車裂刑에 처하고 상앙의 가족 친지들도 모조리 죽였다.

상앙은 죽었지만 그가 시행했거나 제시한 일련의 정책들은 진을 부강하게 만들었다. 100년 뒤 진시황이 천하를 통일했으니, 상앙이 통일의 기초를 놓았다고 말하지 않을 수 없을 것이다.

장자莊子

사마귀가 매미를 잡으려는데, 등 뒤에서 까치가 사마귀를 노린다

"아내가 죽었다. 남편은 대야를 두드리며 노래를 불렀다."

울지도 웃지도 못할 이 이야기는 동서고금을 막론하고 그 유례가 없는 것으로, 기록에 딱 한 번 나온다. 그 남편이란 다름 아닌 지금으로부터 2천여 년 전의 유명한 철학가 장자였다. 그의 좋은 친구이자 사상가인 혜시惠施가 장자의 아내가 죽었다는 소식을 듣고 조문을 왔다가 아내의 관 옆에서 두 다리를 쩍 벌리고 땅에 주저앉은 채 대야를 두드리며 노래를 부르고 있는 친구 장자의 모습을 보게 된다. 혜시는 놀랍기도 하고 화도 나서 "저 사람은 자네와 평생을 살면서 자식도 낳아 기르고 함께 늙어가다가 이렇게 불귀의 객이 되었는데, 울어도 시원찮을 판에 대야를 두드리며 장단에 맞추어 노래를 부르고 있으니 이 무슨 해괴망측한 짓인가?" 하고 따져 물었다. 그랬더니 장자는 이렇게 대꾸했다.

"그런 게 아니지. 내 아내가 죽었는데 나라고 어찌 가슴이 아프지 않겠는가? 그러나 가만히 생각해보면 그런 것만도 아니라네. 한 인간으로서 저 여자는 본래 생명도 형체도 심지어는 기氣조차 없었다네. 그 뒤 언제부터인가 무엇인지 알 수 없는 어떤 것이 점차 한데 섞여 기가 되고 형체가 되고 생명이 되어 생겨난 것이지. 지금 이 상황은 그저 생명이 죽

장자

음으로 변한 것뿐이라네. 마치 봄·여름·가을·겨울의 순환과 같다고나 할까. 그녀는 마치 편히 쉬고 있는 것이나 마찬가지라네. 그런데 내가 그 옆에서 엉엉 운다는 것은 생명 변화의 이치를 몰라도 한참 모르는 짓이지. 그래서 울지 않는다네."(이상 『장자』 「외편」의 이른바 '망물우화忘荺寓話' 참고)

  이 이야기의 주인공인 장자는 이름이 주周, 전국시대(기원전 475~기원전 221년) 몽(蒙, 지금의 하남성과 안휘성 경계 지점) 사람이었다. 대략 기원전 369년에 태어나 기원전 286년에 세상을 떠난 것으로 알려져 있다. 맹자(기원전 약 372~기원전 289년)와 동시대 사람이며, 명가名家의 대표적 인물인 혜시(기원전 약 370~기원전 310년)는 그의 가장 친한 친구였다. 어려서는 너무나 가난해 쌀을 꾸어다 끼니를 때우거나 짚신을 삼아 내다 팔아 생계를 유지하기 일쑤였다. 평소 옷을 누추하게 입었는데, 언젠가 한번은 위나라 왕을 만나러 갈 때도 더덕더덕 기운 옷을 입고 갈 정도였다.

장자는 사상적으로는 노자老子를 이어받았다. 그러나 진·한시대에 와서야 비로소 '노·장'이 함께 사람들의 입에 오르내렸다. 두 사람의 사상은 같은 궤적을 나타내고 있지만 표현 방식은 서로 달랐다. 노자가 시적인 잠언 형식으로 자신의 사상을 표현한 반면 장자는 주로 산문 형식의 우화로 표현했다. 따라서 장자의 사상은 그 언어가 생기 넘치고 발랄했으며, 유머러스하면서도 많은 은유와 비유를 통해 심오한 사상을 반영하고 있다.

장자 역시 "부러 일삼지 않아도 다스려진다."(아무것도 하지 않고 다스린다.)는 '무위이치無爲而治'를 주장했는데, 『장자』「외편」 곳곳에 보이는 '무위'와 관련한 내용들을 살펴보면 대체로 다음과 같이 정리될 수 있다.

장자는 천하를 대할 때는 '무위'로 너그럽게 대해야지 '유위有爲'로 다스려서는 안 된다고 한다. '무위'로 다스리면 천하의 모든 사람이 자신의 본성에 따라 순박한 도덕성을 지킨다. 세상 사람들이 본성에 따라 순박한 도덕성을 지킨다면 다스릴 필요가 없어지는 것은 당연하다. 그러면서 장자는 이렇게 말하고 있다. 요堯 임금이 천하를 다스릴 때 천하 사람들은 모두 행복하고 즐거웠으며 삶은 평화로웠다. 이 모든 것들은 요 임금이 억지로 그들에게 가져다준 것이 아니었다. 그런데 걸桀 임금이 통치할 때는 법으로 세상을 다스리려 했으나 세상 사람들은 오히려 근심스럽고 고통스러운 나날을 보냈다. 편안함과 즐거움을 좇는 것은 사람의 본성이다. 그런데 일부러 그들을 다스리려 한다면 그들은 본성을 잃는 것은 물론 편안함도 즐거움도 잃게 될 것이다. 뿐만 아니라 나라도 오래 존재하지 못한다. 그래서 장자는 천하를 다스리는 데는 '무위'가 으뜸이라고 주장한다. 이를 위해서는 먼저 자신을 '무위'의 평정한 상태로 만드는 데 중점을 두어야지 천하 사람을 다스리는 데 중점을 두어서는 안 된다. 이렇게 할 때 천하는 관리될 수 있다.

공자(기원전 551~기원전 479년)도 순舜 임금은 '무위이치'의 실천자로 아무것도 하지 않고 "자기를 공손히 하고 똑바로 남쪽을 향해 앉아 있을 뿐이다."(『논어』 「위령공편」)라고 했다. 그러나 장자는 순 임금이 천하를 다스릴 당시를 분석하면서 오늘날 보기에는 그다지 고상하지 못한 비유를 들고 있다. 장자는 이 세상에는 세 종류의 인간이 있는데, 하나는 스스로를 옳다고 여기는 부류이고, 또 하나는 일시적인 편안함에 희희낙락하는 부류이고, 나머지 하나는 몸을 구부정하게 굽히고 다니는 부류가 있다고 분석한다. 순 임금은 이 중에서 세 번째 부류에 속한다는 것이다. 장자는 순 임금을 양고기에, 백성을 개미에 비유하면서, 양고기는 개미를 결코 좋아하지 않지만 개미는 양고기를 아주 좋아한다고 말한다. 왜냐하면 양고기에서는 개미를 끄는 냄새가 나기 때문이다. 순 임금은 맛 좋은 양고기와 같기 때문에 백성들은 개미가 양고기를 향해 달려들 듯 그를 좋아한다는 것이다. 순 임금이 도읍을 세 차례나 옮겼는데 그때마다 백성들이 그를 따른 것도 이 때문이라는 것이다. 요 임금은 순 임금의 이러한 덕성을 살피고는 그를 개발되지 않은 지방으로 보냈고, 그 지방은 빠른 속도로 발전하여 번영을 이룩했다. 순 임금은 늙어 눈귀가 어두워졌는데도 쉴 수가 없었다. 그래서 장자는 순 임금을 "몸을 구부정하게 굽히고 다니는" 사람이라고 불렀던 것이다.

"사마귀가 매미를 잡아먹으려는 순간 까치가 사마귀 뒤를 노리고 있구나.”

이 구절은 『장자』에 보이는 우화의 한 대목인데, 그 표현이 생동감 넘치는 것은 물론 오묘한 이치를 담고 있다. 즉, '객관적 사물의 상호 제약성'을 반영하는 중요한 모략사상의 하나라고 할 수 있다. 눈앞의 작은 이익만 보지 말고 후환을 미리 막을 것을 경고하는 우화다. 이 우화는 『설원說苑』(「정간正諫」)에도 기록되어 있다.

이 이야기는 『장자』「외편」 '산목山木'에 나오는데 그 줄거리를 한번 살펴보자. 장자가 어느 날 과수원 주변을 산책하다가 머리 위를 맴돌다 멀지 않은 과일 나무에 내려앉은 까치 한 마리를 보고는 활로 그 새를 쏘려 했다. 이 순간 나뭇가지 위에 사마귀 한 마리가 두 다리를 쳐

장자판본

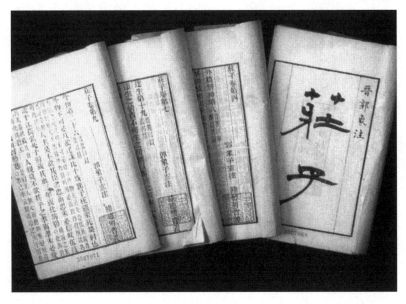

든 채 서늘한 나무 그늘에서 기분 좋게 맴맴거리고 있는 매미를 덮치려는 모습을 발견했다. 매미는 사마귀가 자기를 잡아먹으려는 줄도 모르고 늘어지게 울고 있었다. 그런데 이건 또 뭔가? 매미를 잡으려는 데에만 정신이 팔린 사마귀의 등 뒤에서는 까치가 사마귀를 노리고 있지 않은가? 그리고 까치는 장자가 활로 자신을 겨냥하고 있는 줄도 모른 채…….

이 순간 장자는 깨달았다. "눈앞의 이익과 욕심에만 정신이 팔려 등 뒤에서 다가오는 화근을 잊는 수가 왕왕 있구나. 다른 사람을 해치려 했다간 자신이 그 해를 입을 수 있다." 여기에 생각이 미치자 장자는 활을 내던지고 고개를 돌려 뛰기 시작했다. 과수원 주인이 급히 뛰어가는 장자를 보고는 도둑인 줄 알고 등 뒤에다 마구 욕을 퍼부었다.

장자의 말 속에는 정치·군사·철학 등의 분야와 관련된 모략사상이 적지 않다. 산문 형식에 생동감 넘치는 문체는 심오한 철학사상으로 인정받고 있으며, 오늘날까지도 많은 사람들의 입에 오르내리고 있다.

장자의 사상은 나름대로 한계점도 갖고 있다. 그의 기본 사상은 상대주의相對主義로, 만물은 "변화하지 않는 움직임이란 없고, 한순간도 쉬지 않고 옮겨가고 있는" 중에 있기 때문에 그 성질과 존재는 일시적이라는 것이다. 그는 또 "모든 것은 크고 작은 것이 있고" "모든 것은 태어남과 죽음이 있다."고 주장한다. 그러면서 인식의 객관적 표준을 부정한다. 이른바 "이것도 바르다 할 수 있고 저것도 바르다 할 수 있으며, 이것도 틀렸다 할 수 있고 저것도 틀렸다 할 수 있다."(『내편』)는 것이다.

그럼에도 장자의 사상에는 틀림없이 적극적인 면이 있다. 그는 당시 사회를 "쇠붙이 하나를 훔친 자는 죽임을 당하고 나라를 훔친 자는 제후가 되는"(『외편』) 불합리한 현상을 뼈저리게 그러면서도 냉철하게 폭로하면서, 통치자에게 협력할 것을 거부했다. 그는 부귀와 이익을 천시했으며 명리를 뒤쫓는 사람을 비웃었다. 이런 그의 사상은 노자 사상과 통하는 점이 많다. 우리는 "정수는 취하고 필요 없는 것은 버림으로써" 그의 적극적이고 진보적인 사상을 계승하고 발전시켜야 한다.

한비자韓非子

법法은 드러내는 것이 좋고, 술術은 드러나지 않도록 해야 한다

한비자(기원전 약 280~기원전 233년)의 이름은 한비다. 전국 말기 한韓나라 출신이다. 원래는 한나라의 공자로, 순자荀子에게 배운 중국 고대의 이름난 사상가이자 법가 학파를 대표하는 인물이기도 하다.

기원전 234년, 진왕秦王 정(政, 훗날의 진시황) 13년에 진국이 군사를 동원해 한국을 공격해 왔다. 이해 진왕 정이 한을 공격한 데는 까닭이 있었다. 오랫동안 천하 통일에 힘을 쏟아온 진은 6국을 제거할 결심을 하고 6국 중에 가장 약한 한국을 우선 공격 대상으로 삼은 것이 하나의 이유다. 다른 나라들은 진국과 인접해 있었다. 또 한편, 진왕 정은 6국을 소멸시키는 자신의 숙원을 위해 인재를 적극적으로 끌어 모으고 있었다. 그런 진왕 정이 언젠가 한비자의 저술인『고분孤憤』과『오두五蠹』를 읽게 되었다. 그는 깜짝 놀라며 이 책을 쓴 사람은 틀림없이 기재일 것이며 자신의 통일 대업에 필요한 사람이 바로 이런 사람이라고 했다. 그는 이사李斯에게 감탄을 연발하며 "이 사람을 한번 만나 이야기를 나눌 수 있다면 죽어도 여한이 없겠다!"고 말했다. 그러자 이사는 "이것은 한비자란 자가 쓴 것입니다."라고 말해주었다. 진왕 정이 한을 공격한 또 하나의 이유는 한비자를 얻기 위함이었다. 그는 한비자를 지명하며 진국으로 보내줄 것을 요구했고, 한왕은 진국의 요구대로 한비자를 사신으로 보냈다.

한비자

　한비자와 이사는 사실 동문수학한 사이였다. 한비자는 말을 더듬고 말도 잘 꾸미지 못했다. 하지만 재주와 생각이 남다르고 글을 잘 썼다. 이사는 이런 한비자에 열등의식을 느끼며 자책했다. 『한비자』는 군왕들이 보라고 쓴 책이다. 한비자는 유가 학설에 반대하면서 군주의 권술權術에 대해 대서특필하여 훗날 군주가 전제 독재로 신하를 통제하는 데 이론과 방법을 제공했다.

　한비자는 한국이 갈수록 약해지는 모습을 보면서 매우 걱정이 되어 여러 차례 한왕에게 부국강병의 모략을 건의했으나 받아들여지지 않았다. 그는 한왕이 당차게 나라를 다스리지 못하는 것이 못내 가슴 아팠다. 또 왕의 권력을 가지고도 산하들을 제대로 통제 못 하는 것이 안타까웠다. 재능 있는 인재를 기용하여 국가를 강성하게 만들지 못하는 것이 아쉬웠다. 하지만 한국의 상황은 그의 바람과는 정반대로 허영과 사치에 빠져 나라를 위기로 몰고 갈 인물들을 등용하고 있었고, 이자들의 지위가 나라에 공을 세운 공신들보다 더 높았다. 이에 울분을 품고 『고분』·『오두』·『내외저內外儲』·『설림說林』·『세난說難』 등 10여만 자에 이르는 저작을 써서 역사상 득실의 변화를 종합했다.

한왕은 당초 한비자의 주장을 받아들이지 않았으나 지금 진국의 공격을 받아 상황이 급하게 돌아가자 비로소 한비자를 진국에 사신으로 보내 항복을 자청하게 했다. 진은 한비자를 억류시킨 다음 단숨에 한국을 공격하여 한왕 안安을 포로로 잡고 한국을 멸망시켰다.

'법法'·'술術'·'세勢'를 함께 구사하라

이는 한비자가 제창한 치국의 길이었다. 한비자가 말하는 '법'은 상앙에 뿌리를 두고 있으며, '술'은 신불해申不害에 근원을 두고 있다. 한비자는 다음과 같이 말한다.

"어떤 사람이 '신불해와 공손앙(상앙) 두 사람의 견해 중 어느 쪽이 나라에 더 필요합니까?'라고 물었다. 이에 대한 대답은 이렇다. '그것은 우열을 가릴 수 없는 문제다. 사람은 열흘 이상 먹지 않으면 죽고, 아주 추운 날씨에 옷을 입지 않으면 얼어 죽는다. 그런데 옷과 음식 중 어느 것이 사람에게 더 긴요하냐고 묻는다면, 둘 중 어느 하나라도 없어서는 안 된다고 대답할 것이다. 두 가지 모두 사람이 사는 데 꼭 있어야 할 것들이기 때문이다.'"(『한비자』「정법」)

그는 국가에서 '법'과 '술'은 사람에게 옷이나 먹을 것과 같은 것으로, 하나라도 없어서는 안 된다고 본 것이다. 그는 "법이란 먼저 관부에서 공포하여 지키면 상을 받고 명령을 어기면 처벌받아 상과 벌이 분명하게 시행된다는 사실을 백성들이 마음으로 믿게 하는 것이다."고 말한다. 이는 '법'이란 백성들이 반드시 따라야 할 조령條令 같은 것으로, 이들 조령은 각종 상벌 조건을 상세하면서도 구체적으로 규정하여 군주에 복종하면 상을 받고 저항하면 벌을 받도록 한다.

이른바 '술'에 대해서 한비자는 "지금 신불해는 '술'을 공손앙은 '법'을 제창하고 있다. '술'이란 재능에 따라 관직을 주되 그 관직에 따른 직책을 맡긴 다음 생사여탈의 권한을 가지고 신하들의 능력을 평가하는 것으로, 이는 군주가 장악해야 마땅하다."고 말한다. 이는 군주가 관직 임명과 일 처리에 대한 검사, 공을 세운 자에게는 상을 주고 잘못을 한 자에게는 벌을 주는 일, 신하들을 심사하는 일 등에 대한 권력을 장악하는 것을 가리킨다. 통치에서 '법'과 '술'이 갖는 중요성은 "군주에게 '술'이 없으면 바보처럼 멍청하게 윗자리를 차지하고 있는 꼴이 되고, 신하에게 '법'이 없으면 밑에서 난리를 피우게 된다. 따라서 이 두 가지는 하나라도 없어서는 안 되는 제왕이 천하를 다스리는 도구"인 것과 같다.

영리하고 지혜로운 군주가 '법'과 '술'을 장악하여 운용하는 종합적 원칙은 "절기에 맞추어 농사를 지어 재물을 얻게 하고, 세금 제도를 정비하여 빈부를 고르게 하고, 형벌을 엄격하게 하여 간사한 악행을 끊는다. 백성들이 땀을 흘려 일해서 부를 쌓고, 직무를 잘 처리하여 귀한 지위에 오르고, 죄를 지으면 벌을 받고 공적을 세워 상을 받게 하고, 군주의 인자한 은혜만을 바라지 않도록 하는 것이 제왕이 나라를 다스리는 도다."(『육반』)라고 지적한다.

한비자의 스승이었던 순자

　그는 또 "법은 드러내는 것이 낫고 술은 드러내지 않는 것이 낫다."
는 책략적 사상을 지적한다. 이 말의 뜻은 '법'은 널리 선전하여 집집
마다 다 알게 해야 하고, '술'는 마음속에 꼭 감추어 드러내지 않으면
서 백성을 통치하고 신하들을 통제해야 한다는 것이다.

　다음으로 '세'란 지위의 높고 낮음을 가리킨다. 통치자는 말과 행동
을 떠나 지위가 높으면 높을수록 영향력도 커진다. '세'를 탈 줄 알면
좋은 사람도 나쁜 자도 모두 이용할 수 있다. 다만 유능한 자를 기용
하면 천하를 다스릴 수 있지만, 못난 자를 기용하면 천하를 어지럽히
게 된다. 통치자로서 현명한 군신은 자기의 권력으로 국가를 다스리지
만, 간사한 군신은 권력으로 백성과 어진 사람을 해친다. 군왕이라면

권세를 잘 사용해야 한다. 이에 대해 한비자는 우화 한 가지를 들어 설명하고 있다.

조보造父가 밭을 갈고 있는데 아버지와 아들 둘이 마차를 타고 길을 가고 있었다. 그런데 갑자기 말이 놀라 더 이상 가려 하지 않았다. 아들이 마차에서 내려 앞쪽으로 말을 끌고 아버지는 뒤에서 마차를 밀었다. 그래도 여의치 않자 밭을 갈고 있던 조보에게 도움을 청했다. 조보는 농기구를 챙긴 다음 마차 위로 뛰어올라 말을 모는 자리에 앉은 다음 고삐를 잡고 채찍을 드니 말이 달리기 시작했다.

한비자는 이 고사를 이용하여 현명한 군주가 신하들과 백성들을 다루는 이치를 설명한다. 조보가 말을 다루는 기술이 없었더라면 있는 힘을 다해 마차를 미는 일을 도왔을 것이고, 그러면 말은 계속 버티고 마차는 움직이지 않았을 것이다. 그런데 조보가 마부 자리에 편히 앉은 것은 그에게 말을 다루는 기술이 있었기 때문이다. 한 나라의 군주에게서 국가는 군주의 수레에 비유할 수 있다. 그리고 군주의 '세'(즉, 권력)는 군주의 말에 비유할 수 있다. 나라를 다스리는 기술이 없다는 것은 말을 다루는 기술이 없는 것과 마찬가지다. 몸이 피로하면 국가는 환란을 면하기 어렵다. 나라를 다스리는 기술이 있다는 것은 말을 다루는 기술이 있는 것과 마찬가지다. 몸을 편안한 곳에 두면 국가도 다스려져 부강해질 것이다.

한비자는 현명한 군주는 "관리들만 잘 감독할 뿐이지 백성들을 직접 다스리지 않는다. 나무줄기를 흔들면 나무 전체 잎사귀가 흔들리게 되고, 그물의 벼리를 당기면 힘들이지 않고 그물을 펼칠 수 있는 이치가 바로 그런 도리다."(「외저설·우하」)라고 말한다. 또 "이익이 있는 곳에 백성들이 몰리고, 명성을 얻을 수 있는 일에 선비들이 목숨을 건다."(『외 저설·좌상』)고도 했다. 한비자는 군주가 나라와 백성을 통치하는 데는 효과적인 길이 있다고 주장한다. 즉, 자신이 직접 백성을 다스릴 필요가 없고 각급 관리들을 통해 다스린다는 것이다. 이는 마치 나무줄기를 흔드는 것과 같아, 나무 전체가 흔들리면 나뭇잎이 떨어진다. 연못 주변 나무에 둥지를 틀고 사는 새들도 놀라 하늘로 날아가고, 연못 속의 물고기들은 바닥으로 숨는다. 또 그물을 잘 던지는 사람은 그물의 벼리만을 쥐면 되지, 그 많은 그물코를 일일이 건드리는 것은 헛수고일 뿐이다. 따라서 관리는 나무줄기와 그물의 벼리에 비유할 수 있고, 군주는 이 관리들만 잘 다스리면 백성들을 잘 다스릴 수 있는 것이다.

이는 또 불을 끄는 일에 비유할 수도 있다. 관리들로 하여금 직접 물동이를 들고 가서 불을 끄게 하는 것은 개인의 작용을 발휘하는 것에 지나지 않는다. 관리들로 하여금 채찍이나 지휘용 깃발을 쥐게 하여 만 명의 백성들을 지휘하면 빨리 불을 끌 수 있는 이치와 같다. 따라서 현명한 군주는 구체적이고 작은 일에는 달려가지 않는다.

한비자는 또 백성들을 너무 사납게 압박하지 말라고 주장한다. 그렇지 않으면 백성들의 반란을 자극하게 된다는 것이다. 이와 관련하여 한비자는 앞서 인용한 바 있는 조보의 이야기를 다시 들고 있다. 말을 능수능란하게 다루는 조보는 제나라 왕을 위해 마차를 몰았다. 그는 말을 길들이기 위해 100일 동안 말에게 물을 주지 않고 갈증 나게 만들어 말을 길들였다. 그런 다음 제나라 왕에게 보고했다. 이에 제나라 왕은 화원에서 한번 시험해보라고 했다. 조보가 말을 몰고 화원으로 들어섰다. 그런데 말은 화원의 연못을 보자 갈증을 참지 못하고 바로 연못 속으로 뛰어들었다. 조보가 고삐를 당기며 통제하려 했지만 도저히 막을 수가 없었다. 조보는 말을 갈증 나게 하는 방식으로 말을 길들였지만 물을 본 말은 참지 못했고 조보도 어쩔 수 없었다. 조보는 이를 가지고 군주를 깨우쳤다. 즉, 백성의 생존 방식을 가지고 백성들을 길들이려 해서는 오히려 반발만 불러일으킨다는 점을 지적한 것이다.

개인적 원한을 공적인 일에 개입시키지 말라

사람을 기용하는 '용인用人' 기술은 군주 통치의 중요한 방면이다. 한비자는 이 방면에서도 많은 견해를 제기했다. 한비자의 통치모략에는 법가사상이 짙게 깔려 있다. 한비자는 통치자의 이익을 위해서 유능한 인재를 반드시 기용해야 한다고 주장한다. 그리고 유능한 인재는 반드시 군주를 위해 활용되어야 한다. 그렇게 못 하면 그자를 제거해야 한다. 이와 관련하여 한비자는 강태공姜太公의 예를 소개하고 있다. 강태공이 제齊나라에 봉해졌다. 제나라 동해에 숨어 사는 은사隱士 광율狂矞과 화사華士 형제가 있었다. 형제는 천자의 대신이 되는 것도 싫고, 제후와 사귀는 것도 싫고, 남의 도움 없이 그저 스스로 농사를 지어 먹고 우물을 파서 마시고 싶다고 했다. 그들은 높은 명성도 좋은 자리도 군왕이 주는 녹봉도 싫다면서 자신들의 힘으로 살겠다고 했다. 그러자 강태공은 사람을 보내 이 두 형제를 죽여버렸다. 이 소식을 들은 주공周公 단旦은 그 두 사람은 모두 성현인데 왜 죽였냐고 물었다. 강태공은 이렇게 말했다.

"그자들이 군왕의 신하가 되지 않겠다면 그들을 기용하여 신하로 삼을 수 없습니다. 제후들과 교류도 않겠다고 했으니 그들을 사신으로 활용할 수도 없습니다. 자기들 손으로 농사를 짓고 우물을 파서 먹고 마시겠다고 하니 상벌도 그들에게는 소용없습니다. 그리고 큰 명망도 필요 없다고 했으니 지혜가 있다 한들 써먹을 수 없습니다. 또 군주의 녹봉 도 필요 없다고 했으니 유능하다 한들 공을 세울 수도 없습니다. 관리 도 싫고 국가를 다스리는 일에 참여도 않겠다고 합니다. 이는 군주에게 충성하지 않겠다는 것과 같습니다. 하물며 군주가 백성을 통치할 수 있 는 것은 녹봉과 형벌 아닙니까? 이런 자들에게 네 가지 수단을 모두 동 원해도 소용없다면 저의 법 · 술 · 세가 힘을 잃는 것이니 죽이지 않고 다른 방법이 있겠습니까?"(외저설 · 우)

강태공은 또 이런 말도 했다.

"말 같기도 하고 기린 같기도 한 천하 최고의 말이 있습니다. 그런데 이 말은 다그쳐도 달리지 않고 멈추라고 해도 멈추지 않습니다. 왼쪽으로 가라 해도 말을 안 듣고 오른쪽으로 가라 해도 말을 안 듣습니다. 주인 의 명령을 듣지 않는 말이라면 주인에게 필요한 공구가 될 수 없고 아 무 짝에 쓸모가 없습니다. 쓸모가 없을 뿐만 아니라, 명령을 듣지 않는 말의 표본이 되어 다른 말들도 그것을 본받을 가능성이 있으니 죽이지 않을 수 없는 것입니다. 자신을 유능하다고 생각하는 자가 군주를 위해 소용이 없다면 말 안 듣는 천리마처럼 제거하지 않을 수 없습니다. 이 런 인재를 현인이라 부를 수 없습니다. 통치자의 이익을 위해 일할 수 있는 인재라야 유능한 인재라 할 수 있는 것입니다."

한비자는 유능한 인재의 기준을 분명하게 정했다. 또 이런 인재들 을 기용하고 추천하는 용인의 원칙도 제기했다. 그는 "안으로는 친척 이라 해서 피하지 않고, 밖으로는 원수라 해서 피하지 않는다."는 주장을 내세웠다. '법'과 '술'의 요구에 부합하고 재능이 있으며 군주에게 소용이 있기만 하다면, 사회적 지위가 아무리 낮아도 또 친척이나 원수라도 추천할 수 있고 또 그렇게 해야 한다. 한비자의 이런 '용인' 철학은 지금 보아도 진보적이라 할 수 있다. 그가 깊은 산속이나 동굴 속에 사는 사람일지라도, 감옥에 갇혀 있는 범죄자라도, 요리를 하거나 소를 치는 노예라도, 현명한 군주는 그 지위의 비천함을 따지지 않고 오로지 그 재능에 근거하여 대담하게 추천하고 임용하여 법도를 밝히고 국가와 백성의 이익을 도모하여 자신의 몸과 지위를 존엄하게 만들라는 것이다. 이와 관련하여 한비자는 다음과 같은 예를 들고 있다.

> 진晉의 중모현中牟縣에 현령 자리가 비어 있었다. 진 평공平公이 조무趙武에게 "중모는 진나라의 요충지이며, 한단으로 가는 관문의 역할을 하는 곳이오. 과인은 우수한 관리를 보내야 한다고 생각하는데 누가 가장 적당하겠소?"라고 물었다. 조무는 형백邢伯의 아들이 적당하다고 대답했다. 평공은 깜짝 놀라면서 "형백이라면 그대와 원수처럼 지내는 집안이 아닌가?"라고 물었다. 이에 조무는 "군주를 위해 국사를 말하는데 사적인 은혜나 원한 같은 감정이 끼어들 수는 없는 것입니다."라고 대답했다.
>
> 진 평공은 또 "중부中府 담당관으로는 누구를 임명하면 좋겠소?"라고 조무에게 자문을 구했다. 조무는 자기 아들을 추천했다. 이처럼 자기와 먼 관계라도 인재를 추천할 때는 원수라도 피하지 않고, 자신과 가까운 관계라도 아들조차 피하지 않는다고 한다.

또 이런 예도 소개하고 있다.

해호解狐가 조간자趙簡子에게 자기와 원수인 사람을 재상으로 추천했다. 재상에 추천된 그 사람은 이에 원한이 없어진 것이라 생각하여 사례를 하고자 해호를 방문했다. 그런데 뜻밖에도 해호는 그를 맞으러 나오면서 활시위를 당겨 그를 향해 화살을 쏘았다. 그러면서 "당신을 추천한 것은 공적인 행동일 뿐이다. 당신이라면 맡은 바 임무를 잘 수행할 것으로 생각했기 때문이다. 당신과의 원한은 사적인 일이기 때문에 원한이 있다고 왕께 당신을 추천하지 않을 수는 없었다. 그래서 개인의 원한이 공적인 일에 개입해서는 안 된다고 하는 것이다."라고 말했다.

한비자는 진秦에서 6국을 병합하는 계책을 건의했다. 먼저 원교근공遠交近攻으로 6국의 합종合縱을 깨고 한·조·위를 멸망시킨 다음 다른 제후국을 멸망시킬 것을 제안했다. 그러나 진왕은 그를 믿지 않았다. 얼마 뒤 그의 재능을 시기하고 질투한 이사가 진왕 앞에서 "한비자는 한의 공자입니다. 지금 대왕께서 6국을 멸하고 천하를 통일하려고 하시는데, 한비자는 결국은 한을 돕지 진을 돕지 않을 것입니다. 그것이 인지상정 아닙니까? 그런데 그를 기용도 하지 않으면서 오랫동안 머물게 한 다음 돌려보내는 것은 후환을 스스로 남기는 것이나 마찬가지입니다. 다른 구실을 달아 법에 따라 그를 죽이는 것이 나을 것입니다."라고 모함했다. 진왕은 사법관에게 명령하여 한비자의 죄를 묻도록 했다. 이어 이사는 다시 사람을 보내 한비자에게 독약을 주면서 자살케 했다. 얼마 뒤 진왕은 자신의 행동을 후회하면서 한비자를 사면하려 했으나 한비자는 벌써 옥중에서 죽은 뒤였다. 그러나 '법'·'술'·'세'를 결합한 정치모략은 모두 진왕에 의해 접수되었고, 실질적인 정책으로 실행되어 전국을 통일할 수 있었다. 이로써 한비자의 학설도 후세에 남게 되었다.

사마천은 한비자를 두고 일을 단호하게 잘 처리했으며 옳고 그름에 대한 판단이 명쾌했지만 그의 사상은 너무 가혹하고 각박하여 은덕이 부족했다고 평가했다. 그러면서 유세의 어려움을 누구보다 잘 알고 있었던 한비자가 「세난」편을 상세하게 저술했음에도 불구하고 결국은 진에서 죽임을 당함으로써 그 자신이 유세에 따른 재난에서 벗어나지 못했다며 몹시 비탄스러워했다.

진시황 秦始皇

유국을 정벌하고 중국 천하를 통일하다

중화민족 역사상 진시황은 처음으로 중국을 통일한 위대한 업적을 이뤘다. 그는 하나의 다민족 중앙집권제 국가를 창업했다. 그는 비단 중국 역사의 신기원을 연 위대한 정치가일 뿐만 아니라 웅대한 책략을 지닌 군사모략가이기도 하다.

진시황의 성은 영嬴, 이름은 정政이다. 기원전 259년에 태어나 기원전 210년에 죽었다. 이 시기는 마침 중원 지구가 노예제에서 봉건제로 전환되는 사회 대변혁의 시대였다. 또한 중화민족이 서로 융화되고 투쟁하는 가운데 대통일로 나아가던 시대였다. 영은 전국시대 말기 조趙나라의 도읍 한단邯鄲에서 태어났는데, 아버지는 조나라에 인질로 잡혀 온 자초(子楚, 원래 이름은 이인異人, 뒤에 진 장양왕莊襄王이 됨)였고, 어머니는 조나라의 귀족 여인이었다. 영정은 유년 시기 부모를 따라 남의 집 울타리에 붙어서 생활했고, 치열한 고위층의 정치투쟁에 영향을 받으며 성장했다. 13세에 진왕에 올랐고, 22세에 면류관을 쓰고 친정했으며, 39세에 중국을 통일하여 '시황제'가 된 후 50세에 병으로 사망할 때까지 37년간을 제왕으로 군림했다.

독특한 시대 조건과 비범한 경력은 그를 정치적으로 조숙하게 만들었고, 이를 바탕으로 자신의 정치·군사적 재능을 발전시킬 수 있었다. 영정이 직접 정무를 관장하기 이전에, 진나라의 통치 집단은 두

진시황

집단으로 나뉘어 정면충돌하는 위기가 있었다. 즉, 여불위를 우두머리로 하는 정치집단은 임금의 '중보仲父'라는 명목상의 특수한 지위를 이용해 실질적으로 진나라의 군정軍政 대권을 조정하고 있었다. 또 한편의 노애嫪毐를 우두머리로 하는 정치집단은 태후의 지지에 의거해 자신들의 권세를 한껏 확장시키고 있었다. 이 두 정치 세력은 최고 권력을 쟁취하기 위해 서로 싸웠으며, 이는 진왕 정의 통치 지위마저 위협하고 있었다.

기원전 238년, 진왕이 면류관을 쓰고 친정했을 때 두 세력 간의 투쟁은 극에 달하여 노애가 무장 정변을 일으켰다. 진왕 정은 제때에 결단을 내려 노애과 그 무리를 소탕하고 이를 지원했던 태후(진시황의 생모)를 감금시켰다. 그런 다음 노애의 죄를 방임한 여불위의 관직을 삭탈하고 하남과 촉군으로 유배시켜 그를 자살하게 만들었다. 기원전 238년 4월에서 기원전 237년 10월 사이에 진왕 정은 이 두 정치 세력을 소멸시키는 동시에 대담하게 이사李斯 · 위료尉繚 · 왕전王翦 · 몽염蒙恬 · 돈약頓弱 · 요고姚賈 등 우수한 정치가 · 군사가 · 외교가를 기용하여 군주전제 정권의 정치체제를 공고히 했다.

군사 영역에서도 진시황은 독특한 공헌을 했다. 첫째, 정확한 모략을 바탕으로 통일 전쟁을 승리로 이끌었고, 둘째, 친히 계획한 대로 중국 군사사상 처음으로 상당히 완벽한 국방 체계를 만들어냈다. 진왕 정은 왕위를 계승하여 집권한 이후 독자적으로 전략적 결단을 내렸는데, 그것은 바로 6국을 차례로 합병시켜나가는 것이었다.

당시 통일은 사회 역사 발전의 필연적인 추세였다. 철제 공구의 광범위한 응용과 사회 생산력의 제고는 사회 분업과 상품 교환을 촉진시켰고, 국가 간 경제 · 문화 교류가 활발하게 이루어졌다. 이러한 형세는 제후들 간의 할거 · 혼전 국면을 조성했다. 중원 지구에는 역사서에 의하면 춘추시대 초기에 160여 개국이 있었는데 장기간의 전쟁을 통해 10여 개국이 생존했고, 전국시대에 이르면 진秦 · 제齊 · 초楚 · 조趙 · 연燕 · 위魏 · 한韓 등 7개국만 남았다. 진나라는 100여 년 동안 부국강병을 위해 부단한 노력을 기울였다. 특히 진 효공과 상앙商鞅의 변법으로 나라를 부강하게 만들었고, 진 소왕과 위염魏冉은 문화 교육 방면의 업적과 군사상의 공적으로 사회 개혁을 선도했다. 이로부터 진나라는 경제 · 군사적인 실력 측면에서 '전국칠웅' 중 가장 앞선 나라가 되었다. 진나라의 영토는 관중關中과 파촉巴蜀 · 중원中原 · 형초荊楚 지구(지금의 섬서 · 감숙 · 영하 · 사천 · 산서 · 하남 · 호북 · 호남의 일부 지대)까지 확장하여, 중원 서부와 북부의 험준한 요지를 제압하고 중원과 형초로 나아가기 위한 유리한 입장에 서게 되었다. 이는 다른 나라보다 전략적으로 월등히 우세한 지위를 선점한 것이었으며, 중국을 통일할 수 있는 기초가 되었다. 관동의 6개국은 서로 병합하려는 와중에 혼전이 그치지 않았고, 간혹 연맹을 맺기는 했으나 동상이몽으로 오래가지 못했다. 이 때문에 중국 통일의 역사적 의무는 진나라에게 돌아갔다.

이 시기에 초나라 사람 이사가 진나라에 도착했다. 그는 먼저 진나라의 재상 여불위의 식객이 되었다가, 뒤에 여불위의 추천으로 '낭관郎官'이 되어 진왕에게 접근할 기회를 갖게 되었다. 이사는 이 기회를 놓치지 않고 진왕에게 유세하여 육국 병합과 천하 통일의 방책을 내놓았다. 이사는 진왕에게 이렇게 말했다.

"옛날 진秦 목공穆公이 패자覇者가 되었지만 끝내 동쪽의 여섯 나라를 병합하지 못한 것은 무슨 까닭입니까? 제후들이 아직 많고 주나라의 덕이 아직 쇠퇴하지 않았기 때문에 왕백王伯이 번갈아 흥기하여 주나라 왕실을 받들었습니다. 진秦 효공孝公 이래로 주나라 왕실이 쇠약해지자 제후들은 서로 병합했고 함곡관 동쪽은 여섯 나라가 되었습니다. 진나라가 승세를 잡고 제후들을 통제한 지가 6대째입니다. 그러므로 지금 제후들이 진나라에 복종하는 것은 진나라의 군현에 비유할 수 있습니다. 지금 진나라의 강대함과 대왕의 현명하심이라면 부뚜막을 청소하듯이 제후국들을 섬멸시키고, 제왕의 위업을 성취하여 천하를 통일할 수 있습니다. 이는 만세에 한 번 있을 절호의 기회입니다. 이를 게을리하여 서둘러 성취하지 않으시면, 제후국들이 다시 강해져 서로 합종의 맹약을 하기라도 하는 날엔 비록 황제黃帝와 같이 현명한 분일지라도 병합시킬 수 없게 될 것입니다."

즉, 지금의 형세는 춘추시대와 크게 달라 6국을 병합하고 천하를 통일할 시기가 성숙했다는 것, 그리고 진나라가 천하 통일의 조건을 갖추고 있다는 것을 말하면서, 기회를 놓치면 때는 다시 오지 않으리라는 점을 강조한 것이다.

진왕 정은 시기와 형세를 판단하여 흔쾌히 이사의 건의를 받아들였다. 진나라 6대째부터 야금야금 중원을 잠식하던 방향을 신속히 바꿔, 마치 고래가 삼키듯이 전면적인 중국 통일 전쟁을 벌였다. 이 전쟁은 6국을 포함하여 북쪽의 흉노를 내 고 남쪽의 백월百越을 복종시키는 것까지 포함하여 장장 24년(진시황 10년인 기원전 237년부터 33년인 기원전 214년까지)에 걸쳐 치러졌다. 이 전쟁으로 중국은 북쪽의 신강에서 남쪽의 남해까지 영토가 확대되었다. 이 전쟁은 군사투쟁과 외교투쟁·정치투쟁·경제투쟁이 한데 뒤엉킨 전쟁이었고, 기나긴 시간과 드넓은 전쟁터를 무대로 한 복잡한 전쟁이었다. 이 전쟁 동안 진시황은 비단緋緞 장막 안에서 작전 계획을 세워 전 국면을 장악했고, 또 친히 전선에 나아가 구체적인 지휘를 하기도 했다. 그는 정확한 모략과 지휘를 통해 완전한 승리를 거둘 수 있었다. 이 전쟁의 결과 장장 3백여 년 동안 제후들이 할거하여 혼전하는 국면이 종결되었고, 드넓은 만리 강토가 통일 중국의 강역으로 통합되었다.

진 왕조가 건립된 이후 진시황은 5차례 내지와 변경을 순시하여 "동쪽으로 연과 제, 남쪽으로 오와 초"에 이르기까지 족적을 남겼다. 섬陝·감甘·예豫·진晉·기冀·노魯·강江·절浙·환皖·악鄂·상湘 등 10여 개 성을 시찰하고, 이를 바탕으로 각 제후국의 이점과 폐단을 평가하여 친히 부서를 설치하고 중앙집권제의 정치체제를 마련했다. 또한 흉노의 침입을 막기 위해 만리장성을 쌓고, 함양과 전국 각지로 통하는 '치도馳道', '직도直道', '오척도五尺道'를 만들었으며, 봉수대와 우

역(郵驛. 옛날 공문서를 전달하는 역할) 등의 통신 연락 체계를 만들어 통일국
가에 적합한 국방 체계를 이룩했다. 이는 중국 역사상 큰 획을 긋는 의
미 있는 대 사건이었다.

진시황의 지도하에 진행됐던 통일 전쟁의 주요 대상은 관동 6국이
었다. 당시 진나라의 국력은 6국 중 어떤 나라도 대항할 수 없을 정도
로 강대했으며 6국이 연합해야 겨우 대항할 수 있을 정도였다. 진나라
는 연횡으로 제후들을 분열시켰고, 6국은 합종으로 진나라에 대항하
려 했다. 이 책략은 쌍방의 전투가 전개될 때마다 복잡하게 뒤섞인 치
열한 모략전이라고 할 수 있다.

진시황과 모신 여불위 · 이사 · 위료 등은 6국 사이와 6국 군신 간의
모순을 교묘하게 이용했다. 경우에 따라 무력을, 또는 모략과 외교 등
을 하나로 묶어 상대방을 차례로 무너뜨렸다.

원교근공하고, 중앙을 돌파하며,
군사적으로 6국의 합종을 끊어버리다

먼 나라와 친교를 맺고 가까운 나라를 공격하는 것은 진 효공 이후
역대로 승리를 위한 전략방침이었다. 관동 6국의 지리적 분포는 초나
라는 남쪽, 제나라는 동쪽, 연과 조나라는 북쪽에 위치해 있어 진나라
와 비교적 멀리 떨어져 있었다. 반면, 한과 위나라는 중원의 가운데에
위치하여 진나라 땅과 접해 있었다. 말하자면 '천하의 척추'인 셈이었
다. 진나라가 동쪽으로 나아가 천하를 취하기 위해서는 반드시 한과
위나라를 정복해야 했다. 따라서 한과 위나라는 진나라의 일차 주요
전략 방향이 되었다.

진왕 정이 왕위를 계승한 후 "6국은 모두 약하고 오직 진나라만 강한" 상황과 6국 간의 모순이 새로운 형세로 떠올랐다. 먼 나라와 친교를 맺고 가까운 나라를 공격하고 중앙을 돌파하기 위한 전략방침에 따라 먼저 한나라를 위협하고 위나라를 약하게 만들어야 했다. 군사적으로 6국 합종의 중추에 있는 한과 위나라를 취해야 천하를 석권할 수가 있었다. 기원전 237년, 이사는 "먼저 한나라를 취하면 다른 나라가 두려워한다."고 건의하고, 점차 6국을 병합하고 천하를 통일하는 전략목표를 제시했다. 진왕 정은 이사의 건의를 받아들였다. 한왕 안安은 이소식을 접하고 그의 모신인 한비韓非와 대책을 마련했다. 한비는 가장 먼저 진왕에게 상소문을 올리고 또 진나라에 유세를 하여 출병을 늦추는 계책을 짰다. 한비는 집중적으로 이사의 한나라 공격 책략을 비판하고 진나라의 적은 한나라가 아닌 조나라라고 했다. 조나라는 일찍이 다른 제후국과 더불어 진나라를 공격하려는 음모를 짰고 한나라는 진나라를 30여 년 동안 섬겼기 때문에 진나라의 군현과 다름없다고 주장했다. 진나라가 만약에 한나라를 정벌하면 이는 곧 조나라를 풀어주고 내신과 같은 한나라를 물리치는 결과이며, 이로 말미암아 조나라와 제 · 연 · 초 사이에 연합이 이뤄지고, 조나라의 복은 진나라의 화가 된다고 했다. 그러니 이사의 건의는 잘못된 계책이라고 거듭 주장했다. 진나라의 입장에서 한나라를 놓아주고 조나라를 정벌하면 일거에 조 · 제나라를 멸망시키고 초 · 위나라를 항복시킬 수 있다고 했다.

한비의 의도는 진나라의 공격 목표를 돌려 한나라를 놓아주려는 계책이었다. 진왕 정은 망설이며 결정하지 못하고, 한비의 서신을 이사에게 건네주었다. 이사는 자신의 주장을 견지하면서 진왕에게 한비의 교묘한 변설에 미혹되지 말라고 권하면서 말했다. "진나라에게 한나라는 가슴 깊은 곳의 속병과 같은 존재다." 만약에 제 · 조나라를 먼저 공격하게 되면 "한나라는 반드시 속병처럼 도질 것이다."라고 하고, 그렇게 되면 진나라는 다시 한 번 6국의 연합 병사들에 의해 효함(崤函, 효산崤山과 함곡관函谷關의 병칭으로, 험준하기로 이름난 곳)의 위기에 빠질 것이라고 주장했다. 그는 적의 계책을 역이용하여 한나라에 사신을 보내 한 왕을 진나라에 입조하게 하여 구류하고 동시에 몽오蒙驁에게 명하여 병사를 진나라와 제나라 변경에 배치하라고 권했다. 이사는 이렇게 하면 "우리 병사들은 한나라를 위력으로 사로잡고, 강한 제나라를 복종시킬 수 있다."고 하고, "조씨趙氏는 매우 놀랄 것이고, 형인荊人은 의심을 품을 것"이며 또 "제후는 가히 잠식할 수 있다."고 했다. 진왕 정은 이사의 건의를 받아들여 이사를 한나라에 사신으로 파견했지만, 한나라 왕이 접견하지 않아 이사의 유세는 효과를 거두지 못했다. 그러나 한비의 계책 또한 성공하지 못하여, 한왕 안은 핍박을 이기지 못하고 땅과 옥새를 내놓고 항복하고 말았다. 결국 이 모략전은 진나라의 승리와 한나라의 패배로 종말을 고했다. 진나라의 영토는 중원 깊은 곳까지 들어가 조나라와 초나라 사이를 단절시켰고, 6국 합종의 척추를 끊어버리는 전략목표를 이룰 수 있었다.

각국의 권신들에게 뇌물을 주어 적의 계책을 혼란시키다

6국이 모두 약하고 진나라만 강한 상황에서 6국은 합종하여 진나라에 대항하려 했다. 이는 당연히 진시황과 그 모신들의 최대 관심사였다. 이사 · 위료 · 돈약 · 요고 등은 대책을 강구했다. 그들이 방침으로 삼은 것은 '부저추신(釜底抽薪, 솥 밑에 타고 있는 장작을 꺼낸다는 뜻으로 끓는 물을 근원적으로 제거하는 것을 말한다.)'의 계책이었다. 즉, 적의 권신들에게 뇌물을 주어 그 나라 정책에 영향을 미치고, 사신을 파견하여 제후들에게 유세하게 하고, 적의 신하를 진나라에 들어오게 하여 군신 간에 이간질하는 계책이었다. 이를 통해 각국이 합종하여 진나라에 대항하는 것을 약화시키려 했다.

진시황은 처음에 그렇게 많은 돈을 들이는 것에 주저했다. 그러자 돈약頓弱이 주장하길 "지금 천하의 대세는 합종이 아니면 연횡이고, 연횡이 성공하면 진왕이 제왕帝王이고, 합종이 성공하면 초왕이 제왕이 된다."고 했다. 또 "만약에 진나라가 제왕을 칭하게 되면 천하의 재물은 진나라의 소유가 된다."고도 했다. 진시황은 그의 말에 일리가 있다고 여겨 그가 건의한 대로 돈약 · 요고姚賈를 한 · 위 · 연 · 조나라에 사신으로 파견하고, 진치陳馳 · 형소荊蘇 · 임고任固를 제나라에, 소연蘇涓을 초나라에 사신으로 보내 외교전과 간첩 활동을 펼쳤다. 그 결과 4국이 연합하여 진나라를 공격하려는 계책을 무너뜨렸다. 돈약은 동쪽의 한나라와 위나라에 유세하여 그 장군과 재상들을 진나라에 귀순하게 만들었고, 북의 연나라와 조나라에 유세하여 훌륭한 장수를 못 쓰게 만들었다.

진시황은 한나라를 위협하고 위나라를 약하게 만든 후에 모든 역량을 조나라에 집중하여 공격했다. 진시황 11년에서 19년(기원전 236~기원전 228년)까지 9년 동안 큰 전쟁을 세 차례 치러 마침내 조나라를 멸망시켰다. 진나라의 외교와 간첩 활동은 전쟁 승리에 중요한 작용을 했다. 이 전쟁에서 진나라 군대의 원수는 왕전王翦이었고, 조나라의 원수는 이목李牧 · 사마상司馬尙이었다가 이후 조총趙蔥 · 안취顏聚로 바뀌었다. 진나라의 처음 두 차례 공격은 이목이 지휘하는 조나라 군대에 저지당해 성공을 거두지 못했다. 이목과 사마상을 제거할 필요가 있었다. 그래서 진시황은 돈약을 한단으로 파견하여 조왕이 총애하는 곽개

郭開와 조왕의 모친인 도후悼后에게 뇌물을 주어 이들이 이목과 사마상을 무고하게 했다. 과연 조왕은 이들의 말을 믿고 이목을 잡아 죽이고 사마상을 축출하는 한편, 조총과 안취를 새 원수로 임명했다. 이는 조왕이 제 손으로 성을 헐어버린 꼴이었다. 왕전은 세 번째 전쟁에서 한단을 함락시키고, 조왕을 포로로 잡아 조나라를 멸망시켰다.

각국을 와해 분열시켜 각개격파하고, 6국의 합종을 무너뜨리다

진시황과 모신들은 6국 간의 모순을 이용하여 무력으로 위협하고 이익으로 유혹했다. 강경책과 유화책, 즉 도발과 이간 등의 수단으로 6국의 합종책을 무너뜨렸다. 중립을 유지시켜 개입하지 않도록 하거나 혹은 서로 공격하게 하여 어부지리를 취하는 정책을 취했다. 초나라는 남방의 대국으로, 땅은 5천 리에 달하고 병사는 백만, 곡식은 10년을 견딜 수 있을 정도로 비축해두었다. 이에 진나라는 경솔한 출병을 자제하고 우호 정책을 펼쳐 양국 간 평화를 20여 년 동안 유지했다. 이후 중원을 평정하자 비로소 공격을 가하여 일거에 초나라를 섬멸시켰다. 멀리 떨어져 있는 동방의 제나라에 대해서는 외교와 간첩 활동을 통해 제왕을 진나라에 입조하도록 유혹했다. 진치 등이 진왕의 명에 따라 제나라에서 활동했는데, 이들은 제왕에게 땅 5백리를 주겠다고 꼬드기는 한편, 제나라의 재상 후승과 수하 관리들을 뇌물로 매수하여 제왕에게 진나라를 따르고 다른 5개국과 함께 진나라를 공격하지 말도록 권하게 만들었다. 과연 이 계책에 걸려든 제왕은 그저 한 모퉁이만을 낀 채 편하게 살기를 바랐고, 이웃 국가가 진나라에게 멸망당하는 것을 좌시했다. 이후 제왕이 진나라와 단교를 선포하자, 진나라는 신속하게 공격하여 제나라의 70여 성을 싸우지 않고 함락시켜 마침내 제나라를 멸망시켰다.

진시황은 정확한 모략으로 통일 전쟁을 지휘하여 승리를 쟁취할 수 있었다. 이는 그의 용인 정책과 무관하지 않다. 통일 전쟁 기간은 사회가 극렬하게 변동하고 사상이 비약적으로 발전하던 전국시대였다. 이 시기에 진시황을 대표로 하는 신흥 지주계급이 급속히 성장했다. 이런 사회적 분위기는 진시황의 사상과 정책을 비교적 개방적으로 만들었다. 용인 정책도 마찬가지였다. 진시황은 인재를 한눈에 알아보고, 인재를 아끼는 성의를 지녔으며, 인재를 포용하는 도량과 인재를 다스리는 술책을 가지고 있었다.

진시황이 인재를 어떻게 활용했는지 보자. 이사는 초나라 상채(上蔡, 지금의 상채현 서남쪽) 사람으로 저명한 유학자인 순경荀卿에게서 제왕술帝王術을 배웠다. 학업을 마치고 열국의 형세를 관찰하던 중 "6국은 하나같이 약해서 공을 세울 수가 없"고 "진나라가 천하에서 제일 강하여 제후들에게 위엄을 행사할 수 있다."고 판단했다. 그리고 "오직 진나라만이 천하를 병합시키고 제왕을 칭할 수 있다."고 보아, 자신의 재능을 펼칠 기회를 찾기 위해 결연히 초나라에서 진나라로 들어갔다. 이사가 진시황에게 6국 병합의 계책을 올릴 때에 그의 지위는 대단히 낮은 궁정시위인 '낭관郎官'의 신분이었다. 진시황은 지위가 낮다고 그의 말을 경시하지 않았다. 이사가 올린 책략의 가치를 단번에 알아본 진시황은 과감하게 그의 전략을 채택했다. 더불어 이사를 장사長史로, 뒤에 다시 정위廷尉·승상으로 승진시켜 진시황 통치 집단의 핵심 인물로 만들었다.

위료는 위魏 대량(大梁, 지금의 개봉시) 사람이다. 그는 아무런 직위가 없

진시황의 인재들.
왕전[1], 위료[2], 이사[3], 몽염[4]

는데도 그가 바친 책략이 진시황에게 중시되었다. 진시황은 "재물을 아끼지 말고 적의 권신에게 뇌물을 주어 적의 계책을 혼란하게 만든 다."는 그의 책략을 받아들였다. 또한 그를 상객으로 대우하여 음식과 의복을 함께할 정도로 친밀하게 지냈다. 한때 위료는 진시황이 "인덕이 부족하고 그 마음은 호랑이와 이리 같아서 오래 교유하지 못할 것"
이라며 진나라를 떠나고자 했다. 진시황은 그를 쫓아가서 데리고 와
국위(國尉. 오늘날의 참모총장)와 같은 중요한 직무를 주었다.

　노장 왕전은 스승으로 대우했다. 또한 자신과 연령이 비슷한 몽
염 · 몽의蒙毅 형제의 정치 · 군사적 능력을 대번에 알아보았다. 진시
황은 몽염에게 대외적인 일을 맡겨 군사 30만을 이끌고 북쪽 변경을
지키게 했고, 몽의에게는 대내에서 책략을 짜게 하여 그 지위를 상경
上卿에 이르게 했다. 진시황은 외부 행차를 할 때 몽의와 함께 수레를
탔으며, 돌아와서는 항상 곁에 두어 그림자처럼 따르게 했다.

　진시황이 인재를 받아들이는 도량은 상당히 컸다. '축객령逐客令'과
관련된 일이 그 전형적인 사례라고 할 수 있다. 진시황 10년(기원전 237
년), 귀족 대신들이 진왕에게 축객령을 내리도록 권했다. 그 내용은 외
국에서 온 사람들이 대부분 간첩 활동을 하기 때문에 진나라에서 쫓아
내야 한다는 것이었다. 진왕의 객경이었던 이사도 그 대상이 되었다.
이사는 함양 동쪽으로 떠나는 길에 진왕에게 상소문을 올렸다. 그는
진 목공은 백리해百里奚 · 건숙蹇叔을, 진 효공은 상앙商鞅을, 진 혜왕은
장의張儀를, 진 소왕은 범수范雎 등을 기용한 사례를 열거하면서, 진나
라 4대 군주가 모두 강력한 개혁 의지를 가지고 부국강병책을 꾀하여
마침내 제업을 이룰 수 있었던 것은 모두 '객경客卿의 공'이라고 설명했
다. 그러면서 보물과 기물은 진나라에서 생산되지 않아도 당장 마음과
눈을 즐겁게 하지만, 사람은 그렇지 않아서 "옳은지 그른지를 묻지 않
고, 굽은지 곧은지를 논하지 않고, 진나라 사람이 아닌 빈객을 축출하
려 한다."는 것은 "여색, 음악, 주옥 등은 소중히 여기면서 사람을 경
시하는 것이다."라고 날카롭게 지적했다. 이어 역사상 제왕들의 성공
경험에 빗대 축객령은 잘못된 것이며 "상고의 오제와 삼왕들은 천하에

적이 없었다."고 부연 설명했다. 이사는 진시황에게 결단을 촉구했다.

"태산은 한 줌의 흙도 마다하지 않았기에 그렇게 높은 것이며, 강과 바다는 자잘한 물줄기를 가리지 않았기에 그렇게 깊고 넓은 것입니다. 왕은 뭇 백성을 물리치지 않았으므로 그 덕망을 밝힐 수 있는 것입니다."
"빈객을 축출하여 적국을 이롭게 하고, 백성을 줄여서 적국에게 보태주어 나라 안으로는 텅 비게 되고 나라 밖으로 제후들의 원한을 사게 되면, 나라를 구하고 위기를 일소하려 해도 어찌할 수가 없게 됩니다."

진시황은 이사의 상소문을 보고 크게 깨달았다. 즉각 축객령을 철회하고 이사를 뒤쫓아가 함양으로 돌아오게 하여 복직시켰다. 이후 진시황은 다양한 인재를 받아들이는 데 더욱 관용적인 태도를 보였다.

돈약은 진나라 사람이었다. 진시황은 그가 박학다식한 것을 알고 불러들였다. 그런데 돈약은 사전에 "절을 하지 않겠다."는 조건을 제시하면서, 진시황이 "절을 강요하지 않으면 만나겠으나 그렇지 않으면 만날 수 없다."고 고집을 부렸다. 진시황이 승낙하자 그는 진시황의 면전에서 통곡하며 말했다. "대왕의 자리에 있으나 효도를 다했다는 명성도 얻지 못하고, 실속도 챙기지 못한 사람이 바로 대왕입니다." 진시황이 크게 노하자, 돈약은 바로 진언을 올렸다. 진시황이 아직 관동 6국을 취하지 못한 것은 그 나라들을 대하는 태도가 그의 어머니를 대한 태도와 같았기 때문이라고 했다. 그 말에 관심이 생긴 진시황이 그에게 주장을 한번 펼쳐보라고 말했다. 이에 돈약이 주장했다. "한나라는 천하의 목구멍이고 위나라는 천하의 심장과 같은 곳이니, 왕께서 신에게 만금을 주어 유세하게 하면 그들 나라의 신하를 진나라로 귀순하게 만들어 한나라와 위나라를 복종시키겠습니다. 그러면 천하를 도

모함 수 있습니다."

진시황은 흔쾌히 돈약의 계책을 받아들였다. 돈약은 만금을 들고 한·위·연·조나라에 들어가 간첩 활동을 하여 조나라의 염파廉 頗 장군을 파면시키게 하고 이목李牧을 죽이도록 만들었다. 이는 한·위·연·조나라와의 전쟁을 승리로 이끄는 데 중요한 작용을 했다.

조나라의 대신을 지냈던 위나라 출신의 요고는 관동 6국에 사신으로 파견되었다. 그가 6국이 합종하여 진나라에 대항하려는 책략을 무너뜨리자, 진시황은 그를 상경에 봉했다. 한비는 진나라에서 유세할 때 요고를 가리켜 "양나라의 대도大盜이자 조나라에 쫓겨난 신하"라며 인신공격하고, "왕의 권세를 빌려 나라의 보물을 취하고 밖으로는 제후와 사귄다."고 모함했다. 이에 진시황이 요고를 불러 물으니, 요고는 주 문왕이 태공망을 기용하고, 제 환공이 관중을, 진 목공이 백리해를, 진 문공이 중산도를 기용한 것을 사례로 들면서, 이런 사람들은 비록 영예로운 시대에 살진 못했지만 "영명한 군주들이 기용하여 공을 세울 수 있었고, 밖에서 비방하는 자가 있어도 군주가 그 말을 듣지 않았다."고 설명했다. 진시황은 그의 변론을 듣고 일리가 있다고 여겨 그를 복직시킨 뒤에는 다시 의심하지 않았다.

인재를 쓸 때 진시황은 일정한 수법을 취했다. 그 전형적인 사례가 노장 왕전과 청년 장군 이신李信을 쓴 경우다. 왕전은 전공이 탁월한 노장으로, 진시황이 스승처럼 모셨다. 이신은 왕전의 부하 장수로 나이가 젊었는데, 조나라를 멸하고 연나라와 싸울 때 혁혁한 전공을 세웠다. 수천 명의 병력으로 천리 밖 요동에 있는 연나라 군대를 추격하여 진시황으로부터 현명하고 용감하다는 칭찬을 받았다. 진시황은 초나라를 공격하기 전에 왕전과 이신에게 초나라를 정벌하는 데 얼마의 병력이 필요한지를 물었다. 이신이 먼저 대답했다. "20만 명이면 충분

합니다." 이에 반해 왕전은 이렇게 말했다. "60만 명이 아니면 안 됩니다." 진시황은 왕전이 나이 들어 겁이 많아졌다고 생각하고 이신의 "과감하고 용감한 것"을 높이 사서 이신에게 초나라를 공격하게 했다. 왕전은 병을 핑계로 사직하여 빈양(頻陽, 지금의 섬서성 부평현)에 은거했다. 이신은 초나라와의 전쟁에서 처음에는 승리를 거두었으나 뒤에 크게 패하고 말았다. 진시황은 자신이 왕전과 이신에 대해 잘못 판단했다는 것을 깨닫고는, 친히 빈양으로 달려가 왕전에게 사과하고 그에게 초나라를 공격하도록 부탁했다. 왕전은 60만 명이 출병할 것을 조건으로 내걸었고 진시황은 흔쾌히 승낙했다. 전국의 병력을 왕전의 지휘 아래 두고, 그의 출정 길을 친히 전송했다.

왕전은 출정 전에 진왕에게 논밭과 집, 과수원 등을 요구하여 진왕으로부터 흔쾌한 승낙을 받았다. 그런데 왕전은 행군 도중에도 다섯 차례나 논밭 하사에 대해 되물었다. 이런 왕전의 행동은 진시황의 의심을 해소하기 위함이었고, 진시황 또한 자신의 잘못을 인정한 터라 관대한 도량으로 대했다. 한편, 초나라 정벌에 실패한 이신에 대해서도 그가 비록 대장군 그릇은 아니나 우수한 장수로 여겨 그를 기용했다. 그를 왕전의 지휘하에 두어 연나라 멸망과 제나라의 잔당 세력 토벌에 탁월한 전공을 세우게 했으며, 뒤에 농서후隴西侯로 봉했다.

진시황은 동시대의 다른 역사 인물과 마찬가지로 시대의 한계성에서 벗어나지 못했다. 그는 자신의 모략사상에 근거한 정확한 결단과 지휘로 통일 전쟁을 승리로 이끌었지만, 그의 잘못된 결정은 진 왕조가 단명 요절하도록 만들었다. 어쨌거나 진시황은 가장 먼저 중국을 통일한 위대한 모략가임에 틀림없다. 훗날 이백은 시로써 그를 칭송했다.

여섯 나라의 연합을 물리치고,

호랑이처럼 노려보는 것이 얼마나 영웅다워 보이는가.
칼을 휘둘러 뜬 구름을 가르니,
제후들이 모두 서쪽으로 조공을 왔도다.
영명한 결단력은 하늘로부터 열렸고,
큰 계책으로 여러 재사들을 부렸도다.

이사李斯

객客을 내치지 말 것을 호소하고, 분서焚書를 시행하다

이사가 태어난 해는 확실하지 않다. 죽은 해는 기원전 208년이다. 전국시대 말기 초나라 상채(上蔡, 지금의 하남성 상채 서남) 사람이다. 그는 진시황이 6국을 통일하는 데 모략과 정책을 제시하여 진 제국의 건립과 중국의 대통일에 큰 공을 세웠다. 그러나 그의 인품은 바르지 못했다. 그는 명리를 좇았고, 이익 앞에서 의리를 잊었다. 진시황이 죽은 뒤 조고趙高에게 매수되어 진 2세 호해胡亥를 위해 옳지 못한 일을 저질렀으며, 끝내는 조고의 모함에 빠져 자신의 몸을 망치고 말았다. 이사가 일생 동안 어떤 잘잘못을 했든 간에 그가 중국 역사상 유명한 정치모략가였다는 사실만큼은 모두가 인정하고 있는 바다.

명리를 좇아 진에 몸을 맡기다

젊은 날 이사는 초楚나라에서 문서를 관장하는 말단 관리 노릇을 한 적이 있다. 하지만 야심만만했던 그로서는 그런 처지와 지위에 결코 만족할 수 없었다. 사마천의 『사기』 「이사열전」에 따르면, 그는 쥐가 먹을 것을 훔쳐 먹는데 처한 상황에 따라 크게 다르다는 상황의 차이를 두고 다음과 같이 탄식조로 비유한 적이 있다.

"(어느 날 이사가) 관청의 변소에서 쥐가 오물을 먹다가 사람이나 개의 인기척이라도 나면 깜짝 놀라고 겁을 먹는 모습을 보았다. 또 어느 날인가는 창고에 들어갔는데, 곡식을 먹는 넓은 창고의 쥐들은 사람이나 개를 겁내지 않았다. 이에 이사는 '사람의 잘나고 못난 것도 쥐와 다를 바 없으니, 스스로 어떤 상황에 처해 있느냐에 달려 있을 뿐이로다!' 하며 탄식했다."

그는 모름지기 사람이라면 넓은 창고에 사는 쥐처럼 하고 싶은 대로 마음껏 누릴 수 있어야 한다는 뜻으로 이런 말을 내뱉었던 것이다. 높은 자리에 오르겠다는 목적을 이루기 위해 이사는 말단 관리 자리를 버리고 초나라를 떠났다. 학술적 분위기가 흘러넘치던 제齊나라로 가서 유명한 사상가 순경苟卿을 스승으로 모셨다. 순경은 다름 아닌 순자苟子로, 당시 명성을 날리던 유학의 대가였다. 그러나 순자의 유학은 공자나 맹자의 유학과는 달랐다. 그의 기본 사상은 법가의 주장에 가까워 국가를 어떻게 다스릴 것인가 하는 학설을 주로 연구하고 있었다. 말하자면 '제왕학帝王學'을 연구하고 있었다. 따라서 전국시대 말기의 형세와 신흥 지주계급의 요구에 안성맞춤이었다.

이사는 '제왕학'을 보고 순자를 택한 것이다. 그는 "비천한 것보다 더한 부끄러움은 없고, 곤궁한 것보다 더 슬픈 것은 없다."고 말했다. 그는 적막함을 견디지 못하는 강렬한 출세 지향적 인물이었던 것이다. 그는 분명한 목적을 가지고 진지하게 공부에 임했다. 탐구 정신도 아주 강했고, 학업도 우수했으며, 성적도 남달라서 스승 순자의 눈에 들었다. 그리하여 순자의 수제자 가운데 하나가 되었다.

학업을 마친 이사는 자신의 거취와 능력에 대해 생각하고 또 생각해보았다. 꿈에도 그리던 높은 자리와 부귀영화를 어떻게 손에 넣을 것인가 심사숙고했다. 그는 당시 서로 으르렁거리며 싸우고 있는 7국의 형세를 살폈다. 다른 6국들도 약하진 않았지만 국왕들의 능력에 문제가 있는 반면, 오직 서쪽의 진泰이 가장 막강하고 국왕인 정(政, 훗날의 진시황)의 능력도 대단하여 장차 천하가 진으로 기울 것으로 진단했다. 마침내 그는 진으로 가서 자신의 재능을 펼치겠다고 결심했다. 그가 스승 순자에게 작별 인사를 드리러 가자 순자는 그에게 왜 진나라로 가려 하느냐고 물었다. 이에 이사는 자신의 생각과 관점을 조금도 숨기지 않고 대답했다.

> "누구든 일을 하려면 기회라는 문제에 부딪히기 마련입니다. 지금 각국이 모두 다투고 있는데, 이런 상황은 공명을 세울 수 있는 절호의 기회입니다. 그중에서도 진국이 실력이 가장 강하고 뜻도 커서 이제 막 힘을 쏟아 천하를 통일하려 하고 있습니다. 지금이 바로 저의 능력을 마음껏 발휘할 때입니다. 사람이 세상을 살면서 비천함이 가장 큰 수치요, 곤궁함이 가장 큰 슬픔입니다. 빈곤하고 비천함에 처하면 세상 사람들이 비웃습니다. 명리를 아끼지 않고 아무것도 하지 않는 것은 배운 사람의 목적이 아닙니다. 그래서 진국으로 가려고 합니다."

순자는 고개를 숙인 채 아무 말도 하지 않고 야심만만하고 원대한 포부를 가진 제자를 떠나보냈다.

객을 내치지 말 것을 호소하고, 통일을 돕다

이사는 공명을 구하고 원대한 사업을 펼치기 위해 천리 먼 길을 마다 않고 마침내 진국에 왔다. 그는 먼저 진국의 실권자 상국相國 여불위呂不韋의 집에 식객으로 들어가서 허드렛일이나 하는 사인舍人이 되었다. 그러나 이내 여불위의 눈에 들어 낭관郎官에 임명되었다. 하지만 이 정도 자리에 만족할 이사가 아니었다. 그는 여불위를 진왕 정에게 접근하는 데 필요한 발판 정도로밖에는 생각하지 않고 있었다. 아니나 다를까, 기회는 뜻있는 사람을 저버리지 않았다. 진왕이 마침내 이사의 존재를 알게 되었고, 이사는 스스로 나서 진왕에게 다음과 같은 계책을 올렸다.

"어떤 사업을 이루려 한다면 시기를 움켜쥐지 않으면 안 됩니다. 진 목공 때는 대단히 강했지만 통일 대업을 이루지 못했습니다. 그 원인은 시기가 무르익지 않았기 때문입니다. 진 효공 이래 힘들게 노력하여 지금 진국의 국력은 다른 나라들과는 비교도 안 될 정도로 강합니다. 게다가 대왕께서 현명하고 덕이 있으시니 6국을 화덕의 재처럼 쉽게 쓸어버릴 수 있을 것입니다. 지금이야말로 황제의 대업을 완성하고 천하를 통일할 수 있는 절호의 기회입니다. 절대 놓치지 마십시오!"

진왕은 이사의 견해와 그의 재능을 아주 높이 사서 그를 단숨에 장사長史로 승진시켰다. 이어 이사는 진왕에게 또 다른 방안을 내놓았다. 금은보화를 지닌 사람들을 각국으로 보내 유세와 매수, 뇌물과 이간으로 6국의 군신들을 흔든 다음 각개격파하자는 제안이었다. 그런 다음 하나씩 차례로 삼키면 통일 대업은 큰 힘 들이지 않고 이룰 수 있다는 것이었다. 진왕은 이사의 책략을 받아들였고 큰 효과를 거두었다. 진왕은 이사를 더욱 중시하여 객경客卿으로 뽑아 올렸다.

그러나 이사가 순풍에 돛을 단 듯 승승장구하면서 6국을 소멸하여 천하를 통일하기 위한 각종 책략을 올리는 등 재신의 능력을 뽐내고 있을 무렵, 6국의 일부 지식인들도 가만히 있지는 않았다. 그들도 앞다투어 등장하여 자신의 나라를 위해 계책을 냈다. 그들은 무력으로 맞서거나 간첩을 보내는 등 모든 방법을 동원하여 진의 역량을 약화시키려 했다. 그런 사례들 중 가장 유명한 것이 한韓이 수리 전문가 정국鄭國을 진으로 보내 진을 설득하여 엄청난 물자가 드는 수리 공사에 나서게 함으로써 진이 한을 침범하지 못할 정도로 국력을 약화시키려 한 일이었다. 그러나 수리 공사가 진행되던 도중에 한의 의도가 들통이 났다. 이 일로 진은 놀라지 않을 수 없었다. 조정 안팎에서 한바탕 소동이 벌어졌고, 이어 종실 귀족과 외국에서 들어온 객경 사이의 권력 다툼으로 비화되었다. 귀족들은 진왕 정이 중용했던 여불위·이사 등 객경들에 대해 진즉부터 원한을 품고 있었으나 진왕의 기세에 눌려 드러내놓고 불만을 나타내지 못하고 있었을 뿐이다. 그런데 이 일로 마침내 기회가 찾아왔고 귀족들은 벌떼처럼 일어나 외부에서 들어온 객경들을 내쫓을 것을 주장했다. 진왕도 하는 수 없이 객경들을 내쫓는 '축객령逐客令'을 내렸다. 이사도 물론 추방자 명단에 들어 있었다.

그렇게도 갈망해왔던 출세가도가 한순간에 물거품이 될 위기에 놓였으니 이사가 이 상황을 어찌 견딜 수 있으랴! 그에게는 포부가 있었다. 남다른 지혜도 있었다. 또 과감성도 있었다. 이사는 처벌을 무릅쓰고 진왕에게 객경들을 내치지 말 것을 권하는 한 통의 편지를 썼다. 이것이 저 유명한 「간축객서諫逐客書」다. 「간축객서」는 간절한 구직서일 뿐만 아니라 이사의 재능과 모략 지혜를 충분히 반영하는 명문이다. 이사는 이 글에서 널리 유능한 인재를 구하여 나라를 강하게 만들 것을 간곡하게 권유하는 동시에, 나아가서는 6국을 소멸시키고 천하를 통일하는 정치적 모략을 펼쳐 보이고 있다. 이 편지의 주요 논점을 한 번 살펴보자.

첫째, 진나라가 강성했던 역사적 사실을 들어 유능한 인재를 널리 기용하는 일의 중요성을 설명하고 있다. 그는 이렇게 말한다.

"지난날 진 목공께서 유능한 인재를 구하실 때 서융에서는 유여由余를 초청했고, 동방의 초나라로부터는 백리해百里奚를 모셔 왔습니다. 또 송나라로부터 건숙蹇叔을 모셔 왔고, 진국에서 온 비표丕豹와 공손지公孫支를 기용했습니다. 목공께서는 이 다섯을 기용하여 20개 나라를 아우른 다음 패자로 군림하셨습니다. 또 효공께서는 상앙商鞅을 기용하여 풍속을 바꾸고 국가와 인민을 부강하게 만드는 신법을 실행하셨습니다. 대외적으로는 초·위를 물리쳐 땅을 1천 리나 넓히셨기에 진은 강대해졌습니다. 혜왕께서는 장의張儀의 계책을 받아들여서 6국의 합종책을 깨고 각국으로 하여금 진에 복종하도록 압박했습니다. 한편 소왕께서는 범수范雎를 기용하여 귀족들의 역량을 약화시켜 왕권을 강화하고 제후들을 잠식하여 진의 제업을 이루셨습니다. 이 네 분의 국왕은 모두 객경을 기용했기 때문에 진에 공헌한 것입니다. 객경이 진에 무엇을 잘못했단 말입니까? 만약 네 분 국왕께서도 축객령을 내리셨다면 진은 부귀는커녕 강대국이란 이름도 얻지 못했을 것입니다."

둘째, 유능한 인재는 진주·보물·미녀·좋은 말 등보다 훨씬 더 중요하다는 점을 강조했다. 이에 관련하여 이사는 다음과 같이 말한다.

"왕께서 지금 가지고 계시는 진주나 보배 따위는 모두 진나라에서 나지 않는 것들입니다. 미녀와 좋은 말 그리고 재물도 동방 여러 나라에서 가지고 온 것들입니다. 이런 것들은 동쪽 서쪽에서 가져다 쓰면서 어째서 객경들은 내쫓으려 하십니까? 보아하니 대왕께서는 이런 것들만 중시하고 객경들은 중요하게 여기시지 않는 것 같습니다. 이렇게 하시면

'간축객서'를 올리는 이사

결과적으로는 다른 나라의 힘만 키우고 진의 통일 대업에는 불리할 것
입니다."

진왕은 웅대한 지략과 재능을 지닌 인물이었다. 그는 이사의 「간축

객서」를 읽은 뒤 시비를 분명하게 가려서 과감하게 이사의 건의를 받아들였다. 축객령을 즉시 취소하고 다시 이사를 중용하여 정위廷尉로 발탁했다.

축객령의 취소는 진에게 아주 큰 작용을 했으며 영향력도 대단했다. 진시황은 객경들을 받아들이고 기용하는 정책을 견지하여 대량의 인재들을 불러들였다. 역사 기록에도 보이는 유명한 왕기王齮·모초茅焦·위료尉繚·왕전王翦·왕분王賁·이신李信·왕리王離·몽염蒙恬 등이 모두 외국에서 온 객경 출신들로, 그들은 제각기 진의 정치·경제·군사·외교·문화 방면을 발전시키는 데 탁월한 공을 세웠다. 이는 결국 중국을 통일하는 사업에 중대한 작용을 일으켰다.

중앙집권, 분서갱유

이사는 진시황을 위하여 6국을 소멸시키고 중국을 통일하는 데 모략과 계책을 총동원했을 뿐만 아니라, 통일 이후 진 제국이 중앙집권 통치를 어떻게 다지고 강화할 것인가에 대해서도 여러 가지를 제안했다.

첫째, 군현제郡縣制의 실행을 건의했다. 진왕 정 26년인 기원전 221년, 진국은 몇 년에 걸친 정벌 전쟁 끝에 마침내 6국을 소멸시키고 중국 땅에 전례 없는 넓은 땅과 인구를 소유한 최초의 대 통일국가를 세웠다. 이 무렵 진왕 정은 왕이란 호칭을 제로 바꾸고 스스로를 진시황이라 했다. 그러나 진 왕조의 내부는 통일된 봉건 제국의 통치를 어떻게 강화할 것인가에 대해서 논의가 분분했다. 진시황은 대신들을 소집하여 대토론을 벌이게 했다. 이에 승상 왕관王綰을 필두로 한 대부분의 대신들은 주나라 때의 분봉제를 본받아 진시황의 자제들을 왕으로 봉하자고 주장했다. 그러나 이사는 이 견해에 동의하지 않았다. 그는 주나라 후기 제후들이 주 왕실의 명령을 듣지 않고 서로 다툰 사실을 실례로 들면서 분봉제를 취해서는 안 되며, 대신 군현제를 실행하여 중앙집권으로 통일을 강화해야만 천하가 안정될 수 있다고 주장했다. 진시황도 통일된 국가에 다시 여러 나라를 세워 불안 요소를 키울 수 없다고 판단하여 이사의 의견을 지지했다. 이렇게 해서 전국을 36군으로 나누고 그 밑으로 현을 두는 군현제가 반포되었다. 군현제의 확립으로 통일을 이룬 봉건국가의 중앙집권은 강화되었고, 역사도 앞을 향해 발전해나갔다.

둘째, 분서갱유焚書坑儒를 건의했다. 이 사건은 진시황 34년인 기원전 213년에 발생했다. 한번은 조정 회의에서 순우월淳于越이라는 유학 박사가 진시황이 주나라의 분봉제에 따라 자제들을 봉하지 않은 것을 비판하고 나섰다. 순우월은 고금의 사례를 들어가며 진시황에게 하루빨리 분봉제를 실행할 것을 요구하면서 그렇게 하지 않았다간 천하가 오래가지 않을 것이라는 말도 곁들였다. 순우곤은 유가의 입장에 서서 진 왕조의 정치를 보았기 때문에 진시황이 견지한 법가사상과는 사사건건 어긋났다. 진시황은 순우월의 비판에 몹시 불편해하며 이 문제를 당시 재상권을 쥐고 있던 이사에게 넘겨 처리하게 했다. 이사는 순자에게서 배웠지만 줄곧 법가사상을 밀고 나가면서 엄격하고 가혹한 형법을 주장해왔다. 그는 조야 안팎의 유가사상과 주장이 진의 통일과 중앙집권에 위협이 된다고 판단하는 한편, 유생들의 사상이 독서에서 비롯되었다고 생각했다. 그리하여 이런저런 구실을 붙여 진시황에게 유가서를 집중적으로 불태우는 이른바 분서焚書를 건의했다. 진시황은 이사의 의견에 찬동하면서 이사에게 잔혹한 분서 법령을 제정하도록 했다. 법령은 진나라의 역사책을 제외한 다른 나라의 역사책과 박사(문사의 전적을 관장하는 관리)가 아닌 사람이 소장하고 있는 시·서·백가서 등 및 의약과 점복·나무와 관련된 책을 제외하는 모든 책을 불태우도록 규정하고 있었다. 그리고 이 법령을 어기고 금서령에 저항하는 사람은 각종 형벌로 다스리도록 했는데, 가벼우면 얼굴에 먹줄을 뜨는 묵형墨刑에 장성을 쌓는 노동에 차출했고 심하면 저잣거리에서 목을 베는 '기시棄市'에 구족을 함께 처형할 수 있었다.

분서령이 내려진 다음 해인 기원전 212년, 진시황은 다시 수도 함양에 사는 400여 명의 방사方士와 유생들을 산 채로 묻으라는 명령을 내렸다. 이것이 역사에서 말하는 '갱유坑儒' 사건이다.

가혹한 독책술督責術, 화가 자신에게 미치다

이사는 재능이 넘치고 지모가 깊고 다양했다. 하지만 그의 품행은 좋지 않았다. 그는 명리만을 좇는 인물이었기 때문이다. 그는 일찍이 총애를 잃지 않으려고 진시황 앞에서 지혜와 재능 등 모든 면에서 자기보다 나은 동학 한비자를 모함하여 죽였다. 자신의 입신출세를 위해 진시황에게 뛰어난 모략을 많이 제안했으며, 또 진이 천하를 통일하고 정권을 다지는 데 피와 땀을 아끼지 않았다. 하지만 명리에 대한 욕심이 너무 강하여 지조를 끝까지 지키지 못했다. 진시황이 죽자 그는 희대의 간신 조고趙高의 압력을 견디지 못하고 조고와 2세 호해胡亥를 위해 나쁜 계책을 많이 내놓았다. 그 결과 진의 멸망이 가속화되었고, 자신은 물론 집안사람이 모두 목숨을 보전하지 못했다.

진시황 37년인 기원전 210년, 진시황은 사랑하는 둘째 아들 호해와 환관 조고 그리고 승상 이사를 대동하고 다섯 번째 순수에 나섰다. 이번 노선은 남방의 여러 군현들이었다. 진시황은 회계산(會稽山, 지금의 절강성 소흥시 남쪽)에 올라 대우大禹에 제사를 지낸 다음 비석에다 기록을 남겼다. 일찍이 진시황은 장생을 위해 서복徐福으로 하여금 동남동녀 3천을 거느리고 봉래산에 들어가 불로장생의 선단과 묘약을 구해 오도록 했다. 세상에 불로장생하는 약이란 없었기 때문에 서복 등은 선약을 구하지 못했을 뿐만 아니라 아예 돌아오지 않아 행방불명이 되었다. 이런 진시황이었기 때문에 자신이 순수 도중에 죽을 수 있으리라고는 꿈에도 생각하지 않았다. 그래서 자신의 뒤를 이을 계승자에 대해서는 진지하게 생각하지 않았다. 죽음을 앞두고 능력 있는 큰아들 부소扶蘇로 하여금 뒤를 잇게 한다는 유서를 남겼지만 때는 이미 늦었다.

진시황은 순수에서 돌아오는 길에 사구(沙丘, 지금의 하북성 광종현)에 이르러 갑자기 죽었다. 그러자 환관 조고가 바로 권력을 찬탈하기 위한 음모를 꾸미기 시작했다. 조고는 둘째 호해로 하여금 황제 자리를 잇도록 일을 꾸몄다. 둘째 아들이 무능하고 그저 놀기만 좋아하는 성품인 데다, 조고 자신이 호해의 스승이었기 때문에 일단 호해가 등극하는 날에는 대권은 자연스럽게 자신의 손에 들어올 것이라고 판단했다. 그러나 관례와 진시황의 유언에 따른다면 호해는 절대 즉위할 수 없었다. 야심만만하고 잔꾀가 많았던 조고는 자신의 뜻대로 일을 성사시키기 위해 함정을 파놓고 승상 이사를 끌어들였다. 조고는 잘 알고 있었다. 이사는 생각도 깊은 데다 진시황의 총애를 한 몸에 받았던 중신이라 황제 자리를 잇는 문제를 매우 중시하고 있다는 것을. 하지만 동시에 조고는 이사가 명리를 집요하게 추구해온 사람이라는 사실도 잘 알고 있었다. 자신의 권세와 이익을 위해서는 어떤 대가라도 마다하지 않을 사람이 이사였기 때문이다. 이것으로 압력을 가하면 이사는 굴복할 것이라 판단했다. 아니나 다를까, 이사는 조고의 계산을 벗어나지 못했다. 이사는 자신의 지위와 이익을 지키기 위해 조고 · 호해와 한통속이 되었다. 그리하여 대들보를 훔쳐 기둥을 삼는 수법으로 진시황의 유서를 조작하여 황위 계승자인 부소를 핍박하여 자살하게 했다. 이어 부소를 지지하던 명장 몽염도 감금시킨 다음 해쳤다. 이렇게 해서 진 2세가 조고와 이사의 지지를 업고 등극했다.

물론 이사와 조고의 결합은 강제적인 면이 없지 않았다. 이사는 호해의 어리석음과 무능함을 잘 알고 있었다. 그러나 이사는 자신의 기득권을 지키기 위해 속마음과는 다르게 호해에게 아부했고, 그를 위해 좋지 못한 정책을 건의하여 진의 멸망을 촉진했다. 이른바 '독책술督責術'은 이사가 호해를 위해 설계한 엄격하고 가혹한 형법이자 독재를 통한 군왕의 통치 대책이었다. '독책술'은 이사가 말한 대로 가벼운 죄라도 중벌을 주어 사람들로 하여금 형벌이 무서워 함부로 경거망동하지 못하도록 하자는 것이었다. 이사는 또 신하에 대해 군주는 독단적으로 신하들을 부려야지 신하로부터 영향을 받아서는 안 된다고 주장했다. 이렇게 해야만 군주는 자기 멋대로 할 수 있고, 신하들과 백성은 감히 대항하거나 반항하지 못하게 되어 군왕의 지위가 오래도록 안정될 것이라 생각했다.

이사의 '독책술' 이론은 법가사상에 근거를 두고 있다. 하지만 당시 진 2세가 이미 백성들을 잔혹하게 통치하는 상황에서 나온 이사의 독책술은 불에다 기름을 끼얹는 작용을 했다. 그럼에도 이사는 이 독책술을 2세에게 건의했는데, 2세의 비위를 맞추려는 의도뿐만 아니라 다른 의도도 숨기고 있었던 것 같다. 사실 이사와 조고 두 사람은 시종 뜻이 맞는 것처럼 행동했지만 실은 동상이몽이어서 서로를 제거하기 위한 치열한 암투를 벌이고 있었다. 이사는 이 독책술로 호해를 조고

이사를 죽음으로 몬 간신 조고

로부터 떼어놓고 나아가서는 조고의 전권도 약화시키려 했다. 그러나 호해는 이사의 가혹한 형법을 동원하는 정책만 받아들여 호화 사치와 부패로 치닫는 한편 닥치는 대로 무고한 사람을 죽이는 등 무소불위의 독재권을 휘둘렀다. 그러나 조고에 대해서는 전과 마찬가지로 변치 않는 총애와 신임을 보여주었다.

　이사는 조고의 힘을 약화시키지도 못했을 뿐만 아니라 되레 조고에 의해 처절하게 당했다. 이사는 백성들의 분노와 반란을 가라앉히기 위해 호해에게 아방궁 건설의 중단을 건의했다가 호해의 노여움을 사서 결국 옥에 갇히고 말았다. 이사는 옥중에서 호해에게 억울함을 호소하는 변명의 글을 올렸으나 모두 조고에게 차단되었다. 조고는 이를 빌미로 호해에게 이사가 그 아들 이유李由와 함께 반란을 꾀하고 있다고 모함했다. 그리고 이사가 제정한 혹형 규정을 적용하여 이사를 고문한 끝에 모반을 자백 받았다. 이사는 진 2세 2년인 기원전 208년 7월 처형되었다.

진승陳勝

물고기 배 속에 예언서를 숨기고, 죽창을 높이 치켜들다

진승은 자를 섭涉이라 했다. 양성(陽城, 지금의 하남성 등봉현) 사람이다. 태어난 해는 분명치 않으며 죽은 해는 기원전 209년이다. 그는 오광吳廣과 함께 중국 최초의 농민 대봉기의 서막을 열었다. 그는 걸출한 농민 봉기군의 수령이자 원대한 포부와 총명한 기지를 갖춘 정치모략가이기도 했다.

큰 기러기의 뜻

『사기』 기록에 따르면 진승은 농민 출신으로, 집안이 매우 곤궁하여 어릴 때는 남의 집 땅을 경작하며 생계를 꾸렸다. 하지만 그는 큰 뜻을 품고 있어 무엇인가를 하고 싶다는 열망이 대단했다. 농사를 짓고 남는 시간에는 늘 인간 세상을 한탄했는데, 어떤 때는 침울해하기도 했고 어떤 때는 울분을 토하기도 했다. 한번은 일을 하고 쉬는 틈에 밭두둑에 앉아 아무 말 없이 긴 생각에 잠겼다. 그러다 갑자기 "어느 날 내가 떨치고 일어나 부귀한 사람이 되더라도 가난한 형제들을 잊지 않을 것이야!"라고 혼자 중얼거렸다. 함께 일하던 고용 농부들이 이 말은 듣고는 "남의 집 땅이나 부쳐 먹는 주제에 무슨 부귀란 말인

진승 봉기도

가? 허풍 떨지 마라!"며 비웃었다. 진승은 이들의 비웃음에 아주 유감
스러운 표정을 지으며 "어허! 참새들이 어찌 큰 기러기의 뜻을 알리오
(연작안지홍곡지지燕雀安知鴻鵠之志)!"라며 혀를 찼다. 뜻이 있는 자는 언젠가
는 큰일을 이룬다. 머지않아 진섭은 실제 행동으로 사람들에게 그때
의 호언장담이 정신 나간 헛소리가 아니라 웅대한 결심의 표현이었음
을 증명했다.

기회를 살핀 다음 꾀하다

진승은 진나라 말기라는 황폐하고 어지러운 세상을 살았다. 진 왕조

는 대외 정벌을 위한 전쟁을 끊임없이 벌였고, 거기에 진 2세 호해의 사치스러운 궁정 생활과 썩을 대로 썩은 정치가 백성들을 고단하게 만들었다. 통치자들은 위기에 놓인 권력을 유지하기 위해 온갖 명목을 붙여 세금과 노동력을 착취했다. 백성들은 도탄에 빠져 견딜 수 없었다. 분노와 반항은 불만 당기면 활활 타오를 잔뜩 쌓인 마른 장작과 같았다. 진승은 이런 환경에서 자신이 불을 댕길 사람이 되겠노라 결심했다. 그는 기회를 기다리고 있었다.

진 2세 원년인 기원전 209년 7월, 진승은 정복 전쟁에 차출되어 900명의 가난한 농민들과 함께 변방을 지키기 위해 어양(漁陽, 지금의 북경시 밀운현 서남)으로 가고 있었다. 관리의 압송하에 이들 일행이 대택향(大澤鄕, 지금의 안휘성 숙현 서남)에 이르렀을 때 갑자기 큰비가 내려 길이 끊기는 바람에 기일에 맞추어 지정된 장소로 갈 수 없는 돌발 상황에 직면하게 되었다. 당시 진의 가혹한 법률에 따르면, 변방으로 징발된 사내로서 정해진 기간 내에 정해진 장소로 모이지 않으면 모두 목을 베게 되어 있었다. 생사가 걸린 상황에서 진승은 살기 위한 방법을 서둘러 강구하지 않을 수 없었다. 그는 대담하게도 진에 반기를 드는 봉기를 택했다. 그는 동료인 오광에게 "지금 우리 처지는 달아나지 않아도 죽고, 도망가도 죽는 길이다. 크게 일을 일으켜도 죽을 수 있다. 이래저래 죽기는 마찬가지, 국가를 위해 죽는 길을 선택하는 것이 더 값어치가 있지 않겠는가?"라고 말했다. 진승은 배우지 못해 더 이상의 많은 논리를 내놓지는 못했지만 인생의 가치는 알고 있었다. 그는 자신의 생존을 도모하기보다는 국가와 고통 받는 대중을 위해 도모하려 했던 것이다. 이렇게 할 때 인생은 더 큰 의미를 갖는 것이고, 설사 죽는다 해도 값어치가 있는 것이다.

명분을 내세워 대중을 설득하다

진승이 거사를 결심한 데는 심각한 사회적 배경이 자리 잡고 있다. 진승으로 보자면 일시적이고 충동적인 감정에서 비롯된 것이 결코 아니라 나름대로 충분한 사상적 준비가 있었다. 그는 '큰 기러기의 뜻'을 품고 있었을 뿐만 아니라 당시의 사회·정치적 정황, 그리고 백성들의 질곡에 대해 깊은 관심을 갖고 있었다. 따라서 거사를 호소하는 그의 모략사상의 깊이도 대단했다. 그는 거사가 성공하려면 군중의 폭넓은 반응과 지지를 얻어야 한다는 사실을 잘 알고 있었다. 그러나 무엇을 가지고 호소할 것인가? 자신의 현재 처지에 의존해서는 불가능했다. 당초 진승이 "훗날 부귀해지더라도 서로 잊지 말자."고 말했을 때 사람들은 자신의 분수를 모르고 까분다고 비웃지 않았던가? 이제 진짜 큰 사업을 벌이려 하는데 또다시 설득력 없는 방법을 가지고 접근한다면 실패는 뻔했다. 진승은 걸출한 모략을 지닌 농민 봉기의 수령이라는 명성에 결코 부끄럽지 않은 인물이었다. 그는 오광과 함께 봉기를 모의하면서 다음과 같은 인식과 대책을 제시한 바 있다.

"지금 천하 백성들은 진 왕조의 가혹한 세금과 노역 그리고 형벌의 고통 때문에 이미 견딜 수 없는 지경에 이르렀다. 그런데도 진 2세 호해는 궁전을 크게 짓느라 힘든 백성의 피와 땀을 쥐어짜고 있다. 듣자 하니 호해는 진시황의 작은아들로 황제 자리를 이을 자격이 없는 인물이라 한다. 당연히 황태자 부소가 뒤를 이어야 하는 상황이었는데, 부소가 늘 진시황에게 어진 정치를 하라고 바른 소리를 하다가 황제의 미움을 사서 변방으로 보내져 군대 일을 보게 됐다는 것이다. 그에게는 아무런 죄가 없었는데도 진 2세에게 살해되었다. 백성들은 부소가 아주 현명한 태

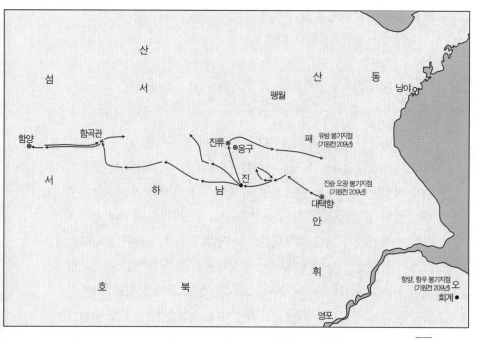

섬
서

산
서

산
동

팽월

낭야

함양

함곡관

진류
옹구

패 유방 봉기지점
(기원전 209년)

서

하

남

진

진승 오광 봉기지점
(기원전 209년)
대택향

안

휘

호

북

항양, 항우 봉기지점
(기원전 209년) 오
회계

영포

진승 봉기 당시 형세도

자라는 사실을 다 알고 있으면서도 그가 이미 살해되었다는 사실은 모르고 있다. 또 한 사람 항연(項燕, 초 패왕 항우의 할아버지)은 원래 초나라의 명장으로 전투를 잘해 많은 공을 세웠으며 앞장서서 병사들을 아꼈기 때문에 초나라 사람들은 모두 그를 매우 사랑하고 존경했다. 지금 어떤 사람은 그가 죽었다고 하고 어떤 사람은 다른 나라로 도망갔다고 한다. 지금 우리가 태자 부소와 항연을 위한다는 명분으로 천하의 백성들에게 호소한다면 반드시 많은 사람들이 호응할 것이다."

그의 판단은 당시 인심과 부합하는 것이었고, 오광도 괜찮다고 동의

하여 바로 거사하기로 했다.

귀신을 빌리다

옛날 사람들은 귀신을 믿었다. 제왕이나 장상들은 물론 일반 백성들도 마찬가지였다. 그 당시는 과학문화가 아직 발달하지 못했기 때문에 사람들 사이에서는 귀신을 가지고 각종 자연·사회현상을 해석하는 일이 성행했다. 진승도 귀신을 믿고 있었고 또 귀신의 힘을 빌려 자신의 대업을 성취할 줄도 알았다. 진승과 오광은 거사를 계획한 뒤 점치는 사람을 찾아 점을 쳤다. 이 점쟁이도 아주 총명한 사람이었다. 그는 진승과 오광의 뜻을 알아채고는 "당신의 사업은 성공할 수 있고, 백성을 위해 큰 공을 세울 수도 있습니다. 하지만 신령에게 물은 적이 있습니까?"라고 말했다. 진승과 오광은 매우 기뻤다. 진승은 바로 '귀신 주문'이란 계책을 생각해내고는, 한마디로 "이것은 우리에게 귀신을 이용해 군중에게 선전함으로써 위신과 명망을 얻으라는 말이다."고 간파했다. 진승은 바로 행동에 들어갔다. 그는 주사를 이용하여 천에다 '진승왕陳勝王'이란 세 글자를 크게 써서는 믿을 만한 사람을 시켜 이 '단서丹書'를 물고기 배 속에 넣었다가 다시 그물에 걸려 잡히도록 했다. 식사를 책임진 병사가 물고기를 사 와서 요리를 하려고 배를 가르다가 물고기 배 속에 들어 있는 '단서'를 발견했다. 병사는 진승이 미리 손을 쓴 것인지도 모르고 처음부터 배 속에 이런 글이 들어 있다고 생각하여 여간 신기해마지 않았다. 병사는 그 단서를 들고 이곳저곳 뛰어다니며 이 '기이한 사건'을 선전했다. 진승은 또 오광을 시켜 밤중에 군영 부근의 황폐한 사당에 숨어 있다가 아무도 없는 야밤을 틈타 도깨비불을 피우고 여우의 울음소리를 가장하여 큰 소리로 "위대한 초나라가 부흥하고, 진승이 왕이 된다!"고 외치게 했다. 비몽사몽간에 병사들은 이 고함 소리에 잠을 깼고, 두려움과 놀라움에 휩싸였다. 이튿날 아침, 잠을 깬 병사들은 자기들끼리 귓속말로 수군거리며 놀라고 신기한 눈빛으로 진승을 바라보았다. 이것이 "물고기 배 속에다 글을 숨긴" 내력이다.

거사를 성공시킬 계책

긴장된 거사 모의를 거쳐 준비 작업은 기본적인 모습을 갖추게 되었다. 이제 남은 최대의 장애는 그들을 압송해 가는 진의 관리들을 어떻게 처리할 것인가 하는 문제였다. 진승은 모략도 깊고 뛰어났을 뿐 아니라 문제의 본질을 아주 세밀하게 관찰하고 있었다. 그는 오광이 인간관계가 좋아 진의 병사들이 너 나 할 것 없이 오광과 친해지고 싶어한다는 것을 발견했다. 병사들은 충분히 활용할 수 있을 정도로 오광의 말을 잘 들었다. 진승은 마침내 오광에게 진의 병사들을 상대하도록 했다. 그 구체적인 방법은 이랬다. 오광이 여러 사람 사이에서 위신이 있다는 사실을 이용하여 일부러 진의 관리들을 자극하여 그 화가 오광에게 돌아가게 한다는 것이었다. 다시 말해 이렇게 해서 진의 관리에 대한 군중의 불만을 자극하고 이를 구실로 진의 관리들을 죽인 다음 진에 반기를 들자고 호소하자는 것이었다.

오광은 계획대로 행동에 들어갔다. 진의 관리들이 술에 취해 곤드레만드레가 되자 오광은 일부러 몇 번씩이나 도망치겠다고 큰 소리를 쳐서 진의 관리들을 성나게 만들었다. 참다못한 관리들이 오광에게 욕을 하며 모욕을 주자 군중들은 이들의 행동에 불만을 품고는 웅성거리기 시작했다. 이에 진의 관리들은 더 성이 나서 오광에게 채찍질을 했고, 한 군관이 검을 빼들고 오광을 죽이려 했다. 이에 오광은 군관의 검을 빼앗아 단숨에 군관 몇을 찔러 죽였다. 진작부터 기다리고 있던 진승도 군관 둘을 죽이고 모두를 향해 "여러분, 우리는 큰비를 만나 제 날짜에 변방으로 갈 수 없게 되었고 가봤자 목이 잘릴 것이 뻔하오. 만에 하나 목이 잘리지 않더라도 변방에 있으면 열에 여섯 일곱은 죽어나가는 것이 현실이오. 우리는 건장한 사내들이오. 죽지 않으면 그만이고, 죽더라도 명성은 남기고 죽어야 하지 않겠소? 왕과 제후, 장수와 재상의 씨는 하늘에서 내려주기라도 한단 말인가(왕후장상영유종호王侯將相寧有種乎)?" 이에 군중들도 어깨를 들썩이며 큰 소리로 "우리는 당신의 명령을 따를 것이오!"라고 외치며 호응했다.

그리하여 진승은 오광의 계책에 따라 먼저 공자 부소와 항연을 치켜세우며 인민의 바람을 실현시키기 위해 봉기할 것을 표명했다. 진승은 오른쪽 어깨를 드러내면서 의지를 나타냈고, 스스로를 장초張楚라 했다. 이어 단을 만들어 맹서하고 진 관리의 목을 귀신과 하늘에 바치는 제사를 올렸다. 진승은 자신은 장군이 되고, 오광을 도위에 임명하여 봉기군을 이끌었다.

진승이 봉기로부터 나라를 세우고 왕이 되기까지, 그리고 다시 실패하기까지는 겨우 반년이란 짧은 시간에 불과했지만 그가 이끈 사업은 세상을 바꾸고 시대를 전환시키는 거대한 영향을 남겼다.

유방劉邦

큰 지혜로 사해를 다스리고, 원대한 식견으로 난세를 안정시키다

유방(기원전 256~기원전 195년)은 진秦나라 말기에 농민 봉기의 영수로, 서한西漢의 개국 황제다. 기원전 202년에서 기원전 195년까지 제위에 있었다. 자는 계季이고 전국 말기 패현 풍읍 중양리(지금의 강소 패현) 사람이다. 의협심이 있고, 우의를 중시하며, 도량이 크고 넓었다. 서른 살 무렵에 사상泗上의 정장亭長을 지냈는데, 오늘날 초대소招待所의 소장에 해당한다. 일찍이 수도 함양咸陽에서 복무할 때 진시황이 행차하는 것을 보고 감탄하며 이렇게 말했다. "아! 남아 대장부라면 당연히 저 정도는 되어야지." 유방이 젊었을 때부터 원대한 포부를 지니고 있었음을 엿볼 수 있는 대목이다.

진 2세 원년(기원전 209년) 진승陳勝 · 오광吳廣이 의거를 일으키자 유방도 패현의 관리인 소하蕭何 · 조참曹參 등의 지지하에 병사를 일으켜 호응했다. 진승이 죽은 후, 유방과 항우項羽는 의거를 일으킨 군대의 영도자가 되어 함께 진나라 군대를 공격했다. 기원전 206년, 유방은 먼저 수도 함양을 공격하고 입성하여 진 왕조의 통치를 뒤집어놓았다. 같은 해 유방은 항우에 의해 한漢왕으로 봉해지고 파巴 · 촉蜀 · 한중漢中 일대를 점거했다. 이후 항우와 장장 4년에 걸친 쟁탈전을 치렀는데, 이를 초한전쟁楚漢戰爭이라고 한다. 기원전 202년, 유방은 해하垓下에서 항우를 격퇴하고 황제가 되어 서한 왕조를 건립했다. 진한秦漢 교체

기의 복잡한 정치투쟁과 치열한 군사투쟁 속에서, 유방은 탁월한 정치가이자 걸출한 군사 총사령관의 면모를 유감없이 보여주었다.

민심에 순응하여 천하의 신용을 얻다

유방은 진나라 말 여러 봉기군 중에서 가장 먼저 관중에 입성하여 진나라를 전복시켰다. 유방이 처음 봉기할 때 그의 역량은 상대적으로 약했다. 그의 적은 강대한 진 왕조였고, 여타 봉기군과의 연맹도 오래 지속될 수 없었다. 진 왕조를 전복시킨 후 유방 군은 다른 세력에 의해 소멸될 위기에 처해 있었다. 이런 위급한 정황을 유방은 분명하게 인식했다. 유방은 전란이 빈번하던 전국시대부터 통일 진나라까지 역사의 대전환을 몸소 경험했다. 그는 하층민으로 생활할 때부터 포악한 진나라의 가혹한 정치에 대해 매우 심각하게 생각했으며 자기가 패하지 않는 방법으로 반드시 백성들과 단결하여 민심에 순응해야 한다고 인식했다. 이러한 인식은 잔혹한 진왕이나 사납고 완고한 항우와 선명히 대조되어 유방의 초인적인 지모智謀를 더욱 돋보이게 한다.

유방은 봉기의 시작에서 한조의 건립 때까지, 계속하여 민심에 대한 순응 여부를 정책의 표준으로 삼았다. 처음 봉기했을 때 그는 여산驪山에서 부역한 한 무리의 죄인들을 압송하는 임무를 맡았는데, 중도에 그들을 석방했다. 그중 일부 죄인들은 감격한 나머지 자원하여 그를 따랐다. 유방이 이들을 데리고 망탕산芒碭山까지 도피했을 때는 마침 진승陳勝도 봉기했다. 이 무렵 유방은 이미 수백 명의 반진反秦 무리를 거느리고 있었다. 그는 패현에서 봉기할 때 먼저 패현 백성들을 향해 이렇게 선전했다. "천하가 진나라 때문에 고통받은 지가 오래되었

유방의 상

구나." 그러자 진 왕조 통치에 반대하는 성안 사람들이 현령을 죽이고 성문을 열어 유방의 무리를 영접하니 유방이 거느린 의군은 더욱 확대되어 3천여 명이 되었다. 유방은 탐관오리를 죽이고 포악한 진나라에 반대하는 백성들의 염원을 담아 거듭 승리를 거두니, 거느리는 봉기군의 수도 끊임없이 확대되었다.

관중으로 진군하는 과정에서 유방은 전군에 명령을 내려 함부로 강탈하지 못하게 했다. 이는 백성들을 못살게 굴고 상해를 가하는 진나

항우의 상

라 군대나 소란과 말썽을 피우는 여타 봉기군들과 선명한 대조를 이루
었다. 진나라 백성이 크게 기뻐하니 저절로 인심을 얻었다. 관중에 들
어간 유방은 먼저 자영子嬰을 핍박하여 투항하게 했다.

이어 진나라의 가혹한 법을 폐지하고 백성들에게 약법삼장約法三章
을 선포했다. 약법삼장이란 가혹하고 번다한 법을 세 가지로 간단하게 줄인 것이다. 그 내용은 사람을 죽이는 자는 사형에 처하고, 사람을 다치게 하는 자와 남의 물건을 훔치는 자는 그 죄에 따라서 처벌한다는 것이다. 이 신법의 반포에 고무된 백성들은 자발적으로 유방의 군영에 소와 양, 술과 고기를 보내 병사들을 위로했다. 유방은 또한 부하들에게 어떠한 예물도 받지 말라는 명령을 내렸다. 백성들에게 부담을 주지 않기 위해서였다. 그 결과 관중 백성들은 유방의 봉기군을 더욱 지지하게 되었고, 그가 행여 관중 왕이 되지 못하면 어쩌나 두려워했다. 약법삼장은 인심을 안정시키고 민심을 얻는 데 거대한 작용을 했다.

본래 유방은 재물을 탐하고 색을 밝히는 인물이었다. 그런 그가 관중에 들어와 재물과 미인을 취하지 않았던 이유는 백성들에게 좋은 인상을 심어주어 최대한 민심을 얻기 위함이었다. 이에 비해 항우는 진나라와 전투 중에 성을 함락시키면 적병은 물론이고 성내의 백성들도 모두 도륙하여 백성들의 원한이 그치지 않았다. 홍문연鴻門宴 후에 항우는 함양에 진입하여 대량 도살을 하고 아방궁을 불태워 민심을 잃어버렸다. 상대적으로 역량이 작았던 유방은 백성들의 지지를 받는 정책을 끝까지 견지했다. 이처럼 민심에 순응하는 사상과 모략의 실시는 유방이 백성들의 단결과 지지를 얻고 적들을 고립 분화시키게 만드는 요소로 작용했다.

적재적소에 인재를 쓰고 남의 충고를 잘 받아들이다

인재를 다룰 때에는 그 사람의 장점을 취하여 최대한 능력을 발휘하게 해야 한다. 즉, 자신을 알아주는 사람을 위해 죽을 수 있을 정도로 만들어야 한다. 유방은 그런 관점을 정확하게 알고 사람을 썼다. 신분의 귀천이나 출신 경력을 떠나 사람마다 자기 재능을 충분히 발휘하게 했다. 자신의 목표 실현에 유리한 방책을 내놓은 사람이면 그가 누구든 상관없이 중시하고 받아들여서 시행했다. 유방의 뛰어난 재능과 큰 도량은 유방을 두고 "장수를 잘 다루는 장수"라는 한신의 지적에서도 잘 알 수 있다.

유방은 사람을 씀에 한 가지 방법에만 구애되지 않았다. 그는 문신과 무장 출신을 한눈에 꿰뚫고 있었다. 장량張良은 6국 시대에 한나라의 재상이었고, 장창張蒼은 진秦나라의 어사였고, 소하蕭何 · 조참曹參은 진나라의 하급 관리였다. 한신韓信은 빈민이었고, 영포英布는 평민 출신으로 포악한 묵형(墨刑. 얼굴에 죄명을 새기는 형벌)을 받았으며, 번쾌樊噲는 개 잡는 백정을 업으로 삼던 자였고, 주발周勃은 자리 짜는 일을 생업으로 하던 자였다. 진평陳平은 가난한 서생이었다. 이들은 뒷날 모두 중용되어 유방이 천하를 얻는 데 큰 공을 세웠다. 이로 미뤄볼 때 유방의 인재 발탁은 매우 대담했다. 유방이 이렇게 할 수 있었던 데는 그 자신이 평민 출신으로 하위직 관리를 지냈던 것과 무관하지 않다. 유방이 중용한 '한초삼걸漢初三杰'과의 대화는 지금까지도 미담으로 전해지고 있다. 유방은 그들에 대해 이렇게 말했다.

"장막 안에서 작전 계획을 짜서 천리 밖 승부를 결정짓는 능력에서 나는 장량만 못하고, 국가의 안정을 유지시키고 백성을 어루만지며 제때에 군량을 조달하는 것에서 나는 소하보다 못하고, 백만의 군사를 이끌고 전투할 때마다 승리하고 공격하면 반드시 취하는 것에서 나는 한신보다 못하다. 이들은 모두 인걸이지만 나는 이들을 써서 천하를 얻었다. 항우는 범증范增 하나를 제대로 기용하지 못했기 때문에 내가 이길 수 있었다."

유방은 정치 목표를 실현하는 과정에서 뛰어난 용인 책략을 구사해 천하의 영재와 용사들을 모아들였다. 이는 힘만 믿는 항우를 굴복시킨 결정적인 요인이었다. 유방은 적재적소에 인재를 잘 썼을 뿐 아니라, 먼 뒷날의 일까지 고려하는 심원한 지략도 갖추고 있었다. 유방의 병이 중해지자 황후인 여치呂雉가 그에게 물었다. "폐하가 만약 승하하실 때가 되면 재상인 소하도 죽을 터인데 누구를 대신하면 되겠습니까?" 유방이 대답했다. "조참이 좋을 것 같소." 여치가 또 그다음 차례를 물으니, 유방은 왕릉王陵 · 진평 · 주발을 들었다. 그러면서 말했다. "주발은 중후하지만 문재文才가 모자라오. 그러나 유씨 왕조를 안정시킬 자는 틀림없이 주발이니 그를 재상으로 삼도록 하시오."

유방이 죽자 여치는 그가 말한 사람들을 임용했고, 그들은 유방의 정책을 이어받아 한 왕조를 공고히 하는 데 결정적인 역할을 했다.

유방은 신하들의 간언을 좇을 때 여러 사람의 의견을 모아 보다 더 큰 효과를 거두는 것을 중요시했다. 관중 진입을 준비할 때 유생 역이기酈食其가 알현하길 청했다. 유방은 본래 유생을 싫어했으나 역이기가 제시한 의견을 취했다. 역이기가 말했다.

"만여 명의 병사로 관중을 치는 것은 이른바 '호랑이 아가리를 쑤시는 격'이니, 좌절하시게 될 것입니다. 그보다는 먼저 부근의 진류陳留를 공격하여 취해야 합니다. 진류는 진나라의 양식 창고가 있는 곳입니다. 이곳을 취해 군대를 확충하고 그런 연후에 서쪽으로 나아가야 합니다. 마침 제가 진류 현령과 친한 사이이니 사신으로 가서 투항하게 만들어보겠습니다. 만약 투항하지 않으면 그때 가서 무력으로 해결하면 됩니다."

결과적으로 역이기는 투항을 거절한 진류 현령을 죽이고 문을 열어 유방을 진류로 들어오게 했다. 유방은 진류에서 대량의 양식과 군사를 얻었다.

이어 유방은 역이기의 동생 역상酈商과 함께 의군 사천여 명을 거느리고 남서쪽 땅을 공략했다. 유방은 지금의 하남 노산의 동남쪽에 있는 남양군 군수 여의呂齮를 대패시켰다. 여의는 도망쳐 완성宛城을 굳게 지키고 있었다. 유방은 완성을 돌아 계속 서쪽으로 진군하고자 했다. 이때 장량이 나서서 말렸다. 앞에 진나라 군대가 험한 지세를 이용해 지키고 있는데 뒤에 완성을 그대로 놔두고 서쪽으로 진군한다면 협공을 당할 우려가 있으니, 반드시 완성을 먼저 공략해야 뒤탈이 없을 것이라고 제의했다. 유방은 장량의 계책에 따랐고, 마침내 완성를 지키던 여의를 핍박하여 항복하게 만들었다.

진 왕조를 전복시킨 후 유방의 군대는 함양에 주둔했다. 금벽으로 치장한 휘황찬란한 진나라 궁정으로 들어가니 헤아릴 수 없는 진귀한 보물과 미녀들이 기다리고 있었다. 유방은 잠시나마 머물면서 향락을 누리려고 했다. 이때 번쾌가 유방에게 간언을 올렸다. "패공은 천하를 얻고자 합니까, 단지 부자로 만족하시겠습니까?" 번쾌는 진나라가 멸망하게 된 것은 진나라 황제가 사치스럽고 탐욕을 부린 결과이니, 패공은 진궁에 머무르지 말고 떠날 것을 권했다. 장량도 간언을 올려, 패공이 함양의 향락에 탐닉하면 그것은 마치 "폭군 걸을 부추겨 더욱 포학하게 하는 꼴[조걸위학助桀爲虐]"이라고 했다. 두 사람의 간언을 듣고 정신을 차린 유방은 즉각 진궁과 창고를 봉쇄하고 병사들을 이끌고 함양성에서 나와 패상灞上에 주둔했다. 이로써 유방은 비록 진 왕조를 전복시켰지만 다시 전국을 통일한다는 것이 얼마나 어렵고도 막중한 과업인지를 실감했다.

민첩하게 기회를 잡아 세력을 응용하여 쓰다

유방의 모략과 전략 전술 중에 가장 실용적이고 효과적인 것은 낡은 규칙에 얽매이지 않고 민첩하게 기회를 잡아 세력을 응용해 쓴 데 있다. 일정하게 정해진 틀이 없기 때문에 모든 것을 그의 정치 목적 달성에 쓸 수 있었던 것이다. 최대한 자신을 보존하고 강해지면 적을 소멸한다는 원칙 아래, 때로는 책략에 따라 중대한 양보를 하고 물러나는 척하면서 반격을 준비했다. 그러다가 일단 조건이 성숙하면 그 시기를 놓치지 않고 앞으로 나아가 원대한 계획을 펼쳤다.

유방이 홍문연에 간 일에 대해 사람들은 겉으로는 전투를 벌이지 않았지만 안으로는 치열한 전투가 오고간 것이라고 말한다. 홍문연에서는 그야말로 쌍방간에 지혜와 모략이 격렬하게 펼쳐졌다. 유방은 장량의 책략을 받아들여, 먼저 장량과 우호적인 항우의 숙부 항백項伯과 혼인 관계를 약조하고 항우 군에 귀속하는 것처럼 했다. 그러고는 홍문(鴻門, 지금의 섬서 임동 동북쪽) 항우의 장막에서 펼쳐진 연회에 갔다. 유방은 항우에게 말했다.

"내가 관내에 들어온 뒤 작은 물건 하나도 가까이하지 아니하고, 아전과 백성들의 호적을 정리하고, 주요 문서와 재물을 둔 창고를 잘 관리하며 항 장군을 기다리고 있었습니다. 장수를 보내 관을 지키게 한 것은 다른 도적의 출입과 의외의 사태에 대비하기 위해서였습니다. 어찌 감히 반역을 꿈꾸겠습니까?"

이 같은 책략성 양보는 대모략가가 아니면 하기 어려운 일이었다. 그러자 항우는 그 책임과 잘못을 유방의 부장인 조무상曹無傷의 무례로 돌렸다. 연회 석상에서 범증이 유방을 죽이려 했으나 항우는 결단을 내리지 못하고 망설였다. 다시 항우의 사촌동생 항장項莊이 검무를 추며 유방의 목숨을 노렸으나 항백도 같이 검무로 유방을 보호함으로써 일회성 해프닝으로 끝났다. 홍문연에서의 살기등등했던 사건은 이후 유방과 항우가 대치하는 계기를 암시하는 것이었다.

홍문연이 끝난 뒤 항우는 "먼저 함양 관중에 들어간 자를 그곳의 왕으로 삼는다."는 원래의 약조를 어기고 유방을 서남쪽 한구석인 파巴·촉蜀·한중漢中에 봉지를 내렸다. 그리고 진나라의 항복 장수인 장한章邯과 사마흔司馬欣, 동예董翳를 왕으로 삼아 관중 일대를 지키게 하여 유방의 출로를 막았다. 유방은 소하의 계책대로 일단 물러나기로 했다. 봉지에 머물면서 백성을 살피고 군사 역량을 확충하며 전쟁에 대비했다. 이윽고 삼진三秦을 평정하고 항우와 천하 쟁탈전을 벌였다. 기원전 206년 4월, 유방은 남정南鄭에 도착하여 한편으로 파·촉과 한중 지역을 다스리고, 다른 한편으로 삼진을 평정할 준비를 했다.

그 뒤 초와의 성고成皋 전투에서 유방은 결정적인 승리를 거둔다. 이때 유방은 "오창의 양곡에 의거하고, 성고의 요새를 막는다."는 역이기의 의견을 받아들여 수비를 포기하고 공격을 가함으로써 초한전쟁의 주도권을 장악했다. 기원전 203년, 유방은 항우가 형양滎陽을 떠나 팽월彭越을 공격하자 바로 성고를 공격했다. 유방은 교만한 초군이 적을 경시하는 약점을 이용하여 그들을 깊은 곳으로 유인, 일거에 섬멸하고 성고를 수복했다. 성고 전투는 민첩함과 기동성을 중시하는 유방의 군사모략사상이 유감없이 발휘된 것으로, 열세의 군대로 강대한 적군을 이긴 유명한 전투 사례가 되었다. 이를 계기로 '초 강强, 한 약弱'의 형세가 근본적으로 뒤바뀌었고, 이후 유방은 항우와의 해하 결전에서 최종 승리를 거두게 된다.

유방의 모략은 군사뿐 아니라 정치·경제 면에서도 잘 나타나 있다. 초한전쟁이 시작될 때부터 유방은 관중의 농업 생산을 중시했다.

그리고 한조를 건립한 뒤에도 중농억상(重農抑商, 농업을 중시하고 상업을 억누르는) 정책을 추진하여 새로 건립된 봉건국가의 기틀을 공고히 다졌다. 정치 면에서는 군현제의 실시로 지주계급의 확대를 제한하여 봉건 통치의 기반을 강화시켰으며, 흉노와 화친을 맺어 변방 수비를 튼튼히 하는 등, 탁월한 지혜와 담력, 지모를 남김없이 드러냈다.

조조晁錯

지혜 보따리로 이름을 날리고, 황제의 측근을 정리하고 순국하다

조조(기원전 200~기원전 154년)는 영천(穎川, 지금의 하남성 우현) 출신으로 한
나라 경제景帝의 중요한 모사謀士였다. 그는 일찍이 지현(軹縣, 지금의 하
남성 제원현 남쪽)에서 장회張恢를 스승으로 모시고 신불해申不害와 상앙商
鞅의 형명刑名 이론을 배웠다. 조조는 사람이 엄격하고 각박했다. 그러
나 문헌과 옛 기록들에 밝아 태상장고太常掌故라는 벼슬에 임명되었다.
한 문제 때 조정에 『상서尙書』를 연구하고 강론할 마땅한 사람이 없던
차에 제남濟南의 복생伏生이란 사람이 진 왕조 때 박사(博士, 고금의 역사
적 사실과 서적을 관리하던 직책)를 지냈다는 정보가 입수되었다. 복생은 서한
시대 금문『상서』를 처음으로 전수한 사람으로『상서』에 정통했으나 당
시 나이가 이미 90이 넘은지라 조정에 들어와 강론을 할 수 없었다. 이
에 한 문제는 태상太常에게 명령하여 사람을 복생 쪽으로 보내『상서』
를 배워 오도록 했다. 태상은 조조를 복생에게로 보냈다. 조조가 학업
을 마치고 돌아오자 문제는 그를 태자의 가령家令으로 삼아 태자를 보
좌하게 했다. 조조는 태자 유계劉啟의 총애를 받으면서 '지혜 보따리'
란 뜻의 '지낭智囊'으로 불렀다. 그는 말재주도 좋았다. 그가 올린 많은
치국책이 태자의 칭찬을 받았다. 그 뒤 문제는 그를 조정의 논의와 자
문에 응하는 중대부中大夫에 임명했다.

조조를 기용했던 한 경제

신하들을 이끌려면 '술수'에 능통하지 않으면 안 된다

이른바 '술수術數'란 나라를 다스리는 방법을 말한다. 공손홍公孫弘
은 "생사를 좌우하는 힘, 막힌 것을 뚫는 방법, 가볍고 무거운 것을 다
는 셈, 득실을 논하는 길, 이런 것들을 통해 멂과 가까움, 진실과 거짓
을 반드시 드러나게 하는 것을 술이라 한다."고 했다. 조조는 태자 유
계의 선생을 맡는 동안 태자에게 크고 위대한 공업을 세울 수 있는 책
략을 제시하면서 '태자가 알아야 할 술수에 관한 논의'라는 글을 썼다.
여기서 그는 군주는 '술수'에 정통하지 않으면 안 되고 어떻게 신하를
통제할 것인가도 알아야 한다고 했다. 그는 다음과 같이 말한다.

"군주가 만세에 존귀한 공명을 널리 떨칠 수 있는 것은 술수를 알기 때
문입니다. 군주가 신하를 통제하고 그 무리를 다스릴 줄 알면 신하들은
두려워 굴복하며, 말을 듣고 일을 처리할 줄 알면 감히 속이거나 감추

지 못합니다. 또 만민에게 이익이 돌아가도록 안정시킬 줄 알면 천하가 복종하며, 충효로 위를 섬길 줄 알면 신하의 행동이 제대로 갖추어집니다. 신이 가만히 생각하건대, 이 네 가지가 태자께서 하루빨리 아셔야 할 것들입니다."

일부 조정의 신하들은 황태자가 국가를 다스리는 방법을 반드시 알아야 할 필요가 뭐 있냐고 했지만 조조는 강력하게 반박했다. 이전의 군주들이 정권을 유지하지 못하고 살해된 원인은 '술수'를 몰랐던 데 있고, 지금 태자가 책은 아주 많이 읽었지만 나라를 다스리는 방법을 모르고 그저 책만 외운다면 헛수고라고 했다. 그러면서 문제에게, 지금 가장 절실하고 활용할 수 있는 성인의 술수를 태자가 배우도록 하고 태자가 군주 앞에서 자신의 견해를 밝힐 수 있도록 해달라고 건의했다. 문제는 조조의 건의를 받아들였다. 태자의 스승으로서 조조가 미친 영향은 경제가 즉위한 다음 더욱 크게 작용했다. 역사상 유명한 '문제와 경제의 전성기'라는 '문경지치(文景之治)'는 조조가 제기한 치국의 방략과 밀접한 관계를 맺고 있다.

황제의 총애와 신임으로 9경을 압도하고, 묘책으로 은밀히 날아드는 화살을 피하다

기원전 157년, 한 경제 유계가 황제 자리에 올랐다. 경제는 곧바로 조조를 내사(內史, 수도 장안의 행정장관)에 임명했다. 경제는 늘 조조와 함께 국사를 의논했고, 조조의 건의는 대부분 받아들여졌다. 조조에 대한 경제의 신임과 총애는 9경(진·한시대 중앙 9개 행정관직에 대한 총칭)에 대한 신임을 다 합쳐도 따르지 못할 정도였다. 승상 신도가申屠嘉는 자신의 의견이 늘 받아들여지지 않는 것이 부끄럽기도 하고 또 조조가 밉기도 했지만 조조를 박해할 마땅한 구실을 찾지 못했다.

이와 관련하여 다음과 같은 일이 있었다. 당시 내사관부 내에 있던 태상묘(太上廟. 고조 유방의 아버지 태상황의 사당)의 담장 사이 빈 터에 문이 동쪽으로 나 있어서 출입하기가 여간 불편하지 않았다. 이에 조조는 자기 마음대로 남쪽으로 두 개의 문을 내서 출입했는데, 문이 공교롭게도 태상묘의 바깥 담장 쪽으로 나게 되었다. 이 소식을 접한 승상 신도가는 옳다구나 싶었다. 이것이야말로 조조를 제거할 구실이 될 수 있기 때문이다. 그래서 황제의 조상 사당 담장을 뚫어 문을 낸 죄상을 적어 황상에게 조조를 죽이라고 청할 생각이었다. 이 소식을 들은 조조의 문객이 조조에게 이 사실을 알렸다. 조조는 큰일이다 싶어 그날 밤 황제에게 단독 면담을 요청하여 이 사실을 이실직고했다.

예상대로 신도가는 이 일을 황제에게 보고하면서 조조를 정위(廷尉. 진이 설치한 9경의 하나로 중앙의 최고 법관)에게 넘겨 처형하도록 해야 한다고 목청을 높였다. 지난밤 조조로부터 자초지종을 들어 상황을 다 파악하고 있던 경제는 승상 신도가에게 "조조는 종묘의 담장을 뚫고 문을 낸 것이 아니라 종묘 빈터 바깥을 두른 낮은 담장에 문을 냈을 뿐이고 그나마도 내가 허락한 것이니 법에 저촉되는 바가 없다."고 말했다. 난처해진 신도가는 사죄하며 자리를 물러났다. 그는 성이 나서 장사(長史. 관직명으로 서한시대의 승상·태위·어사대부가 모두 소속관의 하나로 장사를 두었다. 직위가 아주 중요하여 지금의 행정부 비서실장에 해당한다.)에게 "먼저 그놈을 죽인 다음 보고를 했어야 하는데, 보고를 먼저 드리는 바람에 그놈이 선수를 쳐서 나까지 팔아먹고 말았다."며 씩씩거렸다. 그러고는 피를 토하고 병석에 눕더니 다시는 일어나지 못했다. 조조의 위세는 더욱 높아졌다.

자신의 장점으로 적의 단점을 공격하다

일찍이 흉노가 한의 변경을 습격한 사건이 기원전 169년(문제 11년)에 있었다. 이에 조조는 '군사와 관련한 상소'를 문제에게 올려 흉노에 대항하는 전략과 책략을 제의했다. 그는 이 글에서 병사의 사기를 격려하고 좋은 장수를 선발하는 중요성을 제기한 다음, 전쟁에서의 지형 조건, 병사의 소질, 무기를 비롯한 장비 등의 관계를 분석했다. 전쟁에서 승리하면 백성들의 사기는 백 배 높아지지만, 패배하면 돌이킬 수 없다. 흉노는 오랫동안 여러 차례 변경을 침략했고, 농서隴西 일대 백성들은 많은 상처를 입어 싸워 이겨야겠다는 마음이 없어졌다. 이는 농서 백성들이 겁이 많고 나약해서가 아니라 장수들의 군대 통솔 방법이 졸렬했기 때문이다. 그래서 병법에는 "필승 장수는 있어도, 필승 백성은 없다."고 했다. 이렇게 본다면 변방을 안정시키고 공명을 세우는 것은 좋은 장수에 있으니 좋은 장수를 선택할 수밖에 없는 것이다. 이것이 조조의 판단이었다.

그는 용병과 작전에서 가장 중요한 조건은 다음 세 가지라고 보았다. 첫째는 (유리한) 지형을 확보하는 것이고, 둘째는 병사들의 소질을 훈련시키는 것이며, 셋째는 좋은 무기를 갖추는 것이다. 이와 관련하여 조조는 이렇게 지적한다. 무기와 장비가 좋지 않으면 병사들을 사지로 내모는 것이나 마찬가지다. 병사들을 엄격하게 훈련시키지 않으면 작전이 불가능하며 장수도 죽으러 가는 것이나 같다. 장수가 용병의 방법과 원리를 모르면 군주를 적의 손에 넘기는 것과 마찬가지다. 군주가 장수를 제대로 고르지 못하면 국가를 멸망의 길로 이끌게 된다. 이 네 가지는 국방 건설에 지극히 중요한 문제다.

조조는 또 한나라 군대와 흉노 군대의 장점을 구체적으로 분석하여,

흉노의 장점은 세 가지가 있고 한나라의 장점은 다섯 가지가 있다고 지적했다. 따라서 자신의 장점으로 적의 단점을 공격해야 한다고 주장했다. 그는 "병사는 흉기요, 전쟁은 위험스러운 일이다."고 말했다. 병법을 모르면 커도 작아질 수밖에 없고, 강해도 약해질 수밖에 없다. 전쟁이란 병사들의 목숨을 담보로 하는 것이므로 만에 하나 패하면 후회해도 소용없다. 따라서 제왕의 용병술은 만전을 기하지 않으면 안 된다.

이러한 인식을 바탕으로 조조는 다음과 같이 건의했다. 그는 우선 소수민족과 공동 전선을 구축하여 흉노를 공격하자고 했다. 좋은 무기와 장비를 소수민족에게 나누어주고, 그들의 습관에 익숙하고 그들과 잘 화합할 수 있는 좋은 장수를 보내 그들을 통솔하게 함으로써 그들로 하여금 험준한 요지를 지키게 한다. 평원의 요충지는 한나라 군대가 지킨다. 이 두 가지를 잘 배합하여 각자의 장점을 발휘하게 한다. 이것이야말로 승리를 얻는 만반의 대책이다. 문제는 조조의 제안을 칭찬하면서 그에게 상을 내리라고 명령했다.

'삭번'으로 중앙 통치를 다지다

기원전 155년(경제 2년), 조조는 어사대부가 되어 조정의 중추인 승상 · 태위와 함께 이른바 삼공三公의 반열에 올라섰다. 자리는 높고 권력은 무거워졌다. 그는 경제에게 지방 제후 왕들의 권력을 축소시키는 '삭번削藩'을 건의했다. 이른바 '삭번책'이다. 서한 왕조에 대한 지방 세력, 즉 번왕藩王들의 위협을 제거하자는 목적이었다. 그는 문제 때도 제후의 권력을 약화시키는 법 개정을 여러 차례 건의한 바 있다. 조조는 동성, 즉 유씨 성을 가진 제후 왕들이 전국 토지의 절반을 차지하고 있는 상황에서 그들에게 죄가 있으면 군郡 하나 정도만 봉지로 남겨놓고 나머지는 모두 조정이 회수하여 봉국을 취소해야 한다고 생각했던 것이다. 경제는 조조의 건의를 받아들여 주요 제후 왕들의 봉지를 삭탈하는 한편 30여 조항의 법령을 개정했다.

한편 이 소식을 전해 들은 조조의 아버지는 영천에서 올라와 아들에게 물었다. "황상께서 막 즉위하셨고 너는 어사대부가 되어 조정을 위해 일해야 하거늘 제후들의 이익을 침범하고 그들의 직권을 삭탈하여 종친들끼리 골육상잔을 벌이게 만들었으니 이제 저들은 모두 너를 원망하고 욕할 것이다. 대체 무슨 생각으로 그렇게 했느냐?" 이에 조조가 대답했다. "그렇게 하지 않으면 안 됩니다. 안 그러면 천자의 지엄한 권위가 드러나지 못하고 나라도 안정되지 못할 것이기 때문입니다." 아버지는 깊게 한숨을 쉬면서 "유씨 집안(한 왕조)이 편안해지니 우리 조씨 집안이 위태로워지는구나!" 하고는 독약을 마시고 자살했다. 조조의 아버지는 죽기에 앞서 "내가 두 눈을 뜬 채 네가 화를 당하는 꼴을 차마 볼 수 없구나!"라고 말했다.

아버지의 예상대로 삭번은 제후 왕들의 강렬한 반대에 부딪혔다. 그들은 오왕과 초왕을 중심으로 세력을 모아 '오·초 7국의 난'을 일으켰다. 정적의 하나였던 원앙袁盎 등은 경제 앞에서 이 사태의 책임이 모두 조조 때문이라고 주장하면서, 조조를 죽이고 제후의 땅을 되돌려 주어야만 피 흘리지 않고 제후의 난을 다스릴 수 있다고 했다. 이어 개혁에 반대하는 대신들까지 들고 일어나 조조를 탄핵했다. 결국 조조는 조례복을 입고 입궁하여 동시東市에서 참수되었다.

조조가 죽은 뒤 등공鄧公이 교위校尉가 되어 오·초의 난을 공격했다. 등공은 돌아온 뒤 군대 상황을 문서로 보고하고 황제를 만났다.

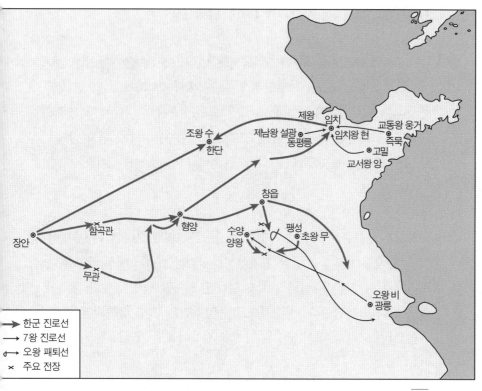

제왕
조왕 수
한단
제남왕 설광
동평릉
임치
임치왕 현
교동왕 웅거
즉묵
고밀
교서왕 앙
창읍
장안
함곡관
형양
수양
양왕
팽성
초왕 무
무관
오왕 비
광릉

→ 한군 진로선
→ 7왕 진로선
↔ 오왕 패퇴선
× 주요 전장

오초칠국의 난

황제는 등공에게 "전선에서 돌아왔는데 오·초가 조조가 벌써 죽었다
는 사실을 알고 군대를 거두어들였는가?"라고 물었다. 등공은 "오가
반란을 일으킨 지 벌써 수십 년이 되었습니다. 저들이 난을 일으켰을
때 구실은 조조를 죽이라는 것이었지만 본심은 결코 그게 아니었습니
다. 그리고 신은 천하의 선비들이 조조의 죽음 때문에 입을 다물고 바
른 소리를 하지 못할까 걱정되옵니다."라고 대답했다. "어째서인가?"

황제가 물었다. 등공은 다음과 같이 대답했다.

"조조는 제후들의 세력이 갈수록 강해져 더 이상 통제할 수 없는 상황을 바로 보고 황상께 삭번을 통해 중앙 통치를 강화하라고 건의한 것입니다. 이는 만대에 이익이 되는 큰 모략이었습니다. 계획이 막 실행되려는데 죽임을 당함으로써 안으로는 조정 충신들의 입을 막고 밖으로는 제후들이 보복에 나섰으니, 신은 폐하께서 잘못하신 것이라 생각합니다."

경제는 조조를 무고하게 죽였다는 사실을 깨달았으나 때는 이미 늦었다. 경제는 제후들의 난을 평정한 뒤 제후 왕들이 더 이상 국가를 다스리지 못하게 했다. 이로써 제후 왕들은 정치적 권력을 잃고 세력이 크게 약화되고 말았다. 상대적으로 중앙정권은 크게 강화되었다. 조조의 '삭번 모략'은 역사 발전의 방향에 정확하게 들어맞았다.

유수劉秀

정세를 따라 순리대로 나라를 다스리다

동한東漢 왕조의 건립자, 한 광무제光武帝 유수는 자가 문숙文叔, 남양군 채양(蔡陽, 지금의 호북 조양 서남쪽)에서 기원전 6년에 태어나 기원후 57년에 죽었다. 그는 한 고조의 9세손으로 그 아버지는 일찍이 남돈령南頓令을 지냈다.

재임 기간 유수는 여러 차례 노비를 석방하라는 명령을 내렸고, 농민들의 부세賦稅와 요역徭役을 경감시켰으며, 지방의 병역제를 폐지했다. 또 관원을 정선하여 줄이고 아울러 수리 사업을 통해 생산을 발전시켜 사회 모순을 완화시켰다. 사직한 공신을 문관으로 임명하고 상서尙書의 권력을 강화시켰으며 삼공三公의 권력은 줄어나갔다. 외척의 정치 간여를 제한하고 중앙집권적 정치체제를 강화시켰다. 이와 같은 여러 조치로써 신흥 동한 정권의 안정과 신속한 발전을 도모했다. 역사상 이 시기를 '광무중흥光武中興'이라 일컫는다.

유수는 어려서부터 부지런하고 신중하고 너그러웠다. 늘 집안 농사일을 부지런히 도왔지만 큰 포부를 품지는 않았다. 그러나 유수의 형인 유연劉縯은 의지가 강하고 협객 행동을 좋아해 무사를 양성하는 등 평소부터 큰 뜻을 가지고 있었다. 왕망王莽 천봉天鳳 연간(14~19년)에 유수는 장안으로 가서 중대부中大夫 허자위許子威를 스승으로 삼고는『상서尙書』를 배워 큰 뜻을 깨우치게 되었다. 그는 이렇게 맹세했다고 한다.

광무제 유수 초상화

"벼슬을 하려면 북군팔교위北軍八校尉의 중위中尉인 금오金吾가 되고, 아내를 맞이하려면 남양 신야新野 출신처럼 자태가 출중한 미인과 해야 한다."

시기와 형세를 판단하고 군사를 일으켜 황제를 칭하다

왕망 정권 말기에 큰 재해가 발생하고 도적이 벌떼처럼 일어났다. 지황 3년(기원 22년), 남양에 기근이 발생하자 각 집에 머물던 빈객들은 위험을 무릅쓰고 도적질과 강탈의 길로 빠져들고 있었다. 유연의 빈객도 예외가 아니었고, 여기에 유수까지 연루되었다. 일단 관리에게 체

포되는 것을 피하기 위해 부득이 신야新野에 숨어 살게 된 유수는 완성
宛城에서 양식을 팔았다. 당시 사회에는 도참의 종교 미신이 유행했는
데, 이수李守라는 사람이 그 아들 이통李通에게 말했다. "유씨劉氏가 곧
다시 흥성할 것이고, 이씨가 장차 그를 보좌할 것이다." 그들이 생각
하는 유씨란 '유연'과 '유수'를 가리키는 것이었다. 이들은 적극적으로
유씨 형제가 군사를 일으켜 왕망 정권에 대항하길 선동했다. 유수는
처음에는 응하지 않았으나 형 유연이 계속해서 일정한 직업이 없는 사
람들과 모임을 갖는 것을 보며 그가 반드시 봉기를 일으킬 것이라 생
각했다. 더욱이 여러 징조로 보건대 왕망 정권이 패망할 것은 분명했
다. 이에 유수 형제는 이통 등과 함께 남 몰래 병사를 모으고 병장기를
사들이는 등 군사를 일으킬 준비를 했다. 그해 10월 유연은 유수, 이통
등과 더불어 용릉(春陵. 지금의 호 조양현 동쪽)에서 군사를 일으켰다. 명분은
"한 고조의 대업을 다시 일으킨다."였다. 이때 유수의 나이 28세였다.

곤양昆陽 대전에서 유수는 큰 적을 맞아 굳건히 싸우며 탁월한 모략
과 재능을 발휘했다. 왕망이 대군으로 곤양을 포위하자, 유수는 녹림
군綠林軍 장수로 들어가 왕망군에 맞섰다. 녹림군은 겉은 성대해 보였
지만, 그 병사들은 모두가 처자식을 걱정하며 도망갈 생각만 하고 있
었다. 이에 유수가 다른 장수들에게 말했다.

"눈앞의 적은 큰데, 우리는 병사도 적고 군량도 부족하다. 만일 우
리가 일심동체로 막아내면 그나마 성공을 바랄 수 있으나, 뿔뿔이 흩
어지면 반드시 패망할 것이다. 하물며 완성은 아직까지 공격에 성공하
지 못하여 우리에게 원군을 보낼 처지가 도저히 못 된다. 이럴 때 곤양
이 적의 공격에 무너지면 어느 부대든 보전을 기하기 어렵다. 이제 우
리의 살길은 오직 하나, 힘을 합해 같이 공명을 도모하는 길뿐이다."

다른 장수들이 물었다. "유 장군은 무슨 대단한 모략이 있길래 그리

말하는가?" 유수는 웃기만 할 뿐 대답하지 않았다.

왕망은 병사들에게 성을 굳건히 지키라 명하고는, 정예 장수와 병사들을 뽑아 야밤을 틈타 왕망군을 기습했다. 때마침 정릉定陵, 언현郾縣 등지의 원군이 곤양으로 이동해 왔다. 유수는 직접 보병 1천여 명을 거느리고 근접한 적 진영을 진격했고 성안의 군사들도 죽음을 무릅쓰고 나와 협공을 하기 시작했다. 사방에서 함성 소리가 하늘을 진동하니, 왕망군은 정신을 못 차리고 공성 기계와 수레에 실린 물자를 놔둔 채 모두 도망가버렸다. 이것이 역사적으로 유명한, 소수의 병력으로 다수의 병력을 이긴 곤양 전투다. 이 전투를 끝으로 왕망 정권은 종말을 고하게 되었다.

유연과 유수 형제가 제왕으로 가는 길은 순조롭지 못했다. 지황 4년(기원 23년), 봉기군은 각지에서 몰려든 사람들로 인해 더욱 커져갔다. 이때쯤이면 당연히 종실인 유씨가 황제가 되어야 했지만, 그들은 천성이 모질지 못했고 병권이 없었다. 그런 와중에 유현劉玄이 군을 장악하고 스스로 황제를 칭하여 '갱시更始 정권'을 수립했다. 완성과 곤양 전투를 승리로 이끌 때 유연과 유수가 결정적인 역할을 했기 때문에 그들의 위엄과 명성은 널리 퍼져 있었다. 유연은 비록 공개적으로 황제 자리를 다투지 않았지만 그의 부하들은 그가 황제가 되지 못한 것에 불만을 품고 있었다. 유직劉稷은 유현이 황제를 칭했을 때 분기탱천하여 말했다.

"이번 병사를 일으킨 것은 한나라를 다시 일으키기 위함이었다. 본디 유연과 유수 형제가 황제가 되어야 하는데, 지금 무엇을 하고 있는 것인가?"

유현은 유직을 항위장군抗威將軍으로 내쳐 징계하고자 했다. 유직이 명을 받지 않자, 유현은 그를 체포해 죽이려 했다. 그러자 내심 참고 있던 유연이 나서서 격렬히 반대했다. 일찍이 유연을 질시하던 자들이 이를 빌미로 유현에게 그를 죽이라고 권했다. 마침 유현도 유연을 찜찜하게 여기던 차라, 같은 날 유연과 유직을 참혹하게 죽였다. 이 소식을 전해 들은 유수는 속으로는 비분강개했지만 겉으로는 침착함을 유지했다. 유수는 사소한 실수 하나로 죽을 수도 있음을 예감하고 즉시 조정으로 나아가 갱시 황제를 알현한 뒤 계속 사죄를 청했다. 유연의 원래 부하들이 유수에게 달려와 애도의 뜻을 표했지만 유수는 말과 태도에서 사사로운 정을 드러내지 않았다. 그저 자신에게 죄가 있음을 말하고, 곤양에서 세운 전공에 대해 앞으로는 입에 담지 말라고 당부했다. 그는 상복도 입지 않았고, 먹고 마시며 담소하기를 평소처럼 했다. 마치 형이 죽었다는 사실이 없는 것처럼 행동했다. 유수의 평온한 태도를 보며 갱시 황제도 의심을 풀고 더 이상 경계를 하지 않았다. 갱시제는 안 그래도 유씨 형제에게 미안한 마음이 있는지라, 유수를 파로대장군破虜大將軍에 임명하고 무신후武信侯로 봉했다. 이리하여 유수는 죽임의 화를 당하지 않고 3개월 후에 파로대장군 행대사마사의 신분으로 하북으로 갔다. 그곳에서 주군州郡을 안정시키며, 인재를 초빙하고 군사력을 증강시켜 통일 사업을 펼쳐나가기 시작했다.

유수가 한단邯鄲에 이르렀을 때 조趙 무왕繆王의 아들인 유림劉林이 다음과 같은 계책을 올렸다. "적미군赤眉軍이 지금 하동에 있으니 제방 둑만 터트리면 그들을 수장시킬 수 있습니다. 그리하면 백만 무리가 물고기 밥이 될 것입니다." 유수는 그의 계책이 너무 잔혹하다 하여 상대하지 않았다. 이에 유림은 가슴에 한을 품었다. 그때 관상과 점성술에 능했던 왕랑王郎이란 자가 스스로를 성제成帝의 아들인 유자여劉子輿라고 속이자 유림은 그를 천자로 옹립했다. 수도를 한단邯鄲으로 삼고 여러 군국君國에 사신을 파견하여 귀부시켰다. 왕랑은 유수를 잡는 자에게 포상으로 십만 호를 하사한다고 포고했다. 이 때문에 유수와 그 수하들은 감히 도시에 들어가지 못하고 먹고 자는 것을 모두 길바닥에서 해결할 수밖에 없었다. 요양饒陽에 도착할 때쯤 식량이 떨어지자 유수는 왕랑의 사신단을 가장하여 객관에 들어갔다. 객관 관리는 진짜 사신단으로 오인하고 맛난 음식을 대접했다. 유수 일행은 오랫동안 굶은 터라 서로 음식을 빼앗다시피 하며 먹었다. 이를 수상히 여긴 객관 관리는 북을 수십 번 치고는 밖에 한단의 장군이 왔다고 말했다. 실내에서 음식을 먹고 있던 유수 일행은 대경실색했다. 유수는 급히 밖으로 나가 수레를 타고 달아나려고 하다가 잠시 생각했다. 진짜 한단에서 장군이 왔다면 지칠 대로 지친 자기 일행은 꼼짝도 못 하고 잡힐 것이 뻔했다. 유수는 수레에서 내려 천천히 객관 방으로 들어가더니 태연스럽게 앉아 말했다. "한단에서 온 장군을 안으로 들이시오!" 한참이 지났는데도 아무도 들어오지 않자 유수 일행은 수레를 타고 떠나갔다. 객관 관리는 유수의 태연자약한 행동에 그들의 진위를 판단하지 못하고 그들이 떠나가는 것을 바라볼 뿐이었다.

유수가 하북을 평정하자, 여러 장수들이 곧 유수를 황제로 추대하려고 했다. 마무선馬武先이 먼저 유수에게 권했다.

"지금은 천하에 주인이 없습니다. 만일 천하가 도탄에 빠졌을 때 성인이 앞장서서 일어났다면, 우리는 공자를 재상으로 삼고 그 손자를 장수로 삼았을 터인데, 그렇게 하지 못했습니다. 이미 엎지른 물은 다시 담을 수 없으니 후회해도 소용이 없습니다. 지금 대왕이 자신의 견해만 고집하여 계속 겸양을 취하신다면 종묘사직은 어떻게 되겠습니까? 마땅히 계현薊縣에서 먼저 천자의 자리에 오르신 뒤 천하 정벌을 상의하셔야 합니다. 그렇지 않으면 누가 그들을 역적이라 말하며 담대하게 공격할 수 있겠습니까?"

유수는 그의 말대로 장수와 부하들을 거느리고 계현을 향했다. 유수가 계현에서 남하하여 중산(中山, 지금의 하북 정현)을 지날 무렵, 다시 장수들이 건의를 올렸다. 그들은 왕망의 난과 종묘가 끊어졌음을 상기시키며 이렇게 말했다.

"지금 천하의 3분이 2가 우리에게 있고 백만 군사를 거느리고 주를 건너고 있지만 아직까지 길에서 고생하고 있습니다. 문치와 무공을 논하자면 그 어떤 사람도 대왕께 필적할 수 없습니다. 천하에는 오랫동안 주인이 없을 수 없으며, 천명은 거절한다고 거절될 수 있는 것이 아닙니다. 이제는 사직을 돌보셔야 합니다."

그러나 유수는 여전히 중론을 받아들이지 않았다. 남쪽으로 행군하여 평극平棘에 이르렀을 때에 세 번째 청이 올라왔다. 경순耿純이 말했다.

"천하의 용사와 대부들이 식솔을 버리고 고향을 떠나 화살과 돌이 빗발치는 전쟁터에서 대왕을 따르는 것은 용의 비늘을 붙잡고 봉황의 날개에 붙어 그 뜻을 성취하기 위함입니다. 지금 대업이 이미 완성되고 하늘과 사람이 상응하고 있는데, 대왕께서 이 좋은 기회를 끝내 몰라라 하시는 것은 도리에 어긋나는 것입니다. 황제의 자리에 오르시지 않고 계속 이러신다면 사대부들이 크게 절망하여 다른 생각을 품을 수도 있습니다. 그러니 원컨대 겸양을 거두십시오. 대중이 흩어지면 다시 모으기 어렵고 좋은 기회는 영원히 있는 것은 아니니, 부디 사람들의 기대를 저버리지 마십시오."

경순의 말은 매우 간절했다. 감동한 유수는 생각해보겠노라고 대답했다. 호성鄗城에 다다르자 옛날 유수와 장안에서 함께 동문수학했던 강화强華가 관중에서 온 빨간 부적을 가지고 왔다. 부문에는 "유수가 군대를 내어 무도한 자를 토벌하니, 사방 오랑캐들이 구름처럼 모여들어 용이 들에서 싸우는데, 사칠四七 즈음에 화火가 주인이 된다."고 적혀 있었다. 그 뜻은 고조 유방이 천자가 된 지 이미 사칠, 즉 280년이 되었고 화火의 덕을 지닌 유씨가 중흥하여 천자가 된다는 것이었다. 하늘에서 이미 황제의 운명을 정했으니 유수가 존귀해지는 것은 명분도 정당하고 이치에도 맞아떨어진다는 말이었다. 마침내 유수는 시기가 무르익었음을 느끼고 호성 남쪽 천추정千秋亭 오성맥五成陌에서 황제의 자리에 올랐다.

사람을 잘 쓰고 회유 정책으로 나라를 다스리다

유수는 "고조의 대업을 부흥"하고 실천한다는 포부를 가지고 있었다. 이에 따라 그는 '광무중흥'이라는 역사적인 시대를 창출해냈다. 사람을 잘 쓰고 상과 벌을 분명히 했으며 직언과 충고를 잘 받아들인 결과였다.

유수는 사람 됨됨이를 꿰뚫어보는 안목과 사람 쓰는 능력이 탁월했다. 탁무卓茂는 성품이 너그럽고 어질며 정중하고도 자애로웠기 때문에 장자長者로 불렸다. 서한 말기에 밀현령密縣令을 지냈고 뒤에 경도승京都丞이 되었다. 왕망이 황제가 되자 병을 핑계 삼아 관직을 버리고 고향으로 내려갔다. 유수는 즉위 후 가장 먼저 사람을 보내 탁무를 방문토록 했다. 그는 이미 고희가 넘었지만 유수는 이에 개의치 않고 조서를 내렸다. "탁무의 명성은 천하의 으뜸이니, 마땅히 큰 상을 받아야 한다. 탁무를 태부太傅로 삼고 포덕후褒德侯로 봉하노라." 유수가 탁무를 군신의 수장으로 삼은 것은 현명한 인재로 천하를 다스리겠다는 절박한 심정을 반영한 것이었다. 그는 사람을 쓰는 문제에서 "평소의 덕행을 중시하고 일 능력에 따라 상을 내린다."는 원대한 식견을 지니고 있었다.

그는 또 동한의 통치 기반을 확대하기 위해 명망가들을 회유하여 관리로 삼는 데 힘을 쏟았다. 회계會稽 여요余姚 사람인 엄광嚴光은 유수의 동문으로 청년 시절에 이미 명성이 자자했는데, 유수가 황제를 칭한 후 성과 이름을 감추고 의도적으로 피해 다녔다. 유수는 그의 초상화를 그려 붙이고 각지에 사람을 보내 찾게 했는데, 결국은 그를 경성京城에서 찾아냈다. 유수는 엄광에게 자신을 보좌하여 천하를 다스리자고 제의했지만, 엄광은 강경한 어조로 이렇게 말했다.

"옛날 하나라의 요 임금이 덕을 천하에 드러내자 소보巢父가 귀를 씻었다고 합니다.(요 임금이 허유에게 천하를 물려주려 하자 허유가 추한 소리를 들었다며 영수에서 귀를 씻었고, 소보는 허유가 귀를 씻었다는 말을 듣고는 물이 더러워졌다며 소를 상류로 끌고 가서 물을 먹였다는 고사에서 유래됨. 성인이 정치를 잘해도 끝내 벼슬하지 않는 은사가 있음을 이른다.) 사람마다 각기 뜻이 있는데 무엇 때문에 저를 이리 핍박하십니까? 저에게 관리가 되라고 강요하지 마십시오!"

그러나 이후에도 유수는 엄광을 궁 안으로 불러들여 상대하는 날이 많았다. 유수가 엄광에게 물었다. "그대가 느끼기에 지금의 나는 예전과 달라진 것이 있는 것 같은가?" 엄광이 말했다. "폐하는 전에 비하면 크게 진보하신 것 같습니다." 이 당연한 말에 곁에서 듣고 있는 자들이 모두 웃었다. 밤이 되자 유수는 엄광과 한 침상에서 잤는데, 엄광은 일부러 다리를 유수의 배에 올려놓고 코까지 골았다. 유수는 그가 편히 자도록 꼼짝도 하지 않았다. 다음 날 아침, 태사가 급하게 와서 아뢰었다. "어젯밤에 별을 관찰해보니 객성客星이 어좌성御座星을 침범했는데 상당히 엄중했습니다." 유수가 웃으면서 말했다. "그것은 과인이 친구와 한 침상에서 잠을 잤기 때문이오." 유수는 어진 사람을 목이 마른 듯 생각했고 예의와 겸손을 다했다. 위의 고사는 그의 그런 진면목을 잘 보여준다.

유수는 사람을 대할 때 믿음과 성의로 대했다. 유수는 하북의 봉기군인 동마銅馬를 크게 무찌른 뒤 오히려 그들을 동마의군銅馬義軍에 봉하고 군장과 열후로 삼아 더욱 중용했다. 그럼에도 항복한 자들은 나중에 더 큰 벌을 받을까 봐 여전히 의구심과 두려움을 품었다. 유수는 그들의 의구심을 풀어줄 생각에 동마의 항복한 장수에게 옛 군영으로 돌아가 자기 부하들을 통솔하면서 군영을 정돈 점검하도록 했다. 이후 유수는 조금의 경계심도 없이 홀로 말을 탄 채 각 군영을 순시했다. 항복한 사람들은 이 모습에 크게 감동하여 서로 이렇게 말했다. "소왕蕭王 유수는 진심으로 우리를 믿고 있는데, 무엇 때문에 의심하고 불안해하는가? 앞으로 소왕을 위해 목숨을 돌보지 않고 전심전력을 다하세!"

유수에게 항복한 또 다른 장수 마원馬援은 더 깊은 감동을 받았다. 그는 예전에 외효隗囂의 부장이었다. 당시 외효는 유수와 공손술 둘 다에게 복종했으나 장차 상황이 어떻게 전개될지 몰라 어느 한쪽으로 마음을 정하지 못하고 있었다. 그래서 외효는 마원을 먼저 촉나라의 공손술에게 파견한 데 이어서 낙양의 유수를 찾아가 실상을 살펴보라고 했다. 마원이 유수를 찾아갔을 때 유수는 한 칸짜리 평범한 방에서 간편한 복장으로 마원을 기다리고 있었다. 마원이 도착하자마자 유수는 일어서서 웃음으로 맞이하면서 말했다. "그대가 두 황제 사이를 돌아다니고 있는데 오늘에야 당신을 보다니 내가 부끄럽구려." 이는 공손술을 만났을 때 그가 거드름을 피우며 황제임을 뽐내려는 태도와 선명한 대조를 이루었다. 마원은 유수의 순수하고 격의 없는 태도에 감격하여 말했다.

"지금 세상은 단지 군주가 신하를 가려 쓸 뿐만 아니라, 신하 또한 군주를 가려 섬겨야 합니다. 신은 공손술과 한 고향 사람이라 어려서

유수가 기용했던 인재들 중 한 사람인 마원

부터 서로 친합니다. 신이 지난번 촉에 이르렀을 때 공손술은 창 든 호
위병을 뜰에 세운 뒤에야 신을 나오게 했습니다. 신이 지금 먼 곳에서
왔는데, 폐하께서는 어찌 저를 자객이나 첩자가 아닌 줄 알고 이리 소
탈하게 대하십니까?"

마원은 유수에게 귀의했고, 자신의 이름과 공을 전장에서 드높였다.
그는 탁월한 공훈을 세워 지위가 구경九卿에 버금갔다.

유수는 부하를 대할 때 자신과 동등하게 대하고, 자신의 의견이나
방법을 강요하지 않았다. 유수가 황제가 된 후 건무 2년에, 그는 누이
유황을 호양장공주湖陽長公主로 봉했다. 얼마 뒤 호양장공주의 남편이
죽었다. 유수는 장공주를 과부의 고통으로부터 벗어나게 해주려고 그
녀 앞에서 조정 대신들과 의논하면서 장공주가 마음에 두고 있는 사람
이 있는지를 살폈다. 한번은 대사마 송홍宋弘과 이야기할 때, 장공주가
말했다. "송공은 풍채가 비범할 뿐만 아니라 기개와 도량이 넓고 재능

과 덕을 두루 갖추고 있어 어떤 신하들도 따르지 못할 것입니다." 유수는 장공주의 의중을 알게 되자 중매를 서줄 것을 약속했다. 곧바로 유수는 송홍을 불러 단독으로 만났다. 그러고는 장공주를 병풍 뒤에 앉힌 뒤, 이야기가 잘되면 즉시 맞선을 보이려고 했다. 유수는 이런저런 일을 말한 다음 본론으로 들어갔다.

"속담에 귀해지면 사귀던 친구를 바꾸고, 부유해지면 아내를 바꾼다고 했는데 인지상정이 아니던가?"

송홍은 왕이 호양장공주의 혼사 문제로 자신을 시험하고 있다는 것을 알아챘다. 일반적인 평가대로라면, 사람이 용에 오르고 봉황의 날개에 붙듯이 권세가에 달라붙는 일은 아무나 쉽게 얻을 수 없는 좋은 일이다. 그러나 강직한 송홍은 엄숙하게 대답했다.

"신이 듣기로, 빈천할 때 알았던 친구는 잊을 수 없고, 술지게미와 겨로 끼니를 이으며 함께 고생한 조강지처糟糠之妻는 내칠 수 없다고 했습니다."

유수가 이 말을 듣고는 공주가 있는 곳을 돌아보며 말했다. "허참, 생각처럼 되지 않는군요!" 그리하여 장공주와 송홍의 혼사는 이뤄지지 않았다.

유수는 부하들을 잘 대해주며 좋은 군신 관계를 맺으려고 노력했다. 남양 관군(冠軍, 지금의 하남 등현) 사람인 가복賈復은 하북에서 유수에게 투항했다. 유수는 그를 파로장군破虜將軍에 임명했는데, 가복의 말이 여위고 약한 것을 보고 바로 자기가 타고 다니는 말을 하사했다. 뒷날 가복은 유수를 따라 청독군靑犢軍을 공격하게 되었다. 하루 종일 공격을 가했지만, 사방이 캄캄해지도록 적진은 끄덕도 하지 않았다. 유수는 가복을 불러 배고프고 지친 장졸들에게 먼저 아침밥을 먹인 후에 다시 공격하면 어떻겠느냐고 물었다. 이에 가복은 동의하지 않고, 먼저 적을 물리치고 난 다음 밥을 먹이자고 주장했다. 그러고는 자신의 어깨에 군기를 매고 적의 성을 향해 돌진했다. 이에 적들은 뿔뿔이 흩어졌고 공격은 승리로 끝났다. 모든 장수들이 가복의 용맹무쌍함에 감탄했다. 이후 계속 북상하여 오교五校와 진정(眞定, 지금의 하북 정정현 남쪽)에서 전투를 벌여 적을 크게 무찔렀다. 그러나 가복은 중상을 입어 목숨이 조석으로 위태로운 상태가 되었다.

그 소식을 듣고 대경실색한 유수는 안타까워하며 말했다.

"내가 가복으로 하여금 별도로 군대를 거느리지 않게 한 것은 그가 적을 가볍게 여기기 때문이었는데, 아니나 다를까 나의 명장을 잃을 뻔했다. 듣기로 그의 부인이 임신했다 하니, 딸을 낳으면 내 아들을 장가보내고 아들을 낳으면 딸을 시집보내 그가 처자식 걱정을 하지 않게 하겠다."

가복은 상처가 호전되자마자 부대로 복귀했다. 유수는 매우 기뻐하여 곧바로 장졸들에게 음식과 술을 내렸다. 가복은 여전히 선봉에 섰고, 전쟁터에서 더욱더 용맹을 떨쳤다.

유수는 사람에게 중임을 맡길 때 의심하지 않았다. 장기간 외지에서 대군을 지휘하는 장수에 대해서도 마찬가지였다. 풍이馮異는 오랫동안 관중關中에서 주둔하고 있었는데, 어떤 사람이 글을 올려 말했다. "풍이는 위엄과 권세가 매우 커서, 백성들이 그를 함양왕咸陽王이라 부르며 추대하고 있습니다." 말인즉슨, 만일의 사태에 대비해 풍이를 경계하라는 것이었다. 풍이가 이 소식을 듣고 두렵고 불안하여 즉각 상소문을 올려 해명하자, 유수는 이렇게 답변했다. "장군의 나에 대한 의리는 군신간이요, 은혜는 부자간과 같은데, 어찌 의심하고 두려워하겠는가?" 유수는 일단 장수들을 신임하면 그들에 대한 별도의 견제 장치를 두지 않고, 행군과 용병에 대한 자주권을 주었다. 장수들은 뒤를 걱정할 필요가 없었기 때문에 공격과 수비에만 전심전력을 다했다. 상황을 보아 진군하고 작전상 후퇴하기도 하면서 침착하게 적을 제어했기 때문에 항상 승리를 거둘 수 있었다. 장수들은 유수를 위하여 사력을 다해 싸웠고, 그리하여 군주와의 관계는 더욱 가까워졌다.

유수는 말했다.

"나는 천하를 순하게 다스릴 것이다."

그는 신하나 부하를 죽여 위엄을 내세우는 일이 드물었다. 유수는 한단을 공격하여 수문장 왕랑을 죽인 후 적지 않은 문서를 노획한 일이 있었다. 문서들 중에는 유수의 부하가 왕랑에게 보낸 서신이 몇 천 통이나 있었다. 그들은 유수가 처벌할까 봐 안절부절못하고 있었다. 그러나 유수는 그들을 처벌하기는커녕 모든 군관들이 보는 자리에서 서신들을 모조리 불태우게 했다. 그러고는 말했다.

"과거의 적은 강대했다. 그래서 그대들 중에 어리석게 서신을 왕래한 사람도 있다. 그러나 나는 더 이상 이를 마음에 두지 않을 것이니, 그대들도 마음을 편히 가지도록 하라!"

유수는 이처럼 비범한 기개와 도량으로 부하들이 두마음을 갖지 못하게 만들었다. 유수는 부하들의 작은 실수에 대해서는 너그러운 태도로 문제 삼지 않았다. 또한 원수지간이라 할지라도 지난 일을 철저하게 후회하고 공을 세워 속죄하면, 지난간 허물을 문제 삼지 않았다. 갱시제의 대사마 주유朱鮪가 낙양을 견고하게 지키고 있을 때 유수가 사람을 보내 항복을 권했다. 그러자 주유가 말했다.

"유연을 죽일 때 나는 그를 처형하도록 계책을 낸 사람이고, 또 갱시제에게 소왕인 유수가 북벌을 원치 않는다고 모함을 했으니, 나는 유수에게 큰 죄를 지은 사람이다. 어떻게 용서를 받을 수가 있단 말인가!"

이에 유수가 정중히 말했다.

"큰일을 하려는 사람은 작은 원망에 구애받지 않는 법이오. 지금 당신이 항복한다면 관작을 보전시킬 생각인데, 뭣하러 처벌하겠소? 황하에 맹서컨대, 결코 식언 따위는 하지 않겠소이다."

그의 말을 믿고 주유가 항복하니, 유수는 그의 벼슬을 평적대장군平狄大將軍에 제수하고 부구후扶溝侯로 봉하며, 후손 대대로 봉작이 이어지도록 했다. 유수는 시종일관 보복을 하지 않았고, 너그러운 마음으로 사람들의 마음을 얻었다. 투항자와 배신자를 받아들였는데, 그중에는 세상을 다스려나갈 재주와 일 처리에 능한 문신들도 있었다. 마원·풍이·구순寇恂·오한吳漢 등 명장들은 그들이 가진 역량을 최대한 발휘했다. 천하를 평정한 후 유수는 한 고조 유방이 공신을 살육한 전례를 답습하지 않고 군신에게 법령을 준수하고 시종일관 신중하도록 교육시켰다. 이는 공신을 보호하기 위함이었다.

그러나 유수는 자신의 직분을 지키지 못하거나 엄중한 실책을 저지른 관리에 대해서까지 무조건 관용을 베풀지는 않았다. 왕량王梁은 정벌 전쟁에서 큰 공을 세웠을 뿐 아니라 사람들이 그를 현명하고 유능하다며 칭찬하자 유수는 그를 발탁하여 수도를 다스리게 했다. 이후 왕량은 한남윤河南尹으로 임명되어 나갔는데, 관개수로를 만들려고 곡수穀水의 물을 끌어 낙양성 아래로 흘려보냈다가 다시 동쪽 공천汎川으로 흐르게 했으나 물길이 완성되었는데도 물이 흐르지 않았다. 어떤 사람이 그를 백성을 힘든 부역에 내몰고 헛되이 재물을 낭비했다며 탄핵했다. 왕량은 부끄럽고 두려워 벼슬에서 물러나길 청하는 상소문을 올렸다. 유수는 조서를 내려 과거의 공로는 인정하지만 직책의 소임을 다하지 못했다 하여 그를 제남태수濟南太守로 강등시켰다. 이는 유수가 상벌을 분명히 했음을 보여준다. 또한 형법과 관련된 일에 대해서도 대충 넘어가거나 사사로운 정에 얽매이지 않았다. 여남태수汝南太守를 지낸 구양흡歐陽歙은 그 가문이 8대에 걸쳐 박사를 배출시켰고, 그 또한 『상서』를 연구하고 가르쳐 뭇사람들에게 신망을 받았던 학자였다. 유수는 그를 매우 중히 여겨 대사도로 삼았다. 그러나 구양흡은 여남태수 재임 중에 실시한 정전井田 측량이 실제와 맞지 않았고, 거기에 뇌물을 탐한 죄목으로 하옥되었다. 이에 그로부터 『상서』를 배운 천여 명의 제자들이 대궐 문 앞에 모여 스승의 구명 운동을 벌였다. 개중에는 스승을 대신하여 죽고자 하는 사람도 있었으나, 광무제는 이를 단호히 거부하여 구양흡은 옥사를 면치 못했다.

충언을 잘 받아들이고 잘못을 알면 바로 고치다

유수는 나라를 다스리는 데 뛰어난 재간이 있었으나, 항상 스스로를 반성하는 조서를 만들어 자신의 덕 없음과 명석하지 못함을 탓했다. 신하들의 직언을 물리치지 않으려고 노력했고 아첨을 좋아하지 않았다. 신하들이 태산에서 융숭한 봉선대전을 올리자고 하자 유수는 반대했다. "백성들의 원망과 미워함이 가득하거늘, 내 누구를 속이겠는가? 하늘을 속인단 말인가?" 그는 또한 명확하게 규정했다. "만약 군국에서 파견한 관원들이 나의 장수를 축원한다는 가식적인 말을 하면 반드시 삭발하는 형벌을 내리고 평생토록 농사를 짓게 만들겠다." 신하들의 간쟁諫爭이 있으면 허심탄회하게 받아들였다. 한번은 송홍이 황실에 걸려 있는 미인도 병풍을 보더니 바로 비판했다. "신은 덕을 좋아하는 사람이 색을 좋아한다는 말을 들어보지 못했습니다." 이에 유수는 바로 병풍을 치우고 웃으면서 말했다. "의로운 말을 들으면 승복하

『후한서』'광무제기'

는 것이 옳겠지?"

　유수는 자신의 잘못이나 착오에 대해 부하들이 일깨워주면 곧 그 잘못을 인정하고 고쳤다. 제왕의 체면이 깎이는 것을 두려워하지 않았다. 유수의 하북 공략 때 그가 신임하는 측근이 법을 어기자 군시령軍市令 제준祭遵이 법에 따라 그를 처형했다. 유수는 그 소식을 듣고 제준을 잡아 오라는 명을 내렸다. 주부主簿 진부陳副가 이렇게 간언을 올렸다. "왕께서는 늘 군사들을 규율에 따라 바로잡고자 하셨는데, 지금 제준이 법령을 받들어 시행한 것은 그러한 가르침에 따른 것입니다."

이에 광무제는 진부의 간언대로 제준을 풀어주고 자간장군剌奸將軍으로 삼았다.

　유수는 평상시에 사냥을 좋아했는데, 한번은 사냥에 빠져 밤늦게야 돌아왔다. 동성 문으로 들어가려 했지만 문이 이미 잠겨 있었다. 사람을 보내 문을 두드리며 열라고 했지만, 수문장 질운郅惲이 열지 않았다. 유수는 다시 사람을 보내 문틈으로 황제가 환궁하려 하니 어서 성문을 열라고 했으나 질운은 불빛이 멀어 식별할 수 없다고 냉정하게 거절했다. 유수는 어쩔 수 없이 동성 문을 돌아 다른 문으로 성에 들어갔다. 다음 날 유수는 자신의 행동이 도리에 어긋났다고 생각하여 질운을 문책하지 않았는데, 질운이 도리어 상소문을 올려 이렇게 비판했다. "옛날 문왕은 유람과 사냥을 즐기지 않고 만민이 공양하는 것만 받으셨는데, 폐하께서는 멀리 산림에 나가셔서 밤으로 낮을 이으시니, 사직과 종묘는 어찌하시렵니까?" 상주문을 본 유수는 질운의 말이 옳다고 여겨 삼베 100필로 포상하고, 동성문후東城門侯에서 현위縣尉로 승진시켰다.

　이처럼 유수가 간언을 잘 받아들이고 일 처리에 시시비비를 잘 가렸던 것은 다음 '강항령强項令'에 얽힌 고사에서도 드러난다. 낙양현령 동선董宣은 청렴결백하고 강직하며 아부를 하지 않았다. 한번은 유수 누님인 호양공주의 노비가 주인의 세력을 믿고 백주대낮에 살인을 한 후에 공주 집에 숨었다. 관리들은 감히 공주 집에 들어가 체포하지 못하고 발만 동동 굴렀다. 하루는 공주가 외출할 때에 살인을 했던 노비도 함께 수레를 타고 나왔다. 동선은 부하들을 데리고 하문정夏門亭에서 기다리고 있다가 수레를 멈추고 말고삐를 잡았다. 그러고는 칼로 땅을 그으며 큰 소리로 공주의 잘못을 알리고, 종을 수레에서 내리게 하여 맨손으로 쳐서 죽였다. 이에 공주가 노발대발하면서 말단 관리가 감히 황제의 가족을 무시했다며 유수에게 달려가 하소연했다. 그 말에 유수는 크게 노하여 당장 동선을 붙잡아 와서 사형에 처하라고 명령했다. 이에 동선은 머리를 조아리며 아뢨다. "한마디 말씀을 올리고 죽기를 원합니다." "무슨 말인가?" "폐하는 성덕으로 중흥하셨는데, 공주의 하인이 백주대낮에 무고한 사람을 죽였으니 장차 어떻게 천하를 다스리려 하십니까?" 그러고는 자신의 머리를 기둥에 부딪치니 피가 얼굴을 뒤덮었다. 황제가 환관들을 시켜 그를 붙들게 하고 동선으로 하여금 공주에게 사죄하게 했다. 그래도 동선이 따르지 않자 억지로 머리를 조아리게 했는데, 동선은 양손으로 땅을 짚고 버티며 끝내 고개를 숙이지 않았다. 이를 본 유수는 웃으며 말했다. "동선은 강항령이구나."('강항령'이란 동선을 두고 한 말인데 '목이 강한 현령'이란 뜻이고 이것이 동선의 별명이 되었다.) 더불어 30만 전을 하사했다. 장공주는 이를 이해하지 못하고 말했다.

"황제는 평민으로 있을 때에는 도망 온 자를 감추어주고 죽을죄를 지은 자를 숨겨주었어도 관리들이 감히 집에 이르지 못했는데, 지금 천자가 되어서는 위엄이 일개 현령에게도 미치지 못한단 말입니까?"

황제는 웃으면서 말했다.

"천자는 평민과 같지 않소이다."

조조曹操

권모술수는 삼국의 으뜸이고, 기세는 구주를 덮다

　위魏 태조太祖 무황제武皇帝 조조의 자는 맹덕孟德이고, 어렸을 때 이름은 아만阿瞞이었다. 서한 재상인 조참曹參의 후손으로 삼국시기의 가장 중요한 정치가이자 군사가였다. 조조가 살았던 시기(155~220년)는 동한 왕조가 급속히 몰락하던 때였다. 그는 시세를 타고 지혜로운 모략과 멀리 앞을 내다보는 정치가의 재능을 지녔다. 한말 군웅들의 전쟁 속에서 분연히 일어나 숱한 인재를 거느렸으며 그들의 간언을 겸허히 받아들었다. 그는 신불해申不害 · 상앙商鞅의 치국 방책을 따랐고, 한신韓信 · 백기白起처럼 기이한 계책으로 적을 공격하여 승리하는 군사적 책략을 썼다. 30년 넘게 정벌 전쟁을 통해 군웅을 차례로 제거하거나 섬멸하여 중국 북방의 통일이라는 험난한 임무를 완성시켰다.

심계心計에 능숙하고 지혜와 계략이 풍부하다

　조조는 어렸을 때부터 총명하고 꾀가 많았다. 그러나 장난이 심했고, 쉽게 화를 내며 마음 내키는 대로 행동했다. 이를 매우 못마땅히 여긴 숙부는 조조의 아버지 조숭曹嵩에게 자주 그에 대한 험담을 했다. 이 때문에 조조는 늘 아버지에게 꾸중을 들었다. 그러자 조조는 아버

232

乘時擅命暴庆剛強
戢言國母脅制天王

魏太祖

조조의 초상화

지의 숙부에 대한 신임을 어그러뜨리려고 일을 꾸몄다. 어느 날 숙부
가 걸어오는 것을 보고 조조는 땅에 누워서 중풍에 걸린 것처럼 행동
했다. 입에는 흰 거품을 물고 눈동자가 돌아가게 하며 땅 위에서 데굴
데굴 뒹굴었다. 숙부는 크게 놀라 얼른 조숭에게 달려가 알렸다. 조
숭이 냅다 달려와서 보니, 조조는 입 모양도 단정하고 정신 상태도 정
상인 것이 중풍에 걸린 모습이 전혀 아니었다. 그래서 물었다. "너의
숙부가 방금 네가 중풍에 걸렸다고 말했는데, 도대체 어떻게 된 일이
냐?" 조조가 대답했다. "저는 중풍에 걸린 적이 없는데, 숙부가 저를
싫어하여 항상 아버지에게 험담을 하는 것입니다." 이 계책은 과연 효
과가 있어서 그 후부터 조숭은 아우의 말을 믿지 않게 되었다.

조조는 장성하여 정치와 군사 일에 참여하면서 그 지혜와 계략이 더욱 풍부해졌다. 또한 그는 천성적으로 변화에 잘 대처하는 능력을 타고났기에 전화위복과 구사일생의 계기가 늘 그를 따라다녔다.

영제가 죽고 동탁이 조정을 독점했다. 동탁은 어린 황제를 폐하고 헌제를 즉위시킨 뒤 제멋대로 폭정을 자행하여 사방으로부터 원망을 샀다. 조조 역시 마찬가지였으나, 속마음을 숨기고 유연한 태도를 보여 동탁의 신임을 얻었다. 그러다가 기회가 오면 동탁을 제거할 생각이었다. 사도 왕윤王允에게 칠보도七寶刀을 빌려 온 것도 그 때문이었다. 어느 날 조조는 동탁의 부름을 받고 거처로 갔는데, 예정된 시간보다 늦었다. 동탁은 조조를 나무랐다. "무슨 일로 늦게 왔는가?" 조조가 말했다. "말이 시원치 않아서 늦었습니다." 동탁은 여포에게 마구간에 가서 준마 한 필을 끌고 와 조조에게 주라고 했다. 여포가 나가니 단 둘만 남게 되었다. 조조가 동탁을 죽일 수 있는 천재일우의 기회였다. 그가 품 안에서 몰래 보도를 뽑아 서둘러 찌르려 할 때, 돌연 동탁이 걸상에서 몸을 돌려 조조에서 무엇을 하느냐고 물었다. 원래 동탁은 뚱뚱해서 오래 앉거나 누워 있지 못하고 자주 몸을 돌렸다. 그리고 이때 동탁은 이미 거울로 조조의 일거수일투족을 지켜보고 있다가 몸의 방향을 바꾸었던 것이다. 조조는 들킨 것을 눈치채고 마음을 진정시키며 급히 무릎을 꿇고 말했다. "제가 근래에 아주 좋은 보도를 얻었는데, 특별히 승상에게 바치려고 합니다." 보도를 받아 들고 보니 과연 서슬 퍼런 빛이 번뜩이고 한기가 서려 있었다. 동탁은 짐짓 좋은 칼이라고 칭찬했다. 조조는 보도를 바친 후 추궁 받을 것이 두려워 곧바로 말을 타고 달아났다. 그제야 동탁은 조조가 자신을 살해하려 했음을 깨닫고 즉시 사람을 보내 그를 죽이려 했지만 조조는 이미 먼 곳으로 피신한 뒤였다.

기원 195년, 조조는 병사를 이끌고 남양에 주둔하는 장수張繡를 공략하려 했다. 행군 도중에 날씨가 찌는 듯이 더워져 뙤약볕이 불과 같았다. 장졸들은 산 넘고 물 건너 먼 길을 걸어온지라 갈증이 나고 피곤해했다. 그러나 부근에는 물 마실 만한 곳이 없었다. 부대는 거의 행군을 할 수 없는 상황이었고, 병사들의 원성은 끊이지 않았다. 초조해진 조조가 다급히 머리를 굴리는데, 문득 한 가지 계책이 떠올랐다. 조조는 말채찍을 들어 전방을 가리키면서 말했다. "내가 예전에 이곳을 지난 적이 있는데, 앞쪽에 큰 매실 숲이 있다. 서둘러 가면 시고 달달한 매실이 너희들의 갈증을 풀어줄 것이다." 병사들은 앞에 매실이 있다는 말에 절로 입에 침이 고였고 그 침 덕분에 일시적이나마 갈증을 해소할 수 있었다. 그래서 기운을 차려 계속 전진했고, 목적지에 도착하여 이곳저곳 찾아다니가 마침내 마실 수 있는 물을 발견했다. 이것이 바로 "매실을 생각하며 갈증을 풀다."는 뜻인 '망매지갈望梅止渴'의 계략이다.

진언을 장려하고 간언을 잘 받아들이다

조조는 정치적 포부와 원대한 식견을 지닌 모략가였다. 남의 간언을 잘 받아들이고 자신의 잘못을 용기 있게 인정하며 다른 사람의 진언을 장려했기 때문에 많은 선비들이 그의 깃발 아래 모여들었다. 207년 여름, 조조는 여러 사람의 반대를 무릅쓰고 고집스럽게 병사를 이끌고 산 넘고 물 건너 먼 거리에 있는 오환烏丸을 공략했다. 절반쯤 진군했을 때 날씨가 몹시 건조해졌는데 반경 2백 리 안에서는 물을 찾지 못했다. 여기에 군량까지 부족해져 군대는 절망적인 상황에 봉착했다. 그러자 조조는 수천 마리의 말을 죽여 굶주림을 해결하고, 땅을 30

조조의 글씨로 알려진 '곤설袞雪'

여 장丈이나 파서 물을 길러 올려 병사들의 갈증을 해소시켰다. 이런저런 난관을 극복하고 마침내 승리를 거둔 조조가 개선하자 조정에서는 오환 출병에 반대했던 사람들을 조사하게 했다. 출병 반대자들은 두려움에 떨면서 화가 자신들에게 미칠 것이라 생각했다. 그러나 조조는 사람들이 깜짝 놀랄 만한 행동을 취했다. 그는 뜻밖에도 출병 반대자들에게 이렇게 말했다.

"내가 오환에 출병한 것은 위험천만한 일에서 요행을 기대한 것이나 같았다. 비록 승리를 했지만 그것은 하늘이 도와서 된 것이지 정상적으로는 불가능한 일이었다. 그대들이 처음부터 나에게 충고하여 그만두도록 권한 것은 올바른 계책이었다. 그래서 나는 그대들에게 포상하고자 하니, 그대들은 앞으로도 진언을 아끼지 마라!"

위나라 건국 초기에는 형법이 매우 엄중했다. 고취(鼓吹, 관직명) 송금

宋金 등이 합비合肥에서 서로 짜고 도망을 갔다. 법에 의하면 그 처자식이 대신 죄를 치르게 되어 있었다. 조조는 그 정도 형벌로는 너무 가볍다며 가중 처벌을 원했다. 그래서 주심관은 처자식뿐 아니라 모친과 관리로 있던 두 아우들까지 모두 참수했다. 상서랑尙書郞 고유高柔가 조조에게 상소문을 올렸다.

"병졸들이 도망간 것은 확실히 개탄스런 일입니다. 그러나 도망자들 역시 후회하는 바가 있을 것입니다. 우리는 도망자의 처자들을 관대하게 대해야 합니다. 그래야 적들이 도망자를 신임하지 않고, 도망자도 마음을 돌릴 수 있습니다. 이전처럼 처리하면 도망자들은 절망밖에 남지 않습니다. 게다가 다시 가중 처벌한다면 군에 있는 병졸들마저 위협과 두려움을 느껴 도망치려 할 것입니다. 형벌의 가중은 도망을 제지하기는커녕 오히려 더 많은 도망자를 만들게 될 것입니다."

조조는 고유의 진언이 옳다고 칭찬하고, 즉각 그의 의견을 받아들였다.

은원을 따지지 않고 사람을 재능에 따라 쓰다

조조는 대업이 성공하려면 많은 인재가 필요하다는 것을 잘 알고 있었다. 그래서 인재의 임용과 선발을 대단히 중시했고, 그 인재들이 자기 능력을 최대한 발휘하도록 여건을 만들어주었다. "주공은 씹던 음식마저 뱉고서 손님을 맞이했기에 천하의 마음이 그에게 돌아갔다[주공토포周公吐哺, 천하귀심天下歸心]." 그가 쓴 이 시구는 자신이 만사를 제쳐두고 어질고 현명한 인사를 맞이할 것을 표명한 글이었다. 그는 여러 차례 포고문을 내려 자신은 사람을 씀에 오로지 재능만을 염두에 두지 출신이나 경력은 따지지 않는다고 밝혔다. 심지어는 "모욕을 당하는 한이 있더라도 웃으면서 지나쳤고, 불충불효하다는 욕을 먹더라도 나라 다스릴 재능이 있는 사람이면 썼으며", 그런 다음에는 모두 중임을 맡겼다.

장수張繡는 조조가 마땅히 죽여야 할 적이었다. 조조의 아들과 조카가 모두 그의 손에 죽었기 때문이다. 그러나 조조는 그가 군사 지휘를 잘하는 재능을 지녔다고 보았으며, 관도官渡 전투에서 그와 화해하고 이어 자신에게 귀의한 것을 진심으로 기뻐했다. 또 장수의 의구심을 없애주기 위해 조조는 장수의 딸을 며느리로 삼았다. 뒷날 관도의 싸움에서 그리고 원담袁譚을 토벌할 때 장수는 전심전력을 다했고 여러 차례 전공을 세웠다.

진림陳琳은 조조의 아들 조비曹조 · 조식曹植의 친구인데, 익주益州로 피난 갔을 때에 원소의 명으로 조조를 욕보이는 격문을 썼다. 격문에서는 조조의 죄상만 열거한 것이 아니라 그의 조부와 부친까지도 공격했다. 조조는 화가 머리끝까지 치솟았고, 하북을 평정한 뒤 진림을 잡아들이도록 했다. 조조가 말했다. "네가 원소가 시켜서 격문을 썼다면 내 죄상을 열거하면 그만이지, 무엇 때문에 조부와 부친까지 욕을 했느냐?" 진림은 화급히 사죄했다. 조조는 비록 화가 났지만 진림의 재주가 아까워 결국 그를 너그러이 용서해주고 문서를 관장하는 관리로 임명했다. 삼국이 정립하던 시기에 위나라가 가장 큰 위세를 지닐 수 있었던 것은 조조가 인재를 아끼고 포용하며 널리 천하의 재주 있는 선비를 모집한 것과 무관하지 않다.

법치를 중시하고 사사로운 정에 얽매이지 않다

조조는 정치를 하거나 군사를 다스릴 때에는 매우 엄격했다. 일찍이 청년 시절에 그 예봉을 드러낸 적이 있었다. 조조는 나이 스무 살 때, 낙양 북부위北部尉로 임명되었다. 낙양은 동한의 수도였고 동서남북 사부로 행정구역이 나누어져 있었다. 각 부마다 위尉 1인을 두어 치안을 돌보게 했다. 낙양은 교통이 사통팔달로 뻗어 있고 왕래하는 사람들로 복잡한 데다 고관대작과 귀족들이 제멋대로 행동하는 탓에 다스림에 어려움이 컸다. 조조는 취임 후 관아 문밖에 오색으로 칠한 큰 몽둥이 열 개를 만들어놓고 이렇게 선포했다.

"오늘 이후 조정의 법령을 어기는 자는 누구를 막론하고 일률적으로 엄벌하겠다. 만약 사건의 내용과 경위가 악랄할 경우에는 몽둥이로 때려죽일 것이고, 결단코 관용을 베풀지 않겠다."

조조는 한번 말한 것은 반드시 실천하는 사람이었다. 한번은 영제靈帝가 총애하는 신하인 환관 건석蹇碩의 숙부가 야간 통행금지 시간을 위반했다. 조조는 즉각 그를 잡아오게 하여 몽둥이로 때려죽였다. 이로부터 법률이나 규율 따위를 안중에 두지 않았던 일부 귀족들도 감히 방자하게 굴지 못했고, 사회질서는 이로 인해 크게 변모하게 되었다.

조조가 대장군일 때 만총滿寵에게 허도許都를 다스리게 했다. 조조의 동생 조홍曹洪의 빈객이 법을 어겨 죽을죄를 지었다. 조홍은 만총에게 용서해줄 것을 청했지만 만총은 거절했다. 조홍은 다시 조조에게 구원을 청하려 갔는데, 조조가 사건의 경위를 물어보기도 전에, 만총은 조홍이 조조를 찾아간 사실을 알고는 곧바로 빈객을 사형에 처했다. 나중에 조조는 만총에게 책임을 묻지 않고 도리어 만총이 법에 따라 일을 처리한 정신을 칭찬했다.

군법을 집행할 때 조조는 몸소 솔선수범했다. 남양의 장수를 토벌하러 가는 도중에 짙푸른 보리밭 사이로 난 길을 지나게 되었다. 조조는 사병들에게 절대로 보리밭에 들어가 함부로 밟지 말 것이며, 이를 어기면 참수형에 처하겠노라는 명령을 내렸다. 그런데 공교롭게 조조 자신이 타고 있던 말이 갑자기 놀라서 보리밭으로 뛰어들어 마구 짓밟아 버렸다. 조조는 즉각 주부主簿에게 자신의 죄를 논하게 했다. 주부가 말했다. "『춘추』에도 지존에게 벌을 가할 수 없다고 나와 있습니다. 군중의 총사령관이시니 벌로 다스릴 수 없습니다." 이에 조조가 말했다. "법령을 제정한 사람이 스스로 위배를 했는데 만약에 벌을 주지 않는다면 어떻게 부하를 통솔하겠는가! 나는 총사령관이니 자살할 수는 없고 그래도 형벌은 가해야 한다." 그러고는 허리에 차고 있던 칼을 뽑아 자신의 머리카락 한 묶음을 잘라서 땅에 버렸다. 머리카락으로 목을 대신했다는 뜻인 '이발대수以髮代首'의 소식이 전해지자 전군이 모두 두려워했다.

좌절하면 할수록 더욱 분투하다

조조는 평생 군대 일로 바빴던 사람이다. 숱한 전쟁에서 승리를 거두었고, 패전하기도 했다. 그의 가장 큰 장점은 패전했을 때 의기소침하거나 좌절하지 않고, 상대방의 단점을 직시하고 자신의 장점을 제대로 파악하여 스스로를 격려하고, 좌절할수록 더욱 분투한다는 점이었다.

208년 겨울, 조조는 적벽 싸움에서 대패한 후에 패잔병을 이끌고 화용도華容道로 도주했다. 그러나 앞에 깊은 늪과 연못 지대가 펼쳐져 있어 사람과 말이 통과할 수가 없었다. 게다가 날씨도 궂어서 큰 바람

조조는 무덤도 소박했다. 현재 그 진위 여부를 놓고 논쟁 중인 하남성의 조조 무덤이다.

이 불고 있었다. 조조는 먼저 노약하고 다친 병사들을 짚 멍석에 올려 지나가게 한 뒤 남은 사람과 말을 통과시켰는데, 이 과정에서 적지 않은 인원들이 죽거나 다쳤다. 군대가 모두 통과한 뒤 조조는 갑자기 호탕한 웃음을 터뜨렸다. 여러 장수들이 그에게 전쟁에서 졌는데 왜 기분이 좋은지를 물어보았다. 조조가 말했다. "유비는 나와 같은 유형의 인물일지는 모르겠으나 그의 계책은 조금 늦었다. 만약 좀 더 일찍 불을 놓았더라면 우리는 살아남지 못했을 것이다." 얼마 후 과연 유비군이 뒤쫓아와 불을 질렀지만, 그때는 이미 조조의 군대가 먼 곳으로 빠져나간 뒤였다.

조조는 한평생을 거의 전쟁을 치르며 살았다. 그의 최대 관심사는 중국 천하의 통일이었다. 그러나 결국 이를 이루지 못했고, 임종할 때까지도 유감과 여한이 남아 유족에게 다음과 같은 말을 써서 남겼다.

"천하가 아직 안정되지 못했으니, 옛 법도를 얻지 못했다."

모략가 조조는 문학적으로도 대성한 시인이었다. 그가 쓴 "늙은 말은 구유에 엎드려 있으나 뜻은 천리 먼 곳에 있고, 영웅은 몸은 늙어도 웅대한 포부는 그치지 않는다[노기복력老驥伏櫪 지재천리志在千里, 열사모년烈士暮年 장심불이壯心不已]."는 저명한 시는 오늘날까지도 많은 사람들의 입에서 회자되면서 투지를 북돋아주고 있다.

양호羊祜

문무를 겸비하고, 가깝고 먼 일을 두루 도모하다

양호(221~278년)는 자가 숙자叔子이고 태산 남성(지금의 산동성 비현 서남) 사람이다. 위·진 두 왕조를 거치면서 중서시랑·급사중·황문랑· 비서감·상국종사중랑·중령군·중군장군·상서우복야·위장 군·거기장군·평남장군·정남대장군 등과 같은 요직을 두루 거쳤 다. 죽은 뒤에는 진 무제에 의해 시중·태부로 추증되었다.

양호는 문무를 겸비하고 생각이 아주 깊은 인물이었다. 조조의 위나 라 말년 사마씨와 조씨 두 집안이 격렬한 권력투쟁을 벌이는 소용돌이 속에서도 그는 차분하게 시기와 상황 변화를 기다리면서 투쟁에 말려 들지 않았다. 그는 성공적으로 자신을 지킨 다음 결정적인 순간에 튀 어나왔다. 형주에 주둔하는 동안에 안팎을 안정시키고 덕으로 적을 제 압하는 한편 땅을 넓혔다. 대외적으로는 가까운 세력이든 먼 세력이든 모두 품고 다독거려 "천하의 인심을 크게 얻었다." 그는 변방에 있으 면서도 큰 모략을 가슴에 품고 진晉 무제武帝가 오吳를 멸망시키는 데 완벽한 책략을 수립했을 뿐만 아니라 뛰어난 장수를 추천했다. 이 때 문에 당시는 물론 후대에도 서진(西晉)이 중국을 통일하는 데 가장 큰 공을 세운 인물로 양호를 꼽기에 이르렀다.

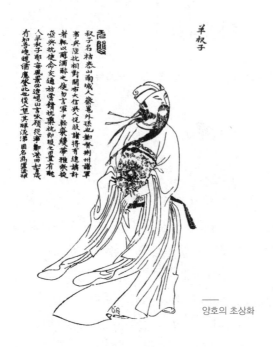

양호의 초상화

빛을 감추고 시세의 변화를 기다리다

양호는 관료 집안에서 태어났다. 선조들은 9대에 걸쳐 태수와 같은 1급 관직을 역임했고, 양호 자신도 매우 똑똑하고 박학다식했다. 가정 배경과 개인적 소질 등 관직에 오를 수 있는 좋은 조건을 두루 갖춘 셈이었다. 그래서인지 스무 살이 채 되지 않았는데 군에서는 상계리上計吏라는 벼슬에 추천했고, 주에서는 종사從事·수재秀才로 추천했다. 그러나 양호는 모두 사양했다. 양호가 벼슬길을 서두르지 않은 까닭은 관리가 될 생각이 없었던 것이 아니라 다른 사정이 있기 때문이었다. 당시는 조조曹操로부터 시작된 조위曹魏 정권의 말년으로, 사마司馬 부

244

자와 조위 황실 사이에 권력투쟁이 격렬해지고 있었다. 그런데 양호는 이 두 세력과 모두 인척관계에 있었다. 친누나가 사마의司馬懿의 아들 사마사司馬師에게 시집갔고, 아내는 황실 귀족 하후패夏侯覇의 딸이었기 때문이다.

양호는 권력의 행방이 분명치 않은 상태에서 자칫 싸움에 말려들었다가는 앞날이 깜깜해지는 것은 물론 심하면 목숨까지 부지하기 힘들다고 판단했다. 그래서 그는 자신이란 존재를 감추기로 결정했다. 차분히 사태를 지켜보며 참을성 있게 기회를 기다리기로 했으니, 벼슬길을 서두를 이유가 없었던 것이다.

얼마 뒤 조정의 대권을 장악한 대장군 조상曹爽은 양호와 왕침王沈을 자신의 막료로 불러들였다. 왕침은 그 부름에 두말 않고 응했지만 양호는 거절했다. 왕침이 자신과 함께 동참하길 권했지만 양호는 뜻을 굽히지 않았다. 249년, 사마의가 정변을 일으켜 조상을 죽였고 왕침도 이에 연루되었다. 왕침은 "경이 전에 한 말을 알아들었어야 했는데!" 하며 부끄러워했다. 양호는 자신의 마음을 숨긴 채 담담하게 "처음부터 어떻게 그걸 예상했겠소?"라고 말했다.

사마의가 조상을 죽인 뒤 조정의 대권을 장악하긴 했지만 조씨 세력은 여전히 만만치 않았다. 가평 3년인 251년 4월과 정원 2년인 255년 정월, 태위 왕준王浚과 진동장군 관구검毌丘儉이 회남淮南에서 군대를 일으켜 사마씨 정권에 대항했다. 이런 상황에서도 양호는 여전히 자신을 드러내지 않는 도회韜晦 모략을 계속 고수한 채 한 발짝 떨어져 사태의 추이를 관망했다. 대장군 사마소司馬昭가 그를 불러 막료로 삼고자 했으나 양호는 모친상과 형님의 죽음을 이유로 완곡하게 사양하면서 근신하는 태도로 일관했다. 어느 정도 시간이 흐른 뒤 양호는 중서시랑이라는 벼슬을 받아 출사했고 바로 급사중·황문랑으로 승진하여 조모曹髦의 측근이 되었지만 조모에 대해서는 비굴하지도 거만하지도 않은 태도로, 또 가깝지도 멀지도 않은 자세를 취하여 운신의 폭을 충분히 남겨두었다.

258년, 사마소가 정동대장군 제갈정이 일으킨 반란을 평정함으로써 기본적으로 조위의 지방 세력이 숙청되자 양호는 조위 정권과 거리를 두는 행동을 취하기 시작했다. 그는 우선 중앙 조정에서 멀리 떨어진 외직을 원했고 그 결과 비서감이 되었다. 그러나 당시 총애를 얻고 있던 종회鐘會가 양호를 경계하는 바람에 함부로 행동하지는 못했다. 264년 종회가 피살되고, 사마소는 양호를 불러들여 상국종사중랑이라는 중책을 주어 순욱荀勖 · 배수裴秀와 함께 재상부의 기밀을 책임지게 했다. 양호는 이 부름을 흔쾌히 받아들였을 뿐만 아니라 있는 힘을 다해 자신의 직책에 충실했다. 부지런하게 한마음으로 사마씨에게 자신의 몸을 완전히 맡기기에 이르렀다. 그로부터 얼마 뒤 양호는 군권과 조정 안팎의 일을 장악하여 새로운 모습으로 탈바꿈하기 시작했다. 265년, 사마염이 조위 정권을 무너뜨리고 황제에 오르면서 양호는 공신 대열에 오름과 동시에 서진 정권의 핵심으로 전면에 나서게 되었다.

양호는 "교만하면 손해를 부르고 겸손하면 이익이 돌아온다."는 이치를 너무도 잘 알고 있었다. 최고 지위에 오른 뒤로도 여전히 공손하고 근신하는 자세를 지켰다. 자신보다 직위가 낮은 동료 대신들에 대해서도 자신의 위치를 내세우지 않았다. 최고 자리에 올라 조정의 모든 권한을 행사할 수 있음에도 그는 너무 지나친 총애를 받았다며 극구 사양했다. 형주에 파견되어 지역을 안정시키는 과정에서는 일을 마치면 조용히 고향으로 돌아가 뼈를 묻고 싶다는 뜻을 사촌 동생에게 나타내기도 했다. 그러면서 그는 보잘것없는 선비로서 무거운 자리에 올랐으니 어찌 책임을 다하지 않을 수 있겠냐며 강한 의지를 드러냈다.

덕으로 적을 제압하여 형주를 경략하다

태시 5년인 269년 2월, 진 무제 사마염司馬炎은 양호를 도독형주제군사로 삼아 특별히 위장군 본영을 거느리고 양양에 주둔케 했다. 당시 오나라는 형주 지구 북쪽 기슭에다 세 곳의 중요한 군사 거점을 마련했다. 서쪽은 서릉(西陵, 지금의 호북성 의창시), 중앙부는 강릉(江陵, 지금의 호북성 강릉시), 동쪽은 석성(石城, 지금의 호북성 종상현)이었다. 그중에서도 석성은 지세가 험준한 데다 양양과 가장 가까워 진에게 가장 큰 위협이 되었다. 양호는 부임하자마자 기발한 계책으로 오로 하여금 석성을 포기하도록 유도했다. 오군이 철수하자 양호는 곧장 군대를 보내 석성에 주둔하게 하는 한편 근처에다 다섯 개의 새로운 성을 쌓았다. 이렇게 해서 "기름진 땅을 거두어 오의 자원을 빼앗음으로써 석성 서쪽이 모두 진의 소유가 되었다." 그 결과 형주 지구의 군사력이 크게 개선되었다.

양호가 양양에 주둔한 지 2년 째, 오는 육항陸抗을 형주도독으로 파견하여 양호에 대항케 했다. 육항은 문무를 겸비한 명장으로 당시 오에서는 가장 뛰어난 군사 지휘관이었다. 태시 8년인 272년 9월, 오의 서릉을 책임지고 있던 보천步闡이 진에 항복하는 사건이 발생했다. 보고를 받은 육항은 급히 서릉으로 출격했고, 진 무제도 양호에게 군대를 진격시켜 보천을 구원하도록 했다. 마침내 두 군대가 실력을 겨룰 기회가 왔다. 싸움의 결과, 육항은 서릉을 공략하여 보천의 목을 베었고 양호는 별다른 성과 없이 양양으로 물러났다. 양호의 패배나 다름

없었다.

　양양으로 물러난 양호는 적의 정세를 면밀하게 분석한 다음, 자신의 군대 내부를 안정시키고 덕으로 적을 제압한다는 수비 위주의 전략을 취하기로 결정했다. 양양의 역량을 증강시키기 위해 양호는 두 가

삼국시대 형세도

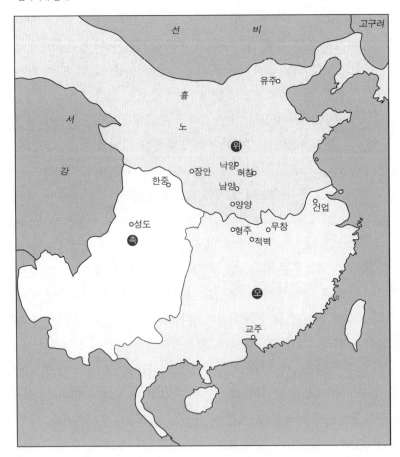

지 중요한 조치를 취했다. 하나는 미신을 타파하고 지역민들을 교화하는 것이었다. 지역민들에게 계몽 교육을 실시하기 위한 학교를 열었으며, 동시에 사회 분위기를 정화하는 데 많은 신경을 썼다. 당시 일부 지역에서는 관리가 부임지에서 죽으면 후임 관리가 그곳을 꺼려하여 관부를 다시 짓는 일이 있었다. 양호는 백성의 재물과 노동력을 낭비하는 이런 미신이 몹시 못마땅했다. 그는 "생사는 명에 달려 있는 것이지 머물던 곳과는 상관없다."면서 이런 나쁜 관행을 금지시켰다. 둘째는 농지를 개척하여 군대의 자금으로 충당한 일이었다. 형주 지구에서 양호가 통솔하는 부대는 모두 8만이 넘었다. 양호는 이 중 반은 변방 수비에 충당하고 나머지 절반은 농지를 개척하는 데 사용했다. 그 결과 큰 이익을 거둘 수 있었다. 역사 기록에 따르면, 양호가 처음 양양에 왔을 때 군대에 100일 버틸 양식밖에 없었는데, 10년 뒤에는 형주 8만 군사가 10년을 먹고도 남을 식량을 쌓아놓고 있었다고 한다. 양호는 이 밖에도 대량의 군사 장비를 고치고 비축했다.

양호는 여러 가지 방법으로 내부를 안정시키는 동시에 덕으로 적을 제압하는 일련의 조치를 취했다. 그중 주요한 것들은 다음과 같다.

첫째, 덕과 믿음으로 오의 백성들을 회유했다. 양호는 여러 사람들과 사냥을 갈 때면 늘 경계를 넘지 않도록 주의했고, 진나라 병사가 사냥감을 얻었더라도 그것이 오나라 쪽에서 쏜 것이라면 모두 되돌려주었다. 병사들이 어쩔 수 없이 오나라의 곡식을 베어 식량으로 삼았다면 돌아와 반드시 계산해서 되돌려주었다. 이렇게 하자 오나라 사람들도 점점 그에게 탄복했고, 그의 이름을 감히 부르지 못하고 '양공'이란 존칭으로 불렀다.

둘째, 덕과 믿음으로 오나라 장수와 병사들을 와해시켰다. 전투가 벌어지면 양호는 반드시 약속한 날짜에 군대를 출병시켰으며, 기습은 하지 않았다. 장교들 가운데 기습을 가하자고 주장하는 사람이 있으면 양호는 좋은 술을 먹여 취하게 만들어 더 이상 말을 꺼내지 못하게 만들었다. 오나라 군대의 장수나 병사를 포로로 잡으면 즉시 되돌려보냈다. 오나라 장수 진상陳尙·반경潘景이 진의 변경을 침략하자 양호는 그들을 추격하여 목을 벤 다음 그들의 죽음을 애도하며 후하게 장례를 치러주었다. 이렇게 감정에 호소하는 양호의 행동에 오나라 군사들의 항복이 끊이질 않았다.

셋째, 덕과 믿음으로 오나라 장수들을 통제했다. 실제 전투 지휘에서 양호는 자신이 육항에 비해 못하다는 것을 잘 알고 있었다. 그래서 양호는 장점은 살리고 단점은 피한다는 '양장피단揚長避短'의 전략을 구사하여 전략 수립에서 상대를 압도하는 데 전력을 기울였다. 이런 기본 원칙하에서 양호는 육항에 대해 교묘한 정치 공세를 취했다. 육항이 병이 나서 사방으로 약을 구하러 다닌다는 정보를 입수하자 양호는 즉시 좋은 약재를 육항에게 보냈다. 그러면서 "이 약은 좋은 약이오. 내가 먹으려고 지었는데 때를 놓쳤소. 그런데 당신이 갑자기 병이 났다고 하니 마침 잘 되었소."라는 편지를 딸려 보냈다. 육항도 아량이 넓은 위인이라 의심 없이 약을 먹으려 했다. 부하들이 말리자 육항은 "양호가 어찌 그런 사람이겠는가."라며 듣지 않았다. 전에 육항이 양호에게 술을 보낸 적이 있는데 그때 양호는 아무런 의심 없이 그 술을 마셨다. 육항은 "양호의 덕은 악의樂毅나 제갈량諸葛亮도 못 따를 것이다."며 칭찬을 아끼지 않았다. 그러면서 부하 장수들에게 "저쪽이 덕으로 나오는데, 우리 쪽이 폭력으로 맞선다면 이는 싸우지 않고 굴복하는 것이다. 각자 경계선을 지키면서 자질구레한 이익을 추구하지 말라."고 주의를 주었다. 오의 주군 손호孫皓가 이런 소식을 듣고는 사신을 보내 육항에게 상황을 물었다. 그러자 육항은 이렇게 대답했다.

"읍이나 향도 신의가 없는 사람에게 맡겨서는 안 되거늘 하물며 국가야 오죽하겠습니까! 신이 그렇게 하지 않는 것은 양호의 덕을 높이 평가하기 때문이고, 그래서 양호를 다치게 하지 않는 것입니다."

양호는 덕으로 적을 제압하는 모략으로 확실하게 육항을 견제함으로써 육항의 장점을 발휘하지 못하게 만들었다.

큰 모략을 가슴에 품고 오나라 정벌을 이끌다

양호는 오랫동안 한자리에서만 변방 근무를 했지만, 속으로는 대국을 관찰하며 때를 기다리고 있었다. 그는 동오를 자르고 전국을 통일하는 일이야말로 자신에게 주어진 책무라고 생각했다. 양양에 주둔하는 동안 그는 덕과 믿음의 정치를 펼치는 한편, 군량과 군대 장비를 비축하면서 형주 경략에 온 힘을 쏟았다. 이는 동오를 멸망시키기 위한 정신적 물질적 조건을 준비하는 것이었다. 이와 동시에 양호는 몰래 동오를 멸망시킬 책략을 수립하고 기회를 엿보고 있었다. 274년, 육항이 병으로 죽었다. 동오의 정치는 갈수록 부패해졌다. 양호는 마침내 때가 되었다고 판단하고 276년 10월 진 무제에게 글을 올려 동오 정벌을 제안했다. 물론 정벌에 따른 훌륭한 대책도 함께 제기했다.

양호는 먼저 동오 정벌의 필요성을 거론했다. 그는 운은 하늘이 내리는 것이지만 일의 성사는 사람이 이루는 것이라고 지적하면서 단숨에 멸망시키지 못하면 인민들이 안정을 얻지 못할 것이라고 했다. 현실에 안주하여 상대가 도발하지도 않는데 정벌할 필요가 있냐며 동오 정벌에 반대하는 사람들에 대해서 그는 그러한 논리는 제후들이 각 지역을 나누어 차지하던 할거 시대에나 통하는 것이지 천하 통일을 도모하는 지금에서는 낡은 논리일 뿐이라고 일침을 가했다.

　그는 또 촉나라를 예로 들면서 오나라가 장강이라는 요충지에 의존하고 있지만 겁낼 것이 없다고 지적했다. 즉, 험준한 요충지에 기대어 현상을 유지하는 것은 쌍방의 세력이 막상막하일 때는 가능하지만, 우열이 확실하게 차이가 나면 아무리 지혜로운 자가 있어도 대책을 낼 수 없고 따라서 요충지도 소용없다는 것이었다. 촉나라의 지형도 오나라 못지않게 험준했지만, 한 번 공격에 곧장 수도인 성도까지 파죽지세로 밀고 들어가 시체가 만리의 들을 덮을 정도로 대승을 거두지 않았던가? 지금 오나라와 촉나라를 비교해보면, 오나라에는 장강과 회수가 있지만 촉나라의 험준하다는 검각劍閣과 다를 바 없고, 산천의 험준함도 두 나라가 크게 차이가 나지 않는다. 게다가 실권자 손호의 포악한 정치는 무능한 유선을 능가하고 있으며, 오나라 백성의 곤경은 촉나라의 그것보다 훨씬 심각하다. 또한 현재 진나라의 군대는 이전보다 수적인 면에서도 늘었고 자원과 군비도 지난날에 비해 훨씬 더 막강하다. 지금 오나라를 공격하면 반드시 이길 수 있다. 만에 하나 시기를 제대로 잡지 못하고 우왕좌왕하면서 군사와 백성들만 수고롭게 하여 적에게 틈을 준다면 이는 분명 실책이다. 따라서 지금 결단을 내려 통일이란 대업을 실현해야 한다. 이상이 양호의 상황 분석이었다.

　이어 양호는 오나라를 멸망시킬 수 있는 구체적인 방법을 제시했다. 그는 양주와 익주 두 주의 부대를 장강을 따라 동쪽으로 이동시켜 수륙 양면에서 진격하여 적의 빈틈을 공격하자고 주장했다. 이와 함께 형초의 부대로 강릉을 공격하고, 평남과 예주의 부대로는 곧장 하구로 쳐들어갈 것을 제안했다. 서주·양주·청주·연주 등의 군대는 연합하여 말릉을 공격하자고 했다. 이렇게 여러 갈래로 공격을 가해 오나라 군대로 하여금 도처에서 적을 맞아 싸우게 하면 기세가 흩어져 수

동적인 처지에 놓일 수밖에 없다는 판단이었다.

　마지막으로 양호는 오나라에 승리할 수밖에 없는 필연성에 대해 분석했다. 그는 동오가 강을 끼고 있기 때문에 안과 밖이 잘 구분되지 않는 나라라는 점에 주목하여, 동서 수천 리에 이르는 길목을 모두 방어하지 않으면 하루도 편안할 날이 없다는 점을 간파했다. 그는 다음과 같이 분석했다. 동오의 실권자 손호는 자만심이 세서 유능한 신하들을 시기하고 질투한다. 그러니 장수들과 대신들의 마음은 늘 의심의 그림자로 가득 차 있고, 병사들은 원망으로 볼멘소리를 높인다. 그래서 평상 때도 머뭇거리며 잘 움직이려 하지 않는데, 하물며 전쟁이 터지면 결코 한마음이 되어 죽을힘을 다해 싸우지 않을 것이다. 오나라 군대의 작전은 속전속결에 길들여져 있어 지구전을 펼 수 없다. 활을 비롯한 무기도 진나라에 비해 떨어진다. 오로지 수군과 수전에서만 우리보다 나을 뿐이다. 만약 대군이 일제히 밀고 들어가 곧장 중심부를 찌른다면 오나라 군대는 틀림없이 강을 버리고 성지로 후퇴하여 수비에 들어갈 수밖에 없다. 그렇게 되면 적의 장점을 없앤 것이나 마찬가지다. 우리 진나라 군대는 죽기를 각오하고 있고, 오나라는 안팎으로 흔들릴 것이 뻔하다. 따라서 시기를 넘기지 말고 공격하면 반드시 꺾을 수 있다.

　이처럼 양호는 동오를 멸망시킬 치밀한 방책을 세웠을 뿐만 아니라 두 차례에 걸쳐 진 무제에게 이 중대한 일을 맡을 장수를 추천했다. 첫 번째는 왕준王濬이란 장수를 추천했다. 왕준은 일찍이 양호 밑에서 참군參軍을 지낸 바 있기 때문에 그의 재능과 담략을 아주 잘 알고 있었다. 272년, 진 무제는 익주자사로 있던 왕준을 대사농으로 승진시켰다. 이 소식을 들은 양호는 진 무제에게 은밀히 글을 올려 왕준을 익주자사에 그대로 유임시켜 동오를 멸망시킬 준비를 하라고 충고했다. 양호의 예견은 들어맞았다. 익주의 부대는 훗날 동오를 멸망시키는 전투에서 중요한 역할을 담당했다. 두 번째로는 두예杜預를 추천했다. 278년 양호는 병으로 자리에 누웠고, 죽음을 앞두고는 두예를 자기 대신 양양에 주둔시킬 것을 무제에게 청했다. 두예 역시 양호의 기대를 저버리지 않고 동오를 멸망시키는 전쟁에서 탁월한 공을 세웠다.

진 무제 사마염은 양호의 모략을 크게 칭찬했지만 이런저런 사정 때문에 실행에 옮기지 못했다. 그러다 279년에서야 비로소 양호가 제기한 모략에 따라 동오를 멸망시키기 위한 대대적인 공격에 나섰다. 이듬해인 280년 3월, 동오를 멸망시켰다는 승전보가 수도 낙양에 전해졌다. 모두가 기쁨에 들떠 무제에게 축하의 말을 올리자 무제는 술잔을 들고는 "이 모두가 태부 양호의 공이로다!" 하며 뜨거운 눈물을 흘렸다. 양호는 2년 전 세상을 떠나고 없었다.

왕맹王猛

큰 지혜로 현명한 군주를 택하고, 남다른 책략으로 나라를 일으키다

왕맹(325~375년)은 자가 경략景略이며, 북해 극현(劇縣, 지금의 산동성 창동현) 사람이다. 어려서 집안이 너무 가난하여 삼태기와 키 같은 것을 팔아 생계를 유지했다. 하루는 낙양에서 삼태기를 팔고 있었는데, 웬 사람이 비싼 값으로 삼태기를 사고 싶은데 마침 돈을 가지고 오지 않았다며 자기 집으로 따라오면 돈을 주겠노라 했다. 왕맹은 그 사람을 따라 나섰다. 한참을 가는데 한 백발노인이 평상에 앉아 주변의 10여 명과 고상한 이야기를 신나게 나누고 있는 모습을 보게 되었다. 왕맹을 데리고 온 사람이 왕맹의 손을 이끌어 그 노인에게 절을 하게 했고, 노인은 열 배나 되는 값으로 삼태기를 사고는 왕맹을 보냈다. 그 자리를 빠져나온 왕맹이 얼마쯤 가다가 뒤를 돌아다보니 그 많던 사람들이 온데간데없고 높은 산이 버티고 있었다. 왕맹은 이 일로 깊은 생각에 빠졌다. 특히 그 노인의 풍채와 박학다식함으로부터 받은 인상은 오래도록 왕맹의 머리를 떠나지 않았다.

노인에게서 받은 백은으로 왕맹은 병법서를 사서 삼태기를 파는 틈틈이 공부했고, 병법의 오묘함을 깊이 깨닫기에 이르렀다. 한번은 그가 업도(鄴都, 지금의 하북성 임장현 북쪽으로 연도라 부르기도 했다.)를 돌아다니고 있었는데, 그의 사내다운 기상을 보고 서통徐統이란 사람이 그를 불러 벼슬을 주려고 했으나 왕맹은 응하지 않고 달아났다. 그는 노인을 잊

왕맹 초상화

지 못하고 화음산華陰山으로 그 노인을 찾아가 가르침을 받았다. 화음 산에 은거하며 노인으로부터 넓고 깊은 학식을 배울 수 있었다. 이로 써 왕맹은 용안의 주군을 만나 그를 도와 세상을 구하겠다는 풍운의 뜻을 품기에 이르렀다. 과연 그는 훗날 부견苻堅을 보좌하여 전진前秦 을 일으키는 데 중요한 역할을 했다. 그는 5호 16국 시대를 통틀어 가 장 뛰어난 정략가이자 군사가, 모략가였다.

부건을 보좌하여 법으로 혼란을 다스리다

진晉 영화永和 10년인 354년, 대사마 환온桓溫이 군대를 이끌고 부건苻健의 진을 공격하러 나섰다. 환온의 군대는 단숨에 진의 장수를 목 베고 관문을 빼앗았다. 이어 장안에서 멀지 않은 패상灞上까지 곧장 진격해 왔다. 환온은 패상에 군대를 주둔시켜놓고 천하의 인재들을 모집했다. 이때 왕맹도 그 모집에 응하여 환온에게로 갔다. 환온의 군영에 도착한 왕맹은 패상에 주둔하고 있는 군대의 모습을 보고, 이 상태로는 장안을 탈취할 수 없음을 직감했다. 그는 장수를 꼭 만나야겠다고 판단하고는 일부러 미친 사람처럼 꾸몄다. 다 떨어진 옷에 온몸 구석 구석 이를 잡는다며 수선을 떨었다. 그런 와중에 입으로는 천하의 대사를 물 흐르듯 거침없이 내뱉었다. 보통 사람과는 전혀 다른 이 기인을 본 환온은 왕맹을 향해 물었다.

"내가 천자의 명령을 받아 정예군 10만을 거느리고 반역자를 토벌하여 백성들을 편안하게 하려 한다. 그런데 천하의 호걸들이 다 모이지 않는 까닭은 무엇인가?"

왕맹은 기다렸다는 듯이 대답했다.

"공은 천리를 멀다 않고 적의 땅 깊숙이 들어왔소이다. 지금 장안을 코앞에 둔 상태에서 패수를 넘지 못하는 것은 백성들이 아직 공의 마음을 모르기 때문입니다."

환온은 잠시 동안 말이 없다가 "강동에 이에 견줄 자가 없구나." 하며 왕맹을 군의 자문으로 삼았다. 그러나 환온은 너무 신중을 기하다 기회를 놓치고 결국은 진에게 대패하여 군사를 돌릴 수밖에 없었다. 철수 직전에 환온은 왕맹에게 마차를 주면서 함께 동진으로 가자고 권했다. 왕맹은 화음산으로 돌아가 노인에게 마저 공부를 하겠다며 환온의 제의를 거절했다. 그는 다시 산중에 은거하며 수많은 책을 읽고 병법을 공부했다.

진은 군주 부건이 죽고 부생苻生이 즉위한 상황이었다. 부생은 살생을 좋아하고 나쁜 짓을 함부로 일삼는 것이 걸주보다 더했다. 지도층은 물론 백성들의 불만도 이만저만이 아니었다. 반면에 동해왕 부견은 넓은 아량과 큰 지략을 지닌 인물로 인심을 크게 얻고 있었다. 부견의 주위 사람들은 부견에게 부생을 죽이라고 권했다. 부견은 모사 여파루呂婆樓에게 조언을 요청했다. 여파루는 자신은 칼의 손잡이에 지나지 않는 인물이라 그렇게 큰일을 판단하기는 힘들다고 말했다. 그러면서 자신의 친구 왕맹이 걸출한 모략과 천하의 형세를 파악하고 있는 인재이니 그를 불러 기용하면 틀림없이 천하를 얻을 수 있을 것이라고 했다. 부견은 여파루를 왕맹에게 보내 초빙하게 했다. 부견의 명성을 익히 들어 알고 있던 왕맹은 부견의 초빙에 응했다. 두 사람은 첫 만남에서 마치 평생을 알고 지낸 사람처럼 의기투합했다. 부견은 "유비가 공명을 만난 것 같다."며 기쁨을 감추지 못했다.

부견은 많은 사람들의 기대에 부응하여 마침내 부생을 죽이고 정권을 잡았다. 왕맹은 중서시랑이라는 중책에 기용되어 중요한 기밀을 관장했다. 이 무렵 시평(始平, 지금의 섬서성 흥평현 동북)에서 토착 세력들이 마구 날뛰며 도적질을 하는 등 극심한 혼란상이 벌어졌다. 부견은 왕맹을 시평령으로 임명하여 이 혼란을 다스리게 했다. 시평으로 온 왕맹은 곧바로 분명하고 엄격한 법 집행을 통해 선악을 가리는 한편 토호들의 행패를 금지하기 시작했다. 왕맹의 갑작스러운 조치에 부하 관리들이 불만을 터뜨리자 왕맹은 그중 대표적인 인물들을 골라 여러 사람이 보는 앞에서 채찍질을 가해 죽였다. 이 일은 실권자 부견의 귀에도 들어갔다. 부견은 "모름지기 정치의 기본은 덕이 먼저인데 어찌하여 부임한

지 얼마 되지도 않아 그렇게 가혹하게 사람을 마구 죽인단 말인가?"라며 은근히 부견을 나무랐다. 이에 왕맹은 다음과 같이 대답했다.

"신은 이렇게 들었습니다. 나라의 편안함은 예로 다스리고, 나라의 혼란은 법으로 다스린다고……. 명군을 위해 흉악하고 교활한 자들을 제거하는 데 처음 간신 하나를 죽이면 수많은 사람이 남을 수 있습니다. 만약 신이 포악한 짓을 하는 자들과 법을 어기는 자들을 깨끗하게 처리하지 못한다면 어찌 한 구역을 다스릴 수 있겠습니까? 저의 정치가 가혹하다는 말씀은 감히 받들지 못하겠습니다."

부견은 왕맹의 말에 충분히 일리가 있다고 생각하여 여러 신하들 앞에서 "왕맹은 관중管仲과 자산에 견줄 만하도다."라며 칭찬을 아끼지 않았다. 그러고는 왕맹을 상서좌승으로 승진시켜 더욱 중용했다. 왕맹도 자신의 남다른 재능을 다하여 관리들을 정돈하는 등 정국을 새롭게 탈바꿈시켜나갔다. 부견은 다시 그를 경조윤으로 승진시켰고, 이윽고 이부상서 겸 태자첨사를 거쳐 상서좌복야보국장군 · 사예교위로 승진시켰으며 여기에 기도위거중숙위라는 직함을 보탰다. 당시 왕맹의 나이 불과 서른여섯이었다. 1년에 다섯 번이나 승진했으니 정말 놀라운 일이 아닐 수 없었다. 그의 위상은 안팎을 흔들었다. 왕맹은 "나라의 혼란은 법으로 다스린다."는 원칙으로 토착 세력의 이익을 박탈했다. 기득권을 가진 왕공대신들을 비롯한 토착 세력들은 왕맹에게 큰 불만을 품을 수밖에 없었다. 대장 번세樊世는 저氐족 출신의 세력가이자 개국 공신이었다. 그는 일찍이 부견을 보좌하여 관중을 평정하는 등 탁월한 공적을 남긴 막강한 실력자였다. 그 역시 공신들을 향한 왕맹의 엄격한 법 집행에 강한 불만을 품고 있었다. 그래서 여러 사람 앞에서 "장안 성문에다 왕맹의 목을 매달지 못하면 사람이 아니다."라는 등 막말을 일삼았다. 법을 무시하는 번세의 행패에 왕맹은 이런 상황을 부견에게 알렸다.

얼마 뒤 부견은 왕맹과 번세가 다 함께 있는 자리에서 일부러 공주를 양벽楊璧에게 시집보내려 한다면서 의견을 물었다. 이 말에 번세는 양벽은 자신의 사윗감이거늘 어떻게 공주를 취할 수 있냐며 화를 냈다. 그러자 왕맹은 사해가 황제의 소유이거늘 어찌 감히 황제 앞에서 혼사 문제로 다툴 수 있냐며 번세를 나무랐다. 번세는 부끄러움과 분노를 참지 못하고 왕맹을 때리려 했으나 좌우에 의해 제지당했다. 성을 참지 못한 번세는 씩씩거리며 마구 욕을 했는데 급기야 부견까지 끌고 들어갔다. 이에 부견은 크게 성을 내며 바로 번세의 목을 베어버렸다. 승상 장사석보長史席寶와 상서 구등仇騰도 왕맹에 대해 불만을 품고 부견에게 글을 올려 왕맹을 비방했다. 부견은 이를 구실로 둘 다 파면시켰다.

강덕强德은 부견의 처남이었는데 술주정 등으로 백성들에게 심하게 행패를 부렸다. 부견은 강덕을 잡아들여 목을 베서는 저잣거리에 전시하여 경고했다. 왕맹의 법 집행은 태산과 같았다. 여기에 실권자 부견의 강력한 지지가 뒷받침됨으로써 아무도 불만을 토로하지 못하고 모두 법 집행을 따랐다. 이리하여 전진前秦은 법치라는 제도를 갖추었고, 마침내 길에 물건이 떨어져 있어도 아무도 주워 가지 않을 정도로 사회 기강이 바로잡혔다.

가슴에 큰 계산을 품고 연을 멸망시키다

태화 4년인 369년, 진晉의 대사마 환온이 연을 공격했다. 다급해진 연은 호뢰(虎牢. 지금의 하남성 사수현) 서쪽 땅을 진秦에게 떼어 주겠다는 조건으로 구원병을 요청했다. 실권자 부견은 군신회의를 소집하여 이 일을 논의했다. 신하들은 대부분 다음과 같이 부정적인 의견을 냈다.

"지난날 환온이 우리를 정벌하기 위에 패상에까지 쳐들어왔을 때 연은 우리를 구원하지 않았습니다. 지금 환온이 연을 정벌하러 나섰는데 우리가 왜 연을 돕니까? 또 연은 우리의 변방이 되길 원치 않는데 우리가 왜 연을 구원합니까?"

회의가 끝난 뒤 왕맹은 개인적으로 부견에게 자신의 생각을 말했다.

"연이 강하긴 합니다만 환온의 적수는 되지 못합니다. 만약 환온이 산동을 거점으로 낙읍에 군대를 주둔시켜놓고 하북의 군대와 하남의 식량을 확보하게 되는 날에는 폐하의 큰 뜻은 헛일이 되고 맙니다. 그러니 지금 연과 합세하여 환온을 물리치는 것이 나을 것입니다. 환온이 물러나면 연도 골병이 들 것입니다. 그런 다음 그 약점을 간파하여 취하는 것이 낫지 않겠습니까?"

부견은 왕맹의 계책에 따라 군대를 보내 연을 구원했고, 환온의 군대는 물러갔다. 전투가 끝난 뒤 진은 연에게 호뢰 서쪽 땅을 요구했으나 연은 마음을 바꿔 그 땅을 내놓으려 하지 않았다. 이 무렵 연의 국력은 벌써 쇠약해져 있었고 내부 갈등도 심화되고 있었다. 환온을 물리친 명장 모용수慕容垂도 핍박을 견디다 못해 부견에게 투항했다. 연을 정벌하여 북방을 통일할 수 있는 조건이 무르익었다.

진과 연은 당시 북방에서 가장 강력한 두 나라였다. 따라서 연을 평정한다는 것은 북방을 통일하는 것과 같았다. 연을 정벌하기에 앞서 왕맹은 전체적인 작전과 진격 노선 등에 대해 면밀한 연구와 설계에 들어갔다. 당시 연을 공격하는 노선에는 세 가지 정도가 있었다. 첫째는 장안에서 함곡관을 나와 낙양·형양이라는 두 곳의 큰 전략 거점을 차지한 다음, 황하 안팎에서 강의 두 기슭을 따라 동북으로 진격하여 원수·장수를 건너 업도를 공격하는 것이었다. 두 번째 노선은 낙양과 형양를 차지한 다음 황하 안쪽과 동쪽에서 상당을 공격하고 업도로 밀고 가는 것이다. 이 노선은 가장 빠르고 연에게 치명상을 입히기에 충분한 노선이었다. 마지막 노선은 평양에서 북진하여 진양을 취한 다음 동쪽의 정형을 나와 상산을 취하여 연을 압박하는 것이었다.

왕맹은 이들 노선을 연구한 끝에 두 번째 노선을 확정했다. 진의 군대는 이 노선을 따라 연 정벌에 나섰다. 낙양과 형양을 취한 다음 형양 방향에서 공세를 취했다. 군대를 나누어 진양(지금의 산서성 태원)을 공격하여 연의 병력을 분산시켜 주력 부대가 있는 북측을 엄호하게 했다. 이는 가장 효과적으로 업도를 탈취할 수 있는 방법이었을 뿐만 아니라, 위수·황하·분수를 이용하여 식량 등을 운반할 수 있는 이점도 있었다.

태화 4년인 369년 12월, 부견은 연이 약속을 어겼다는 구실로 왕맹에게 3만 보기병을 거느리고 연을 정벌하라는 명령을 내렸다. 왕맹은 모용령을 길잡이로 삼아 낙양으로 곧장 쳐들어갔다. 그리고 이듬해인 370년 정월, 낙양을 겹겹이 포위했다. 왕맹은 전투력의 손실을 줄이기 위해 낙주자사 모용축慕容築을 자기편으로 끌어들이기로 했다. 왕맹은 편지 한 통을 모용축에게 보냈다.

"그대의 나라는 성고(지금의 하남성 사수현)의 험준함에 막혔고, 진맹(지금의 맹진 황하도구)의 길은 끊겼다. 용맹한 100만 군대가 지관을 넘어 바로 업도로 쳐들어갈 것이다. 그대가 쌓은 낙양의 금용성은 구원받을 길이 없고, 300밖에 안 되는 보잘것없는 졸병으로 지탱할 수 있겠는가?"

편지를 받아든 모용축은 새파랗게 질려 바로 낙양을 들고 항복했다.

왕맹이 낙양을 공략하고 있을 때 연의 대장군 모용장慕容臧이 정예병 10만을 이끌고 구원에 나섰다. 왕맹은 장군 양맹楊猛으로 하여금 동쪽 석문에서 모용장을 막도록 했다. 그러나 양맹은 모용장에게 대패하고 자신은 포로가 되었다. 모용장은 여세를 몰아 형양 공격에 나섰다. 왕맹도 건위장군 양성陽城과 낙주자사 등강鄧羌에게 1만 정예병을 이끌고 서둘러 달려가 맞붙도록 했다. 모용장이 한발 늦었다. 대군이 황하를 미처 건너기 전에 양성의 공격을 받아 신락(지금의 하남성 신향현)으로 후퇴한 다음 성을 쌓고 진의 군대에 저항했다. 왕맹은 등애로 하여금 금용을 지키게 하고, 자신은 군사를 장안 쪽으로 돌렸다. 그로부터 한 달이 못 되어 왕맹은 낙양을 손에 넣었다. 이렇게 낙양과 형양이라는 양대 전략 거점을 잇달아 차지했으니 그의 용병술이 얼마나 신속한가를 충분히 알 수 있다.

4월, 부견은 다시 왕맹에게 진남장군 양안楊安 · 장자張蚝 · 등강 등 10여 명의 장수와 보기병 6만을 통솔하여 연 정벌을 준비하게 했다. 6월 12일, 연 정벌을 위한 2차 전역이 시작되었다. 부견은 왕맹을 패상(지금의 섬서성 서안 동쪽)으로 보내면서 이렇게 말했다.

"지금 그대에게 연 정벌의 대사를 맡기는 바이오. 계획에 따라 호관 · 상당으로부터 로천(지금의 장하 상류)을 나와 곧장 업도로 밀고 가시오. 그대가 떠나고 나면 내가 직접 군대를 독려하여 배로 식량을 운반하면서 수륙 양면으로 진격할 것이오. 그러니 뒷일은 걱정하지 마시오."

이에 왕맹은 "신은 계획에 따라 바람이 낙엽을 휩쓸 듯 잔당을 소탕할 것입니다. 그러니 폐하의 자리에 먼지가 날아들지 않길 바랍니다." 하면서, 부견에게 지금부터 일찌감치 선비족을 대비하라고 건의했다.

왕맹의 정벌 노선은 두 길로 나누어졌다. 그는 주력을 이끌고 호관 (지금의 산서성 장치현 동남)으로 진공했고, 양안은 진양으로 곧장 밀고 올라 갔다. 8월, 왕맹은 호관을 공격하여 상당태수 남안왕 모용월慕容越을 사로잡았다. 상당의 군현들은 모두 진에 항복했다. 진양의 연나라 군 대는 식량이 충분했기 때문에 9월이 지나도록 함락시키지 못하고 있 었다. 이에 왕맹은 둔기교위 구장苟萇으로 하여금 호관을 지키게 하고, 직접 양안을 도와 진양을 공격했다. 진양성의 방어막이 견고하다는 것 을 확인한 왕맹은 병사들에게 성 안쪽을 향해 땅굴을 파게 했다. 땅굴 이 완성되자 호아장군 장자로 하여금 날랜 병사 수백을 이끌고 땅굴로 성안에 잠입하게 했다. 진양성의 연나라 군대는 성 위에서 벌어지고 있는 전투에 열중하느라 성안으로 진의 군대가 잠입하는 것을 눈치채 지 못했다. 성안에 잠입한 진의 군대는 고함을 지르며 성문을 열었다. 9월 초, 마침내 진양성이 함락되었다. 병주자사 동해왕 모용장慕容莊을 포로로 잡았다.

이때 연의 실권자 모용위慕容暐는 태부 상용왕 모용평慕容評으로 하 여금 30만 대군을 이끌고 진에 대항하도록 명령을 내려놓은 상황이었 다. 모용평은 30만 정병을 거느리고 로천에 이르렀으나 왕맹의 군대 를 두려워해서 감히 전진하지 못하고 하천을 이용하여 수비에 들어갔 다. 이에 왕맹은 주력을 이끌고 일거에 로천을 공격, 모용평과 하천을 사이에 두고 대치했다. 모용평은 왕맹의 군대가 깊숙이 들어왔으니 지 구전으로 맞서는 것이 낫겠다고 판단했다. 모용평은 사람이 아주 탐 욕스럽고 야비했다. 적을 앞에 두고 군대는 먹을 물이 모자라 애를 먹 고 있는데, 그는 산에서 솟는 샘물을 독점하여 군대로 하여금 이 물을 사다 먹게 했다. 물을 판 돈과 옷감이 산처럼 쌓였다. 병사들은 싸울 의지를 잃은 채 원한을 품기에 이르렀다. 이러한 상황을 파악한 왕맹은 "모용평이란 자가 정말 어리석구나. 우리가 억만 군중도 두려워하지 않거늘 하물며 수십만쯤이야! 이제 반드시 이들을 물리칠 것이다."라며 회심의 미소를 지었다. 왕맹은 유격장군 곽경郭慶으로 하여금 기병 5천을 이끌고 야간에 길을 돌아 산 옆에 설치된 모용평의 군영에다 불을 지르게 했다. 그런 다음 죽기를 맹세한 결사대들을 결집시켜놓고 큰 공을 세워 나라에 보답하자며 격려했다. 장수와 병사들 모두가 함성을 지르며 공격했다. 연의 군대는 대패했다. 왕맹은 연의 군사 15만 이상을 목 베거나 포로로 잡았다. 모용평은 혼자 말을 타고 업성으로 도망쳤다.

연의 주력군을 소멸시킨 왕맹은 12월 16일 업성을 포위하여 마지막 전투를 전개했다. 업성을 포위한 뒤 왕맹은 부견에게 편지를 보내 연을 멸망시킨 다음에는 "어짊과 사랑의 의지를 표명하여 6주의 인민들이 주인이 바뀐 사실도 모르게" 함으로써 연을 안정시킬 것을 권했다. 부견은 왕맹의 견해에 동의하면서 "장군은 전보다 더 큰 공을 세웠다. 짐이 지금 직접 군대를 이끌고 낮밤으로 달려갈 테니 장군은 병사들을 쉬게 하면서 짐이 오기를 기다렸다가 연을 취하라."고 명령했다. 부견은 이위李威로 하여금 태자 굉을 보필하면서 장안을 지키게 하고, 낙양에는 부융苻融을 보내 지키게 했다. 자신은 10만 정예병을 이끌고 업도를 향해 달려갔다. 7일 만에 안양(지금의 하남성 안양현 서남)에 도착했고, 왕맹은 직접 나와 부견을 맞이했다. 왕맹과 만난 부견은 "그 옛날 주아부는 한 문제를 영접하러 나오지 않았는데, 장군은 적을 앞에 두고 군대를 버리고 이렇게 나를 마중 나왔으니 어찌 된 일이오?"라고 물었다. 이에 왕맹은 "신은 폐하의 위엄과 신령스러운 명을 받들어 못된 적을 공격했고, 적은 이미 솥 안에 든 물고기와 같으니 무슨 걱정입니까? 어린 태자께 나라를 맡기시고 이렇게 멀리까지 오셨습니다. 폐하께서는 패상에서 신에게 하신 말씀을 잊으셨습니까?" 하고 답했다.

왕맹이 모용평을 추격하여 업성에 아직 이르지 못했을 때, 업성 부근에는 도적이 날뛰며 대놓고 약탈을 일삼고 있었다. 왕맹은 업성을 포위한 다음 군사들에게 백성들이 동요하지 않도록 안심시키게 했다. 그는 군기를 엄격하게 다스리고 법 집행을 간결하면서도 너그럽게 시행하게 했다. 부견이 업성에 이르자 계속 성을 공격하는 한편 북쪽 신도(信都, 지금의 하북성 기현)를 기습했다. 11월 7일, 왕맹의 강력한 공세에 산상시랑 여울余蔚은 부여 · 고구려 및 상당의 인질 500여 명을 거느리고 밤을 틈타 업성 북문을 통해 진의 군대로 도망쳐 왔다. 연의 군주 모용위와 문무 대신들은 당황해서 도망치기에 바빴고 왕맹은 군사를 보내 그들을 추격하여 모조리 죽이거나 잡았다. 연은 마침내 멸망하고 말았다. 부견은 왕맹에게 관중 6주의 군사권을 장악할 수 있는 벼슬을 내렸고 아울러 기주목에 임명했다.

정성을 다해 나라를 다스리고, 몸이 부서지도록 실천하다

왕맹이 연을 멸망시킨 얼마 뒤 부견은 그를 수도로 불러들여 승상으로 삼는 동시에 군사 전반을 총감독하도록 했다. 왕맹은 여러 번 사양했다. 그는 그런 중책은 부견의 친왕들이 맡아야 한다고 했다. 그러나 부견은 받아들이지 않았다. 결국 왕맹은 승상에 임명되었고 국가를 다스리는 중임을 한 어깨에 짊어지게 되었다. 왕맹은 나라의 안팎을 원칙으로써 다스려나갔다. 우선 공평한 정치를 시행하여 내외의 불만을 없애고, 밖으로는 군대를 개혁하고 안으로는 유학을 장려하는 등 나라의 체제를 정비했다. 죄가 없으면 형벌을 가하지 못하도록 하고, 재주가 없으면 임용하지 않았다. 이렇게 정치를 펼쳐나가는 동안 그는 다음 몇 가지 큰일을 중점적으로 추진했다.

관리들에 대한 정비를 더욱 강화하고 법치를 실행했다. 이로써 비교적 청렴하고 효율적인 관료 기구가 정립되고 사회질서가 안정되었다. 그는 재능 있는 지방 관리들을 요구했다. 일정한 기준에 합격하지 못하면 파면시키거나 좌천시켰다. 이런 정비를 거친 결과 내외의 관리들이 모두 제자리에서 능력을 발휘할 수 있게 되었다. 강력한 법치와 태산같이 엄중한 법 집행으로 관리들은 부정과 비리는 엄두도 낼 수 없었고 백성들도 법을 어기지 못했다. 사회의 기강과 풍속이 더욱 호전되었음은 말할 것도 없었다.

경제 발전에 큰 힘을 기울여 민중들의 삶을 향상시켰다. 왕맹이 부견을 보좌하여 여러 해에 걸쳐 나라를 다스리는 동안 생산력은 크게 발전했다. 하지만 계속되는 전쟁으로 국력은 안정되지 못했다. 왕맹은 연을 멸망시킨 뒤 대대적인 군사행동은 중단하고 경제 발전에 힘을 집중시켰다. 농업 방면에서는 북방 지역의 땅에 맞는 경작 기술을 도입한 이른바 '구전법區田法'을 시행했다. 농사와 누에치기를 장려하고, 농사에 힘쓰는 가족들을 표창했다. 동시에 세금과 부역을 줄이는 일과 빈민 구제에도 힘을 쏟아 백성들의 부담을 크게 줄였다. 이와 함께 상공업도 장려했다. 시장을 열어 각지의 상인들이 몰리게 한다는 방침을 실행하여 상품 유통이 활기를 띠게 되고 경제 발전은 크게 촉진되었다.

교육에서는 유학을 장려했다. 왕맹은 진의 지도층과는 달리 한족 출신으로 유학에 길들여져 있었다. 부견은 저氐라는 종족이었지만 어려서부터 유가사상의 교육을 받았다. 따라서 두 사람 모두 교육을 매우 중시했고 그 방법으로 유가사상을 내세운 것이다. 왕맹은 각지에 학교를 지어 인재를 길러내게 했다. 더욱이 각급 관리의 자손들은 반드시 학교에 진학하여 유가 경전을 주로 하는 교육을 받도록 했다. 교육을 거쳐 재능 있고 인품이 좋으면 바로 상을 내리고 관직에 등용했다. 공부하지 않아 유교 경전을 제대로 모르는 자들은 퇴학시켜 평민으로 만들었다.

소수민족을 존중하여 민족 관계를 개선했다. 당시 중국 북방은 다섯 개의 소수민족 정권에 의해 통치되고 있었는데, 각 정권이 서로를 공격함으로써 민족 간 갈등이 대단히 심각했다. 진은 저족이 통치하는 정권이었지만 부견과 왕맹이 모든 민족이 융화할 수 있는 상대적으로 개방된 민족 정책을 실행함으로써 통치 지구 내 민족 갈등을 완화할 수 있었다. 연을 멸망시킨 뒤 왕맹은 모용위를 포함한 항복한 전연의 귀족과 대신들을 장안으로 모두 옮기고 옛날과 같이 모용씨가 군신들을 거느릴 수 있게 관작을 내려줄 것을 건의했다. 민족 간 '화해'를 기조로 하는 관대한 정책은 매우 큰 영향력을 발휘했다. 전진 주변의 여러 민족과 서남·서역의 여러 나라가 사신을 보내거나 전진에 귀순하는 일이 속속 벌어졌다.

왕맹은 전진을 다스리면서 혼신의 힘을 다했다. 크고 작은 일들이 모두 그를 통해 처리되었다. 전진의 국력은 부강해졌고 백성들은 넉넉하고 편안한 삶을 누렸다. 그러나 그에 반비례해서 왕맹의 심신은 쇠약해져만 갔다. 극심한 피로와 병이 겹쳐 날이 갈수록 위중해졌다. 국왕 부견은 왕맹의 건강을 위해 직접 종묘사직에 기도를 올리는 한편 측근들을 시켜 각지의 산과 강에서 기도를 드리게 했다. 왕맹은 감동했다. 병에 조금 차도가 보이자 왕맹은 글을 올려 감사의 마음을 전하면서 죽는 날까지 혼신의 힘을 다했으나 능력에 한계가 있다는 자신의 심경을 밝혔다. 그러면서 부견에게 다음과 같이 호소했다.

"싸움을 잘한다고 해서 모든 일을 꼭 성공적으로 마무리할 수 있는 것은 아닙니다. 시작이 좋다고 해서 꼭 끝이 좋은 것만은 아닙니다. 그렇기에 예로부터 지혜로운 선왕들께서는 공업을 이루기 쉽지 않다는 것을 잘 아시고 깊은 계곡을 건너듯 전전긍긍하셨던 것입니다. 엎드려 바라옵건대, 폐하께서 부디 선왕들의 뒤를 본받으신다면 천하의 행복이 될 것입니다!"

왕맹의 글을 본 부견은 눈물을 참지 못했다. 그로부터 10여 일 뒤 왕맹의 병세는 다시 악화되었다. 부견은 직접 왕맹을 찾아가 병문안을 하는 한편 앞으로의 일에 대해 자문을 구했다. 왕맹은 가쁜 숨을 몰아쉬면서 마지막 자신의 역할을 했다.

"신이 죽으면 폐하께서는 더 이상 진晉을 도모하지 마십시오. 지금 우리의 적은 선비와 서강입니다. 이들이 큰 걱정거리가 될 수밖에 없을 것입니다. 그러니 이들을 점진적으로 제거하시어 사직을 그르치지 않도록 하십시오."

말을 마친 왕맹은 조용히 숨을 거두었다. 그때 그의 나이 쉰하나였다. 왕맹의 죽음에 부견은 비통함을 금할 수 없었다. 세 번씩이나 통곡했고 태사 꿩에게는 "하늘이 나로 하여금 천하를 통합하라고 하면서 어찌 왕맹을 이렇게 빨리 나에게서 빼앗아 갈 수 있단 말이냐!" 하며 울부짖었다. 왕맹을 잃은 부견은 마치 한쪽 눈을 잃은 사람과 같았다. 전처럼 사태의 본질을 제대로 파악하지 못하고 점차 교만방자해졌다. 그는 왕맹의 유언에 따르지 않고 건원 19년인 383년 100만 대군을 이끌고 진을 정벌하다 결국 대패하고 말았다. 이것이 저 유명한 비수

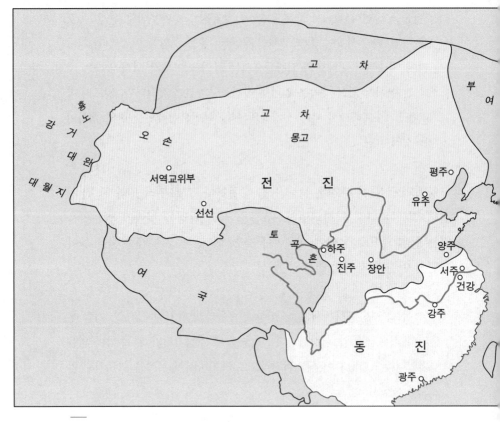

왕맹이 죽은 직후 정착된 동진·전진의 형세도

淝水 전투다. 이 전투에서 부견의 100만 대군은 거의 전멸하디시피 했고, 부견 자신도 선비 모용수의 반란 통에 강족 요장姚萇에게 피살되고 말았다. 이렇게 전진은 허망하게 멸망했다.

왕맹은 인재 한 사람이 국가의 흥망을 결정할 수도 있다는 예를 잘 보여주고 있다.

우문태宇文泰

선비족 최초의 절세 지략가

우문태(508~556년)는 자가 흑달黑獺이고 선비족 군인 집안 출신이다. 대대로 북위 무천진(지금의 내몽고 무천)에서 살았다. 그는 남북조시대 중국 북방 소수민족 출신의 걸출한 군사가이자 정치가이자 정략가였다. 관작은 서위에서 주국대장군·대사·대총재 등을 거친 서위의 실질적인 통치자였다. 집정 20여 년 동안 그는 문무를 겸비하고 탁월한 업적을 남겨 서위를 강국에 올려놓았다. 그리하여 훗날 북주를 건립하고 북제를 멸망시켜 북방을 통일하는 기초를 다졌다. 그가 죽은 뒤 그의 아들 우문각宇文覺은 서위의 공제恭帝를 대신하여 왕제 자리에 올라 나라 이름을 주(周, 사서에서는 북주)로 고쳤다. 우문태는 태조문황제로 추증되었다.

멀리 막사에서 큰 계책을 수립하고, 때를 놓치지 않고 대군을 통솔하다

우문태의 아버지 우문굉宇文肱은 북위 말년에 하급 군관을 역임했다. 북위 효명제 정광 4년인 523년에는 파육한발릉破六韓拔陵이 이끄는 군민 봉기에 참가하여 북위의 부패한 통치에 대항했다. 봉기가 실패하자 우문굉의 전 가족은 하북으로 옮겨 갔다. 북위 효명제 효창 2년인 526년, 우문굉 부자는 선우수례와 갈영 등이 이끄는 봉기군에 가담했다. 얼마 뒤 우문굉은 전사하고 선우수례가 반역자들에게 살해되자 우문퇴는 갈영에게로 옮겨 가 장령에 임명되었다. 당시 우문태의 나이 18세로, 벌써 탈월한 군사적 재능을 발휘하고 있었다. 갈영의 군대가 패하자 우문태는 북위에 항복하여 북위 이주영의 부장 하발악 부대에 소속되었다. 그리고 하발악을 따라 관중과 그 서쪽 지구에 대한 공격에 나섰다. 하발악이 관서대행대로 승진하자 우문태도 좌승으로 승진하고 악부사마에 임명되었다.

하발악 부대의 지휘 층에 진입한 우문태는 더욱 신임을 받아 크고 작은 모든 일이 그를 거쳐 처리되었다. 우문태는 뛰어난 모략적 두뇌로 확실하게 화답했다. 당시 북위 정권은 인민들의 대대적인 봉기로 이미 지리멸렬 상태에 놓여 있었다. 주이영이 단숨에 정권을 잡는가 싶더니 고환에게 밀려났다. 고환은 원수를 북위 효무제로 옹립하고 자신은 진양에 눌러앉아 북위 정권을 원격조종했다. 이에 다른 할거 세력들이 잇달아 들고 일어나 자립을 선언하니 북방은 일대 혼란에 빠졌다. 우문태는 천하의 대세를 살핀 다음 하발악에게 중국 북방을 통일할 수 있는 큰 그림을 제안했다. 그는 하발악에게 다음과 같이 건의했다.

"고환이 감히 권력을 찬탈하여 자립하지 못하는 까닭은 장군의 형제들이 간섭하지 않을까 두렵기 때문입니다. 사실 진주자사 후막진열 같은 자들은 고려의 대상도 못 됩니다. 그러니 장군께서 몰래 준비를 해놓으면 고환을 제거하는 일은 그다지 어렵지 않을 것입니다. 지금 비야두에게는 정예 기병이 1만쯤 있고, 하주자사 곡발미아돌에게도 3천이 넘는 정예병이 있습니다. 영주자사 조니, 하서의 유민 흘두릉이이 등도 각자의 군대를 거느리고 있지만 자신들이 어디에 소속되어 있는지조차 모릅니다. 장군께서 군대를 이끌고 롱(지금의 감숙성)으로

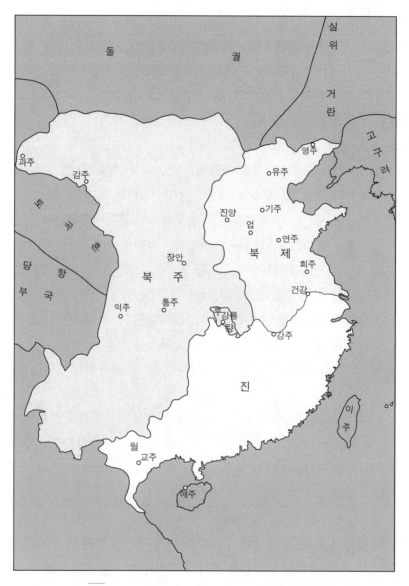

돌궐

실위

거란

고구려

과주

감주

토욕혼

당항

북국

영주

유주

진양

기주

업

연주

북제

회주

건강

장안

북주

통주

익주

후강릉량

강주

진

월교주

애주

이주

북주를 개국하여 향후 통일로 가는 길을 닦았던 우문태는 군인 집안 출신으로 뛰어난 정치모략을 보여주었다. 지도는 북주 · 북제 · 진 대립 형세도다.

진격하여 요충지를 움켜잡고 위엄을 보이는 한편 은혜를 베풀어 감싸 안으면 그들이 귀속하여 장군의 군대를 보다 튼튼히 할 수 있을 것입니다. 그런 다음 서쪽으로 저족과 강족을 정벌하고, 북쪽으로는 사막 변경의 요새까지 힘을 뻗치고, 다시 장안으로 군대를 돌려 위나라 조정을 바로잡으시면 됩니다. 이것이 바로 성왕을 보좌한 주공의 업적인 것입니다!"

이는 장안을 중심으로 관중과 농서를 근거지로 하여 천자를 끼고 제후(지방 세력들)를 호령함으로써 북방을 통일하겠다는 원대한 계획으로, 훗날 우문태 자신이 필생 이루기 위해 노력했던 강령이기도 했다.

북위 효무제 영희 3년인 534년, 하발악은 우문태의 모략을 받아들이지 않고 후막진열과 연합하여 조니를 토벌했다. 하지만 후막진열의 계략에 걸려들어 피살되고 말았다. 하발악의 3군은 갈 곳을 찾지 못한 채 우왕좌왕하다가 당시 하주자사로 있던 우문태를 추대하여 남은 하발악 군대를 통솔하게 했다. 우문태의 부하는 형세를 잘 살핀 다음 결정하라고 권했다. 이에 우문태는 말했다.

"얻기는 어려워도 잃기 쉬운 것이 시기다. 종일 기회를 기다릴 수는 없다. 지금 한시라도 빨리 하발악의 부대를 장악하지 않으면 장수와 병사들의 마음이 흐트러질 것이다."

그리하여 우문태는 곧장 평량군(지금의 감숙성 평량 서쪽)으로 달려가 하발악의 군대를 거두어들였다. 그해 7월, 우문태는 고환과 싸워 패배하고 도망쳐 온 효무제 원수를 장안으로 맞아들여 서위를 건국했다. 10월, 고환이 하청왕 원역의 손자 원선견을 효정제로 세우고 동위를 건국했다. 이로써 북위는 동서로 갈라졌다. 그해 윤12월, 우문태는 원수를 독살하고 원수의 손자 원보거를 문제로 세우는 한편, 자신은 태사 · 대총재가 되어 군권을 장악하여 서위의 대권을 독차지했다. 실질적인 서위의 최고 통치자가 된 것이다.

약세와 소수로 전세를 역전시키다

우문태는 전략 계획의 제1단계 임무, 즉 관롱 지구를 통치하는 일을 완성한 다음 곧 제2단계 임무인 고환 통제하의 동위를 소멸시켜 중국 북방을 통일하는 일에 착수했다. 534년 정권을 장악하고부터 556년 세상을 떠날 때까지 우문태는 줄곧 이 임무의 완성을 최고의 목표로 삼았다. 비록 소원은 이루지 못했지만 서위의 군대를 이끌고 동위의 고환과 싸우면서 계속 우세를 차지하여 갈수록 강해졌다.

서위를 건국한 지 얼마 되지 않았을 때 고환이 대군을 모아 서위를 침범해 왔다. 우문태는 약하고 적은 군대를 지휘하여 동위의 군대와 먼저 소관(小關, 지금의 섬서성 동관 부근)에서 싸우고 이어 사원(沙苑, 지금의 섬서성 대려 남쪽)에서 싸우면서 자신의 뛰어난 모략 예술을 과시했다.

약한 군대로 강한 군대를 물리친 소관 전투의 경과를 보자. 대통 3년인 537년, 고환은 동위의 대군을 세 길로 나누어 서쪽을 향해 공격해 왔다. 고환은 직접 주력군을 이끌고 포판(蒲坂, 지금의 산서성 영제현 경내)으로 진격해 왔다. 황하에 부교를 설치하여 강을 건너 서위와 결전을 벌일 기세였다. 한편 또 다른 갈래인 두태竇泰가 지휘하는 동위군은 동관을 탈취하고자 했으며, 고앙高昻이 지휘하는 동위의 군대는 상락(上洛, 지금의 섬서성 낙현)을 차지한 다음 곧장 남전으로 달려갈 기세였다. 대적이 국경을 압박해 오는 형세에서 우문태는 냉정하게 정확한 분석과 결정을 내렸다. 그는 여러 장수들에게 다음과 같이 말했다.

"고환이 세 방향에서 우리를 포위해 들어오고 있다. 저들은 황하에 부교를 놓고 강을 건너 우리와 결전하겠다는 의사를 분명히 표하고 있다. 그러나 그것은 우리 군대를 이곳에다 묶어두고 두태로 하여금 서쪽에서 곧장 장안으로 진입시키겠다는 뜻에 지나지 않는다. 고환이 군대를 일으킨 이래 두태는 줄곧 선봉에 서왔고 부하들 중에는 용감하고 날랜 병사들이 많다. 하지만 계속된 승리에 자만에 빠져 있다. 지금 두태의 부대를 습격하면 반드시 승리할 수 있다. 두태를 물리치면 고환과는 싸우지 않고도 이길 수 있다."

두태를 먼저 친다는 결정이 내려지자 우문태는 즉각 주력을 이끌고 장안으로 달려갔다. 그러는 한편으로 정예병으로 하여금 밤낮없이 동관 근처의 소관으로 달려가 마목택馬牧澤에서 몸을 숨긴 채 기다리게 했다. 또 한편으로는 두태가 풍릉風陵에서 황하를 건넌 뒤 전열을 채 가다듬지 못한 틈을 타서 기습을 가했다. 두태의 군대는 전멸을 당했고 두태는 자살했다. 황하가 얇게 언 데다 다리는 적고 군사가 많았던 고환은 뻔히 눈앞에 보이는데도 두태를 구원할 수 없었다. 고환은 하는 수 없이 다리를 철수하고 후퇴했다. 대세가 기운 것을 본 고양도 수레 따위를 불태우고 철수했다. 우문태는 이렇게 해서 동위 대군을 맞이한 최초의 전투에서 완승을 거두었다.

다음, 적은 군대로 많은 군대를 물리친 사원 전투의 경과를 보자. 같은 해인 대통 3년인 537년 9월, 고환은 소관 전투에서의 패배를 설욕하기 위해 20만 대군을 이끌고 다시 서위 정벌에 나섰다. 10월, 낙수 남쪽인 허원許源에 이르러 장안을 압박했다.

소관 대첩 후에도 서위의 처지는 나아지기는커녕 더욱 악화되고 있었다. 관중의 가뭄과 기근이 여러 곳으로 퍼져나갔고, 우문태가 이끄는 1만도 채 안 되는 부대는 정비와 인원 보충은커녕 입을 옷도 모자라는 형편이었다. 관롱 지구의 지방 부대도 우문태의 명령에 따라 제때에 집합하여 공동으로 적에 맞서지 못했다. 이런 위기 상황에서 우문태의 부대는 중과부적을 이유로 동위 군대가 계속 서쪽으로 진격해 오길 기다렸다가 "형세를 봐가며" 틈을 타서 대응하자고 주장했다. 우문태는 고환이 장안으로 들어가는 날에는 민심이 뒤바뀌어 대세는 수습할 수 없을 지경에 이를 것이라고 판단했다. 동시에 그는 동위의 군대가 설욕을 위해 달려온 '성난 병사'들이라는 점을 간파했다. 즉, 먼 곳에서 낯선 곳으로 오게 되면 모든 상황이 새로워 작전에 많은 곤란을 겪을 것으로 예상했다. 이에 따라 우문태는 다수의 견해를 물리치고 수비 대신 정면으로 공세를 취하기로 결정했다.

구체적인 작전과 공격 담당 부서를 놓고 그는 주도면밀하게 살피고 또 살폈다. 먼저 장병들에게 사흘 식량만을 가지고 가벼운 장비로 위수를 건너 빠른 속도로 동진하도록 명령했다. 이렇게 해서 동위의 군대와 불과 60km 떨어진 사원으로 달려가게 했다. 이어 우문심宇文深으로 하여금 약간의 부대를 거느리고 동위의 후방으로 침투하여 퇴로를 끊도록 했다. 달해무達奚武에게도 약간의 부대를 거느리고 적의 진영 깊숙이 침투하여 적의 군령과 구체적인 부서를 단단히 파악해놓도록 했다. 전투에 앞서 우문태는 다시 장수들을 소집하여 구체적인 작전 계획을 논의하고 대장 이필李弼의 건의에 따라 부대를 동쪽 10리 지점의 위곡渭曲으로 전진시켜 진창 속에다 배수의 진을 치도록 했다. 장수 언과偃戈에게는 갈대 잎 따위를 덮은 자리에다가 소수의 병마를 남겨 적군을 유인한 다음 공격 신호를 기다리라고 명령했다.

이윽고 동위의 군대가 위곡 부근에서 서위 군대 일부가 움직이는 모습을 발견했다. 그들은 서로 앞을 다투어 공격해 왔다. 공격에만 눈이

어두워 동위의 군대는 자신의 대형이 엉망이 되는 것도 몰랐다. 쌍방이 맞붙어 싸우기 시작하자 우문태는 직접 북을 두드리며 공격 명령을 내렸다. 서위의 군대는 맹렬한 기세로 돌격해 들어갔다. 이필이 이끄는 철기병은 옆에서 공격하여 동위 군대의 허리께를 끊어놓았다. 동위의 군대는 머리와 꼬리가 끊어진 채 우왕좌왕하다가 이리저리 흩어졌고 군영은 완전히 비어버렸다. 고환은 서둘러 황하 동쪽으로 도망쳤다. 사원 전투에서 서위는 동위의 7만 군사를 포로로 잡고 갑옷 등 각종 군장비를 18만 건이나 빼앗았다. 우문태는 전쟁터에다 장병들 한 사람이 나무 한 그루씩 심게 하여 승리를 축하했다.

군 체제를 혁신하다

우문태는 숱한 전투를 경험했다. 특히 여러 차례 직접 약한 군대를 이끌고 강적 동위와 싸웠다. 이를 통해 그는 군대 건설의 중요성을 실감하게 되었다. 이에 우문태는 고대 주周의 육군六軍 체제를 본받아 위·진 한족 정권이 두루 사용하던 군과 민을 분리해 관리하던 제도와 북위 선비족 정권이 초기에 설립한 8부 대인제도를 결합하여 단계적으로 '부병제府兵制'를 창립했다.

부병제는 몇 단계를 거쳐 건립되었다. 이 제도의 전신은 우문태의 12군으로, 원래 하발락과 이필의 부대 및 일부 '육방六坊의 무리'들로 이루어졌다. 기본적으로 선비족 부대였다. 대통 8년인 542년, 서위는 처음으로 6군을 설치하여 12군을 우문태를 최고 통수로 하는 육주국六柱國이 이끄는 계통으로 편입시켰다. 이듬해인 543년, 서위의 군대는 망산 작전에서 패배하여 6만을 잃음으로써 실력이 크게 꺾였다. 우문태는 하는 수 없이 관롱 지구의 한족으로 이루어진 지방 무장 세력들을 불러 모아 군대를 확충함으로써 한족 지주 무장 세력을 육주국 부병에 편입시켰다. 이후 부병제는 계속 개선되었고, 대통 16년인 550년에는 부병제의 부대 배치, 인원 보충, 급식, 훈련 등에 관한 제도 등이 초보적으로 완비되기에 이르렀다.

부병제는 형식상 과거 선비족 군대의 8부제를 취하고 있다. 지휘부는 우문태 · 조귀 · 이호 · 이필 · 우근 · 독고신 · 후막진숭 · 원흔 등 8명의 주국柱國 대장군으로 이루어져 있는데, 우문태가 최고 지휘자였고 원흔은 이름만 걸어놓았으며 나머지 6명이 각각의 군대를 통솔했다. 군을 이끄는 모든 주국 대장군은 그 밑으로 각각 두 명씩 모두 12명의 대장군을 거느리고 있었다. 대장군 밑으로는 두 개의 개부(開府, 장관을 개부장군이라 불렀다.)가 소속되어 있었고, 각 개부는 두 개의 의동(儀同, 장관을 의동장관이라 불렀다.)을 거느렸으며, 의동 아래로는 순서대로 단(團, 장관은 대도독) · 여(旅, 장관은 수도독) · 대(隊, 장관은 도독)가 편성되었다. 부병제는 실시 초기에는 한 의동이 1,000명을 통솔했고, 주국 대장군이 모두 8,000명씩 거느려 부병의 총병력은 4만8천이었다.

부병 인원의 확충은 한족 지주들의 무장 세력을 흡수하는 것에서 대통 16년(550년)에는 백성의 재력과 인력에 근거하여 징병하는 형식으로 발전했다. 그 구체적인 방법은 한 집에 성인 남자인 정丁이 세 사람이면 한 사람을 부병으로 징발했다. 이로써 부병의 공급원과 질이 보증되었다. 우문태는 또 부병을 1년에 한 번씩 교대시키도록 했는데, 한 해에는 작전 · 훈련 · 순찰 근무 등과 같은 군대 임무에 종사하도록 하고, 다음 해에는 군부의 지도하에 생산 활동에 종사케 했다.

부병제 초기 군수물자의 공급은 6명의 주국 대장군이 각각 떠맡았다. 여섯 명의 주국은 자신들이 대지주로 많은 재원을 소유하고 있었고, 그들이 거느리고 있는 장수들도 마찬가지였다. 그들은 군대를 양성할 수 있는 능력을 갖고 있었고, 더욱 중요한 것은 그들이 여러 방법으로 민간으로부터 군수물자를 긁어모았다는 사실이다. 그 뒤 부병의 보급은 주로 황가에서 전체적으로 통제했다.

부병은 호적에 편입되어 있지 않았으므로 다른 부역은 지지 않았다. 작전과 근무 그리고 훈련은 일상적으로 이루어졌다. 봄에 하는 훈련을 '진려振旅', 여름에 하는 훈련을 '농사蒐舍', 가을 훈련은 '연병練兵', 겨울 훈련은 '대열大閱'이라 불렀다. 훈련 때마다 작전법을 주로 훈련했다. 우문태는 이 밖에 지방 관리와 장정이 부병의 훈련에 참관하도록 규정했다.

부병제의 창립은 서위의 군사력을 크게 증강시켰고, 이 힘이 결국은 서위를 계승한 북주가 동위를 멸망시키고 중국 북방을 통일하는 유력한 근거가 되었다. 이 제도는 수·당시대에 더욱 발전하고 완비되어 수·당의 국가 통일과 번영을 촉진하는 데 일정한 작용을 했다. 우문태가 창립한 부병제는 중국 고대 군사모략 이론의 자원을 더욱 풍부하게 했고, 이로써 군사사에서 중요한 위치를 차지하고 있다.

제도와 법률을 정비하여 정치에 임하고, 백성들을 쉽게 하여 생산력을 높이다

우문태는 무장으로서 탁월한 공을 세웠을 뿐만 아니라 정치가로서도 웅대한 지략을 갖춘 인물이었다. 서위가 처음 건국되자 그는 24개 조항의 새로운 제도를 발표했다. 이 조항은 그 뒤 36개 조항으로 늘어났다. 그 주요한 내용은 다음과 같았다.

탐관오리를 엄격하게 금지한다.

관리의 수를 줄인다.

둔전을 실행한다.

조세 예산과 호적제도를 실시한다.

대통 7년인 541년, 관중 지역의 한족 명사 소작蘇綽이 한족 통치자의
경험을 종합하여 다음과 같은 6개 조항을 제안했다.

먼저 관리들의 청렴결백을 추구하고, 교육을 통한 감화를 실행한다. 땅
을 최대한 활용하고, 어질고 유능한 인재를 발탁한다. 소송 사건은 신
중하게 처리하고, 부역을 공평하게 한다.

우문태는 이를 크게 칭찬하며 '육조조서'라 부르고 백관들에게 집행
하도록 명령했다. 아울러 이 '육조조서'와 조세 예산을 통과하지 못한
자는 관리가 될 수 없게 규정해버렸다. 그는 또 관리들에게 청렴결백
과 엄격한 법 집행을 강조했다. 한번은 신하들을 불러 만난 자리에서
백성을 자식처럼 아끼고 사랑한 하북의 군수 배협裴俠을 일으켜
세워 직접 상을 주고 모범으로 삼도록 한 일도 있었다. 청렴한 관리들
을 표창한 동시에 법을 어기고 기강을 문란하게 한 관리들에 대해서는
가차 없이 벌을 내렸다. 당나라 때 사람 영호분令狐棻은 우문태 당시의
서위를 두고 "재야에 남은 인재는 없고 조정에 군자가 많구나."라고
칭찬을 아끼지 않았다.

서위 초기에는 심각한 기아와 가뭄에 직면했다. 우문태는 경제를 회
복하고 발전시키는 일을 중요하게 생각했다. 그는 먼저 균전제를 회복
하여 충분한 노동력을 확보했다. 그가 실행한 균전제에 따르면 성인

남자인 남정男丁의 복무 연령을 15세에서 18세로 늦추도록 규정되어 있었다. 3년 동안 각자의 가정에서 농업 생산 등 노동력을 필요로 하는 일에 종사하도록 함으로써 생산력을 높이려 한 것이다. 이 밖에 납세의 조건을 완화시켰다. 즉, 풍년이 들어 생산량이 많으면 세금을 전부 내고, 중간 정도면 반만 내고, 흉년에는 1/3만 내게 한 것이다. 우문태는 각급 관리들에게 농업 생산에 관심을 가지고 농사 시기를 놓치지 않도록 농민들을 격려하라고 지시했다. 세금을 거둘 때는 잘사는 집의 부담을 빈민들에게 전가하지 못하도록 했고, 노동력을 징발할 때도 빈민들의 요역이 너무 무겁지 않도록 하는 한편 먼 곳까지 가서 복무하지 않도록 했다. 잘사는 자들의 요역을 줄이거나 가까운 곳에서 복무하는 일이 없도록 했다.

백성들을 쉽게 하는 우문태의 이러한 정책은 농업 생산을 발전시키는 데 확실하게 작용했고, 이에 따라 국가의 조세 수입도 늘어 동위에 대항하고 나아가서는 그들을 소멸시키기 위한 중요한 재정적 기초가 되었다.

우문태는 선비족 출신이었지만 한족 문화의 장점을 잘 알고 있었다. 그는 한화 정책을 적극적으로 추진했다. 유학을 제창하고 주례周禮를 받들었다. 그의 정권에는 소작 · 노변 등과 같은 한족 출신의 고급 참모들이 포진해 있었고, 조귀 · 이호 · 이필 · 양충 · 왕웅 등은 한족 출신의 고급 장수들이었다. 우문태는 한족 지주계급과 돈독한 관계를 유지했고, 그들의 전폭적인 지지를 얻어 정권의 기초를 확고하게 다질 수 있었다. 동시에 그의 한화 정책은 민족의 융합을 촉진하여 선비족의 한화 과정을 촉진했다.

고경 高熲

원대한 판단력, 심오한 계략

　고경(?~607년)은 자가 소현昭玄이고 고민高敏이란 이름도 사용했다. 발해군 수현(脩縣, 지금의 하북성 경현) 사람으로 수나라를 개국하는 데 큰 공을 세운 공신이다. 아버지 고빈高賓은 북주北周에서 자사 벼슬을 지냈다. 고경은 어려서부터 총명하고 통이 컸다. 역사책 등 폭넓은 독서를 통해 식견을 쌓았고, 특히 대화를 통한 말솜씨가 뛰어났다. 열일곱에 북주의 제왕齊王 우문헌宇文憲에 의해 기실記室 벼슬에 발탁되었고, 그 뒤 내사상사 · 하대부를 역임했다. 제나라를 평정하는 데 공을 세워 개부 벼슬을 받았다. 양견楊堅이 북주의 정치를 장악하는 동안 상부사예 · 상부사마 등을 역임했다. 수나라가 선 뒤로는 상서좌복야겸 납언, 좌위대장군, 우령군대장군, 태상경 등과 같은 직책을 역임했다. 607년, 양제 양광楊廣에 의해 조정을 비방했다는 죄목으로 처형되었다.

　고경은 문무를 겸비한 지략가로서 원대한 판단력을 보여준 인물이었다. 부지런하게 자신이 맡은 일에 책임을 다했으며, 겸손하여 자신의 공을 자랑하지 않았다. 일찍부터 수 문제 양견의 두터운 신임을 받으면서 조정에서 20년 가까이 정권을 맡았다. 양견이 천하를 통일하고 국가를 안정시킬 수 있었던 데는 여러 면에서 고경의 보좌가 큰 역할을 했다.

고경을 중용했던 수 문제 양견

영명한 군주와 인연을 맺어 정성과 뜻을 다 바치다

580년, 양견은 북주의 선제가 병으로 죽고 어린 정제가 즉위한 틈을 타서 북주의 정권을 장악한다. 그런 다음 적극적으로 인재를 초빙하여 정식으로 대권을 자기 쪽으로 옮길 준비를 갖추었다. 그는 고경이 병법에 밝고 지략이 뛰어난 아주 유능한 인재라는 소문을 듣고는 자신의 권력 기구인 상부相府로 끌어들이고 싶어 했다. 양견은 측근 양혜楊惠를 고경에게 보내 자신의 뜻을 전달하게 했다. 고경도 평소 양견을 넓은 포용력과 현명한 지략을 가진 영웅으로 생각하고 있었으며, 권력의 저울추가 이동하는 것은 시간문제라고 판단하고 있던 터라 흔쾌히 양견과 인연을 맺었다. 고경은 양견에게 "주군을 위해 힘을 바칠 수 있게 된 것을 매우 기쁘게 생각합니다. 주군의 대사가 성사되지 못해 내가 멸족의 화를 당한다 하더라도 절대 배반하지 않을 것입니다."라는 뜻을 전했다. 양견은 몹시 기뻐하며 바로 그를 상부사예에 임명하여 기밀 업무를 담당하게 함으로써 자신의 신임을 표시했다.

고경 역시 두마음을 품지 않고 평생 양견에게 충성을 다했다. 그해 6월, 북주 황실에 충성하던 상주총독 위지형尉遲逈이 양견의 섭정에 불만을 품고 업성을 거점으로 반기를 들었다. 위지형의 기세는 대단했다. 양견은 급히 명장 위효관에게 양사언·원해·우문흔·우문술·최홍도·양소·이순 등 행군총관들을 이끌고 위지형을 토벌하도록 했다. 그러나 대군은 하양河陽을 건널 무렵 적에게 제지당해 더 이상 진군하지 못하고 있었다. 동시에 양사언·우문흔·최홍도가 위지형으로부터 뇌물을 받았다는 소문이 퍼지면서 장병들의 심리가 크게 흔들리기 시작했다. 보고를 받은 양견은 걱정이 태산이었다. 급한 대로 최중방을 보내 군대와 병장들을 살피고 사태를 수습하려고 했다. 그런데 최중방은 그의 아비가 산동에 있다는 것을 핑계로 명령을 받들려 하지 않았다. 상부장사 정역이나 상부사마 유방도 선뜻 가려고 하지 않았다. 이런 딱한 상황에서 고경은 용감하게 나서 자신이 관동으로 가서 장병들을 위로하고 전투를 독려하겠다고 했다. 양견은 기뻐 어쩔 줄 몰라 하며 고경을 감군에 임명하여 바로 출발하게 했다. 고경은 집에도 들르지 못한 채 부하를 보내 어머니에게 충효 두 가지를 동시에 할 수 없어 안타깝다는 심정을 전하도록 했다.

8월, 고경과 위효관은 힘을 합쳐 업성을 격파하고 위지형의 반란을 평정했다. 양견은 고경의 충성과 능력에 크게 만족하여 몸소 자신의 침소에다 술자리를 열어 고경을 초대하는 성의를 보였다.

이듬해인 581년, 양견은 선양이란 형식으로 황제 자리에 올라 수 왕조를 열었다. 고경은 상서좌복야겸납언이란 중책에 임명되어 우경虞卿과 함께 공동으로 내각을 이끌게 되었다. 양견은 서울을 벗어날 때

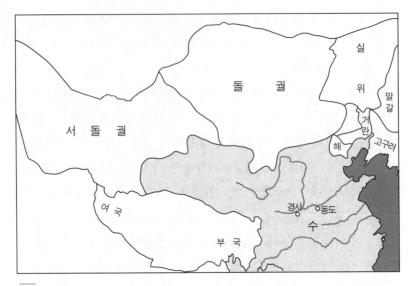

수나라 형세도

면 늘 고경을 서울에 남겨 지키게 했다. 고경에게 내려진 물질적 포상은 횟수도 많았을 뿐만 아니라 양도 엄청났다. 이 때문에 조정 신하들의 시기와 질투를 샀다. 고경이 양광을 수행하여 진陳을 정벌할 때 누군가가 고경이 반란을 꾀한다는 유언비어를 퍼뜨렸다. 그러나 유언비어를 퍼뜨린 자는 양견에게 잡혀 처형되었다. 이때 양견은 "군주와 신하가 뜻을 합해 나아가는데 파리 따위가 이간질할 수는 없는 일이지."라고 말했다. 그 뒤로도 우위장군 방황, 장군 노분, 상서도사 강엽, 초주행참군 이군재 등도 양견 앞에서 고경을 헐뜯다가 모두 양견에 의해 쫓겨났다. 일찍이 양견은 고경에 대해 이렇게 말한 적이 있다.

"고경은 거울과 같다. 그를 헐뜯는 것은 곧 그를 닦아주는 것이나 마찬가지다. 거울은 닦으면 닦을수록 더 빛나는 법이다."

진 정벌에 찬성하고, 속임수로 적을 농락하다

고경은 군사모략에 능숙했다. 그는 위효관과 함께 위지형의 반란을 순조롭게 평정했으며, 여러 차례 출정하여 적지 않은 공을 세웠다. 그 중에서도 그의 군사적 재능을 가장 잘 보여준 사례가 진陳을 평정하는 전투였다.

개황 2년인 582년, 양견은 고경에게 대장군 장손람 · 원경산 등을 거느리고 진을 토벌하도록 했다. 대군이 미처 강을 건너기 전에 진의 선제가 병으로 죽었다는 급보가 날아들었다. 고경은 이런 상황에서 진을 공격했다간 오히려 적의 내부를 단결시켜 강력한 저항에 부딪히게 될 것으로 판단하여 군대를 돌리는 쪽이 낫다는 보고를 올렸다. 당시 돌궐의 끊임없는 남침 때문에 골머리를 앓고 있던 양견은 먼저 북방 문제를 해결하여 후방의 걱정을 해소해야겠다는 생각을 갖고 있었다. 그런데 마침 고경이 이런 보고를 올리자 그의 말에 일리가 있다고 생각하여 회군을 허락했다. 서울로 돌아온 고경은 곧 양견을 만나 앞으로 진을 멸망시킬 방략에 대해 면밀한 검토에 들어갔다. 먼저 고경은 다음과 같이 건의했다.

"강북 지구는 날이 차기 때문에 곡식 수확이 늦은 편입니다. 이에 비해 강남은 기후가 따뜻하여 곡식이 빨리 익습니다. 진의 수확기를 정확히 따져서 일부 군대를 징발한 다음 곧 진을 습격할 것이라는 소문을 퍼뜨리게 합니다. 그러면 적은 틀림없이 병력을 증강하여 막으려 나설 것이고, 이렇게 되면 저들은 수확기를 놓쳐 수확이 줄어들 것입니다. 우리는 진이 병력을 집중시키면 바로 무장을 해체하고 철수합니다. 이렇게 몇 차례를 반복하면 적은 으레 그러려니 하면서 익숙해질 것입니다. 이

때 우리가 진짜로 병력을 집중하여 진에 대한 토벌에 나서면 적은 이전처럼 또 거짓 공격으로 알고 믿지 않을 것입니다. 그렇게 적이 우물쭈물하는 사이 우리는 바로 강을 건너 적을 공격하면 초전에 적을 박살낼 수 있고, 이에 따라 군의 사기도 크게 올라갈 것입니다."

양견은 고경 쪽으로 바짝 다가가 귀를 기울이기 시작했다. 고경은 계속 말을 이어나갔다.

"한편, 강남의 땅은 얇은 편이라서 집 주위로 갈대나 대나무가 잘 자랍니다. 그리고 모든 저장물을 지상에다 그냥 둡니다. 우리 북방에서 땅에 구덩이를 파고 저장하는 것과는 다르지요. 따라서 우리는 몰래 간첩을 진으로 잠입시켜 바람 부는 것을 살펴 저장물에 불을 지릅니다. 새로 쌓으면 다시 불을 지릅니다. 이렇게 하면 진은 몇 년 못 가 재력이 바닥날 것입니다."

양견은 고경의 건의를 칭찬하면서 그대로 시행하게 했다.

589년, 돌궐의 위협을 제거한 양견은 마침내 대대적인 진나라 정벌을 결심했다. 군대를 모두 여덟 길, 즉 팔로八路로 나누어 장강 하류와 중류에서 동시에 출격하도록 하는 기본 작전을 수립했다. 그중 장강 하류의 5로 대군이 공격의 주체가 되었는데, 그 책임자는 양견의 작은 아들 진왕 양광이었다. 하지만 양광은 이름뿐, 삼군의 자문과 보고는 모두 행군원수장사 고경에게 집중되어 있었다.

충분한 준비를 갖추었기 때문에 수의 공격은 대단히 순조로웠다. 넉 달이 채 안 되어서 전면적인 승리를 거두고 중국의 통일을 실현할 수 있었다. 진을 평정한 뒤 진왕 양광은 진 후주가 아끼던 장여화를 자신의 비로 삼으려다 고경의 반대에 부딪혔다. 이때 고경은 양광에게 이런 말을 남겼다.

"그 옛날 주 무왕은 상을 멸망시킨 뒤 달기를 바로 죽였습니다. 그런데 지금 우리가 힘들게 진을 평정했는데, 이 상황에서 장여화를 비로 삼으시려는 것은 말도 안 됩니다."

그러고는 장여화의 목을 베게 했다. 이 일로 양광은 고경에게 앙심을 품게 되었다. 승리를 거둔 수의 군대가 서울로 개선하자 문제 양견은 고경의 공로를 크게 치하하는 한편 그에게 상주국이란 칭호를 더해주고 제국공이란 작위까지 내렸다.

권세를 피하고, 가득 찬 것을 경계하다

양견이 선양을 받고 천자에 오른 뒤 얼마 되지 않아 고경은 상서좌복야겸납언에 임명되었다. 집으로 돌아오자 온 가족과 노복들이 모두 만면에 웃음을 띤 채 축하의 말을 건네며 그를 반겼다. 하지만 늙은 어머니는 엄숙한 표정으로 아들을 맞이했다. 고경이 그 까닭을 묻자 어머니는 이렇게 말했다.

"네가 높은 자리에 오르고 부귀는 극에 달했다. 그러니 앞으로는 괜한 일을 만들어 머리가 잘리는 따위의 화를 당하지 않도록 조심하고 근신하거라."

고경은 어머니의 말씀이 백번 옳다고 생각하여 그 후로 늘 경계의 마음을 늦추지 않았다. 권세가 지나치게 무거우면 화를 부른다는 생각으로 몸과 마음을 근신했다. 이로부터 얼마 후, 고경은 태자소보에 있는 소위가 크게 쓰일 재목임을 발견하고는 문제 양견에게 글을 올려 자신의 자리를 소위에게 양보하겠다고 청했다. 양견은 고경의 결단을 칭찬하며 그의 청을 받아들였다. 그러나 며칠 만에 양견은 마음을 바꾸어 고경에게 계속 그 자리에 있을 것을 명령하고, 소위는 납언겸이 부상서로 승진시켰다. 양견은 자신이 마음을 바꾼 까닭에 대해 이렇게 말했다.

"소위는 전 왕조에서 고위직을 역임했고, 고경은 유능한 인재를 추천했다. 내가 듣기에 인재를 추천한 사람에게는 상을 내린다고 했거늘 어떻게 관직에서 떠나게 하겠는가?"

589년, 진을 멸망시킨 뒤 양견으로부터 고위 관작을 추가로 받은 고경의 마음은 불안했다. 그래서 글을 올려 자리를 사양하겠다고 했으나 양견은 허락하지 않았다. 오히려 고경을 위로하면서 이렇게 말했다.

"공은 원대한 식견과 깊은 지략으로…… 짐이 천명을 받은 이래 공은 늘 있는 몸과 마음을 다 바쳐 최선을 다했다. 이는 하늘이 내게 주신 것이니 더 이상 긴말하지 말라."

고경의 겸손과 사양은 양견으로부터 더욱 큰 신뢰를 받게 했다. 고경의 부인이 병을 얻자 계속해서 사람을 보내 위문할 정도였다.

한번은 양견이 고경과 하약필에게 진나라 정벌에서 공을 세운 장수들에 대해 토론하게 한 적이 있었다. 이때 고경은 자신의 공은 전혀 거론하지 않은 채 말했다.

"하약필이 먼저 진을 멸망시킬 수 있는 열 가지 대책을 제안했습니다. 그리고 자신이 직접 군대를 이끌고 종산에서 고전 끝에 적을 격파했습니다. 하약필의 공이야말로 가장 두드러진 것입니다. 저야 문관으로서 참모의 일을 하는 정도에 지나지 않는데 어떻게 대장군과 공로를 비교할 수 있겠습니까?"

양견은 고경의 겸손을 크게 칭찬했다.

고경과 양견의 관계는 오랜 세월 동안 조화를 잘 이루어갔다. 그러나 그 뒤 태자를 폐위시키는 문제에서 의견이 갈렸다. 양견은 독고황후의 부채질에 태자 양용을 폐위시키고 진왕 양광을 태자로 세울 생각을 했다. 고경은 이에 큰아들을 폐하고 작은아들을 황제에 앉히는 일은 절대 안 된다며 자신의 주장을 굽히지 않다가 독고황후의 미움을 샀다.

이때부터 독고황후는 양견 앞에서 고경을 계속 헐뜯었고, 마침내 두 사람의 관계는 점점 멀어지기 시작했다. 그 결과 고경은 관직에서 파면되고 심지어 평민으로 신분이 낮아졌다. 그러나 고경은 이런 일에 전혀 개의치 않았을 뿐만 아니라 이렇게 해서 멸문지화를 피할 수 있게 되었다며 오히려 기뻐했다.

인재를 끌어들이고, 큰 아량으로 사람을 포용하다

고경은 양견을 도와 천하를 통일하고 다스리는 과정에서 우수한 인재를 발견하고 선발하는 데 크게 신경을 썼다. 그는 마음이 넓고 통이 컸다. 사람의 단점을 포용할 줄 알았고, 장점도 포용할 줄 알았다. 그리고 우수한 인재가 자신을 뛰어넘지 않을까 하는 걱정 따위는 애당초 하지 않았다. 하약필·한금호 그리고 양소는 수나라에서 가장 이름난 세 명의 대장군이었다. 그런데 이들 모두가 고경의 추천으로 중용되었다.

소위도 명성을 크게 떨친 인물이었다. 그 역시 고경의 건의에 따라 중요한 직위에 발탁되었다. 그밖에 고경의 추천을 받아 공을 세우고 큰일을 한 인물들은 헤아릴 수 없을 정도로 많았다. 세상일에 밝고 유능한 인재를 잘 이끄는 이와 같은 사상과 행위는 고경의 명성을 높이는 데 크게 작용했다. 그는 20년 가까이 조정을 주도하면서 조정과 재야 모두로부터 별다른 이의 없이 두루 칭찬을 받은 진정한 재상이었다. 그가 양광에 의해 무고하게 살해되자 천하의 모든 사람이 가슴을 치며 안타까워했다. 오랫동안 사람들은 그를 위해 억울함을 호소했다.

장손황후 長孫皇后

외유내강外柔內剛, 이유극강以柔克剛

　장손황후(600~636년)는 하남성 낙양 사람으로, 당 태종 이세민李世民에게 열셋에 시집왔다. 당 고조 이연李淵이 황제에 오르자 그녀는 당시 진왕秦王이었던 이세민의 비에 책봉되었다. 당시 진왕 이세민이 중국을 통일하는 전쟁에서 잇따라 탁월한 공을 세우자 황태자 이건성은 날이 갈수록 동생 이세민을 의심하고 시기했다. 동시에 아버지 이연과 이세민 사이의 모순도 커져갔다. 아버지와 아들 사이에 생긴 틈을 메우기 위해 그녀는 있는 힘을 다해 이연과 그 비빈들을 존중함으로써 남편 이세민이 궁중에서 위신을 세울 수 있게 했다. 이세민이 '현무문의 정변'을 실행하자 그녀는 장병들을 궁중으로 안내하여 황태자 이건성을 죽였다. 이세민은 그녀의 결단에 크게 감동했고, 즉위하자 바로 황후에 봉했다.

　장손황후는 겉으로는 부드럽지만 속으로는 강인한 '외유내강'의 여장부였다. 그녀는 외척의 정치 참여를 강력하게 반대했다. 정관 초기 그녀는 태종 이세민의 훌륭한 정치를 위해 많은 아이디어를 내고 조언을 했다. 말하자면 이세민의 중요한 참모와 같은 역할을 해냈다. 정관 10년인 636년 그녀가 세상을 떠나자 이세민은 그녀를 칭찬하면서 "매사에 원칙을 세워 바로 말할 줄 알았고 짐의 모자란 점을 메워주었다. 이제 더 이상 그 좋은 이야기를 들을 수 없게 되었으니 안으로 뛰어난

당 태종 이세민의 행차도

보좌 한 사람을 잃었구나."라며 안타까워했다.

가까운 사람에게 엄하고, 사적인 원한을 문제 삼지 않는다

장손황후는 내궁을 총괄하는 총책임자로서 자녀와 궁 안의 기타 인원들에 대한 교육과 단속을 비교적 엄하게 실행했다. 한번은 황태자의 유모 수안(遂安) 부인이 황후에게 동궁(태자궁)의 기물과 시설이 너무 적으니 좀 늘려달라고 요청했다. 황후는 이를 허락하지 않으면서 이렇게

294

말했다.

"태자로서 행여 덕이 모자라지 않을까 이름을 떨치지 못하지나 않을까 하는 것을 걱정해야지 무슨 그릇 적은 것 따위를 염려한단 말이냐?"

궁내 인원들에 대해서도 엄격하기는 했으나 가혹하지는 않았다. 비빈들이 병을 앓거나 하면 직접 찾아가 위로하고 심지어는 자신이 복용하는 좋은 약재를 보내기도 했다.

태종은 때때로 심기가 불편한 일이 있으면 궁에 돌아와 궁인들에게 짜증을 내기도 했다. 이럴 때마다 장손황후도 표면적으로는 함께 화를 내는 것처럼 했고 심지어는 태종에게 죄를 지은 궁인을 태종이 보는 앞에서 옥에 가두라고까지 했다. 태종의 화가 가라앉으면 황후는 차분하게 궁인의 무죄를 태종에게 아뢰어 명예와 자유를 되찾아주었다. 이렇게 해서 궁중에는 형벌을 남발하는 현상이 사라지고 모두가 황후를 사랑하고 존경하게 되었다.

장손황후는 자기와 거리가 있거나 사적인 원한이 있는 사람에 대해 개인적으로 보복하는 일이 결코 없었다. 늘 대국을 고려하여 개인적 원한을 따지지 않았다. 배다른 오빠 장손안업은 술을 좋아하는 무뢰한이었다. 아버지가 죽자 안업은 나이가 아직 어린 황후와 형인 장손무기長孫無忌를 구박했을 뿐만 아니라 심지어는 외삼촌 집에서 내쫓기까지 했다. 그러나 그녀는 배다른 오라비의 이런 포악한 행위에 대해 개의치 않았다. 황후에 오르자 그녀는 태종에게 장손안업에게 더 큰 은혜를 베풀어주기를 청했다. 감문장군까지 된 안업이 그 뒤 이효상·유유덕과 반란을 꾀하자 태종은 그를 극형에 처하기로 결심했다. 그러자 황후는 머리를 조아리고 울면서 애원했다.

"안업의 죄는 천만 번 죽어도 마땅합니다. 하지만 그가 신첩에게 잘하지 못했다는 것은 천하가 다 아는 사실입니다. 만약 그를 처형한다면 사람들은 신첩이 황상의 총애를 믿고 오라비에게 복수했다고 할 것입니다. 이 어찌 성스러운 황상에게 누가 되는 일이 아니고 무엇입니까?"

이 말에 태종은 마음을 바꾸어 장손안업을 변경으로 유배 보내는 선에서 일을 마무리했다.

사직을 돌보고, 사사로운 정에 매이지 않다

장손황후는 고대 부녀자들의 아름다운 이야기들을 수집하여 『여칙女則』 10편을 편찬했다. 또 한나라 명제明帝의 마馬 황후가 외척의 정치 참여를 막지 못하는 것에 대해 주장한 논점을 반박하는 글을 남기기도 했다. 그녀는 태종에게 말했다.

"신첩의 집안은 황상의 은혜를 입어 높은 자리에 올랐습니다. 덕도 없이 녹을 받는 것은 화를 불러들입니다. 집안의 자손을 영원히 보전하려면 그들을 권력의 요직에 앉히는 것을 삼가야 할 것입니다. 다만 외척의 도움으로 조정을 받들 수 있다면 그것은 다행입니다."

그녀의 오라비 장손무기는 태종 이세민과 어려울 때 우정을 나눈 사이로, 이세민이 중국을 통일하고 '현무문玄武門의 정변'으로 황제에 오르게 하는 데 결정적인 공을 세운 이세민의 심복이자 공신이었다. 그는 늘 이세민의 침실을 출입하며 이런저런 일을 상의할 수 있을 정도의 위치에 있는 인물이었다. 이세민은 즉위한 뒤 장손무기로 하여금 조정을 장악하게 하려고 마음먹었다. 그러자 황후가 나서 이를 말리며 여러 차례 이렇게 말했다.

"신첩이 황궁에 들어와 지극한 존중을 받고 있는데, 형제들까지 조정에 포진하는 것은 절대 바라지 않사옵니다. 한나라 조정은 외척 여씨와 곽씨 때문에 화를 입었습니다. 이는 뼈에 사무치는 교훈입니다. 진실로 원하옵건대 신첩의 오라비를 재상으로 삼지 말아주십시오!"

그러나 태종은 이에 동의하지 않고 장손무기를 좌무후대장군·이부상서·우복야에 임명했다. 그러자 황후는 은밀히 사람을 보내 장손무기와 상의한 끝에 두 사람이 따로따로 직책을 사양하기로 했다. 태종도 하는 수 없이 이들의 요청을 받아들여 장손무기를 개부의동삼사에 임명하는 선에서 끝냈다. 후세 사람들은 이런 장손황후를 평가하면서 "참으로 깊고 멀리 생각한" 행동이라고 칭찬을 아끼지 않았다.

충정어린 충고를 흔쾌히 받아들이고, 능멸을 두려워 않다

장손황후가 낳은 장락長樂공주는 태종이 특히 아끼던 공주였다. 그녀가 시집갈 때 태종은 관련 부처에 명령하여 장락공주의 혼수품을 영가永嘉 장공주(이연의 딸, 즉 태종의 누이)의 혼수품보다 배 이상을 더 보내주도록 했다. 이 사실을 안 위징魏徵은 태종에게 충고했다.

"황제의 누이를 장공주라 하고 황제의 따님을 공주라 합니다. '장'자가 더 붙었으니 공주보다 위지요. 그런데 공주에게 장공주보다 더 많은 혼수품을 딸려 보낸다는 것은 안 될 말입니다."

태종은 위징의 말을 받아들였고, 이 일을 황후에게도 알려주었다. 그러자 황후는 감탄하며 다음과 같이 말했다.

"신첩은 폐하께서 늘 위징을 몹시 칭찬하신다고 들었지만 자세한 사정은 잘 몰랐습니다. 그런데 오늘 올바른 예로써 군주의 감정을 억제시키는 것을 보니 정말 사직을 떠받칠 신하로군요! 신첩이 폐하와 부부의 인연을 맺은 이래 폐하의 위엄을 해치지 않으려고 늘 안색을 살펴가며 말을 했는데, 신하로서 그렇게 말할 수 있다니 폐하께서는 따르지 않을 수 없겠사옵니다!"

황후는 별도로 사람을 보내 위징에게 돈과 옷감을 상으로 내리며 "공의 정직함을 오늘 보았으니 이에 상을 내리오. 늘 그 마음을 굳게 지켜 변치 않도록 하시오."라고 전했다.

한번은 이런 일도 있었다. 조회를 마친 태종이 궁으로 돌아왔는데 얼굴에 성이 가득 차 있었다. 씩씩 가쁜 숨을 몰아쉬며 "이놈의 늙은이를 반드시 죽여버려야지."라며 험한 말을 뱉어냈다. 황후는 깜짝 놀라며 누구를 죽이려 하시냐고 물었다. 그러자 태종은 "위징 이 늙은이가 조정에서 늘 나를 능멸하지 뭡니까?"라며 분을 삭이지 못했다. 그러자 황후는 침궁으로 물러나 큰 행사 때나 입는 조복으로 갈아입고 궁정 한가운데에 섰다. 태종이 영문을 몰라 하며 까닭을 묻자 황후가 말했다.

"신첩은 군주가 밝으면 신하가 곧다고 들었습니다. 위징이 그렇게 곧은 것은 폐하께서 밝으시기 때문입니다. 그러니 신첩이 폐하께 어찌 감축 드리지 않을 수 있겠습니까?"

이 말에 태종은 몹시 기뻐하며 위징에 대한 노기를 풀었다.

정관 10년인 636년, 태종의 중요한 측근 방현령房玄齡이 태종으로부터 질책을 받고 화가 나서 고향으로 돌아가길 청했다. 당시 병환이 심각했던 황후였지만 이 소식을 들은 뒤 태종에게 말했다.

"방현령이 폐하를 모신 지 가장 오래되었습니다. 늘 조심스럽게 근신하며 좋은 정책과 대안을 많이 냈습니다. 무슨 이야기를 듣더라도 한마디도 발설하지 않았습니다. 그러니 큰일이 아니면 그를 버리지 마시옵소서."

황후의 조리 있고 간절한 권고에 태종은 방현령을 즉각 다시 기용했다.

근검절약을 숭상하다

장손황후는 절약을 중요하게 생각한 사람이었다. 그녀의 옷과 일용품은 모두 황후로서 필요한 것만 요구했지 개인적인 요구는 전혀 없었다. 그녀는 또 법도를 지키는 사람이었다. 개인적인 이유로 법을 왜곡하지 않았다.

정관 8년인 634년, 황후는 태종과 함께 구성궁(지금의 섬서성 인유 서쪽)에서 휴양하고 있었다. 당시 그녀는 병이 깊이 들었지만 태종과 함께 움직이길 고집했고, 그 때문에 병이 더욱 악화되었다. 태자 승건이 황후의 병이 심각한 것을 보고는 황후에게 말했다.

"이런저런 약을 다 드셨는데도 몸이 여전히 좋아 보이지 않습니다. 부황께 천하의 죄수들을 사면하고 불교와 도교의 사람들을 불러 건강을 빌도록 요청하십시오."

이에 황후가 말했다.

"삶과 죽음이란 명이 있는 법, 사람의 힘으로 늘릴 수 있는 것이 아니잖은가? 평소 착한 일을 했다고 해서 수명을 연장할 수 있는 것이 아니거늘 복은 왜 비는가? 사면은 국가의 큰일이고, 불교와 도교는 다른 나라의 종교로서 정치에 하등 도움이 되지 않는다. 폐하께서 이런 일들은 하셔서는 안 되거늘 어찌 아녀자가 천하의 큰 법을 어지럽히겠느냐?"

태자는 이 일을 감히 아버지에게는 아뢰지 못하고 좌복야 방현령에게 말했다. 이에 방현령이 태종에게 아뢰었고, 다른 신하들도 대사면의 실시를 건의하자 태종은 이를 허락했다. 이 사실을 안 황후는 곧 태종에게 대사면은 안 될 말이라며 중지를 요청했고, 태종은 황후의 말을 따랐다.

정관 10년(636년) 6월, 황후의 병은 돌이킬 수 없는 상태에 이르렀다. 황후는 임종을 앞두고 태종에게 외척을 중용하지 말라고 당부한 다음 이렇게 유언했다.

당 태종과 장손황후의 합장릉인 소릉昭陵

"신첩은 평생 남에게 이익을 주지도 못했으니 죽어서까지 사람들에게 손해를 줄 수 없사옵니다. 원하옵건대 신첩의 장례 때문에 천하를 힘들게 하지 마옵소서. 그냥 묻어주십시오. 다른 사람들에게 보이지 않게 말입니다. 예로부터 성현은 근검절약을 숭상했습니다. 법도가 없는 세상에서만 묘장을 산만큼 크게 일으켜 천하를 힘들게 할 뿐입니다. 이런 것은 아는 사람들로부터 비웃음만 삽니다. 다만 원하옵건대 산을 따라 묻되 봉분을 세우지 말고 관곽도 사용하지 말아주십시오. 부장품은 모두 나무나 흙으로 만들어주십시오. 검소하게 신첩을 떠나보내주시는 것이 신을 잊지 않으시는 것이옵니다. 원하옵건대, 군자를 가까이하시고 소인은 멀리하십시오. 충정 어린 충고는 바로 받아들이시고 무고나 유언비어는 막으십시오. 노역을 줄이시고 사냥 등 놀이를 삼가십시오. 그러면 신첩은 죽어 구천을 떠돌아도 여한이 없을 것입니다. 괜스레 아들딸들을 불러 슬픈 모습을 보임으로써 사람들 마음을 어지럽히지 않도록 해주십시오."

태종은 황후의 유언에 감동하지 않을 수 없었다. 황후가 세상을 떠나자 태종은 '문덕순성황후文德順聖皇后'라는 시호를 내리는 한편, 무덤 앞에 세운 비석에 "황후는 근검절약했으며 간소한 장례를 유언했다.······ 짐의 뜻도 이와 같다. 왕은 천하를 집으로 삼거늘 무덤 안에 굳이 물건을 넣어 자기 소유로 할 필요가 있겠는가.······ 자손만대로 이를 받들어 본받도록 하라."라고 썼다.

이세민 李世民

원대한 계획과 책략으로 당나라의 위업을 성대하게 이루다

이세민은 당나라를 건국한 고조 이연李淵의 둘째 아들이다. 개황 18년(599년)에 "무공의 별관에서 태어났다." 무공 별관은 이씨 가족의 옛 저택 중의 하나로, 무공현武功縣에서 남쪽으로 18리 정도 떨어진 곳에 있었고, 남쪽으로 위수渭水가 흘렀다. 정관 23년(649년)에 세상을 떠나 소릉昭陵에 묻혔다.

이세민이 살던 시대는 수나라 말의 전쟁에서 당나라 초기 '대치大治'에 이르는 역사적 전환기였다. 이세민은 한 시대의 요구에 걸맞은 걸출한 정치가, 군사가, 모략가였고, 이런 그의 언행과 문치무공은 오늘날까지 세상 사람들의 주목을 받고 있다.

장막에서 철저한 책략을 세우고
전쟁에서 연승을 거두다

이세민은 군사 방면에서 당 왕조 건립에 큰 공을 세웠는데, 처음에 아버지 이연을 도와 진양晉陽에서 거병했다. 이연이 황제를 칭한 후에도 이세민은 앞장서서 7년간의 통일 전쟁을 치렀다. 이때 그는 변경에서 전쟁을 치르면서 자신의 군사모략과 재능을 충분히 발휘했다.

'정관의 치'라는 최고 전성기를 구가한
당 태종 이세민의 초상화

이세민은 자신의 전략 전술에 대해 다음과 같이 종합적으로 언급한
바 있다.

"나는 젊어서부터 사방을 공략한 경험이 있어 용병의 요령을 잘 알고
있다. 적진을 보면 그 강약을 알 수 있었고, 항상 나의 약한 것으로 적
들의 강한 것을 당해내고, 나의 강한 것으로 적들의 약한 것을 당해내
게 했으니, 적이 나의 약한 점을 알고 좇아오면 겨우 수십 보나 백 보에
지나지 않았고, 내가 적이 약한 것을 알면 반드시 적진으로 나아가 반
격하여 무찔렀다. 이렇게 하여 궤멸되지 않음이 없었다. 승리를 취한
이유가 거의 여기에 있었다."

이러한 전략 전술에 의거하여 그는 무덕武德 연간에 독립적으로 4대
전투를 지휘하여 찬란한 전과를 얻었다. 그가 집정한 후 변경을 통일

하는 과정에서 장막 안에서 작전 계획을 수립하여 천리 밖 승리를 거둘 수 있었던 것은 병법의 정正과 기奇의 모략을 적절하게 구사했기 때문이다. 기병奇兵과 기책奇策으로 적을 공격하고, 장수의 재질을 명확히 알아 배치하며, 자애로움으로 장수를 통솔하여 매우 수월하게 승리를 거둘 수 있었다.

이세민이 1차 전투 후에 만든 모략사상의 대강은 이렇다. 성벽을 견고히 하고, 적의 예봉을 꺾고, 지구전으로 적이 굶주리고 지쳐 대항할 수 없는 상황이 되면 반격을 가하는 것. 적이 강하고 아군이 약할 때 이세민은 성벽을 견고히 하면서 함부로 적과 대응하거나 공격하지 않았다. 적의 예봉과 군량이 소모되고 힘이 다했을 때, 쌍방의 역량을 가늠한 후에 기회를 보아 반격하여 승리의 전기를 만든다. 무덕 원년 8월, 설거薛擧가 당군을 깨고 승리를 거두자 어떤 이가 건의했다.

"우리가 당나라 군대를 격파하고 그 장수를 사로잡아 오니 당나라 수도인 장안에서까지 소동이 일고 있습니다. 이 승세를 타서 바로 장안을 취해야 합니다."

그러나 대군이 출발하기 전에 설거가 병으로 급사하자 아들인 설인고薛仁杲가 자리를 이어받았다. 그해 9월, 이세민은 원수가 되어 병사를 이끌고 설인고를 토벌하러 나갔지만 고척高墌 근처에서 성벽을 굳건히 쌓고 움직이지 않았다. 쌍방이 대치하길 60일이 지나 11월이 되자, 설인고의 군대는 양식이 바닥나고 군심이 동요하기 시작했다. 설상가상으로 설인고의 장수인 양호랑梁胡郎 등이 당나라에 항복했다. 이세민은 적군의 사기가 떨어진 지금이 공격할 때라 판단하고, 행군총관 양실梁實을 보내 천수원淺水原에 군영을 치고 적군을 유인하도록 했다. 마냥 기다리고 있었던 적장 종라후宗羅睺는 크게 기뻐하며 전력을 다해 공격을 가했다. 그러나 양실은 험준한 지형을 지키기만 할 뿐 밖으로 나오지 않았다. 병사와 말이 며칠 동안이나 물을 마시지 못했으나 완강히 버티며 저항했다. 종라후 군의 계속된 공격에도 군영이 함락되지 않자, 반대로 상대 군사들이 지쳐갔다. 이세민은 전투에 유리한 국면이 조성됐다고 판단하고 우무후대장군 방옥龐玉을 시켜 천수원 남쪽에 진을 치게 했다. 종라후는 방옥의 군대를 맞아 싸웠다. 양쪽이 한창 맹렬하게 싸우고 있을 때, 이세민이 직접 대군을 거느리고 천수원 북쪽에서 출격했다. 종라후가 군대를 돌려 방어하자, 이세민은 날랜 기병 수십 기를 거느리고 적군 가운데로 쳐들어갔다. 당군은 안팎으로 거센 공격을 퍼부었다. 함성이 하늘과 땅을 흔들었고, 적군은 대패하여 죽은 자 수천이었다. 이세민이 승세를 놓치지 않고 추격하니, 설인고는 결국 항복하고 당군은 대승을 거두었다.

『노자』에 "장차 취하고자 한다면 반드시 먼저 주어야 한다."는 명구가 나온다. 이 사상을 바탕으로 이세민은 자신의 이론과 전투 경험을 교묘하게 결합시켰다. '이퇴위진(以退爲進, 물러났다가 나아가다.)'이라는 전략을 만들어 이를 능수능란하게 구사했다. 이세민은 돌궐의 소란을 평정할 때 시종 이 전략을 썼다. 그는 먼저 인심을 안정시켜 나라를 정돈하고 유리한 전투 시기를 기다렸다가 반격에 나섰다. 이는 자잘한 승리에 얽매이는 국부적인 전략이 아니라 일거에 섬멸한다는 전면적인 전략에서 나온 것이다.

'정'과 '기'를 적절히 사용했고, 기병과 기책으로 승리했다. 이세민은 용병에 대해 이렇게 말했다.

"병법에는 정正과 기奇가 있다. 적을 잘 살피는 자는 정기正奇의 쓰임을 잘 인식한다. 적이 견고하면 정법을 쓰고, 적이 약하면 기법을 쓴다. 정법으로 적을 묶어두거나 꺾고, 기법으로 적이 보지 못하게 만드는데,

이것이 승리의 도이다."

이세민은 정과 기를 정확히 사용하여 진을 펼치는 걸출한 군사가였다. 특히 그는 기병을 이용한 돌격에 능란했다. 동돌궐의 정양定襄·음산陰山을 평정한 전투, 토욕혼의 돌륜천突倫川 전투, 고창高昌 등을 평정한 전투 등은 모두 상대방이 예상을 못 해 대비할 수 없게 만든 전법의 걸작이었다.

현무문을 피바다로 만들고, 황제 등극의 길을 터놓다

무덕 9년(626년) 6월 3일, 진秦왕 이세민은 부황父皇 고조 이연에게 밀서를 올렸다. 태자 이건성李建成과 제왕 이원길李元吉이 후궁들과 음란한 짓을 저질렀고, 또한 이들이 자신을 제거하려는 음모를 꾸미고 있다는 내용이었다.

"이 이세민은 결코 형제를 업신여기지 않았는데, 그들은 도리어 저를 해하려고 합니다. 마치 왕세충王世充과 두건덕竇建德이 복수하려는 태도와 같습니다. 이세민은 지금 죽어 부황와 영원히 이별하고 혼령이 저승에 이르러 왕세충과 두건덕을 만난다 해도 결코 부끄럽거나 두려워할 것 하나 없이 당당할 자신이 있습니다."

이연은 이세민의 상주문을 보고 놀라움을 금치 못하여 다음 날 세 아들을 불러 확실하게 심문할 작정을 했다.

다음 날, 날이 미처 밝기도 전에 이세민은 현무문의 수문장인 상하常何의 협조 아래 장손무기長孫無忌, 위지경덕尉遲敬德, 후군집侯君集 등 열 명의 심복을 현무문에 매복시켰다. 이건성은 수문장 상하가 원래 자신의 옛 부하여서 그를 중앙금위부대 안으로 배치시켰고, 또한 경성의 군사 요충지도 자신이 장악하고 있기에 아무런 문제가 없을 것으로 생각했다. 그러나 이세민은 이미 2년 전에 상하를 자기편으로 끌어들였을 뿐 아니라 현무문의 여러 장수들도 매수해놓은 상태였다.

이러한 이세민의 동정을 후궁 정첩여가 알아채고 곧바로 이건성에게 보고했다. 이건성이 이원길을 찾아 상의하자 이원길이 말했다. "궁부의 병사를 통제하고 병을 핑계로 입조하지 않은 채 형세를 관망하십시오." 그러자 이건성이 말했다. "군비를 삼엄히 해놓았는데 무슨 문제가 있겠는가. 자네와 더불어 입조하여 부황의 소식을 묻겠다." 이건성은 자신이 경성의 군사력을 짜놓은 데다 옛 부하인 상하가 현무문을 굳게 지키고 있으니 별 문제가 없을 거라고 생각했다. 그래서 이원길과 함께 임호전臨湖殿에 이르렀는데, 사방에서 이상한 소리가 나는 것을 감지하자 아차 싶었다. 곧바로 말을 돌려 동궁으로 가려는 순간, 이세민이 고함을 지르며 나와 화살을 날려 이건성을 죽였다. 그와 동시에 위지경덕이 70여 기를 거느리고 달려 나와 이원길을 쏘아 죽였다.

얼마 후, 현무문 안에서 불의의 사태가 발생한 것을 감지한 동궁과 제왕부의 정예병 2천 명이 현무문을 맹렬히 공격했지만, 장공근張公瑾이 현무문을 굳게 닫고 저항하자 들어갈 수가 없었다. 현무문은 이세민 군이 장악하고 있었지만 동궁과 제왕부의 부대가 북을 치고 함성을 지르며 진왕부로 들어가려 하자, 진왕부의 장졸들이 크게 두려워했다. 그도 그럴 것이 이세민의 병력은 적과 싸우기에 중과부적이었기 때문이었다. 이처럼 생사존망이 걸린 시점에서 위지경덕이 좋은 생각을 내놓았다. 그는 이건성과 이원길의 수급을 들어 동궁과 제왕부 장졸들의 눈앞에 내보였다. 장졸들은 자신들의 주군이 이미 머리가 잘려 땅에 떨어졌음을 보고 투지를 잃어 뿔뿔이 흩어져버렸다.

사태가 진정되자 이세민은 위지경덕을 불러 이연에게 상황을 보고하게 했다. 이연은 융복戎服을 입고 갑옷과 투구를 걸친 채 창을 거머쥔 위지경덕을 보고 이미 큰일이 일어났음을 알아차렸다. 그는 배구裵矩 등 대신들에게 어떻게 처리를 해야 할지 물었다. 소우蕭瑀와 진숙달陳叔達이 진언했다.

"이건성과 이원길은 본래 태원에서 군대를 일으키는 모의에 참여하지 않았고 또 공을 세운 바도 없습니다. 오히려 진왕의 공이 크고 명망이 두터운 것을 질투해 함께 모사를 꾸민 것입니다. 이제 진왕이 그들을 토벌하여 죽였으니, 진왕의 공은 우주를 덮었고 천하의 민심이 그에게 돌아가고 있습니다. 폐하께서 진왕을 태자로 삼고 국사를 맡긴다면 더 이상 아무런 일도 없을 것입니다!"

이연은 동의할 수밖에 없었다. 조서를 내려 모든 군사는 진왕의 지휘를 받으라고 명령했다.

이것이 바로 역사상 유명한 '현무문의 변란'이다. 구중궁궐에서 일어난 이 잔혹한 형제 살육극은 이세민의 정치 생애에 커다란 전환점이 되었다. 변란 후 이세민은 황위 계승권을 얻었고 얼마 후 황제로 등극했다.

원대한 계획을 크게 펼쳐 사회경제를 급속히 발전시키다

정치 방면에서 이세민은 탁월한 업적을 남겼다. 그는 재위 23년 동안 연호를 '정관貞觀'으로 삼았기 때문에 이 기간을 역사서에서는 '정관지치貞觀之治'라 일컫는다. 이 시기는 중국 봉건사회에서 가장 돋보인 태평성대로 알려져 있다. '정관지치' 초기의 주요 내용은 경제상 백성

당나라 수도 장안長安이었던 지금의 섬서성 서안西安에 최
근 조성된 당나라 거리의 당 태종 조형물

을 편안히 길러주고 어루만져 생활을 안정시킨다는 뜻인 '휴양생식休
養生息, 무민이정撫民以靜'이라 할 수 있다.

정관 초기에 사회경제는 피폐되어 있었고, 백성들은 무수한 전쟁을
신물 나게 겪어 "망망 천리에 이르도록 인적이 드물어 밥 짓는 연기
마저 끊겼고, 닭과 개 울음소리도 들리지 않으며, 길은 적막하기만 하
다."고 할 정도로 위태롭고 고통스런 나날이었다. 백성들은 안정된 생
활을 갈망하고 있었다. 당 태종 이세민은 이러한 역사 조류에 순응하

여 천하를 크게 다스릴 위대한 정책을 내놓았다.

가장 먼저 백성들의 안정이 절대적으로 필요했다. 일찍이 고조 이연도 "백성을 편안하게 하고 풍속을 고요하게 한다."는 방침을 내놓기는 했다. 그러나 봉건통치 집단의 내부 투쟁이 격렬한 와중에 이런 안정 방침은 관철될 수가 없었다.

무덕 9년(626년) 8월 당 태종이 즉위할 즈음, 북방의 돌궐이 백만 대군을 자랑하며 당나라를 위협했다. 힐리가한頡利可汗이 위수渭水의 북쪽까지 침범했는데, 당 태종이 직접 나가 '편교便橋의 맹약'을 맺자 돌궐은 비로소 철수했다. 이때 당 태종이 대신들에게 말했다. "과인은 나라 다스리는 요체를 안정에 두고자 한다." 국가가 아직 편안하지 않고 백성이 넉넉하지 못하므로, 안정부터 되찾아야 한다는 것이 그 이유였다. 조속한 안정을 되찾기 위해 당 태종이 주안점을 두었던 것은 대외 전쟁의 자제와 그에 따른 백성의 병역 부담 감소였다.

그는 신하들과의 토론을 거쳐 안민치국을 위한 네 개 항목의 구체적인 조치를 제시했다.

첫째, 사치를 그만두고 비용을 줄인다.
둘째, 요역과 부세를 경감한다.
셋째, 청렴한 관리를 선발하여 임용한다.
넷째, 백성의 의식주를 넉넉히 한다.

정관 원년, 당 태종은 거듭 "군주의 도는 반드시 백성의 생존을 우선으로 한다."는 것을 밝혔다. 이로써 '백성의 생존'을 근본으로 삼아 '간소와 안정'을 실천하는 치국 방침을 명확히 했다.

당 태종의 백성 안정이라는 치국 방책은 그의 정치사상과 경제사상이 상호 연계된 것이었다. 그는 백성이 나라의 근본이므로 봉건 왕조의 존속은 백성들의 생존 여부에 따라 결정되고, 백성들의 존망 또한 군주 자신의 사욕 극복에 따라 결정된다고 생각했다. 동시에 그는 안정의 근본으로서 농본農本을 내세웠다. 무엇보다도 농민들이 '휴양생식'해야 한다는 것이었다. 이를 위해 통치자는 조세와 부역으로 농민의 농사 시기를 빼앗지 말아야 한다. 이는 당 태종의 경제사상 중에서도 가장 중요한 내용이었다.

당 태종은 "농본을 안정의 근본으로 삼는다."는 기조하에 농업 생산의 회복·발전을 위한 7가지 정책을 확정했다.

하나, 균전제를 실시하고 황무지 개간을 장려한다.

둘, 조용조법租庸調法을 실시하고 요역과 부세를 경감한다.

셋, 농업과 잠업을 장려하고 농사 시기를 빼앗지 않는다.

넷, 의창義倉을 설치하여 재난을 구제하고 흉년에 대비한다.

다섯, 인구를 증가시키고 농업을 발전시킨다.

여섯, 궁녀가 출궁하여 시집가는 것을 자유에 맡긴다.

일곱, 나라와 백성을 위해 수리 시설을 확충시킨다.

당 태종은 각 방면의 중농정책을 추진하여 가시적인 효과를 거두었다. 다년간의 노력 끝에 자연재해로 인한 난관을 극복하고 피폐된 사회를 바로잡았다. 이에 나라 정치는 날이 갈수록 안정되었고 사회경제는 회복과 발전을 거듭하여 번영의 길로 나아갔다.

간언을 잘 받아들이고 투명한 정치로
사회 안정과 화합을 이끌다

이세민은 남의 충고를 잘 받아들였다.

그는 통치기 전반을 통해 신하들과 함께 나라 다스리는 일을 격의 없이 상의했다. 이처럼 조정에서 누구든 과감하게 직언하고 간쟁이 마치 바람처럼 일어난 것은 중국 봉건주의 정치사상 아주 드문 일이었다. 이세민은 대신들에게 자주 이렇게 말했다.

"사람이 자기 모습을 보려면 반드시 맑은 거울이 있어야 하고, 군주가 자기 허물을 알려면 반드시 충직한 신하에 의지해야 한다."

이 말은 그가 적극적으로 간언을 구하고 받아들일 자세가 되어 있음을 보여준다. 그는 간쟁 시에 역린逆鱗을 건드리는 것을 두려워 말고 용감하게 발언할 것을 독려했다. 그는 임금과 신하를 물과 물고기의 관계로 보아, 한마음으로 덕행을 함께하고 더불어 천하를 다스리고자 했다. 제도적으로도 언로를 보증했다. 대소 관원들의 직간 중에 취할 것은 취하고, 서로 연구하고 토론하며, 전횡과 폐정을 방지하기 위해 몇 가지 주요한 조치를 취했다. 건전한 봉박封駁제도의 확립, 맹목적으로 황제의 뜻에 따라 시행하는 것의 반대, 간관의 중시, 직간과 비방의 구별 등이었다. 이 때문에 정관 시기에는 여론을 전달하고 직언하는 역할을 맡은 간관諫官의 수가 매우 많았다. 그중에서 가장 걸출한 사람은 위징魏徵이었다. 당 태종은 즉위 초에 늘 그를 침실로까지 불러 치국의 득실에 대해 물었다. 몇 년 안 되는 짧은 기간 동안 위징은 200여 건에 달하는 사안을 간언하여 태종으로부터 큰 칭찬과 상을 받았다. 위징은 거리낌 없이 직간하고 이치에 따라 쟁론했으며, 때로는 황제의 체면도 살피지 않아 당 태종을 몹시 난처하게 만들기도 했다.

한번은 당 태종이 아름다운 새매 한 마리를 가지고 놀다가 멀리서 위징이 오는 것을 보고 재빨리 품속에 숨겼다. 위징이 알면 비판을 들을까 염려해서였다. 위징은 일부러 길게 상주했다. 당 태종은 묵묵히 듣고 있을 수밖에 없었는데, 그 바람에 결국 품 안에 있던 새매가 숨이 막혀 죽어버렸다. 그런데도 위징은 간언을 그치지 않았다. 마침내 당 태종은 화가 머리끝까지 치밀었다. 어느날 조회를 마친 후 당 태종이 노하여 말했다. "반드시 이 시골 영감[위징]을 죽이고 말겠다." 이 말을 듣고 장순황후가 말했다. "누구 말입니까?" 태종이 이르기를 "위징이 매번 조정에서 나를 욕보인다."고 했다. 황후가 물러나 조복朝服을 갖추어 입고 뜰에 나와 서 있자, 태종이 놀라서 이유를 물었다. 황후가 대답했다. "신첩은 군주가 밝으면 신하가 곧다고 들었습니다. 위징이 그렇게 곧은 것은 폐하께서 밝으시기 때문입니다. 그러니 신첩이 폐하께 어찌 감축 드리지 않을 수 있겠습니까?" 이 몇 마디 말은 상당히 책략적인 것이다. 위징의 강직함을 긍정하는 동시에 당 태종의 영명함을 칭송하는 이 말에, 태종은 노여움을 풀고 오히려 기뻐했다.

어진 인사를 초빙하고 받아들여
인재가 넘쳐나고 사직이 흥성하다.

정관 연간의 통치가 봉건사회 중에서 가장 태평성세를 구가할 수 있었던 것은 당 태종의 탁월한 인재 임용과 무관하지 않다. 왕선산王船山은 이렇게 평가했다.

"당에는 유능한 신하가 많았다. 이전 왕조로는 한漢이 있었고, 후대 왕조로는 송宋이 있었지만 모두 당唐에는 미치지 못했다."

당 태종은 자신의 인재 임용 경험을 총괄해 다음과 같이 말했다.

"용인의 도는 쉽지 않다. 스스로 현명하고 유능하다고 생각해도 반드시 좋은 점만 있는 것은 아니고, 많은 사람들이 그르다고 해도 반드시 나쁜 점만 있는 것은 아니다. 능력이 있음을 알고서도 뽑지 않으면 재목을 잃게 되고, 나쁜 점을 알고서도 내쫓지 않으면 환란이 시작된다. 어느 인재나 장점과 단점이 있고 어디에나 두루 통달할 수는 없다. 그러므로 맹공작孟公綽은 대국의 신하가 되기에 충분했고, 자산子産은 소국의 훌륭한 재상이 되었다. 강후降侯는 질박하고 어눌했지만 끝내 유씨劉氏의 종묘를 평안하게 했고, 색부嗇夫는 말을 잘했지만 상림上林의 책임자에도 임명되지 못했다. 단점을 버리고 장점을 취한 연후에야 아름다워지는 것이다."

인재를 알아보려면 장점과 단점을 아울러 밝혀야 하고, 인재를 임용하려면 단점을 버리고 장점을 취하여 그 재능을 충분히 발휘할 수 있도록 유도해야 한다는 것, 그것이 당 태종이 밝힌 용인의 도이다. 당 태종은 방현령房玄齡·두여회杜如晦·대주戴冑 등을 임용했는데, 이는 당 태종 용인 사상의 훌륭한 사례라 할 것이다. 방현령과 두여회의 단점은 소송과 잡다한 업무를 잘 처리하지 못한다는 것이고, 장점은 책략이 많고 결단을 잘 내린다는 것이다. 당 태종은 그들의 장점과 단점을 잘 살펴 재능을 충분히 발휘할 수 있게 했고, 둘을 잘 배합시켜 함께 조정을 이끌게 만들었다. 대주는 재능 있고 노련하며 사람됨이 충직하여 공사를 잘 처리하지만, 단점은 학문적으로 배운 지식이 적어

경사經史에 능통하지 못하다는 것이었다. 그래서 당 태종은 그를 대리소경大理少卿으로 임명했다. 대주는 사안을 방치하거나 상관의 안색에 개의치 않았다. 법을 엄격히 집행했고 태종의 형벌 정도에 과실이 있으면 바로잡아주어 태종에게 높은 평가를 받았다.

당 태종 용인 정책의 또 한 가지 성공은 인재 임용의 길을 확대시킨 점이다. 그는 4가지 조치를 취했다.

첫째, 귀한 집안인 사족士族과 평범한 서족庶族을 아울러 발탁했다. 그는 재능 있는 서족 지주인 방현령·장량張亮·후군집侯君集 등을 발탁했고, 동시에 사족 지주인 고사렴高士廉·장손무기·두여회 등을 기용했다.

둘째, 관료와 평민을 함께 발탁했다. 제왕이 관료를 뽑는 것은 결코 드물지 않다. 그러나 인재를 망라하기 위해 민간에까지 눈을 돌린 제왕은 그리 많지 않다. 당 태종은 그런 제왕 중에서도 특히 뛰어났다. 마주馬周의 발탁이 그 전형적인 사례다. 정관 3년, 당 태종은 백관들에게 정사의 득실을 직언하는 상소를 올리도록 독려했다. 중랑장 상하는 글을 잘 짓지 못해, 문객인 마주에게 상주할 것 20여 조를 대신 지어달라고 부탁했다. 이것을 상하가 상주했는데, 조목조목 모두 황제의 뜻과 들어맞았다. 태종은 문장이 뛰어나지 못한 일개 무인 상하가 어떻게 이처럼 신묘한 문장과 탁월한 식견을 가지게 되었는지 이상히 여기고는 그 연유를 물어보았다. 상하는 사실대로 이야기했다. 태종은 마주가 인재라 생각하고 곧바로 칙명을 내려 마주를 불러들였다. 태종은 마주와 겸허히 이야기를 주고받은 후 깊이 만족하고, 그에게 문하성의 관직을 내리고 마지막에는 중서령까지 승진시켰다.

셋째, 신진 인재와 기성 인재가 함께 나아가게 했다. 제왕이 이미 존재하는 인재를 활용하는 것은 기이할 것이 없다. 하지만 신진 인재를 믿고 임용할 수 있는 제왕은 그리 많지 않다. 당 태종이 신진 인재들에게 보인 신임은 이전의 심복들에게 보인 것보다 못하지 않았다. 그중에서도 '예전의 원수'인 위징을 임용한 일은 결코 쉽지 않은 일이었다. 이는 역대 사가들에게 미담으로 전한다. 위징은 젊은 시절 보잘것없는 선비였는데, 수나라 말기의 풍운과 예측하기 어려운 변화 속에서 몇 차례 주인을 바꾸었다. 나중에는 이건성을 섬겨 진왕인 이세민을 제거할 비책까지 바쳤다. '현무문의 변'으로 위징은 죄수가 되었다. 그러나 당 태종은 그의 출중한 재능을 아껴 사사로운 원한을 거두고 공정한 마음으로 대했다. 처음에는 대국적인 견지에서 치국을 이루기 위함이었지만 날이 갈수록 그를 가까이하고 중시했다. 맨 처음 간의대부에 임명했다가 뒤에 시중으로 승진시켰다. 7년이 안 되는 사이에 죽어야 할 원수에서 신하의 최고 지위까지 승진한 것이다.

넷째, 한족과 이민족을 아울러 임용했다. 예로부터 중국의 제왕은 한족을 중시하고 이민족을 경시했다. 당 태종은 중화 중시라는 옛사람의 편협한 시각에서 벗어나 이적夷狄을 천시하지 않는 민족 정책을 세웠다. 예컨대 돌궐족 아사나사이阿史那社爾는 "지혜와 용맹으로 이름이 알려져" 태종이 소중히 여겼고, 640년 고창 전투에 출정시켰다. 태종은 그를 교하도행군총관에 임명했고, 전투가 끝나자 그 청렴을 찬미했다.

당 태종은 인재 임용의 길을 확대해 수많은 모신과 맹장을 불러들인 후 이들을 어떻게 활용할지 고민했다. 그리고 종국에 다음과 같은 몇 가지 성공적인 방법을 도출해냈다.

첫째, 일단 신임한 인재에 대해서는 마음을 터놓고 의심하지 않았다. 무덕 연간에 그는 유무주의 대장 위지경덕의 투항을 받아들였는데, 얼마 지나지 않아 경덕의 휘하 장수 두 사람이 배반하고 도망쳤다. 누군가가 경덕 또한 틀림없이 배반할 것이라 예단하고는 지시도 청하지 않은 채 그를 군중에 가두었다. 그러고는 곧바로 진왕에게 그를 처형할 것을 강력히 권유했다. 하지만 당 태종은 경덕을 죽이기는 커녕 그를 풀어주고 침실로 불러들였다. 온화한 말로 위로하고, 나갈 때는 전별금으로 금은보화를 주었다. 경덕이 감동하여 "몸으로 보답하겠다."고 맹서한 것은 당연한 일이다. 과연 그는 뒷날 당 왕조를 위해 헌신했고, 진왕이 천하를 평정하고 황위계승권을 탈취하는 데 큰 공을 세웠다.

둘째, 인재에게 직책을 줄 때 임무와 책임을 같이 지웠다. 당 태종은 장현소張玄素의 "일을 나누어 맡긴다."는 건의를 받아들였다. 인재에게 적절한 직무를 맡긴 뒤에는 사사건건 간섭하지 않고 그가 직무를 제대로 처리하는지만 감독하고 살피는 것이 군주의 일이라 보았다. 이후의 결과에 따라 상벌을 분명히 하면 천하를 다스릴 수 있다고 생각한 것이다.

셋째, 공신을 보전하고 조기에 파면하는 일이 적었다. 역사의 교훈을 거울삼아 당 태종은 다음과 같이 강조했다. "한 왕조의 역사를 읽고 한 고조의 공신 중에 온전히 살아남은 자가 적은 것을 보고서 마음속으로 늘 그를 비난했다. 나는 황위에 오른 이래로 늘 공신을 보전하여 그 자손이 끊어지지 않도록 했다." 당 태종이 장량과 후군집을 '모반' 연루 건으로 주멸한 것을 제외하고, 나머지 공신들은 모두 천수를 다했다.

넷째, 소인배를 멀리하고 그들의 참언을 받아들이지 않았다. 당 태종은 "널리 현량한 자를 임명한다."는 중요한 조치를 시종 견지했다. 아첨과 참언을 막기 위해 비방하거나 무고한 자에 대해서는 "다른 사람을 참소한 죄로 처벌했다." 정관 3년(629년), 감찰어사 진사합陳

師合은 방현령과 두여회가 "생각에 한계가 있다."고 비방하며 두 사람을 재상 자리에서 쫓아낼 것을 주장했다. 그러나 당 태종은 두 사람과 함께한 지 매우 오래여서 그들의 사람됨과 재능을 손바닥 보듯 훤히 알고 있었다. 그들은 정관 이전에는 장막에서 책략을 세우고 정관 초기에는 큰 재능을 펼치는 등, 역량과 능력이 재상을 맡기에 충분한 사람들이었다. 태종은 진사합의 탄핵이 '사실무근의 비방'임을 간파하고 진사합을 법에 따라 영외嶺外로 유배 보내, 방현령과 두여회를 보호했다.

당 태종은 현명한 인재 임용을 위해 여러 방법을 썼다. 비단 재주와 행동거지를 살피는 개인적인 방법뿐 아니라, 과거제도를 완비하고 음관제도를 고치는 등 제도 면에서도 힘을 썼다.

무측천武則天

기개와 권모로 천하의 대세를 바꾸다

무측천은 이름이 조曌이고, 대략 624년 무렵 태어나 705년 82세로 세상을 떠났다. 당나라 병주 문수(文水, 지금의 산서성 문수현) 출신이다. 아버지는 원래 목재상이었으나 나중에 당나라를 개국한 고조 이연에게 몸을 맡겨 관리가 되었다. 무측천은 명문 귀족 출신은 아니었지만 총명하고 아름다운 자태로 사람의 마음을 움직이는 능력을 타고났다. 14세 되던 해 당 태종의 눈에 들어 궁중으로 들어와 재인才人이 되었고, 무미武媚라는 이름을 받았다. 사람들은 흔히 미랑媚娘이라고 불렀다. 태종이 죽자 관례에 따라 감업사로 쫓겨나 비구니가 되었다.

그 뒤 다시 고종의 부름을 받고 궁중으로 들어와 비가 되었고, 이어 소의昭儀에서 일약 황후가 되었으며 다시 '천후天后'로까지 봉해졌다. 이로부터 그녀는 고종과 나란히 앉아 함께 조정의 대권을 장악하니 당시 사람들은 이 두 사람을 '이성二聖'이라 불렀다.

고종이 죽은 뒤 그녀는 권력을 독점하여 조정을 장악하더니 당 왕조를 대신하여 자신이 황제에 올라 무주武周를 건국하기에 이르렀다. 그녀는 중국 역사상 유일한 여성 황제이자 뛰어난 여성 정치가였으며 남다른 지혜를 보여준 모략가였다.

모략이란 각도에서 무측천의 일생을 분석해보면, 그녀의 모략사상이 생산되고 구체적으로 운용된 것은 결국 그녀가 처한 시대적 배경,

武氏唐太宗才人也賜號武媚貞觀末年太
史占云女主昌民間後高宗玄高宗高后稱
中宗尋位歷中宗而玄唐宗實亦因之兜
改周既周自名鑿稱聖神皇帝浊忽鷙
准隘以爵禄收人心而不斬睐著戎節加刑
誅明發養術欲當時蘇時方貔為之用

偽周皇帝武曌

무측천의 초상화

인생 역정, 정치 상황, 현실 투쟁 등과 뗄 수 없는 관계에 있음을 확인
할 수 있다. 그녀의 모략사상이 갖는 가장 큰 특징은 모략의 층차가 매
우 깊고 지독하다는 것이다. 그녀는 목적을 달성하기 전까지 절대 손
을 떼지 않았다. 모략을 응용하기 전에 대세의 흐름을 잘 살펴 언제든
지 임기응변할 수 있었다.

능란한 처신으로 궁중에 뿌리를 내리다

무측천은 정관 11년인 637년 14세 때 당 태종에 의해 5품에 해당하

는 재인으로 뽑혀 궁중에 들어와 영휘 6년인 655년 32세에 당 고종에 의해 정식 황후로 책봉되기까지 평탄치 못했던 당 왕조의 후궁으로 20년 가까이 고군분투했다. 이 시기는 무측천의 정치 생애에서 초기 단계이자 일생 중 가장 힘겨운 단계에 해당한다. 이 단계의 그녀를 우리는 그녀의 본명대로 '무조'라 부른다.

무조는 사람의 마음을 동하게 하는 미모와 자태를 타고났다. 동시에 지혜롭고 문학과 역사에도 밝았다. 그녀는 강인한 성품과 원대한 포부의 소유자였다. 천명을 인정하지 않았으며 남 앞에서 약한 모습을 보이지 않았다. 하고 싶은 것이 있으면 주저 없이 하는 여성이었다. 뛰어난 미모와 강인한 성품 때문에 그녀는 궁에 들어온 뒤부터 바로 권력투쟁의 소용돌이에 휘말렸다.

투쟁 경험도 없고 정치에 관한 기본적인 소양도 없는 그녀였지만 총명함과 모략으로 험난한 정쟁을 헤쳐나가면서 정적들을 하나하나 물리치고 마침내 최후의 승자가 되었다. 이제 이 과정에서 그녀가 구사한 모략의 사례들을 살펴보자.

첫째, 한 번의 울음으로 사람들을 깜짝 놀라게 만드는 '일명경인一鳴驚人'의 모략을 활용할 줄 알았다. 봉건사회에서 여성이 궁녀로 선발되었다고 해서 다 좋은 것만은 아니었다. 궁녀로 선발된 대부분의 여성들은 적막하고 깊은 궁에서 청춘을 헛되이 보내기 일쑤였다. 무조는 남들보다 뛰어나려면 자신을 믿는 수밖에 없다는 점을 잘 알고 있었다. 그리하여 그녀는 궁에 들어온 그날부터 당 태종의 기호를 세밀하게 관찰하면서 태종에게 자신을 드러낼 기회를 엿보고 있었다.

어느 날, 무슨 일로 기분이 아주 좋아진 태종이 문무백관들을 모두 불러 황실 마구간으로 가서 함께 준마를 감상했다. 태종은 말을 무척 좋아했으며, 죽은 뒤 그의 무덤 앞에는 그가 평소 아끼던 천하의 명마

들을 돌에 조각하여 진열함으로써 태종의 뜻을 기릴 정도였다. 무조도 이날 다른 몇몇 궁녀들과 동행했다. 태종이 몸집이 건장하고 털이 빛나는 '사자총獅子驄'이란 명마 앞에서 갑자기 한숨을 내쉬더니 "이놈을 보아라. 얼마나 날래고 씩씩한가. 하지만 성질이 너무 사나와 길들일 수가 없다. 어떻게 하면 이 녀석을 길들일 수 있는지 경들은 좋은 의견이 있으면 말해보라."고 말했다.

대신들은 서로 얼굴만 쳐다볼 뿐 시원하게 방법을 제기하지 못했다. 대신들은 태종이 말을 얼마나 잘 길들이는 고수인지 잘 알고 있었다. 태종이 길들이지 못하는 말이라면 자신들도 어쩌지 못할 것은 당연한 일이었다. 호랑이 앞에서 웃통을 벗어젖히는 격이라고나 할까? 침묵이 흘렀다. 이때 무측천이 가벼운 발걸음으로 총총 태종 앞으로 걸어나오더니 깊이 고개를 숙여 인사를 드린 다음 말했다.

"신첩이 이 말을 길들일 수는 있습니다만 세 가지 물건이 필요합니다. 첫째는 쇠로 만든 채찍이며, 둘째 역시 쇠로 만든 추이며, 마지막으로 비수입니다."

궁녀의 출현 자체가 뜻밖이었는데 그 말도 하도 놀라워 모두들 두 눈을 크게 뜬 채 무조의 입만 쳐다보았다. 태종도 호기심 어린 눈으로 무조를 살폈다.

"말을 듣지 않으면 우선 쇠 채찍으로 때립니다. 그래도 길들여지지 않으면 철추로 머리를 때립니다. 그러고도 말을 듣지 않으면 비수로 목구멍을 끊는 수밖에 없습니다."

그녀의 목소리는 낭랑했지만 매서웠다. 대신들은 말할 것도 없고 태종조차 놀란 입을 다물지 못할 정도였다. 그녀가 궁으로 들어온 지 얼마 되지 않은 재인임을 알게 된 태종의 심경은 놀라움과 기쁨이 교차했다. 그 똑 부러짐에 감탄하지 않을 수 없었고, 또 한편으로 그 독한 마음에 우려를 떨쳐버릴 수 없었기 때문이다. 이 일로 무조는 궁중에서 약간의 명성을 얻게 되었다.

다음으로, 무조는 차분히 소리 없이 엎드린 채 기회를 기다리는 '칩복대기蟄伏待機'의 모략을 구사할 줄 알았다. 당 태종은 그녀의 당돌함과 용기를 칭찬하면서 그녀의 미모에 마음이 움직여 한 차례 은총을 베풀었다. 하지만 후궁의 총애 다툼은 상상할 수 없을 정도로 격렬했다. 비빈들은 젊은 무조가 손쉽게 청운의 꿈을 이루는 것을 지켜볼 수 없었다. 그리하여 무조의 목숨이 왔다 갔다 할 정도의 아슬아슬한 유언비어들이 떠돌았다. 태백성이 멀건 대낮에 몇 차례나 나타나는 기상이변도 있자 미신을 중시하던 사람들은 그것을 불길한 징조라고 생각했고, 천문을 담당하는 태사공은 태종에게 "여자 군주가 일어날" 징조라고 해석했다. 이와 동시에 민간에서도 '비기秘記' 류의 미신서와 예언서가 유행하면서, 당 왕조 3대 이후에 "여자 군주 무왕武王"이 출현할 것이라는 꽤 구체적인 내용의 유언비어가 떠돌았다. 깨어 있는 황제 태종도 시대의 한계 탓인지 미신을 꽤나 믿었고, 무씨 성을 가진 여자를 의심하게 되었다. 이 때문에 '오낭五娘'이라는 별명을 가진 개국공신으로 '무련군공武連郡公'에 봉해졌던 이군연李君羨을 억울하게 죽이기까지 했다. 단지 '무武'자가 들어간 작위와 여자와 관련된 '오낭'이란 별명 때문에.

어두운 구름이 몰려오고 언제든지 화를 당할 가능성이 있는 긴박한 상황에서 총명한 무조는 자신을 보호하기 위해 재빨리 몸을 낮추었다. 그녀는 아무 말 없이 깊은 궁중에서 살면서 더 이상 경솔하게 얼굴을 내밀지 않았다. 특히, 태종의 심기를 건드릴 만한 언행은 절대 삼갔다. 임기응변하는 재주는 그녀를 난관으로부터 벗어나게 해주었다. 태종은 그녀로부터 의심의 눈길을 거두지는 않았으며 또 더 이상의 은

총을 내리지도 않았다. 깊은 궁궐에서 쓸쓸하게 12년을 지내도록 했지만 끝내 죽이지는 않았다.

셋째, 무조는 새로 즉위한 황제에게 몰래 수작을 걸었다. 태종에 의해 거의 버려지다시피 한 사이 무조는 침묵으로 자신을 보호하며 차분히 형세 변화를 지켜보며 출로를 찾기 위해 기회를 기다렸다. 태종의 병이 심각하여 머지않아 세상을 뜰 것이라는 상황을 파악한 그녀는 서서히 뒤를 이를 태자 이치(李治. 고종)에 주목하기 시작했다. 그녀는 자신의 타고난 미모와 부드러움으로 이치의 환심을 샀다.

정관 23년인 649년, 태종이 세상을 떠났다. 무조는 태종의 유언에 따라 다른 궁녀들과 함께 감업사感業寺라는 절로 보내져 비구니가 되었다. 하지만 그녀는 일찌감치 이치의 품에 안겼던 터라, 이치는 즉위한 뒤로도 그녀를 잊지 못해 이런저런 구실을 달아 감업사에 행차하여 그녀와 밀회를 즐겼다. 그것도 성이 차지 않자 곧 궁으로 다시 불러들여 침실을 돌보게 했다.

마침내 회궁한 무조는 온갖 방법으로 고종을 유혹하여 총애를 얻었고, 이내 소의昭儀로 승진하여 구빈九嬪의 우두머리가 되었다. 자신보다 위에 있는 여자라곤 황후와 네 명의 비가 전부였다.

넷째, 무조는 궁중의 각종 모순을 적절하게 이용할 줄 알았다. 2차로 입궁한 무조는 정치적으로 더욱 성숙해져 있었다. 십수 년에 걸친 직접 경험은 그녀로 하여금 궁정 내부의 권력 쟁탈이 얼마나 격렬한가를 알게 했고, 또 투쟁의 방법과 본질을 배우도록 만들었다.

궁으로 돌아온 지 얼마 되지 않아 그녀는 왕황후王皇后와 황제의 아들을 낳은 소숙비蕭淑妃가 황제를 두고 치열하게 총애를 다투고 있다는 사실을 발견했다. 무조는 자신이 뚫고 들어갈 틈이 바로 이것임을 직감했다. 그녀는 이 두 사람의 모순을 이용하기로 결심했다. 양쪽을 때리고 어르면서 결국에 가서는 둘 모두에게 상처를 입히고 자신은 어부지리를 얻는 방법을 택했다. 힘의 무게추를 가늠해본 결과 그녀는 소숙비가 자신의 정적情敵이라고 판단했다. 반면에 왕황후는 비교적 튼튼한 배경을 갖고 있는 데다 위엄과 명망도 있어 잠깐 동안 손을 맞잡기에 적절한 대상이라는 계산이 나왔다.

계산이 끝나고 구사할 모략도 마련되자 바로 행동으로 들어갔다. 먼저 왕황후에 대해서는 아주 존경하는 자세와 마음으로 겸손과 충분한 예의를 갖추어 대했다. 손톱만큼도 예에 어긋난 언행은 하지 않았다. 이런 무조에 대해 왕황후는 마음을 놓고 전폭적으로 신뢰하기 시작했다. 무조는 늘 왕황후와 함께 고종 앞에서 소숙비를 가차 없이 공격했다. 이렇게 해서 소숙비는 점점 고종의 눈에서 멀어져갔다. 그 결과 입궁한 지 십수 년이 넘도록 가져보지 못한 아기를 가지게 되었고, 마침내 고종의 혈육을 생산하기에 이르렀다.

다섯째, 황후에게 책임을 떠넘기는 전략도 구사했다. 왕황후와 연합하여 소숙비를 공격하는 과정에서 무조는 작은 은혜를 베풀어 궁녀와 태감 그리고 시비들같이 보잘것없는 자리에 있는 자들의 환심을 사는 데 공을 들였다. 그들로 하여금 정보를 수집하여 보고하게 하는, 말하자면 '첩자'로 활용하기 위해서였다. 이렇게 해서 그녀는 고종의 신임과 총애를 얻었을 뿐만 아니라 자신의 측근들도 포섭할 수 있었다. 하지만 여전히 황후와 자리를 다툴 만한 힘은 모자랐다.

왕황후 역시 놀고만 있는 사람이 아니었다. 무조가 임신을 하고 은밀히 민심을 매수하기 위해 이런저런 수단을 강구하고 있다는 사실을 알게 되자 바로 선수를 쳐서 상대를 제압한다는 '선발제인先發制人'의 전략을 들고 나왔다. 무조의 본심을 알아버린 이상 이제 남은 것은 둘 중 하나가 쓰러질 때까지 싸우는 길밖에 다른 방법은 없었다. 황후는 시중 자리에 있던 외삼촌 유석과 조정 원로대신 장손무기 · 저수량 등과 상의하여 그들로 하여금 고종에게 출신이 미천한 유씨 소생의 열 살 난 연왕을 태자로 봉하도록 일종의 압력을 넣게 했다. 무조가 낳은 아들이 태자가 되는 길을 차단하겠다는 것이었다. 요컨대 무조가 제2 의 소숙비가 되어 자신의 지위를 흔드는 일을 미리 막자는 의도였다.

그러나 왕황후의 이런 노림수로도 무조의 앞길은 가로막지 못했다. 오히려 무측천과의 원한만 깊어졌고, 나아가서는 무조의 전의를 더욱 굳게 다지는 자극제가 되고 말았다. 동시에 무조는 왕황후를 무너뜨리 기가 쉽지 않아 더욱더 독한 수를 쓰지 않으면 안 되겠다는 현실을 확 인할 수 있었다.

무조는 확실히 지독한 사람이었다. 그녀는 최고 자리에 오르기 위해 자신이 낳은 딸을 희생시키는 일조차 꺼리지 않았다. 『자치통감』에 보 면 다음과 같은 놀라운 이야기가 전한다.

"왕황후가 총애를 다소 잃긴 했지만 고종은 그녀를 폐위할 마음이 없 었다. 무측천이 딸을 낳자 황후가 찾아와 위로하고 갔다. 무측천은 여 자아이를 질식시켜 죽이고는 이불로 덮어놓았다. 고종이 처소에 행차 하자 무측천은 웃는 얼굴로 황제를 맞이했다. 그러다 아기가 죽은 것을 발견하고는 놀라 울부짖었다. 좌우 시종들에게 묻자 모두가 '황후께서 방금 전 다녀가셨을 뿐입니다.'라고 대답했다. 고종은 '황후가 내 딸을 죽여!'라며 크게 노했다. 이에 무측천은 울면서 황후의 죄상을 하나하나 고해바쳤다. 황후는 변명할 길이 없었고, 고종은 이때부터 황후를 폐위 할 마음을 먹었다."

무조의 독수는 효과를 보았다. 이 일로 고종은 왕황후에게 깊은 원한을 품게 되었고, 여러 차례 폐위시키려 했으나 장손무기 등 대신들의 반대로 뜻을 이루지는 못했다.

여섯째, 힘 있는 신하들을 매수하는 교묘한 방법도 동원했다. 무조는 의지가 강인한 사람이었다. 그녀는 고심하여 만들어낸 모략을 수포로 돌아가게 할 수 없었다. 강력한 방해 세력을 눈앞에 두고 그녀는 자신의 처지가 외롭다는 사실을 발견했다. 이에 그녀는 타고난 솜씨로 고종을 부추겨 은밀히 힘깨나 쓰는 신하들을 매수하도록 했다. 자신도 금은보화 등을 이용하여 장손무기가 자신을 지지하도록 설득했으나 뜻밖에 완강한 반대에 부딪혔다. 이 일로 무조는 설득 대상을 강직한 신하가 아닌 아첨배로 돌렸다. 한바탕 유세를 펼친 끝에 허경종·이의부·최의현·원공수·왕덕검 등과 같이 권세를 뒤쫓는 간당들이 그녀의 품 안으로 뛰어들어 마침내 무조를 옹호하는 집단을 형성하기에 이르렀다. 이들은 그녀를 황후로 만들기 위해 깃발을 흔들고 나발을 불기 시작했다.

이와 동시에 무조는 우물에 빠진 자에게 돌을 던지는 식으로 왕황후에게 최후의 일격을 준비했다. 무조는 측근들을 풀어 왕황후의 비리와 관련된 자료들을 수집했다. 그 결과 왕황후와 그 어미가 함께 고종을 저주하는 주술 행위를 했다고 모함했다. 고종은 이를 사실로 믿고 왕황후를 폐위시켜야겠다는 마음을 더욱 굳혔다. 아울러 왕황후를 지지하던 중서령 유석을 조정에서 내쫓았다.

영휘 6년인 655년 9월, 무조는 때가 무르익었다고 판단하여 고종을 부추겨 폐위 문제를 논의하기 위한 조정회의를 소집케 했다. 허경종·이의부 등 권신들의 전폭적인 지지를 받아 황후 자리를 빼앗기 위한 무조의 모략은 성공을 거두었다. 그해 11월, 무조는 마침내 권력의 상징인 황후의 계관을 썼다. 이제부터 그녀를 '무후'라 부른다.

권모로 정권을 쥐고, 황제 자리에 앉다

무후는 영휘 6년인 655년 정식으로 황후에 책봉된 이후 원초 원년인 690년 9월 나라 이름을 주周로 바꾸고 자신이 황제에 오르기까지 약 35년 동안 파란만장한 격랑의 세월을 헤쳐나왔다. 이 기간은 그녀의 정치 생애에서 가장 많은 노력을 기울여 정상에 오른 단계였다. 정권을 장악하고 황제 자리를 탈취하기 위해 그녀는 몸과 마음을 다 기울였다. 자신의 재능과 모략으로 겹겹이 싸인 방해물들을 돌파하고 막강한 정적들을 물리친 다음 최후의 승자가 되었다. 그녀는 명실상부 최초의 여자 황제였다.

이 과정에서 그녀는 먼저 정적을 제거할 필요성을 절감했다. 무후는 황후 자리를 탈취하면서 이미 자기 주위를 에워싸고 있는 막강한 정적들을 보았다. 이들을 제거하지 못하면 자신의 자리도 오래갈 수 없음은 물론 한 발짝도 나아갈 수 없었다. 그래서 황후가 된 그날부터 자신의 권위를 이용하여 정적을 제거하기 위한 고삐를 바짝 죄었다. 그녀는 최대 정적이 고종의 외삼촌이자 관롱 집단의 우두머리인 장손무기임을 분명히 알게 되었다. 그녀는 먼저 잎사귀와 가지를 쳐낸 다음 줄기를 자르는 모략을 선택하고 적극적으로 공격해 들어갔다.

최초의 공격을 순조롭게 진행시키기 위해 그녀는 주도면밀하게 안배했다. 먼저 고종에게 허경종의 예부상서 자리를 회복시키도록 요청하는 한편, 매일 무덕전 서쪽 문에서 황제의 조서를 기다리게 만들었다. 이의부를 중서시랑으로 발탁하여 정사에 참여하게 만드는 일도 잊지 않았다. 이어 그녀는 특히 자신에게 반대하는 한원과 내제 두 사람에게 후한 상을 내리게 해달라는 글을 고종에게 별도로 올렸다. 무후의 수단을 평소부터 잘 알고 있던 두 사람은 황급히 사직서를 제출했으나 고종은 허락하지 않았다.

무후는 한원과 내제를 위해 공을 이야기했으나 사실은 족제비가 닭에게 절하는 것이나 다름없었다. 고종 현경 원년인 656년 말, 무후는 한원이 글을 올려 저수량의 귀양이 억울하다고 한 것을 문제 삼아 허경종과 이의부를 사주하여 이들 세 사람이 나쁜 마음을 품고 반란을 꾀했다고 모함하게 했다. 고종은 한쪽 말만 믿고 바로 한원을 진주(지금의 광둥성 소속)자사로 강등시켜 귀양 보냈으며, 내제는 대주(지금의 절강성 소속)자사로 강등시켜 내쳤다. 동시에 이미 귀양 가 있는 저수량은 애주(지금의 베트남 청화)로 다시 강등시키고, 유석도 상주(지금의 광서성 소속)자사로 좌천시켰다. 이렇게 해서 잎과 가지를 쳐내는 계획이 마무리되었고, 무후의 반대파로 장손무기 한 사람만 남게 되었다.

이제 나무 기둥을 향해 도끼를 내리칠 시기가 무르익었다. 현경 4년인 659년 4월, 무후는 누군가가 감찰어사 이소가 모반을 일으켰다고 고발해 온 사건을 빌미로 허경종과 몰래 상의하여 고문과 날조라는 수단을 동원해서 장손무기도 함께 모반을 꾀했다고 모함했다. 고종은 진위를 가리지 못하고 장손무기를 검주(지금의 사천성 소속)로 귀양 보냈다. 얼마 뒤 무후는 허경종 등과 밀모하여 장손무기를 자살하게 만드는 데 성공했다.

무후는 정적을 제거하는 모략을 구사한 동시에 태자 이충李忠을 압박하여 퇴위시키고 자신이 낳은 네 살배기 대왕代王 이홍李弘을 새로운 태자로 세우기 위한 모략을 수립했다. 이 무렵 무후에 대한 고종의 신뢰는 날이 갈수록 커지고 있었다. 현경 5년인 660년, 고종은 심각한 두통에 시달리다 두 눈의 시력을 거의 다 잃었다. 그러다 보니 국사 전반을 기지 넘치고 영리한 무후에게 맡기지 않을 수 없었다.

봉건사회에서 여인이 정권을 장악하는 것은 예법에 어긋나는 일이었다. 따라서 반대는 필연적이었다. 아니나 다를까, 무후에 대한 공격이 시작되었다. 어느 날, 환관 하나가 고종에게 무후가 도사와 함께 황상을 저주하는 굿을 벌이고 있다고 고발했다. 굿이라면 유별나게 꺼려했던 고종은 몹시 화가 나서 측근인 상관의上官儀를 궁으로 불러들여 대책을 논의했다. 상관의는 고종에게 "황후께서 오만하게 권력을 마구 휘둘러 천하에 원한을 품지 않는 사람이 없을 정도입니다. 제가 보기에는 황후를 폐위시켜 민심을 안심시키는 것보다 나은 방책은 없습니다. 그래야만 대당의 위업을 영원히 이어나갈 수 있을 것입니다."라고 말했다. 고종은 그 자리에서 무후를 내치는 조서를 받아쓰게 했다.

그러나 이 무렵 궁중에는 무후 심복들의 눈과 귀가 곳곳에 배치되어 있었다. 폐위 조서가 작성되고 있다는 소식은 즉각 무후에게 전해졌다. 하지만 그녀는 조금도 두려워하는 기색 없이 바로 고종을 찾아가 이 근거 없는 음모의 내용을 하나하나 반박하며 사실을 밝혔다. 고종은 무후의 말을 믿었고, 명령은 바로 취소되었다. 고종은 무후에게 사과하고 모든 책임을 상관의에게로 떠넘겼다.

무후는 또 반간계反間計를 구사하여 환관 왕복승과 폐위된 전임 태자 이충의 관계를 알아낸 다음, 허경종과 밀모하여 상관의와 이충이 결탁하여 반란을 꾀했다고 무고했다. 상관의와 왕복승은 '막수유莫須有'라는 죄명으로 처형되고 그 화가 집안에까지 미쳐 구족이 멸족되었다.('막수유'는 봉건 전제주의 체제에서 정적을 제거하기 위해 수시로 사용되었던 기가 막힌 죄명으로 그 뜻은 분명치 않으나 대개 '혹 있을지도 모르는' 정도의 의미를 갖는다. 말하자면 확증은 없으나 반역의 뜻을 품었을지도 모른다는 뜻의 죄명으로 십중팔구는 반역죄를 뒤집어씌울 때 들이민 황당한 죄목이었다. 이 죄목 아래 죽어간 사람은 그 수를 헤아리기 힘들 정도다.) 이 무렵 대당제국의 권력은 기본적으로 무후의 손에서 좌우되기 시작했다.

봉건사회에서 문벌에 대한 관념은 대단히 중요했다. 귀족 출신은 나라에 공이 없어도 녹봉을 받을 수 있었지만, 가난하고 천한 출신은 노예로나 충당될 뿐이었다. 무후가 황후 자리를 차지하자 반대파 신료들은 보잘것없는 그녀의 출신을 문제 삼고 나섰다. 명필로도 유명한 저수량褚遂良은 고종 앞에서 "황상께서 황후를 바꾸시려면 천하의 명망 높은 집안에서 고르실 일이지 하필이면 하찮은 무씨 집안이란 말입니까?"라며 불만을 터뜨린 적이 있다.

이에 대해 무후의 감정은 극도로 날카로워져 있었다. 그녀는 잘 알고 있었다. 자신의 소원을 성취하기 위해서는 온갖 제약을 돌파하고 자신의 집안을 바꿔야 한다는 사실을. 총명한 무후는 당 태종이 정관 12년인 638년에 상서 고사렴高士廉 등에게 명하여 개정한 『씨족지』를 근거로 현경 4년인 659년 고종을 설득하여 『씨족지』를 다시 『성씨록』으로 개정하게 했다. 그녀의 주도면밀하고 철두철미한 계획 아래 새롭게 상하존비가 규정되었다. 이에 따라 5품 이상의 관원은 집안을 불문하고 모두 책에 편입되었고, 관작의 높낮이에 따라 등급이 정해졌다. 이 작업으로 원래 『씨족지』에 편입되어 있지 않던 무씨가 『성씨록』에서는 제1등에 올랐고, 무후의 집안은 남다른 위치를 갖기에 이르렀다. 아울러 평범한 가문 출신의 관원들이 무수히 『성씨록』에 진입하여 가문의 한계를 벗어났다. 새로운 귀족 가문들은 무후에게 더할 수 없이 감격해했고 자연 그녀를 따르게 되었다. 그녀는 '일거양득一擧兩得'의 목적을 달성했다. 이제 황제의 보좌에 한 걸음 더 다가선 셈이었다.

고종의 건강 상태는 갈수록 악화되었다. 그럴수록 무후의 권세는 더욱 커져만 갔다. 고종은 다정하고 매우 섬약한 인물이었다. 그는 이러지도 저러지도 못하는 상황에서 황제 자리를 무후에게 양보할 생각까지 했지만 조정 대신들의 반대로 뜻을 이루지 못했다. 그래서 이번에는 태자 이홍에게 선양하기로 결정했다. 이홍은 무후가 배 아파 낳은 자식으로 나이가 벌써 스물둘이었고 인품도 인자하고 너그러워 대신들 사이에서 명망이 두터웠다.

고종의 결정이 실현되는 날에는 야심만만한 무후의 원대한 포부는 심각한 타격을 입을 수밖에 없다. 이씨 천하를 탈취하겠다는 굳은 의지도 거품이 되고 만다. 그녀는 선양이 실현되도록 그냥 놔둘 수 없었다. 그녀는 "독하지 못하면 장부가 아니다."는 속담대로 아들 이홍을 해치기로 마음먹었다. 어느 날, 고종의 어가가 합벽궁에 행차하자 무후는 연회를 베풀어 태자 이홍과 함께 고종을 모셨다. 분위기가 무르익자 태자는 취하도록 술을 마셨다. 무후는 태자가 자기 처소로 돌아갈 즈음 태감에게 몰래 명령하여 해장국에 독을 타도록 했다. 태자 이홍은 이렇게 죽었다.

이홍이 죽은 뒤 고종은 같은 스물두 살 난 이현李賢을 태자로 책봉했다. 그러고는 조서를 내려 국사를 대리하게 했다. 이현은 무후의 둘째 아들로 어려서부터 총명하고 부지런히 공부하여 자기 관리를 아주 잘했다. 이 때문에 아버지 고종의 신임을 듬뿍 받았다. 하지만 반대로 이 때문에 어머니 무후에게는 시기와 질투의 대상이 되었다. 이 무렵 무후는 자신이 황제 자리로 다가가는 데 조금이라도 걸림이 되면 모조리 제거할 태세였다.

이윽고 대권을 쥔 무후는 궁중의 도사 명승엄明崇儼이 피살된 사건을 빌미로 이현이 모반을 꾀했다고 꾸며 법에 따라 목을 베려 했다. 그러나 무후의 처분이 너무 지나쳐 대신들의 불만을 초래했고, 무후도 하는 수 없이 태자를 서인으로 강등시켜 파주(지금의 사천성 소속)로 추방하는 선에서 사태를 마무리했다. 이현은 모후가 자신을 해칠 것을 알고 이 조치에 불만을 품었다. 그는 파주에 도착하자마자 무후의 욕망을 풍자하는 시를 지어 퍼뜨렸다. 이 일을 안 무후는 화가 머리끝까지 뻗쳤고, 얼마 지나지 않아 사람을 보내 아들을 압박하여 자살하게 만들었다.

이현이 폐위된 뒤 영왕英王 철哲, 즉 이현李顯이 태자에 책봉되었다. 도광 원년인 638년, 고종이 병으로 죽었다. 고종은 죽기에 앞서 태자 철로 하여금 황제 자리를 잇게 하라는 유언을 남겼다. 철은 유언대로 제위에 올랐다. 그가 바로 중종이다. 고종의 유언이 무후로서는 불만이 아닐 수 없었다. 그녀는 고종의 조치를 받아들일 수 없었다. 그녀는 이 상황을 무너뜨릴 모략을 수립하기 시작했다.

그로부터 두 달 뒤, 무후는 중종이 바른 소리를 들으려 하지 않음으로써 인심을 잃었다는 누군가의 고발을 구실로 삼아 배염裴炎에게 몰래 성지를 흉내 내서 황태후의 명의로 중종을 폐위시켜 여릉왕盧陵王으로 삼는다고 선포했다. 사람들의 이목을 차단하기 위해 적당한 시기를 기다렸다가 그녀는 어리석고 무능한 아들 이단李旦을 황제 자리에 앉히니 이가 바로 예종睿宗이다. 동시에 그를 별궁에 머무르게 하면서 조정 일에 간여하지 못하게 했다. 이로써 이씨 당 왕실의 대권은 완전하게 무후의 손에 들어갔다. 그녀가 여황제로 올라서는 것은 이제 요식 행위만 남겨놓았을 뿐이다.

이제 무후 자신이 황제가 되려 한다는 사실은 모든 사람이 다 알게 되었다. 이는 반대파의 완강한 저항을 초래할 수밖에 없다. 특히 이씨 종친과 그 후손들의 목숨을 건 저항은 불을 보듯 뻔했다. 광택 원년인 684년 9월, 이경업(李敬業. 본명은 서경업으로 개국공신인 이적. 본명 서세적의 손자)이 맨 먼저 양주에서 무후에 반대하는 깃발을 올렸다. 그는 당나라 초기 4걸의 한 사람으로 꼽히는 낙빈왕駱賓王으로 하여금 기세등등하고 살기충만한 '무조를 토벌하는 격문'을 쓰게 했다. 이 격문에서 이경업은 무조를 전갈과 이리의 마음으로 충신과 혈육을 잔인하게 해친 독부라고 욕을 퍼부었다. 그러면서 황실 종친에게 자신과 함께 거병하여 무조를 토벌하자고 호소했다. 이경업의 기병은 실패로 돌아가긴 했지만 전국적으로 큰 파장을 일으키며 무후에게 큰 경종을 울렸다. 마지막 승리를 눈앞에 둔 무후는 이 일로 다시 한 번 정신을 차릴 수 있었다.

무후는 대단히 기민하고 영리한 사람이었다. 그녀는 이경업의 반란에서 두 가지 교훈을 얻었다. 첫째, 자신의 눈과 귀가 상황을 파악하고 판단하기에는 아직 완전치 않았다는 점이다. 둘째, 이씨 종친을 뿌리 뽑지 않고는 제위에 오르기 힘들다는 사실이었다. 그녀는 그에 상응하는 대책을 강구했다. 그것이 바로 역사상 저 유명한 밀고를 장려하고 혹리를 기용하는 '강압 정책'이었다.

무후는 이경업이 밀모를 통해 반란을 꾀했다는 것을 구실로 삼아 밀고密告를 제도화하는 조치를 취했다. 누구든지 서울에서 황제를 만나 기밀을 밀고할 수 있게 되었다. 그리고 밀고된 일은 누가 되었건 조사를 막을 수 없었다. 외지에서 서울로 올라와 밀고하려는 사람에게는 관에서 역마를 제공하고 경유하는 지역에서는 5품관의 대우를 해주어야 했다. 서울에 도착한 다음에는 관가의 객사에 머무를 수 있고, 밀고가 사실로 확인되면 파격적으로 승진시켰다. 설사 밀고가 사실이 아니더라도 추궁은 받지 않았다. 무후는 조정에다 밀고만을 위한 상자를 마련하기까지 했다. 밀고 사건을 심리하기 위해 무후는 밀고자들 중에서 새로운 관리들을 선발하기까지 했다. 그리하여 남을 해치는 데 익숙한 오갈 데 없는 무뢰배들과 교활하고 잔인한, 이를테면 대혹리 주흥周興 같은 자들이 이 틈에 섞여 들어왔다. 이들은 잔혹한 수단으로 사건을 심리하여 무후가 자신과 뜻을 달리하는 정적들을 탄압하고 이씨 종친을 소멸시키는 일을 도왔다.

밀고자와 혹리들의 도움을 받으면서 무후는 빠른 속도로 종실 세력들을 소탕해나갔다. 수공 4년인 688년, 월왕 이정李貞, 낭야왕 이충李冲 부자가 "이당 왕실을 되찾는다."는 기치를 내걸고 여러 왕들과 연락하여 반란을 일으켰다. 그러나 여러 왕들이 호응하지 않는 바람에 패배하여 죽고 말았다. 무후는 이 사건을 빌미로 혹리 주흥을 책임자로 삼아 잔당을 색출하는 일에 착수했다. 주흥은 가혹한 형벌로 진술을 받아내는 방법으로 죄를 뒤집어씌우고 죄명을 날조한 다음 한왕 이원가, 노왕 이영기 및 상락공주 등을 잡아들여 자살하게 만들었다. 고종의 손자 동완공 이융 및 곽왕의 아들 이서는 저잣거리에서 참수되었다. 곽왕 이원궤는 전공이 있어 죽음은 면했으나 유배지로 가던 도중에 죽었다. 태종의 열째 아들 기왕 이신도 유배 도중에 죽었다. 그 후로도 각종 죄명으로 장왕 이운, 도왕 이원경, 서왕 이원례, 조왕 이명 등이 살해되었다.

천수 원년인 690년, 혹리 주흥은 또 택왕 이상전, 허앙 이소절이 모반을 꾀했다고 밀고하여 그 아들과 친척들을 모두 죽였다. 이어서 예왕 이융, 남안왕 이영 등 종친 자제 10여 명이 살해되었다. 여기에 이르러 이씨 당 종실이 거의 절멸되었고, 친척 등의 수백 집안도 죽음을 면치 못했다.

그해 9월, 무후는 30년 넘게 계속된 악전고투를 마무리하고 마침내 남성 중심의 봉건적 제약을 깨고 황제 자리에 올랐다. 나라 이름은 주周로 바꾸었고 자신은 성신聖神 황제로 자립했다. 이제부터 우리는 그녀를 무측천이라 부르기로 한다.

정치를 쇄신하고, 파격적으로 인재를 기용하다

무측천은 천수 원년인 690년 황제 자리에 오른 뒤부터 신룡 원년인 705년 압력을 받아 자리에서 내려오기까지 모두 15년 동안 보좌에 앉아 집정했다. 꿈에도 그리던 목적을 달성한 그녀는 집정하는 동안 다른 통치자들과 마찬가지로 부패와 향락에서 벗어나지 못했고 또 인심을 잃는 일들을 적지 않게 저질렀다. 하지만 이 기간 그녀가 구사한 모략사상은 전체적으로 보아 그래도 적극적이고 진취적인 편이었다. 특히, 파격적인 인재 기용과 언론 개방, 잘못을 고칠 줄 아는 자세 등은 돋보이는 부분이었다. 여기에 균전제를 널리 실시하고 농업을 발전시킨 업적도 있었고, 대외적으로는 변방의 우환을 방어하며 나라를 안정시킴으로써 보국안민의 사상을 실천에 옮겼다. 이는 모두 사실에 근거한 평가다.

먼저 인재 등용을 보자. 황제 자리에 오른 다음 무측천은 정권의 안정을 다지기 위해 국가를 안정시키는 일련의 정책들을 잇달아 제정하고 실시했다. 초기 황금기를 재현하고 싶었던 것이다. 이런 정책의 첫걸음이 바로 인재를 널리 구하여 기용하는 '광초현재廣招賢才'라는 모략이었다. 이를 위해 그녀는 종래의 틀을 과감하게 깨고 새로운 인재 등용 제도를 수립했다.

먼저 전시殿試라는 시험 제도의 물길을 텄다. 재초 원년인 690년 2월 14일, 그녀는 서울에서 처음으로 전례가 없는 대규모 전시를 거행했다. 전국에서 올라온 인재들이 시험장을 가득 메웠고, 그녀는 일일이 직접 시험을 주관했다. 다음, 스스로를 추천하는 '자거自擧' 제도를 처음으로 열었다. 이 제도가 시행됨으로써 천하의 인재들이 출신을 불문하고 모두 능력을 자랑하며 스스로를 추천했고, 합격하면 바로 채용

무측천 행차도

되었다. 셋째, '무거武擧' 제도를 시행하여 유능한 무관을 선발했다. 넷째, '시관試官' 제도를 처음 도입하여 관리의 소질을 보증할 수 있도록 했다. 다섯째, 사회 기층까지 사람을 보내 인재를 선발했다. 하층에서 유능한 인재를 발탁하는 데 중점을 둔 조치였다. 여섯째, 제과制科를 개설하여 특별한 능력을 가진 인재를 선발했다. 일곱째, 관원들이 유능한 인물을 추천하는 것을 장려했다.

상당히 완벽하면서 틀에 매이지 않는 무측천의 이러한 인재 기용 제도는 그녀가 집권하는 동안 조정에 새로운 기운을 불어넣는 원동력으로 작용했다. 새로운 얼굴들이 쉴 새 없이 조정에 공급됨으로써 재상적인걸狄仁杰 등과 같은 걸출한 문무대신들이 출현할 수 있었다.

다음으로 무측천은 언론 개방이라 말할 수 있는 '광개언로廣開言路'의 모략을 효과적으로 구사했다. 무측천은 결단력 있고 용감한 인물이었다. 재능이 넘쳤을 뿐만 아니라 정치가로서 갖추어야 할 기백도 있었다. 집정하는 동안 그녀는 주동적으로 언로를 널리 개방하여 각 방면의 전문가로부터 의견을 듣고 자신의 잘못이 있으면 고치고 좋은 것은 선택하여 적용했다. 다음에 드는 두 가지 전형적인 사례를 통해 우리는 무측천의 넓은 가슴과 정치가로서의 그릇을 충분히 엿볼 수 있을 것이다.

하나는 이경업이 반란을 일으켰을 때의 일이다. 낙빈왕이 자신을 공격하는 격문을 본 다음 무측천은 속으로는 열불이 났지만 대책 없이 화를 내기보다는 태연하게 그 글을 쓴 사람이 누구냐고 물었다. 임해승으로 좌천된 원래 장안의 주부 낙빈왕이라고 누군가가 보고하자 그녀는 매우 아쉬운 듯 "이는 재상의 과실이로다! 어찌하여 이렇듯 걸출한 인재가 묻혀 있단 말인가."라며 혀를 찼다. 다음으로는 간관 주경칙이 그녀에게 글을 올려 가혹한 법보다는 은혜와 덕을 베풀어 천하인민들이 걱정 없이 편히 생업에 종사할 수 있게 하라고 충고했다. 표현이야 어찌 되었건 심기를 건드리는 대목이 적지 않았다. 하지만 무측천은 그의 의견을 받아들이는 한편 숱한 죄를 지은 혹리 주흥과 내준신 등을 잇달아 처형함으로써 조야의 모든 사람들로부터 박수를 받았다. 또 주경칙을 재상으로 발탁하여 중요한 임무를 맡겼다.

생산 발전에도 무측천은 많은 관심을 기울였으며 그중에서도 농업 발전에 특히 중점을 두었다. 당나라 때 과학기술과 공업 생산은 그리 발전하지 못했다. 따라서 농업 생산은 국민경제를 떠받치는 유일한 기둥이나 마찬가지였다. 초기 태종 이세민은 성인 남자에게 일정한 땅을 나누어 주고 일정 기간 경작하게 하는 균전제를 통해 농업 발전을 추진했다. 그러나 무측천이 집권할 무렵 균전제는 심각하게 파괴되어 있었다. 토호나 사족들의 토지 겸병과 투기가 기승을 부렸고, 그 결과 농민들은 땅을 잃고 도망갔다. 생산 발전은 엄중한 피해를 입었고 사회는 불안했다.

황제에 즉위한 무측천은 즉각 토지 매매를 금지하는 조치를 취하여 호족들의 토지 겸병을 막았다. 아울러 각종 구체적인 정책을 통해 도망간 농민들을 생산 현장으로 복귀시켰다. 예를 들어 새로이 토지를 나누어 주는 조치를 비롯하여 세금을 줄여주는 등과 같은 구체적인 조치였다. 동시에 그녀는 각급 관원들에게 농업을 특별히 중시하라는 점을 강조하면서 농업에 방해되는 모든 활동을 엄격하게 금지시켰다. 또한 경작지의 증감과 농사 상황 등을 가지고 지방관을 조사하고 상벌을 정하는 근거로 삼았다. 무측천 시기에 농업은 빠른 속도로 발전하고 사회는 안정을 찾았다.

무측천은 역사상 다른 황제들과 마찬가지로 국토를 온전히 보전하고 국경을 편하게 하는 데 많은 주의를 기울였다. 이를 위해 그녀는 등극한 지 2년째 되던 해 서주도독이자 명장으로 이름난 당휴경으로 하여금 토번에게 20년 넘게 침범당한 '안서의 4개 진'을 수복하여 서부 변경에 대한 근심을 해소하게 했다. 그 후로도 여러 차례 토번의 침입을 물리치는 한편 정주(지금의 청해성 길살목이)에 도호부를 두어 안서도호부와 함께 천산 남북을 나누어 관할했다.

군사 방면에서 무측천은 자영 농민으로 병사를 충당하는 이른바 부병제를 계승하는 한편 이를 더 발전시켰다. 그녀는 군사력의 비축에 중점을 두었으며, 장수를 비롯한 군사에 필요한 인재를 기르는 데 특별히 주의를 기울였다. 이에 따라 무측천 시기에 외족을 물리치고 강토를 보전한 걸출한 장수들이 적지 않게 출현했다. 역사서에 등장하는 유명한 적인걸·정무정·당휴경·왕효걸·곽원진·흑치상지(백제 출신)·배행검 등이 대표적인 인물들이었다.

노년에 접어든 무측천은 권력과 욕정 때문에 간사하고 약은 무리들을 기용하기 시작했다. 장창종·장역지 형제가 가장 독한 구린내를 풍겼다. 이 두 사람은 권세를 위해 무측천의 노리개를 기꺼이 자청했으며, 총애를 믿고 당파를 지어 조정을 좌지우지함으로써 국가와 백성들에게 재앙을 가져다주었다. 그들은 무측천이 권력의 정상에서 추락하는 속도를 더욱 빠르게 만든 장본인이었다.

신룡 원년인 705년 정월 22일, 재상 장간지는 주도면밀한 안배를 거친 끝에 마침내 궁정 쿠데타를 일으켰다. 그는 군사를 둘로 나누어 낙양 황궁에 쇄도하여 먼저 장창종·장역지 등 권신들을 죽인 다음 무측천을 압박하여 다시 태자로 책봉된 이현에게 양위하게 했다. 번득이는 칼날 아래서 무측천은 하는 수 없이 황제 자리를 아들 이현에게 물려주었다. 4일째 되던 날, 이현이 황제 자리에 오르니 이가 바로 중종이다. 국호는 다시 당으로 바뀌었다. 이 사건을 역사에서는 '5왕의 변'이라 부른다.

그해 12월 26일, 무측천은 병으로 세상을 떠났다. 향년 82세였다. 일대를 풍미했던 통 크고 남다른 모략을 소유한 풍운의 여걸은 죽음을

무측천과 고종의 무덤인 건릉乾陵

앞두고도 끝까지 자기 생애의 마지막 모략 하나를 구사했다. 그녀는
유언을 통해 엄숙하게 자신의 황제 칭호를 떼내고 측천대성황후로 부
르게 하라고 선포했다. 그녀는 잘 알고 있었다. 남성이 권력을 차지하
고 있는 봉건제도에서 사람들은 여황제인 자신을 탐탁찮게 생각하고
있다는 사실을. 그리고 그녀는 자신의 무덤 앞에다 전례가 없는 '무자
비無字碑'를 세우게 했다. 역사상 수많은 제왕과 장상들이 죽기 전 자신

의 공덕을 잊지 못해 비석에다 자기 일생과 공을 새겨 세우도록 했다. 그러나 무측천은 글자가 없는 무자비를 세우라고 했으니 이것이야말로 그녀가 참으로 비범한 정치가임을 잘 보여주는 에피소드가 아닐 수 없다. 자신에 대한 평가를 역사에 미룬 그 담대함이란!

적인걸 狄仁杰

좋은 정책으로 측천무후를 보좌하고, 심오한 계략으로 이당李唐을 되돌려놓다

적인걸(630~700년)의 자는 회영懷英이고 병주 태원(太原, 지금의 산서 태원시) 사람이다. 관료 가문 출신으로 조부 적효서狄孝緖는 정관 연간에 상서좌승을 지냈고, 부친 적지손狄知遜은 기주夔州장사를 지냈다. 적인걸은 어려서부터 학문을 좋아했고 명경과明經科에 급제하여 벼슬길에 올랐다. 참군·법조 등의 지방관을 거친 뒤 당 고조에 의해 중앙 조정으로 발탁되어 대리승·시어사·공부시랑·상서좌승·도독·시중·중서령 등을 역임했다. 사후에 문창우상文昌右相으로 봉증되었고 시호는 '문혜文惠'이며, 사공司空으로 추증되었고, 양국공梁國公으로 추봉되었다.

적인걸은 측천무후가 황제를 칭했던 시기에 활약한 저명한 재상으로, 당나라의 걸출한 정치가였다. 그는 권모술수가 난무했던 측천무후 시대에 지혜롭고 총명한 책략을 내놓아 사람들을 감복시켰다.

기재로 고종의 신임을 받다

적인걸은 기재奇才였다. 하지만 그의 뛰어난 재능은 거의가 스스로의 노력으로 성취한 것이었다. 다음 세 가지의 고사가 이를 뒷받침한다.

첫째, 그는 독서에 매진했다. 적인걸은 어려서부터 독서광으로 알려

적인걸을 주인공으로 한 영화
〈적인걸〉 포스터

져 있었다. 한번은 그의 집 문객이 소송에 걸려 현의 관리가 직접 집안
을 조사하러 왔다. 집안 식구들이 모두 나와 그를 은근히 영접하는데,
적인걸은 거들떠보지도 않고 자리에 앉아 독서를 계속했다. 현 관리가
무례하다며 꾸짖자 적인걸이 대답했다.

"서책 속의 성현들을 대하고 있는데, 내가 무슨 겨를이 있어 세속
관리를 응대할 수 있단 말이오. 그러니 나를 꾸짖지 마시오!"

현 관리는 하도 기가 막혀 벙어리처럼 한마디도 하지 못했다.

둘째, 맨 밑바닥에서부터 단련을 했다. 적인걸은 명경과에 급제한
후 장기간 지방 하위직 관리로 지내면서도 조금도 원망하지 않았다.
오직 강직하게 일 처리를 하면서 자신을 단련시켰다. 한때 남의 모함

으로 옥에 갇힌 일이 있었는데, 마침 공부상서 염립본閣立本이 세세한 것까지 심문하고는 그의 억울함을 풀어주었다. 그는 적인걸의 뛰어난 재능을 알아보고는 이렇게 말했다.

"공자께서 그 사람의 허물을 보고 어짊을 알 수 있다고 했는데, 그 대야말로 바닷속에 숨은 구슬이라 할 수 있구나."

염립본은 그를 병주도독부의 법조法曹로 추천했다. 그 당시 적인걸의 집은 하양(河陽, 지금의 하남 맹현)에 있었다. 적인걸은 부임 길에 태행산을 지나게 되었는데, 집안 식구들이 그리워 저립산佇立山 꼭대기에서 한참 동안 머뭇거리다가 사람들에게 말했다. "우리 부모님이 계신 곳이 저 구름 아래라네." 여기에서 '백운친사白雲親舍'라는 성어가 생겼는데, 그 뜻은 "집 떠난 자식이 부모님을 그리워한다."이다.

셋째, 동료에 대한 의리심이 유별났다. 적인걸이 병주에 법조로 있을 때 동료 정숭질鄭崇質이 아주 멀리 떨어진 변경으로 발령이 났다. 그런데 노모가 중병에 걸려 곁에서 돌보아주어야 할 처지라 그는 이러지도 저러지도 못하는 입장이 되었다. 적인걸은 그의 난감한 사정을 알고 상사 인인기藺仁基에게 자신이 정숭질을 대신해 변경으로 가겠다고 자원했다. 인인기는 때마침 사마 이효렴李孝廉과 서로 시끄럽게 다투는 중이었다. 그는 적인걸의 의기 있는 행동을 보며 스스로를 부끄럽고 못났다고 생각했다. 그래서 자신이 먼저 이효렴을 찾아가 적인걸 이야기를 들려주면서 말했다. "우리들 하는 짓이 얼마나 부끄러운지 모르겠소이다." 두 사람은 초심으로 돌아가 화해를 했다.

의봉 원년(676년), 장기간 근무했던 지방 직에서 업적이 드러나 고종은 그를 6급 심판관인 대리승大理丞으로 승진시켰다. 이때 적인걸의 나이는 벌써 47세였다. 그는 강직한 태도와 탁월한 재능으로 소송을 잘 처리하여 백성들의 존경을 받았고 고종도 이를 좋게 평가했다. 역사서

적인걸의 초상화

에 따르면 그는 1년 사이에 1만7천여 명이 관련된 소송을 처리했는데, 억울하다고 항소한 사건은 하나도 없었다. 그는 엄정하게 법을 집행했다. 심지어는 황제가 연관된 안건도 법에 따라 행했으며, 결코 사사로운 정에 얽매이지 않았다고 한다.

의봉 원년 9월, 좌위대장군 권선재權善才가 집 증축을 위해 벌채를 하다가 나무꾼이 실수로 당 태종의 능인 소릉 주변의 측백나무를 베었다. 이는 당시 법률에 따르면 파면 감에 불과했지만, 고종은 적인걸에게 그를 당장 참수하라고 명했다. 이에 적인걸은 거듭 상주문을 올려 권선재가 죽을죄를 지은 것은 아니라고 변호했다. 고종은 화가 치밀어 말했다. "권선재가 태종의 능 주변 나무를 벰으로써 나를 불효자가 되게 했으니 반드시 죽여야 한다." 황제의 시종 신하들도 적인걸에게 서둘러 황제의 명을 집행하라고 재촉했다. 그러나 적인걸은 조금도 두려워하지 않았다. 그는 원래 고종이 마음이 여리고 덕과 예를 중시하며 남의 말을 잘 받아들이는 사람인 줄 알고 있었다. 그래서 그는 해박한 학식과 고금의 유사한 사례와 비유를 들어 고종을 이렇게 설득했다.

"신이 듣기로 군주의 명을 거역하는 것은 용의 비늘을 거스르는 것과 같아서 참으로 해서는 안 될 일이라 했습니다. 하지만 어리석은 신은 그렇지 않다고 생각합니다. 하나라의 걸왕이나 상나라의 주왕과 같은 폭군의 시절이었다면 권선재는 죽어 마땅했겠지만, 요 임금과 순 임금처럼 성군의 시절이었다면 크게 문제가 되지 않아 죽을죄로 처리하지 않았을 것입니다. 신은 다행히도 요순처럼 어진 성군을 만났기에 비간 比干처럼 비참하게 죽을 것을 걱정하지 않습니다. 옛날 한나라 문제 때 어떤 도적이 한 고조의 사당에 있는 옥환을 훔쳤습니다. 그때 장석지는 조정에서 옥환을 훔친 자는 처형하되 그 가족까지 죄를 물어 처형하지 말라고 주장했습니다. 또 위魏나라 신비辛毗는 위 문제의 옷자락까지 당기며 간언을 하여 받아들이게 했습니다. 영명한 군주는 합당한 이치로 설복시킬 수 있고, 충성스런 신하는 위세로 굴복시킬 수 없는 법입니다. 지금 폐하께서 신의 간언을 받아들이지 않으신다면 신은 죽어서도 장석지와 신비를 대할 면목이 없습니다. …… 어찌하여 죽을죄를 저지르지 않는 사람을 사형에 처하라고 명령을 내리십니까? 법이 일관성이 없으면 백성들은 손발을 어디에 놓아야 할 바를 모르는 법입니다. 폐하께서 소릉의 측백나무 한 그루 때문에 장군을 죽이신다면 천년 후에 사람들이 폐하를 어떻게 평가하겠습니까? 신이 권선재의 목을 베라는 뜻을 받들지 못하는 것은 폐하가 도리에 맞지 않는 방법을 쓰시는 것을 막기 위함입니다."

고종은 적인걸의 말이 구구절절 이치에 맞다고 생각했다. 고종은 즉시 권선재를 사형 죄에서 면하게 해주었고, 며칠 후 적인걸을 시어사侍御史로 발탁 승진시켰다.

또 하나의 사건으로 고종은 적인걸의 뛰어난 재능에 탄복하게 된다. 고종이 분양궁(汾陽宮, 지금의 산서 정락현)에 행차할 때 적인걸이 수행한 적이 있었다. 중간에 투녀사妬女祠를 지나갈 예정이었다. 이 무렵 현지에서는 요사스런 헛소문이 떠돌았는데, 화려하고 귀한 의복을 입고서 투녀사를 지나가면 바로 큰 바람을 만나거나 벼락을 맞을 것이라는 참언이었다. 그래서 병주장사 이충현은 수만의 백성을 보내 다른 길을 만들려고 했다. 이 소식을 들은 적인걸은 이충현의 어리석은 계획을 말렸다. 대중을 현혹시키는 요사스런 헛소문을 듣고 다른 길을 만든다면 백성들의 땀과 경비, 시간이 얼마나 낭비되겠느냐며 이렇게 말했다.

"천자가 행차하면 제후가 만 명의 기마병을 이끌고 따라오며, 바람의 신인 풍백과 비의 신인 우사까지 길거리에 먼지가 날리지 않도록 깨끗하게 만들어 폐하를 보우하시는데, 어찌 투녀 따위가 폐하에게 해를 끼칠 수 있겠는가?"

행차는 아무 일도 아니라는 듯 무시하고 지나갔다. 고종은 이 일을 듣고 적인걸을 일러 "정말 대장부로다!"라고 찬탄했다.

지모로 재앙과 화를 면하다

홍도 원년(683년) 12월, 고종이 병사하고 태자 이현李顯이 계승하여 중종이 되었다. 그런데 황후가 외척 세력을 등에 업고 측천무후에 맞서자 그녀는 중종을 폐하여 수도에서 내쫓고 넷째 아들 이단李旦을 허수

아비 황제로 내세웠다. 측천무후는 태후의 신분으로 조정 전권을 장악했다. 이때 적인걸은 영주(寧州, 지금의 감숙 영현)자사로 파견돼 있었다. 영주는 소수민족과 한족이 뒤섞여 사는 지역으로 민족 관계가 복잡했다. 적인걸은 어떤 민족이든 차별 없이 대하는 정책을 펼쳐 각 민족을 화목하고 단결시켰다. 백성들은 그를 열렬히 지지하여 적사군狄使君이라 불렀고, 그의 공덕을 기리는 덕정비德政碑까지 세웠다. 이러한 정치적인 업적은 측천무후의 주의를 끌게 되었다.

수공 4년(688년), 측천무후는 적인걸을 예주豫州자사로 임명했다. 예주자사로 재임하는 동안 당 태종의 아들 월왕越王 이정李頂이 병란을 일으켰다. 측천무후는 재상 장광보張光輔를 보내 진압하게 했다. 그 사후 처리를 놓고 적인걸과 장광보 사이에 의견 대립이 생겼다.

첫째, 반란에 가담한 육칠백 명과 그들과 연좌된 가속 5천여 명에 대한 처리 문제였다. 장광보는 모두가 반란자에 해당하니 전원 사형에 처하자고 주장한 반면, 적인걸은 그들은 단순 가담자로 협박에 못 이겨 어쩔 수 없이 그리 한 것이니 형벌을 완화하자고 주장했다. 적인걸은 진상을 측천무후에게 보고할 생각이었지만, 장광보 등에게 약점을 잡히지 않기 위해 다음과 같은 밀서를 올렸다.

"신은 공개적으로 상소할 생각이었으나 모반자들을 변호한다는 혐의를 받을까 두려워 감히 그러지 못했습니다. 그렇다고 진실을 알면서도 가만히 있을 수 없고, 또한 신민을 어여삐 여기시는 황제의 뜻을 거슬러서도 안 된다고 생각하게 되었습니다. 신은 상소문을 썼다가 찢어버리기를 여러 차례 거듭하면서도 어찌해야 좋을지 마음을 정하지 못했습니다. 신이 생각건대 저들이 모반에 가담한 것은 스스로 원해서가 아니라 협박에 못 이겨 어쩔 수 없이 가담했던 것이니, 폐하께서는 저들의 일시적인 과오를 너그러이 용서해주시길 간절히 바라는 바입니다."

측천무후는 그의 의견을 부분적으로 받아들여 단순 가담자에 속하는 죄인들을 형량을 낮추어 풍주(豊州, 지금의 내몽고 하투 서북 지역)로 유배보냈다.

둘째, 장광보는 이정의 반란을 평정한 원수로서 자신의 공로를 내세우며 휘하 장졸들이 제멋대로 백성을 괴롭히는 것을 방치했다. 그들은 적인걸까지도 공공연하게 협박하고 재물을 강요했지만 그는 냉정하게 거절했다. 이에 화가 난 장광보가 적인걸에게 말했다. "일개 주의 자사에 불과한 그대가 전군의 원수인 나를 깔보는 것이냐?" 적인걸은 그에게 빚진 것이 없다는 듯 당당하게 대답했다. "하남 땅에서 반란을 일으킨 자는 월왕 이정 하나뿐이었는데, 지금 그가 죽고 나니 만 명의 이정이 되살아났소." 장광보가 노기등등해서 그 말이 무슨 뜻이냐고 따져 물었다. 적인걸은 격앙된 어조로 자기 의견을 말했다.

"명망 높은 장군께서 30만 대군을 이끌고 난신 하나를 평정했으면 군대를 철수해야 할 터인데 그러지 않고, 휘하 장졸들이 제멋대로 폭행을 자행하며 죄 없는 사람들을 도탄에 빠뜨리고 있으니, 이는 만 명의 이정이 되살아난 것이 아니고 무엇이겠소? …… 장군의 공이 아무리 높아도 항복한 무리를 마구잡이로 살육하자고 하니, 그 원성이 지금 하늘을 찌르고 있소. 만약 내가 황제에게 장수의 생사여탈권을 갖는 상방검尙方劍을 하사받았다면 당장 장군의 말을 참하고 바로 장군의 목에 검을 들이대겠소. 그 죄로 죽어도 나는 여한이 없을 것이오."

장광보는 말문이 막혀 대응하지 못하고 앙심을 품게 되었다. 조정으로 돌아간 장광보는 적인걸이 오만불손하고 반란자들을 두둔한다고 상주문을 올려 복주(復州. 지금의 호북 면양)자사로 좌천시켰다.

그러나 사실 측천무후는 '예주의 난' 처리 문제에서 적인걸의 정책을 찬성, 허락했고 조정 내에 그의 정적이 많은 것 같아서 잠시 적인걸을 좌천시켰을 뿐이었다. 천수 원년(690년), 측천무후는 정식으로 황제에 등극하자 적인걸을 재상으로 임명했다. 그녀는 적인걸에게 말했다.

"여남에서 그대의 공적은 매우 훌륭했소. 그러나 어떤 이들은 그대를 비방했소. 그들이 누구인지 궁금하지 않소?"

"만약 폐하께서 저에게 과실이 있다고 말씀하시면 당장 시정할 것이고, 폐하께서 저에게 과실이 없다고 여기신다면 저로서는 다행스런 일입니다. 신은 참언으로 저를 비방하는 자가 누구인지 모릅니다. 그리고 지금은 조정의 신하들과 더불어 좋은 벗으로 잘 지내고 있으니, 알고 싶지 않습니다."

측천무후는 적인걸이 매우 기이한 사람이라 여기고 찬탄을 금치 못했다.

장수 원년(692년) 정월, 측천무후의 조카인 무승사武承嗣는 적인걸의 강직함에 앙심을 품고 있다가 사람을 시켜 그가 모반을 했다고 무고했다. 측천무후는 반신반의하면서 사건을 내준신來俊臣으로 하여금 심리하게 하면서, 진상이 밝혀질 때까지 형은 집행하지 말라고 신신당부했다.

내준신은 역사상 둘째가라면 서러워할 혹리酷吏였다. 그는 고문과 협박으로 없는 죄도 있게 만들어내는 전문가였다. 그는 측천무후의 말을 따르지 않고 잔혹한 고문 도구와 협박으로 적인걸이 모반했다고 자백시킬 생각이었다. 내준신의 뒤는 적인걸의 모반을 무고한 무승사가 은밀히 지켜주고 있었다.

적인걸은 내준신의 사람 됨됨이를 손바닥 뒤집듯이 알고 있었기에 지모로 그를 상대해야겠다고 결심했다. 내준신은 적인걸을 기만하여 말했다. "무릇 범죄는 처음 심문할 때 자백하면 사형을 잠시 늦춰주는 규정이 있다." 적인걸은 내준신이 자신에게 올가미를 씌우려는 것임을 알고 계략에는 계략으로 맞대응해야 한다고 생각하여 흔쾌히 죄를 인정하면서 말했다. "대주大周가 들어서고 나서 만물이 새롭기만 하니 오래된 신하인 나는 기꺼이 죽임을 받아들이겠소. 내가 모반을 꾀했다는 것은 사실이오." 내준신은 뜻밖에 적인걸이 쉬이 자백하자 내심 기뻐하면서 사건을 종결짓고는 결과만을 보고할 준비를 했다. 적인걸을 감옥에 가두고 그가 사형에 처해질 때까지 기다리면서 감시를 느슨하게 했다. 그 틈을 타 적인걸은 자신의 억울함을 호소하는 신원서를 쓸수가 있었다. 때마침 판관 왕덕수王德壽가 찾아왔고, 우여곡절 끝에 신원서가 측천무후에게 전해졌다. 측천무후는 곧바로 내준신을 불러 적인걸에게 자백을 강요했는지의 여부를 묻고는, 감옥으로 사람을 보내 적인걸이 잘 있는지 조사해보라고 했다. 당황한 내준신은 돌아오자마자 수하에게 적인걸의 의식주를 잘 보살펴주라고 지시하고, 왕덕수에게 적인걸이 "모반을 인정하고 죽음을 내린 것에 감사하다."는 내용의 글인 「사죄표死罪表」를 거짓 작성하게 하여 측천무후에게 보고하고 서둘러 형을 집행하려 했다. 측천무후는 사건에 곡절이 있다고 판단하고 직접 적인걸을 불러 무엇 때문에 모반을 인정했는지 물었다. 적인걸이 대답했다. "그때 모반을 인정하지 않았으면 신은 일찌감치 맞아 죽었을 것입니다." 측천무후가 그러면 무엇 때문에 「사죄표」를 썼는가 물어보자, 적인걸은 깜짝 놀라면서 그런 글을 쓴 적이 없다고 대답했다. 측천무후가 시종을 불러 조사하도록 하니, 다른 사람이 대필한 것임이 밝혀졌다. 마침내 적인걸은 석방되고 사형을 면하게 되었다. 그러나 물의를 일으켰다는 이유로 팽택령彭澤令으로 좌천되었다.

국가 정책에 대한 방책을 짜다

연재 3년(696년) 5월, 영주(營州, 지금의 요녕 금주 일대) 지구의 거란족이 변경 관리의 학대에 반발, 봉기를 일으켜 관내로 진군했다. 유주(幽州, 북경시 서쪽 일대)를 포위하고 기주(冀州, 지금의 하북 기현, 형수 일대)를 위협하면서 하북을 진동시켰다. 이 위급한 상황을 맞아 측천무후는 적인걸을 위주(魏州, 지금의 하북 대명)자사로 기용했다. 적인걸은 임용되자마자 심오한 모략을 구사했다. 전임 자사가 거란의 침입을 두려워하여 백성들을 성안으로 불러 사수 방어하던 정책을 과감하게 버리고 백성들을 모두 논밭으로 돌려보내 농업 생산에 종사케 하는 정책을 썼다. 그는 적이 멀리 있는데 미리 겁을 먹고 생산할 때를 놓치면 안 된다고 여겼다. 또 설사 적이 침입해 오더라도 병사로 막아야지 일반 백성을 동원해서는 안 된다고 주장했다. 그의 이러한 정책에 거란은 감히 침입하지 못했고, 침입하더라도 잇달아 패퇴하여 물러갔다. 백성들은 적인걸의 공덕을 칭송하여 다투어 기념비를 세웠다. 얼마 후 측천무후는 적인걸을 불러 난대시랑鸞臺侍郞이란 벼슬을 내리고, 은청광록대부銀靑光祿大夫와 납언納言을 겸하게 하여 재상으로 삼았다.

적인걸은 재상이 된 후 측천무후의 통치를 위해 좋은 의견을 많이 제시했다. 그의 정책 기조는 변경이 화목하고 백성들이 부유하며 나라가 강해지는 것이었다. 그는 측천무후에게 상주문을 올려 백성들을 불모지인 소륵(疏勒, 지금의 신강 소륵 지구)으로 보내 정벌이나 수비를 하지 못하게 했고, 무력을 남용하여 전쟁을 하는 것은 "본디 백성을 편안하게 하는 술책"이 아니라고 주장했다. 또 소수민족 가운데 위엄과 명망이 있는 수령으로 하여금 현지를 다스리게 하여 변경과 내지를 편안하게 했다. "국경에는 단절의 미美가 있어야 황무지로 운반하는 노역이 없다." "멀리서의 군비를 줄이며, 변방의 군대는 항 · 대(恒 · 代, 지금의 산서 대동 · 대현 일대)를 중진重鎭으로 삼고 변주邊州를 충실하게 한다."는 것이 그의 주장이었다. 하지만 그는 변방에 군대를 주둔시켜 요충지를 지키는 것도 매우 중시했다. 그 책략의 요지는 다음과 같았다.

"변방의 군대를 수비에 치중케 하여 힘과 기세를 키웠다가 적이 오기를 기다려 물리치게 만들어야 합니다. 이목李牧이 흉노를 제압했던 비결입니다. 지금 필요한 것은 변경 지역의 성을 철저히 수비하고, 척후병을 멀리 내보내고, 군비를 충실히 하며, 쉬면서 힘을 비축했다가 피로한 적군을 맞아 싸우면 전사들의 힘은 배가되어 주인으로 객을 맞이하는 편한 상황이 됩니다. 성벽을 견고히 하고 곡물 따위를 감추어 적이 이용하지 못하게 하는 전법을 쓰면 적들은 얻을 바가 하나도 없습니다."

이어서 건의했다.

"안동(安東, 지금의 요녕 및 한반도 북부)을 폐하고 고씨高氏를 다시 군장으로 삼으며, 강남으로 수송하는 것을 멈추어 하북의 수고를 위로하면 수년 내에 백성은 편안하고 나라는 부유해질 것입니다."

조 · 정(趙 · 定, 지금의 하북 조현 · 정현 일대)에 돌궐이 침입하여 소요를 일으켰을 때 적인걸은 원수가 되어 이들을 내쫓고 이어 안무대사로 임명받아 하삭(河朔, 지금의 하북 · 산서 일대)에서 사후 처리를 했다. 돌궐 침입 때 적지 않은 사람들이 관부에 들어가 소요를 일으켰는데, 돌궐이 물러가자 벌을 받아 죽을 것이 두려워 고향 밖으로 도피했다. 조정에서는 적지 않은 대신들이 엄중히 추궁하고 진압할 것을 주장했다. 그러나 적인걸은 이들의 주장에 동의하지 않고 관대한 정책을 취할 것을 요구했다. 즉, 강압에 못 이긴 추종자들의 지나간 허물에 대해서는 죄를 묻지 말고 협박과 그럴 수밖에 없었던 원인을 상세히 분석하자고 주장했다.

> "백성들은 물과 같아서 막히면 샘이 되고 트이면 하천이 된다는데, 백성들의 막힘과 통함이 어찌 일정한 품성이 될 수 있겠습니까? …… 지금 죄책감을 느끼는 사람들은 반드시 집을 떠나 풀숲을 헤치며 걷고 한데서 자면서 산과 못을 건너 도망 다니고 있습니다. 그들은 죄를 용서하면 나오고 용서하지 않으면 미쳐 날뛸 것입니다. …… 신은 대도를 아는 사람은 작은 도에 얽매이지 않고, 일 처리를 넓게 하는 사람은 시시콜콜 가르지 않는다고 들었습니다. 임금이 넓고 광대하여 일반 법에 구속되지 아니하고, 죄를 지은 집안이 늘 두려워하고 용서를 구하면, 이는 도리어 편안해질 것입니다. 엎드려 청하오니 하곡河曲 주州들에 대하여 아무 죄도 묻지 마시옵소서."

측천무후가 그의 고견을 받아들으니, 도망자들이 앞다투어 돌아와 민심이 안정되고 백성들은 자신들의 업을 즐거이 여기게 되었다.

적인걸의 회유 · 복종 정책은 내지의 백성을 안정시켰을 뿐 아니라 나라 밖 소수민족에게도 깊은 영향을 끼쳤다. 그는 거란, 돌궐 등 침입해 온 소수민족을 평정한 뒤, 항복했거나 포로로 잡힌 장수들에게 그 죄를 물어 죽이지 말도록 측천무후에게 건의했다. 그리고 관직을 제수하여 공으로써 속죄하게 하고, 한족과 마찬가지로 작위를 주도록 권했다. 결과적으로 많은 소수민족의 수령과 추장들이 분분이 당나라에 귀화했다. 예컨대 이해고李楷固 · 낙무정駱務正은 거란의 수령으로 당나라를 침공했다가 패전, 투항한 자들이었는데, 적인걸은 이들에게 중임을 주고 당나라를 위해 전공을 세우도록 하여 대장군으로 승진시켜주었다. 이해고는 연국공燕國公이란 작위까지 받았다. 당대는 중국 역사상 각 민족이 융합하고 대단결을 했던 가장 모범적인 시기였다. 여기에는 적인걸의 민족 화목 정책이 중요한 작용을 했다.

원대한 계책으로 이당을 되돌려놓다

적인걸은 재상이 된 후 충심을 다해 측천무후의 정책을 옹호했다. 그러나 적인걸은 원대한 식견과 선견지명을 지닌 정치가로서 측천무후의 사후 문제까지 생각하고 있었다. 그는 봉건사회에서 여인이 황제가 되는 것은 대역무도한 일이며, 단지 우연한 현상일 뿐이라는 것을 잘 알고 있었다. 측천무후 뒤에 누가 황제가 되는가 하는 것은 국가의 운명과 직결된 큰 문제였다. 적인걸은 우국애민과 정통 사상을 고려해볼 때 오직 이씨의 후대가 계승해야 국가가 안정될 것이라고 결론을 내렸다. 그러나 그는 이를 측천무후에게 직접 말할 수가 없었다. 왜냐하면 측천무후도 계승자 문제를 놓고 망설이며 결정을 내리지 못했기 때문이다. 적인걸은 출중한 모략으로 이씨 왕조의 회복을 실현시키려고 노력했다. 역사는 그의 계획과 노력이 성공적이었음을 증명하고 있다. 이씨 왕조의 회복과 당의 중흥에 적인걸은 큰 공로를 세웠는데, 이를 살펴보면 다음과 같다.

첫째, 측천무후의 치국 방책에 큰 영향을 끼쳤다. 측천무후가 여인의 몸으로 황위를 탈취한다는 것은 실로 지난한 일이었다. 이 때문에 그녀는 집정 초기에 고압적인 정책을 시행했다. 그러나 적인걸이 재상이 된 후부터는 완화 정책을 펼쳤다. 적인걸은 폭정에다 살기등등하고 완고했던 측천무후가 보다 투명하고 진보적인 정치를 하게끔 만들었다. 가혹한 관리를 내치고 현명하고 유능한 인재를 기용했으며, 내정에 힘을 기울여 생산성 제고를 통해 백성을 풍족하게 만들고 사회 안정을 도모했다. 그는 사치스럽고 낭비를 조장하는 사업과 미신과 귀신 숭배를 반대했다. 그래서 사당이나 묘와 대불상을 과다하게 건립하는 것을 제지하여 국고에서 낭비될 뻔한 수만 냥을 절약했다. 외교상으로는 무력을 남용하여 전쟁하는 것을 반대하고 이민족과 서로 사이좋게 지내되 변경 방어를 강화했다. 이러한 일련의 조치는 모략술수가 많고 오만 방자했던 측천무후도 감복시켰다. 그녀는 적인걸을 '국로國老'라 부르며 깍듯이 대했으며, 그가 죽은 후에는 "조정이 텅 빈 것 같다."며 한탄하기도 했다.

둘째, 측천무후에게 점차 권력을 놓으라고 권했다. 측천무후는 남에게 권력을 빼앗기는 게 두려워 자신에게 모든 권력을 집중시켰다. 오죽하면 태학생太學生들의 휴가도 친히 심사하여 비준할 정도였다. 적인걸은 재상이 된 후 측천무후에게 집중된 권력을 차츰 내려놓으라고 권했다. 그래야만 스스로의 부담감을 줄이고, 보다 투명하고 진보된 정치와 후계자 문제를 준비할 수 있을 것이라고 주장했다. 그는 측천무후에게 말했다. "일국의 주인으로서 생사여탈권에 관련된 큰일만 주관하면 되지, 일반적인 사안은 마땅히 유관 부서에서 처리하는 게 옳습니다." 무슨 일이든 직접 관리하려고 들면, 태학생만 해도 천여 명에 달하는데, 어떻게 황제가 일일이 조서를 내릴 수 있겠느냐고 설득했다. 측천무후는 그의 의견을 받아들였다. 권력을 차츰 놓고, 각 유관 부서에서 책임을 지게 하되 일의 대소에 관해 일일이 묻지 않았으며, 꼭 필요할 경우에만 개입했다.

셋째, 이현 태자의 복위에 앞장섰다. 적인걸은 원래 이씨 당나라를 부흥시키려는 모략을 세웠던 핵심 세력이다. 따라서 그는 온갖 노력을 다해 여러 방법을 구상해냈다. 그중 하나는 이장二張을 이용하는 것이었다. 이장은 장역지張易之와 장창종張昌宗 형제를 말한다. 이 둘은 측천무후가 총애하는 미남자들로, 출중한 외모를 바탕으로 벼락출세한 사람들이다. 측천무후의 조카인 무승사도 태자가 되어 황위를 계승받을 생각을 했을 때 이 두 사람을 자기편으로 매수하기 위해 부단히 노력했다. 적인걸은 이들의 측천무후에 대한 영향력을 고려하여 이들을 포섭하기로 결심했다. 적인걸은 당시 일품 재상이었고, 이장은 측천무후의 총애로 벼락출세한 사람들이라 그녀가 죽은 뒤의 일을 걱정하고 있었다. 그 때문에 이들은 적인걸을 찾아가 자신들을 안전하게 보호할 수 있는 계책에 대해 자문을 구했다. 적인걸이 말하길, 유일한 방법은 그들이 이현 태자의 복위를 앞장서서 도와주는 것이라고 했다. 그래서 장차 이현이 황위를 계승하면 그들도 공신이 될 것이니 자연히 안전해질 수 있다고 설득했다. 두 사람은 적인걸의 충고대로 측천무후에게 이현 태자를 복위시킬 것을 은밀히 권하게 되었다.

또 다른 방법은 측천무후와 좋은 관계를 유지하면서 그녀의 의향을 세밀히 관찰하는 것이었다. 다른 대신들처럼 단도직입적으로 이현의 복위를 간언하면 측천무후의 반감을 일으킬 소지가 있으므로 우회적으로 유도했다. 즉, 이현이 어떻게 잘못을 고치고 덕정을 행하는지, 또 그가 측천무후를 얼마나 생각하는지 등 모자간의 골육지정을 이끌어냈다. 한번은 측천무후가 불안한 표정으로 대신들에게 자기가 꾼 꿈 이야기를 했다. 꿈속에서 아름다운 앵무새 한 마리가 보였는데 두 날갯죽지가 절단 나 있었다는 것이다. 대신들은 상서로운 꿈일 거라는 아부성 발언만 할 뿐 구체적인 해몽은 못 하고 묵묵히 있었다. 이때 적인걸이 다음과 같이 해몽했다.

"신이 생각하기에 그 크고 아름다운 앵무새는 폐하를 지칭하는 것으로, 폐하의 성이 무씨이기 때문입니다."

측천무후는 적인걸이 앵무를 자기에 비교하여 해몽하자 고개를 끄덕였다. 적인걸이 이어서 말했다.

"두 날갯죽지는 바로 폐하의 두 아드님입니다. 현재 그들은 감금된 상황이나 마찬가지니 앵무새의 두 날갯죽지가 절단 나 있는 것이 맞습니다. 두 날개가 없으면 앵무새는 날아오를 수 없습니다. 폐하께서 두 아드님을 다시 기용하면 앵무새에 두 날갯죽지가 생기는 것이니 높이 날아갈 수 있습니다."

측천무후가 골똘히 생각하며 묵묵히 있자 다른 대신들이 그녀에게 이현을 다시 태자로 복위시키자고 권하게 되었다. 여러 의견이 분분한 가운데, 측천무후는 성력 원년(698년)에 여릉廬陵에 있는 이현을 조용히 궁으로 불러들여 황태자로 삼을 생각을 했다. 그러나 여전히 최종 결정을 못 한 채 미적대고 있었다. 그런 정황을 알게 된 적인걸은 측천무후를 찾아갔다. 그는 감개무량한 눈물을 흘리며 말했다.

"국가에는 반드시 위업과 신망이 있는 황태자가 있어야 백성들마다 맡은 일을 즐겁게 할 수 있고 사회가 안정될 수 있습니다."

측천무후는 적인걸의 말에 동의하여 고개를 계속 끄덕였다. 그러고는 즉시 이현을 불러 적인걸과 만나게 하라는 명을 내렸다. 적인걸은 무릎을 꿇고 엎드려 감사의 절을 했다. 그리고 측천무후에게 태자를 공개된 자리에서 융숭하게 맞이할 것을 제의하여 승낙까지 받았다.

적인걸은 이현을 태자로 맞이한 뒤, 그의 지위를 공고히 만드는 일에도 앞장섰다. 돌궐이 침입했을 때 이를 평정할 부대의 원수로 이현을 삼고 자신은 부원수가 되어 돌궐을 물리침으로써 태자의 위엄과 신망을 높여주었다.

넷째, 좋은 신하를 추천하여 기용하게 했다. 적인걸은 이씨 천하를 회복시키고 당조 정권을 공고히 하려면 반드시 일군의 유능한 장수와 재상이 보좌해야 한다고 생각했다. 그는 시중과 중서령이 된 후 측천무후에게 뛰어난 신하와 장수를 추천했다. 유명한 장간지張柬之 · 환언범桓彦范 · 경휘敬暉 · 두회정竇懷貞 · 요숭姚崇 · 이해고 · 낙무정駱務整 등등인데, 그중에서도 장간지를 가장 중시했다. 어느 날 측천무후가 적인걸에게 장상의 재능을 지닌 호걸을 추천해달라고 하자, 적인걸은 나이가 일흔이 넘은 형주荊州장사 장간지를 추천했다. 그러면서 장간지는 재상의 재능을 갖춘 인물로 "반드시 나라에 충성을 다할 것이다."라고 말했다. 그러나 측천무후는 그를 낙주洛州사마로 승진시켰을 뿐이었다. 얼마 후 측천무후는 다시 적인걸에게 뛰어난 재능을 지닌 자를 추천해달라고 했다. 이에 적인걸이 말했다.

"신이 이미 장간지를 추천하지 않았습니까?"

"짐은 이미 사마로 승진시켰다."

"신이 천거한 것은 재상의 재목이지 사마의 재목이 아니었습니다."

측천무후는 마침내 장간지를 추관(秋官, 형부)시랑으로 삼았다.

적인걸이 두 번이나 추천한 장간지는 적인걸이 죽은 지 4년 후에 80세의 고령으로 마침내 재상에 올랐다. 그는 사서에서 '오왕五王의 변'으로 부르는 궁중 정변을 일으켜 측천무후를 양위하도록 핍박하고 이현을 황제의 자리에 올려놓았다.

조광윤 趙光胤

속박에서 벗어나 강건하고 유능하게 난세를 평정하고 중국을 통일시키다

조광윤(927~976년)의 조상은 본적이 탁주(涿州, 지금의 하북성 탁주시)로, 대대로 무장을 지낸 집안이었다. 조광윤이 태어날 때 대당 왕조는 이미 궤멸되었고, 중국 사회는 오대십국으로 진입한 분란의 시기였다. 난세에 영웅이 나듯이 조광윤은 이 험난한 시기에 출현하여 풍운을 일으켰다. 영웅 각축의 시대에서 그는 초인적인 지혜와 놀랄 만한 담력과 지모로 당대의 주인공이 되었다. 그는 타향을 떠돌아다니면서 사해를 집으로 삼은 유랑자였지만, 사학가들은 당 태종에 버금가는 영웅으로 그를 치켜세웠다.

군대에 자원하여 금군의 최고 장수가 되다

조광윤은 전쟁터에서 용맹과 출중한 책략을 발휘하여 빠르게 승진했다. 후한 천복 12년(947년), 조광윤은 방랑 생활을 접고 군대에 자원하여 후한 추밀사 곽위(郭威, 후주 태조)의 휘하로 들어갔다. 처음에는 일개 사병이었지만, 얼마 지나지 않자 곽위가 후한에서 병변을 일으킬 때에 참여하여 일이 성공하자 금군禁軍의 하급 장교인 동서행수東西行首로 임명되었다. 곽위의 양자 시영柴榮은 개봉부윤에 임명되자 조광

조광윤의 상

윤을 개봉부 마직군사馬直軍使로 전속시켰다. 시영이 제위를 이어받은 후에는 다시 조광윤을 금군으로 전속시켰다.

조광윤은 군사를 이끌고 전쟁터에 나가면 무모한 돌진을 삼가고 언제나 책략을 구상하여 실천에 옮겼다. 남당南唐에서 제왕齊王 이경달李景達을 보내 후주의 육합성六合城을 공격하게 했다. 남당군은 강을 끼고 10여 리에 걸쳐 목책을 친 채 진군은 하지 않았다. 후주의 수문장 조광윤이 그들을 상대하고 있었다. 당시 조광윤의 병마는 2천여에 불과했다. 수하 장수들이 출전을 요구했으나 조광윤은 동의하지 않았다.

"적은 많고 아군은 적으니 출격하면 우리에게 불리하다. 적군이 공격하기를 기다려 반격을 가해야 그들을 물리칠 수 있다."

쌍방은 한동안 움직이지 않고 대치만 하고 있었다. 며칠이 지나자 이경달은 후주 군사가 출전하지 않는 것은 그들이 겁을 먹었기 때문이라고 생각하고, 병사를 이끌고 육합성을 공격했다. 바로 이때 조광윤이 갑자기 성에서 나와 용감하게 맞이하니 남당 군사들은 미처 손쓸 겨를도 없이 크게 패하여 도주하기 시작했다. 이 전투에서 참수되거나 포로로 잡힌 사람이 5천여 명에 이르고 익사자는 더욱 많았다. 이로써 남당의 정예병은 모두 궤멸되었다. 조광윤은 전투 때 솔선수범해서 싸우는 한편, 전심전력을 다하지 않는 병사들의 가죽 투구에 칼자국을 내어 표시해두었다가 전투가 끝난 후 일률적으로 참수했다. 그는 말했다. "저런 비겁한 사병들은 쓸모가 없을뿐더러 다른 병사들에게 해를 끼치고 군비만 축낸다." 이를 보며 병사들은 더욱 용감무쌍하게 싸웠다.

954년, 북한北漢과 요국遼國이 연합하여 공격해 왔다. 접전에 나서기 전, 조광윤은 먼저 장수와 병사들로부터 사력을 다해 나라에 보답하겠다는 다짐을 받았다. 이어서 그가 앞장서서 말에 채찍을 가하여 나아가니, 장졸들은 사기가 크게 진작되어 그의 뒤를 따라 사력을 다해 적을 죽였다. 그 결과 한·요 연합군을 크게 무찔렀다. 조광윤의 큰 공을 평가한 시영은 그를 전전도우후殿前都虞侯로 승진시켰다. 이후 몇 차례의 승진 끝에 마침내 금군의 최고 사령관이 되었다.

진교陳橋의 쿠데타로 황포를 걸치고 황제로 등극하다

960년 정월, 후주의 도성은 백성들의 설날 경축 행사로 떠들썩했다. 그런데 갑자기 변경에서 긴급한 정보가 날아왔다. 북한과 요국의 연합군이 국경을 침범했다는 것이었다. 이런 소식이 전해지자 경성 사람들은 일대 혼란에 빠져들었다. 재상 범질范質은 정보의 진위를 가리지 않고 급히 조광윤에게 병사를 이끌고 출정하게 했다. 대군이 경성 동북으로 20km 정도 떨어진 진교역陳橋驛까지 갔을 때 장졸들은 야영을 하면서 휴식을 취했다. 오경(오전 3~5시)이 되었을 때 군사들은 진교역 문 앞에 모여 인원을 점검하고는 큰 소리로 조광윤을 천자로 추대하자고 외쳤다. 날이 밝자 군사들은 조광윤의 침실에까지 가서 천자 등극을 다그쳤다. 조광의趙光義가 뛰어 들어가 보고를 하니 조광윤이 몸을 일으켰다. 각 장교들이 모두 병기를 꺼내 놓고 정당庭堂 위에 서서 말했다.

"이 대군은 여러 곳에서 모인지라 주수(主師, 총 통치권자)가 없습니다. 저희들은 모두 대위(大尉, 조광윤)께서 천자로 등극하시길 원합니다."

조광윤이 미처 대답도 하기 전에 몇 사람이 미리 준비해둔 황포(黃袍, 황제의 의복, 두루마기)를 그의 몸에 걸쳐주었다. 그러고는 무릎을 꿇고 고개 숙여 정중히 절하면서 "만세"를 불렀다. 잠시 후 조광윤은 말에 올라 고삐를 바짝 끌어 잡고는 장졸들에게 말했다. "만약 내가 명령을 내리면 당신들은 모두 따르겠는가?" 모두가 말에서 내려 호응했다. "무슨 명령이든 따르겠습니다."

조광윤이 말했다.

"태후와 주상은 내가 신하의 신분으로 섬길 것이니 그대들은 놀라게 하거나 범하지 마시오. 조정의 문무대신도 나와 동등한 자격으로 대하시오. 그들을 절대로 범하거나 욕보이지 마시오. 조정의 각 부서 그리고 백성들의 집안도 침범하거나 약탈하지 마시오. 나의 명령을 듣는 자에게는 중상을 내릴 것이고, 위반한 자는 그 자손까지도 사형에 처하겠소."

장졸들은 다시 한 번 무릎 꿇고 절하면서 절대복종할 것을 맹세했다. 그들은 대오를 정렬하여 도읍으로 진군했고, 얼마 후 조광윤은 황제로 정식 등극했다.

중심을 강화하고 말단을 약화하기 위해
술자리에서 병권을 내놓게 하다

"나라가 멋대로면 장수도 멋대로 되고, 장수가 멋대로면 병사도 멋대로 된다."

"병사가 교만해지면 장수를 내쫓고, 장수가 강해지면 윗사람을 배반한다."

조광윤은 이런 이치를 잘 알고 있었지만 어떻게 해야 대장들의 병권을 회수할 수 있는지 그 방법에 대해 고심하고 있었다. 그가 황제가 된 2년 후(961년) 어느 날, 조광윤은 고급 장수들을 궁으로 초대하여 연회를 베풀었다. 초롱과 오색 천으로 성대하게 장식된 궁 안에서 흥겨운 장구소리 속에 술잔이 오가며 경쾌한 노래와 우아한 춤판이 벌어졌다. 장수들은 태평성대의 나날을 자축하며 희색이 만연한 얼굴로 호쾌하게 술을 마셨다. 모두가 어느 정도 취했을 무렵, 조광윤은 좌우 시종들을 물리고 석수신石守信 등 옛 친구와 공신만을 남게 한 후에 말했다.

"짐은 경들의 힘이 아니었다면 이 자리에 올라설 수 없었소. 그러나 천자의 자리라는 게 매우 힘들어서 절도사의 즐거움만 못하고 밤잠을 설치는 일이 다반사라오."

석수신 등이 거듭 그 원인을 묻자 조광윤이 말했다.

"누가 이 천자의 자리에 오르려는지 어찌 알겠소?"

장수들은 이 말을 듣고 크게 놀라 자리에서 일어나 무릎을 꿇고는 머리를 조아리며 이구동성으로 말했다.

"폐하께서 무슨 말씀을 하십니까? 지금 천하는 안정이 되었는데, 누가 감히 다른 마음을 품겠습니까!"

"경들은 물론 그렇지 않겠지만 휘하 부하 중에 부귀영화를 꿈꾸는 자들이 경들의 몸에 황포를 걸쳐준다면 자신은 황제가 되지 않으려 해도 어찌 그러지 않을 수 있겠소?"

장수들은 머리를 조아리고 울면서 말했다.

"우리가 어리석어 미처 그런 생각을 못 했으니, 부디 폐하께서는 저희들의 살길을 하명해주십시오."

조광윤은 그제야 자신의 속뜻을 말했다.

"인생이란 흰 망아지가 좁은 틈을 지나가는 것과 마찬가지로 덧없이 빠른 법이오. 부귀영화란 것은 금전이 넉넉해서 제 인생을 즐기고 자손들이 가난하게 살지 않으면 그만이오. 경들은 병권을 놓고 변경으로 가서 좋은 저택을 마련하고, 자손들에게 물려줄 재산을 남겨놓고, 날마다 가무를 즐기고 맛난 음식과 술을 마시면서 한평생을 보내는 게 좋지 않겠소? 게다가 짐과 사돈관계를 맺으면 상하 군신 간에 서로 의심할 것 없이 편안할 터이니 이 역시 좋지 않겠소?"

석수신 등 장수들은 연거푸 감사를 드렸다. 그다음 날 고급 장수들은 모두 병을 이유로 조정에 나오지 않았고, 사직을 청하며 군직을 버렸다. 조광윤은 바람에 돛을 단 듯 그들이 순조롭게 사직하자 후한 상을 내렸다. 비록 중앙의 군 요직은 그만두게 했지만 대부분 지방의 절도사와 관리로 내보냈다. 이것이 바로 역사상 유명한 "술을 권해 병권을 내놓게 하다."는 '배주석병권杯酒釋兵權'의 일화이다.

지방 권력을 약화시키고 번진의 우환을 제거하다

당나라 후기에 이르러 번진藩鎭이 할거하고 오대십국이 난립하여 중국은 대분열되었다. 정치의 통치체제도 이에 걸맞게 개편되었다. 조광윤은 통일을 공고히 하기 위해 어떤 개혁으로 전환해야 하는지 오랜 고뇌 끝에 이 문제를 대신들과 논의하여 책략을 세우리라 결심했다. 하루는 조보趙普를 불러 말했다.

"당말 이래 수십 년 동안 천하의 제왕이 여덟 성姓이나 바뀌었고, 전쟁은 그치지 않고 백성은 도탄에서 헤어나오지 못하니 이유가 무엇이라 생각하시오? 짐은 전쟁을 멈추게 하고 국가를 오래토록 편안히 다스리고자 하는데, 어찌하면 좋겠소?"

조보가 대답했다.

"특별한 까닭이 있어서 그런 것이 아닙니다. 지방 번진이 너무 비대해져, 군주는 약하고 신하는 강한 탓입니다. 이런 국면을 돌리려면 다른 방법이 없습니다. 지방 번진의 권력을 단계적으로 빼앗고, 그 자금줄을 통제하며, 그 정예병을 회수하면 됩니다. 그러면 천하는 자연스럽게 안정될 것입니다."

조광윤의 생각도 조보와 일치했고, 이 정책을 번진의 후환을 제거하는 기본 방침으로 삼았다.

먼저 번진의 권력을 빼앗는 주요 조치로, 통판通判을 추가로 두고 지군支郡를 없앴다. 통판을 둔 것은 963년 호남을 공략하고부터였다. 이후 각지의 주부州府에 사무의 번잡 정도에 따라 통판을 1인 혹은 2인을 두었다. 통판은 '감군(監郡, 군을 감시한다)'으로서 지주知州와 상호 견제하는 역할을 했다. 한 주州의 공적인 일은 지주와 통판이 공동으로 의련서儀連書에 서명해야 시행할 수 있었다. 번진은 원래 수 주 혹은 수십

주의 토지를 점유하고 있는데, 절도사가 머물고 있는 주를 '회부會府'라 불렀다. 거기에 귀속된 관할 주인 지군을 없앤 것은 절도사의 지군에 대한 통제권을 해제한다는 의미였고, 이에 각 주를 중앙에서 직속 관할하게 되었다.

그다음으로 번진에서 수탈하는 재물에 대해 통제를 가했다. 당나라 덕종德宗 건중 원년(780년)부터 두 가지 세법이 실행되었다. 지방이 거두어들이는 세금은 세 부분으로 나누어져 있었다. 첫째는 중앙으로 바로 상납하는 것이고, 둘째는 송사(送使, 회부에 머물고 있는 관리를 유사留使라 하는데, 송사는 바로 유사를 말한다.)의 명목으로 거두는 것이고, 셋째는 유주留州의 명목으로 거두는 것이다. 절도사는 유사, 유주의 명목으로 유부세留賦稅를 거두어 군비로 쓰고 조정에 상납하는 것은 매우 미미하다. 번진 관할 지역에 상세商稅와 차와 소금을 독점 판매하는 것은 명목상 중앙 삼사에 직속된 것이지만 절도사는 자신이 믿을 수 있는 관리를 보내 주관함으로써 불법으로 세금을 거두어들였다. 정액을 납입하고 초과한 것은 절도사의 손아귀에 들어갔다. 이 밖에도 각 도를 경유하는 교역상을 '회도回圖'라고 하는데, 절도사들이 친히 관리를 파견하여 관할 도로를 경유하면서 세금을 납입하지 않으면 싣고 가는 재물을 회수하는 일이 빈번했다. 이러한 폐단을 막기 위해 조광윤은 장무場務를 관장하는 감관監官을 두었고, 더불어 조정의 관리를 각지로 파견하여 감독하게 했다. 또 규정된 지방 세금은 반드시 행정적인 지출을 제외하고 모두 경사京師로 보내게 함으로써 각 주에서 점유할 수 없도록 했다. 이후 조광윤은 중앙 관리를 제외하고 지방관이 '회도'를 간섭하여 이득을 챙길 수 없게 만들었다.

번진의 정예병을 회수하기 위해서 조광윤은 후촉을 멸망시킨 그해(965년) 각 주의 장리長吏에게 용맹하고 날랜 사병을 선택하여 도성 부근

신하들과 공을 차고 있는 조광윤

으로 보내라고 명령을 내렸다. 이는 중앙군인 금군에 결원이 생겼을 때 보충하기 위함이었다. 그리하여 각 주에 예속된 군대는 전투력이 떨어지는 병사만 남게 만들었다. 동시에 문신을 절장節將으로 삼아 그들이 점차 지주부知州府의 시책도 행할 수 있도록 만들어 지방의 군사 역량은 크게 약화되었다. 오대 동란 때 "나라가 멋대로면 장수가 멋대로 되고, 장수가 멋대로면 병사도 멋대로 된다."는 상황하에서 조광윤은 금군을 장악했다. 그리고 통제가 안 되는 장졸 덕분에 오히려 후주 정권을 탈취할 수 있었다. 조광윤은 금군 장수의 권력이 과대하고 그것이 얼마나 위험할 수 있는지를 직접 체험했다. 그러나 건국 초기에는 금군의 고급 장수와 과거의 친구, 결의형제 등 자신의 황제 옹립에 직접적으로 참여했던 사람들에 대해 어떤 조치를 취해야 할지 결정하기가 곤란했다. 조보는 여러 차례 장수들의 병권을 해제하고 다른 직위를 주자고 제의했으나, 처음에 조광윤은 동의하지 않았다. 그래도 조보가 재삼 권고하자 결국 조광윤은 결단을 내렸다. 금군 고급 장수들의 병권을 해제하고, 과도한 금군의 조직과 직위를 조정해나갔다. 이로써 번진과 교만한 장졸들의 우환에서 벗어나 분열된 전국을 통일하여 사회 안정을 되찾을 수 있었다.

엄격하고 공정한 군기를 세우고 피정복자를 우대하다

송군은 출정할 때마다 엄중한 군기를 공포했다. 작전 동안 군기를 잘 지킨 병사는 표창을 했고, 군기를 위반한 병사들에게는 호되고 매서운 징벌을 내렸다. 건덕 2년(964년), 송군은 동·북 양로 대군으로 나누어 촉나라를 정벌했다. 동로대군을 지휘한 도감 조빈趙彬은 군기를 엄격하게 세워 함부로 살인을 하거나 백성들의 재물을 강탈하는 것을 금지했기 때문에, 동로대군이 가는 곳에서는 사병들의 범법 행위가 전혀 일어나지 않았다. 이 소식을 들은 조광윤은 기분이 좋아서 말했다. "그 사람을 임명한 것은 바로 짐이로다!" 그는 조빈을 불러 포상했다.

북로대군은 왕전빈王全斌이 통솔했는데, 그의 부하들은 백성의 재물을 강탈하고 여자를 겁탈했다. 또 항복한 촉나라의 장졸 2만7천여 명을 살육했다. 조광윤은 왕전빈이 촉나라를 정벌한 공로가 있어 비록 죄로 다스리지는 않았지만 종신토록 중용하지 않았다. 조광윤은 서천西川 진영에 머물던 한 장수가 부녀를 잡아 잔인하게 유방을 잘라냈다는 소식을 듣고 즉각 그를 경성으로 불러 죄를 묻게 했다. 많은 대신들이 급히 달려와 그를 구하려고 했지만 조광윤은 눈물을 흘리면서 말했다. "군대를 일으켜 정벌을 한 공이 있으나 부녀자가 무슨 죄가 있어 그리도 잔인한 짓을 했는가! 법으로 그 원통함을 풀어주리라." 그러고는 즉각 그 장교를 저잣거리에서 공개 참수하라는 명을 내렸다.

조광윤은 자기의 통치 지위를 공고하게 만들고 특별히 정복자를 우대하여 황제로 등극할 수가 있었지만 후주의 공제恭帝 및 부황후符皇后를 죽이지 않고 우대하여 그들을 서궁西宮에서 정성껏 공양했다. 개보開寶 6년(973년)에 공제가 서거하자 조광윤은 소복을 입고 애도했고, 더불어 10일 동안 조정에서 정무를 보지 않았다. 주나라 왕실의 구신과 무장에 대해서도 조광윤은 예를 갖추어 상대해주었다.

개보 4년(971년). 남한 군주 유창劉鋹이 전쟁 포로로 잡혀오자 조광윤은 그를 "은사후恩赦侯로 봉하고 수도에서 머무를 저택을 하사했다." 하루는 조광윤이 유창에게 술을 마시라고 권했다. 유창은 술에 독이 있는 줄 의심하고 비 오듯 눈물을 흘리며 감히 마시질 못했다. 이를 보고 조광윤이 크게 웃으면서 말했다. "짐이 성의로써 그대를 대하려 하니 안심하시오!" 하고는 유창에게 내렸던 술을 자신이 다 마셨다. 유창은 은혜에 감복했다.

조광윤은 즉위 초 호되고 매서운 정책으로 탐관오리를 징벌하고 산업 발전에 치중했다. 수리 사업을 일으키고 세금과 부역을 감면했으며 백성들의 생활을 안정시켰다. 내란을 신속하게 평정하고 군권을 중앙에 집중시키며 '선남후북先南後北'의 책략을 취하여 마침내 차례로 형남·호남·후촉·남한·남당 등의 정권을 소멸시켰다. 오대십국으로 분열·할거했던 국면을 정리하고 광활한 중화 땅을 통일하여 송왕조를 탄생시켰다.

소작蘇綽

속에 모략을 감추고 밖으로 위엄을 떨치다

소작(953~1009년)은 어릴 적 자가 연연燕燕이고 요나라 경종景宗 야율현耶律賢의 예지睿知황후였다. 역사에서는 소태후라 부른다. 그녀는 고대 역사상 보기 드문 걸출한 여성 정치가이자 군사가였다. 요 경종이 어려서부터 병치레가 많고 정치보다는 사방으로 쏘다니며 사냥하길 좋아해서 황후 소작이 점점 조정 일에 참여하기 시작했다. 경종이 서른다섯의 젊은 나이로 세상을 떠나고 성종 야율융서耶律隆緖가 열두 살의 어린 나이로 보좌에 오르자 소작은 승천태후가 되어 섭정하게 되었고, 이 때문에 역사에서는 그녀를 소태후라 부른다.

그녀는 거란 귀족 집안 출신이었다. 982년 섭정할 무렵 그녀 앞에 놓인 것은 "젊은 과부 어머니와 어린 아들, 입김 센 족속들과 불안한 변경" 등과 같이 온갖 문제들이 뒤섞여 있는 복잡하기 짝이 없는 상황이었다. 그러나 그녀는 날카로운 눈으로 정확한 정치적 책략을 취하여 이런 난관들을 헤쳐나가기 시작했다.

안으로 조정을 안정시키고, 낡은 제도를 혁파하다

그녀가 집권하면서 취한 조치는 먼저 낡은 제도를 타파하고 유능한

소황후 소작의 초상화

인재를 기용하는 것이었다. 그녀는 요나라가 건국한 후 계속 유지해온 관리 세습제 및 당시의 종족 제한을 당당하게 타파하고 야율사진·야율휴가와 한족 한덕양 등을 과감하게 발탁, 이들로 하여금 정책을 결정하게 하여 정국을 안정시켰다. 야율사진과 야율휴가는 그녀를 따라 동분서주 정벌에 나섰다. 이들은 나라를 경영할 만한 재능과 탁월한 전공을 올린 종친이었다. 소태후는 이 두 사람의 충성을 지속시키기 위해 조카딸을 야율사진에게 시집보냈는데, 그녀 자신의 체면을 세우기 위해 성종 야율융서로 하여금 야율사진과 화살·말안장을 교환하여 절친한 친구 사이임을 맹서하게 했다. 이어 성종은 말을 야율휴가에게 내리니 야율사진과 야율휴가는 감격의 눈물을 흘리며 죽을힘을 다해 충성할 것을 약속했다. 한족 한덕양은 원래 경종 때 절도사로서 상경(지금의 내몽고자치구 파림좌기)과 남경(지금의 북경)에 주둔한 바 있었다.

979년, 송의 군대를 물리치는 데 큰 공을 세워 남원추밀사로 승진했다.

한덕양과의 관계는 더욱 놀라웠다. 소태후는 입궁 전부터 한덕양과 알던 사이로 그에 대한 소태후의 감정은 남달랐다. 이 때문에 그녀는 언젠가 한덕양에게 "오래도록 사이좋게 잘 지냈으면 좋겠소. 지금 어린 주상은 당신의 아들과 같으니 친아들처럼 잘 보좌해주시오."라고 당부한 적이 있을 정도였다. 그녀는 한덕양의 아내 이씨에게 독주를 내려 독살시킨 다음 공개적으로 그와 같은 침소에서 지냈다.

얼마 뒤 소태후는 한덕양에게 거란의 제1성인 '야율耶律'이란 성을 내리고 이름도 융운隆運으로 바꾸게 한 다음 총관양원추밀원으로 발탁하여 군사와 정치의 대권을 총괄하는 대승상 자리에 앉혔다. 그야말로 파격이었다. 한덕양, 아니 야율융운은 여기에다 황궁의 수비를 책임지는 숙위병 총령까지 맡았다. 한덕양은 좌우로 100명이 넘는 시위병을 거느리며 실제로 황제만이 누릴 수 있는 특별한 대우를 받았다. 이러한 조치들로 조정은 안정을 찾았다.

소태후는 어린 아들 성종을 엄격하게 관리했다. 그녀는 아들을 위해 여러 방면에서 세심한 주의를 기울였다. 이 때문에 성종 야율융서는 하루 종일 글공부를 하거나 무예를 익히지 않으면 안 되었다. 제멋대로 행동하는 것은 꿈도 못 꾸었다. 창고에 있는 물건 하나라도 태후의 허락을 받지 않고는 함부로 처리하지 못했다. 태후는 문무관원들에게 내리는 상이 아니면 거의 허락하지 않았다.

한번은 어린 성종이 산으로 사냥을 나갔다가 술을 마신 적이 있었다. 이 사실을 안 태후는 직접 매를 들고 아들을 나무라면서 "하고 싶다고 함부로 해서는 안 되며" "천하의 주인으로서 반드시 깊게 경계해야 한다."고 훈계했다. 야율융서는 이렇듯 엄격한 교육을 받으면서 성장하여 마침내 요나라 역사상 보기 드문 명군이 되었다.

한족의 인심을 얻다

요는 한족을 차별 대우했다. 거란인이 한족을 죽이는 죄를 범하면 소나 말로 배상하면 그만일 정도였다. 한족들은 법으로 생명을 보장받을 수 없는 처지였다. 소태후는 한족에게 법률상 평등한 대우를 받을 수 있도록 결정하여 한족들로부터 큰 지지를 얻었다.

송과 요 사이에 전쟁이 끊이지 않는 상황에서 많은 한족들이 송나라 군대로 도망갔다. 그러다 송이 잇달아 패하자 대량의 한족이 남쪽으로 도망쳤으나 송 정부는 이들 유민을 수습할 정책을 내놓지 못했다. 한족 유민은 오랫동안 갈 곳을 못 찾고 떠돌았다. 이에 소태후는 이들을

뛰어난 여성 정치가이자 군사가였던 소태후는 송 · 서하 · 토번 · 회흘 등 여러 민족이 천하를 다투던 시대에 요나라를 강국으로 만드는 데 큰 공을 세웠다. 지도는 당시의 형세도다.

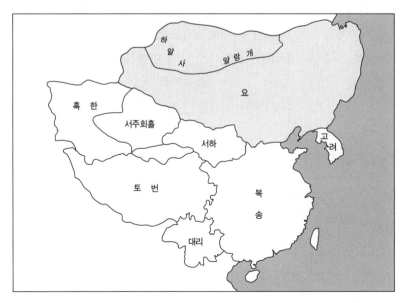

다독거리는 정책을 내놓고 농업과 누에치기를 장려하자 돌아오는 사람이 장사진을 이루었다.

군대를 개편하고 반란을 평정하다

요의 군대는 모두 합쳐 20만을 넘지 못했다. 동쪽에는 여진이 있고, 서쪽에는 당항(黨項, 서하)이 있었으며, 남쪽에는 송이 있었다. 하루도 창칼이 쉴 날이 없었다. 변방의 수비를 강화하고 세력을 확장하기 위해서는 전투력이 강한 군대를 창설하지 않으면 안 되는 상황이었다. 소태후는 섭정 후 바로 군대 개편 작업에 들어갔다. 늙고 병든 병사는 도태시키고 종족의 경계선도 없앤 다음 빠른 속도로 한족 위주의 정예군을 창설하여 자신이 직접 통솔했다. 변방에 급한 상황이 발생하면 그녀는 늘 직접 갑옷을 입고 나가 동쪽으로 고려와 여진을, 서쪽으로 당항을, 북쪽으로 조복阻卜을 정벌하기도 했다. 그녀의 용병술은 기지가 넘치고 다양하여 아주 빠른 시간 안에 반란들을 모조리 평정할 수 있었다.

각개격파, 공수 전환

송 태조 조광윤이 남방의 여러 나라를 평정한 이후 태종 조광의가 즉위하여 북벌을 개시, 먼저 북한을 정복하고 이어서 창끝을 요에 겨누어 공격해 왔다.

986년, 송은 30만 대군을 징발하여 세 길로 요를 공격해 왔다. 가운데 길로 공격해 온 중군은 비호도(지금의 하북성 울현)를 나와 진공했고, 서쪽 길로 진공하는 서군은 안문관을 나왔다. 한편 동군은 웅주도(지금의 하북성 웅현)를 나와 공격해 왔다. 목적은 유주(지금의 북경시와 하북성 북부)를 기습하겠다는 것이었다. 소작은 총병력 면에서 송에 비해 열세였지만 침착하게 대응했다. 그녀는 병력을 집중하여 각개격파한다는 정확한 전략을 수립했다. 그녀는 어린 군주 애율융서를 데리고 타라구(지금의 하북성 탁현)에서 군대를 독려했다. 그리고 동쪽으로 여진 정벌에 나선 군대를 즉각 철수시켜 원병으로 삼았다.

그녀는 대군을 몸소 이끌고 송군의 주력군인 조빈의 부대와 대치한 다음 야율휴가에게 정예병을 데리고 송군의 후방을 공격하여 군량 수송로를 끊도록 했다. 송군은 양식이 다 떨어져 하는 수 없이 웅주로 후퇴했고, 이 틈에 기세가 오른 요군은 송군을 추적하여 기구관(지금의 하북성 탁현 서남)에서 격전을 벌였다. 그 결과 송군은 소태후에게 대패했다. 이어 그녀는 다시 우세한 병력을 결집시켜 송의 서군 장수인 반인미를 삭주(지금의 산서성 삭현)에서 물리쳤다. 송의 명장 양업이 구원병을 이끌고 달려왔지만 그 역시 소태후가 쳐놓은 매복에 걸려 전사하고 말았다. 송의 중군과 서군이 잇달아 대패했다. 이 전투에서 승리함으로써 요·송 쌍방의 공방 상태에 중대한 변화가 발생했다. 송군은 이후 더 이상 병력을 발동하여 공세를 취하지 못한 반면, 요는 986년에서 1003년에 이르기까지 약 20년간 거의 해마다 남쪽 송을 정벌했다. 이 때문에 송은 지칠 대로 지쳤다. 1003년, 송 진종 조항은 견디다 못해 마침내 화친을 구걸하기에 이르렀다. 그러나 화의를 위한 회담 도중 송이 영주와 막주를 포기하지 않으려고 함으로써 회담은 결렬되었다.

작전에서 불리함에도 담판으로 적을 물리치다

1004년, 나이 50이 다 된 소태후는 야율융서와 함께 20만 대군을 거느리고 다시 송을 공격했다. 그러나 진공하다 남으로 단주(지금의 하남성 복양)에서 저지당했다. 당시 송 조정은 주전파 구준 등의 직접적인 영향 때문에 사기가 크게 올라 있었다. 특히 단주성 전투에서 요는 대장 소달름을 잃었다. 형세는 송에 대단히 유리하게 흘러갔다.

그러나 송의 진종은 다시 사람을 보내 화친을 요청했다. 소태후는 이 기회를 놓치지 않고 당당하게 휴전에 응했다. 하지만 그녀는 송 진종이 소태후를 숙모로 모시고 야율경서를 형으로 모신다는 조항을 관철시켰다. 게다가 매년 20만 필의 옷감과 백은 10만 냥을 요에 바치도록 했다. 이것이 역사상 저 유명한 '단연澶淵의 맹서'라는 사건이다. 소태후는 전쟁에서 승리라는 과실을 얻지는 못했지만, 담판 결과 요의 경제력을 빠르게 발전시킬 수 있는 발판을 마련하는 탁월한 능력을 발휘했다.

포증包拯

탐관오리의 간담을 서늘하게 하고, 지혜와 기민함으로
권위 있고 지체 높은 사람들의 허리를 굽히게 만들다

포증의 자는 희인希仁이고, 여주 합비(合肥, 지금의 안휘 합비) 사람이다. 관료 가문 출신으로 북송 함평 2년(999년)에 태어났고 가우 7년(1062년)에 죽었다. 포증은 청렴결백하고 강직하여 아첨하지 아니하고 권세를 두려워하지 않았으며 백성을 위해 사명을 다해 '포청천包靑天'이라 불렸다. 줄곧 백성들의 가슴속에 남아서 수많은 사람들이 그리워하고 입과 입으로 전하여 칭송했다.

관리를 정돈하고 조정을 혁신하다

포증이 살았던 시대는 송나라 인종 연간으로, 당시 송나라는 건국 초기의 생기를 잃어버린 상태였다. 관료 기구는 방대하여 쓸모없는 관리, 남아도는 병사, 헛된 비용과 같은 삼대 재앙 때문에 백성들의 부담이 가중되었다. 사병들은 폭동을 일으키기 일쑤였고, 농민 봉기도 자주 발생했다. 이런 상황에서 포증은 우국애민의 정신을 바탕으로 관리를 정돈하여 다스리고 조정을 혁신했다.

인재를 잘 기용하는 문제에 대해 포증은 일찍이 인사 제도를 개혁

해야 한다고 주장했다. 그는 충실한 군자를 쓰고 간사한 소인을 쓰지
말아야 하며 "분발하여 자기 몸을 돌보지 않고, 나라를 위해 근면하는
사람", 재능 있고 공정하고 청렴결백한 인재를 발탁해야 한다고 주장
했다. 그는 탐관오리를 극도로 미워하여 가혹한 정치로 과다한 세금을
거두어들이는 전운사轉運使 왕규王逵를 7차례나 탄핵했다. 황제의 인
척이나 정치적으로 아무런 성과를 내지 못하는 장요좌張堯佐가 요직을
두루 맡고 있는 것에 대해 부당하다는 상소를 올려 그의 면직을 청했
다. 그는 관원들이 70세가 되면 반드시 퇴직할 것을 권유하고, 임의로
관리를 임명하는 것에 반대했으며, 아버지 세대에 세운 공로 때문에

그 자제들을 채용하지 말고 부득이 채용할 때에는 정식으로 시험을 통과한 자만을 쓰도록 했다. 그는 범중엄范仲淹이 주도했던 경력신정慶歷新政이 비록 실패로 돌아갔지만, 그때 과감하고 용감하게 책임을 진 관원과 처벌받은 관원들을 다시 기용해야 한다고 주장했다.

경제정책에 대해 포증은 국가 지출을 줄이고 평민에 대한 과도한 착취를 금하며 널리 백성을 이롭게 하는 데 목적을 두어야 한다고 주장했다. 당시 조정에서는 시장 가격을 낮추어 나라에 필요한 물자를 사들이는 정책을 펴고 있었는데, 이는 실제로 민중에게 빼앗는 것이나 마찬가지였기 때문에 포증은 이러한 정책에 반대했다. 그는 실례로 섬서에서 강제로 군용물자의 가격을 낮추어서 가산을 탕진한 백성이 적지 않았던 사례를 들어 황제에게 이런 방법을 폐지할 것을 상소했다. 그는 국가에 필요한 긴급 물자는 시장에서 공평한 가격이나 자유로운 매매를 통해 매수해야 한다고 제시했다. 그래야만 백성의 부담을 줄이고 물자의 원활한 생산과 유통을 촉진하는 데 유리하다고 보았기 때문이다.

포증은 소금의 생산과 판매에 대한 관아의 농단을 타파해야 한다고 주장했다. 그가 개봉호부부사로 있던 기간에는 몸소 염세법령鹽稅法令을 개혁하여 상인들의 자유 매매를 허락했다. 이러한 개혁은 백성들이 관아로 소금을 옮기는 고통을 덜어주고 식염의 생산과 유통에도 도움이 되는 것이었다. 심괄沈括은 이러한 포증의 '통상법通商法'을 언급하며 "그 정책을 행한 지 수십 년이 지난 지금까지도 이득이 된다."고 칭송했다. 이 밖에도 포증은 황제에게 상주문을 올려 말을 기르는 전지田地도 지방이나 농민에게 돌려주어야 한다고 청하여 농민들의 환영을 받았다. 그는 전균세田均稅를, 즉 지주나 호족들의 토지를 측량하여 그들의 탈세나 부역 회피를 방지할 것을 주장했다. 또한 민간에게 철광

석 채취를 장려하는 등 나라와 백성들에게 유리한 일들을 추진했다.

국방과 대외 정책에 대해 포증은 백성들이 부유해야 나라가 강해진 다고 보고 변경 방어를 더욱 강화하여 국토를 보존하고 백성들의 부담을 줄이는 조치를 취해야 한다고 했다. 그가 요국에 사신으로 갔을 때, 요국에서 일부러 그를 난처하게 만들었지만 그는 정당한 이치와 엄숙한 도리를 들어 끝까지 논쟁했으며, 비굴하거나 거만한 태도를 보이지 않았다.

귀국 후 그는 요국의 실제 정황을 보고하길, 그들이 병마를 집결하고 군량을 축적하고 있으니 송나라는 변경 방어에 더욱 힘써야 한다고 건의했다. 또한 그는 이전 관원들이 군사 실정을 모르는 채 그저 문제가 생기는 것을 겁내서 감히 저항하지 못한다고 보고, 용감하고 잘 싸우는 관리를 변경 방어에 파견할 것을 요청했다. 조정에서는 그의 건의를 받아들여 송나라와 요나라 간의 변경 방위를 강화시켰다. 포증은 송대의 남아도는 '병사의 해害'에 대해서도 주목했다. 늙고 병들어 무기력한 병사를 감축하고, 훈련과 작전의 이점을 주장했으며, 변경의 민간 사이에서 의용義勇 훈련을 강화할 것을 건의했다.

송나라 황제는 통치 기반을 보존하기 위한 조치로, 무장의 전권을 방지하고자 장수들을 빈번히 이동 배치하고는 했다. 이로 인해 심지어는 병사들이 장수를 모르고 장수들도 병사를 몰라 부대의 전투력이 약화되는 폐단이 있었다. 포증은 이런 법은 하루빨리 고쳐야 한다고 보았다. 그래서 장졸을 신임하고 그들에게 직분에 맞는 권한을 주어야 하며 경솔하게 이동시키지 말아야 한다고 했다. 더 중요한 것은 그의 부국강병 건의가 백성들의 부담을 가중시키지 않는 전제 조건하에서 수립된 것이라 민심을 얻었다는 사실이다. 예컨대 중원 농민이 군량을 운반하기 위해 굶주림을 참아가며 고생을 했다면, 그 해결 방안으로 풍년이 들은 해에 해당 농민의 양식을 구매, 비축하여 군량에 충당함으로써 그 농민의 장거리 운송에 따른 고통을 경감시킬 수 있다고 주장했다.

포증의 수많은 건의는 민본 사상에 기초한 것이었다. 그는 시종일관 백성은 나라의 근본이라고 여겼다. 백성들의 입고 먹을 것을 넉넉히 하고 탐관오리가 백성을 기만, 압박하지 못하게 한다면 국가는 부강해지고 백성은 태평성태를 맞이할 것이라고 보았다. 백성의 고혈을 쥐어짜내는 현실을 이대로 방치한다면 천하 백성들은 도탄에 빠질 것이고, 그러면 국가가 강성해지지기는커녕 오히려 관리가 백성들의 반란을 부추기는 꼴이 되어 봉건통치의 기반이 무너지게 된다고 보았다.

청렴결백하고 솔선수범하다

"일 년 동안 지부知府에 있으면 청렴한 자라도 눈꽃 같은 은이 십만 냥이 생긴다."

이 시구는 봉건사회체제 속에서 탐관오리가 자신들의 호주머니를 채우기에 얼마나 급급했는지를 적나라하게 드러내준다. 그러나 포증은 사리사욕을 단호히 배척하고 평생 청렴결백의 지조를 지켜냈다.

강정 원년(1040년), 포증은 단주(端州, 지금의 광동 조정)의 관리가 되었다. 단주는 유명한 벼루의 산지인데, 이 벼루를 '단연端硯'이라고 부른다. 매년 생산되는 것을 거의 조정에 바치게 되어 있었다. 그러나 현지 관리와 지방 유지들이 이를 뒤로 빼내 매매하거나 뇌물로 상납하여, 단연은 많은 생산에도 불구하고 늘 빠듯했다. 때문에 백성들의 부담은 갈수록 커졌다. 포증은 부임 후 관리나 유지들이 단연을 더 이상 뒤로 빼돌리거나 매매할 수 없게 만들었고, 규정된 수량만 조공하도록 했다. 당연히 백성들의 부담은 줄어들었다. 그리고 포증 자신은 단주를 떠날 때까지 단연을 사사로이 단 하나도 챙기지 않았다고 전한다.

포증은 일생 동안 검소했다. 관리가 되고 고관의 자리에 있을 때도 의식주는 변함없이 일반 백성과 다르지 않았다. 포증은 일찍이 한 폭의 가훈을 썼는데, 집 가운데 벽에 다음과 같이 새겨놓았다.

"나의 자손들 중에 탐관오리가 나온다면 살아서는 고향 본가로 돌아오지 못하게 하고, 죽어서도 포씨 집안 선산에 묘를 쓰지 못하게 하라. 나의 뜻을 따르지 아니하면 나의 자손이 아니다."

이처럼 청렴하고 고결한 태도는 포증의 겉바른 모습이 아니라 일생 동안 견지해낸 행동준칙이었다. 고향 여주에서 관리를 할 때 그는 '철면무사(鐵面無私, 인정에 구애됨 없이 공평무사하다)'로 정평이 나 있었다. 친척과 이웃들은 그가 관리가 되었으니 믿고 의지할 만한 사람이 생겼다고 좋아했지만, 그는 사사로운 정에 이끌리지 않았다. 만일 친척이 법을 어겼다면 관용을 베풀기보다는 더욱 엄격하게 처리했다. 이런 일들로 포청천의 위엄과 명성은 천하에 떨쳤고, 그가 죽은 후에도 사방으로 전해졌다. 일례로 송나라에 귀순해 온 한 소수민족 관원은 송 인종에게 이렇게 말했다.

"저는 포증이 충신이라는 소문을 들었습니다. 다른 요구사항은 없고 다만 저의 성을 포씨로 쓸 수 있도록 윤허해주십시오."

송 인종은 그의 성명을 포순包順이라 정해주었다.

강직하여 아부하지 않고 지혜로
권위 있고 지체 높은 사람들을 굴복시키다

포증의 사람됨은 강직했다. 양다리를 걸치거나 겉과 속이 다르지 않았다. 더욱이 음모술수는 생각도 하지 않았다. 그는 명을 받으면 아첨하지 않았으며, 권세 있는 자에게 아부하여 빌붙지 않았다. 황제 면전에서도 거리낌 없이 직언했고, 황제의 기분을 상하게 하는 것도 두려워하지 않았다. 태자를 세우는 일에서도 죽음을 무릅쓰고 직간을 올렸다. 그는 공개 석상에서 황제에게 말했다.

"저는 이미 늙었고 아들도 없습니다. 만약 제가 한 말이 틀렸다면 조금도 신경 쓸 것이 없습니다. 저는 벼슬이 높아지고 부자가 되려는 것이 아닙니다."

다행히 송 인종은 비교적 진보적인 통치자였다. 그는 포증의 간언에 대해 불같이 화를 내지 않고 천천히 상의하자고 권했다. 포증은 송 인종에게 말했다.

"궁내에 가까이서 신임하는 환관들의 권력이 너무 크고 특별 대우를 받고 있으니 마땅히 인원을 정선하여 간소화시키고 지출을 줄여야 합니다."

이는 황제의 최측근인 환관들의 미움을 사 자칫하면 목숨까지 잃는 화를 자초할 수 있는 말이었다. 그러나 포증은 조금도 두려워하지 않고 인종에게 자신의 솔직한 의견을 털어놓았다.

포증은 재상이나 기타 대신에 대해서도 그들을 면전에서 꾸짖어 입장을 난처하게 만들었다. 그는 이런 강직한 기개로 하여 당시 백성들과 정의감에 불타는 일부 신료들 사이에서 우러러 탄복하는 우상이 되었다. 구양수歐陽修는 그를 "천성이 엄하고 강직하다."고 칭찬했다. 포증의 강직은 주관적인 독단이 아니었다. 그는 말과 행동을 하기 전에 늘 미리 조사 연구를 했고, 남의 의견을 즐겨 들었다. 그의 얼굴에서 웃음을 보기는 어려웠지만, 다른 사람이 그의 잘못을 지적할 때에는 허심탄회하게 받아들었다. 그래서 사마광司馬光도 그를 "강직하되 완고하지 않으니, 이런 사람이 되기 어렵다."고 찬양했다.

포증의 사건 처리에는 두 가지 두드러진 특징이 있었다. 하나는 권세를 두려워하지 않는다는 것이고, 다른 하나는 백성을 위해 청원한다는 것이다. 이 두 가지를 제대로 관철시키려면 용기와 지혜로운 모략이 필요하다. 황제의 친인척이나 관료 귀족, 횡포한 지방 유지나 토호 등의 이익집단은 이미 유·무형으로 밀접하게 엮어 있어 그들을 타파하기란 쉬운 일이 아니었다. 그러나 포증은 아무리 어려운 일 앞에서도 지위와 명예에 연연하지 않았다. "능지처참을 당하더라도 황제를 말에서 끌어내릴 수 있다."는 용감한 정신을 지녔다. 또한 "황제의 친인척이나 환관들도 손을 들었고, 듣는 자들은 모두 그를 꺼렸다."고 할 정도로 초인적인 지모를 내보였다.

예를 하나 들어보자. 개봉성 안에 혜민하惠民河라는 하천이 흐르고 있는데, 하천 양편에 출세한 관리와 귀인 그리고 평민들이 함께 살고 있었다. 포증이 개봉부윤으로 재임할 때, 큰비가 내려 하천이 범람했다. 물이 인도를 덮쳐 사람들은 자기 집도 찾아갈 수 없게 되었다. 포증이 하천 범람의 원인을 조사해보니, 관료와 귀족들이 제멋대로 하천의 흐름을 막아 제방을 쌓아놓고 자기 집에 연못을 조성하여 연꽃과 물고기를 기르는 등의 수상 화원을 만들었기 때문이었다. 수재로부터 백성들을 안전하게 보호하기 위해서는 제방을 허물고 하천의 소통을 원활히 해야 했다. 포증이 제방을 허무는 조치를 취하려고 하자 관료와 귀족들이 강력히 반발하고 나섰다. 포증은 제멋대로 제방을 만든

포증이 오랫동안 다스렸던 개봉의 오늘날 모습

것을 증거로 남기기 위해 화가들에게 지도를 그리게 한 다음 제방과 화원을 강제로 허물었다. 그러자 권세 있는 관료와 귀족들이 인종을 찾아가 포증의 소행을 고했다. 포증은 그들이 수상 화원을 만들기 위해 제멋대로 제방을 쌓는 바람에 하천이 원활히 소통되지 못하고 범람했다는 것을 증거를 들어 반박했다. 인종은 포증이 내민 확고한 증거 앞에서 그저 한쪽 눈으로 귀족과 대신들을 노려보고 다른 한쪽 눈은 감아버리는 것으로 불편한 기색을 드러냈다. 그리하여 혜민하는 소통되었고, 수재가 없어지니 백성들 사이에서는 웃음꽃이 피게 되었다.

　포증은 치안을 해치거나 악행을 일삼는 건달들에게도 조금도 인정을 두지 않았다. 천장현天長縣에서 관리로 있을 때 '소 혀 절단'에 관한 사건을 처리한 적이 있었다. 어떤 무뢰배가 몰래 한 농가의 소 혀를 자른 사건이 발생하자 피해 농가가 관아에 신고했다. 포증은 피해 농민에게 "집에 돌아가거든 소를 도축하여 잡아먹으시오."라고 지시했다. 순진한 농민은 포증이 시키는 대로 했다. 그러나 송대의 법률에 따르면 밭 가는 소를 마음대로 도축하는 것은 위법이었다. 이에 소 혀를 자른 무뢰배가 피해 농민이 제멋대로 소를 잡아먹었다고 관아에 고발했다. 포증은 고소 내용을 들은 뒤 갑자기 대노하며 고소한 무뢰배를 잡아들이라고 명했다. 그리고 다짜고짜 고소인에게 무엇 때문에 소 혀를 잘랐냐고 물었다. 무뢰배는 포증이 날카롭고 엄숙하게 추궁하자 속으로 크게 당황하여 생각했다. '어떻게 내가 소 혀를 잘랐는지 알고 있을까? 혹시 누군가 내가 소 혀를 자른 광경을 보고 관아에 고한 것이 아닐까?' 결국 무뢰배는 자신의 소행임을 이실직고했다. 사실, 포증은 어떤 사람이 소 주인을 골탕 먹이려고 소 혀를 잘랐는데, 농민이 소 도축의 범법행위를 하면 반드시 그가 제일 먼저 관아에 고발할 것이라는 것을 미리 알고 있었던 것이다. 이는 마치 우물물에 돌을 던진 것 같아서 그 결과를 뻔히 알 수 있는 일이었다. 그래서 농민을 불러 소를 도축해 먹으라고 권했던 것이다. 그의 예측대로 소 혀를 자른 무뢰배는 스스로 친 그물망에 걸려들었다. 이 사건의 처리 과정을 통해 포증의 예지력이 얼마나 뛰어났는지를 짐작할 수 있다.

범중엄范仲淹

천하를 걱정하고 중원에 지혜를 전파하다

"천하의 근심에 앞서 걱정하고, 천하의 기쁨은 나중에 기뻐한다(선천하지우이우先天下之憂而憂, 후천하지락이락後天下之樂而樂)." 이 말은 북송의 유명한 정치가이자 군사가, 탁월한 문학가이자 교육가인 범중엄이 천고의 명작 『악양루기岳陽樓記』에서 남긴 명언이다. 이 두 구절은 중국 문명의 빛나는 정신 유산으로 남았다는 평을 듣는다. 주희는 범중엄을 두고 유사 이래 최고 일류급 인물이라고 칭찬한 바 있다.

큰 뜻을 품고 부지런히 공부하다

범중엄은 자가 희문希文에 소주 오현(지금의 강소성 오현) 사람이다. 송 태종 단공 2년인 989년에 태어나 황후 4년인 1052년에 죽었다. 그는 당 왕조에서 재상을 지낸 두이빙杜履冰의 후손이고, 아버지 범용范墉은 영무군 절도사 밑에서 서기를 지낸 적이 있다. 범중엄은 두 살 때 아버지를 여의고, 개가한 어머니를 따라 가난하고 힘든 생활을 보냈다. 집안이 힘들고 구차했지만 범중엄은 소년 시절부터 가슴에 큰 뜻을 품고 뼈를 깎는 노력으로 공부했다. 그는 집에서 그리 멀지 않은 예천사醴泉寺라는 절의 승방에 기거하면서 아침부터 저녁까지 책을 읽었다.

범중엄의 초상화

　게으름 피지 않고 힘겹게 공부하는 그의 모습은 사람들에게 깊은 인
상을 남겼다. 당시 그는 매일 저녁 두 홉의 조로 죽을 끓여놓고 다음
날 칼로 4등분하여 아침저녁으로 각각 두 덩이씩 먹었다고 한다. 여기
에 식초에 절인 생선을 조금 곁들여 먹고는 다시 공부를 계속했다. 이
렇게 밤낮없이 쉬지 않고 힘들게 공부했는데, 겨울에 공부하기가 너무
힘들 때면 얼음물로 얼굴을 씻어가며 스스로를 격려했다.

　예천사에 소장되어 있는 책으로는 자신의 욕구를 만족시키지 못하
자 그는 걸어서 당시 상당히 유명한 천부서원(지금의 하남성 상구현)까지
갔다고 한다. 범중엄은 천부서원의 학습 분위기가 매우 마음에 들어
봄부터 겨울까지 1년을 쉬지 않고 공부했다. 이른 새벽에는 검술을 연
마하고 밤이면 옷으로 이불을 대신하여 잠자리에 들었다. 남들이 꽃구
경할 때 그는 유가의 경전인 육경에서 즐거움을 찾았다.

　한번은 황제 진종의 행차가 부근을 지나게 되어 모두들 구경을 간다

고 법석을 떨었다. 하지만 범중엄은 문을 걸어 잠근 채 여느 때와 마찬가지로 글을 읽었다. 같이 공부하던 친구 하나가 이 좋은 기회를 놓치면 어떡하냐며 나무라자 그는 오히려 "나중에 봬도 늦지 않을 것이야!"라고 말해 그 친구의 말문을 닫았다. 어떤 사람이 1년 내내 죽만 먹고 힘들게 생활하는 모습을 보고는 맛있는 음식을 갖다주었다. 하지만 그는 그 음식을 입에도 대지 않았다. 먹지 않아 음식이 상하면 사람들이 욕할 것이라고 하자 그는 깊이 인사를 드리며 감사의 말을 건넨 다음 차분하게 말했다. "저는 죽 먹고 생활하는 데 익숙해져 있습니다. 일단 맛있고 기름진 음식을 먹기 시작하면 나중에 고생을 견디지 못할까 걱정이 될 뿐입니다."

"공부는 사람을 고생시키지 않는다." 몇 년 뒤, 유가 경전에 대한 범중엄의 실력은 무르익었다. 대중상부 7년인 1014년 가을과 이듬해 봄, 그는 과거를 통과하여 진사가 되었다. 이때부터 40년 가까운 그의 정치 생애가 시작되었다. 그리고 숭정전 어전시험에서 그는 5년 만에 진종 황제의 용안을 직접 보게 되었다.

백성을 위한 제방 공사와 교육 사업

천희 5년인 1021년, 범중엄은 태주 해릉 서계진(지금의 강소성 동태현 부근)에 있는 염창(소금창고)의 감독관에 임명되었다. 그는 부임하자마자 이 지역의 방조제가 진즉에 무너지는 바람에 염전에서 소금을 제대로 만들어낼 수 있는 방패막이를 상실했을 뿐만 아니라 바닷물이 논과 밭으로 스며들어 농사까지 위협하고 있다는 사실을 발견할 수 있었다. 조수간만의 차가 심할 때는 바닷물이 태주성 아래까지 차오를 정도였다. 이 때문에 해마다 수많은 이재민이 발생하고, 관청은 관청대로 부진한 소금 생산과 고르지 못한 세금 징수로 막대한 손실을 입고 있었다. 이에 범중엄은 강회조운 장윤에게 글을 올려 이 같은 상황을 간곡하게 설명하고, 통주 · 태주 · 초주 · 해주 연해에다 단단한 제방을 새로 쌓자고 건의했다. 장윤은 흔쾌히 이 방대한 공사를 허락했으며, 조정에서는 범중엄을 흥화현 현령으로 임명하여 제방 공사를 전체적으로 책임지도록 했다.

공사가 시작된 지 얼마 되지 않아 수만 명의 민부들이 눈을 동반한 폭풍과 해일을 만나 그중 100명이 넘는 사람들이 희생되었다. 좌절을 눈앞에 두고 일부 관리들은 이를 하늘의 뜻으로 돌리며 이 사업을 처음부터 다시 논의하는 한편 공사를 중단하자고 주장했다. 이런 상황은 서울까지 전해졌고 조정 대신들은 결정을 내리지 못하고 머뭇거렸다. 그러나 범중엄은 이런 위기 상황에서도 전혀 두려움 없이 태연했다. 일부 관원들은 당황해서 안절부절못했고, 병사와 민부들도 놀라 흩어지는 사태가 발생했다. 하지만 범중엄은 꿈쩍도 하지 않았다. 이러한 그의 굳건한 태도 때문에 관리들은 점점 심리적인 평온을 찾았고, 공사도 다시 시작되었다.

얼마 뒤 수십 리에 이르는 긴 제방이 완성되었다. 염장과 논밭의 생산 그리고 백성의 소중한 생명과 재산이 이로써 보호받기에 이르렀다.

아부하지 않으며, 직언 때문에 세 차례 귀양 가다

일찍이 범중엄이 모친상으로 복상하는 동안 안수晏殊가 범중엄의 명성을 듣고 부학府學에 초청한 바 있다. 범중엄은 복상 기간에도 조정을 향해 본분을 지키지 않고 게으름을 부리는 관리들을 도태시킬 것과 관리 선발에 신중을 기할 것, 그리고 장수들을 잘 위로할 것 등 1만여 자에 달하는 글을 올리기도 했다. 복상이 끝나자 안수는 범중엄을 황실 도서의 교감 및 정리를 책임지는 비각교리 자리에 추천했다. 실제로는 황제 옆에서 각종 문서와 관련된 일을 보좌하는 자리였다.

이로써 범중엄은 황제를 가까이서 수시로 볼 수 있는 기회를 가졌고, 조정의 각종 기밀을 보고 들을 수 있게 되었다. 이는 출세를 위한 절호의 기회였다. 그러나 범중엄은 조정의 이런저런 내막을 알게 되자 상층사회의 험악한 정치투쟁에 대담하게 개입하기 시작했다. 우선 황제 인종이 스무 살 성년이 되었음에도 조정의 정치·군사권이 여전히 60이 넘은 유劉태후 수중에 있음을 발견했다.

어느 해 겨울 동짓날에 유태후가 인종으로 하여금 백관과 함께 전전에서 태후의 장수를 비는 고두叩頭의 예를 올리게 할 것이라는 사실을 범중엄이 알게 되었다. 범중엄은 집안의 예절과 나라의 예절이 서로 섞여서는 군주의 존엄을 해칠 수 있으므로 이 일을 중지시켜야 한다고 생각했다. 그리하여 상소를 올려 이 일을 비판하고 나섰다.

범중엄의 상소는 범중엄을 추천한 안수를 매우 당혹스럽게 만들었다. 그는 서둘러 범중엄을 불러 경거망동하지 말라고 나무랐다. 그러나 평소 안수를 존경하던 범중엄이 이번에는 한 치의 양보 없이 무거운 표정으로 항변했다.

"신은 당신의 추천을 받고 늘 맡은 바 일을 다하지 못하면 어쩌나 걱정해왔습니다. 행여 나 때문에 곤란하시지나 않을까 말입니다. 그런데 오늘 뜻밖에 올바른 일을 가지고 당신으로부터 꾸지람을 들을 줄 누가 알았겠습니까!"

범중엄의 이 말에 안수는 아무 대꾸도 하지 못했다. 집으로 돌아온 범중엄은 그 자리에서 다시 글을 써서 올렸다. 이번에는 더 강경했다. 유태후의 수렴청정을 즉각 중단하고 대권을 인종에게 돌려주어야 마땅하다는 내용이었다. 몇 차례에 걸친 범중엄의 상소에도 조정은 시종 반응이 없었다. 오히려 황제의 조서를 빌려 범중엄을 서울에서 내쳐 하중부 통판으로 좌천시켰다. 비각의 동료들이 성 밖까지 나와서는 모두들 술잔을 높이 들고 "범군의 이번 행동은 지극히 빛나는 일이로세!"라며 송별 인사를 했다.

당시 조정에서는 태일궁과 홍복원을 짓기 위해 섬서에서 목재를 징발하고 있었다. 이 일을 두고 범중엄은 말했다.

"소응궁과 수녕궁이 화재로 불타 하늘의 징계를 받은 것이 엊그제인데 지금 또 토목공사를 대대적으로 일으켜 백성들의 재산을 낭비하니 이는 인심과 하늘의 뜻을 따르는 것이 아니다. 따라서 절이나 도관을 짓는 공사를 중지하여 1년에 징발하는 목재의 수량을 줄이는 것이 마땅하다."

그는 또 조정의 분위기와 관련하여 "은총을 받는 자들 대부분이 황궁에서 직접 칙령을 내리고 관직을 받는 것은 태평성세의 정책이 아니다."고 지적하기도 했다. 3년 뒤, 유태후가 세상을 뜨자 인종은 범중엄을 서울로 불러들여 조정 일을 전문적으로 논평하는 언관 자리인 우사관에 임명했다. 이 무렵 국사를 논의하는 신료들 대부분이 장헌태후(유태후)가 정권을 장악하고 있을 때의 잘못을 들추어내는 상소를 올렸다. 이에 대해 범중엄은 "태후께서는 선제의 유언을 받들어 어린 폐하를 십수 년 보호해왔다. 그러니 작은 잘못 따위는 묻어둠으로써 태후의 덕과 명예가 제대로 드러나게 해야 할 것이다."라며 신료들의 행태를 비판하고 나섰다. 인종도 범중엄의 논리에 힘을 얻어 유태후 수렴청정 당시의 일은 더 이상 거론하지 못하도록 명령을 내렸다.

당초 장헌태후는 황태비 양楊씨를 황태후로 삼아 국가의 정책 제정과 큰일에 참여하도록 조서를 내렸다. 이에 범중엄은 이렇게 말했다.

"태후란 황제 모친에 대한 호칭으로, 예로부터 황제를 보호하는 데 공이 있다고 해서 황제를 대신하여 태후를 세운 경우는 없었다. 지금 태후 한 분이 세상을 떠났는데 또다시 태후를 세운다면 세상 사람들은 폐하께서 단 하루도 모후로부터 벗어나지 못한다고 의심할 것이다."

이때 가뭄과 메뚜기 피해가 산동반도와 회하 · 장강 유역을 뒤덮고 있었다. 범중엄은 하루빨리 재해 지역을 순시하여 상황을 파악해야 한다고 조정에 건의했다. 하지만 조정에서는 바로 회답을 주지 않았다. 이에 범중엄은 인종을 만난 자리에서 "만약 궁정에 한나절 먹는 것을 중단한다면 폐하께서는 어떡하시겠습니까?"라고 물었다. 인종은 깜짝 놀라며 깨달았다. 이에 곧바로 범중엄을 재난 지역으로 보내 백성들을 보살피도록 했다. 범중엄은 가는 곳마다 관부의 창고를 열어 재난을 당한 백성들을 구제하는 한편 재해 구역 백성들이 분에 넘치게 제사지내는 것을 금지했다. 아울러 조정에 요청하여 차 세금과 소금 세금 등을 면제해주도록 했다. 일을 마치고 조정으로 돌아올 때는 재앙에 시달리는 백성들이 굶주림을 면하기 위해 먹는 채소를 직접 들고 와 인종과 후원의 궁인들에게 보여주기까지 했다.

이 당시 재상은 여이간呂夷簡이었는데, 그는 유태후에게 잘 보여 출세한 인물이었다. 그런데 태후가 죽자 바로 태후에 관한 좋지 않은 말을 하고 다녔다. 이러한 간사한 행동은 인종의 곽황후 귀에 들어갔고 그는 재상 직에서 파면당했다. 하지만 여이간의 정치적 뿌리는 매우 깊어 얼마 되지 않아 다시 재상 자리에 올랐고, 인종의 가정불화를 빌미로 자신을 파면시키는 데 결정적 역할을 한 곽황후를 폐위시키려고 했다. 그러면서 여이간은 백관들에게 이 일에 대해 일절 함구하도록 했다.

그러나 범중엄은 그냥 보고 있지 않았다. 그는 간관들을 이끌고 어전으로 몰려가 인종을 만나고자 했다. 그들은 여러 차례 황제와의 면담을 요청했으나 아무도 관심을 갖지 않았다. 게다가 사문관들이 어전의 문을 걸어 잠그고는 출입조차 막았다. 이에 범중엄 등은 동으로 된 문고리로 대문을 두드리기 시작했다. 금속과 육중한 나무가 부딪히는 소리는 의외로 컸다. 동시에 이들은 문을 사이에 두고 "황후의 폐위 문제를 두고 어찌하여 간관들의 의견을 듣지 않으십니까?"라며 고함을 질렀다. 이러고도 반응이 없자 범중엄은 다음 날 아침 입조하여 백관들이 있는 자리에서 여이간과 논쟁을 벌이기로 하고 그 자리를 떴다.

이튿날 범중엄이 시설원에 도착하자마자 자신을 강회로 유배 보내기로 결정했으니 즉각 서울을 떠나라는 조서가 낭독되고 있었다. 이번에도 전보다는 많지 않았지만 몇몇 사람이 나와 술잔을 치켜들고는 "범군은 이번 일로 더욱 빛날 것이다!"며 환호성을 질렀다.

몇 년 뒤 범중엄은 목주에서 소주로 전근되었다. 여기서 그는 치수에 공을 세워 다시 서울로 올라와 천장각시제의 작위를 받고 개봉지부에 임명되었다. 그때까지 여이간은 여전히 조정을 장악하고 있었다. 여이간은 뒷문을 활짝 열어놓고 사사로이 자기 당파들을 마구 기용하여 조정을 더욱 부패하게 만들었다. 범중엄은 조사에 근거하여 '백관도'라는 도표를 그려 경우 3년인 1036년 인종에게 올렸다. 그는 도표를 통해 관리들의 분포 상황과 승진 관계 등을 지적하며 여이간을 날카롭게 추궁했다. 여이간도 만만치 않았다. 그는 되레 범중엄을 부패한 관리로 몰아 공격했다. 이에 범중엄은 잇달아 네 차례 글을 올려 여이간의 교활한 짓을 공격했고, 여이간도 더욱더 강력하게 범중엄을 몰아붙이며 군신 사이를 이간질했다.

하지만 노회한 여이간은 군주의 위세를 이용하여 범중엄을 압도했고, 범중엄은 또다시 파면되어 유배 조치를 당했다. 하마터면 영남에서 목숨까지 잃을 뻔했다. 이번 귀양길에 송별 나온 사람은 더욱 줄어들어 있었다. 그러나 정직한 친구 왕질은 병든 몸에 술까지 들고 나와 "범군의 이번 행차는 더욱 빛날 걸세!"라며 친구의 앞날을 빌었다. 범중엄은 웃으면서 "이 범중엄이 벌써 세 번씩이나 빛이 났으니 다음번에는 양 한 마리를 준비하게나. 제물로 쓰게!"라고 말했다.

강직하고 아부를 몰랐던 범중엄의 남다른 성품을 잘 보여주는 일들이었다.

문도무략文韜武略, 심모원려深謀遠慮

범중엄은 모략이 풍부한 군사가이자 정치가였다. 변방이 위급해지자 그는 52세의 고령으로 장수가 되어 출정, 몸소 전선을 시찰한 다음 송나라 군대의 여러 폐단을 발견하고는 군대 체제를 개혁하지 않고는 어려운 국면을 바꾸기 힘들 것으로 판단했다. 범중엄이 취한 전략적 방어는 단순하거나 소극적인 방어가 결코 아니었다. 당초 그가 연주에 부임했을 때 군대를 전면적으로 검열하여 없앨 것은 없애고 개편할 것은 개편하는 전면적 개혁을 단행한 바 있다. 그는 사병과 하급 군관에서 용맹한 장수를 승진 발탁했고, 해당 지역 백성들 중에서 민병을 적지 않게 선발했다. 또 군사훈련을 엄격하게 실시했는데, 계급의 높낮이에 따라 전후 작전 체제를 달리 수립했으며, 적의 정세에 근거하여 기민하게 임기응변하는 전술을 구사했다. 그는 또 건의를 받아들여 보루를 쌓아 방어 시설을 강화했다. 그의 호령은 분명했으며 상벌 또한 명확하고 엄격했다. 병사들을 아끼고 사랑했으며, 귀순해 온 각 부락에 대해서는 성심으로 받아들이고 신임했다.

범중엄이 취한 이러한 조치들로 변방에는 점점 더 견고한 방어벽이 들어섰고, 이 때문에 서하西夏 사람들은 "범중엄, 그 늙은이 가슴속에는 수만 군대가 들어 있다!"며 서로를 경계할 정도였다. 이들이 함부로 침범하지 못했음은 당연했다.

경력 3년(1043년)과 4년(1044년) 사이, 정권의 안정이 시급했던 인종은 여러 차례 범중엄에게 급히 처리해야 할 국가 대사에 대해 자문을 구했다. 조정에서 물러나온 범중엄은 심사숙고한 끝에 다음 열 가지 큰 일을 꼽았다.

첫째, 관리의 승진 제도를 엄격하게 시행할 것.

둘째, 요행수를 억제할 것.

셋째, 과거제도를 엄격하게 시행할 것.

넷째, 지방장관을 잘 선택할 것.

다섯째, 공전公田을 고르게 할 것.

여섯째, 농업과 누에치기 생산을 중시할 것.

일곱째, 군과 장비를 잘 정돈할 것.

여덟째, 조정의 은택과 신의를 제대로 갖출 것.

아홉째, 조정의 명령을 신중하게 하달할 것.

열째, 부역을 줄일 것.

이상이 역사상 유명한 '경력신정慶歷新政'의 내용이다. 짧은 몇 개월 사이에 정치의 국면이 확 달라졌고, 관료 기구는 다듬어졌다. 가문에 의지해 관직에 나아가던 자제들이 엄격하게 제한을 받았고, 경력에만

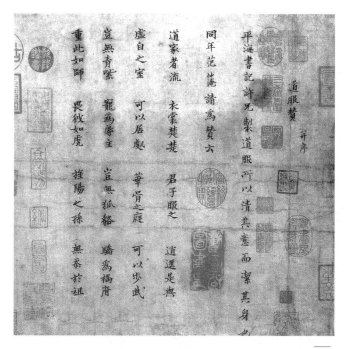

道服贊
希文序

平海書記許兄製道服所以清其意而潔其身也

同年范僎請為贊云

道家者流　衣裳楚楚　君子服之　逍遙是與

虛白之室　可以居處　華骨之庭　可以步武

豈無青紫　寵為辱主　豈無狐貉　驕為禍府

重此如師　畏彼如虎　脽陽之孫　無忝於祖

범중엄의 글씨

의지해 승진하던 관례를 대신해서 업적과 품격에 대한 조항이 추가되었다. 특별한 재능이 있는 사람은 파격적으로 발탁되었다. 과거에서는 실용적 답안이 갈수록 늘었다. 또 전국적으로 학교가 들어섰다.

범중엄은 여러 해에 걸친 관직 생활을 통해 깊은 생각과 멀리 내다볼 줄 아는 모략 그리고 풍부한 경험을 가지고 자기만의 독특한 방식으로 문제를 처리할 줄 알았다. 예를 들어 인종 황우 2년에 오중 지방의 농업 수확이 부실하여 큰 기근이 들었을 때의 일이다. 당시 범중엄은 절서에서 벼슬하고 있었는데, 부잣집들을 향해 적극적으로 식량을 내놓게 하는 등 재난에 빠진 사람들을 구제하는 일련의 조치들을 취했다. 이와 동시에 백성들에게 용주龍舟 시합을 장려하거나 절이나 도관 등을 짓는 토목공사를 일으킬 것을 권장하는 한편, 관에서도 창고 등을 짓는 공사를 일으켜 매일 수천 명의 인부를 고용했다. 누군가가 범중엄이 백성들을 아끼지 않고 힘들게 부리며 자신은 잔치나 벌이고 유람을 다닌다고 탄핵하자 전후 사정을 모르는 황제는 이 말을 믿고 그의 죄를 물었다. 이에 범중엄은 유람을 떠날 사람은 여비가 넉넉해야 하며, 유람은 개인적인 일이지만 자신에 의지하여 목숨을 부지하는 사람은 수십 명에 이른다고 말했다.

그는 사실대로 황제에게 글을 올려 자신이 이렇게 하는 것은 조금이라도 남은 재화를 찾아내서 가난한 백성들이 힘들지만 일을 통해 생계를 꾸릴 수 있게 하기 위한 것이라는 점을 밝혔다. 이렇게 되면 관민이 다 함께 굶지 않고 얼지 않게 따뜻한 옷과 음식을 얻을 수 있다는 것이었다.

이런 일도 있었다. 큰 도적으로 이름난 장해란 자가 고유 지방을 지나게 되자 고유의 군사 책임자 요중약은 병력을 따져본 결과 장해에게 도저히 대항하기 힘들다고 판단하여 군내의 부호들에게 돈이며 술이며 고기 등을 내서 장해 무리를 대접하게 했다. 이 보고를 받은 황제는 몹시 화를 냈고, 조정 대신의 한 사람인 부필富弼은 요중약을 죽여야 한다고 건의했다. 이에 범중엄은 "모든 군현이 작전에 임할 정도의 충분한 장비를 갖추고도 도적에게 저항하지 않고 뇌물을 먹었다면 그것은 당연히 국법에 따라 처형하는 것이 옳다. 하지만 고유에는 병력도 무기도 없으며, 게다가 백성들은 약간의 재물로 약탈을 막을 수 있었다며 기뻐했다. 이런 상황에서 요중약을 죽이는 것은 국법의 본뜻과 맞지 않다."고 지적했다. 이에 인종은 요중약을 석방하게 했다.

하지만 부필은 자신의 주장을 굽히지 않고 "법을 바로 집행해야 하거늘 당신은 이런저런 이유로 막고 있으니 그래 가지고서야 어떻게 많은 사람들을 다룰 수 있겠소?"라고 항변했다. 그러자 범중엄은 개인적으로 부필을 불러 "태조 황제 이래로 경솔하게 신료들을 죽인 일이 없었고 그것은 훌륭한 선례였소. 그런데 이 좋은 관례를 함부로 깨서 어쩌자는 겁니까? 이 관례를 지키지 못한다면 신하들에 대한 처벌의 강도는 갈수록 엄격해질 것이고, 아마 모르긴 해도 우리도 목숨을 보전하기 힘들 것입니다."라고 일러주었다. 하지만 부필은 전혀 인정하려 들지 않았다.

얼마 뒤 두 사람이 모두 외직으로 발령이 났고, 부필은 하북에서 조정으로 복귀하던 중 상도라는 곳에 이르러 갑자기 입성을 거부당했다. 하는 수 없이 여관에 투숙하게 된 부필은 황제의 속셈을 몰라 밤새 잠도 자지 못하고 침상 주위를 맴맴 돌며 안절부절못하다가 "범중엄이 선견지명이 있었구나. 참으로 성인이야!"라며 탄식했다고 한다.

왕안석 王安石

높은 모략은 과거에 얽매이지 않고, 장쾌한 담략은 하늘조차 두려워 않는다

    송대의 정치가이자 이름난 개혁가인 왕안석은 자가 개보介甫, 호가 반산半山에 무주 임천(지금의 강서성 무주) 사람이다. 1021년에 태어나 1086년 66세로 세상을 떠났다. 아버지 왕익王益은 원외랑을 지냈다. 어린 시절부터 책읽기를 좋아했던 왕안석은 무엇이든 한번 보거나 읽은 것은 죽을 때까지 잊지 않았다고 한다. 그의 문장은 호방하고 날째 얼핏 보면 마치 별 생각 없이 쓴 것 같지만 다시 읽으면 아주 기묘하여 감탄을 금할 수 없다. 시는 맑고 고상하며 산문은 장작을 패듯 웅건하다. 정치 논설은 간결하면서도 힘이 있다. '당 · 송 8대가'의 한 사람으로 그를 꼽는 것이 하나도 이상할 게 없다.

    그의 친구 증공曾鞏이 왕안석의 문장을 당대의 최고 문장가로 이름을 떨치고 있던 구양수歐陽修에게 보여주자, 그의 문장에 반한 구양수는 가는 곳마다 왕안석을 칭찬했다. 그 뒤 왕안석은 진사에 우수한 성적으로 급제하여 첨서회남판관이란 관직을 받아 관료 생활을 시작했다. 부임한 뒤로도 왕안석은 잠을 잊어가며 공부에 몰두했다. 이 때문에 머리도 빗지 못하고 세수도 하지 않은 채 관부로 출근하는 일이 흔할 정도였다.

    왕안석이 벼슬을 시작할 무렵 범중엄范仲淹은 부상副相이란 고위직을 맡고 있었다. 그는 인종仁宗의 지원을 받으면서 열 가지 사업에 관

왕안석이 처음 벼슬을 했던 근현의
왕안석 사당 안에 걸려 있는 초상화

한 글을 올리고 관료 사회를 쇄신하는 등 새로운 정치 개혁을 위해 동분서주하고 있었다. 하지만 범중엄의 새 정치는 바로 실패하고 말았다. 이즈음 왕안석은 서울로 올라와 정치 폐단의 실상을 낱낱이 목격했다. 범중엄은 그의 문장과는 달리 정치에 능통하고 화합할 줄 아는 인물이 아니었다. 갖은 폐단이 바로 폭발할 태세였다.

왕안석은 범중엄의 새 정치에 몹시 실망하여 일반적인 관례에 따라 한림원 등 정치의 핵심인 중추中樞에 접근하여 손쉽게 관직을 얻고 빠르게 승진하는 출세의 길을 포기했다. 그 대신 뜻을 세우고 지방으로 내려가 현실 정치의 폐단을 살핀 다음 개혁의 방법을 모색함으로써 자신이 생각하는 치국의 방책을 충실하게 굳혀나가기로 했다. 그리하여 경력 7년인 1047년, 27세의 왕안석은 서울을 떠나 동해의 근현((鄞縣. 지금의 절강성 영파)으로 와서 지현 벼슬을 맡았다.

근현에서 관직 생활을 하는 동안 그는 바다에 가까운 이 지방이 환경은 아주 좋지만 백성들이 쓰러질 정도로 가난하게 살고 있는 현실과 직면하게 되었다. 이에 왕안석은 부모와 같은 심정과 책임감으로 쉬지 않고 일을 했다. 먼저 사람을 조직하여 논밭과 수리 시설이 얼마나 파괴되어 있는지 상황을 살피는 한편, 백성들의 진을 빼먹는 토착 세력의 전횡 실태에 대해서도 조사했다. 아울러 상급 기관에 동남해 백성들이 얼마나 굶주리고 있는가에 대한 상황도 보고했다.

그는 민생과 떨어져 있는 관과 관리들의 실질적인 병폐를 바꾸는 일부터 시작하여 기본적인 상황을 제대로 살핀 다음 각종 폐단을 없애나갔다. 그는 남녀노소를 가리지 않고 수리 공사에 동원했다. 하천을 막고 트고, 제방을 쌓고, 저수지를 만들어 홍수와 가뭄에 대비했다. 농업 생산력을 높이기 위해서는 이런 기초 사업이 필수적이라는 사실을 잘 알고 있었기 때문이다.

또 그곳 주민들이 봄에는 바다로 나가 고기를 잡는 바람에 농사일을 제대로 할 수 없고, 때문에 봄마다 보릿고개에 시달리지 않을 수 없는 현실을 고려하여 왕안석은 평소 때 식량을 저장해두었다가 낮은 이자로 어농에 빌려주고 가을 추수 이후 이자를 갚게 하는 방법을 이용했다. 이렇게 춘궁기의 어려운 문제를 해결했다. 그는 관부 곡식을 백성에게 빌려주고 추수 후 이자를 받음으로써 묵은 곡식을 늘 새 곡식으로 바꿀 수도 있었다. 근현의 백성들도 이러한 조치로 많은 편의를 얻을 수 있었다. 왕안석은 농업과 누에치기를 장려하는 동시에 학교를 열어 입학을 권했다.

근현을 다스린 지 3년, 해마다 각종 재난에 시달리던 근현은 농전 수리가 되살아나고 이에 따라 생산이 발전함으로써 백성들의 생활수 준이 크게 향상되었다. 왕안석이 사회 개혁에 발을 디딘 뒤 보인 첫 성 과였다.

황우 3년인 1051년, 서른을 갓 넘긴 왕안석은 서주통판에 임명되었 다. 그해 4월, 원로 재상 문언박文彦博이 조정에 왕안석을 추천했다. 왕 안석이 명리에 담담한 인물이니 파격적으로 발탁하여 명리를 위해 분 주하게 다투는 지금의 분위기를 청산하게 하라는 취지였다. 그러나 왕 안석은 연로한 노모를 비롯한 몇 가지 가정사를 이유로 사양했다. 구 양수도 그를 간관諫官으로 추천했으나 역시 사양했다. 왕안석은 때가 아직 안 됐다고 판단했던 것이다. 지방에서 계속 개혁의 방법을 모색 하는 쪽이 옳다고 보았기 때문이다. 그가 두 차례나 승진을 사양한 중 요한 이유였다.

왕안석이 살았던 시대는 북송 중기로, 당시 송 왕조는 두 가지 중대 한 문제에 직면해 있었다. 하나는 해마다 계속되는 전쟁으로 인한 엄 청난 군비와 행정 지출로 조정이 대단히 심각한 재정적 위기에 몰려 있는 상황이었다. 또 하나는 날로 더해가는 기득권층의 토지 겸병과 약탈, 그리고 악화일로를 걷고 있는 백성들의 생산과 생활이었다. 이 에 따라 계급 간의 갈등과 모순은 격화될 수밖에 없었다. 이런 상태를 바로잡고 전통적 풍속을 바꾸기 위해 왕안석은 울분에 찬 목소리로 1 만 자에 달하는 저 유명한 '만언서萬言書'를 올렸다.

"지금 천하의 재정 상태가 갈수록 궁핍해지고 있고, 풍속도 갈수록 나

빠지고 있습니다. 이 병의 원인은 규율을 모르고 선왕들이 남기신 좋은 정치를 본받지 않는 데 있습니다. 선왕의 정치를 본받고 선왕의 정신을 본받아야만 천하 사람들의 눈과 귀를 어지럽히지 않고 소란스럽게 만들지 않을 수 있습니다. 천하의 인적 물적 자원을 가지고 천하의 재부를 생산하고, 천하의 재부를 가지고 천하의 비용을 공급하는 것이야말로 과거로부터 내려오는 태평과 치세의 방법입니다. 재부가 모자라서 국가의 위기를 초래한 적은 없습니다. 문제는 재정을 합리적으로 다루지 못하기 때문입니다. 관료 사회에 인재가 부족하고 향촌에도 써먹을 만한 인재가 모자랍니다. 국가와 강역을 보호하려면 폐하께서는 걱정 거리가 발생한 다음 생각하면 늦습니다. 조정의 각종 폐단을 잘 살피시어 대신들에게 이런 폐단을 점차 제거하여 당면한 상황의 변화에 적절하게 대처하라고 명령을 내리십시오. 제가 드리는 말씀은 좋지 못한 풍속에 물든 사람은 할 수 없는 것입니다."

국가의 재정 상황을 개혁하기 위해 왕안석은 국가 경제의 질서를 다스리는 일련의 방안들을 제기했다. 이를 개괄해보면 다음과 같다.

첫째, 부국강병의 관건은 "재정을 잘 처리하는 데 있다." 왕안석은 모든 폐단이 재정 부족에서만 초래되는 것이 결코 아니라고 생각했다. 그보다는 재정을 원칙 없이 불합리하게 처리함으로써 비롯되는 경우가 훨씬 많다는 것이 왕안석의 분석이었다. 따라서 재정이 합리적으로 처리된다면 백성들에게 세금을 더 부과하지 않더라도 국가 수입은 충분하다고 보았다.

둘째, 농업 생산의 발전이야말로 국가의 재정 위기를 해소하는 근본적인 길이다. 송 왕조가 가난하고 약한 국력을 소유하게 된 근본적인 원인은 지출이 수입보다 많았기 때문이 아니라 생산이 너무 적었기 때문이다. 그는 '지출'만 알고 '수입이 들어오는 근원'을 모른다면 자기 집 문을 잠가놓고 자기 아들과 장사를 하는 것과 다를 바 없다고 비유했다. 아들의 재물은 얻을 수 있지만 부자 되는 것과는 거리가 멀지 않느냐는 것이다. 따라서 재정을 잘 다루는 길은 농업 생산을 발전시켜 자연계에서 더 많은 물질적 재부를 취하는 것을 핵심으로 한다.

셋째, 국가가 나서서 보다 효과적인 조치로 토지 겸병이란 문제를 억제해야 할 필요가 있다. 이때 말하는 조치란 전통적인 정치 수단으로 직접 억제하는 것이 아니라 재정적 측면에서 세금을 매기거나 경제적 방식으로 간접적으로 억제하는 것이라고 왕안석은 주장했다.

왕안석의 견해는 신종神宗 황제로부터 전폭적인 지지를 얻었다. 한 번은 신종이 왕안석을 불러 치국 방략을 묻자 왕안석은 "먼저 정책 추진의 방법을 선택해야 합니다."라고 대답했다. "당나라 태종은 어땠소?" 신종은 당 태종을 거론하며 물었다. 이에 왕안석은 다음과 같이 대답했다.

"폐하께서는 요·순을 본받으실 일이지 하필 당 태종입니까? 요·순의 도는 지극히 간명하여 전혀 복잡하거나 번잡하지 않습니다. 요점만을 움켜쥐지, 돌아가지 않습니다. 어렵지 않고 쉽습니다. 그러나 후세 학자들이 요·순을 제대로 이해하지 못하고 그저 미치지 못할 정도로 높다고만 하는 것입니다."

이에 신종은 희망찬 목소리로 이렇게 말했다.

"참으로 어려운 일을 내게 요구하는 것 같소. 이 미약한 몸으로 공이 말한 그처럼 좋은 뜻에 제대로 어울려 해낼지 겁이 나오. 모쪼록 몸과 마음을 다해 나를 보좌하여 함께 이 목표를 이루도록 합시다."

희녕 2년인 1069년, 49세의 왕안석은 부재상에 해당하는 참지정사에 임명되어 마침내 자신이 꿈꾸어왔던 개혁이라는 대업에 착수했다. 먼저 재정을 혁신하기 위한 기구인 제치삼사조례사制置三司條例司를 설립하고 이어 농전수리 · 청묘 · 균수 · 보갑 · 면역 · 시역 · 보마 · 방전 등과 같은 일련의 개혁 조치들을 잇달아 선보였다.

농전수리農田水利는 수리와 황무지 개간을 장려하여 농업 생산의 발전을 촉진하는 것이었고, 청묘법青苗法은 농촌의 보릿고개 때 농가의 빈부 정도에 따라 아주 싼 이자로 양식 따위를 빌려주었다가 추수 후 갚게 하는 법이었다. 균수법均輸法은 무상으로 공물을 운송해줌으로써 각지, 특히 강남지구 공물 운송의 번거로움을 덜어주는 법이었다. 보갑법保甲法은 향촌의 인구를 호적에 편입시켜, 한 집 두 명의 성인 남자(이를 보정保丁이라 불렀다) 가운데 한 사람을 뽑아 열 집을 하나의 보保 단위로 조직한 다음 이들 보정에게 활 등을 배급하여 군사훈련을 시키는 법이었다. 면역법免役法은 과거 관청의 각종 잡일에 차출되어 일하던 민호들에게 더 이상 역을 부담시키지 않고 호구의 재산 정도에 따라 돈으로 대신하게 하는 법이었다. 아울러 요역 부담을 지지 않았던 관료 대지주에게도 요역에 따른 돈을 징수했다. 시역법市易法은 물가 조절과 관련된 법으로, 서울에다 상설 시장을 설치하여 상품 매매 업무를 일상화함으로써 상인 자본의 투기 활동에 타격을 주었다. 보갑법保甲法은 전쟁에 필요한 말을 기르기 위한 법으로, 말을 기르고자 하는 의용보갑義勇保甲에게 매 호마다 말을 한 마리씩 기르게 했다. 그리고 목마감을 두어 말들을 먹이도록 맡기거나 관에서 말을 살 때 드는 비용을 그들에게 주어 직접 말을 매매하게 했다. 1년에 한 번씩 말의 상태를 점검하여 죽거나 병든 말은 보상해주었다. 방전법方田法은 '방전 균세법'이라고도 하는데, 토지의 질에 따라 토지를 다섯 등급으로 나

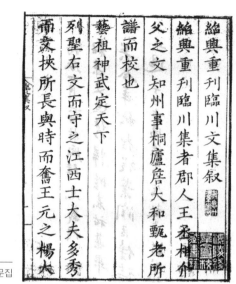

왕안석의 문집

누고 대단위 면적의 토지를 기준으로 평균적으로 토지세를 부담하게
하는 법이었다.

　왕안석의 변법 개혁은 북송 중앙정부의 재정 상태를 개선하는 데 큰
효력을 발휘했다. 그러나 수구 세력의 반발 등 여러 가지 원인으로 변
법은 농민의 부담을 줄이고 토착 세력의 토지 겸병을 억제하는 방면
등에서는 그 효과가 미미했다.

　왕안석의 이론은 수준 높고 특별했다. 그는 자신의 논리를 뒷받침하
기 위해 방대한 자료와 사례를 인용했다. 자신의 변법 주장을 추진하
기 위해 그는 조정 관료들의 반대 의견은 완전히 묵살했다. 수많은 반
대 여론이 올라왔지만 그를 굴복시키지 못했다. 그는 심지어 "하늘이
변한다 해도 두려울 것 없고, 선조의 법도 본받기에는 부족하다. 하물
며 사람들이 이러쿵저러쿵하는 것까지 신경 쓸 겨를이 어디 있는가?"

라고 말할 정도였다.

변법의 길을 가로막는 장애물을 제거하기 위해 그는 변법에 반대하는 조정 안팎의 원로들을 거의 다 파면시키는 것도 마다하지 않았다. 구당파의 반대 때문에 왕안석의 변법은 많은 반발과 견제에 시달렸다. 결국 희녕 7년인 1074년, 왕안석은 재상 자리에서 파면되고, 마지막에는 강녕(江寧, 지금의 강소성 남경南京)으로 은퇴했다. 그리고 원풍 8년인 1085년 3월, 신종이 죽고 철종哲宗이 즉위하면서 사마광司馬光을 우두머리로 하는 구당파가 정권을 장악했다. 이로써 왕안석이 추진했던 신법이 거의 모두 폐지되었다.

원우 원년인 1086년 3월, 왕안석은 자신이 의욕적으로 추진했던 부국책인 면역법도 폐지되었다는 소식을 들었다. 비통함과 회한이 왕안석의 지친 심경에 타격을 가했다. 그로부터 한 달 뒤인 4월, 질풍노도와 같았던 개혁가 왕안석이 세상을 떠났다.

쿠빌라이

원대한 제략으로 금과 송을 멸하고 몽원 제국을 일으키다

쿠빌라이는 송 영종寧宗 가정 8년(1215년)에 태어나서 원 세조世祖 31년 (1294년)에 죽었다. 그는 원 왕조의 개국 황제로 34년 동안 재위했다.

쿠빌라이는 대리大理 원정에서 시작하여 악주鄂州의 포위 공격으로 내란을 평정하고 남하하여 남송을 멸망시킬 때까지 공격하여 취하지 않은 적이 없었고 전투에서 승리하지 않은 적이 없었다. 그러나 어떠한 군사전략가도 처음부터 완전무결할 수는 없었다. 원군이 건강(建康, 지금의 남경) · 저주滁州 등의 성을 공격하여 점령한 뒤, 항복한 장수 관여덕管如德이 쿠빌라이에게 남송을 멸망시킬 수 있는 비책을 알려주었다. 쿠빌라이는 관여덕에게 물었다. "짐이 천하를 언제 얻을 수 있고, 송나라는 언제 멸망시킬 수 있겠는가?" 관여덕이 대답했다. "폐하의 복덕으로 이길 수 있습니다. 양襄 · 번樊은 송나라의 목구멍입니다. 목구멍을 막으면 망하는 것은 시간문제입니다."

쿠빌라이는 그의 말을 듣고 연신 좋은 계책이라 칭찬하고 관여덕을 호북초토사湖北招討使로 임명했다. 쿠빌라이 본인은 물론 그의 문신과 무장들 중에 어느 누구도 관여덕만큼 원군의 군사 대전략을 깊고 예리하게 제시한 사람이 없었기 때문이었다. 무너져가는 송나라의 항복한 장수가 조국의 급소를 찌르는 말을 제시한 것은 마치 천기를 누설하는 것 같아서 주위 사람들은 깜짝 놀랄 수밖에 없었다. 그리고 이 전략은

쿠빌라이의 초상화

쿠빌라이가 남하하여 송나라를 멸망시키는 과정에서 실제로 입증되었다. 쿠빌라이는 관여덕의 말대로 먼저 양·번을 취하는 중앙 돌파 전략을 취한 다음에 동쪽으로 진격하여 송의 수도인 임안(臨安. 지금의 항주)을 취하는 군사전략을 전개했다.

먼저 양·번을 취하다

양·번은 지금의 호북 경내에 위치한 양양襄陽과 번성樊城이다. 두 성은 한수漢水를 끼고 남북으로 나뉘어 서로 마주하고 있다. 이 두 성

412

은 남송의 북대문으로 전략적 가치가 높았기 때문에 남송 정권에서는 용맹한 장수인 경서안무부사 여문환呂文煥에게 대군을 주어 이곳을 지키게 했다. 원 지원 5년(1268년), 쿠빌라이는 아주阿珠·유정劉整에게 명하여 양·번을 공격케 하는 동시에 동문병董文炳에게 회서를 지키며 호응하라고 했다. 그리고 왕양신汪良臣·정정鄭鼎·찰자불화扎剌不花에게는 사천 경내에서 공세를 전개하여 촉 땅의 송군이 여문환을 지원할 수 없게 만들어놓았다.

양·번에 대한 포위 공격은 다음과 같이 진행되었다. 먼저 만산(萬山, 지금의 양양 서북 10리)에서 관자탄(灌子灘, 지금의 양양 남쪽 30리)에 이르기까지 한수 가운데에 목책을 세워 송군의 수로를 끊어버렸다. 그런 다음 사천택史天澤이 이끄는 군은 성 밖에서 진지를 쌓고, 아주·유정 등에게는 악주(鄂州, 지금의 무창) 서북에서 멀지 않는 녹문산(鹿門山, 지금의 호북 면양 서쪽)·덕안(德安, 지금의 호북 안륙)·경산(京山, 지금의 호북 경산 동쪽)에 배치하여 송군이 서쪽 임안 방향에서 진격해 오는 것을 막도록 했다. 몽고군은 양·번에 대한 포위 공격을 오륙 년 동안 지속했지만 성과를 거두지 못하자 전법을 바꾸어 번성만을 집중 공격했다. 원 지원 10년 (1273년) 정월, 아주의 부대는 수륙 양면에서 번성을 협공했다. 위력이 막강한 회회포回回炮로 포격을 가하니 번성 내의 송군은 견디지 못했다. 수비대장 우부牛富는 중상을 입고 분신자살했고, 원군은 번성을 점령했다. 2월, 원군 부대가 양양성 앞에 집결하자 궁지에 몰린 송군 대장 여문환은 어쩔 수 없이 원나라에 항복했다. 몽고군의 양·번 함락은 남송의 대문을 뻥 뚫은 것이나 같아서, 강남 조정의 멸망은 시간문제일 뿐이었다.

임안을 점령하다

원 지원 11년(1274년) 6월, 쿠빌라이는 최후로 남송 공략을 위해 수륙 양면으로 진공했다. 원군은 두 길로 나누어 공략했다. 백안·아주는 주력부대를 이끌고 양양에서 한수를 타고 장강長江으로 가다가 악주를 공략한 뒤 곧바로 임안으로 가게 했고, 다른 쪽 길은 박라환博羅歡이 지휘를 맡아 양회兩淮로 나오게 했다. 지원 13년(1276년) 정월, 원군은 외부 요충지들을 모조리 쓸어버리고, 임안 동북의 고정산皐亭山에 이르렀다. 송나라의 조씨 황실은 18일에 정식으로 투항했다. 2월, 원군은 남송의 태황태후와 송 공제 및 문무대신을 포로로 잡아 연경燕京으로 갔다. 이로써 3백여 년간 지속된 송 왕조가 멸망했다.

이상을 종합할 때 "목구멍을 막다."는 전략은 세 가지 면에서 성공적이었다. 첫째, 전선을 단축시킴으로써 집중된 병력으로 적의 중심을 타격하여 소기의 목적을 달성했다. 둘째, 남송의 요충지에 대한 선택적 공격을 가함으로써 송군을 갈라놓아, 마치 반신불구처럼 만들어 항복하게끔 했다. 셋째, 원군은 조속하게 수군을 만들고 수륙 양면으로 진공하여 남송을 멸망시켰다.

몽고군은 전쟁에 나서면 용맹하기 그지없었다. 단도직입적이고 호방하며, 거칠지만 활달했다. 따라서 구속당하는 것을 원치 않았다. 특히 대대로 이어온 귀족 가문 출신 장수들은 항상 최고 권력을 탈취하고픈 야심을 품고 있었다. 칭기즈칸 이래로 몽고의 칸들은 상호 간에 대등한 지위나 예의로써 대했지만 대립하는 장수들이 출현했다. 쿠빌라이가 칸으로 즉위했을 때에도 준동하는 장수들이 많았다. 출진할 때에 밥솥을 부수고 배를 침몰시킬 정도의 결연한 의지를 지닌 장수들은 별로 없었고, 심지어 친형제 간에도 공격하여 죽이는 일이 비일비재했다. 이런 정황 속에서 쿠빌라이가 효과적으로 장수들과 군대를 이끌었던 것은 다음과 같은 방법을 취했기 때문이다.

좋은 장수를 깊이 살피다

쿠빌라이의 가장 큰 특장점은 성의로써 사람을 대하고 장수를 신임했다는 것이다. 백안伯顔 · 염희헌廉希憲 · 아주 등은 두 왕을 섬겼던 사람들이고, 개중에는 세 왕을 섬긴 늙은 신료와 장수들도 있었다. 그들은 쿠빌라이의 통일 전쟁에서 생사를 넘나들며 큰 공을 세웠다. 그들은 무엇 때문에 쿠빌라이에게 충성을 했는가? 그들이 자신의 이익을 던져버리고 쿠빌라이에게 충성을 다한 것은, 쿠빌라이가 시종일관 그들을 신임하고 주요 군직을 위임했으며 그들로 하여금 독자적으로 전투 지휘를 할 수 있게 했기 때문이다. 쿠빌라이는 주위에서 어떤 주요 장수를 헐뜯고 비방할 때마다 못 들은 척했고, 혹 들어도 허물로 삼지 않았다. 그러나 중요한 의문이 생겼을 경우, 예컨대 주요 장수가 모반을 했다는 등의 문제가 생겼을 때는 직접 조사를 했다. 즉, 물을 말려 돌이 드러나게끔 한 것이다. 한번은 판관 비인費寅이 염희헌과 다른 대신들이 모반할 뜻을 가지고 있다고 상주했다. 그들이 성을 수리하고 병사를 단속하면서 강회江淮의 이단李璮과 함께 모반을 꾀하고 있다는 것이었다. 쿠빌라이는 친히 조서를 내려 담당 대신들에게 내막을 알아보게 하고, 마지막에는 진촉행성秦蜀行省 염희헌을 불러들여 얼굴을 맞대고 자세히 물어보았다. 그 결과 비인의 무고임이 드러났다. 이 일로 대장군 염희헌은 쿠빌라이의 신임을 더욱 얻어 즉각 중서평장정사로 승진되었고 비인은 가차 없이 처형당했다. 장수들은 쿠빌라이의 성의 어린 태도와 신임을 은혜롭게 여기게 되었고, 쿠빌라이를 위해서라면 끓는 물과 타는 불에도 들어갈 신념을 가지게 되었다.

한족 장수를 중용하다

쿠빌라이는 몽고 민족의 증오심, 오만함, 속 좁은 심리가 몽고군의 전투력을 급속히 저하시키는 주요 요소라고 보았다. 남송을 정복하려면 반드시 민족 정책, 특히 민족 심리 방면에서 조정이 필요했다. 쿠빌라이는 한족 장수를 중용하고 신임했는데, 이는 몽가(蒙哥, 몽케)가 막남漠南을 다스릴 때로 거슬러 올라간다. 그때 그는 "일이 있을 때마다 사천택 · 유병충劉秉忠 · 학경郝經 · 요추姚樞 등을 불러 물었다." 사천택은 원래 강회경략사였는데 재략이 뛰어나 쿠빌라이가 아주 중시했다. 훗날 벼슬이 승상에 이르렀다. 쿠빌라이가 한족을 신임, 중용하는 것에 대해 일부 몽고 대신들이 반대하고 나서면 그는 안색을 바꾸며 이렇게 말했다. "당신들은 남방 사람을 써보지 않고 어떻게 남방 사람을 쓰지 말라고 하는가? 오늘부터 각 성省 · 대台 · 부部 · 원院에서는 반드시 남방 사람을 참가시켜 쓰도록 하라!" 그의 이런 사상과 행동은 일부 중요한 몽고족 장수들에게 영향을 주었다. 아주 장군은 이렇게 말했다. "산과 물, 마을 울타리를 만났을 때 항복한 한군이 없으면 취하기 어렵다." 원군이 임안을 핍박할 때 염희헌은 수십 명의 한족 장군과 관원을 중용했다. 쿠빌라이는 우수한 한족 장수에게 중책과 실권을 쥐어주고 그들로 하여금 독자적으로 전투를 지휘하게 했는데, 전심전력하지 않는 자가 없었다. 특히 귀순해 온 한족 장수들은 남송의 정치와 군사 정보를 자세히 알고 있었기에 쿠빌라이의 결함을 보충하는

쿠빌라이가 중용했던 한족 출신의 대신 유병충

데 큰 도움이 되었다. 한족 장수들의 지지가 없었다면 원 왕조가 남송 정권을 멸망시키기 힘들었을 것이라는 평가는 조금도 과장된 것이 아니다.

　장수는 전선에 있을 때는 중앙 조정의 제한과 간섭을 따르지 않는다. 쿠빌라이의 부장들은 전선에서 작전지휘를 할 때 임기응변과 독단적인 행동을 취하는 경우가 많았다. 쿠빌라이가 칸으로 있을 때 염희헌을 섬서선무사陝西宣撫使로 보낸 적이 있었다. 염희헌이 섬서에 도착해 보니, 장군 유태평劉太平 · 과랍갈果拉葛 등이 몰래 모반을 꾀하고 있던 아리불가阿里不哥와 결탁하는 한편 성도수장成都守將과 밀약하여 거사를 일으키려 하고 있었다. 염희헌은 바로 결단을 내려 부장에게 그들을 체포하여 모반 주도 장수들을 사형에 처하라고 분부했다. 그러나 대장 왕양신汪良臣은 명을 따르지 않았다. 이유는 칸의 성지聖旨가 없기 때문이었다. 염희헌은 답답해하다가 한 가지 꾀를 생각해냈다. 그는 패호부佩虎符를 풀고 은인銀印을 왕양신에게 주며 말했다. "이것은 모두 밀지나 마찬가지니, 장군이 내가 시킨 대로 일을 처리하는 것은 이미 황제에게 상주한 것이나 같다." 왕양신은 그제야 진군하여 신속히 반군을 격멸했다. 이번 행동은 칸에게 사전 보고를 하지 않았기에 관례에 따르면 법에 어긋나는 것이었다. 그러나 일 처리가 정확하고 성공적이었으므로 쿠빌라이는 사후 추인했다.

백안伯顔은 건강을 공략한 후에 경도로 불려 돌아왔다. 쿠빌라이는 남방에 더운 계절이 와 원군의 다음 행보에 불리하다고 여기고, 병사들에게 휴식 기간을 주고 재정돈하여 가을에 다시 임안을 도모하라고 지시했다. 그러나 백안은 자신의 의견을 견지하면서 말했다.

"송나라 사람들이 강과 바다에 의거하는 것은 마치 짐승이 위험에서 벗어나고 싶어 하는 마음과 같은데, 지금 목을 조르고 있는 상황에서 놓아주는 것은 그들이 편안하게 도망가게 하는 것과 마찬가지입니다."

쿠빌라이는 잠시 생각한 뒤에 그의 의견에 찬동하며 말했다.

"장수가 전선에 있으면 중앙 조정의 통제를 받지 않는 것이 곧 병법이다."

쿠빌라이가 이 고대 병법의 명구를 공개 석상에서 언급한 것은 곧 전선에 있는 장수는 중앙 조정의 통제와 간섭을 받지 않아도 되니 전장의 실제 상황에 따라 자주 독립적으로 작전을 지휘하라는 뜻이었다.

경정 원년(1260년), 쿠빌라이는 칸에 즉위한 직후 한족 왕조의 법을 참조하여 체제 개혁을 진행하기로 결심했다. 그는 유병충 등 막료들의 건의를 받아들여 중원 봉건 왕조의 전통에 근거하여 몽고 정권을 개조했다. 중원 한족 봉건 왕조의 조직 형식을 흡수하여 내·외관을 정했다. 중앙 일급 행정 기구로 중서성中書省을 정무 총괄 기관으로 설치하고, 그 아래 직할로 이·호·예·병·형·공 6부를 두었다. 추밀원樞密院을 병권 관장 기관으로 삼고, 어사대御史台는 사법권을 관장하는 기관으로 삼아 그 아래 직할로 전중사殿中司·찰원察院을 두었다.

이 밖에도 많은 전문 기구를 설립했다. 지방 행정 기구로는 행성行省·행대行台·선위사宣慰司·염방사廉訪司, 그 아래는 로路·부·주·현 등으로 4급을 정했다. 쿠빌라이는 많은 중앙 기구와 관군管軍 기구에 달로화적達魯花赤이란 직책을 설립하고, 일반적으로 몽고인 혹은 색목인(色目人, 서역의 여러 나라 사람에 대한 총칭)을 여기에 임명했다. 이로써 몽고 귀족이 전국 행정, 군사 계통에 대한 엄밀한 감시와 통제를 실시하여 최후 결정권을 갖게 했다. 로·부·주에는 몽고인 달로화적을 임명하는 것 외에도 한인을 총관總管으로 삼았고, 지부·지주에는 색목인을 동지同知로 삼아 그들로 하여금 상호 견제토록 했다.

중앙집권 통치를 위해 군권의 집중과 통일을 강화시켰다. 쿠빌라이는 군사 제도의 개혁을 진행하여, 군사 방위를 양대 계통으로 나누었다. 숙위군宿衛軍과 진술군鎭戍軍이 그것이었다. 숙위군은 겁설군怯薛軍과 시위친군侍衛親軍으로 구성되었다. 쿠빌라이는 사천택과 요추 등의 건의를 받아들여 한·당·송의 내중외경(內重外輕, 중앙은 무겁게 하고 변방은 가볍게 한다, 즉 중앙 역량 강화) 법을 모방하여 선발된 정예병으로 오위친군五衛親軍을 구성하여 수도권 주변을 호위하는 데 썼다. 겁설군은 황제 혹은 황제가 신임하는 대신이 직접 지휘 통제했다. 진술군은 다섯 부류로 나누었다. 몽고·색목인으로 구성된 몽고군, 몽고·색목인 외에 여러 북방 민족(예컨대 거란·여진족)으로 구성된 탐마적군探馬赤軍, 북방 한인으로 구성된 한군漢軍, 남방 한인으로 구성된 신부군新附軍, 이 밖에 각 지방의 요군么軍이 그것이다. 이들은 전국 각지의 요처를 지키며 추밀원 혹은 행추밀원에 예속되었다. 추밀원은 쿠빌라이가 직접 관장했다.

체제 개혁에 상응하여 쿠빌라이는 생산관계도 조정했다. 그 주요 내용은 다음과 같다.

첫째, 농업을 중시했다. 쿠빌라이는 예전에 막남의 한족 땅을 관리할 때 농업과 잠업이 잇단 전쟁과 제후·관리들에 의해 크게 훼손되어 그곳 땅이 다스려지지 않고 있는 엄중한 현실을 이해하고 농사의 중요한 의미를 깨닫게 되었다. 그래서 쿠빌라이는 보우 2년(1254년) 왕진중王秦中을 내보낼 때 요추姚樞를 권농사勸農使로 삼아 백성들에게 경작법을 가르치게 했다. 경정 원년(1260년) 즉위 초, 「수조천하首詔天下」에서 "나라는 백성을 근본으로 삼고, 백성은 의식衣食을 근본으로 삼으며, 의식은 농상農桑을 근본으로 삼는다."는 것을 밝히고, 나라 사람들에게 "근본을 받들고 말엽을 억제하라."고 당부했다. 동시에 "각 로의 선무사, 택효擇曉, 농사자農事者에게 권농관을 충원하라고 명했다." 경정 2년(1261년)에 "권농사勸農司를 세우고 진수陳遬, 최빈崔斌 등 8인을 관리로 삼았다." 또한 여러 차례 명령하길, "호구를 늘릴 것, 전야를 개간할 것, 소송을 간소화할 것, 도적질을 못 하게 할 것, 부역을 공평하게 할 것" 등 다섯 항목을 각급 관리의 심사 표준으로 삼게 했다. 함형 6년(1270년) 2월, "거듭해서 목축으로 농업에 손실을 주는 것을 금하게 했다." "사농사司農司를 세우고, 참지정사參知政事 장문겸張文謙을 경으로 삼고, 4도道에 순행권농사巡行勸農司를 설치했다." 12월에는 사농사를 대大사농사로 고치고 전문적으로 농업과 양잠업, 수리를 관리하게 했다. 같은 해에 농상에 관한 제도 14조를 반포했다. 사농사로 하여금 『농상집요農桑輯要』라는 책을 편정하여 세상에 반포, 유통시켜 농업생산 지도에 쓰게 했다. 이 밖에도 쿠빌라이는 몽고 귀족이 과다하게 토지와 노예를 소유하는 것을 제한시켰고, 거처 없이 떠도는 유랑민을 모아 간척지 개간과 수리 사업을 일으키는 데 투입했다. 이렇게 농업 사회인 정복 지구의 경제 상황에 맞게 생산관계를 조정했다.

둘째, 사회 생산력을 보호하는 데 주의를 기울였다. 형우 12년(1252년), 쿠빌라이는 몽케의 명령으로 군사를 이끌고 대리를 정복하러 갔다. 어느 날 밤 곡선뇌아曲先腦兒 지방에서 주연을 열었는데, 요추가 쿠빌라이에게 송 태조가 조빈을 보내 남당을 취할 때 한 사람도 죽이지 않았고, 시장의 교역도 그대로 두었다는 고사를 이야기해주었다. 다음 날 쿠빌라이는 말안장에 올라 큰 소리로 외쳤다.

"나는 어제 조빈이 사람을 죽이지 않았다는 이야기를 들었는데, 나도 그렇게 할 수 있다. 나도 그렇게 할 수 있다."

보우 원년(1253년), 군대가 대리성에 이르자 쿠빌라이는 요추를 파견하여 "깃발을 찢어서 살육을 하지 말라는 명령을 써서 장졸들에게 알려주었다." 이로 말미암아 백성들은 안전해졌다. 개경 원년(1259년), 쿠빌라이가 악鄂을 정벌할 때 장문겸·유병충이 쿠빌라이에게 말했다.

"왕의 군대는 정벌을 하되 전쟁은 하지 않고 널리 백성을 사랑하며 살육을 즐기지 않습니다."

쿠빌라이가 말했다. "경들의 말을 지킬 것을 약속한다." 그는 송나라 국경에 들어가자 장수들에게 "망령되이 살육을 하지 말고, 함부로 집을 불태우지 말고, 잡은 포로를 놓아주라."고 명령을 내렸다. 뒤에 쿠빌라이는 남송을 멸하는 과정에서 여러 차례 "항복한 적은 죽이지 마라."는 조서를 내려 송나라의 많은 백성들이 도륙되는 것을 막아 사회 생산력을 보호했다.

셋째, 호적과 부역 제도를 정돈했다. 칭기즈칸 이래 북방의 호적과 부역 제도는 매우 혼란스러웠다. 몽고 귀족은 식읍食邑 내의 호구들을 제멋대로 불리고 무력으로 빼앗는 일이 다반사였다. 또 제멋대로 세금을 징수했는데, 온갖 명목들을 백성들은 감당하기가 어려웠다. 이에 대해 쿠빌라이는 두 가지 조치를 취했다. 한편으로는 몽고 귀족이 제멋대로 호구를 불리는 일을 금지시켰다. 또 한편으로는 실제 호구조사를 실시하여 직업에 따라 다른 호적을 두도록 했고 자산과 인력의 적고 많음을 근거로 삼등구갑三等九甲의 호등제戶等制로 나누었다. 지원 17년(1280년), 정식으로 남북의 세금 제도를 바로잡고, 원나라 초기의 이렇다 할 제도가 없었던 것을 개변시켰다. 쿠빌라이는 이런 일련의 정책과 개혁을 통해 생산관계의 조정에 힘을 쏟았고, 그 결과 원나라 초기 사회경제를 회복시키고 발전시켰다. 그리고 나아가 원 왕조를 당시 세계에서 가장 앞선 나라로 만들었다.

야율초재 耶律楚材

천하를 정벌하고, 지혜로 원나라를 돕다

야율초재는 금나라 장종 명창 원년인 1199년에 태어나 몽고 내마진 후 3년인 1243년에 죽었다. 자는 진경晉卿이고 거란 황족의 후예다. 그 아버지 야율이耶律履는 금나라 시대의 학자로 재상까지 지냈다. 야율 초재는 30년 가까운 관직 생활을 통해 원 태조(칭기즈칸)·예종(태조의 넷째 아들 톨레이)·태종(태조의 셋째 아들 오고타이) 및 내마진후(乃馬眞后, 태종의 여섯째 황후)까지 세 황제 4대를 거치면서 덕과 재능을 유감없이 발휘했다.

그는 몽고를 위해 서역을 원정했으며, 남방 출정에 군을 이끌면서 각종 책략을 제출하여 수준 높은 군사모략을 선보였다. 그는 원이 통일 왕조를 이루는 데 피와 땀을 다 바쳤다. 군주를 보좌하여 열심히 나라를 다스렸으며, 유학의 흥기를 제창하고 법을 제정했다. 생산 발전과 경제 번영에도 힘을 기울여 백성의 생활을 안정시키고, 몽고의 '한화漢化'를 위한 길잡이 역할까지 해냈다. 그는 불후의 업적을 통해 걸출한 정치적 재능과 경제적 식견을 드러냈다. 일을 할 때는 크고 자잘한 것을 따지지 않고 국가와 백성에게 이익이 되는 일이면 충심을 다했다. 군주에게는 강력한 충고와 능숙하고 곧은 직언으로 자신의 주장을 관철함으로써 국사에 충성과 지혜를 다하는 모범을 남겼다.

야율초재는 중국 역사상 보기 드문 지혜와 모략을 갖춘 명재상이었다.

야율초재의 초상화

허심탄회하게 대책을 강구하다

야율초재는 세 살 때 아버지를 여의었다. 어머니 양씨는 글도 읽을 줄 알고 예의에도 밝은 여성이라 야율초재에게 좋은 교육을 시켰다. 게다가 야율초재는 타고난 총명함과 매일 밤늦게까지 공부하는 노력의 자세까지 갖추고 있었다. 그는 도박이나 잡기 따위에 시간을 낭비하지 않았기 때문에 남들보다 빨리 많은 책을 읽을 수 있었다. 청년기에 접어든 야율초재는 이미 천문·지리·율력·산술을 비롯하여 불교와 도교 및 의학·점복 등에도 상당한 조예를 갖추기에 이르렀다.

그는 유학을 깊이 있게 연구했고 불교에도 큰 관심과 수준을 보였다. 여기에 악기 연주와 노래 등까지 잘하여 그야말로 다재다능함 그 자체였다. 그는 충분히 한화된 봉건 사대부 집안에서 태어났기 때문에 일찍부터 자유자재로 한문을 읽고 쓸 줄 알았다. 게다가 문화적 소양도 높고 한번 쓰면 거의 고치지 않아도 될 정도로 문장력이 뛰어났다. 그의 이러한 박학다식은 훗날 그가 큰 공을 세우는 데 훌륭한 기초로 작용했다.

하지만 야율초재는 좋은 때를 만나지 못했다. 그는 혼란스러운 사회 환경에서 성장했다. 당시는 중국 전체가 원에 의한 대통일을 이루기 직전의 열국이 서로 다투던 단계였다. 따라서 여러 세력이 서로 으르렁대며 하루가 멀다 하고 전쟁을 벌였다. 북방에는 새로 일어난 몽고족이 칭기즈칸의 통솔 아래 끊임없이 금나라를 공격하고 있었다.

남방에서는 강남 한쪽에 치우쳐 있는 남송 왕조가 단 한시도 잊지 않고 북방의 잃어버린 땅을 찾기 위해 금나라에 계속 도전하고 있었다. 서방에서는 감숙성과 섬서성 일대에서 나라를 일으킨 서하西夏가 호시탐탐 중국에 대해 야심을 드러내고 있었다. 이들은 남송과 결탁하여 금나라 서북에서 공격을 가했다. 금나라는 중원을 차지한 채 북중국을 통치하고는 있었지만 국력이 갈수록 쇠퇴해져 몸이 마음을 따르지 못하는 형편이었다.

17세에 벼슬에 나간 뒤 25세 때 금나라 수도 연경燕京이 함락될 때까지 야율초재는 거의 소리 소문 없이 8년을 보냈다. 가슴에서는 천하를 품고도 남을 의지가 타오르고 있었지만 행동으로 표출하기는 어려웠다. 연경이 함락된 뒤 야율초재는 금나라의 기세가 이미 기울었다고 판단하고는 불교에 귀의했다. 적어도 당시로서는 자신의 뜻을 펼칠 가능성이 없었기 때문이다. 그는 만송 노인(행수)을 찾아 스승으로 모시고 불가의 교리를 배웠다. 사람과의 관계를 끊고 집안일도 내팽개친 채 일심으로 수양에 몰두했다. 차디찬 비바람이 불어도 뜨거운 태양빛 아래에서도 그의 수양은 중단되지 않았다.

야율초재는 마침내 선의 참뜻을 깨닫고 연경성에서 이름난 불교 수행자가 되었다. 3년에 걸친 힘겨운 수련을 거치면서 야율초재의 의지는 더욱 굳어졌고 나라를 다스리겠다는 원대한 포부가 우뚝 섰다. 그는 피나는 수양을 통해 두 가지 큰 준비를 갖추었다. 첫째, 무엇인가 잘되지 않을 때는 간단하고 쉬운 방법으로 마음을 다스린다. 둘째, 통달하면 인의仁義의 방법으로 사해를 다스린다. 그는 포부를 펼칠 기회를 기다렸다.

"갇혀 있는 용은 언젠가는 승천한다." 칭기즈칸 3년인 1218년, 마침내 기회가 왔다. 연경을 장악한 칭기즈칸에게는 여러 방면의 인재가 절실했다. 야율초재가 얻기 힘든 인재라는 정보를 얻은 칭기즈칸은 바로 사람을 보내 그를 맞아들여 치국의 큰 계책에 대해 자문했다. 은둔 생활을 하고 있던 야율초재는 영웅 칭기즈칸이 자신을 찾는다는 소식에 마침내 자신의 뜻을 진취적으로 펼칠 절호의 기회가 왔다고 판단하고는 흔쾌히 부름에 응했다. 칭기즈칸은 야율초재가 금국에게 멸망당해 대대로 금과 원수지간인 요나라 종실의 후예라는 사실을 잘 알고 있었다. 그래서 그를 만난 자리에서 "요와 금은 대대로 원수였다. 지금 내가 너를 위해 원한을 씻어주겠다."며 야율초재의 관심을 끌려 했다.

그런데 야율초재의 대답은 뜻밖이었다. "그건 지난 일입니다. 저의 할아버지께서 이미 금나라에서 벼슬을 했는데 어떻게 군주를 원수로 삼을 수 있겠습니까?" 칭기즈칸은 이미 한 차원을 뛰어넘은 야율초재의 대답에 아주 만족해하며 이런 인물이라면 믿고 의리의 정을 나눌 수 있다고 생각했다. 칭기즈칸은 야율초재를 중요하게 쓸 생각을 했다.

야율초재는 인품만 뛰어난 것이 아니었다. 외모가 괴걸스러웠다. 고

상한 수염과 낭랑한 목소리, 준수한 자태 등등 모든 것이 칭기즈칸의 마음을 사로잡았다. 이후 칭기즈칸은 늘 야율초재를 '오도살합리'라고 부르며 살갑게 대했다. 몽고어로 '오도살합리'란 '긴 수염'이라는 뜻이다. 비바람이 몰아치는 격변의 시대에 야율초재는 마침내 세상을 덮을 자신의 재능을 펼칠 기회를 찾았다.

그러나 새로 귀순한 유생이 무력으로 천하를 취하려는 군사 귀족들 틈바구니에서 신임을 얻고 위치를 굳히기란 쉬운 일이 결코 아니었다. 상팔근常八斤이라는 이름의 서하 사람이 활 솜씨로 칭기즈칸의 총애를 얻었다. 무식한 무인이 최고 권력자의 총애까지 얻고 보니 교만이 하늘을 찔렀다. 그는 문인은 안중에도 없었다. 이런 그가 한번은 야율초재가 있는 자리에서 칭기즈칸에게 "지금은 무력을 사용할 때입니다. 야율초재 같은 약해 빠진 유생이 무에 대해 뭘 알겠습니까? 아무 짝에 쓸모없지요."라고 말했다. 야율초재라고 그냥 물러서지 않았다. 그는 날카롭게 상대의 말을 되받아서 "활은 활을 만드는 기술자가 있어야 합니다. 천하를 다스리는 데 활을 만드는 장인을 다스릴 필요가 없답니까?"라고 쏘아붙였다. 칭기즈칸은 야율초재의 기지 넘치는 말솜씨와 날카로운 논리에 탄복하여 더욱 그를 중시했다. 칭기즈칸은 아들 오고타이에게 "이 사람은 하늘이 내게 주신 선물이다. 앞으로 나랏일과 군대 일은 모두 그에게 맡겨 처리하도록 해라."고 말했을 정도였다.

몽고는 태조(칭기즈칸) 14년(1219년)부터 20년(1225년)까지 저 유명한 서방 정벌에 나섰다. 그 목적은 주로 중앙아시아 화랄자모花剌子模를 겨냥한 출동이었다. 출병하던 때는 6월 여름이었다. 그런데 어찌 된 일인지 광풍이 몰아치고 앞이 안 보일 정도로 비가 내리기 시작했다. 게다가 더 놀랍게도 대설이 내려 무려 석 자나 쌓였다. 이를 두고 사람들은

야율초재를 알아보고 중용했던 칭기즈칸

출정하지 않는 것이 낫겠다며 웅성거렸고, 태조도 무슨 징조인지 몰라 의심을 가졌다. 태조는 즉각 야율초재를 불러 길흉을 점치게 했다. 상당히 높은 과학적 지식을 가지고 있던 야율초재는 천체 운행과 계절의 변화에 따른 이치를 잘 알고 있었다. 또 월식 날짜와 역법을 수정하는 방법도 알고 있었다. 물론 지금 이 순간, 단순히 천지 대자연의 규칙만 가지고 하늘의 상태를 해석할 수는 없었다. 하지만 그가 누구인가? 남다른 정치적 모략을 갖춘 인물이 아니던가. 그는 칭기즈칸을 포함한 몽고인들이 천문에 대해 무지하다는 점과 이들이 기상 현상에 대해 특별한 미신을 갖고 있다는 점을 교묘하게 이용하고, 여기에 화랄자모를 정벌하여 지난날의 수치를 갚고자 하는 이들의 복수심 등을 고려하여 "겨울의 살기가 한여름에 보인다는 것은 하늘의 뜻을 우리가 받들어 적을 물리칠 수 있다는 좋은 징조입니다!"라고 자신만만하게 대답했다. 칭기즈칸이 바라던 것도 이런 길조였다. 10만 대군은 벼락같이 화랄자모를 향해 진격했다. 1222년, 몽고군은 화랄자모와 중앙아시아를 정복했다. 칭기즈칸은 서방 정벌에서 대승을 거둔 것을 야율초재의 점괘와 연계시켰다.

1224년, 칭기즈칸은 군대를 돌려 돌아왔다. 서방 정벌 때 출병을 거절한 서하와, 서하와 동맹을 체결한 금나라에 대한 징벌을 위해 칭기즈칸은 서하 정벌을 결정했다. 1227년 6월, 서하는 투항했다. 성이 무너지던 날 몽고군은 여자와 재물을 약탈하느라 정신이 없었다. 하지만 야율초재는 책 몇 권과 대황이라는 약재만 챙겼을 뿐이다. 당시 동료들은 이런 그의 행동을 전혀 이해하지 못했다.

이윽고 여름이 지나고 겨울로 접어들었다. 비바람을 맞으며 노숙하던 병사들이 이런저런 병으로 쓰러지기 시작했다. 이때 야율초재가 대황으로 만든 약으로 병사들의 목숨을 여럿 구했다. 그제야 동료들은 야율초재의 앞을 내다보는 지혜와 식견에 감탄하지 않을 수 없었다.

서하가 망함으로써 몽고의 서쪽 근심거리가 사라졌다. 동시에 금나라는 자신들의 조력자를 잃었다. 오고타이 3년인 1231년, 몽고는 오랜 휴식 끝에 다시 남하하여 금나라를 멸망시키기 위한 군사행동에 착수했다. 몽고 대군은 금나라의 변경을 포위하여 공격했으나 완강한 저항에 부딪혔다. 쌍방은 16일 밤낮에 걸쳐 혈전을 벌였고, 성 안팎으로 백만에 이르는 사상자가 났으나 변경은 함락되지 않았다.

그 뒤 몽고군은 남송과 연합하여 금나라를 협공함으로써 비로소 효과를 볼 수 있었다. 변경이 함락되기 전 몽고군의 장수 속불대速不臺

는 태종 오고타이에게 도성을 완전 도살하자고 건의했다. 이 소식을 들은 야율초재는 급히 태종의 막사로 달려와 "군사들이 해마다 계속되는 정벌 전쟁으로 피 흘리며 희생한 목적은 토지와 백성을 얻기 위해서였는데, 땅만 얻고 백성을 얻지 못한다면 땅이 다 무슨 소용입니까?"라고 말했다. 이 말에 태종은 머뭇거리며 결정을 내리지 못했다. 첫 건의가 별다른 반응을 얻지 못하자 야율초재는 재빨리 모략가로서의 또 다른 면을 발휘했다. 그는 개인적 욕심이란 측면을 빌려 태종의 마음을 움직였다. 그는 "변경은 국도입니다. 솜씨 좋은 기술자와 진기한 문물이 이곳에 다 모여 있습니다. 그런데 도성을 도살해버리면 칸께서는 아무것도 얻지 못하실 것입니다."라고 말했다. 태종은 이 말에 마음이 움직여 성에 진입한 뒤 금나라 황족 완안씨完顔氏들만 잡아 죽이고 나머지는 모두 사면했다.

이렇게 변경 도성에 살고 있던 140만 백성들은 야율초재의 지혜로운 건의로 목숨을 보전할 수 있었다. 게다가 이로부터 점령지에 대해 관례적으로 행하던 대량 학살의 풍조가 몽고군 내에서 폐지되었다.

몽고가 금나라를 멸망시키자 삼국정립의 형세는 깨어졌다. 몽고와 송의 전쟁이 본격적으로 시작된 것이다. 몽고 통치 계급 내부에서는 한족과 서역 이슬람족 사이의 모순을 부추겨 서로를 공격하게 하여 몽고는 앉아서 어부지리를 얻자는 주장이 제기되었다. 그러나 야율초재는 진지하게 형세를 분석하고 이해득실을 가늠하여 자신의 의견을 제출했다. 그는 남송과 서역은 너무 멀리 떨어져 있어 군대가 움직이기에는 너무 피곤하기 때문에 서로 상대가 될 수 없다고 판단했다. 아무리 민족 간에 모순과 갈등이 심하더라도 현실적으로 부딪치기 어렵다는 것이었다. 남송을 멸망시키는 일은 결코 쉬운 일이 아니므로 반드시 병력을 집중하여 정면 공격과 우회 기습을 서로 섞는 전략 전술이 필요하다. 이에 따라 야율초재는 남송을 멸망시키기 위한 한결 성숙한 방안을 제기했다.

　많은 논란 끝에 몽고군은 야율초재의 방안을 채택했다. 그리하여 전군을 정돈하여 일제히 빠른 속도로 남송을 전략 포위했고, 1257년 남송은 결국 멸망했다.

나라를 바로 다스리고, '한화漢化'를 이끌다

　야율초재의 나라를 다스리는 능력과 재능은 10년에 걸친 원정을 거쳐 태조 22년(1227년) 전쟁이 끝나고 연경으로 돌아온 뒤 비로소 펼쳐지기 시작했다. 군사 조직을 위주로 한 몽고제국은 사실 서방에 대한 원정 때문에 나라를 다스리는 데 필요한 제도와 법률 등을 미처 정비하지 못했고, 또 몽고에 귀순해 온 주와 군에 대한 관리도 속수무책이었다. 그러다 보니 지방을 관리하라고 보낸 관리들이 재물 약탈은 기본이고 처녀를 겁탈하고 멋대로 사람을 죽이는 일이 다반사였다. 땅을 빼앗는 일 정도는 아무것도 아니었다. 그중에서도 연경의 유후장관 석말함득복은 특히나 유별났다. 그는 탐욕의 화신이었고, 사람 죽이기를 재미로 삼았다. 저잣거리에는 늘 사람 목이 넘쳐날 정도였다.

　이런 정보를 입수한 야율초재는 참지 못하고 눈물을 흘렸다. 그는 몽고의 장기 통치를 다진다는 점에 착안하여 즉각 해서는 안 될 금지 조항들을 발표했다. 각 주·군에서 황제의 옥새가 찍히지 않은 문서가 없으면 함부로 백성들의 재물을 징발하지 못하게 했으며, 죄수에게 사형 판결을 내릴 때는 반드시 국가에 보고하여 허락을 받도록 했다. 이 명령을 어기는 지방 관리들은 절대 사면 없이 처형시킨다는 처벌 조항도 발표되었다. 명령이 내려가자 각지의 폭정이 줄어들고 사회는 점차 질서와 안정을 찾아갔다.

당시 연경성은 국도이긴 했지만 사회질서는 매우 혼란했다. 매일 저녁 으스름에는 도적들이 소가 끄는 수레를 몰아 부잣집을 털었다. 반항하면 사람까지 죽이고 빼앗아 갔다. 누구도 이들을 막거나 추궁하지 못할 정도였다. 보아하니 이 도적들은 보통 사람이 아니었다. 자칫 잘못 건드렸다간 되레 화를 당할 정도의 인물들이었다.

이런 소식을 들은 예종睿宗은 이 문제는 야율초재 정도가 되어야 처리할 수 있다고 판단하여 야율초재와 탑찰아塔察兒를 보내 처리하게 했다. 야율초재는 자세히 탐문하고 조사하여 이들 도적들의 이름을 알아냈다. 알고 봤더니 연경의 책임자 유후의 친족과 권세 있는 집안의 자제들이었다. 야율초재는 손톱만큼도 인정사정 봐주지 않고 이들을 일망타진하여 모조리 감옥에 가두었다. 이들 집안에서는 탑찰아에게 뇌물을 먹여 위기를 모면해보려 했다. 이 사실을 안 야율초재는 원칙과 이해득실 관계를 가지고 탑찰아를 설득했고, 탑찰아는 겁을 먹고 야율초재의 말에 따라 법대로 이들을 처리했다. 최종적으로 16명에 이르는 대 흉악범들이 목이 잘려 형장의 이슬로 사라졌다. 이로부터 도적들은 종적을 감추었고, 연경의 백성들은 안정을 찾고 건전한 사회적 분위기가 조성되었다.

황제 자리를 순조롭게 교체하기 위해 국가의 중대한 참모로서 야율초재는 상당한 신경을 쓸 수밖에 없었다. 칭기즈칸이 세상을 떠나자 몽고의 관례대로 먼저 그 넷째 아들 톨레이가 국정을 대리했다. 그러나 태조의 유언은 황제 자리를 셋째 아들 오고타이에게 물려주라는 것이었다. 야율초재는 잘 알고 있었다. 칸 자리가 허수아비 같은 인물로 채워지거나 잘못 전해지면 나라와 백성들에게 큰 피해가 돌아간다는 사실을. 예로부터 최고 권력을 앞에 두고 골육 간에 얼마나 많은 피를 흘렸던가. 그리하여 야율초재는 오고타이를 재촉하여 하루빨리 최고 부족회의인 '쿠빌타이'를 열어 칸 자리를 결정하라고 했다. 회의가 40일을 넘었는데도 논의는 결말을 보지 못했다. 야율초재는 회의가 더 지연되어서는 안 된다고 판단하여 직접 톨레이를 찾아가 "칸을 추대하는 일은 종묘사직의 대사이니 하루라도 빨리 확정해야 합니다."라고 말했다. 이에 톨레이는 "의견이 통일되지 않았으니 며칠 더 기다려야 하지 않겠는가?" 하고 말했다. 이 말에 야율초재는 단호한 말투로 "이번 기한을 넘기면 더 이상 길일은 없습니다."라고 말했다. 야율초재는 몽고 귀족들의 미신을 교묘하게 이용했고, 마침내 톨레이는 오고타이의 등극 날짜를 결정했다.

황제의 위엄을 살리고 존엄과 비천함의 예의를 제정하기 위해 야율초재는 심혈을 기울여 황제 즉위식을 준비했다. 먼저 오고타이의 형님인 차가타이에게 가족 관계로는 형님이지만 군신 관계로는 신하인 만큼 정중하게 무릎을 꿇고 신하의 예를 갖추어줄 것을 당부했다. 차가타이가 이에 따르면 나머지는 볼 것도 없었기 때문이다. 차가타이는 야율초재의 말에 일리가 있다고 인정했고, 과연 즉위식에서 동생 앞에 무릎을 꿇고 신하의 예를 올렸다. 이로써 즉위식은 아주 순조롭게 끝났고, 차가타이는 야율초재에 대해 "당신이야말로 사직을 지키는 공신이다!"며 칭찬을 아끼지 않았다.

당시 몽고는 원래 초원의 유목 민족으로 씨족사회에서 계급사회로 넘어가는 발전기에 놓여 있었다. 칭기즈칸이 건립한 몽고제국은 막강한 군사와 무기에 의존하여 강역을 넓히고 엄청난 땅을 정복했다. 그러나 몽고제국이 문명 수준이 높은 중원과 강회 지역을 다스리려면 정치·경제·문화 등에서 심각한 개혁을 추진하지 않으면 안 되었다.

탁월한 사상가이자 모략가로서 야율초재는 이 점을 잘 인식하고 있었다. 그는 오고타이에게 옛말을 인용하여 "천하를 말 위에서 얻을 수는 있지만 말 위에서 다스릴 순 없습니다."라고 충고했다. 비교적 깨어 있는 의식의 소유자였던 오고타이는 '한족의 법'을 흔쾌히 받아들였다. 오고타이의 유력한 보좌가 되어 야율초재는 개혁을 진행하고 '한화'를 추진했다. 이 과정에서 그는 유익한 건의를 수도 없이 제기하여 중요한 정치·경제정책과 제도를 제정했다. 오고타이는 그의 의견에 따랐다. 당시 야율초재가 제안한 정책과 제도를 요약해보면 다음과 같다.

첫째, 약탈이나 도살과 같은 좋지 못한 습속을 폐지하여 백성과 포로의 목숨을 구했다. 이로써 무수한 백성을 살렸을 뿐만 아니라 중국인의 몽고에 대한 두려움과 복수 심리를 많이 해소시켰다.

둘째, 땅을 쪼개 백성을 나누려는 움직임을 막고 중앙집권을 수립했다. 몽고는 칭기즈칸이 건국한 이래 땅을 나누고 백성을 가르는 분봉제를 시행해왔다. 야율초재는 이러한 몽고식의 저급한 통치 방식을 막고 권력이 황제와 중앙에 집중되는 중앙집권체제를 강화했다.

셋째, 유교를 존중하고 교화를 제창했다. 야율초재는 중국의 숱한 사상들 중 유가가 역대 왕조의 혼백과 같은 역할을 할 수 있다고 믿었다. 그래서 칭기즈칸 이후 줄기차게 이 점을 강조하여 통치자들을 세뇌했다. 그는 "기물을 만드는 데는 솜씨 좋은 장인이 필요하고, 이룩한 나라를 지키는 데는 유가의 인재가 필요하다."는 논리를 앞세워 인재를 유가에 정통한 인물들로 추천했다. 많은 유생들이 벼슬에 나서 나라를 다스렸고, 몽고의 관료 문화가 크게 바뀌었다. 문무가 조화되는 전환점이 마련된 것이다.

넷째, 법을 만들고 법을 집행하여 폭정을 막았다. 법을 모르던 몽고족들을 법으로 다스리기란 결코 쉽지 않았다. 하지만 엄청난 크기의 제국을 통치하는 길은 법치밖에 없다는 사실을 야율초재는 아주 잘 알고 있었다. 그리하여 그는 통치자를 설득하여 각종 법령을 만들고 그것을 엄격히 집행하게 하여 기강을 세워나갔다. 야율초재가 내세운 법치는 관리의 탐욕과 폭정을 억제했으며 사회질서를 안정시키는 데 크게 작용했다.

다섯째, 퇴보를 막고 농업을 발전시켰다. 오고타이가 즉위한 뒤 몽고 귀족 별질이란 자가 "중원 지구의 한인들은 목축업을 몰라 우리에게 별다른 쓸모가 없습니다. 그러니 전부 죽이고 그 땅을 목장으로 만드는 것이 낫겠습니다."라는 어처구니없는 건의를 올렸다. 이에 야율초재는 "천하는 넓고 사해는 풍요로워 각지 백성들이 모두 자신의 생산 활동에 부지런히 힘을 씁니다. 하지만 정책이 좋아야만 그들에게 많은 부를 가져다줄 수 있습니다." 하고 말했다. 야율초재의 말을 알아들은 오고타이는 "그대의 말대로 한다면 국가 수입이 늘 것이니 사람은 죽여서 뭐하겠는가?"라며 야율초재의 의견에 손을 들어주었다. 이렇게 해서 하마터면 중원 농업경제를 파괴할 뻔한 재난을 막았다.

여섯째, 조세 제도를 수립하여 군사적 약탈을 대신했다. 무를 숭상하던 몽고족은 가는 곳마다 약탈을 일삼았다. 세금이란 관념조차 없었다. 그러다 보니 전쟁에 필요한 물자와 비용을 적절하게 댈 수 없는 상황이 필연적이었다. 이에 야율초재는 오고타이에게 건의하여 하북 일대에 먼저 세금을 거두는 제도를 만들었다. 1231년, 10로를 통해 거둔 금·은·옷감·농산물 등 현물세를 포함한 세금이 산더미처럼 궁중에 쌓인 것을 본 오고타이는 놀라움과 기쁨에 입을 다물지 못했다. 그는 야율초재를 향해 "그대가 내 곁을 떠나지 않고도 나라에 필요한 물자를 이렇게 많이 거두어들이다니, 누가 감히 그대에 비할 수 있겠는가!"라며 야율초재를 칭찬했다.

일곱째, 포로를 석방하여 민심을 안정시켰다. 금나라를 멸망시키는 과정에서 몽고는 엄청난 수의 포로를 획득했다. 하지만 포로들을 호송하던 중에 70% 가까이가 도망쳤다. 화가 난 오고타이는 도망치는 포로는 가족까지 함께 죽이고 심지어는 동네 사람에게까지 공동 책임을 묻겠다는 명령을 내렸다. 민심을 얻는 자가 천하를 얻는다는 이치를 잘 알고 있던 야율초재는 오고타이에게 "중원이 평정되었으니 모든 백성이 다 황제의 백성입니다. 그들이 도망쳐봐야 어디로 가겠습니까? 어째서 포로 하나 때문에 수백 명의 목숨을 빼앗는 것입니까?" 하고 건의하여 명령을 취소시켰다.

여덟째, 고리대금을 억제하고 지나친 착취에 반대했다. 나라가 넓어지자 상인들이 활약하고 고리대금업이 성행하게 되었다. 이 때문에 가난한 백성들은 부채에 시달렸고, 이는 심각한 착취 현상으로 발전했다. 이에 야율초재는 고리대금의 이자율을 제한하고, 빚진 백성들에게는 관에서 빚을 대신 갚아주었다. 또 상인과 결탁하여 엄청난 뒷돈을 챙기던 관리들을 숙청했다.

이렇듯 야율초재의 피땀 어린 노력으로 몽고 통치자들은 비교적 빠르게 중원 지구의 고도로 발전한 봉건제도에 적응했다. 이렇게 해서 전쟁으로 조성된 파괴와 상처를 회복하고 봉건 경제는 정상적인 발전 궤도에 오를 수 있었다.

충정과 지혜를 다하다

야율초재는 치국과 관련하여 다음과 같은 유명한 말을 남겼다.

"이익을 주는 일 한 가지를 더 하는 것이 해를 주는 것 하나를 제거하는 것보다 낫다. 한 가지 일을 더 만들어내는 것이 일 한 가지를 줄이는 것보다 낫다."

참으로 진취적인 사고방식에서 나온 말이 아닐 수 없다. 그는 국가와 백성들에게 이익이 된다고 판단하면 어떤 방법이라도 생각해내고 최선을 다해 실행에 옮겼다. 그의 생각은 군왕에 의해 대부분 접수되었고, 때로는 군왕 본인에게도 영향을 미쳤다. 따라서 지배층은 그가 어떤 의견을 낼 때마다 조바심을 냈고, 때로는 격렬하게 저항했다. 그 때마다 그는 자신의 지혜와 모략을 교묘하게 운용하여 때로는 강경하게 때로는 부드럽게 대응하면서 갖은 방법으로 자신의 주장을 실현시켰다. 그러면서도 그는 자신과 군왕 사이의 친밀한 관계에 영향을 주지 않도록 신경을 썼다. 그랬기 때문에 칭기즈칸으로부터 오고타이에 이르는 30여 년 동안 별다른 충돌 없이 이들과 잘 어울릴 수 있었던 것이다.

1223년 여름, 칭기즈칸이 화랄자모를 공격하여 대승을 거둔 뒤 철문관鐵門關에 주둔하고 있을 때의 일이다. 그 지역 사람이 뿔 하나에 몸은 사슴 같고 꼬리는 말 같으며 온몸이 초록색에 마치 사람 소리같이 우는 괴수 한 마리를 잡아 바쳤다. 칭기즈칸은 하도 신기해서 야율초재에게 어떤 동물인지 물었다. 야율초재는 서방 정벌에 성공했으니 이제 전쟁을 끝내야 한다는 대전제에서 출발하여 옛날 책에 근거하여 이 동물에 대해 이렇게 소개했다.

"이 짐승은 각단角端이라고 합니다. 이 동물이 출현했다는 것은 상서스러운 조짐입니다. 이 동물은 사람의 말을 할 수 있고, 살생과 목숨을 해치는 일을 아주 싫어합니다. 방금 전 울음소리는 칸에게 빨리 귀국하는 게 옳다는 뜻으로 한 것입니다. 황제는 하늘의 큰아들이고, 천하 백성은 모두 황제의 자식입니다. 원하옵건대 칸께서는 하늘의 뜻을 받들어 천하 백성들을 보살피십시오."

이 말에 칭기즈칸은 즉각 서방 정벌을 끝내고 회군을 명령했다.

오고타이 8년인 1236년에는 이런 일이 있었다. 오고타이가 궁실의 미녀를 선발하여 후궁으로 삼겠다는 조서를 내렸다. 이에 야율초재는 지금도 미녀가 넘치는데 또 뽑는다면 백성들을 힘들게 하지 않을까 걱정된다면서 명령의 집행을 거부했다. 태종은 처음에는 몹시 화를 냈지만 잠시 생각한 다음 야율초재의 마음을 헤아리고 더 이상 이 문제를 거론하지 않았다.

몽고족은 술자리를 성대하게 베풀었다. 태종도 이 습속을 버리지 못하고 수시로 술판을 벌여 대취하곤 했다. 이때마다 야율초재는 "술은 철기도 부식시킵니다. 하물며 인간의 오장육부야 오죽하겠습니까?"라고 충고하여 마침내 태종을 깨닫게 만들었다. 태종은 자신의 음주를 절제했을 뿐만 아니라 신료들에게도 하루에 석 잔 이상은 마시지 말도록 권고했다. 군신 간에 이러한 도타운 정이 있었기에 오고타이는 야율초재에게 공손하게 술을 올리며 "그대가 없었더라면 중원은 절대 안정을 이루지 못했을 것이오. 내가 지금 편히 잠을 잘 수 있는 것도 다 그대의 공로 덕분이요."라고 말할 수 있었던 것이다.

몽고제국은 법 집행이 건전하게 실행되면서 갈수록 발전했다. 하지만 기득권을 누리다가 각종 제한을 받게 된 수구 세력들은 야율초재에게 뼈에 사무치는 원한을 품었다. 그래서 온갖 비방과 유언비어를 퍼뜨려 야율초재를 해치려 했다. 하지만 야율초재를 태산같이 믿고 있는 오고타이는 이런 것들에 전혀 흔들리지 않았고, 오히려 무고한 자들을 크게 나무랐다. 그중에서도 연경의 유후장관 석말함득복의 유언비어는 정말 지독하여 오고타이는 그를 잡아들여 야율초재에게 직접 심문하도록 했다. 하지만 야율초재는 개인적인 원한보다는 나랏일이 더 중요하다며 나중에 처리해달라고 부탁했다. 태종은 관대한 야율초재의 인품에 다시 한 번 감동했다.

야율초재는 군주에게 충고할 수 있는 기회는 절대 놓치지 않았다. 한번은 오고타이가 총애하는 양유 등이 살인범을 감싸다가 야율초재에게 체포되어 심문을 당한 일이 있었다. 이들은 온갖 비방으로 야율초재를 헐뜯었고, 오고타이도 이 말을 믿고는 불문곡직하고 야율초재를 잡아들이게 했다. 그리고 얼마 뒤 가만히 생각해보니 자신이 지나쳤다는 사실을 깨닫게 되어 야율초재를 석방하게 했다. 이에 야율초재는 오고타이에게 다음과 같이 충고했다.

"신은 조정의 대신으로 폐하를 보좌하여 국정을 처리하고 있습니다. 폐하께서 저를 잡아들이라고 하신 것은 저에게 죄가 있기 때문입니다. 당연히 문무백관 앞에서 저의 죄가 무엇인지 선포하셔야 마땅합니다. 그런데 지금 저를 석방하라고 하시니 이는 저에게 죄가 없다는 뜻 아닙니까? 이렇게 문제를 가볍게 뒤집는 것은 아이들 장난이나 다를 바 없습니다. 만약 나라의 큰일이라면 이렇게 처리할 수 있겠습니까?"

야율초재의 거리낌 없는 말에 신하들은 모두들 숨을 죽인 채 식은땀만 줄줄 흘렸다. 황제에게 바로 대드는 '범상犯上'의 죄는 죽음뿐이었기 때문이다. 하지만 오고타이는 명민한 군주였다. 그는 성을 내지 않고 부드러운 목소리로 "내가 귀한 황제임에는 틀림없지만 나라고 전혀 실수하지 않을 수 있는가?"라고 말했다.

야율초재는 이 기회를 이용하여 상벌·명분·녹봉·공신·농업과 누에치기·조운 등 열 가지 대책을 건의하여 오고타이의 허락을 얻어내기까지 했다.

물론 그의 모든 건의를 오고타이가 수용한 것은 아니었다. 때로는 고독하게 홀로 맞서는 경우도 적지 않았다. 하지만 야율초재는 포기하지 않고 끝까지 자신의 주장을 밝혔다. 1239년, 오고타이가 어리석게도 국가의 세금 징수를 거상에게 팔아넘기는 행동을 저질렀다. 이에 야율초재는 목 놓아 울면서 간청했으나 끝내 뜻을 이루지 못했다. 그는 돌아서서 "백성들의 고통이 시작되겠구나!"라며 탄식했다. 하지만 그는 여전히 황제에 충성을 다하며 바쁘게 국사를 처리했다.

태종 13년인 1241년, 오고타이가 세상을 떠나고 내마진乃馬眞 황후가 권력을 장악했다. 그녀는 많은 금을 뇌물로 바친 적이 있는 오도랄합만奧都剌合蠻이란 자를 총애했고, 많은 귀족들이 그가 두려워 다투어 꼬리를 쳤다. 야율초재는 이들에 의해 배척되었다. 하지만 그는 이 모든 것보다 백성들의 고달픔이 더 걱정이었다. 그리고 여전히 직언을 멈추지 않았다.

한번은 내마진이 옥새가 찍힌 백지를 한 장 오도랄합만에게 건네주면서 신료들의 관직을 마음대로 적어 임용하도록 했다. 참으로 어처구니없는 작태였다. 이 일을 알게 된 야율초재는 내마진 앞에서 다음과 같이 말했다.

"지금 이 천하는 지난 황제들의 천하입니다. 대신의 임용에는 엄연히 조정의 정해진 법규가 있습니다. 법대로 일을 처리하지 않는다면 조정은 금세 문란해집니다. 이런 명령은 받들 수 없습니다!"

야율초재의 강경한 반발에 백지는 다시 회수되었다. 그러나 이 일이 있은 지 얼마 뒤 내마진는 다시 다음과 같은 명령을 내렸다.

"오도랄합만이 제기한 모든 건의는 영사令史가 반드시 기록해두었다가 처리하라. 만약 그대로 처리하지 않으면 손을 자르겠다!"

야율초재가 다시 나섰다.

"국가의 대사에 관한 한 선제께서는 이 노신에게 위임하셨습니다. 영사에게 무슨 책임이 있다고 이러십니까? 건의가 합당하면 당연히 실행합니다. 그게 아니라면 죽어도 안 됩니다. 손 잘리는 것쯤 무엇이 두렵겠습니까?"

야율초재의 말에 내마진의 표정은 완전히 굳어졌다. 곧 폭발할 기세였다. 하지만 야율초재는 눈 하나 깜짝 않고 계속해서 외쳤다.

"이 늙은 몸은 태조와 태종을 30년 넘게 수행하면서 한 번도 나라에 잘못한 일이 없습니다. 그런데 황후께서는 어찌하여 죄 없는 저를 죽이려 하십니까?"

내마진은 아무 말도 못한 채 어쩔 줄 몰라 했다.

내마진 3년(1243년), 야율초재는 신임을 얻지 못하고 울분 속에 55세를 일기로 생을 마쳤다. 간신들이 설치고 조정의 기강이 문란해진 모습에 그는 깊은 한숨을 내쉬며 세상을 등졌다. 원 왕조의 기틀을 놓은 당대 최고 모략가의 별이 떨어졌다.

해진解縉

완곡한 충언으로 세상과 인물의 득실을 논하다

해진(1369~1415년)의 자는 대신大紳이고, 강서 길수현 사람이다. 해진의 조부는 해자원으로 원나라 지정 연간에 진사였고, 그 아버지 해개증解開曾은 국자감 진수進修였다. 원 태조는 일찍이 해개증과 국사를 논하다가 벼슬을 내리고 싶었으나 본인이 원하지 않았다. 그는 고향으로 돌아가 글방을 열었다. 해진은 어려서부터 총명하고 학문을 좋아하여 13세 때에 『사서』·『오경』을 숙독했을 뿐만 아니라 많은 즉흥시를 썼는데 지금까지 전해져 온다. 홍무 21년(1388년), 스무 살 약관의 나이에 진사가 되었다. 어화원御花園에서 주원장朱元璋을 위해 「어원녹유御園綠柳」라는 칠언절구시 두 수를 지었다. 이 시는 '황은皇恩'을 칭송하고 아첨하는 무리를 알기 쉽게 풍자하여 글에 대해 청맹과니나 마찬가지였던 주원장으로부터도 좋은 시라는 칭찬을 들었다. 주원장은 이 시를 여러 대신에게 돌려 보게 하고는, 해진을 한림원 서길사庶吉士로 임명했다. 또한 그를 자신의 곁에 시종시켜 조서의 초안을 작성하고 공무와 정사를 처리하게 했다. 해진은 청렴결백하고 고고한 천성을 바탕으로 올곧은 관리가 되었으며, 모책으로써 나라에 지대한 공헌을 했다.

살벌한 명나라 초기를 슬기롭게 넘기고 백성들을 위해 많은 일을 해냈지만 간신에게 해를 당한 해진의 초상화

완곡하게 충언을 하다

주원장은 황제에 오른 뒤 일련의 시책을 받아들여 사회질서를 안정시키고 경제를 발전시켜 명 왕조의 통치를 공고히 했다. 동시에 자신의 정권을 굳건히 하기 위해 자신과 뜻이 다른 사람을 철저히 제거하는 이른바 '문자옥文字獄'을 일으켰다. 홍무 17년(1386)부터 29년(1398)까지 십수만 명이 살육되었다. 감히 간언을 올리는 관료가 있으면 가차 없이 사형에 처하여, 모두가 입도 뻥긋하지 못하는 공포 국면이 조성되었다. 이런 살벌한 현실 앞에서 해진은 목숨을 걸고「대포서봉사大包西封事」란 상주문을 썼다. 이 상주문에서 해진은 자신의 관점을 이렇게 진술했다.

"조정의 법령이 수시로 바뀌어 사람들은 법을 의심하게 됩니다. 형벌이 너무 번잡하고 가혹하여 사람들은 법을 경시합니다. ……폐하는 상벌이 불분명하고, 사람을 씀에 충성스럽고 현명한지를 묻지 않고, 관직을 제수함에 경중을 가리지 않습니다. 국자감생과 진사 등 학문이 높고 품격 있는 큰 인재는 쓰는 일이 적고, 세상 사람을 속여 명예를 훔치는 무리나 권세에 빌붙어 이익을 꾀하는 사람들로 조정이 꽉 차 있습니다. 충신과 현인들은 이들과 같이 일하길 원치 않고, 보잘것없는 범부들이 이들과 합세하여 나쁜 짓을 저지르고 있습니다. 천하 사람들은 황상의 좋고 싫음에 따라 생사가 결정되니, 이는 모두 대신 중에 충성스럽고 선량한 사람이 없어 그리 된 것입니다. ……죄인을 죽이면 그만이지 그의 처자까지 연좌하여 처형하는 것은 너무 가혹한 명령입니다. 본래 연좌는 진秦나라 때 시행된 형법으로 처자까지 죽이는 것은 잘못 전해진 규정입니다. 지금 일을 잘하는 사람에게는 그의 처자에게까지 영예와 녹을 주지 않으면서, 죄 지은 사람에게는 고향의 친척까지도 죄를 주고 있으니 어떻게 절개와 효도, 인의를 제창할 수 있겠습니까?……"

상주문은 매우 직설적이고 예리하며 분량 또한 상당했다. 그러나 해진은 글을 교묘히 비틀어 모든 잘못을 신하의 불충함과 선량하지 못함 탓으로 돌리고 황제의 잘못이 아니라고 했다. 이에 주원장도 그에게 벌을 내릴 수가 없었다. 오히려 해진에 대해 "재능이 뛰어난 사람이구나! 재능이 뛰어난 사람이구나!" 하면서 칭찬을 아끼지 않았다.

뒤에 해진은 「태평십책太平十策」에서 이렇게 주장했다. "세금을 경감시키고 농상農桑을 권하며, 환관을 멀리하고 창기와 광대를 너무 즐기지 말며, 도륙을 하지 말고 연좌죄를 줄여야 한다." 더불어 조정의 정령이 자주 바뀌고, 살육이 너무 많은 것을 비판했다. 또한 "인격과 능

해진을 발탁한 명 태조 주원장

력에 관계없이 임용하고, 관직을 제수할 때 경중을 헤아리지 않는다." 고 지적했다. 심지어는 이런 말도 했다. "일찍이 폐하께서는 진노하시어 호미로 뿌리를 없애고 덩굴을 자르듯이 반역자를 주살하셨습니다. 그러나 큰 선을 베풀어 천하에 널리 상을 내리고 고향으로 돌려보내어 처음과 끝이 한결같다는 말을 들어본 적이 없습니다." 본래의 주원장이라면 이 같은 날카로운 비평을 듣고 가만히 있지 않았을 것이다. 그러나 주원장은 마馬 황후가 임종 전에 "어진 사람과 친하고, 충언을 받아들이는 데 처음과 끝이 같아야 합니다."고 당부했던 말이 떠올라 해진을 문책하지는 않았다. 얼마 후 주원장은 각급 부서와 관리에게 명령을 내려,『대명률大明律』과『대고大誥』에 의거할 것이며, 묵형과 자자형刺字刑, 발을 베고 거세하는 잔혹한 형벌을 금지하도록 했다. 아울러 이렇게 말했다. "감히 이러한 형벌을 쓰자고 하는 자는 문무 신하들이 탄핵하여 중형에 처하도록 한다."

공평하게 조정 관리를 평가하다

주원장이 병사한 후, 주원장의 넷째아들 연왕燕王 주체朱棣가 정난의 변란을 일으켜 황위를 빼앗았다. 해진은 새 황제 등극의 정당성에 대한 조서의 초안을 만들었다. 이에 주체는 해진을 높이 평가하여 한림시독으로 승진시켰다. 또 문연각에 들어갈 수 있게 하고 조정의 최고 정무에도 참여시켰다. 이 기간에 해진은 『고조실록高祖實錄』과 『열녀전烈女傳』 등의 책을 편찬하여 주체로부터 높은 평가를 받았다.

해진은 황제에게 중용되었지만 교만하지 않아 벗들로부터 신임을 받았고 백성들도 그를 좋아했다. 당시 황제 호위와 궁정 수호를 맡았던 금의위錦衣衛의 책임자 기강紀綱은 속이 좁고 간교하여 음모 꾸미기를 좋아했다. 조정 백관들은 그를 싫어하면서도 두려워했는데, 오직 해진만이 그를 무시하고 복종하지 않았다. 기강은 언제 한 번 해진에게 모욕을 주리라 작심했다. 그러던 중 연회장에 함께 있을 때 해진을 조소하는 두 구의 시를 꾸며냈다.

연못 속 오리는 짧은 다리로 물장구치며 납작한 주둥이로 꽥꽥거리고,
동굴 속 거북은 단단한 껍질에서 긴 목을 꺼내 밀고 흙을 털고 있다네.

기강은 해진을 오리와 거북으로 묘사하여 놀렸다. 해진은 기강이 수재는커녕 과거 시험에 떨어져 고향에서 불량배들과 어울려 다니던 무뢰한 출신인데 오직 아부만으로 그 자리에 오른 것을 잘 알고 있었다. 그래서 따끔한 교훈을 주리라 생각하고 다음과 같은 대련을 지어 다른 사람이 읽도록 했다.

담장 위 갈대는 머리가 무겁고 다리는 가벼우며 뿌리는 얕고,

산속 죽순은 입이 뾰족하고 가죽은 두꺼워도 속은 텅 비었다네.

기강은 해진이 자신을 '갈대'나 '죽순'으로 빗댄 것을 알고는 부끄러워 얼굴이 빨개졌다. 이 일로 해진과 기강은 원수지간이 되었다.

그해에 주체는 열 명의 조정 관리를 거론하며 그들에 대해 간결한 글로 평가해보라고 명했다. 이 열 사람 중에는 해진과 친밀한 사람도 있었는데, 예부상서 겸 좌춘방대학사 이지강李至剛도 그중 하나였다. 그러나 해진은 사사로운 감정을 떠나 그를 "황당하며 일을 떠벌리고, 비록 재주는 있으나 단정하지 못하다."고 썼고, 병부시랑 방빈方賓은 재간도 없으면서 우마를 거래하는 거간꾼과 비슷하며 "보잘것없는 재능에 무뢰한의 증오심을 지녔다."고 평했다. 좌도어사 진영陳瑛은 기강과 비슷한 유형의 인물로 주체의 총애와 신임을 받는 사람인데, 해진은 그런 점을 고려하지 않고 사실대로 썼다. 주체는 이런 평어를 본 후에 태자인 주고치(朱高熾, 훗날의 인종仁宗)에게 보여주었다. 주고치가 해진에게 물었다. "윤창륭尹昌隆과 왕여서王汝書는 어떻습니까?" 해진이 대답했다. "윤창륭은 학문이 있고 예절에 밝은 사람이나 기량이 크지 못합니다. 왕여서는 보기 드문 문재이나 안타깝게도 이익을 도모하는 사심이 있습니다." 해진은 친구라서 좋은 말만 하지 않고 친하지 않은 사람이라서 엉터리로 낮추어 평가하지 않았다. 주체는 그 점을 마음에 들어 했다. 어느 날 주체는 봉천문奉天門 앞에서 이·호·예·병·형·공 6부의 신하를 모아놓고, 간언을 하려면 해진을 모범으로 삼아야 한다며 이렇게 말했다.

"지금은 당 태종 때의 위징魏徵처럼 직간을 하는 사람이 많지 않고 그런 풍토도 조성되어 있지 않다. 만약 다른 사람을 두려워 않고 자신

의 의견을 제기한다면 듣는 사람의 생각에 그것이 저촉될 것은 없다. 이와 같다면 천하를 다스림에 좋지 못할 것이 있겠는가?"

주체는 해진에게 금빛 비단 옷을 하사하고 상서와 대등한 지위를 주었다. 그리고 모든 조칙과 칙령 등을 먼저 해진에게 보여주고 동의를 얻은 뒤에 전국에 반포했다. 주체는 말했다.

"천하는 하루도 내가 없으면 안 되지만, 나는 하루도 해진이 없으면 안 된다."

태자 책봉을 논하다

주체의 차남인 주고후朱高煦는 용맹 강건했으며 '정난지변'에서 공훈을 세웠다. 그를 옹호하는 사람들은 공을 세운 무장 출신이 천하를 다스려야 한다고 주장하면서 주고후가 황위를 잇기를 희망했다. 반면에 해진을 대표로 하는 일부 문인들은 주고후가 성품이 흉포하고 행동이 거만하며 제멋대로 살인을 저질러 장차 대명 천하를 괴멸시킬 수 있다고 여겼다. 한편, 장자인 주고치는 성품이 너그럽고 온화하며 예로써 사람을 대하는지라 천하를 보존하고 진흥시킬 수 있다고 보았다. 그래서 해진 등은 주고치를 태자로 세우길 바랐다. 주체는 장남과 차남에 대해 잘 알고 있었다. 천하는 무장에 의지하여 얻을 수 있어도 나라를 다스리고 일으키기 위해서는 용맹스런 위세로만은 어렵다는 관점을 가지고 있었다. 그러나 주고후를 따르는 사람들의 세력도 만만치 않아 단번에 결정을 못 내리고 있었다. 그는 비밀리에 해진을 궁으로 불러 의견을 물어보았다. 해진이 말했다. "이는 폐하의 집안일이자 중대한 국사입니다. 처리를 잘해야 집과 나라가 모두 이득을 볼 수 있습니다.” 그리고 또 말했다.

“예부터 장자를 태자로 삼아왔습니다. 황태자는 어질고 효성이 지극해야 천하 인심이 그에게 돌아갑니다. 태자를 세우는 일은 나라에 유익해야 합니다. 만약 장자를 버리고 차남을 세우면 쟁론이 벌어질 것입니다. 그런 전례를 만드시면 이후로 안정을 찾기 어렵고 반드시 사직이 위태로워질 것입니다. 역사상의 무수한 사실을 교훈으로 삼으셔야 합니다.”

해진은 주체가 주고치의 큰아들을 특별히 사랑하는 것을 알고는 다시 말했다. “황장자는 거론하지 않더라도 폐하께서는 황손자를 좋아하시는데, 그를 돌보셔야 하지 않겠습니까?”

이때 내궁 태감이 한 폭의 그림을 가지고 왔다. 이마가 흰 큰 호랑이 한 마리가 뒤따라오는 새끼 호랑이를 향해 포효하는 그림이었다. 해진이 이를 보고는 미소를 지었다. 주체가 “무엇 때문에 웃느냐?”고 묻자 해진은 시 한수로 답변을 대신했다.

“호랑이는 백수 가운데 가장 존귀한데, 누가 감히 성내게 만들겠는가? 오직 부자의 정 때문에 한 번 걷고 한 번 되돌아보는구나.”

주체는 크게 기뻐하여 장남 주고치를 황태자로 삼고 차남 주고후를 한왕으로 삼았다. 해진에게 이 사실을 조서로 작성하여 천하에 알리도록 했다.

이 일로 주고후는 뼈에 사무치도록 해진을 원망하게 되었고, 언제든 보복할 생각을 가지게 되었다. 주체는 정권을 장악한 얼마 후에 월남과 북방을 정벌할 생각을 하고 있었다. 그러나 해진은 월남 정벌에 대해 다른 생각을 가지고 있었다. 주체는 백관을 소집하여 월남을 정벌하고 그곳에 속현을 세우는 일에 대해 논의토록 했다. 해진은 황제의 은택이 미치지 못하는 외지 백성들은 마음이 일정치 않고 늘 변화무쌍하니 차라리 매년 조공을 받으면 되지 속현을 세우는 것은 적합하지 않다고 주장했다. 더욱이 장졸들은 긴 원정의 노고를 감당하지 못할 것이고, 재원 또한 헛되이 낭비된다며 극력 반대했다. 주체는 매우 못마땅히 여겨 해진의 견해를 받아주지 않았다. 이때부터 서로 밀접했던 관계가 소원해지기 시작했다. 주고후는 주체가 해진에 대한 태도 변화를 보이자 바로 해진이 조정의 기밀을 누설했다고 악의적인 누명을 씌웠다. 이에 주체는 해진을 좌천시켜 월남의 포정사참의로 내보냈다.

영락 8년, 해진은 주체에게 월남의 일로 보고 드릴 것이 있다며 상경했다. 그러나 이때 주체는 북벌 원정 중이었고, 해진은 주체 대신 황태자를 보고 다시 월남으로 돌아갔다. 얼마 후, 주고후는 주체에게 해진이 일부러 황제가 없는 틈을 타 상경하여 사사롭게 황태자만을 만나고 몰래 돌아갔는데, 이는 군신의 예를 어지럽히는 것이라면서 해진에게 죄를 줄 것을 청했다. 주체는 당장 해진을 잡아 하옥시키라고 명령했다. 그가 하옥된 지 5년째 되는 해에 왕년의 원수지간이었던 기강은 마취 성분이 있는 약을 술에 타 해진에게 먹이고, 눈더미 속으로 끌고 가서 동사시켰다. 그때 해진의 나이 47세였다.

해진은 일생 동안 청렴결백하고 곧았으며, 백성을 대신해 직언하여 민중들의 사랑을 받았다. 민간에서는 아직까지 해진과 관련된 많은 고사와 전설이 전해진다. 해진은 역사상 큰 공헌을 했는데, 바로 『영락대전』을 편찬한 일이다. 이는 중국 역사상 최대의 백과전서로 평가되고 있는데, 모두 27,807권으로 장정하여 11,095책이나 되었다. 해진이 수백 명의 전문가를 통솔하여 4년 동안 천신만고 끝에 편찬해낸 책이다. 안타깝게도 뒷날 정본은 불태워 없어지고 오늘날에는 단지 200여 책만 전해지고 있다.

장거정 張居正

과거를 거울삼아 현재를 알고, 난세를 구하다

　장거정(1525~1582년)은 자가 교대敎大이고 호북성 강릉현江陵縣 출신이다. 어려서부터 매우 총명했던 장거정은 15세에 이미 수재에 급제했다. 호광순무 고린顧璘이 그의 문장을 보고는 나라를 다스릴 인재라고 칭찬했다. 얼마 뒤 장거정은 향시에 급제했고, 고린은 그에게 물소뿔이 상감된 허리띠를 풀어 주면서 "너는 장차 옥으로 된 허리띠를 찰 것이다."고 말했다. 가정 26년인 1547년, 스물셋의 나이로 진사에 급제한 장거정은 충서길사로 선발되어 매일 국가의 전장典章에 대해 연구했다. 서계徐階 등은 이런 장거정을 인재라며 중시했다.

　장거정은 얼굴이 길고 수염 역시 길게 길렀으며 빛나는 눈매의 소유자에다 풍채가 당당했다. 그 자신도 스스로를 호걸에 비유하곤 했다. 그의 가슴은 넓고 깊어 그 끝을 헤아리기 힘들 정도였다. 당시 재상으로 있던 엄숭嚴嵩은 서계를 몹시 시기하고 미워했다. 이 때문에 서계와 잘 지내고 싶어 하는 사람들도 엄숭이 무서워 서계와의 왕래를 꺼려했다. 하지만 장거정은 전혀 개의치 않고 서계와 왕래했고, 엄숭도 이런 장거정을 인물이라며 중시했다.

　그 뒤 장거정은 우중윤으로 승진하여 국자사의 업무를 맡았다. 여기서 그는 국자좨주 마공馬拱과 좋은 관계를 유지하며 서로 장차 재상을 맡으리라는 원대한 뜻을 격려하기도 했다. 얼마 뒤, 장거정은 다시 유

명 왕조의 거의 유일한 개혁 정치가 장거정

왕裕王의 저택에 기숙하며 공부를 가르치는 강독講讀으로 승진했다. 유왕은 장거정을 정중하게 모셨다. 신종이 즉위한 다음 장거정은 재상에 해당하는 수보首輔에 임명되었다. 신종은 평대에서 그를 접견하고는 금은과 옷감 등을 상으로 내리는 한편 이무기와 소가 싸우는 그림이 수놓아져 있는 조복을 내려주었다.

가정에서 만력에 이르는 시기에 활약한 정치가로서 장거정은 주로 신종 만력 초기(1572년 이후) 10년 가까이 정권을 담당하며 정치·군사·경제 방면의 폐정을 개혁하여 큰 영향을 남겼다.

관료 사회를 정돈하다

신종 황제는 장거정을 믿었고, 장거정 역시 천하의 대사를 자신의 일처럼 생각했다. 조정 안팎에서는 장거정에게 큰 기대를 걸었다. 장거정은 우선 신종에게 조종의 옛 제도를 준수하면 되지 굳이 많은 일을 더 벌일 필요가 없다고 권했다. 학술 강론에 힘을 쓰고, 어질고 유능한 인재를 가까이하고, 백성을 아끼며, 지출을 줄이는 일 등등을 시급한 일로 꼽았다. 신종은 그의 의견을 존중했다. 그리하여 대규모 사찰을 통해 조정 대신들 중에서 권세에 빌붙어 자리를 꿰차고 있는 쓸모없는 사람들을 물러나게 했다. 또 신하들을 소집하여 모두가 보는 앞에서 엄숙하게 앞으로의 행동을 단속하라고 경고했다. 문무백관들은 모두가 두려워했다.

장거정은 집권한 뒤 황권을 존중하고, 관리들을 사찰·탄핵하고, 상벌을 분명히 하고, 명령을 통일하는 등 중요한 일들을 추진해나갔다. 만리 밖이라도 아침에 명령이 떨어지면 저녁이면 실행될 정도였다. 검국공黔國公 목조필沐朝弼이 여러 차례 법을 어기는 바람에 체포되었다. 조정 대신들은 목조필의 권세에 눌려 어떻게 처리할지 몰라 안절부절못했다. 장거정은 목조필의 아들을 시켜 아비를 묶도록 하니 목조필도 감히 저항하지 못했다. 체포하여 조정에 끌고 오자 장거정은 황제에게 사형은 면제해달라고 요청하고는 그를 남경의 감옥으로 이송시켰다.

장거정은 해마다 세금으로 걷는 곡식이 봄에 운송되는 것을 확인하고는 이를 개선하기로 결심했다. 봄에는 하천의 물길이 느리고 기상을 예측하기 어렵기 때문에 물길을 통해 곡식을 운반하는 일이 보통 일이 아니었다. 비가 오면 겨우내 얼어 있던 제방이 터져버리고, 비가 오지 않으면 물길이 말라버려 애로사항이 이만저만이 아니었다. 이에 장거정은 조운漕運을 관리하는 대신의 의견을 받아들여 운송 선박을 10월에 움직이게 하여 이듬해 초까지 운송을 마무리하도록 했다. 이로써 조운에 따른 각종 위험을 크게 줄일 수 있었다. 이 조치로 국가의 창고

장거정을 알아보고 적극 추천한 서계

에 양식이 크게 늘었다.

　장거정은 또 '고성법考成法'을 마련하여 관리의 실적을 사찰하도록 했다. 이 법이 시행되자 초기에는 관원들이 실적에 대한 보고를 일부러 늦추는 등 불만과 불안이 적지 않았다. 그러자 장거정은 일의 크기와 상황 및 완급에 따라 시한을 정해놓고 보고하게 했고, 이를 어기면 바로 책임을 물었다. 이후 관리들 모두가 감히 꾀를 부리거나 고의로 보고를 누락하는 일 없이 진지하게 일에 임했다.

　한편, 장거정은 어사御史들이 외지에서 일쑤 순무대신을 능욕한다는 사실을 알고는 그들을 단단히 다스리기로 결심했다. 그래서 일에 조금이라도 잘못이 있으면 바로 문책하고, 황제의 명으로 그들을 오랫동안 감찰하도록 했다. 급사중 여무학이란 자가 장거정에게 좀 너그럽게 정책을 펼칠 것을 요청하자 장거정은 자신을 조롱하는 것이라 하여 그를 파직시켰다. 이어 어사 부응정이 더욱 간절하게 같은 의견을 제기하자 감옥에 가둔 다음 곤장형에 처하고 보충병으로 보내버렸다. 급사중 서정명 등이 먹을 것 따위를 들고 와서 감옥을 기웃거리자 모두 체포한 다음 외지로 유배 보냈다. 어사 유태가 요동을 순시하고 보고를 제때 올리지 않자 장거정은 과거 예를 끌어다 죄를 물었다. 그러자 유태는 장거정이 권력을 함부로 휘두르고 있다며 장거정을 탄핵했다. 장거정은 몹시 화를 냈고, 이에 황제는 유태를 잡아들여 곤장 100대를 치게 한 뒤 보충병으로 삼아 외지로 보내게 했다. 그러자 장거정은 일부러 유태를 용서해달라며 글을 올렸고, 사건은 유태의 관직을 박탈하는 선에서 마무리되었다. 그러나 얼마 지나지 않아 결국은 유태를 보충병으로 보냈다. 이 일이 있는 뒤 급사중과 어사들은 장거정을 더욱 두려워하게 되었다.

변방을 튼튼히 하다

당시 가장 중요한 변방은 요동·계문·선화·대동 일대였다. 장거정은 정치적 업적을 이루기 위해 각종 수단을 동원하여 부하들을 움직였다. 부하들은 기꺼이 그를 위해 최선을 다하려 했다. 당시 달단韃靼 부족의 우두머리 엄답俺答은 명 왕조와 우호 관계를 맺고 오랫동안 서로 평화로운 관계를 유지하고 있었다. 그런데 유독 '소왕자'가 이끄는 10여만 명의 부족이 동북에서 요동 일대를 오가며 소란을 일으켰다. 물물교환을 위한 국경 지대의 시장에서 별다른 이익을 얻지 못하자 여러 차례 변경에서 말썽을 부렸다.

장거정은 이성량을 기용하여 요동을 지키고, 척계광戚繼光을 기용하여 계문을 통제하고, 왕숭고 · 방봉시에게는 선화를 맡겼다. 이성량은 적을 여러 차례 물리치는 등 제법 큰 공을 세워 백작에 봉해졌다. 계문은 수도 북경의 방패막이이자 군사상 요충지이기 때문에 장거정은 더욱 신경을 썼다. 척계광을 총책임자로 삼아 계주 · 영평 · 산해관 등을 수비하도록 했다. 척계광은 전차와 기병 · 보병을 적절히 배합하여 훈련시키는 등 남다른 훈련 방식으로 철저하게 수비하여 전후 16년 넘게 수도를 안전하게 지켜냈다. 장거정은 이들을 확실하게 지지했고, 따라서 변방은 무사했다. 양광독무 은정무 · 능운익 등이 여러 차례 전공을 세웠고, 절강의 민병들이 재차 말썽을 일으키자 장거정은 장가윤을 기용하여 이들을 다독거려 바로 평온을 되찾았다. 사람들은 너 나 할 것 없이 장거정이 사람을 잘 골라 기용한다고 칭찬을 아끼지 않았다.

변방이 안정을 찾고 천하가 태평해졌다. 하지만 좋은 시절은 오래 가지 않았다. 이번에는 도적들이 여기저기서 일어나 심하면 성시에 들어와 관청의 창고까지 약탈했다. 각급 관리들은 문책이 두려워 상황을 제대로 보고하지 않았고, 장거정은 이런 행위를 엄격하게 금지하는 명령을 내렸다. 도적의 상황을 숨기고 제대로 보고하지 않은 자들에 대해서는 능력 있고 괜찮은 관리라도 가차 없이 파면시켰다. 체포된 도적은 즉결 처분하게 했다. 이로써 관리들은 감히 사실을 속이지 못했다.

바닷가 변경의 돈이나 양식을 훔치는 자들에 대해서는 훔친 양이 일정량을 넘으면 모두 사형시키게 되어 있었다. 그러나 지금까지는 오랫동안 투옥시켜 감옥에서 죽는 경우가 많았다. 장거정은 이들을 가능한 한 빨리 사형시키고 그 가족들까지 잡아들이게 했다. 이로써 도적들의 세력은 크게 약화되더니 결국은 사라졌다.

탈정복기奪情復起

자성태후가 자녕궁으로 돌아가려 하면서 장거정에게 이런 말을 했다.

"아침저녁으로 황제를 볼 수 없으니 황제께서 전과는 달리 공부도 게을리하고 정사도 부지런히 돌보지 않는 것이 아닌가 하오. 혹 선제의 당부를 어기지 않을까 걱정되오. 선생은 다른 대신과는 달리 황제의 교육과 보호를 책임지고 계시니 나를 대신해서 황제를 깨우치게 하고 황제를 도와 선제께서 남기신 유언을 관철할 수 있게 해주시오."

얼마 뒤 장거정의 부친이 죽었다. 호부시랑 이유자가 장거정의 비위를 맞추느라 장거정에게는 '삼년상'을 면제해주자는 이른바 '탈정奪情'을 건의했다. 이에 장거정은 황제에게 관부에 출근하지 않고 일하지 않게 해달라고 요청했다. 아울러 연봉도 받지 않겠다고 했다. 황제는 장거정의 요청을 받아들였다.

그로부터 얼마 뒤 신종 황제의 혼례식이 있었다. 이 자리에 장거정은 조복을 입고 참가했다. 급사중 이래가 부모의 상중에 있는 사람이 조복을 입는 것은 예절에 어긋난다고 지적하자 장거정은 크게 화를 내며 그를 첨사로 좌천시켰다. 이 무렵 신종은 장거정을 더욱 신임하여 장거정에게 친필로 '원보장소사선생元輔張少師先生'이라 쓴 수찰手札을 내리기까지 했다.

그 무렵 신종 황제의 후궁과 비빈들이 거처할 6궁이 모두 완성되었는데, 황제의 명령에 따라 창고에 비축되어 있던 은전이 대량으로 지출되었다. 나라의 재정이 황궁의 일에 사용되었던 것이다. 이에 장거정은 호부에 명령하여 지출 내역을 뽑아 황제에게 갖다 바치게 했다. 그러고는 황제에게 매년 재정수입이 지출보다 적으니 늘 이 장부를 곁에 두고 보시면서 지출을 줄이십사 요청했다. 그러자 황제는 공부에 명령하여 동전을 더 만들어 지출을 감당하게 했다. 장거정은 화폐 주조는 이익보다는 손해가 크다며 중지를 요청했다. 또 언론을 담당한 관리들이 황궁의 수요를 위해 소주 등지에서 벌이고 있는 옷감 짜는 일을 정지하자고 요청했으나 황제는 허락하지 않았다. 장거정이 다시 나서 황제 앞에서 직접 요청하여 간신히 양을 반으로 줄일 수 있었다.

한번은 문화전에서 황제와의 시강(侍講, 공부)을 마친 장거정이 급사중 이래가 올린 강남 지역의 난민 구제에 관한 상소를 신종에게 올려 보게 한 다음 구제를 청했다. 그러면서 장거정은 "황상께서는 백성을 자식처럼 사랑하시는데 외지의 각급 관리들은 공사를 구분하지 못한 채 백성들을 착취하여 군주를 기만하고 있습니다. 이들을 법으로 엄하게 다스리십시오. 또한 황상께서도 지출을 줄이시어 궁중의 모든 비용과 옷가지, 사은품 등을 절감하시는 것이 옳을 것입니다."라고 말했다. 신종은 고개를 끄덕이며 승낙했다.

장거정은 강남의 귀족과 토호들이 권세를 믿고 사람들을 속인다는 상황을 보고받았다. 이들 중 간악한 자들은 서로 결탁하여 세금을 탈루하고 있었다. 장거정은 능력 있고 정직한 관리들을 뽑아 이들을 엄격하게 감독하고 책임을 추궁했다. 이렇게 해서 세금이 안정적으로 걷혔고, 국가의 저축도 하루가 다르게 늘어났다.

신종이 성년이 되어 직접 정치에 임하자 장거정은 고대 흥망의 사례 100여 조항을 모아 그림으로 그리고 쉬운 말로 설명까지 덧붙여 황제가 알기 쉽게 만들었다. 장거정은 또 유가 학자들로 하여금 태조 등 선조들의 활동을 기록한『보훈寶訓』·『실록實錄』등을 편찬하게 하여 황제가 읽고 본받도록 했다. 장거정은 이 책들의 요점을 추려 한가할 때 황제에게 상세히 설명했다. 또 황제의 언행과 국내외 대사를 기록하는 기거주起居注라는 관직도 만들었고, 매일 한림관 네 명이 입조하여 황제의 명령에 따라 시문을 짓거나 고문 역할을 하도록 했다. 신종은 이 모두를 기꺼이 받아들였다.

장거정은 '탈정'을 끝내고 다시 기용되었다. 이후 장거정은 많은 사람들로부터 원한을 사게 되었다. 관리의 임면과 승진 등을 처리하면서 개인적인 애증이 많이 개입되었기 때문이었다. 신종의 신뢰만 믿고 무리하게 일을 추진한 탓도 있었다. 만력 10년(1582년) 3월, 장거정은 병이 났고, 신종은 장사유 등을 불러 내각의 일반 업무를 처리하게 했다. 하지만 큰일은 여전히 장거정에게 보고하여 처리하게 했다. 6월 20일, 장거정은 병을 이기지 못하고 세상을 떴다. 신종 황제는 조회를 중단하고 아홉 단의 제단을 설치하여 그의 죽음을 정중하게 애도했다. 그리고 국공 겸 사부의 예에 따라 장거정의 상을 치르고, 상주국上柱國에 추증하고 '문충文忠'이란 시호를 내렸다. 장거정의 시신은 고향인 강릉에 안장되었다.

황태극 皇太極

애신각라愛新覺羅 황태극(1592~1643년)은 청나라 역사상 탁월한 모략가로 청 왕조의 기초를 다진 사람이다. 황태극은 문무를 겸비하고 도량이 크고 활달하며 지모를 잘 썼다. 재위 17년 동안 부지런히 정치를 하고 나라를 다스려 후금後金 정권을 한 걸음 한 걸음씩 전제 봉건화시켰다. 청나라 군대의 산해관山海關 입관을 위해 매진하고, 전국적인 정권의 기틀을 다지는 데도 전력을 다했다.

한 차례의 대결로 공격을 늦추고 칸의 자리에 오르다

천명 11년(1626년) 정월, 누루하치는 명나라의 충신이자 명장 원숭환袁崇煥이 지키고 있던 영원성(寧遠城, 지금의 요녕성 홍성)을 공격하다가 중상을 입고 치료를 받았으나 병세가 악화되어 세상을 떠났다. 누루하치는 임종 전에 국가의 정사나 자손에 대한 유훈을 남기지 않았다. 후계자가 정해지지 않았기 때문에 누가 그의 자리를 계승할 것인가 하는 문제가 발생했다. 누루하치는 여진의 여러 부족을 통일하는 과정에서 팔기제도八旗制度를 만들었다. 자신이 팔기의 최고 통수권자가 되

청나라의 중원 통일에
확실한 기반을 닦은 황태극

고, 각 기의 기주(旗主, 8명의 화석패륵和碩貝勒)는 모두 누루하치가 신임하
는 자제나 조카에게 맡겼다. 그들은 모두 칸의 자리를 계승할 수 있는
자격이 있었다. 여러 기주 중에 대선大善 · 아민阿敏 · 망고이태莽古爾
泰 · 황태극 등의 세력이 가장 컸기 때문에, 누루하치는 이들을 4대 패
륵으로 봉하고, 나라 안의 모든 기밀 사무를 4대 패륵이 돌아가면서
처리하라고 당부했다. 누루하치는 16명의 아들이 있었는데, 황태극은
여덟 번째 아들이다. 장자 제영은 이미 죽은 상태라, 칸의 자리는 4대

패륵의 몫이었다.

청년 시절, 황태극은 누루하치를 따라 변경을 누비면서 "용감무쌍하게 전공을 세우고, 거느리고 있는 장졸은 모두가 정예병이었다."는 평가를 들었다. 유명한 사르후 전투에서 황태극은 이리저리 자리를 옮겨 가며 싸우다가 가장 먼저 적진을 뚫고 적을 무찔러 탁월한 전공을 세웠다. 누루하치는 "내 아들 황태극은 이 아비와 형제들이 의지할 만하다. 마치 몸에 눈이 있는 것 같다."고 칭찬했다. 이후 황태극은 양황兩黃기를 거느렸고, 만주 귀족의 핵심 인물 중 하나로 떠올랐다. 누루하치가 서거한 뒤 황태극은 여러 패륵의 추천으로 칸의 자리를 계승했다.

황태극은 국면 제어와 인심 획득을 위해 칸의 자리를 계승한 다음 날 대선 등 패륵 14인을 거느리고 천지신명 앞에서 맹세했다.

"지금 나의 여러 형제, 자식, 조카들은 가문과 나라 사람들을 중히 여겨 나를 군주로 추천했다. 짐이 만약에 형님과 어르신을 공경하지 않고, 자식을 사랑하지 않고, 정도를 행하지 않으며, 잘 알면서도 의롭지 못한 일을 하면, 또한 형제 자식이라도 잘못이 있으면, 선황께서 주신 호구를 삭탈하고, 귀양이나 벌을 받게 하여 천지에 귀감으로 삼으며, 중하면 그 목숨을 빼앗도록 하겠다."

이어서 3대 패륵을 비롯한 모든 패륵들에게도 하늘을 향해 맹세하게 한 후, 서로 삼배례를 했다. 그리고 그들을 신하로 하대하지 않을 것임을 선포하고, 4인이 함께 임금의 자리에서 집정할 것을 말했다. 황태극은 단숨에 천하 통일을 할 수 없음을 알고 있었다. 그래서 전례를 좇아 부황의 명을 어기지 않고 자신에게 독재할 마음이 없음을 표한 것이다. 이는 사실 정적의 공격을 늦추기 위한 지혜로운 모략이었다.

후금의 통치 안정을 위해 황태극이 즉위 후 가장 먼저 조서를 내려 강조한 것은 "나라를 다스리는 요체는 백성을 안정시키는 것보다 우선되는 것은 없다."였다. 그는 누루하치 시대의 제도를 개혁하여 먼저 한족들에 대한 동화 정책을 폈다. 명 왕조의 한족 관리와 백성들 중 도망가거나 명나라와 몰래 왕래한 일이 고발되더라도 그 일을 일절 거론하지 말라고 했다. 물론 다시 재범하지 않는다는 조건하에서였다. 또한 소송이나 부역에 대해서도 만주족과 한족의 차이를 없앴고, 만주 귀족과 관원들이 제멋대로 한족 민가의 가축을 강탈하지 못하게 했다. 대규모의 부역을 금지하여 백성의 부담을 줄이고 생활을 안정시켜 농업의 발전을 꾀했다. 그는 만주족 관리의 옛 등급과 한족의 노예 체제를 수정했고, 한족과 만주족이 뒤섞여 살지 못하게 했으며, 민호 편제를 한족 관리가 맡도록 했다. 이러한 조치는 첨예한 민족 모순을 완화시켜 황태극의 정권을 공고히 만들었다.

관제를 개혁하여 전제 집권 체제를 강화하다

황태극은 전제 집권 체제를 강화하고 후금의 통치 기구를 정비했다. 특히 팔기 기주 중에 대패륵의 모순을 해결하기 위해 주도면밀한 계획을 구상하여 실행에 옮겼다. 황태극은 누루하치가 정해놓은 규칙을 고쳤다. 각 기마다 총관대신 1인과 조관대신 2인을 두어 이들이 패륵들과 공동으로 의정에 참여하거나 혹은 국정을 보좌하게 만들었다. 이러한 관직의 설치는 각 기의 왕들과 패륵의 특권을 약화하거나 분산시키기 위해서였다.

천총 3년(1629년), 황태극은 "3대 패륵이 국가 기무의 당직을 맡고 있는 까닭에 일체의 기무가 매번 번거롭게 3대 패륵을 거쳐야 하기 때문에 많은 불편함이 있다."는 이유로 자신과 3대 패륵이 "나란히 황제의 자리에 앉아 공동으로 국정을 운영하는 제도"를 종식시켰다. 그는 다른 패륵들은 자신의 좌우에 서게 만들고, 자신만이 홀로 어좌에 올라 국정을 운영하기 시작했다.

천총 5년(1631년), 황태극은 한족 관리 영완아寧完我의 건의로 명나라의 제도를 모방하여 6부제를 만들고 패륵이 각 부서를 관장하게 했다. 황태극은 6부 대신을 만날 때면 공무를 중히 여기고 법을 지킬 것을 요구했고, 반드시 자신의 의향에 따라 일을 처리하도록 했다. 6부를 설치한 이유는 두 가지였다. 첫째는 군권을 강화하기 위함이었고, 둘째는 만주 귀족이 일정한 규정 없이 일 처리를 하는 구습을 타파하고 전국적인 규모의 정권을 세우기 위함이었다.

또한 황태극은 문관文館을 설치하여 모든 상주문의 출납을 담당하게 하면서 이 일에 한족 관리를 대량으로 임명했다. 그 후 문관을 내삼원內三院, 즉 내국사원內國史院 · 내비서원內秘書院 · 내굉문원內宏文院으로 개편하여 명나라의 내각과 그 체제를 같이 했다. 6부의 설립은 후금 정권이 봉건화로 나아가는 큰 진보였는데, "각 부서는 직무에 따라 일을 남김없이 행하도록 했다." 이에 따라 행정 효율이 크게 제고되어, 한족 관리들은 "부서에 들어와서 제왕의 일이 성취되지 않는 것을 걱정하지 않게 되었다."고 한다.

이와 같은 체제 변혁을 통해 팔기제에 의한 팔왕 공동 정치체제가 종식되었다. 6부 설립 후 군권은 강화되었지만 황제의 권위는 아직까지 여러 패륵을 능가하지는 못했다. 특히 명성과 세력이 큰 대패륵에게는 더욱 그랬다. 황태극은 3대 패륵의 세력을 꺾으려고 고심하게 되었다.

천총 원년(1627년), 2대 패륵 아민이 다른 뜻을 품었다. 그는 명나라와 조선을 탐내, 조선 변경의 주둔지에 남아 독자적인 세력을 구축하고 있었다. 당시 황태극은 등극한 지 얼마 안 된지라 이 일에 관여하지 못했다. 천총 4년(1630년), 아민으로 하여금 영평永平 등 4성에 군대를 주둔시켜 방어를 책임지게 했으나 그는 제멋대로 철수했다. 또한 다른 패륵들에게 무릎 꿇고 엎드려 절하게 하는 예를 받으며 "엄숙하기가 국군과 같았다." 이에 황보극은 아민에게 16개의 죄상을 물어 체포 감금한 뒤 감옥에서 죽게 만들었다.

천총 5년(1631년) 8월, 2대 패륵 망고이태가 부하의 파견 문제로 황태극과 언쟁을 벌였다. 망고이태가 황태극에게 물었다. "황상은 어찌 유독 나를 어렵게 만드는가? 나를 죽일 생각을 하는가?" 이렇게 불만을 토로하며 황태극을 향해 자신이 차고 있던 칼을 5촌가량 뽑아든 사건이 벌어졌다. 이후 망고이태는 자신이 과음으로 실언했다고 스스로 죄를 청했다. 황보극은 어전에서 칼을 소지한 죄로 대패륵의 관작과 명호를 빼앗고 일반 패륵으로 직위를 낮추는 한편, 배상금으로 은 만 냥을 내게 하고 말과 투구 등을 몰수했다. 이에 망고이태는 울화병이 생겨 얼마 후에 죽고 말았다.

천총 9년(1635년), 대패륵 대선은 평소 황태극에게 원한을 품고 있던 합달哈達 공주 망고제(莽古濟, 망고이태의 누이동생)를 초청하여 연회를 베풀고 선물을 주며 환송한 일이 있었다. 이 사실을 안 황태극은 크게 노했다. "정홍기의 여러 패륵이 나를 경시하는 일이 너무 많다."고 여기고 대선에게 "규정과 명령을 따르지 않고 질서를 어지럽혔다."며 그 죄를 논했다. 다음 날 내전에서 여러 패륵과 대신 시위 등을 소집하고서 "그대들은 나 대신 강력한 자 하나를 선출하여 군주로 삼아라."고 말한 뒤 입궁하여 두문불출했다. 이에 놀란 패륵과 대신들은 두려워 어쩔 줄 몰라 하며 조문朝門 밖에서 무릎을 꿇고 이 모두가 자신들의 죄라며 황태극이 다시 권좌에 오를 것을 간청했다. 결국 대선도 대패륵의 명호와 관작을 박탈당했다. 성격이 유약한 대선은 여러 차례 황태극의 공격을 받고는 시키면 시키는 대로 복종할 수밖에 없었고 다시는 저항하지 못했다. 그리하여 4대 패륵의 이름은 이미 존재하지 않게 되었다.

천총 말년에 황태극은 실질적으로 양황兩黃 · 양람兩藍 · 양백兩白 등 6기를 장악하고 세력을 양홍鑲紅기에까지 넓혀 마침내 '팔왕공치八王共治'의 국면을 완전히 종식시켰다. 황태극은 재략과 지모로 10년 만에 정적을 차례로 제거하고 군정과 대권을 자신에게 집중시켜 명실상부 자신의 명령으로 모든 것을 통제할 수 있는 지존이 되었다.

1636년 4월, 황태극은 대선 및 기타 패륵 · 대신 · 외몽고 16부 49패륵들의 추천으로 정식 황제의 자리에 올랐다. 국호를 '청淸'으로 고치고 연호를 '숭덕崇德'이라 했다.

변경을 개척하고 중원을 취하다

황태극은 통일국가를 건립하는 과정에서, 자국이 명나라, 몽고, 조선 등에 삼면으로 포위되어 있고 최종적으로 명나라와 결전을 벌여 멸망시켜야 한다는 것을 잘 인식하고 있었다. 그러기 위해서는 먼저 몽고와 조선 문제를 해결하여 후환을 제거해야 했다. 황태극은 뒷날 이 문제에 대해 이렇게 말했다.

"연경의 큰 나무를 쓰러뜨리기 위해서 먼저 양측의 나무를 잘라야 한다. 그러면 곧 큰 나무도 엎어질 것이다."

황태극은 10년의 전쟁을 통해 조선을 정복했다. 그리고 사막 남쪽

몽고(내몽고)에 대해서는 군대로 위협하기보다 덕으로 품는다는 전략을 취했다. 즉, 정벌이 아닌 귀순의 방법으로 몽고를 병합했다. 황태극은 측근이자 참모인 범문정范文程에게 말했다.

"지금 몽고 각지에서 조공이 올 때마다 후함과 은혜로써 정성을 다해 대우하니, 그들은 돌아가더라도 우리를 애타게 그리워하고 이로써 그들 나라 역시 풍족함과 편안함을 누리고 있다. 이로 미루어보건대, 힘으로 남을 정복하는 것보다 마음으로 감복시키는 것이 귀한 것이다."

천총 9년(1635년), 황태극은 몽고의 각 부족 간 대립으로 서로 강탈하고 죽이는 상황을 바꾸기 위해 몽고의 봉건영주제를 기반으로 한 맹기盟旗 제도를 추진했다. 기 중심의 군정합일의 행정 구역을 만들고, 몽고 봉건 귀족을 기장으로 임명하고 다섯 등급의 고위 작위를 봉하여 그들을 구슬렸다. 숭덕 원년(1636년), 황태극은 몽고아문을 설립하고 뒤에 이를 '이번원理藩院'으로 고쳤다. 이곳에서 6부와 동등하게 몽고 사무를 주관하게 했다. 이번원은 청대에 특수하게 설립된, 소수민족을 관리하는 중앙 기구다. 이와 같은 조치는 후일 중국이 다민족 연방 통일국가로 발전하는 데 중요한 구실을 했다.

황태극은 맹기 제도를 추진하는 동시에 만주 팔기를 모방하여 몽고 팔기를 편성, 직접 자신의 명령을 받게 만들었다. 황태극의 지도하에 몽고 각 부는 명나라와의 주요 전투에 참여하여 중원을 탈취하는 데 탁월한 전공을 세웠다.

황태극은 칸에 등극한 초기부터 명나라를 자주 공격했으나 단기간 내에 명 왕조에 치명적인 타격을 가하기에는 역량이 부족했다. 이에 황태극은 책략을 고쳐 '강화講和'로 선회하여 명 왕조를 마비시키려고 했다. 황태극은 명 왕조와 주고받은 강화 서신에서 예민한 용어나 연호를 쓰지 않았다. 대신에 명나라 연호를 표기해 속국임을 인정하는 척하고 제왕의 칭호를 칸으로 바꿔 쓰는 등 가급적 명나라 조정과 분쟁을 일으키지 않게끔 주의했다. 그러나 동시에 명나라가 근본적으로 받아줄 수 없는 조건을 내걸어 양국 간 강화의 파기를 명나라 책임으로 떠넘기려고 했다. 그러고는 곧바로 "천지간에 서로 화해하고 영원히 전쟁을 불식시키자."고 맹서한 뒤에 군대를 이끌고 명나라 국경을 침범했다. 대능하大凌河 전투의 승리로 후금의 군사력은 크게 증강되었고, 이어 영원寧遠 · 금주錦州를 탈취했다.

황태극은 후금의 형세를 자세히 살핀 뒤 "지금 적은 오직 명나라뿐이다."고 판단하고 이제 명나라를 집중 공격하여 중원 탈취의 숙원을 실현하고자 했다. 형세 변화에 따른 모략에 능통했던 황태극은 다시 한 번 책략을 바꾸어 강화에서 정벌로 선회했다. 황태극은 과거의 겸손했던 태도를 바꾸어 명나라 황제에게 보내는 서신에 기세등등한 말투를 썼다.

"자고로 천하는 한 성姓만이 다스리지 않았다. 천운이 순환하듯 숱한 제왕이 나왔으니, ……어찌 제왕의 후손만이 항상 제왕이 될 수 있겠느냐!"

그리고 대청 황제를 '짐'이라 칭하고 다시는 '여予'라는 표현을 쓰지 않았다. 이는 자신이 중원을 총괄하는 정권을 만들겠다는 뜻을 드러낸 것이었다.

명나라 수도인 북경을 공격하려면 산해관을 점령해야 했다. 산해관을 무너뜨리지 못하면 청군은 관내에 들어서지 못한다. 산해관을 무너뜨리려면 먼저 영원과 금주의 여덟 성을 탈취해야 했다. 송산, 금주의 전쟁에서 2년 동안 명군과 청군은 쌍방 수십만의 병력을 투입하여 치열한 전투를 벌였다. 반년 동안 요지부동 송산을 지키던 명군은 성안

황태극의 무덤인
심양沈陽의 소릉昭陵

식량이 바닥나자 "사람이 사람을 잡아먹고 더 이상 성을 보존할 수 없는 상태"가 되었다. 마침내 청군은 송산성을 무너뜨리고 포로로 잡은 관병 3천 명을 살육했다. 명군은 송산·금주 결전의 패배로 태반의 정예병을 상실하여 더 이상 청군의 공격을 막을 수 없었다. 게다가 농민 봉기를 진압할 수 있는 역량 또한 잃어버려 명나라의 멸망은 더욱 가속화되었다.

이 전쟁에서 황태극은 전심전력을 다해 지휘하느라 그의 지병이 더욱 악화되었다. 전쟁이 끝난 숭덕 8년(1468년) 8월 9일, 황태극이 돌연 병사하니 향년 52세였다. 시호는 '문황제'이고 묘호는 '태종'이다. 그는 산해관으로 진격하기 직전 사망하여 생전에 중원이 통일되는 것을 보지 못했지만, 몇 달 후 그의 동생 다이곤이 그의 숙원을 실현했다.

홍수전 洪秀全

배상제교를 만들고 태평천국을 건설하다

홍수전(1814~1866년)은 원명이 홍인곤洪仁坤이고 1843년에 스스로 수전이라 개명했다. 광동 화현花縣 사람이다. 그는 어렸을 때부터 영민하여 7세에 시골 서당에 들어가 공부했는데, 사서오경뿐 아니라 특히 고대 제왕의 흥망성쇠에 관한 것을 깊이 연구했다. 집안 살림이 어려워 16세에 학업을 중도 포기하고 아버지와 형제를 따라 농사를 지었다. 18세에 시골 서당의 선생이 되었다. 16세부터 4차례나 광주에 가서 과거 시험을 보았지만 급제하지 못했다. 1843년 그는 마지막 과거 시험에 실패한 후, 동창이자 절친한 벗인 풍운산과 함께 기독교 교회에서 발행한 소책자『권세양언勸世良言』을 보고 심취했다. 그들은 현실 사회가 종교적 감정을 요구한다는 것을 알아챘다. 조물주의 신비스런 능력을 믿고 따르게 하고 복음을 전파하여 광대한 농민 군중을 동원할 구상을 했다. 그리하여 백성을 노예로 만든 만청 무리를 토벌하고 세상을 마귀의 손에서 구하여 공평 정직한 태평천국을 건설하려 했다.

아편전쟁 이후 청 왕조는 날이 갈수록 쇠퇴했고 제국주의적 수탈이 갈수록 더해갔다. 중국 사회의 모순이 유례없이 격화하는 형세하에서, 홍수전은 서방 기독교의 교의와 동방 유가의 이상을 결합시켜 강렬한 평등사상을 기조로 하는 '배상제교拜上制教'를 창립했다. 광대한 농민 군중에게 황상제 신앙을 전파했다. 그리고 요괴나 마귀와 같은

홍수전의 상

만청 통치자를 죽여 없애자는 기치 아래 혁명 군대를 조직하여 정권 탈취를 위한 무장투쟁을 전개했다. 600여 성과 진을 격파하여 전 중국의 반을 석권함으로써 만청 왕조의 봉건통치 세력과 외국 제국주의 침략 세력에게 심대한 타격을 입혔다. 그는 모략상 다음과 같은 몇 가지 점에서 성공했다.

전능하신 황상제를 경애하라,
사악함은 정의를 이기기 어렵다

홍수전의 반청혁명 사상은 최초에는 배상제회의 종교 언어로 표현되었다. 『권세양언』의 기독교 교의에 담긴 일신론 사상이 그를 계몽시켰다. 기독교의 예수는 구세주로 받들어지고, 예수는 상제의 아들이다. 상제는 창조의 신이며, 세계에 주재하지 않는 곳이 없고, 하지 못하는 것이 없으며, 알지 못하는 것이 없는 유일신이다. 일체의 우상은 창조자가 아니고 피조물일 뿐이다. 따라서 모두 진짜 신이 아니니 마땅히 폐기되어야 한다. 홍수전은 자신이 '황상제'의 차남이고 예수의 동생이며, 구세의 사명을 띠고 천상에서 내려왔다고 했다. 그는 1843년 6월 '배상제회'를 창립하고, "오직 상제만 숭배하고 다른 사악한 신은 숭배하지 않는다."를 내세웠다. 우주를 창조하고 세계를 주재하며 하지 못하는 것이 없고 알지 못하는 것이 없는 황상제를 제외하고, 기타 세인들이 숭배하는 우상은 불교 · 도교의 신이든 모두 요괴와 마귀이니 마땅히 타도해야 하며, 서당의 공자 신위도 마찬가지라고 했다.

1844년 2월, 홍수전과 풍운산 등은 화현을 떠나 각지로 전교 활동에 나섰다. 먼저 광주 · 번우 · 남해 · 순덕 · 청원 등지를 돈 다음 북강으로 들어갔고, 다시 도연강에서 연산요구로 들어갔다. 4월에는 소서강을 거쳐 광서귀현 석곡촌에 도달했고 그곳에서 장배長排 · 만양萬楊 등에게 전교했다. 9월에 풍운산은 계평현 자형산구에 들어가서 전교 활동했고, 홍수전은 화현으로 돌아왔다. 그곳에서 글을 가르치고 일에 종사하면서 교의에 관한 책을 저술했다. 이 시기를 전후로 『원도구세가原道救世歌』, 『원세성세훈原道醒世訓』, 『원도각세훈原道覺世訓』 등의 책을 썼다. 『원도구세가』는 암담한 청대 사회를 규탄하고, 만능하신 상제는 중외고금이 공동으로 숭배하는 유일신이라는 것을 선전했다. 사람들에게 '바른 사람'이 되라고 권하고, 상제를 경배하며 선을 쌓아 복을 누리라고 했다. 여섯 가지 부정한 짓을 하는 사람, 즉 음란한 사람, 부모 뜻을 거역한 사람, 살인을 한 사람, 도적, 무당, 도박이나 사기를 치고 흡연을 하는 사람들을 반대했다. 마지막에는 "정의는 사악함을 이긴다." "자고로 사악함은 정의를 이기기 어렵다."고 결론을 내렸다. 한편으로는 당시 사회가 "남을 업신여기고 강탈하고 서로 싸우고 죽이는 세상"이며, "세상의 도리가 괴리되었고", "인심이 야박하고 사랑하는 바와 미워하는 바가 모두 사사로움에서 나온다."고 꾸짖었다. 또 다른 한편으로는 천하의 남녀 모두가 황상제가 낳아 기르고 보호하는 형제자매이므로 "서로 경계를 정해 세력을 형성"하거나 "상대방을 병탄하고자 하는 생각"을 버리고, 마땅히 "천하를 공적인 것"으로 삼아 "천하가 한 집안처럼 태평을 누려야 한다."고 주장했다. 농민 대중은 암흑 속에서 광명을 볼 수 있어야 한다며 "혼란이 지극하면 곧 잘 다스려질 때가 오고, 암흑이 지극하면 곧 광명이 오는 법이니, 지금은

홍수전이 포교를 위해 저술한 책들

어둠이 물러나고 해가 승천하는 시기"라고 말했다. 그러니 농민 대중이 다 함께 전능한 '황상제'를 숭배하며 서로 손을 잡고 힘을 합쳐 '염라 요괴'를 격멸하자고 호소했다.

"황상제를 공경하고 숭배하면 곧 황상의 자녀가 되어 생전에는 황상제가 돌봐주고 죽어서는 영혼이 천당에 올라가 영원히 복을 누릴 수 있으니 이 얼마나 좋고 위풍당당한 일이냐. 각기 사악한 신을 믿고 빠지면 곧 요괴와 악마의 무리가 되니 이 어찌 부끄럽고 번뇌하지 않을소냐!"

이렇게 "정과 사는 양립할 수 없다."를 "황상제와 염라 요괴는 양립할 수 없다."로 대체하고, "사람들에게 선을 권하는 것"을 "요괴와 마귀를 죽여 없애자."로 구체화시켜 종교적 무장봉기 이론을 충족시켰다.

1847년 8월, 홍수전이 광서 자형산 지구에 도달하니 풍운산은 이미 배상제회 집회에 3천여 명의 군중을 모아놓고 있었다. 배상제회의 교의는 농민 대중과 숯 굽는 공인들에게 뿌리를 내려 신도가 크게 증강되고 있었다. 대중들의 사상과 신앙을 통일하기 위해서는 더욱 강화된 기율이 필요했다. 홍수전과 풍운산은 공동으로 각종 종교의식과 『천조서天條書』를 제정했다. 그들은 황상제에게 자신들이 험준한 곳에 깃들어 살 만한 곳을 선택해달라는 상주문을 썼다.

고갱중高坑冲·노육盧六은 집에 비밀 혁명 기관을 설립했다. 9월, 홍수전이 무리를 이끌고 상주 대장大樟 고동촌의 감왕묘甘王廟를 때려 부수니 '배상제회'의 명성은 더욱 멀리 퍼져나갔고 신도는 더욱 많아졌다. 교회 내부 조직으로 양수청梁秀淸·소조귀蕭朝貴·위창휘衛昌輝·석달개石達開·호이황胡以晃·진일강秦日綱 등의 지도자 집단이 형성되었다.

1847년 10월, 풍운산은 다시 자형산의 삼성궁三聖宮을 허물었다. 이에 현지의 토호 왕작신이 고소하길 "집회를 열어 결맹한 사람이 약 수천 명이었고, ……청조의 법률을 따르지 않았다."고 했다. 고소를 접수한 관리는 뇌물을 받고 연말에 풍운산과 노육을 체포, 하옥시키고 배상제회가 설립한 기관을 파괴하여 홍수전이 광동으로 나가도록 핍박했다. 배상제회를 주관하는 사람이 없어지자, 모여 있던 대중들의 신심이 흔들리는 등 긴급한 고비를 맞이했다. 이때 양수청이 '천부 상제'가 자신의 몸을 빌려 내려와 뜻을 전한다고 하자 그제야 집회에 모인 사람들의 마음이 안정되었다.(이렇게 일단 양수청이 자신의 몸으로 천부의 뜻을 전해 배상제회의 조직을 구할 수 있었지만 일반적으로 홍수전이 천부의 뜻을 전하는 관례를 깨뜨리게 되어 이후 태평천국의 지도자 집단에 내부 분열이 되는 화근이 되었다.) 그리고 이후 풍운산이 압송 도중에 호송원 2명을 교리로 설복시켜 함께 자형산으로 돌아오자 대중들은 더욱 고무되었다. 이로써 "정의는 사악함을 제압하고", "자고로 사악함은 정의를 이기기 어렵다."는 신념은 더 커져갔다.

천명을 받들어 오랑캐를 토벌한다는
명분으로 금전에서 봉기하다

1849년, 홍수전은 자형산으로 돌아와 배상제회 조직을 계속 공고히 하는 한편, 무장봉기 준비 작업으로 무기 등을 제조했다. 이때 자형산을 중심으로 동쪽의 평남 · 등현, 서쪽으로 귀현, 북쪽으로 무선 · 상주, 남쪽으로 육천 · 박백 등지에 배상제회 조직이 설립되었다. 광동의 신의 · 고주 · 청원 등지에도 조직이 있었다. 1850년 7월, 홍수전은 '단영령團營令'을 내려 각지의 대중을 금전金田촌의 단영 회합에 모이게 하여, 군사 조직 편제에 따라 대오를 편성했다. 회합에 참여한 대중들은 열렬히 호응하여 전답과 재산을 팔고, 늙은이를 부축하고 어린이를 이끌고 모여들었다. 모두 1만여 명이 모였는데, 그중에 적지 않은 사람은 중도에 청군의 저지를 뚫고, 지방 지주계급의 무장 집단인 단련團練과 전투를 벌이기도 했다.

1851년 1월 1일, 홍수전·풍운산은 새로 편성된 혁명 군대를 지휘하여 계평 채촌강에서 청군을 크게 무찔렀다. 1월 11일, 배상제회는 금전에서 있었던 홍수전의 38세 생일을 경축하는 자리에서 봉기를 선포하고 태평천국을 세웠다. 그리고 "천명을 받들어 오랑캐를 토벌하자는 격문을 사방에 배포했다." 만청을 반대하고 요얼(妖孽, 요사스런 마귀)를 퇴치하자는 것이 그들이 내건 정식 명목이었다. 1851년 3월 23일, 홍수전은 무선 동향에서 등극하여 천왕을 칭했다. 태평천국 기원으로 고쳐 쓰고, 오군(五軍, 동·서·남·북·중군)을 만들었다. 광서순무 주천작·제독 향영이 6천 명의 청군을 이끌고 진압하러 왔다가 홍수전이 지휘하는 태평군에게 격파당했다. 5월 이후, 청 정부는 다시 대규모 장병을 동원하여 태평군을 포위 공격했다. 태평군은 동향을 떠나 상주로 진격했다. 상주에서 계평을 공격했으며 계평의 동쪽 평남으로 진격했다. 9월 15일, 태평군은 평남 관촌에서 크게 승리하고 청군의 주력 향영과 광주부도통 오란태부를 섬멸시켰다. 섬멸된 청군의 군기·군량·반합과 천막 등은 모두 태평군에게 넘어갔다. 태평군은 봉기 이후 강대한 적군의 포위와 추격으로 피동적인 국면에 있었으나, 이제 그것을 벗어나 승세를 타고 영안주(永安州, 지금의 몽산현)를 공격하여 이겼다.

태평군은 영안에 반년가량 주둔했다. 홍수전은 풍운산의 도움을 받아 법제를 만들었다. 신역법을 반포하여 '태평예제'를 만들었으며 군제와 관제를 완벽하게 하고 거듭 군율을 천명했다. 반포할 때는 천부天父가 사람 몸을 가탁하여 조서를 내리는 방식으로 했다. 내부의 반역자를 색출하여 주석능周錫能을 처결했고, 전군에 대해 종교 사상 교육을 심화했다.

12월 27일, 다시 조령을 반포하여 양수청을 동왕, 소조귀를 서왕, 풍운산을 남왕, 위창휘를 북왕, 석달개를 익왕翼王으로 봉하고 서왕 이하각 왕은 동왕의 지휘 통제를 받게 했다.

수도를 천경으로 정하고 인원에 따라 밭을 주다

태평군이 영안에서 휴식과 정비를 하는 동안에 청군 2만 명이 속속도착하여 포위하기 시작했다. "군량과 화약이 거의 바닥난 상황에서요마 수십만이 사면으로 포위하여 나갈 길이 없었다." 태평군은 표면상 성을 수리하고 삼중으로 수비하면서 참호를 세 길이나 파놓을 정도로 견고한 수비 태세를 보였다. 하지만 성을 포위한 청군이 차츰 해이해지길 기다렸다가 틈을 타 포위를 뚫고 북상할 생각이었다. 1852년 4월 3일, 홍수전은 포위를 뚫고 돌파하라는 명령을 내렸다.

"전심전력을 다해 전진한다. 만사는 모두 천부의 뜻대로 움직이며모든 책임은 천형이 담당하리라."

"남자고 여자고 할 것 없이 칼을 들고 진력하자."

"한마음으로 대담하게 요괴들을 죽이자."

격렬한 전투 속에 청군은 4명의 총병관이 목숨을 잃었다. "요마를섬멸하자."는 구호는 청군의 포위 부대를 어지럽게 만들었다. 태평군이 북상하니, 그 기세는 바람으로 초목을 쓸어버리는 것 같았다. 계림을 1개월가량 포위 공격했으나 공략하지 못하자 "잠시 포위를 풀고 좋은 계획과 계책을 만들어 다시 도모하자."고 했다. 진격 방향을 바꾸어 6월 3일 전주에서 적을 무찌르고, 상남으로 들어가 도주에서 승리를 거두었다. 도주에서 1개월가량 머물면서 군대를 정비하고 대오를 다시 편성했으며, 대포를 주조하고 군수품을 마련했다. 일체의 준비가 끝나자, 태평군의 당면 문제로 진군 방향과 목표를 설정하는 것이 제기되었다. 양수청이 "광동과 광서를 버리고 강을 따라 동쪽으로 가되 주요 성보나 요충지는 건너뛰고 바로 금릉(남경)을 공략하고, 그런 뒤에 다시 장수를 보내 처리하자."고 주장하자 홍수전은 그것을 받아들였다. 남경을 탈취하여 수도로 삼는 것이 혁명의 기본 목표가 되었다. 남경을 탈취한 후 다시 고향인 광동과 광서로 진군한다는 전략은 뛰어난 식견이었다.

도주에서 진공 방침에 대한 전략이 확정된 후, 태평군은 사람들을 가깝고 먼 곳으로 보내 청 왕조가 "부유한 사람들이 권력을 좌지우지하고 있으며 탐관오리가 천하에 가득하다."는 고시문을 배포했다. 태평군은 부자를 치고 가난한 자를 구제하며, 장차 각종 세금을 3년 동안 면제한다는 성명을 냈다. 이는 농촌 사람들의 환영을 받았고, 시정에서는 "다투어 태평군을 영접하고 관군이 이르면 동맹파업을 했다." 이리하여 순조롭게 강화·영명·가화·난산·계양을 공격하여 승리를 거두고 8월 17일 침주를 공략했다. 그다음으로 장사를 50여 일 동안 공격했으나 실패하고, 11월 30일 밤 비를 무릅쓰고 장사를 떠나 상강 부교 서쪽 위를 지났으나 장사의 적군은 조금도 눈치채지 못했다. 태평군은 12월 3일 익양을 점령했다.

익양에서 선주들이 앞다투어 태평군에 가담하면서 민선 1천여 척을 모았고, 수로로 목자구에서 동정호를 지나 12월 13일 악주를 점령했다. 이 주요 항구에서 다시 배 5천 척을 얻었다. 많은 선주들이 태평군에 가입하여 수군을 편성했는데, 대오가 크게 늘어나 15만 명에 이르렀다. 악주에서는 뜻밖에 다량의 화약과 무기를 노획하여 군대 무장을 개선할 수가 있었다. 1853년 1월 12일, 호북성 무창을 공격하여 이겼다. 태평군의 명성은 날이 갈수록 커져갔다. 청 조정에서는 기선琦善을 흠차대신으로 삼아 군대를 이끌고 신양에 주둔하면서 방어하게 했다. 또 육건영陸建瀛을 흠차대신으로 삼아 강환을 방어하도록 했다. 예상과 달리 태평군이 2월 9일 무창을 버리고 장강의 동쪽으로 내려가니 "돛대가 강을 덮고 끝이 10리에 이르렀다." "부녀노소는 배를 타고 내려가고, 소년과 장정들은 강을 따라 육로로 행군하니, 수륙으로 나아가는 자가 백만이라고 했다." 청군은 태평군의 거센 기세에 초목이 쓰러지듯이 흩어져버려 거의 막을 방법이 없을 지경이 되었다. 18일 태평군은 구강과 안경을 거쳐 3월 6일에 남경성 밑에 다다랐다. 태평군은 땅굴을 파서 성을 공격하는 전법으로 3월 19일 성벽을 허물어버리고 진입하여 양강총독 육건영을 죽이니, 성을 수비하던 청군이 궤멸되었다. 1853년 3월 20일, 남경은 태평군의 수중에 떨어졌다.

남경에서 홍수전은 정식으로 청 왕조와 대치되는 농민 혁명정권을 수립하고, 남경을 천경天京이라 고쳐 불렀다. 3월 31일 진강을 취하고 4월 1일 양주를 점령했다. 청 조정에서는 크게 놀랐다. "부내 부외의 관료들이 친척을 돌려보내고, 한원학사들은 태반이 흩어져 돌아가 경성은 텅 빈 것 같았다." 위급한 국면을 타개하고자 청 조정에서는 전력을 다해 태평군을 포위, 소탕하려고 했다.

홍수전은 천경을 도읍으로 정한 뒤 신속하게 각종 정권 기구를 설립하고 일련의 정책 제도를 반포했다. 예컨대 「천조전무제도天朝田畝制度」를 공포하여 "밭이 있으면 같이 경작하고, 먹을거리가 있으면 같이 먹고, 옷이 있으면 같이 입고, 돈이 있으면 같이 쓰는 등 곳곳마다 균등하지 않은 것이 없고, 배부르고 따뜻하지 않은 사람이 없다."는 사상으로 토지를 공유화하여 인원에 따라 밭을 나눠 주었다. 남아도는 식량은 국고로 거둔 다음 혼인과 경사는 국고에서 쓰게 하고 홀아비·과부·고아·자식이 없는 늙은이는 나라에서 돌봐주고 지원하는 정책을 폈다.

천경을 중심으로 수비하고 발전을 꾀하다

홍수전과 양수청의 원래 계획은 먼저 소주와 항주로 진격하여 "강소성과 절강성의 부유한 곳"을 취할 생각이었으나 1만여 명의 청군이 바짝 뒤쫓아 천경의 동쪽에 진을 치고 강남대영江南大營을 만들자 이 계획을 포기할 수밖에 없었다. 이어서 청 조정에서는 북방의 기병과 보병을 장강 북쪽 연안에 배치시켜 강북대영江北大營을 세웠다.

태평군은 지척에 있는 강남·강북대영의 위협을 해소하고, 천경에 군량을 제공하는 서쪽을 정벌하며, 바로 얼마 전에 포기했던 장강의 거점(무창·구강·안경 등)을 다시 탈환해야 했다.

1853년 4월 10일, 양수청은 주력 군대를 편성하여 소북령掃北令을 반포했다. 소북군掃北軍은 근 2만 명에 달했는데, 임봉상林鳳祥 등이 이끌고 포구에서 안휘 북쪽으로 향했다. 그들은 2년 동안 여섯 성을 쓸어버리고 5천여 리에 걸쳐 수십 개 성에서 승리를 거두었지만, 결국 고립무원의 처지가 되어 청 대군에 포위되었다. 1855년 상반기에 전군이 전멸하고 말았다.

1853년 5월 19일, 홍수전은 호이황 등으로 하여금 전선 1천 척을 이끌고 서쪽을 정벌토록 했다. 태평군의 수군은 적군의 방어선을 무너뜨리고 순조롭게 안경을 점령한 뒤 계속해서 구강과 무창을 공략했다. 남쪽으로 내려가 호남에서 승승장구할 때, 대량의 서양식 총과 대포로 무장한 증국번의 상군이 완강하게 저항해 왔다. 1853년에는 무창을 지키지 못했으나, 1854년 2월 태평군은 적을 유혹하여 깊숙이 끌어들였다가 포위하는 전술로 구강과 호구에서 큰 승리를 거두었다. 증국번은 남창으로 도망갔다. 태평군은 승세를 타고 대반격을 가하여 무창을 재탈환하고, 또 강서로 들어가 8부 50여 주현을 점령했다.

서쪽의 승전보가 전해질 무렵, 천경의 밖에서도 또 다른 큰 승리를 거두었다. 1856년 3월 강북대영을 섬멸시키고, 6월 강남대영까지 섬멸시켜 천경을 3년 동안 포위했던 청군의 위협을 해소했다. 이때가 태평천국의 군사상 전성기였다.

홍수전은 천경 깊숙한 곳에 거처하면서 좀처럼 움직이지 않았다. 그러는 사이 삼엄한 봉건예제를 실행하여 태평천국의 핵심 성원과도 관계가 점차 소원해져갔다. 더욱이 양수청·위창휘·석달개 등은 각자 자신의 군대를 늘려가고 있었다. 각 집단 간의 이권 다툼이 날이 갈수록 첨예해졌다. 양수청은 자신의 공을 내세우며 제멋대로 날뛰었다. 동료를 억압하고 조금만 뜻에 맞지 않으면 장형이나 사형을 내렸다. 청 강남대영을 무너뜨린 후, 그는 "천왕을 핍박하여 동왕부에 친히 와서 만세후로 봉하게 했다." 홍수전은 겉으로 양수청의 요구를 수락하는 듯했지만, 즉각 밀령을 내려 강서 호북의 독사인 위창휘와 석달개를 천경으로 돌아오게 했다. 위창휘는 심복 부대 3천여 명을 거느리고 1856년 9월 1일 깊은 밤에 천경으로 들어가 동왕부를 포위하여 양수청과 그 가족 및 수하를 죽였다. 천경 내에 혼전이 발생하고 이때 사망한 태평군의 정예가 2만여 명에 달했다. 9월 중순에 천경으로 돌아온 석달개는 위창휘의 마구잡이 살인을 질책했고, 위창휘는 석달개마저 살해하려고 했다. 석달개는 간신히 천경을 벗어났지만 전 가족이 살해당했다. 위창휘의 전횡과 도륙은 대중의 분노를 샀다. 홍수전은 11월 위창휘와 그 심복 2백여 명을 죽여 2개월가량의 천경사변을 종식시켰다.

사변 후 홍수전은 석달개를 천경으로 불러 조정을 주관하게 했다. 그러나 그에 대한 의심과 시샘을 그치지 않자, 석달개는 노하여 1857년 10만 정예병을 이끌고 천경을 떠났다.

이후 태평천국은 내리막길로 떨어졌고, 한바탕 기세가 드높았던 반청 운동은 실패로 돌아가고 말았다.

혁흔奕訢

자강自强하고 서양을 배우자

혁흔(1833~1898년)은 청나라 후기의 중요한 정치가이자 개혁가다. 그는 자강 운동을 주창했으며, 중국 근대사에 중대한 영향을 미친 인물이다.

혁흔은 도광제道光帝의 여섯째 아들로 어려서부터 총명하고 민첩하여 넷째 형 혁저奕訢와 함께 황자들 중 도광제로부터 가장 많은 사랑을 받았다. 혁흔과 혁저는 어려서부터 늘 함께 공부하고 무예를 익혔다. 전하는 이야기에 따르면 도광제가 황위 계승자를 확정하는 문제에서 이 두 아들을 놓고 차마 결정하지 못하고 엄청나게 고민했다고 한다. 그러다 병이 심각해지자 비로소 두 황자를 불러들여 직접 대면한 다음 황위 계승을 결정하기로 했다.

두 황자도 부황의 소환이 대단히 중요한 관문이라는 사실에 민감하지 않을 수 없었다. 그래서 각자 사부에게 어떻게 하면 부친의 호감을 살 수 있는가를 상의했다. 혁흔의 사부 탁병염은 황제가 군사에 관한 일을 물을 경우를 대비해서 만반의 준비를 할 수 있도록 가르쳤다. 한편 혁저의 사부 두수전은 나랏일에 관한 것보다는 황제의 마음을 사로잡을 수 있는 요령을 가르쳤다. 그는 혁저에게 "치국에 관한 식견이라면 황자께서는 혁흔을 따르지 못합니다. 황상께서 만약 당신의 병이 깊어 오래 살지 못할 것 같다고 말씀하시면 아무 말 하시지 말고 그냥 바닥에 엎드려 울기만 하십시오."라고 일러주었다.

혁저는 사부가 일러주는 대로 실수 없이 행동했고 도광제는 매우 기뻐하며 혁저가 듬직하고 효성스럽다고 생각하여 그를 계승자로 결정했다. 이 이야기가 사실인지는 알 수 없다. 하지만 혁저의 정치적 재능이 청나라 통치자들 사이에서 이미 잘 알려져 있었던 것만은 사실인 것 같다. 이 때문에 적지 않은 사람이 도광제가 혁흔을 계승자로 선택하지 못한 것에 짙은 아쉬움을 나타냈다.

850년, 혁저가 황제로 즉위하니 이가 바로 함풍제다. 함풍제는 혁흔을 공친왕에 봉한다는 유언을 남겼다. 혁흔은 얼마 뒤 군기처를 맡게 되었다. 제2차 아편전쟁 초기에 혁흔은 서양과 싸워야 한다는 적극적인 주전파의 위치에 있었고, 1860년 11월에는 나랍씨(서태후)와 함께 쿠데타를 일으켜 성공함으로써 의정왕에 봉해졌다. 그 후 자강을 목표로 한 새 정치에 주력하면서 서양을 배우는 데 힘쓰자는 양무洋務운동을 이끌었다. 혁흔은 1861년부터 1898년 병으로 세상을 뜨기까지 전후 30년 가까이 청나라 말기 정치를 주도하면서 적지 않은 족적을 남겼다.

나중에 움직여 상대를 제압하다

혁흔이 정치 무대에서 처음 사람들의 주목을 끈 것은 나랍씨(서태후)와 함께 북경의 정변을 이끈 사건이었다. 이 정변에서 그는 상대의 의표를 찌르는 신속 정확하면서 벼락같은 행동으로 단숨에 숙순肅順을 우두머리로 하는 8대신 집단을 뿌리 뽑았다.

1861년 8월 22일, 함풍제가 열하(熱河, 지금의 하북성 승덕)에서 병으로 죽었다. 함풍제는 죽기에 앞서 이친왕 재원, 정친왕 단화, 협판대학사호

혁흔

부상서 숙순 등 여덟 명의 대신에게 찬양정무대신이 되어 어린 황자 재순載淳을 보좌하며 조정을 총괄하라는 유언을 남겼다. 야심만만한 자희태후(서태후)는 자신이 최고 권력을 움켜쥐기 위해 숙순 등 8대신과 날카롭게 대립했다. 혁흔은 이렇듯 격렬한 권력 각축의 소용돌이 속에서 개인적 은원과 득실을 따져본 결과 자희태후 편에 서는 쪽이 낫다는 결론을 내렸다. 혁흔은 자희태후와 밀모하여 상황을 주도하면서 북경 정변의 열쇠를 쥔 인물로 떠올랐다. 숙순도 만만치 않았다. 자신의 두 정적에 대해 날카로운 경계심을 늦추지 않았다.

하지만 혁흔의 단수가 한 단계 높았다. 그는 먼저 자희태후와 교묘하게 연락을 취해 큰 그림을 그렸다. 혁흔은 문상을 구실로 북경에서 열하로 왔다. 숙순 등은 예감이 좋지 않아 혁흔과 자안·자희 두 태후가 만나지 못하도록 했다. 이에 혁흔은 "황제의 영령 앞에서 곡하는 것도 안 된단 말인가?"라고 반문했다. 혁흔의 이 질문은 이치에 맞았을 뿐만 아니라 자신이 열하로 달려온 진짜 의도를 감추는 것이기도 했다. 숙순 등은 더 이상 막을 수 없었다. 그래서 혁흔과 함께 영전으로 가서 두 궁의 태후를 만났다. 태후를 만나는 도중에도 숙순 등은 그 자리에서 한 발짝도 물러서지 않고 혁흔과 태후를 감시했다. 그럼에도 불구하고 혁흔과 두 태후는 숙순이 보는 눈앞에서 밀모를 주고받았다고 한다.

이 기막힌 과정에 대해서는 다음과 같은 이야기가 전한다. 당시 두 태후는 태감에게 함풍제에게 드리는 양고기 죽을 한 사발 혁흔에게 갖다주라는 명령을 내렸다. 태감은 작은 목소리로 혁흔에게 이 음식은 극식(克食, 제사 음식)이니 조심스럽게 받들어야 한다고 속삭였다. 혁흔은 틀림없이 이 죽에 밀모와 관련된 어떤 것이 있을 것이라 생각하고 옆방에서 이 죽을 다 먹었으나 별다른 것을 발견하지 못했다. 하지만 혁흔은 총명한 사람이었다. 태감이 아무런 까닭 없이 그런 말을 했을 리 없다고 판단한 혁흔은 다시 그릇을 살폈다. 아니나 다를까, 그릇 바닥에 종이가 붙어 있는 것이 아닌가. 혁흔은 그것을 자신의 소매에 감추었고, 숙순 등이 그 옆에 있었지만 아무도 눈치채지 못했다.

돌아오는 길에 혁흔은 그 편지를 꺼내 보았다. 예상대로 두 태후가 보낸 밀지였다. 그 내용은 숙순 등이 권세만 믿고 교만 방자하게 신하의 마음을 저버렸으니 북경으로 돌아오는 즉시 잡아 죽이라는 것이었다. 그리고 일이 성공하면 혁흔을 보정왕에 임명하고 두 태후가 수렴청정에 임할 것이라는 내용도 함께 있었다. 이는 말하자면 정치적 거래였다.

북경으로 돌아온 혁흔은 적극적으로 일을 준비하기 시작했다. 하지만 겉으로는 전혀 움직임이 없는 것처럼 했다. 이 무렵 조정에서는 어사 동원순이 두 태후의 수렴청정을 건의하는 글을 올렸다. 아울러 8대신을 탄핵하는 상소도 함께 올렸다. 혁흔이 북경으로 돌아와서 보니 조정 안팎이 뒤숭숭했다. 동원순이 징계를 받을 것이라는 분위기가 지배적이었다. 대신들은 혁흔의 태도에 지대한 관심을 보였다. 혁흔과 아주 친한 대신들은 혁흔에게 두 태후의 의도를 조정 신하들에게 공개하라고 건의했다. 그러나 혁흔은 아주 두렵다는 표정을 지으며 "안 됩니다! 안 됩니다!"라고 말할 뿐이었다.

이러한 상황은 즉각 숙순을 비롯한 8대신에게 전해졌고, 이들은 대세는 이미 자신들 쪽으로 기울었다는 잘못된 판단을 내리기에 이르렀다. 혁흔이 자신들에게 대항할 힘이 없다고 본 것이다. 바로 이때, 혁흔은 비밀리에 두 태후의 밀지를 보군통령 인수와 신기영도통 덕목초 극기포 등에게 알렸다. 또 편지를 써서 자희태후에게 진즉에 투항한 승보에게 군대를 이끌고 태후의 어가를 맞아들이라고 했다. 그리고 이 무렵, 숙순의 신임을 받아온 조육영이 이미 혁흔의 밀정이 되어 수시로 숙순 등의 동태를 몰래 알리고 있었다.

위의 상황을 종합해보면, 혁흔은 밀모를 통해 정변의 큰 계획을 세워놓고 두 태후의 동의를 얻음으로써 주도권을 장악했다. 여기에 몰래 밀정을 통해 숙순 등의 동태를 파악하고 있었다. 이 모든 조치들이 소리 소문 없이 일사불란하게 진행되었다. 혁흔이 얼마나 노련하고 교활하게 모략을 구사했는지 충분히 알 수 있게 하는 대목이다. 더욱 놀라운 사실은 이때 그의 나이 불과 서른이었다는 것이다.

숙순 등은 자신들도 모르는 사이에 함정에 빠졌다. 먼저 8대신의 힘이 분산되었다. 비교적 겁 많고 약한 재원과 단화 등은 두 태후와 어린 재순을 수행하여 환궁했고, 함풍제의 영구는 숙순이 다른 길로 호송했다. 11월 1일, 태후가 북경에 도착해 혁흔을 만났고, 바로 다음 날 정변이 터졌다. 8대신은 개별적으로 체포되었고, 3일 혁흔은 의정왕에 봉해졌다. 8일, 8대신 중 숙순·재원·단화 세 사람이 처형되었다. 이어 양궁의 태후 두 사람이 수렴청정에 들어갔다.

평화와 신중함으로 나라를 다스리다

혁흔은 여러 해 동안 조정을 주도했다. 말하자면 천하 대권을 좌우하던 결정적 인물이었다. 청 왕조의 국력이 갈수록 약해지고 서방 열강들이 호시탐탐 틈을 노리는 상황에서 혁흔은 내정과 외교 방면에서 기본적으로 다음과 같은 모략사상을 수립했다.

첫째, 평화를 적극적으로 추구한다는 기조였다. 평화라는 조건 아래서만 '자강'을 통해 근대화 건설을 추진할 수 있었기 때문이다. 평화를 위해서는 근대 국제 관계라는 복잡하기 짝이 없는 틀 속에서 신중하지 않으면 안 되었다. 자칫 잘못하면 열강들에 의해 찢기고 심지어는 전쟁의 가능성이라는 극도의 긴장 상태를 초래하기 십상이었다.

혁흔은 당시 역사적 조건에 근거하여 중국은 전통적인 전쟁관을 바꾸어야 한다고 생각했다. 즉, 모험적인 행동을 반대한 것이다. 예컨대, 춘추시대 노나라의 조예가 날카로운 칼을 쥐고 제 환공을 위협하여 빼앗긴 땅을 되찾았다는 따위의 역사책에 나오는 미담 같은 것을 혁흔은 극도로 경계했다. 만약 당시에 제나라 재상 관중이 적극적으로 말리지 않았다면 제 환공은 틀림없이 노나라에 보복을 가했을 것이고, 그 결과는 엄청난 비극이 되었을 것이다. 따라서 조예의 행동은 위험천만한 모험이었다. 혁흔은 이렇게 그 사건을 해석했다. "보잘것없고 무모한 용기로는 자신을 보호할 수 없다. 심하면 나라에 화를 미칠 것인데 그 죄는 누가 진단 말인가?" "군자는 크고 먼 것을 보고 아는 데 힘을 써야 한다. 예로부터 훌륭한 신하는 나라를 위해 깊게 생각하는 것을 근본으로 삼았다. 공을 세우는 데만 급급한 행동은 취해서는 안 된다." 이것이 혁흔의 생각이었다.

그는 또 2차 아편전쟁에 대해 실제 역사상의 대외 전쟁 사례를 거울로 삼아 중요한 것과 덜 중요한 것, 시급한 것과 덜 급한 것을 따져서 무력 충돌을 피했어야 했다고 했다. 치밀한 계산 없이 무력으로 충돌했다가 패하면 그때 가서는 평화 협상에서도 엄청난 손해를 볼 수밖에 없으므로 외교 수단을 통해 가능한 한 전쟁을 피하는 쪽이 현명하다는 결론이었다. 이 같은 자신의 논리를 뒷받침하기 위해 '위강魏絳의 화융론和戎論'이라는 논문까지 썼다. 그는 이 논문에서 춘추시대 진晉ㆍ초楚의 투쟁에서 진이 약세인 형세에서 진의 대신 위강이 내세운 융과의 화해책이 진에 유리하고도 현명한 대책이었다고 분석했다. 혁흔의 궁극적 의도는 평화를 수단으로 삼아 외국 세력들이 균형을 이루게 하여 자신을 지키는 목적을 달성하자는 데 있었다.

혁흔은 평화를 적극적으로 주장했지만 만약의 전쟁을 위한 준비를 대단히 중시했다. 평화를 위한 협정은 결코 영원한 것이 아니기 때문이었다. 이는 서방 열강의 침략적 본성에 대해 혁흔이 어느 정도 인식하고 있었음을 뜻한다. 1868년, 혁흔은 각 성의 책임자들에게 일시적 평화로 영구적인 안정을 이룰 수 없다면서, 평화기에 만반의 대비를 갖추지 않은 사례는 없었다고 강조했다. 평화는 수단이자 조건일 뿐, 목적은 평화를 충분히 이용하여 '와신상담臥薪嘗膽' 식량을 비축하고 힘을 쌓아 만약을 위해 스스로를 강화시키지 않으면 안 된다는 것이었다.

다들 알다시피 양무운동은 실제로 중국 최초의 근대화 운동이었고,

혁흔은 운동의 주창자이자 주동자였다.

혁흔의 평화 추구는 무원칙과 끝없는 타협 그리고 양보를 의미하는 것은 결코 아니다. 그의 평화 외교에는 절도가 있었다. 시행 가능한 것은 받아들이지만 불가능한 것은 아무리 요구해도 반드시 거절했다. 혁흔의 이러한 외교 원칙은 같은 시기 외교를 담당했던 이홍장李鴻章과 비교할 때 더욱 선명하게 드러난다. 이홍장은 서방 열강과의 외교에서 별다른 식견이나 책략 없이 그저 '성실'하게 상대하면 된다고 우기다가 결국은 교활하고 무도한 침략자들에게 엄청난 배상금과 땅을 떼어 주었다. 게다가 그 자신은 만고에 씻지 못할 죄인이 되었다.

서양의 장점을 다 배우자

양무운동의 주창자이자 주동자로서 혁흔은 탁월한 식견의 모략사상을 많이 제기했다. 그는 양무가 시작된 이상 서양인을 배워야 하며 특히 군사 방면에서는 "서양인들의 장점을 모조리 다 배우는" 방안을 마련해야 한다고 보았다. 또 서양인들의 침략 의도 등을 막아야 한다는 점도 잊지 않았다. 이를테면 신식 교육을 위해 초빙된 서양 교관들이 내정에 간섭하거나 하는 따위를 방지해야 한다는 것이었다. 이를 위해 그들에게는 가르치는 책임만 부여하고 병권은 철저하게 중국 장수에게 귀속시켜야 한다는 점을 강조했다.

혁흔은 또 상해에서 조직된 서양 총기부대가 "도적을 소탕하는" 기회를 이용하여 중국보다 앞서 있는 서양의 무기 제조술 등을 배우는 방안을 제기하기도 했다. 교련이란 명목으로 몰래 그 방법을 배우자는 것이었다. 이렇게 해서 상해 등지에서는 서양식 무기 제조술을 배우는

양무운동의 일환으로 건설된 서구식 조선소

계기가 마련되었다. 혁흔은 한 걸음 더 나아가 관련 관원들에게 정해진 기한 내에 그 비밀을 모조리 다 훔쳐 배우도록 했다.

양무운동을 추진하는 과정에서 혁흔은 점차 서양의 선진 생산기술과 군사 장비가 다름 아닌 선진 과학문화의 기초 위에서 가능하다는 사실을 인식했다. 즉, 그들의 기술이 모두 천문이나 수학 등 기초과학에서 비롯되었다는 사실을 알게 되었고, 따라서 근본적으로 착실하게 공부하지 않고 겉만 배워서는 아무 짝에 쓸모가 없다는 점도 인식하게 되었다. 외국의 과학문화를 배우기 위해서는 먼저 외국어와 문자를 배워야 한다는 점도 알게 되었다. 이를 위해 혁흔은 자기 주도하에 번역 인재들을 기르는 신식 학교인 동문관同文館을 창설했다. 이는 실질적으로 중국 근대 교육의 출발이었고, 이어서 유학생들을 계속 외국으로 내보내기 시작했다. 중국 근대 교육의 개창자로서 혁흔의 모습을 이러한 활동에서 발견할 수 있다.

"서양의 장점을 끝까지 다 배우고" "그 바닥(기초)을 모조리 배워야 한다."는 혁흔의 사상은 실제로는 위원魏源이 제기한 "오랑캐의 장기를 스승으로 삼아 오랑캐를 제압하자."는 사상에서 한 걸음 더 나아간 것이었다.

혁흔과 같은 시대를 살았던 인물들, 예를 들어 그의 동생인 혁현은 혁흔의 정치적 재능을 '명쾌明快'라는 가장 압축된 단어로 표현했다. 오늘날 표현을 빌리자면, 임기응변에 능숙하면서 큰일을 과감하게 처리한다는 정도가 될 것이다. 모략가로서 혁흔의 행적을 전체적으로 살펴보면 이러한 평가는 상당히 일리가 있다.

경제모략의 천재들

　인류 발전의 역사에서 물질적 욕구와 경제적 이익은 늘 인간 투쟁의 초점이었다. 원시시대 인류는 생존을 위해 대자연과 투쟁하지 않으면 안 되었다. 계급사회에 접어들어 인간은 재부를 빼앗아 손에 넣기 위해 서로 싸웠고 급기야는 목숨도 아끼지 않는 전쟁까지 일으켰다. 그리고 상품경제가 세상 최고 자리를 차지한 오늘날, 사람들은 여전히 재부와 경제적 이익을 위해 시장을 다투고 고객을 잡으러 필사적으로 힘을 쏟는다. 바다를 건너고 국경을 넘는 것은 예사다. 갖은 꾀를 다 짜내는 것은 물론 심지어는 서로서로를 속이고 등치기까지 한다. 산업 전쟁은 그야말로 '피 흘리지 않는 최대의 전쟁'이다. 인간이 물질과 경제적 이익을 얼마나 중요하게 여기는지여실히 볼 수 있고 또 절감할 수 있는 그런 세상에 우리가 살고 있다.

　경제모략가는 경제적 이익을 위한 인류의 기나긴 투쟁을 통해 발전해왔다. 그러나 사회 발전에 따른 여러 원인과 인간의 의식 수준 및 역사적 제약 때문에 경제모략가의 출현과 발전은 정치·군사·외교 방면 등에 비해뒤떨어진 편이었다.

　상품경제가 고도로 발전함에 따라 사람들은 갈수록 경제문제를 중시하게 되었고, 경제와 경제 연구에 종사하는 사람도 갈수록 늘었다. 그리고 그 중에는 높은 수준의 경제모략사상을 갖춘 사람도 적지 않았다. 그리하여 경제모략가도 시대적 요구와 함께 잇달아 나타나기 시작했다.

　여러 가지 한계 때문에 이 책에는 많은 수의 경제모략가를 수록하지 못했다. 그러나 그들은 누구 못지않게 뛰어난 경제적 두뇌와 예리한 안목 그리고 앞서가는 사고방식을 갖춘 인물들이었다. 나라와 백성을 진심으로 걱정한 사람들이기도 했다. 그들의 탁월한 경제모략사상은 당시의 경제 발전을 촉진했음은 물론 후세에도 심대한 영향을 남겼다. 예컨대 이괴(李悝, 기원전 455~기원전 395년)의 "땅의 힘을 최대한 활용하라."는 '무진지력務盡地力' 이론, "시세 변화를 낙관적으로 파악하라."는 백규(白圭. ?~?. 기원전 5세기 중엽)의 '낙관시세樂觀時勢'론, 상홍양(桑弘羊. 기원전 152~기원전 80년)의 소금과 철의 관영화 논의, 유안(劉晏. 715~780년)의 재정론, 왕정(王禎. ?~?. 13세기 말)의 '농본주의'와 과학부국설, 가노(賈魯. 1297~1353년)의 수리 사업과 복지 정책 구상 등등은 그들의 비범한 지혜와 경제를 발전시킨 원동력으로서의 모략사상을 보여주기에 결코 모자람이 없다. 더욱이 현실에 직면해서 그들은 피나는 노력과 고난도 마다하지 않았으며, 낡은 틀을 과감하게 깨트리는 혁신적이고 창조적인 정신을 유감없이 발휘했다. 이는 오늘날에도 중요한 현실적 의의를 갖는다. 이러한 것들을 통해 독자들은 나름대로 유익한 계시와 교훈을 얻으리라 믿어 의심치 않는다.

계연計然

싸워야 한다는 것을 알면 준비해야 하고,
물자가 언제 필요한지 알면 물자의 가치를 알게 된다

계연은 언제 태어나 죽었는지 기록이 전혀 없다. 사마천의『사기』에
주석을 단 남조 송나라 배인裴駰의『사기집해史記集解』에는 계연을 춘추
시대 유명한 정치가인 범려范蠡의 스승으로 기록하고 있다. 그에 따르
면 그의 이름은 연硏이고, 옛날부터 "연(계연)과 상(상홍양)의 속셈(계산)"
이란 속담이 있다고 한다. 또 다음과 같은 기록도 보인다.

> "계연은 규구 복상(지금의 하남성 복양현 경내) 사람으로 성은 신辛이고 자는
> 문자文子이다. 그 선조는 진晉의 공자였다. 일찍이 남쪽 월나라에서 떠
> 돌았는데 범려가 그를 스승으로 모셨다."

사마천은 계연을 위해 별도로 열전을 마련하지는 않았지만 경제인
들을 전문적으로 다룬『사기』「화식열전」에서 그의 정치 활동과 거시적
경제사상 및 주장을 아주 돋보이게 기록하고 있다. 또『사기』에는 오왕
부차에게 패하여 회계(지금의 절강성 소흥시)에서 곤경에 처한 월왕 구천이
10년에 걸친 와신상담 끝에 국가와 백성을 부강하게 만들어 마침내 교
만에 빠진 강적 오나라를 멸망시킴으로써 지난날의 치욕을 씻은 이야
기가 흥미진진하게 기록되어 있다. 이 과정에서 결정적인 역할을 한

서민의 물가를 우선 고려했던
탁월한 경제 사상가 계연의 초상화

문무를 겸비하고 넘치는 지혜를 갖춘 계연의 제자 범려는 대업을 성취한 후 스스로 은퇴하여 경제모략사상으로 상업에 종사하여 중국 역사상 가장 이름난 거부 도주공陶朱公으로 변신한다.

이렇게 보면 계연은 월왕 구천이 국력을 회복하고 강국으로 발돋움하는 데 중요한 역할을 한 인물일 뿐만 아니라 중국 역사상 대단히 위대한 경제사상가이자 모략가였음을 알 수 있다.

싸워야 한다는 것을 알면 준비해야 하고,
물자가 언제 필요한지 알면 물자의 가치를 알게 된다

계연의 경제모략사상의 핵심은 '경제치국經濟治國'이다. 이는 전란이 잦았던 춘추 시기에서 장기적이고 진보적인 사상이었을 뿐만 아니라 전체 사회의 역사 발전을 이끄는 작용으로 매우 심대한 의미를 갖는다. 경제는 기초다. 생산과 경제가 발전해야만 백성들이 편안하게 자기 일에 전념하며 넉넉한 생활을 꾸릴 수 있고, 나라도 강대해질 수 있다. 국가가 풍족하고 국력이 강력해져야 다른 나라들과 맞서 패하지 않을 수 있다. 계연은 이런 이치를 아주 잘 알고 있었다. 그는 부차와의 싸움에 패해 곤경에 처한 월왕 구천에게 경제로 나라를 다스려야 한다는 대책을 제기하면서 다음과 같이 말했다.

"싸워야 한다는 것을 안다면 각 방면에서 전쟁 준비를 갖추어야 합니다. 물자가 언제 필요한지 알아야 물자의 가치를 알 수 있게 됩니다. 또한 시기 파악과 쓰임새 이 둘의 관계가 분명하면 각종 물자의 공급과 수요 상황 및 일 처리 능력 등이 아주 분명해질 것입니다."

여기서 우리는 계연이 제기한 경제치국이라는 모략의 큰 전제가 "싸워야 한다는 것을 알면 준비를 해야 한다."는 것임을 분명히 볼 수 있다. 이는 곧 부국과 부강을 위한 것이고 전쟁에서 적을 물리치기 위한 것이다. 따라서 그는 경제 발전을 주장했다. 무역을 통해 상품경제를 이끌고 관리하는 목적은 시장이 충분히 그리고 지속적으로 열리게 하는 데 있다고 보았다. 이 모든 것이 결국은 나라를 다스리는 근본이 된다.

가뭄이 들면 배를 준비하고, 홍수가 나면 수레를 준비하라

계연이 제시한 경제모략사상에서 두드러진 점은 경제의 발전 규칙을 이해할 것을 강조한 것이다. 그리고 모든 것을 미리 준비할 것을 강

《原載明版《列仙全傳》》

계연의 제자로 알려진 범려는
스승의 경제 이론을 실천하여 거부가 되었다.

조한 점도 큰 특징이다. 그는 농업경제를 기본으로 하던 당시의 실제 상황에 맞추어 농업 생산의 자연 조건을 대단히 중시했다. 즉, 기상 관찰에 주의했는데, '오행' 학설을 활용하여 풍년과 흉년, 기근과 가뭄이 드는 일반적 규칙 같은 것을 제기했다. 그는 "6년마다 한 번 풍년이 들고, 역시 6년에 한 번 가뭄이 들고, 12년에 한 번 큰 기근이 든다."고 했다. 이런 순환적 규칙에 근거하여 그는 "가뭄이 들면 배를 준비하여 수재에 대비하고, 수재가 들 때는 수레를 준비하여 가뭄에 대비하라." 고 말한다. 이는 사물의 발전 규칙에 주목한 이론이다. 2천여 년 전에 살았던 계연이 이렇듯 수준 높은 변증 사상을 가졌다는 사실에 우리는 감탄하지 않을 수 없다. 그의 경제사상에는 모든 일을 사전에 대비하라는 '유비무환有備無患'의 관점이 가득 차 있다. 그의 모략은 나라를 다스리는 데 사용하면 나라가 강해지고, 생산에 적용하면 경제가 발전하고, 상업에 활용하면 재부를 축적할 수 있다. 계연은 장기적이고 대국적인 관점에서 거시 경제학을 제시한 경제모략가였다.

양식의 가격이 안정되어야 시장이 활성화된다

계연의 경제모략사상은 거시적 통제를 대단히 중시하고 있으며, 또 경제의 현실 상황을 주의해서 조사 · 파악하고 이를 바탕으로 구체적인 대책과 방침을 제기한다. 그는 월나라의 경제 현상을 깊게 연구한 기초 위에서 물가가 평형을 이루어야 하고 생산(농업)과 유통(상업) 두 방면의 관계를 고려해야 한다고 강조한다. 그는 다음과 같이 말한다.

"식량 가격이 한 되에 20전이면 농민의 이익에 손해가 나고, 90전이면 상인이 손해를 본다. 상인의 이익에 손해가 나면 교역이 정체되고 돈이 돌지 않는다. 농민이 손해를 보면 생산성이 떨어지고 농지가 황폐해진다. 따라서 식량의 가격은 한 되당 최고 80전을 넘지 말아야 하며 최저 30전 밑으로 떨어져서는 안 된다. 그래야만 상인과 농민 모두가 이익을 얻을 수 있다."

그는 이렇게 해야만 양식의 가격이 안정되고 시장이 활기를 띤다고 생각한 것이다. 식량 값이 안정을 유지하면 다른 화물의 평등한 교환이 뒤따르고 시장 교역과 관세 등도 따라서 활기를 띤다는 뜻이다. 농업 본위의 사상이 주도하던 상황에서 계연은 '말석'에 위치한 상인의 이익과 그 작용을 간파하고 그것의 중요성을 강조했다. 이는 좀처럼 보기 힘든 참으로 귀중한 주장이 아닐 수 없다. 그의 상업 경제사상은 지금 보아도 아주 의미심장하다.

귀한 것이 극에 이르면 천해지고, 천한 것이 극에 이르면 귀해진다

계연은 상품경제의 발전을 적극 주장하여 "재물과 화폐가 물 흐르듯 흐르게 해야 한다."고 했다. 그는 이것이야말로 재화를 생산하고 나라를 부유하게 만드는 길이라고 판단했다. 따라서 상업 무역에 대해 아주 높은 식견과 모략사상을 보여준다. 그는 물자 교환의 과정에서 어떻게 하면 이익을 남겨 돈을 벌고 재부를 축적할 수 있는가에 대해 철두철미하게 연구했다. 그는 물품은 교환을 통해 가치가 커진다고 주장했다. 상인은 교환 과정에서 얻어야 할 이윤을 취하는 것이다. 그가 제시하는 재화를 축적하고 돈을 버는 방법은 대단히 실질적이다. 그러면서도 아주 깊은 경제 철학과 학문이 담겨 있다. 그는 다음과 같이 말한다.

"재부를 축적하는 이치는 다음과 같다. 첫째, 화물의 질을 중시해야 한다. 둘째, 자금이 유통되지 않고 쌓이는 것을 막아야 한다. 물건을 사고 팔 때 쉽게 부패하고 변질하는 물품은 제때에 내다 팔아야지 더 나은 가격을 받겠다고 묵혀두는 모험을 해서는 안 된다."

계연의 무역과 경영모략사상이 갖는 높은 수준은 상품의 귀천에 따른 변증법적 관계를 아주 잘 알고 있었다는 점에서 드러난다. 다시 말해 상품의 가격은 시장에서의 교환과 공급·수요의 변화 상황에 따라 유동적일 수밖에 없다는 점을 철저하게 간파한 것이다. 따라서 그는 상품의 과잉 공급이나 부족한 상황에 대해 연구하여 물가가 오르고 내리는 기본적 규칙과 이치를 잘 이해해야 한다는 점을 특별히 강조한다. 그는 사물이 극에 달하면 반드시 반대쪽으로 이동한다는 원리와 시장 교환의 일반적 규칙에 근거하여 "비싼 것이 극에 이르면 헐값이 되고, 헐값이 극에 이르면 비싸진다."는 과학적 결론을 얻어냈다. 그는 사람들과 상업 종사자들에게 시기와 시장 상황을 잘 파악해야 한다고 분명히 경고하고 있다. 매매를 위해 머리를 써야 할 뿐만 아니라 용기도 있어야 한다고 강조한다. 그래야만 "거름을 비싸게 팔 수 있고, 진주를 싼값에 살 수" 있다. 싸고 비싸고는 절대적인 것도 아니고 영구적인 것도 아니다. 상대적이고 변화하는 것이다. 관건은 시기를 장악하는 데 있다. 계연은 "남고 모자란 것을 알면 싸고 비싼 것을 알 수 있다."는 경영모략을 제기한다. 이는 경영의 요점이자 사람들이 누구나 쉽게 알 수 있는 이치다.

이상에서 우리는 계연의 경제모략사상이 매우 체계적이라는 사실을 확인할 수 있다. 특히, 화물 유통을 통한 상품경제의 발전을 주장한 것은 창조적이고 의미심장하다. 다만 중국 사회가 너무 오랫동안 봉건 통치의 질곡에 놓이는 바람에 그의 상품경제 사상도 오랫동안 파묻혀 있었다. 이는 역사 발전의 비극이다. 개혁개방 이후 시장경제가 대대적으로 발전하고 있는 지금, 그의 빛나는 경제모략사상은 더욱 진지하게 연구하고 본받아야 할 큰 가치가 있다.

백규白圭

남이 버리면 사들이고, 남이 사들이면 내다 판다

백규는 전국시대 사람이다. 나고 죽은 해는 기록이 없어 알 수 없다. 예로부터 상공업으로 크게 부자가 된 사람들의 기록인 『사기』와 『한서』의 「화식열전」을 통래 그의 일생을 엿볼 수 있을 뿐이다.

백규는 주周나라 출신으로 대략 위魏나라 문후文侯 때 재상을 지낸 저명한 법가 인물 이괴(李悝, 기원전 455~기원전 395년)와 같은 시기에 활동한 것으로 보인다. 그가 어떤 벼슬을 했다는 기록이 없는 것으로 보아 대상인으로 추측한다. 『한서』에 따르면, 그는 경영과 무역 그리고 생산 발전 등 경제에 관한 이론을 최초로 수립한 인물이다. 백규는 장사에도 뛰어난 수완을 발휘했을 뿐만 아니라 오묘한 경제 이론을 가진 인물이었다. 다만 안타깝게도 너무 보수적이라 경제 무역, 생산 발전과 관련된 자신의 풍부한 경험을 책으로 남기지 않았다. 하지만 현재 남아 있는 기록만으로도 그가 중국 최초로 아주 뛰어난 성취를 이룬 사업가이자 경영인이자 경제모략가였다는 사실을 충분히 확인할 수 있다.

시세의 변화를 낙관하다

백규의 경제모략사상에서 가장 기본을 이루는 방법이 "시세의 변화

백규의 초상화

를 낙관한다."는 것이었다. 이는 사회경제문제를 대하는 당시의 인식 수준을 훨씬 뛰어넘는 것이었을 뿐만 아니라 시장경제가 주도적 지위를 차지하고 있는 오늘날에도 여전히 중대한 의미를 갖는다. 백규는 전국시대 초기에 생활했는데, 이 시기는 사회체제로 볼 때 노예제에서 봉건제 사회로 넘어가는 과도기였다. 당시 주요 생산방식은 농업과 목축업이었다. 시장 교환이 있기는 했지만 진정한 상업 시장에는 이르지 못했다. 이런 사회 조건에서 백규는 특유의 지혜와 날카로운 상인의 안목으로 시세의 변화를 관찰하여 매매 교역을 통해 엄청난 이익을 얻고 나아가서는 사회 생산의 발전을 촉진했다. 이는 누가 뭐라 해도 확실히 진보적인 사상이자 방법이었다. 이에 대해 사마천과 반고는 『사기』와 『한서』를 통해 충분히 긍정적인 평가를 내리고 있다. 즉, 백규의 "시세의 변화를 낙관하다."라는 사상을 역사상 유명한 법가 사상가였던 이괴가 주장한 "땅을 최대한 이용한다."는 사상과 함께 거론했다.

남이 내다 팔면 사들이고, 남이 사들이면 내다 판다

이는 백규의 가장 기본적인 경제모략사상이자 돈을 버는 수단이었다. 당시 상황에서 백규는 간단한 물물교환법을 취하여 상품을 교역했다. 즉, 서로에게 있고 없는 물건을 교환하여 사회적 수요를 만족시키고자 했다. 그의 뛰어난 점은 그가 시장 돌아가는 상황을 통찰했다는 데 있다. 다른 사람은 물건이 남아돈다고 생각하여 내다 팔 때 그는 대량으로 사들였다. 또 다른 사람들은 부족하다고 여겨 사들일 때 그는 급히 필요로 하는 곳에 내다 팔았다. 쉽게 말해 쌀 때 사들이고 비쌀 때 내다 팔아 이익을 얻고 재부 축적이라는 목적을 달성한 것이다. 이는 시장경제의 가장 기본적인 법칙이다. 2천여 년 전에 살았던 백규는 이런 점을 깊이 인식하여 "남이 내다 팔면 사들이고, 남이 사들이면 내다 판다."는 이론을 제출했던 것이다. 지금 보아도 감탄할 만하다. 그의 이론은 진·한 이후 각 왕조가 시장을 만들어 교역을 시행하고 국가에서 물건을 공급하는 일 등에 큰 영향을 미쳤다.

백규는 아주 예민한 상업적 두뇌를 소유하고 있었다. 동시에 돈을 버는 데 대단한 전문가이기도 했다. 그는 경제 형세와 교역 장소에 대한 정보와 시장 상황의 변화에 대단히 민감했다. 따라서 반응이 아주 빨랐다. 일단 필요하다고 판단되면 바로 사들이거나 내다 팔았다. 그는 분초를 다투어가며 경영상 이익을 얻을 수 있는 절호의 기회를 놓치지 않았다. 마치 "사나운 짐승이나 새처럼 재빨랐다."고 한다. 그는 "시간이 곧 돈"이라는 점을 누구보다 일찍 깨우치고 있었던 사람이다.

그러면서도 그는 재물이 쉽게 들어오지 않는다는 점을 잘 알고 있었기 때문에 자본의 축적에 큰 의미를 부여했다. 자신은 검소한 생활을 하면서 노복들과 고락을 같이했다. 거친 음식이라도 달게 먹었고 하고 싶은 것을 자제할 줄 알았다. 그는 오늘날 사치와 향락에 돈을 물 쓰듯 쓰고 다니는 일부 졸부들, 못된 재벌들과 그들의 못된 자식들과는 전혀 달랐다. 진정한 경제개혁가와 경영 창업자들이라면 백규의 이런 사상을 본받아야 할 것이다.

백규는 전체 국면을 살피는 데 탁월한 능력을 발휘했다. 그는 거시적 안목으로 경제 무역과 재부의 축적이란 문제에 접근했다. 그는 경영과 사업에서 작은 이익을 차지하려 하지 않았고, 삐뚤어진 논리와 얄팍한 꾀로 이익을 얻으려고도 하지 않았다. 의롭지 못한 재물은 더욱이 추구하지 않았다. 그는 화물의 교역과 유통을 생산의 발전과 긴밀하게 연계시켜 경영상 자본이 축적되고 생산 발전에 도움이 될 수 있게 했다. 그는 많은 것으로 모자란 것을 보충하거나 구제할 것을 주장했다. 즉, 각종 상품이 서로 교환되고 유통되면서 서로 생산의 발전을 촉진하도록 돕게 하고, 무역과 화물 교환이 진정으로 경제와 생산의 지렛대로 작용할 수 있게 했다. 이런 점에서 보자면, 백규의 경제모략사상은 소박하면서도 심오하다. 그는 "풍년이 들면 곡식을 사들이고 실과 옻은 내다 팔았으며, (흉년이 들어) 누에고치가 남아돌면 비단과 솜을 사들이고 곡식을 내다 팔았다." 이러한 그의 경영은 단순히 이익을 남겨 돈을 버는 차원에만 머물지 않는다. 풍년이 들어 곡식 값이 싸면 그것을 대량으로 사들이는 대신, 농가에 필요한 실이나 옻을 내다 팔아 그들의 수요에 부응했고, 풍년이 들어 곡식이 모자라면 곡식을 내다 팔아 식량을 공급했던 것이다. 이는 무역에서 서로를 보완하는 다리와 같은 작용을 했다. 그는 기상 변화, 즉 날씨를 잘 살펴서

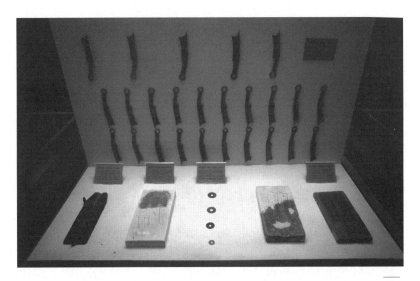

경제유통에 필수 요소였던 화폐(전국시대 제나라 화폐)

화물을 비축할 때와 유통시켜야 할 때를 정확히 파악했다. 풍년 때 양
식을 많이 사들여 흉년이나 재난이 닥칠 때 대량으로 내다 팔았다. 이
렇게 해서 돈을 벌었는데, 해마다 사들이는 물건이 배로 늘어났다. 또
흉년 때 일반인들이 고통에 빠지지 않도록 도와서 이듬해 재기할 수
있게 했다. 그는 경영인이 가야 할 진정한 길을 알고 있었다. 그는 "돈
을 불리려면 값싼 곡식을 사들이고, 수확을 늘리려면 좋은 종자를 썼
다." 그는 스스로 근검절약하는 생활로 모범을 보였고, 돈을 벌기 위
해 속이거나 잔꾀를 부리지 않았다. 소박하면서도 성실한 경영인으로
서 고상한 '상업 도덕', 즉 '상도商道'를 갖추고 있었다. 그의 '상도'는 오
늘날 경제인들이 갖추어야 할 정확한 길을 제시하고 있다. 그를 본받
고 배워야 하는 까닭도 여기에 있다.

아무나 배울 수 없는 경제사상

백규는 상인이긴 했지만 그의 경제모략사상은 넓고도 깊어 거기에 함축된 의미도 심오하다. 학문의 경지에까지 이른 그의 사상은 일반인이 배우고 실천할 수 있는 것이 아니었다. 당시 많은 고관들이나 권력자들은 백규의 이런 사상을 이해하지 못했다. 따라서 그의 경제사상을 실행할 수 없었다. 오늘날 경영자들이라도 그의 사상을 정확하게 이해하고 이를 실천하기란 쉽지 않다. 그랬기 때문에 그는 자신의 사상에 대해 다음과 같이 말했던 것이다.

> "나의 경영은 마치 이윤伊尹과 여상(呂尙, 강태공)이 계책을 꾀하고, 손자孫子와 오자吳子가 군대를 부리고, 상앙商鞅이 변법 개혁을 시행하는 것과 같다. 따라서 임기응변하는 지혜가 없거나 일을 결단할 수 있는 용기가 없거나 주고받는 미덕이 없거나 지켜야 할 것을 끝까지 지키지 못할 사람은 내 방법을 배우고 싶어도 절대 가르쳐주지 않는다."

경제는 기초다. 경제는 나라를 부강하게 만드는 방법이다. 오늘날 이런 이치를 모르는 사람은 없다. 그러나 백규가 생활했던 그 시대에는 이를 제대로 인식하는 사람이 많지 않았다. 백규는 경제를 나라를 세우고 군대를 부리고 법을 시행하는 것과 마찬가지로 중요하다고 보았기 때문에 이것들과 나란히 경제를 거론한 것이다. 이는 그의 지혜와 인식 수준이 보통을 뛰어넘고 있음을 잘 보여준다. 그의 경제모략사상 역시 상대적으로 정치와 군사에 치우쳐 있던 당시 통치자들이 생각할 수 있는 것이 아니었다. 백규는 경제가 차지하는 중요한 위치를 인식했을 뿐만 아니라 그것의 복잡성과 경영관리의 어려움까지도 간파하고 있었다. 그렇기 때문에 그는 경제와 경영에 관계된 사람은 나라를 관리하고 군대를 다스리는 것과 마찬가지로 풍부한 지혜와 결단 그리고 임기응변할 줄 아는 능력 및 덕을 갖추고 있어야 한다고 말한 것이다. 여기에 그는 자기 통제 내지 자기 극복까지 몸소 실천을 통해 보여주었다. 이런 것들을 인식하지 못하면 경제라는 학문을 제대로 배울 수 없으며, 경제에 종사할 수도 없다.

　백규는 노력과 실천으로 자신의 경제모략사상을 구체화했다. 후대까지 큰 영향을 주는 업적을 쌓을 수 있었다. 그래서 사마천은 "백규는 직접 시험을 해보았고, 남보다 뛰어나다는 것을 입증할 수 있었다. 아무나 그렇게 될 수 있는 것이 아니다."라고 평가했다. 하지만 그가 "끝내 자신의 사상을 알려주지 않은" 것은 지나쳤다는 인상을 지울 수 없다.

이괴李悝

토지를 최대한 활용할 것을 주장하고, 평적법을 제정하다

이괴(悝는 '리·회·괴'의 세 가지 발음이 있는데, 일반적으로 kui로 발음하므로 '괴'로 쓴다.)는 기원전 455년에 태어나 기원전 395년에 죽었다. 전국시대의 유명한 정치가이자 법가 사상가이며, 개혁가이자 모략가였다. 그는 위魏나라 문후文侯 때 재상을 지내면서 전국적으로 변법變法 개혁을 적극 추진했다. 정치제도에서는 귀족들의 세습되는 각종 특권을 폐지하자고 주장하면서 "먹으려면 일해야 하고, 녹봉을 받으려면 공을 세워야 한다."는 원칙을 내세웠다. 정치 관리라는 면에서는 법치를 강조하여 『법경法經』을 저술했다. 『법경』은 「도법盜法」 「적법賊法」 「수법囚法」 「포법捕法」 「잡법雜法」 「구법具法」의 6편으로 이루어진 중국 최초의 성문법이라는 평가를 받고 있으며 후대에 미친 영향도 대단했다. 하지만 안타깝게 원문은 오래전에 없어졌다. 경제적인 면에서 이괴는 "토지의 힘을 최대한 활용할" 것을 주장하고 '평적법平糴法'을 실행하여 농업 생산을 장려하고 수입을 증가시킴으로써 부국안민을 이룩했다. 그의 총명함과 지혜 그리고 잘 갖추어진 개혁 사상의 지도하에 위나라는 정치가 깨끗해지고 경제가 발전하고 사회가 안정되어 국력이 강성해짐으로써 전국시대 초기 강국의 하나가 되었다.

이괴의 일생은 정치가로서의 눈부신 활동을 중심으로 사상가로서 저술을 남기는 한편 자신의 이론을 실천에 옮긴 실천가로서의 면모를 유

중화법제공원에 조성되어 있는 이괴의 상

감없이 나타내고 있다. 그가 남긴 업적은 후세에 깊은 영향을 남겼다. 그는 중국 고대사의 위대하고 걸출한 인물이었다. 여기서 우리는 그가 경제 방면에 남긴 모략사상과 성취를 집중적으로 살펴보려고 한다.

토지를 최대한 활용하라

이괴의 경제모략 핵심은 '무진지력務盡地力'으로 요약된다. 즉, 토지를 최대한 활용하라는 뜻이다. 좀 더 풀이하자면, 백성들로 하여금 토지가 갖고 있는 잠재력을 이끌어내도록 최대한 노력하라는 것이다. 이괴의 이 사상은 전국시대 초기라는 시대적 배경과 일치한다. 노예제에서 봉건제로 넘어가는 과도기의 사회경제 발전에 따른 시대적 요구이 기도 했다. 당시는 농업 생산이 상당히 발전하여 이미 사회경제의 주 도적 위치를 차지했다. 풍년이 들면 국가와 백성이 안정되고 부유했 고, 흉년이 들면 그 반대였다. 그러나 잦은 전쟁으로 계급 간의 모순 이 대단히 날카롭게 맞서고 있던 전국시대 초기 각국 상층부 통치 계 급들은 모두 권력과 이익을 쟁취하는 데 힘의 대부분을 쏟고 있었다. 그들은 국가에 대한 경제의 중요성을 제대로 인식하지 못하고 있었다. 따라서 이 점을 심각하게 고려하지 않았으며, 그저 다른 나라를 침략 하거나 자기 백성들을 착취하는 데만 열을 올렸다. 세금만 많이 거두 면 되는 줄로 알았다.

요컨대 당시 각국의 제후 통치자들 중에 경제 발전을 나라를 다스리 는 계획으로 올려놓은 경우는 지극히 드물었다. 진보적인 사상을 소 유한 이괴는 당시 대부분 집권자들의 인식 수준을 훨씬 뛰어넘고 있었 다. 그는 경제를 나라를 다스리는 근본으로 파악하고 있었다. 그는 위 나라의 재상이 된 뒤 정력적으로 실질적인 개혁 조치를 취하기 시작했 다. 각 지역에 대한 조사와 위나라의 모든 분야에 대한 연구를 통해 1 차 자료를 장악한 다음 토지를 최대한 활용할 것을 위 문후에게 건의 했다. 그는 이렇게 지적했다.

"사방 100리에 모두 9만 경의 땅이 있다. 산과 하천 그리고 도시와 농촌 이 1/3을 차지하고 있다 하더라도 경작지가 600만 무畝가 남는다. 열심 히 경작한다면 1무당 석 되를 더 생산할 수 있다. 그렇게 하지 못하면 1 무당 석 되가 줄어든다는 말이다. 늘고 주는 것을 다 합쳐 계산하면 사 방 100리의 토지에서 180만 석의 차액이 발생한다."

이괴의 말에서 우리는 그가 제시한 토지의 힘을 최대한 활용하라는 경제모략이 단순히 관념적이거나 공상에서 나온 것이 아니라 현실에 직면하여 당시의 생산 조건을 따져보고 실제 조사를 거쳐 얻어낸 결론임을 알 수 있다. 그의 뛰어난 점은 그가 대자연 속에서 토지가 갖는 잠재력을 보고 나아가서 그 잠재력을 인간의 주관적 능동성으로 개발할 수 있다는 점을 인식했다는 데 있다. "부지런하고 경건하게 땅을 다스리라."는 것이었다. 그의 경제모략은 생산에서 인간이 발휘하는 적극적인 작용을 대단히 중시하고 있다.

평적법

이괴는 농업 생산을 대단히 중시했다. 이는 시대의 요구이자 당시 경제 발전에서 소홀히 할 수 없는 큰 과제였다. 그러나 이괴는 문제를 전면적으로 살폈다. 따라서 그의 경제모략은 농업 생산을 파악하는 데만 머물지 않고 전체 국면을 두루 살피면서 경제 발전의 형평성에 주목했다. 경제라는 수단으로 각 계층의 사람과 사람의 관계를 조정하여 사람의 적극성을 충분히 발휘함으로써 경제의 전면적 발전을 추진할 수 있다는 것을 발견한 것이다. 이는 그가 강력하게 주장하여 만들어낸 '평적법'이란 구상을 통해 증명되었다. '평적법'이란 곡식을 수요 공급에 맞추어 적절하게 사들인다는 뜻인데, 쉽게 말하자면 쌀 수매 정책이라 할 수 있다. 이와 관련하여 그는 다음과 같이 말한다.

"곡식 가격이 너무 비싸면 많은 사람들이 손해를 보고, 너무 싸면 농민들이 손해를 본다. 많은 사람들이 손해를 보면 도망치거나 이곳저곳을 떠도는 사람들이 발생할 수 있고, 농민이 손해를 보면 생산에 대한 적극성이 떨어져 나라가 가난해진다. 따라서 너무 비싸거나 너무 싸서 일어나는 피해는 마찬가지다. 나라를 다스리는 지도자는 전체 국면을 고려하여 농사를 짓지 않는 많은 사람들이 피해를 보지 않도록 해야 할 것이며, 동시에 농민들로 하여금 적극적으로 생산에 참여하도록 격려해야 할 것이다."

이렇게 볼 때 이괴가 제정하고 실행한 '평적법'은 땅을 최대한 활용하라는 그의 기본 사상을 체현하는 구체적인 실천 방안이었음을 알 수 있다. 농업을 발전시키기 위한 종합적인 경제모략이라고 할 수 있다. 여기에는 또 경제 수단으로 사회계층 간의 모순을 조정하고 완화하는 작용도 포함되어 있었다. 더 구체적으로는 통치 계급과 피통치 계급 간의 상호 관계라는 내용을 포함하는 것이었다.

이괴는 경제 수단으로 나라를 잘 다스린 인물이었다. 불경기에 곡식의 가격이 폭등하는 당시 위나라의 현실에 직면해서 이괴는 강제로 곡식의 가격을 떨어뜨리거나 농민을 압박하여 세금을 더 내게 하여 국가의 수입을 늘리는 방법을 사용하지 않았다. 그는 경제 현황을 조사하는 것으로부터 시작하여 경제 상황이 나빠지고 곡식의 가격이 '폭등'한 원인을 찾아냈다. 그는 이렇게 말한다.

"한 집 다섯 식구가 100무의 땅을 경작하여 1년에 조로 150석을 수확한다. 1/10인 15석을 세금으로 내면 135석이 남는다. 한 사람이 한 달에 1석 반을 먹으면 5인이 1년에 90석을 양식으로 먹는다. 그러면 45석이 남는다. 이를 돈으로 환산하면 1,350전이다. 봄가을 제사 등에 드는 비용 300전을 빼면 1,050석이 남는다. 의복에는 다섯 식구가 1년에 1,500

전 정도 든다. 그러면 전체적으로 450전이 모자란다. 여기에 불행하게 질병이나 사망자가 생기면 드는 비용은 더 필요하다. 농부들이 늘 이렇게 곤궁하기 때문에 힘써 경작할 마음을 갖지 못하게 되고, 그래서 곡식 값이 그렇게 비싸지는 것이다."

이괴는 이렇게 경제 산술이란 방법으로 경제에 존재하는 문제점들을 조사했다. 보기에는 간단하지만 그것이 포함하는 의미는 대단히 깊다. 그의 탁월한 정치적 견해와 노동자들의 고통에 대한 무한한 동정이 스며들어 있다.

이괴의 '평적법'은 근본적으로 창의적인 경제개혁 조치이자, 경제로 나라를 다스리고자 한 치국 방략의 중요한 구성 요소이기도 하다. 시장경제가 아직 맹아기였던 전국시대 초기에 '평적법'은 조절을 위한 지렛대 작용을 했을 뿐만 아니라 힘차게 생산을 촉진했다. 이와 관련하여 이괴는 다음과 같이 말한다.

"따라서 값을 잘 조절하는 사람은 풍년과 흉년에도 상·중·하 세 등급이 있다는 것을 잘 살펴야만 한다. 풍년이 아주 크게 든 상등급일 때는 3/4을 수매하여 400석을 남기고, 중간 정도 풍년이 들었을 때는 2/3를 사들여 300석을 남긴다. 하등급 때는 1/2을 사들여 100석 정도를 남긴다. 흉년의 정도가 심하지 않은 하등급 흉년에는 100석을 사들이고, 중등급일 때는 70석을, 기근이 심각한 상등급일 때는 30석을 사들인다. 따라서 대풍년, 즉 상등급일 때는 3/4을 사들이고 1은 버리고, 중등급일 때는 2/3를 사들이고, 하등급일 때는 1/2만 사들여 공급을 적당하게 조절하는 선에서 그친다. 기근이 심하지 않은 하등급일 때는 하등급 풍년에 남은 것을 풀고, 중등급 기근에는 중등급 풍년 때 남은 것을 풀며, 기근이 가장 심각한 상등급에서는 상등급 풍년 때 남은 것을 풀면 된다. 이렇게 하면 기근과 홍수 및 가뭄에도 식량을 비싸지 않게 살 수 있어 백성들이 흩어지지 않으며, 남을 때 취했다가 부족할 때 보충하는 것이다."

이괴의 이 말에는 네 가지 뜻이 포함되어 있다. 첫째, '평적'을 담당한 관부와 집정자는 신중하게 매년 수확 상황을 살펴서 그 상황에 맞는 수매 정책을 취해야 한다고 지적한다. 이렇게 해서 곡물 가격의 균형을 유지해야 한다는 것이다. 둘째, 풍년이 든 해의 경기도 일률적으로 처리해서는 안 된다고 지적한다. 풍년의 상황도 대체로 세 등급으로 나누어 수확과 남는 곡식량을 따져, 대풍 때는 수확량의 3/4을 수매하고, 중간일 때는 2/3를, 하등급일 때는 1/2을 수매한다는 것이다. 이렇게 해서 백성들에게 식량을 충분히 공급하고 가격도 안정시킨다. 셋째, 가뭄 등 기근이 들면 관부는 수매하지 않을 뿐만 아니라 사들인 곡식을 내다 팔라는 것이다. 이때 상황은 세 가지다. 기근의 정도가 심하지 않을 때는 소등급 풍년 때 수매한 수량만큼 내다 팔고, 중등급 기근 때는 중등급 풍년 때 수매한 양만큼의 곡물을 내다 팔고, 상등급 기근 때는 상등급 풍년 때 수매한 곡물을 내다 팔면 되는 것이다. 이렇게 하면 수재나 가뭄 등으로 인해 기근이 들어도 곡물 가격은 폭등하지 않게 되고, 인민들도 도망가거나 흩어지지 않는다는 것이다. 넷째, 이와 같은 수매 정책의 장점은 "남을 때 취하여 모자랄 때 보충할 수" 있다는 데 있음을 지적한다.

이상은 이괴의 경제모략 핵심이 나라를 부유하게 하고 백성을 배부르게 하는 데 있음을 말해준다. 이런 사상에 기반하여 이괴는 경제를 발전시킬 수 있는 방법과 정책을 취하여 곳곳에서 국가와 백성을 이롭게 하고 있다. 그는 전쟁이란 방법으로 다른 나라의 재부를 약탈할 것을 주장하지도 않았고, "닭을 죽여 계란을 얻는" 방법도 취하지 않았다. 백성들에 대해 속임수와 착취 그리고 가혹한 세금 징수라는 방법을 취하기보다는 권유와 가르침으로 땅을 최대한 활용하도록 장려했다. 또 현상 조사로부터 출발하여 '평적법'을 제정했다. 이로써 경제와 물가를 조절하고 균형을 잡았다. 그 결과 좋은 효과를 거두었고, 위나라의 경제는 장족의 발전을 거둘 수 있었다. 위나라가 전국 7웅의 하나로 떠오를 수 있었던 것도 이괴의 개혁 정치에 힘입은 바 크다.

이괴의 경제사상은 중국의 경제 발전에 깊은 영향을 남겼다. 그가 내세운 "토지를 최대한 활용하라."는 이론은 봉건사회 농업 발전을 크게 촉진했으며, '평적법'은 진·한 이후 역대 봉건 왕조에서 시행된 '균수법均輸法'이나 '상평창常平倉' 등과 같은 정책의 모범이 되었다.

상홍양桑弘羊

이익이 되는 일을 내세우고, 계산은 추호도 틀림이 없이

상홍양(기원전 152~기원전 89년)은 서한시대 낙양(洛陽, 지금의 하남성 낙양시) 출신의 상인이었다. 상인 집안에서 태어난 그는 어려서부터 총명하여 속셈에 능했다. 수학 계산에서 특별한 재능을 보여 주판 같은 계산 도구가 없어도 온갖 수치를 잘 계산해냈다. 그래서 『자치통감資治通鑑』에서는 "상홍양이 계산에 관계된 일을 잘 처리하여" "나이 열셋에 시중이 되었다."고 기록하고 있다. 그의 남다른 경제관리 능력 때문에 무제武帝 원정 2년인 기원전 115년에 대농중승에 임명되었고, 얼마 뒤 치속도위 · 영대사농으로 승진했다. 모두 경제와 관련된 중요한 자리였다. 재임 기간에 그는 소금 · 철 · 술을 국가에서 전매하는 정책을 제정하고 추진하는 데 적극적으로 참여했다. 이와 관련하여 그는 무제에게 평준平准 · 균수均輸 등과 같은 경제정책을 실행하는 기구를 설립하여 상품을 통제할 것을 건의했다. 비쌀 때 팔고 쌀 때 사들여 물가를 조절하고 전국의 상품 시장을 통제함으로써 부유한 상인이나 대규모 중간상인들로부터 소금과 철 그리고 무역 통제권을 빼앗아 정부의 재정수입을 증가시킬 것을 적극 주장했다. 그는 이렇게 해서 지방 재벌과 부유한 상인들의 세력에 타격을 주어 궁극적으로는 중앙집권적 통치권을 강화할 것을 제의한 것이다.

상홍양은 정치적으로는 흉노의 침략에 대해 '화친和親'보다는 강경하

게 대응할 것을 주장했다. 구체적으로는 60만 명을 조직하여 군사 요충지에 주둔시키면서 경작지를 개간하여 흉노의 습격을 방비할 것을 제안하기도 했다. 무제는 죽기 전에 그를 요직인 어사대부에 임명하여 곽광霍光 등과 함께 공동으로 어린 소제昭帝 유불릉劉弗陵을 보좌하게 했다.

시원 6년인 기원전 81년, 역사상 유명한 소금과 철의 국가 전매가 가져온 득실과 각종 문제점들을 토론한 이른바 '염철논쟁鹽鐵論爭'에서 상홍양은 곽광의 후원을 입은 현량賢良과 문학文學파의 관점에 맞서 설전을 벌였다. 그는 여전히 염철의 전매 정책을 견지하면서 법으로 나라를 다스리고 흉노에 저항할 것 등을 주장했다. 이듬해, 곽광과의 권력 쟁탈에서 패한 다음 상관걸上官桀 등과 소제를 폐위시키고 연왕 단旦을 옹립하려다 비밀이 새어나가는 바람에 곽광에게 살해되었다.

상홍양은 평생 경제관리로 종사했다. 그는 치밀하고 정확한 계산에 능숙하여 "이익이 되는 일을 내세우고, 계산은 추호도 틀림없었다." 또 거시 경제의 입장에서 경제관리를 강화해야 할 필요성을 잘 알고 있었다. 따라서 그는 경제를 정치·군사와 긴밀하게 결합시켜 문제를 고려했다. 그가 제시한 일련의 경제정책은 당시 봉건사회 초기의 경제 발전 규칙에 부합하는 것이었고, 또 당시 국가와 인민의 이익과도 부합하는 것이었다. 그 결과 "인민에게는 세금을 더 거두지 않고 국가의 재정이 넉넉해지는" 적극적인 작용을 했다. 그의 재정 정책과 경제사상은 서한의 경제와 사회 발전에 중요하면서도 현실적인 추진력으로 작용했으며, 후대에도 중대한 영향을 미쳤다. 상홍양은 서한의 유명한 재정 전문가였을 뿐만 아니라 중국 역사상 최초의 위대한 경제학자이자 경제모략가라 부를 만하다.

소금과 철의 국영사업화로 강국의 기틀을 마련하다

상홍양은 서한 무제 시기에 생활했다. 한 문제 유철劉徹은 즉위한 후 중앙집권과 부국강병을 위한 일련의 정책과 구체적인 조치들을 적극적이고 강력하게 밀고 나갔다. 무제는 국가 경제를 개선하여 국고를 충실히 하고 군대를 강력하게 만들고자 했다. 이에 따라 무제는 대규모 소금 상인인 동곽함양東郭咸陽과 대규모 철 상인 공근孔僅 그리고 상인 집안 출신인 상홍양을 재정관으로 기용하여 국가의 경제정책을 처리하도록 하는 파격적인 조치를 취했다. 타고난 경제적 두뇌와 경제모략을 지닌 상홍양은 무제의 기대를 저버리지 않고 기용되자마자 당시 경제 발전의 실제 상황에 근거하여 대담하게 일련의 경제개혁 조치를 단행했다. 그중에서도 소금과 철 그리고 술의 국가 전매가 가장 중요했다.

서한의 야철업과 저염업은 상당히 발전하여 국민경제에서 아주 큰 비중을 차지하고 있었다. 그러나 이 기간산업과 그 판매는 지방의 토호와 대상인들의 손에 좌우되고 있는 형편이었다. 그들이 이 산업을 통해 재부를 축적하는 한 중앙정부는 이익을 얻을 수 없었다. 주류의 생산과 경영도 마찬가지였다. 상홍양은 이런 재원을 충분히 이용하여 중앙의 국고 수입을 높이고자 한 무제에게 과감한 조치를 건의했다. 즉, 소금과 철을 국영으로 전환하고 소금과 철이 나는 지방에다 염관과 철관을 설치하여 중앙에서 직접 통제하자는 것이었다. 당시 전국적으로 염관은 30여 곳에 설치되어 있었고, 철관은 40여 곳에 이르렀다. 경영 강화를 위해 상홍양은 경영을 아는 능력 있는 상인들을 염관과 철관으로 대거 기용했다. 동시에 개인적으로 철기를 주조하거나 소금을 끓이지 못하도록 엄격하게 단속했다. 이렇게 해서 중앙의 재정수입은 크게 증가했고, 지방의 토호와 부유한 상인들은 약화되기 시작했다.

염철이 국영화되긴 했지만 시간이 지나면서 형세는 달라지기 시작했다. 게다가 국가에서 만들어내는 철기의 질이 좋지 않고 값이 너무 비쌌다. 소금 값도 계속 올라 인민들의 불만이 쌓였고 새로운 사회 모순으로 심화되었다. 그러나 당초 소금과 철의 국영은 그 자체로 분명히 대담한 혁신이자 창조적인 조치였다. 그리고 당시의 생산 발전에 적극적인 작용을 했음에 틀림없었다.

상홍양의 경제모략은 매우 명확하다. 그는 경제는 정치와 군사의 방패가 되어야 한다고 생각했다. 다시 말해 경제가 국가의 강력한 기초라는 것이었다. 경제가 발전하여 국고가 충실해야만 비로소 부국강병이 가능하다고 그는 인식했다. 그렇게 되면 국방은 안전해지고 백성들은 즐거운 마음으로 일을 할 수 있다. 상홍양은 '염철논쟁'에서 다음과 같이 말했다.

"무제께서 변방 인민들이 오랫동안 흉노의 침략에 시달려온 것을 안타깝게 여기시어 보루를 쌓고 봉화대를 만들었다. 그리고 100만 군민을 변방으로 보내 외적의 침입을 막게 하셨다. 이에 따른 비용이 엄청나서 소금과 철 그리고 술을 국가 전매 사업으로 삼고 물가조절 기구인 균수를 설치하여 경제를 발전시키고 재정수입을 증가시켰다. 이걸로 변방의 지출을 보충한 것이다. 지금 그대들이 제기한 대로 염철의 국영을 폐지하면 우리의 재정수입이 크게 줄어 국고는 텅 비게 되고 변방에 필요한 비용을 충당할 수 없게 된다. 변방에 주둔하고 있는 군민들은 굶주림과 추위에 시달리게 될 텐데 이 문제를 어떻게 해결할 것인가? 따라서 염철 국영은 폐지할 수 없는 것이다."

이렇게 보면 상홍양이 염철의 경영을 개혁하여 국영을 끝까지 주장한 출발점이 국가이익에 있었음을 알 수 있다. 이는 경제를 정치와 군사의 기초로서 고려한 결론이기도 하다.

변화를 통찰하고 백성을 피곤하지 않게 한다

상홍양의 경제모략은 거시적으로 전체 국면을 고려한 다음, 구체적으로 정책을 제정할 때 경제적 효과와 수익에 중점을 두었는데 그중에서도 시장의 작용을 특별히 중시했다. 상홍양은 치속도위 · 영대사농에 임명되어 천하의 소금과 철을 전체적으로 관장한 다음 전국 각지에 전문 관리들을 두어 이전에 상인들이 하던 방법대로 상품들을 사들여 운송하게 했다. 서울에다가는 식량과 화물을 저장하는 국가 창고인 '위부委府'와 물가를 통일 관리하는 '평준平准'을 설치했다. 전국에 설치된 여러 대농관大農官은 시장을 설치하여 전국의 화물들을 매매할 수 있었는데, "비싸면 내다 팔고 싸면 사들여" 각지의 대상인들이 시장을 독점하지 못하게 했다. 이와 동시에 큰 이익을 얻고 물가가 갑자기 뛰는 것을 억제했다. 이렇게 해서 중앙의 재정수입이 크게 증가하고 국고도 충실해졌다. 무제는 전국을 시찰할 때마다 약 백만 필의 옷감과 엄청난 금전을 상으로 내렸는데, 모두 재정을 관리하는 대농에서 가져갔다. 상홍양은 또 황제의 허락을 받아 전국 각지에 속보관粟補官을 활용하여 곡식을 내면 죄를 감해주거나 사면해주는 조치를 취했다. 이렇게 해서 국고는 더욱 충실해져 1년 사이에 태창 · 감천창이 가득 찼다. 남는 화물이나 옷감 500만 필은 전국에 고루 나누어 운송했다. 인민들이 세금을 더 내지 않아도 천하가 풍요로웠다. 상홍양은 개혁과

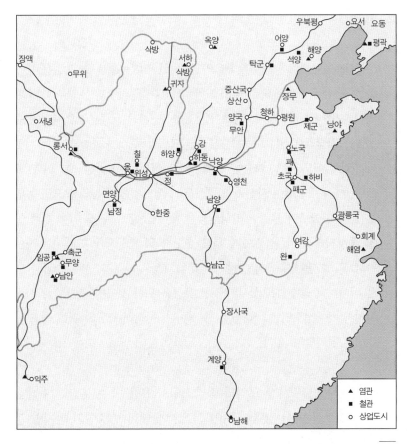

옥양

삭방
서하
삭방
귀자

우북평
요서 요동
어양 해양 평곽
탁군 석양

장액
무위

옥양
서하
삭방
귀자
중산국
상산
장무
청하
양국 평원
무안 제군 낭야

서녕
롱서
칠
옹 하양
위성
정
강
하동낙양
영천
노국
패
초국 하비
패군

면양
남정
한중
남양

광릉국
회계

임공 촉군
무양
남안
여강
해염

완

남군

장사국

계양

의주

남해

▲ 염관
■ 철관
○ 상업도시

서한 시대 염관과 철관 설치 상황도

경제정책의 성공으로 무제로부터 좌서장이란 작위를 상으로 받았다.

상홍양의 정책에 대해 비판의 목소리도 적지 않았다. 반대파들은 특히 철과 소금의 국가 전매는 본말이 뒤바뀐 것이라며 목소리를 높였다. 이에 상홍양은 자신의 경제정책에 대한 강한 의지를 표명하기 위해 현량·문학들과 벌인 논쟁에서 경전을 인용하여 다음과 같이 말하고 있다.

"예로부터 본말(本末. 농업과 상업)의 길을 열어놓은 것은 있고 없는 물건
을 서로 유통시키는 교류 작용을 위해서였다. 말하자면 본말을 함께 발
전시키기 위한 것이었다. 관에서 시장을 설치하는 것은 각종 사업에 종
사하는 사람들이 필요로 하는 상품을 교역할 수 있도록 하기 위해서였
다. 『역경』에도 '상호 교류를 통해 백성들이 태만하지 않도록 한다.'고
했다. 따라서 공장이 자신들의 상품을 교역 시장에 내놓지 않으면 농민
들은 생산 공구가 모자라고 상인들은 매매를 할 수 없게 되어 화폐 등
도 끊어지게 된다. 농민에게 생산 공구가 없으면 오곡도 제대로 자랄
수 없고, 화폐가 유통되지 않으면 국가재정도 바닥이 난다. 소금과 철
을 전매하고 균수법을 실시한 것은 유통을 위한 것이며, 경제를 활성화
시켜 국가재정수입을 늘리기 위한 것이다. 따라서 소금과 철 그리고 균
수법은 폐지할 수 없다."

여기서 상홍양은 시장 교역의 적극적인 작용을 아주 분명하게 밝히
고 있다. 정부가 나서 경영에 뛰어드는 일에 대한 변명이긴 하지만 분
명한 것은 그가 경제의 기본 원칙을 정확하게 파악하고 있다는 사실이
다. 이는 반대파들의 상투적인 설교보다 훨씬 더 실제적이다.

균수를 실행하여 인민의 피로를 줄이다

상홍양은 시장의 교환 작용을 대단히 중시했을 뿐만 아니라 농업 ·
공업 · 상업의 상호 관계 및 생산 영역과 유통 영역의 불가분의 관계

등에 대해서도 명확한 인식을 갖고 있었다. 그는 상품의 유통과 시장 교역이 있어야만 각 분야로 하여금 적극적으로 생산에 뛰어들게 조절할 수 있다고 생각했다. 이래야만 경제가 발전하고 국고의 수입이 증대되어 부국강병과 인민 생활의 안정을 달성할 수 있다고 본 것이다. 그는 반대파와의 논쟁 중에 춘추시대 개혁 정치가인 관중管仲의 말을 빌려 다음과 같이 말하고 있다.

"나라에 기름진 땅이 있으면 인민이 먹는 것은 부족하지 않겠지만 각종 기계 공구는 모자란다. 산과 바다의 물산이 풍부하면 인민의 돈은 모자라지 않겠지만 상공업이 갖추어지지 못한다."

앞 구절은 생산 공구와 공업의 중요성을, 뒷 구절은 상업과 교통 운수의 중요성을 강조하고 있다. 상공업과 교통 운수의 중요성에 대해 상홍양은 다음과 같이 강조한다.

"롱(隴, 감숙성)과 촉(蜀, 사천성)에서는 옻·깃털이 많이 나고, 형(荊, 호북·호남성과 하남·귀주·광동·광서성 일부)과 양(楊, 안휘·강소·절강·강서·복건성 일부 지역)에서는 가죽과 상아가 많이 난다. 강남(장강 이남 지구)에서는 목재와 대나무로 만든 화살이 많이 나고, 연(燕, 하북성)과 제(齊, 산동성)에서는 물고기와 소금 및 모직이 많이 나고, 연(兗, 산동 일부)과 예(豫, 하남성)에서는 칠기·비단·모시 등이 많이 난다. 이런 것들은 상업으로 유통시키고 공업으로 상품을 만들어야만 제구실을 할 수 있다. 그래서 성인들께서는 배를 만들어 하천과 계곡을 통하게 하셨고, 소와 말을 길들여 육로로 다닐 수 있게 하신 것이다. 이렇게 깊은 골짜기 동네까지 물건을 서로 교역할 수 있게 하여 백성들을 편하게 만드신 것이

한나라 때의 화폐인 오수전五銖錢

다. 선제(무제)께서 철관을 설치하시어 농업에 필요한 공구를 만들게 하
시고 균수법을 시행하여 백성들의 재정을 풍족하게 하신 것도 이 때문
이다. 소금과 철, 균수는 모든 백성을 위한 것으로 이것을 폐지하면 불
편해질 것이다."

여기서 우리는 상홍양의 경제사상이 상당히 진보적임을 볼 수 있다.
농업 생산을 경제 기초로 삼던 봉건사회 전기에 생활한 그가 상공업과
교통 운수의 중요성을 인식한 것이다. 아울러 그것들이 국가 인민의
생계에 중요한 구성 부분으로 농업과 마찬가지로 중요하므로 상호 연
계하여 하나라도 소홀함이 없어야 한다고 강조하고 있다. 이러한 사상
은 같은 시대 일반적인 인식 수준을 훨씬 뛰어넘는 대단히 귀중한 것
이 아닐 수 없다.

위대한 경제모략가로서 상홍양은 과거『역경』·관중·도주공(범려)·상앙 등과 같은 진보적 경제사상과 경험을 중시하고 이것을 계승하여 과감하고 새롭게 개혁했다. 그는 아주 뛰어난 경제적 두뇌와 강력한 사고력을 가지고 문제를 전체적으로 고려했다. 그는 각 항목의 경제정책을 개혁하고 만들고 추진하면서 중요한 것이 무엇인지를 파악하고 각 방면의 상호 관계를 충분히 고려하여 완전한 시스템(생산-경영-운수-저장-물가 등)을 만들어 운영에 편의를 기하고 경제적 효율을 극대화했다. 그리고 반대에 부딪히면 충분한 근거를 가지고 그에 반박했는데, 확고한 의지로 상대를 설득시켰다. 반대파들이 유가의 논리로 상홍양의 경제정책은 "이욕利慾의 문을 활짝 여는 것으로 이는 범죄자들을 끌어들이는 계단"이라고 공격하자 그는 다음과 같이 반박했다.

"지난날 각 군국의 제후들이 중앙에 세금으로 화물들을 운송할 때 물건은 많고 길은 멀어 대단히 불편했다. 어떤 물건은 운송비가 물건 값보다 더 들었다. 그래서 각 군국에 수송을 위한 관리를 설치하여 운송업무를 합리적으로 조절하게 했다. 그리고 서울에 관창(위부)을 설치하여 화물을 보관했다가 값이 떨어지면 사들이고 오르면 내다 팔게 함으로써 정부가 합리적인 매매를 통하여 물가를 억제하고 중간 상인의 부당한 폭리를 막았다. 이를 위해 평준을 설치하여 가격 수준을 통제함으로써 현물 가격의 폭등과 폭락을 막았다. 이렇게 해서 백성들은 비로소 편안하게 자신들의 일에 종사할 수 있게 되었고, 물자 운송에 따른 백성들의 노역 부담도 비로소 합리적으로 정착되었다. 그래서 '평준'이나 '균수' 등은 만물을 고르게 관리하고 백성을 이롭게 하는 것이지 범죄의 문이니 계단이니 하는 말은 당치 않다."

유안劉晏

유안(715~780년)은 당나라 때의 경제모략가로 자는 사안士安이고 조주 남화 출신이다. 어려서부터 총명하고 공부를 좋아하여 일곱 살 때부터 신동이란 소리를 들었다. 성장한 뒤 임하현 현령, 항주·롱주·화주의 자사, 경조윤, 호부시랑 겸 어사중승 등의 직책을 두루 역임했다. 보응 2년인 763년, 이부상서·평장사, 영탁지염철전우조용사로 승진했다. 그 후 대부분의 시간을 경제와 관련된 일에 종사했는데, 주로 동도·하남·강회·산남 등지에서 전운조용염철사의 일을 했다. 유안은 관료 생활의 대부분을 경제와 관련된 일로 보냈다. 그중에서도 전국 각지의 식량과 소금 및 철을 운반하고, 세금을 거두는 일에 주로 종사했다. 유안은 재정 문제에 밝았을 뿐만 아니라 스스로 모든 일에 솔선수범했다. "흐르는 물이 막힌 것을 보면 바로 삽을 들고 나갔으며, 식량 한 알이라도 제대로 운송되지 않으면 직접 쌀을 지고 달려갈" 정도였다. 그는 전란에 빠진 당 왕조의 경제를 유지하기 위해 혼신의 힘을 다하여 대대로 '부국의 명신'으로 불리고 있다.

당나라 현종 때의 화폐인 개원통보

호구를 늘리고 생산을 발전시키다

755년 발생한 안록산安禄山의 난 이후 당 왕조의 정국은 요동쳤다. 계속되는 전란에 경제는 극도의 혼란에 빠졌다. 수도 장안의 쌀값은 천정부지로 뛰었고, 궁정에서도 끼니를 때우기 힘들었다. 백성들의 상황은 더욱 나빠 쌀겨나 겉보리 죽 따위로 간신히 목숨을 부지할 정도였다. 그런데도 현종玄宗과 조정은 여전히 호화스러운 생활에 빠져 있었다. 지출은 엄청났고 재정은 더욱 악화되었다. 이런 상황에서 경제를 책임진 유안은 재정 위기를 해결하는 근본적인 방법은 생산 발전이라는 판단을 내리고 이를 위한 많은 조치를 취했다.

이보다 앞서 개원에서 천보 연간(713~742년)에는 천하의 호구 수가 천만에 이를 정도로 경제 규모가 커져 있었다. 당나라는 전에 없는 호황을 누렸다. 그러나 안록산의 난을 기점으로 전란이 계속 이어지자 호구 수는 하루가 다르게 줄어 유안이 재직할 무렵에는 200만이 채 안 될 정도였다. 유안은 사람이 생산의 첫 번째 요소임을 인식하고 생산을 발전시키려면 호구 수를 증가시켜야 한다고 판단했다. 그래야만 농사와 베 짜기 등 생산 발전에 필요한 인력을 확보할 수 있기 때문이다. 호구가 증가하면 생산이 발전하고 세금 수입도 증가한다. 당시 지방의 주와 현에서는 그 지역의 부호들에게 각종 물자 운반 등과 같은 중요한 운송 계통을 맡겨놓고 있었다. 이들이 세금과는 별도로 이런저런 명목으로 각종 이권을 갈취하는 바람에 백성들은 살길이 막막했다. 도망치거나 도적이 되어 남의 것을 빼앗는 수밖에 없었다. 유안은 이런 폐단을 없애기 위해 관부에서 직접 운송 체계를 감독하는 한편 모든 잡세를 폐지하여 외지로 도망간 사람들을 고향으로 돌아와 생산에 종사하도록 했다. 이렇게 되자 호구는 빠른 속도로 늘었고 생산도 자연스럽게 발전하기 시작했다.

유안은 전국의 생산 상황을 파악하기 위해 전국 각지에 지원관知院官을 설치하여 열흘마다 비·눈 등 기후 상황과 풍·흉년 상황을 서울에 보고하도록 했다. 특히 각지의 재해 상황을 중시하여 그에 맞는 구제 방법을 강구했다. 구제 시기를 놓치지 않도록 만전을 기했을 뿐만 아니라 구제에 따른 돈이나 양식의 양도 적절하게 조절했다. 국가에서 너무 적은 돈을 내려 보내면 재난을 구할 수 없고, 반대로 돈을 너무 많이 내려 보내면 그 재정을 감당할 길이 없고 백성들의 세금 부담이 늘어나는 악순환이 발생하기 때문이었다. 이 밖에 각지의 관리들이 구제 물품을 풀 때 뇌물을 받거나 백성들을 착취하는 부정부패 현상이 일어나기 일쑤였다. 이런 현상은 "칼과 작두가 목에 들어와도 금지하기 힘들" 정도로 만연해 있었다. 이런 상황에서는 재해가 발전한 뒤 구제에 들어가면 아무 소용이 없다. 백성들은 다시 각지로 도망칠 것이다. 요컨대 구제 시기를 잘 맞추어야 했다.

유안은 구제 시기에 각별한 신경을 썼을 뿐만 아니라 구제 방법에서도 독특한 방법을 취했다. 그는 구제 물자를 그냥 나누어 주는 등 소극적인 방법을 취하지 않고 교환과 같은 적극적인 방법을 취했다. 즉, 풍년이나 흉년의 상황에 따라 상호 보완 작용을 할 수 있는 방법을 취한 것이다. 그는 재해 지역에 부족한 것은 주로 식량이고 다른 물품들은 대체로 갖추어져 있다는 사실에 주목했다. 그래서 싼값으로 식량을 재해 구역 사람들에게 팔고 그들에게 남아도는 잡화를 사들였다. 그리고 이 잡화들을 풍년이 든 지역으로 보내 양식과 교환했다. 이렇게 해서 재정 부담을 줄이고 재해 구역의 백성들을 구제했다. 이런 방법으로 유안은 한 해에 300만 곡(1곡은 열 말)의 양식을 보존하기도 했다.

교통 발전으로 전국에 활기를 불어넣다

유안은 중국이 아주 크다는 사실을 인식하고 있었다. 북방이 늘 재난을 당하기는 하지만 남방은 상대적으로 부유했다. 따라서 남방의 식량을 북방으로 옮기려면 열쇠는 교통과 운수의 발전에 있었다. 당시의 주요 운송 수단이 배였기 때문에 유안은 조운漕運을 특별히 중시했다. 그는 몸소 황하 · 통제거 · 회하를 따라 장강까지 가서 현지를 직접 살피면서 조사와 연구를 거듭하는 한편, 군중을 동원하여 대규모로 물길을 팠다. 그는 장강에서 위수로만 다니던 기존의 노선을 바꾸어 각 하천의 수량 및 하류의 속도 차이에 근거하여 물길을 나누었다. 장강의 배가 양주로 가도록 하고, 변수의 배는 하음으로 갈 수 있게 하고, 황하의 배는 위수 하구로 운행하고 위수의 배들은 태창으로 운항하도록 했다. 그리고 강을 따라 적당한 곳에 양식을 보관하는 창고를 세우도록 했다. 이렇게 수량의 차이에 따라 배의 크기를 조절함으로써 운송 능력을 높이는 한편 안전도 어느 정도 확보할 수 있었다. 과거에는 배는 작고 식량은 무거워 황하 삼문협 일대에서만 배가 뒤집히고 사람이 빠져 죽은 경우가 많았다. 유안은 10여 척의 배를 한데 연결하고 그밖에 다른 방법들을 동원하여 단 한 척의 배도 뒤집히지 않게 했다. 유안의 이러한 개혁이 실시된 후 특히 동도 낙양을 수복한 뒤로는 남북의 운수가 잘 소통되어 매년 40만 석의 식량을 운송할 수 있게 되었다. 처음으로 운송된 식량이 장안에 도착하자 황제는 크게 기뻐하며 호위병과 의장대를 장안 근교인 동위교까지 보내 크게 환영했다. 황제는 "경은 나의 소하蕭何로다."며 유안을 칭찬했다. 황제는 유안을 한 고조 유방을 도와 후방에서 끊임없이 식량을 공급한 공신 소하에 비유한 것이다.

이로써 관중 지역에 가뭄이 들더라도 식량 부족과 같은 사태는 발생하지 않았다. 물가 역시 폭등하지 않음으로써 전국의 경제를 활성화시킬 수 있었다.

경제 상황에 따라 물가를 조절하다

유안은 경제를 활성화하고 세금 수입을 높이려면 각지의 경제 상황과 정보, 특히 물가를 파악하고 있어야 한다는 점을 잘 알고 있었다. 이를 위해 그는 각지에 도순원道巡院이란 기구를 설치하는 한편, 각 도순원과 서울에 이르는 주요 거점에다 말을 잘 모는 사람들을 높은 값으로 모집하여 정보를 전달하게 했다. 이에 따라 사방의 물가를 아무리 먼 곳이라 해도 사오일이면 파악할 수 있게 되었다. 유안이 각지의 경제 정보를 비교적 잘 장악했기 때문에 경제와 관련된 일을 아주 주동적으로 처리해나갈 수 있었다. 그는 "물량이 넘치면 비싼 값으로 사들였다가 물건이 딸릴 때 싼값으로 파는" 방법을 취했다. 즉, 풍년이 든 지구의 양식 값이 아주 떨어지면 비교적 높은 값으로 사들였다가 흉년이 든 지역의 가격이 올라갈 때 비교적 낮은 가격으로 양식을 팔아 물가를 조절한 것이다. 그 결과 조정은 큰 이익을 보았을 뿐만 아니라 각지의 물가도 대체로 안정을 유지하여 가격 폭등이나 폭락과 같은 현상이 사라졌다.

한번은 서울의 소금 값이 갑자기 폭등한 적이 있었다. 이에 유안은 재빨리 양주에서 30만 말의 소금을 관중으로 운송하여 소금 값을 이내 정상으로 회복시켰다. 일부 벽지의 아주 값싼 목재와 산에서 나는 값싼 화물들은 합리적인 가격으로 사들였다가 다른 지방으로 보내 판매함으로써 재정수입을 올리기도 했다.

유안은 또 관부에서 식염을 전매하는 방식으로 소금 값을 통제하기도 했다. 그는 소금과 관계된 관리의 숫자를 늘리면 재정에 부담이 가고 일반 백성들의 심리를 불안하게 만들 수 있다는 사실을 알고는 소금이 생산되는 지역에다 직접 관리를 두어 소금을 구워내는 염호들로부터 소금을 사들이는 일을 책임지게 했다. 그런 다음 이 소금을 상인들에게 넘겨 각지로 운반하여 팔도록 한 것이다. 소금이 생산되지 않는 다른 주현에는 소금과 관련된 관리들을 두지 않았다. 소금 생산 지구와 멀리 떨어진 지방에는 정부가 관부의 소금을 그쪽으로 보내 저장하게 한 다음 계속 공급할 수 있게 조치를 취했다. 상인이 들어가지 못하는 일부 지방의 소금 값이 뛰자 싼 소금을 그 지역 백성들에게 공급하여 소금 값을 안정시켰다. 이런 매매를 당시에는 '상평염常平鹽'이라 불렀다. '상평염'은 관부에다가는 소금 판매를 통해 얻는 이익을 가져다주었을 뿐만 아니라 백성들에게도 편의를 제공했다.

경제와 관련된 일에 효율을 높이고 재정수입을 확보하기 위해 유안은 유능하고 깨끗한 관리들을 임용한다는 원칙을 지켰다. 따라서 관리들에 대해서는 엄격한 도덕적 자질을 요구했다. 그는 "선비에게 작위와 녹봉이 있으면 명예를 이익보다 중하게 여기고, 관리에게 영예와 승진 같은 것이 없으면 이익을 명예보다 더 중하게 여긴다."는 점을 간파하고 있었다. 그래서 출납에 대한 감사 등과 같은 일은 모두 진취적이고 뜻있는 선비들에게 위임하고 관리들은 문서 처리와 같은 공무만 처리하도록 했다. 친척이나 친구는 기용하지 않았다. 당시 경제와 관련된 일을 하는 수백 명은 모두 "날카롭고 민첩한 신인"들이었다. 수천 리 밖에 있는 자라도 일단 임명되면 바로 달려와 임무를 받들었다.

유안은 경제 방면에서 남다른 공을 남겼지만 통치 계급의 권력투쟁 와중에서 비참한 최후를 면치 못했다. 덕종이 즉위한 다음 유안은 상서가 되고 양염은 이부시랑이 되었다. 두 사람은 사이가 좋지 않았다. 그 뒤 유안은 재상 원재元載를 좌천시키는 일 처리에 관여하게 되었다. 이에 앙심을 품은 양염은 재상이 된 다음 유안을 서울에서 내쫓고 다시 반란을 꾀했다고 무고하여 건중 원년인 780년에 끝내 유안을 살해했다. 유안의 가족 수십 명이 이 일에 연루되었다. 이때 유안의 집을 수색하는데 "잡다한 책이 두 수레나 나왔는데 모두가 쌀과 보리의 수량을 적은 책자들이었다."고 한다. 정원 5년인 789년, 덕종은 유안의 무죄를 확인하고 유안을 복권시키는 한편 자손들에게 관직을 내렸다.

가노賈魯

남다른 지혜와 재능, 신속한 일 처리

가노(1297~1353년)는 자가 우항友恒이다. 어려서부터 배우기를 좋아하여 경서를 줄줄 외울 정도였다. 그 뒤 과거를 통해 관직 생활을 시작했다. 원나라 태정 초기인 1325년 무렵 동평로의 유학교수에 임명된 뒤 헌사 · 행성연리 · 노성현윤 등과 같은 자리를 역임하며 경력을 쌓았다. 순제順帝 연간(1332~1370년)에 태의원도사로 승진했다. 재능과 학식이 뛰어나 재상 탈탈脫脫에 의해 『송사宋史』 편수관으로 발탁되기도 했다. 일이 끝난 뒤 지방관으로 파견되었으나 남다른 업적을 쌓아 다시 조정으로 들어와 중서성검교관 · 공부낭중 · 조운사 · 공부상서겸총 치하방사 등을 역임했다.

가노는 깨끗하게 관직 생활을 하면서 부지런히 맡은 일에 최선을 다한 인물이었다. 그는 뛰어난 재능과 출중한 모략을 소유한 중국 역사상 탁월한 수리水利 전문가이자 훌륭한 경제모략가였다.

인민의 생활을 살펴 대책을 올리다

가노는 원나라 말기의 인물로 몽고의 통치가 몰락하던 시기에 생활했다. 조정은 부패했고 관료 사회는 무너져가던 때였다. 사회적으로

원나라 때의 화폐

는 갖은 폐단이 속출하고 거기에 천재지변까지 겹쳐 백성들의 삶은 말 그대로 지옥이나 다름없었다. 관직 생활을 시작한 뒤로 가노는 오랫동안 지방관을 지내면서 사회 상황과 인민들의 고통에 대해 잘 알게 되었고, 사회 폐단을 개혁하고 인민을 재난에서 구제하겠다는 뜻을 세웠다. 중서성검교관으로 임명되자 지방관 시절의 경험을 바탕으로 조정에 대책을 올렸다. 특히 관부의 식량 관리가 잘 되지 않아 손해가 막심한 상황과, 힘 있고 돈 있는 자들이 없는 사람들의 재산과 땅을 빼앗는 바람에 유민이 대량으로 발생하는 문제 등에 대해 개혁적인 의견을 내놓았다. 하지만 안타깝게 조정의 관심을 끌지 못했다. 공부낭중으로 있을 때는 건설공사로 쌓은 경험을 차분하게 살려 공부 내부 관리상의 문제점들을 상세하게 관찰한 다음 건설 부문 전반을 개혁하자는 원대하고 새로운 건의를 제기했다. 이것이 '고공십구사考工十九事'라는 것으로 중국 역사상 비교적 이른 시기의 전문적인 공정관리학 논문으로 꼽힌다. 후세에 미친 영향도 적지 않았다.

일에 대한 가노의 열정은 대단했다. 그는 기꺼이 국가와 인민들을 위해 일을 계획하고 추진했다. 지정 4년인 1344년 5월, 스무 날 넘게 큰 비가 계속 내려 지금의 하남성 난고 동북쪽의 황하 제방이 터졌다. 이 때문에 하남성은 물론 산동 등 20여 주현에까지 재앙이 미쳤다. 농지가 물에 잠겨 농작물을 수확할 수 없었음은 말할 것도 없었다. 집이 떠내려가는 등 인민들의 피해는 실로 막심했다. 물에 빠져 죽고 굶어 죽고 전염병으로 죽는 사람이 헤아릴 수 없을 지경이었다. 수많은 백성이 고향을 등지고 타지를 유랑했다. 구걸은 기본이고 자식을 팔아서 먹을 것을 구하는 일도 다반사였다. 백성들은 생사의 기로에서 처참하게 울부짖었다. 수재는 해마다 북쪽으로 침범하여 계속 기름진 땅을 삼켰다. 조운과 소금장도 제물이 되었다. 국가의 모든 사업과 민생이 심각한 위협을 받았다. 원나라 순제는 하천을 다스리는 방법을 강구하라는 명령을 내리지 않을 수 없었다. 이런 절체절명의 위기 상황에서 가노가 행도수감에 임명되어 하천을 다스리는 사업을 책임지게 되었다.

가노는 이 위기와 고난을 두려워하지 않았다. 부임하자마자 바로 황하의 터진 제방과 그로 인해 홍수 피해를 당한 지역 곳곳을 다니며 세밀하게 살피는 일을 시작했다. 그는 수천 리를 다니며 지형을 측량하고 지도를 그리는 등 구체적인 통계치와 각종 자료를 장악하는 데 힘을 기울였다. 하천으로 인한 재난의 근본적인 문제와 원인을 파악하기 위한 조치들이었다. 서울로 돌아온 뒤 가노는 현장 조사를 통해 확보한 자료들을 면밀히 정리하고 깊게 생각한 다음 두 가지 방안을 조정에 제기하여 심도 있는 논의와 결단을 촉구했다.

첫째는 북쪽에 제방을 쌓아 범람과 홍수를 막는 것으로 공정과 비용을 절감할 수 있다는 것이었고, 둘째는 물길을 막는 방법과 트는 방법을 병행하여 강을 동쪽으로 흐르게 하고 이로써 옛날 길을 회복하는 것으로 공정과 비용이 몇 배가 드는 것이었다.

지금의 수표나 어음에 해당하는 원나라 때의 지원통행보초

　　두 가지 방안이라고 했지만 전자는 응급조치에 지나지 않았다. 공정
과 비용을 절감할 수 있다고 했지만 근본적인 문제는 해결할 수 없었
다. 이는 가노가 제기한 하책에 지나지 않았으며 가노 자신도 이 방안
을 주장하지 않았다. 후자는 공정이 방대하고 비용도 엄청나게 들었으

며 게다가 공기도 길었다. 그러나 그런 만큼 효과는 전자와 비할 바가 아니었다. 가노는 바로 이 대책을 주장했다. 그러나 매우 유감스럽게도 조정은 두 가지 방안 모두를 받아들이지 않았다. 게다가 가노를 우사낭중으로 발령 내고 얼마 뒤에는 조운사로 내보내버렸다.

원대한 포부를 품고 있었던 가노는 조정의 결정 때문에 자신의 뜻을 포기하지는 않았다. 우사낭중과 조운사로 있으면서 그는 각종 폐단에 맞추어 '시정이십일사時政二十一事'라는 개혁적 의견을 제기하는 한편, 자신이 직접 살펴본 황하에 대한 자료를 '조사이십사漕事二十事'로 정리하여 조정에 보고했다.

지정 9년인 1349년, 능력 있고 깨끗한 정치가 탈탈이 다시 중서우승상으로 복귀하여 조정의 실권을 장악했다. 탈탈은 당시 수재가 전국의 인민과 국가 경제에 엄청난 영향을 미쳐 정권마저 흔들고 있다는 사실을 발견하고는 몹시 당황했다. 이에 탈탈은 정권에 복귀한 다음 바로 하천을 다스리는 대대적인 사업에 눈을 돌렸다. 탈탈은 가노가 제기한 바 있는 두 가지 대책에 큰 관심을 가졌다. 그래서 조정에 이 문제를 놓고 토론을 벌이도록 하고 가노를 그 자리에 출석시켰다. 의견이 분분한 상황에서 가노는 자신이 주장한 두 번째 방안을 확고하게 밀고 나갔다. 그는 "남쪽 하천은 트고 북쪽 하천은 막아 옛날 물길을 회복해야만 한다. 일을 큰 차원에 놓고 시행하지 않으면 피해는 영원히 막을 수 없다."고 말했다. 의식이 깨어 있었던 탈탈은 다수의 견해를 물리치고 가노의 의견을 지지하는 한편, "이 일은 하지 않으면 안 되겠다."는 의미심장한 말을 남겼다.

물길을 막고 트는 원대한 치수 사업

지정 11년인 1351년, 탈탈은 가노를 공부상서 겸 충치하방사로 임명하여 물을 다스리는 사업 전반을 책임지게 했다. 가노는 무거운 책임을 지고 변량(汴梁, 지금의 하남성 개봉시) · 대명(大名, 지금의 하북성 대명시) 등지에서 고용한 민부 15만, 여주(廬州, 지금의 안휘성 합비시) 주둔군 2만을 징발하여 그해 4월 말 황하로 이동하여 전면적이고 대대적인 공사에 착수했다. 그리고 단 석 달 만인 7월에 황하를 소통시키는 공사를 마무리하고, 8월 말에는 물을 옛날 물길로 흘려보냈다. 9월에 배가 다니고, 하구를 막는 공사가 함께 시작되었다. 그리고 11월에 제방이 완공되었다. 전체 공사가 완전히 마무리되기까지 190일이 걸렸다. 놀라울 정도로 빠른 속도였다. 그래서 청나라 때 사람 호위胡渭는 가노를 두고 "지혜와 재주가 절륜이요, 신기에 가까울 정도로 빠르게 공을 세웠으니 전무후무한 일이었다."고 평가했다.

가노가 이렇게 빠른 기간에 황하의 치수 사업을 끝낸 것은 그의 지혜와 재주 그리고 완벽한 계획성 등과 밀접한 관련이 있다. 그는 임무를 받은 뒤 자신이 그려놓은 "트고 막는 것을 병행하며, 먼저 트고 나중에 막는다."는 전체적 방안에 따라 주도면밀하게 부서를 신설하고 공정의 전체 일정을 짰다. 시기와 날씨 그리고 그 지역의 형세 등을 따지고 분석한 다음, 공정의 규모와 양이 아주 크긴 하지만 적절하게 안배한다면 태풍이 오기 전에 순조롭게 준설과 물길의 소통을 완성하여 공기를 크게 줄이고 공정 속도에 박차를 가할 수 있을 것으로 판단했다. 이를 위해 가노는 전체 공정을 3단계로 나누었다. 제1단계는 옛 물길을 소통시키는 시공 단계였다. 제2단계는 황하의 옛 물길을 막기 위해 하류 상단에 큰 입구를 막고 트는 일이었다. 마지막 3단계는 전력을 모아 백모결구(白茅決口, 지금의 하남성 난고현 동북)라는 가장 중요한 터진 제방을 막는 일이었다.

공정의 순조로운 진행을 위해 가노는 줄곧 자신이 직접 전선을 지휘하면서 상황에 맞추어 연구하고 현장에서 발생하는 문제들을 해결할 수 있는 대책을 내놓았다. 제1기 공사에서 그는 직접 황하의 옛 물길 상황을 살핀 다음 지세의 높낮이에 따라 물길을 트고 준설하는 두 가지 방법을 취했다. 이렇게 해서 새로 튼 물길과 다시 튼 옛 물길을 합류시켰다. 물길이 서로 만나 그 기세가 사나워지는 것을 막기 위해 특별히 강바닥을 넓히고 흙을 퍼내는 준설 작업을 시행하여 수량을 줄였다. 또 옛 물길을 넓히고 깊게 파서 공정의 질을 확실하게 보증했다. 이는 다음 두 단계를 위한 준비 작업이기도 했다. 제2단계의 제방을 트고 막는 공정에서는 물 흐름이 옛 물길을 돌아서 흐른 다음 막히거나 넘치는 부작용을 막기 위해 300리가 넘는 옛 황하 물길에다 100여 곳의 터진 제방을 수리했다. 동시에 강기슭에다 호안湖岸 제방을 쌓아 공정의 확실성을 기했다. 제3단계는 백모결구와 황하를 억지로 휘도는 옛 물길의 터진 곳들을 막는 공정으로, 가노는 강바닥을 넓히는 계획을 수립한 다음 물의 속도가 빨라지고 기세도 사나워지는 가을에는 이 공정이 매우 어렵다고 판단했다. 이에 따라 그는 밤낮으로 공정을 재촉하여 호안 제방을 순조롭게 진행할 수 있는 보조 공정법을 취하는 한편, 물이 하천으로 흘러드는 것을 막는 방법을 창조해냈다. 즉, 돌로 배를 만들어 터진 제방을 막는 방법이었다. 이런 방법은 전례가 없는 것이어서 과연 기세등등한 물길을 막을 수 있을지에 대해서는 현장에 있던 사람들조차 반신반의했다. 하지만 가노는 전혀 동요하지 않고 순간순간 기지를 발휘해가며 직접 앞장서서 모든 작업을 지휘했고, 마침내 예정대로 11월 11일 제방을 이을 수 있었다. 돌로 만든 배를 이용하여 물을 막은 가노의 방법은 중국 수리사水利史에서 기적과 같은 경험을 남겼다.

제방을 트고 물길을 끊어
인민에게 이익이 돌아가게 하다

가노의 치수 사업은 성공했다. 그러나 그의 성공에 대한 이해득실에 대해서는 지난 600여 년 동안 말들이 많았다. 여기서는 그 잘잘못을 따지자는 것이 아니라 그 엄청난 사업 과정에서 가노가 보여준 태도를 보고자 한다. 그의 치수 동기는 국가와 인민을 이롭게 한다는 경제모략사상과 일치한다.

첫째, 가노는 인민을 위해 부지런하게 있는 힘을 다했다. 그는 '고공 19사'와 '조사 20사' 등과 같은 국가 경제와 밀접한 관련이 있는 대책들을 제기했다.

둘째, 그의 치수 방법은 황하로 인해 매년 농지가 침수되고 염장 사업이 중단되고 교통이 막히는 등 국가와 인민들이 입는 엄청난 재난 상황에서 이런 큰 문제를 해결하기 위해 제기된 훌륭한 방책이었다.

셋째, 그의 치수 방법은 원나라 조정 내 보수파들의 극렬한 반대에 부딪혔다. 그들이 내세운 반대 이유는 우선 공사가 너무 방대하여 성공하기 힘들다는 것이었고, 다음으로 '도적'과 치수에 동원된 민부들이 반란을 일으킬지 모른다는 두려움이었다. 이 때문에 이들은 국가와 인민을 위한 이 원대한 계획을 무시했고 또 군사와 인민을 동원하여 대규모 공사를 일으키길 원치도 않았다. 그러나 가노와 그를 지지하는 탈탈은 황하를 다스리지 않고 내버려둘수록 더욱 다스리기 힘들어질 것이며, 다스리기 어려워질수록 백성들은 고통 속에서 신음하다 결국은 폭동과 봉기가 더욱 거세어질 것이라고 판단했다. 그래서 가노는 "사업을 크게 일으키지 않으면 피해는 그치지 않을 것이다."고 말했던 것이다. "피해는 그치지 않을 것"이라는 그의 말은 의심심장하다. 이 말에는 백성과 국가를 염려하는 그의 사상이 고스란히 반영되어 있기 때문이다. 그가 인민들의 반항을 겁내지 않은 것은 결코 아니었다. 그는 다만 인민들의 반항을 촉발하는 원인에 대해 자신의 견해를 가지고 있었을 뿐이다. 그가 보기에 인인의 생존이 걸려 있는 경제문제를 해결해야만 사회를 안정시킬 수 있었다. 그는 물로 인한 우환이야말로 국가와 인민의 불안을 조성하는 가장 큰 문제로 인식했고, 그래서 '도적'이나 반항의 위험성을 감수하고서라도 대대적인 치수 사업이 필요하다고 주장한 것이다. 그의 이러한 사상은 국가의 경제적 이익을 고려한 끝에 나온 것으로, 그 모략은 아주 깊고 먼 곳을 내다보고 있다.

넷째, 제방을 트고 물길을 끊어 옛 물길을 회복한 다음 나타나는 경제적 효과는 뚜렷한 것이었다. 범람에 시달리던 농지와 염업 생산이 회복되었고, 조운도 잘 소통되었다. 특히 하남 지구에서는 그 후 20년 넘게 제방이 터지는 현상이 발생하지 않았다. 그러나 원나라 조정의 정치적 위기로 치수공사는 계속 진행되지 못했고, 가노의 원대한 계획도 완전히 실현되지 못함으로써 그 효과와 이익이 크게 떨어지고 말았다.

그렇다고 치수 사업에 대한 가노의 공적이 평가절하되어서는 안 된다. 역사적으로 이에 대한 평가는 늘 높았다. 그중에서도 『원사』의 평가가 가장 공정하고 심도 있다.

원의 위기와 멸망은 하루아침에 그렇게 된 것이 아니었다. 오랫동안 쌓인 결과였다. 이런 점을 생각하지 않고 오로지 그 책임을 공사(가노의 수리 사업을 가리킴)로만 돌리는 것은 성공과 실패만으로 사건을 바라보는 것으로 통할 수 없는 논리다. 만약 가노가 그 사업을 일으키지 않았더라면 천하의 혼란이 일어나지 않았겠는가?

가노는 수리 사업을 일으켜 경제를 발전시키고 백성을 안정시킨다는 모략사상을 보였다. 이는 매우 귀중한 인식으로 바르게 평가받는 것이 당연할 것이다.

왕정 王禎

부역을 줄여 인민을 편하게 하고, 게으름을 극복하고 농업을 일으키다

왕정은 자가 백선伯善이고 산동성 동평 출신으로, 원나라 때의 걸출한 과학자였다. 대체로 그의 관직이 낮고 보잘것없었기 때문에 역사서에 그의 생애에 대한 기록이 아주 적다. 따라서 태어나고 죽은 해도 알수 없다. 다만 원나라 성종 원정 원년인 1295년에 안휘 정덕현 현윤을 6년 동안 지냈고, 대덕 4년인 1300년에 강서 영풍현 현령을 지냈다는 정도로 알려져 있을 뿐이다. 그는 관직은 미미했지만 업적은 탁월했고 공도 눈부셨다. 더욱이 농업과학과 농업경제에서 보여준 성취는 놀라웠다.

그는 자신의 재능과 실천 경험을 바탕으로 피와 땀을 쏟아 『농서農書』 22권을 저술했다. 이 책에는 농업・방직・기계・천문 등이 언급되어 있는데, 구체적인 생산기술과 경영관리로부터 과학 이론에 이르기까지 계통적으로 깊이 있는 논술이 이루어져 있다. 『농서』는 과학 논저일 뿐만 아니라 왕정의 정치적 견해와 경제 발전을 위한 모략사상이 깊게 침투해 있다. 그는 중국 역사상 탁월한 성취를 이룬 경제모략사상가로서 손색이 없다.

왕정의 경제모략사상과 성취는 대체로 다음 세 방면으로 요약할 수 있다.

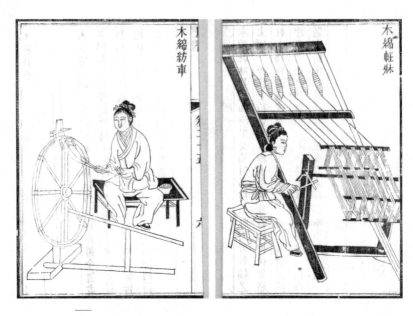

원나라는 파괴된 수리 시설에 대한 복구와 건설을 의욕적으로 펼쳤고, 이에 따라 농업 생산이 크게 증가했다. 이러한 기초 위에서 「농서」와 「농상집요」 같은 농업 전문서가 출현했다. 농업경제 전문가 왕정의 「농서」는 농업 발전사와 농업 각 분야의 기술과 경험을 종합한 책이다.

첫째, 백성을 부유하게 위해 힘쓰다—근정부민勤政富民

왕정은 참다운 재능과 튼튼한 학문에 사상과 포부를 갖춘 인물이었다. 아울러 자기 나름의 정치적 견해를 갖추고 책임감을 가지고 사업을 추진했다. 그러나 봉건사회에서 관료 사회로의 진입과 승진은 재능보다는 주로 출신과 배경에 의해 결정되었다. 더욱이 몽고족이 통치하던 원나라 시대에 조정의 고위층은 거의 몽고 귀족과 색목인이 차지하고 있었고 한족 출신은 일반적으로 승진 자체가 매우 어려웠다. 박학다식에 출중한 재능, 탁월한 정치적 견해에 남다른 업적을 이룬 왕정이었지만 끝내 7품이라는 미미한 관직에 머무를 수밖에 없었던 이유다. 하지만 왕정의 의지는 관직의 높고 낮음에 있지 않았다. 그는 부패한 정치와 탐관오리에 대해 몹시 분개했다. 그는 관리와 정치의 청렴결백을 주장했다. 그것이 백성들을 복되게 하고 나라를 부강하게 만드는 기초로 생각했기 때문이다. 또한 그렇게 해야만 당대에 업적을 이룰 수 있다고 보았다.

왕정은 역사상 뛰어난 업적을 남긴 인물들을 크게 칭찬했는데 그중에서도 서한시대의 정치가 황패(黃覇. ?~기원전 51년)를 비롯하여 공수龔遂·장감張堪·황보융皇甫隆 등을 가장 존경하면서 그들의 업적을 모범으로 삼아 본받으려 했다. 이들은 모두 여러 지방을 다스리면서 나무심기, 농업과 누에치기 장려, 벼농사 개척, 특수작물 재배 등과 같이 실질적인 방면에서 큰 성과를 올렸다. 또 자신의 직분과 사업에 충실하고 자신이 하는 일을 깊이 생각했던 인물들이었다. 왕정은 오랜 연구와 실천을 바탕으로 백성을 부유하게 만드는 경제모략사상을 형성해갔다. 그는 이렇게 말한다.

> "모든 관리가 명을 지키고 황패·공수·장감·황보융 등과 같이 유능한 사람들을 본받아 백성들에게 관심을 기울여 그들의 요역을 줄여 백성들의 힘을 아끼면서 게으름을 극복하고 농업에 힘쓰게 한다면 민심 불안이나 농업 부진 따위는 걱정할 필요가 없다!"

"백성들의 요역을 줄여 힘을 아끼고, 게으름을 극복하여 농업에 힘쓰게 한다."는 이 대목은 왕정의 경제모략사상의 핵심이다. 이를 위해 그는 민간 깊숙이 파고들면서 민정을 이해하고 농민의 고통을 동정하게 되었다. 또 농민의 노동과 소박함을 매우 존중하면서 "세상에 가장 순박한 사람으로 농민들만 한 사람이 없다."고 했다. 이렇게 보면 왕정은 생산 제1선에서 재부를 창조하는 노동 인민을 지극히 중시했음을 알 수 있다. 그는 많은 시를 통해 농사와 농민의 노동을 찬양하고 이를 모아 『농무집農務集』을 엮었다. 이 작품들은 농민의 생산 노동과 그 고통을 사실적으로 묘사한 것들로, 정부 관리들로 하여금 노동력을 귀하게 여길 것을 환기시키기 위한 목적에서 저술되었다. 왕정은 농민들의 생활이 넉넉해지기가 쉽지 않은 것은 주로 각종 세금이 무겁고 요역이 너무 자주 발생하기 때문이라는 것을 알고는 여러 가지 문제점들을 과감하게 폭로했다.

그는 먼저 원나라 초기에 시행된 '권농勸農'과 '권농관'이 농민을 위한 정책과 관리가 아니라 농민을 잡아먹는 정책과 관리로 변했음을 지적했다. 이른바 '순행巡行'은 착취와 뇌물의 대명사가 되어 '순행관'이 가는 곳이 곧 재앙이라는 의식이 만연해 있음도 지적했다. 그는 자신의 대표적인 저술 『농서』에서 "지금 관리들은 너 나 할 것 없이 모두 권농이라는 명함만 가지고 있을 뿐이지 농사에 대해서는 아는 것이 아무것도 없다. 권농이란 명목으로 순행할 때면 먼저 공문을 보내 곳곳에 서로 보고하게 하고 도착해서는 마구 세금을 거두고 이런저런 명목으로 착취를 한다. 이것이 소란이 아니고 무엇인가."라고 폭로하고 있다. 그래서 그는 조정에서 이를 막아야 하는 것은 물론 각종 폐단을 없애고 바른 법을 제정하여 '권농'을 명실상부하게 만들어야 한다고 주장했다.

왕정은 부지런히 정치하여 백성들을 부유하게 만든다는 모략사상을 실천하기 위해 자신의 직함을 벗어던졌다. 부하 관리들의 비웃음도 아랑곳하지 않고 그는 천신만고 끝에 신식 농기구를 만들어 농촌 마을 깊숙이 들어가 농민들에게 새로운 파종법과 새로운 농기구를 사용하는 방법 등을 선전했다. 처음엔 농민들이 이런 것들에 익숙지 않아 낯설어했으나 그는 끈기 있게 이끌고 가르쳤다. 농민들의 손을 잡고 응용할 수 있을 때까지 가르치고 권했다. 그 결과 왕정이 다스리는 현의 농업 생산량은 놀라울 정도로 늘어났다. 농민들이 혜택을 누리고 국가의 세금 수입이 늘어난 것은 당연했다. 그는 군중의 적극성을 움직이고 백성의 고통을 줄이기 위해 공익사업을 적극적으로 추진할 것을 주장하는 한편, 자신에게 주어진 권한 안에서 있는 힘을 다했다. 도로를 닦고 다리를 세웠으며, 빈민들에게 돈을 받지 않고 약을 나누어 주었다. 자신의 녹봉을 털어 학교를 열어 지방 교육 사업을 발전시키기도 했다.

둘째, 농업을 근본으로 삼다―이농위본以農爲本

왕정은 원나라 시대에 살았다. 당시 사회경제의 기초는 개별 농업이었다. 이에 따라 왕정의 경제모략사상도 시대의 한계로부터 영향을 받을 수밖에 없었다. 그러나 '농업 입국'이라는 봉건사회에서 농업 생산을 중시하고 농업경제를 개혁하고 발전시키는 일은 의심할 바 없이 중대한 문제였다. 국가의 대계와 민생, 국가의 부강과 백성의 안정에 관계되기 때문이었다. 이렇게 보면, 농업을 근본으로 삼는다는 왕정의 경제사상은 진보적이며 후대에 적극적인 영향을 미쳤다.

인류의 역사는 농업과 뗄 수 없는 관계에 있다. 농업은 인류가 생존하고 진보하기 위한 경제 기초였다. 중국의 수천 년 경제사를 훑어보면, 농업은 역대 봉건 왕조에서 존망과 관계된 생명선이었다. 따라서 예로부터 정치를 잘 펼치거나 식견 있는 인사들은 너 나 할 것 없이 "나라는 백성을 근본으로 삼고, 백성은 먹고 입는 것을 하늘로 삼는다."는 농본사상을 한목소리로 외쳤다. 농본사상은 봉건사회에서 생산력 발전의 수준과 맞아떨어진다. 따라서 당시로서는 확실히 진보적인 사상이었다.

농업을 근본으로 한다는 왕정의 경제모략사상은 과거 교훈을 따른다는 면이 있지만 동시에 그 자신의 실제 조사와 현실과의 대면을 통해 얻은 새로운 내용을 포함하고 있었다. 그는 "농업이 천하의 큰 근본"이라고 강조하면서 다음과 같이 말한다.

> "농부가 농사를 짓지 않으면 굶어야 하고, 아녀자가 베를 짜지 않으면 옷을 입지 못하고 추위에 떤다. 따라서 고대 성현들은 모두 농사를 중시하여 경작과 베 짜기, 씨뿌리기, 가축 기르기 등을 교육시켰다."

동시에 왕정은 한 · 당 이래 시행되어온 '효제역전孝弟力田'과 '숭본축말(崇本逐末, 중농억상)' 정책에 대해서도 새로운 해석을 내놓았다. 그는 부모에 효도하고 연장자를 존중한다는 '효제'는 입신立身의 근본이며, 힘써 농사에 종사한다는 '역전'은 양신養身의 근본이므로 "이 두 가지가 서로 도움이 되어야지 어긋나서는 안 된다."고 주장한다. 그는 한 걸음 더 나아가 농부는 춥고 배고픈 고통에 시달리기 때문에 편히 먹고 노는 사람을 보면 그들을 부러워하는 마음이 생겨 자신의 농지를 떠나 농사를 버리고 그들을 따르게 됨으로써 결국은 백성에게 피해를 준다고 해석했다. 따라서 그는 "창고가 넉넉해야 예절을 알고, 의식이 풍족해야 명예와 치욕을 안다."(『관자』)고 인식했다. 그는 경제를 예절과 영욕의 전제로 보았다. 그래서 농업을 중시하고 상업을 억제한다는

'숭본축말'을 밝히면서 사 · 농 · 공 · 상 4민의 지위 관계를 특별히 강조했다. 그는 다음과 같이 말한다.

"교육이라면 선비가 최우선이고, 먹고 기르는 것이라면 농업이 가장 중요하다. 선비의 근본은 배움에 있고, 배움의 근본은 농업에 있다. 따라서 선비가 먼저고 농업이 다음이고, 공업과 상업이 밑이다. 본말의 무거움과 가벼움은 이렇게 명백하다."

그의 이러한 사상은 시대와 계급이라는 낙인이 뚜렷하게 찍혀 있어 그 한계가 분명하다. 따라서 오늘날에 보자면 잘못된 사상으로, 받아들일 수 없다. 그러나 왕정이 제기한 "먹고 기르는 것이라면 농업이 가장 중요하다. 선비의 근본은 배움에 있고, 배움의 근본은 농업에 있다."는 사상은 "농업이 근본"이라는 모략사상을 잘 반영하고 있다.

농업이 근본이라는 경제모략사상에서 왕정은 "백성을 이롭게 하는 방법"을 크게 강조하면서 한나라 때의 '상평창常平倉', 당나라 때의 '의창義倉'을 본받아 창고를 지어 기아에 대비한 양식을 저장해둘 것을 주장했다. 특히 그는 민간에서 양식을 비축하여 가뭄 등 위기 상황에 대비할 것을 강조했다. 즉, 풍년이 들었을 때 아껴두었다가 재난이 닥치면 구제하자는 것이었다. 이와 관련하여 왕정은『농서』에서 '창름문倉廩門'이라는 전문적인 논문을 남겨 양식을 비축하는 여러 방법을 소개하고 있다. 그는 또 시를 통해 자신의 이러한 사상을 나타내기도 했다.

부유한 나라가 어떻게 백성을 넉넉하게 하는가?
마을마다 높다란 식량 창고가 서 있구나!

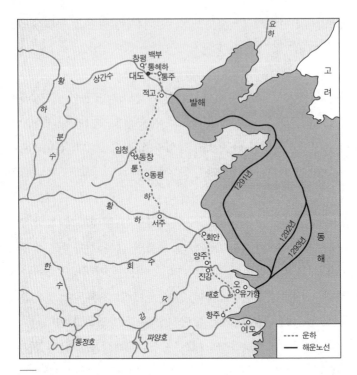

원나라 시대의 해운과 운하도

셋째, 과학으로 농업을 일으키다—과학흥농科學興農

경제모략가로서 왕정의 탁월함과 동시대 사람들의 인식을 뛰어넘는 점은 그가 총명한 과학적 두뇌를 소유했다는 데 있다. 그는 과학의 중요성을 잘 알았고, 과학이 경제 발전에 열쇠와 같은 작용을 한다는 점도 인식했다. 이러한 사실은 그가 편찬한 『농서』의 주요 사상인 "농업이 천하의 큰 근본"이라는 인식으로 증명된다. 그가 『농서』를 저술한 목적은 현실의 농업 생산을 이끌어 생산력을 높이는 데 있었으며, 이를 위해 과학적 방법으로 경제 발전을 촉진코자 했다. 그의 과학흥국科學興國과 과학치부科學致富의 사상을 충분히 엿볼 수 있다.

과학흥농을 위해 왕정은 자기 일도 모른 채 이상한 사상만 앞세운다는 동료들의 비웃음도 아랑곳하지 않고 전력을 다해 농민들에게 과학 영농을 심어주었다. 씨뿌리기부터 밭갈이, 베 짜기, 가축 기르기까지 모든 과정에 과학적 방법을 적용하고자 했다. 수리 사업, 기계 제작, 농기구 제조도 마찬가지였고 씨 고르기, 비료 주기, 병충해 없애기에도 예외 없이 과학적 방법이 동원되었다. 이를 위해 날씨(기후)와 지세 및 절기 등도 중시했다.

요컨대 당시 농업 생산과 관련된 것이나 필요한 것이라면 왕정은 『농서』에서 모두 언급하고 있다. 더욱 소중한 것은 왕정의 과학흥농이 책과 말로만 머무르지 않고 실천에 중점을 두고 실제로 깊이 들어가 조사·연구하고 경험을 종합하여 혁신적 창조를 일구어냈다는 사실이다. 그렇게 때문에 제때에 널리 보급되어 생산력 확대와 과학치부라는 목적을 이룰 수 있었던 것이다.

왕정이 『농서』에서 과학흥농을 직접 거론한 것은 아니었지만 그는 분명히 그렇게 했으며, 구체적 실천으로 자신의 사상을 표현했다. 그의 과학흥농이라는 경제모략사상은 당시 경제 발전을 추진하는 작용을 했을 뿐만 아니라 후세에 깊은 영향을 남겼다.

외교모략의 천재들

　　역사적 사실이 말해주듯 뛰어난 외교모략은 강대국의 틈바구니에서 약소국이 주권을 지켜내고 종횡무진 상대국의 힘을 내 힘으로 바꿀 수 있는 힘으로 작용한다. 심지어는 절체절명의 위기 상황에서도 패배를 승리로 바꿀 수 있는 결정적인 계기가 되기도 한다. 이 때문에 유능한 정치가 · 군사가 · 통치모략가라면 외교모략을 중시하지 않을 수 없었다. 외교 인재를 중용했으며, 쓸모 있는 외교모략을 운용하는 데 늘 관심을 기울였다. 역대 외교모략가의 성공과 실패를 꿰뚫어 전형적인 의의를 갖춘 외교모략을 연구하는 일은 외교모략에 대한 우리의 인식 수준 내지는 일반 인간관계의 수준과 사유 능력을 높이는 데 크게 보탬이 될 것이다.

　　외교는 국가와 민족 또는 정치집단이 나름의 이익을 위해 진행시키는 교류이자 각자의 대외 정책을 실현하는 수단이다. 민족 간의 갈등, 국가 간의 전쟁은 외교모략과 관련된 인재를 배출하는 토양이었다. 특히 춘추전국시대는 제후국들이 패권을 다투고 자국의 이익과 생존을 위해 합종과 연횡을 거듭했던 시기였다. 이러한 상황은 외교투쟁을 어느 때보다 더욱 격렬하게 만들었고, 그러한 실천적 경험을 통해 돋보이는 외교모략가가 속속 나타났다. 춘추시대 제나라의 안영(晏嬰, ?~기원전 500년)은 각국을 돌아다니며 평화적인 외교 활동을 벌였다. 그는 남다른 지혜와 뛰어난 말솜씨로 초 · 오 · 진 등 여러 나라 국왕을 설득하여 자신의 명예를 드높였음은 물론 제나라의 지위와 명성을 크게 떨쳤다.

　　전국시대 소진(蘇秦, ?~기원전 284년)은 연 · 조 · 한 · 위 · 제 · 초 여섯 나라를 돌며 6국이 '합종'하여 진에 대항할 것을 유세했다. 그리하여 소진은 6국의 재상 인장을 걸고 진에 대항하는 연합 전선을 구축했다. 한편 장의(張儀, ?~기원전 310년)는 세 치 혀만으로 소진이 구축해놓은 6국동맹을 철회시키고 진왕을 도와 연횡 전략을 실행함으로써 진이 동방 각국을 각개격파하논 길을 열었다. 진한 이후에도 외교모략가들은 끊이지 않았다. 동한 말 노숙(魯肅, 172~217년)은 손권을 위해 유비와 연합하여 조조에 대항하는 전략을 세웠다. 또 몸소 사신을 자청하여 유비와의 연합을 주선함으로써 적벽대전을 승리로 이끌고 결국은 삼국이 정립할 수 있는 국면을 조성하는 데 결정적인 기틀을 마련했다.

역사적 사실들이 증명하고 있듯이 외교모략가는 역사 발전에 중요한 작용을 했다. 남조시대(420~589년) 양나라의 문학 이론가 유협(劉勰, 약 465~약 532년)은 외교모략가들에 대해 높이 평가하면서, "한 사람의 말이 구정九鼎보다 더 무겁고, 세 치 혀가 백만 군대보다 더 세구나!"라고 했다.

외교모략가가 성공을 얻는 까닭은 먼저 천하대세에 대해 깊게 이해하고 형세 변화 및 각 방면의 모순과 그 파급 영향에 대해 철저하게 분석하여 남보다 한 수 위의 대책을 세우기 때문이다. 다음으로 그들은 외교 활동 대상의 이해관계와 필요성 및 심리적 마찰 등에 대해서도 밝아 그 대상의 욕망이나 욕구에 근거하여 상대방이 자신의 모략을 받아들이지 않을 수 없게 만든다. 또 그들은 하나같이 언변에 뛰어나며 기민한 반응력을 갖추고 있다. 어떠한 상황에서도 자유자재로 미묘하면서 정확한 언어를 구사할 줄 안다. 외교모략가들의 이러한 특징들은 전문가들을 위해서도 귀감이 될 뿐만 아니라 사회 활동을 하고 있는 모든 사람들에게도 유익한 정보로 작용할 것이다.

안영晏嬰

술잔을 벗어나지 않고 천리 밖의 일을 절충하다

안영은 역사책에서는 안자晏子로 기록되어 있다. 자는 평중平仲이며 춘추시대 제나라 이유(지금의 산동성 밀현) 출신이다. 태어난 해는 알 수 없고, 기원전 500년에 죽었다. 제나라의 명문가 출신으로 아버지 안약晏弱이 죽은 뒤 아버지의 직위를 이어 경이 되고, 영공·장공·경공을 거치면서 관직이 상국(相國, 수상에 해당)에까지 이르렀다. 그는 관중 이후 제나라가 배출한 걸출한 재상의 한 사람으로 무려 57년 동안 제나라를 위해 충성을 다했다.

그의 정치적 주장은 인의仁義로 나라를 다스리고 평화로 외교한다는 '인의치국仁義治國, 화평외교和平外交'로 요약될 수 있다. 그는 백성들을 자기 몸처럼 아꼈고, 근검절약하는 생활에 힘썼다. 박학다식했으며 논쟁에도 능숙했다. 아부를 모르는 강직한 성품으로 늘 국군의 면전에서 어진 정치를 펴고 형벌을 줄이며 세금을 가볍게 하라고 바른 소리를 했다.

『안자춘추』 8권 215장을 저술했다고 전하나 사실은 후세 사람이 그의 이름을 빌린 것이고, 대체로 안영 당시 사람들이 그의 말과 행동을 기록한 것을 바탕으로 후대에 다시 정리하여 책으로 엮은 것이 아닌가 한다. 하지만 이 책은 안영의 기본 사상을 충분히 반영하고 있다고 보아도 무방할 것이다.

산동성 임치 제나라 도성
박물관 내에 조성되어 있는 안자의 상

안영은 중국 고대의 위대한 정치가 · 외교가 · 문학가였으며, 재능
이 넘치고 자신의 몸으로 직접 실천한 모략가였다.

찬탈자 최저에게 굴복하지 않다

제나라 장공은 바른 충고를 받아들이지 않고 제멋대로 구는 군주였
다. 사치와 향락에 빠져 간신들을 중용하고 충성스러운 상국 안영을
의심하고 미워했다. 안영은 하는 수 없이 사직하고 고향으로 내려가
낚시와 농사로 세월을 보냈다.

어진 신하가 떠나면 어리석은 군주는 이내 망하기 마련이다. 어리석
고 못난 장공은 머지않아 사악한 최저崔杼 무리에게 살해되었다. 장공

이 시해 당했다는 소식을 접한 안영은 겁도 없이 조정으로 돌아가 장공의 죽음에 조문하기로 결심했다. 이러한 행동은 인의로 나라를 다스린다는 안영의 모략사상에서 나온 것이었다. 그는 장공의 피살은 조금도 안타깝지 않았지만 최저가 국군을 시해한 것은 의롭지 못한 행동이라고 여겼다. 최저와 같이 권력을 찬탈한 간악한 무리들은 진정으로 나라를 부강하게 만들 수 없다. 안영의 문상은 최저의 찬탈을 받아들일 수 없다는 의사표시였다.

안영의 결단을 걱정하며 혹 안영이 해를 당하지 않을까 걱정하는 사람이 적지 않았다. 그들은 안영에게 불에 뛰어드는 나방처럼 자멸하지 말라고 충고했다. 그러자 안영은 나름대로 계산이 선 듯 이렇게 말했다.

"나는 장공 때 상국을 지냈지만 장공은 나를 가까이하지 않았다. 하지만 나는 장공의 이런 푸대접에도 불구하고 신하로서 해야 할 책임감에서 있는 힘을 다해 충고를 했다. 그런데 최저가 무엇을 믿고 나를 죽인단 말인가? 다시 말해 일찍이 상국을 지낸 사람으로서 국가의 이익이 중요하지 개인의 은혜와 원수 그리고 이해득실은 생각하지 않는다. 국가를 위하는 길이라면 죽음의 그림자가 닥친다 해도 나는 피하지 않을 것이다."

최저는 안영이 오리라고 예상치 못했다. 그런데 안영이 당당히 조정으로 들어오자 불같이 화를 내면서 보검을 움켜쥔 채 안영을 죽이겠다고 큰 소리를 쳤다. 하지만 안영은 안색 하나 변하지 않은 채 태연하게 최저에게 이치와 시비를 따졌다. 그러면서 자신은 국가를 위해 이렇게 달려왔으며 생사는 애당초 관심 밖이라고 말했다. 말을 마치기가 무섭게 안영은 장공의 시체에 엎어져 하염없이 통곡했다. 그의 당당한 기세에 최저는 눌리지 않을 수 없었다. 물론 최저에게 당장 안영을 죽이라고 부추기는 자들이 있었지만 최저는 한참을 생각하더니 "안 될 말이다. 안자의 말에 일리가 있고 행동은 정의롭지 않은가. 게다가 민심을 깊이 얻고 있는 터라 지금 그를 죽였다간 내가 민심을 잃게 된다."고 말했다. 최저는 안자까지 자기에게로 포섭할 생각이었다.

최저는 상당한 준비 끝에 경공을 국군으로 세우고 자신은 우재상에 취임했다. 그는 자신의 권세를 다지기 위해 또 다른 음모를 꾸몄다. 모든 문무백관으로 하여금 태공 사당에서 피를 마시며 자신에게 충성을 맹서하게 한 것이다. 최저는 군대를 보내 태공 사당을 지키게 한 다음 맹서를 거부하는 사람은 그 자리에서 죽였다.

안영도 불려 갔다. 많은 사람들이 안영이 어떤 식으로 맹서를 하는지 한시도 눈을 떼지 못하고 있었다. 안영은 차분하게 피가 든 술잔을 들고 하늘을 우러러 탄식을 하면서 "원통하구나! 최저가 극악무도하게 군왕을 시해하다니! 호랑이를 믿고 날뛰는 놈이나 폭군 주 임금을 도와 포악한 짓을 하는 자들은 모두 제명에 죽지 못했도다!"라고 외쳤다. 말을 마치자 안영은 혈주를 단숨에 들이켠 다음 분이 덜 풀린 듯 씩씩대며 최저 등을 노려보았다. 기가 질린 최저는 날카로운 검을 뽑아 안자의 가슴을 겨누고는 다시 맹서하도록 명령했다.

순식간에 긴장감이 장내를 뒤덮었다. 그러나 안자는 전혀 두려움 없이 "창칼 앞에 뜻을 바꾸는 자는 용감한 자가 아니지. 위협을 받는다고 국가를 배반하는 것은 의롭지 못한 자들이 하는 짓이다. 머리가 잘릴지언정 가슴에 칼이 들어올지언정 나 안영은 절대 최저에게 굴복하지 않을 것이다."라고 큰 소리를 치고는 고개를 바짝 치켜들었다. 화가 머리끝까지 뻗친 최저가 안자를 찌르려 하자 누군가 서둘러 최저를 말리며 "이러시면 절대 안 됩니다. 장공을 죽인 것은 그가 무도했기 때문이라 국인들의 반응은 그다지 크지 않았습니다. 그런데 만약 의로운 신하로 평가받는 안영을 죽인다면 정말 골치 아파질 것입니다. 잠시 화를 가라앉히신 다음 다른 방법을 생각해보십시오."라고 충고했다.

심복의 충고에 최저는 정신을 차리고 손을 거두었다. 그런데도 안영은 멈추지 않고 최저를 향해 "군주를 시해한 일은 크게 잘못된 일이고, 나 안영을 죽이는 일이야 큰 잘못도 아닐 텐데 이 정도밖에 못 한단 말인가."라며 호통을 쳤다. 말을 마친 안영은 태공 사당을 나와 수레에 올라 그 자리를 떠났다. 수행원들이 최저가 행여나 다시 달려와 안영을 죽이지 않을까 걱정이 되어 서둘러 떠나라고 재촉했다. 안영은 "긴장하지 말라. 빨리 간다고 안 죽고, 천천히 간다고 죽는 게 아니잖은가. 숲에 사는 사슴이 제아무리 빨리 뛰어봐야 그 고기가 늘 주방에 와 있지 않던가. 이게 그런 이치야."라며 싱긋이 웃었다.

지혜롭게 충고하다

제 경공은 비교적 능력 있는 군주였다. 최저에 의해 옹립되긴 했지만 최저에게 휘둘리지 않았을 뿐만 아니라 최저의 권력 농단에 강한 불만을 품고 있었다. 그리고 얼마 뒤 경공은 마침내 최저를 죽이는 데 성공했다. 그러고는 바로 충성스럽고 유능한 신하들을 조정으로 불러들여 자신의 정치를 돕도록 했다. 고상한 절개의 소유자인 안영에 대해서는 각별한 관심을 가졌으며 마침내 그를 다시 국상에 기용했다. 그리고 성과 연못 60군데를 더 봉해주었다. 하지만 안자는 추가 봉작을 사양하면서 전과 다름없이 충정을 다해 경공을 보좌하여 그가 나라를 잘 다스리도록 도왔다.

안자의 지혜와 모략은 왕왕 경공을 놀라게 했으며 대부분 다 받아들여졌다. 여기서는 두 가지 전형적인 사례를 소개한다. 안자가 얼마나 수준 높은 모략으로 충고를 했는지 잘 볼 수 있을 것이다.

아현(阿縣, 지금의 산동성 경내)이라는 지방이 있었다. 이 지방은 풍기가 문란하여 경공이 안자로 하여금 다스리게 했다. 아현으로 부임한 안자는 혼신의 힘을 다해 3년을 다스린 끝에 큰 성과를 보았다. 그런데 어찌 된 일인지 많은 사람들이 경공에게 안영을 헐뜯었다. 귀가 얇은 경공은 이 말을 쉽사리 믿고는 안자에 대해 불만을 품고 그의 관직을 박탈하려고 했다. 이에 안자는 경공에게 말했다.

"제 잘못이 어디 있는지 압니다. 그러니 3년만 더 다스리게 해주십시오. 그러면 저를 비방하던 사람들이 모두 저를 칭찬하게 될 것입니다."

경공은 허락했다. 그로부터 다시 3년 뒤, 아니나 다를까, 경공은 안영을 칭찬하는 수많은 사람들의 목소리를 들을 수 있었다. 경공은 몹시 기뻐하며 안영에게 상을 내리라고 명령했다. 그런데 기뻐해야 할 안영은 엄숙한 표정으로 상을 거부했다. 경공이 그 까닭을 묻자 안영은 이렇게 말했다.

"이전에 제가 아현을 다스릴 때는 정말 강철 같은 심정으로 사심 없이 엄격하게 법을 집행하는 바람에 많은 사람들의 원망을 샀습니다. 엄격하게 법과 기강을 잡아 사악한 무리들에게 타격을 가하자 토호 세력 따위들이 저에게 원한을 품게 되었지요. 근검절약을 외치고 분수에 맞는 생활을 강조하면서 도적과 건달들을 징벌하니, 이자들이 저에게 원한을 품었습니다. 권세 있는 자들을 두려워 않고 사건을 공평무사하게 심사하고 처리하자 이들이 저를 원망했습니다. 친한 친구들이 저에게 이런저런 청탁을 해 왔지만 저는 사사로운 정에 매이지 않았습니다. 그러자 친구들도 저를 원망했습니다. 고위층 인사들에게 규정된 예를 벗어난 대우를 하지 않자 그들은 불만을 가지고 저를 원망했습니다. 따라서 많은 사람들이 저에 대해 좋지 않은 말들을 하게 된 것입니다. 그 3년 동안 아현이 안정을 찾고 백성들은 모두 즐겁게 자신의 일에 종사하게 되었는데 말입니다. 그런데도 대왕께서는 나쁜 말만 들으셨습니다. 이번 3년은 제가 생각을 바꾸었습니다. 그저 물 흘러가듯이 그냥 되는 대로 내버려두면서 다른 사람들에게 죄를 짓지 않는 데만 신경을 썼습니다. 그랬더니 지난번 저에 대해 나쁜 말을 하던 자들이 모두 저를 칭찬합니다. 일의 결과가 완전히 뒤바뀌었지 뭡니까? 솔직히 말씀드려 앞 3년에 대해 저는 상을 받아야 마땅하거늘 왕께서는 되레 저에게 벌을 내리려 하셨습니다. 뒤 3년에 대해서는 마땅히 벌을 받아야 하거늘 반대로 상을 주시려 하니 제가 어찌 받을 수 있겠습니까?”

이 일로 경공은 크게 배우는 바가 있었으며, 안자가 참으로 큰 인물임을 알게 되어 더욱 그를 신임하게 되었다.

두 번째 사례다. 경공은 술을 좋아하여 지나친 음주로 국정을 그르치곤 했다. 안자가 몇 번이고 충고했지만 경공은 나쁜 습관을 고치지 못하고 수시로 잘못을 범하곤 했다. 경공의 신임이 두터웠던지라 안자는 바른 소리를 할 수 있었다. 경공이 자신의 충고를 더 잘 받아들이게 하기 위해 안자는 늘 물이 흐르듯 자연스럽게 경공에게 충고하여 좋은 효과를 거두었다.

한번은 경공이 술자리를 베풀어놓고 많은 사람들을 불러들였다. 그렇게 시작된 술자리가 7일 동안 밤낮없이 계속되었다. 마시고 놀다가 자고 하길 며칠, 함께 마시던 관료와 궁녀들도 피곤에 지쳤다. 그러나 경공은 피곤한 줄도 모르고 주색에 빠져 그칠 줄 몰랐다. 홍장弘章이란 경대부가 이 꼴을 보고는 참다못해 궁으로 들어가 술자리를 그만 끝내십사 권유했다. 그러나 경공은 들은 척도 하지 않았다. 강직한 성품의 홍장은 속을 부글부글 끓이며 "국군께서 더 이상 내 말을 들으려 하시지 않는다면 차라리 저를 죽여주십시오."라고 큰 소리를 쳤다. 그런데도 경공은 껄껄 웃으며 "술은 과인의 생명과 같거늘 어떻게 끊나."라며 모르는 척했다. 홍장이 죽기를 각오하고 다시 아뢰려 할 때 안영이 들어왔다. 홍장을 본 안자는 황급히 예를 갖추며 두 손을 모아 "축하드립니다, 대부! 정말 축하드립니다, 대부!"라며 인사를 드렸다. 홍장은 깜짝 놀라 영문을 모른 채 고개를 갸웃거렸고, 경공도 이상하다는 듯 연신 안영의 눈치를 살폈다. 정작 안영은 아무렇지도 않다는 듯 미소를 흘리면서 다음과 같이 말했다.

"우리 군주처럼 신하의 충고와 의견을 잘 받아주시는 주인을 만난 것을 천만다행으로 아십시오. 행여 걸주桀紂와 같은 폭군을 만났더라면 진즉에 목이 어디론가 달아났을 테니까요."

이 말에 정신이 버쩍 난 경공은 진지하게 "홍장 대부, 그대의 고충을 내가 어찌 모르겠소. 당신의 충고를 받아들여 최대한 절제하도록 하겠소이다."라고 말했다. 이 틈에 안영은 한 걸음 더 나아가 경공에게 다음과 같이 충고했다

"음주는 인간과 인간의 감정을 소통시켜 우의를 다지게 합니다. 하지만 지나치면 일을 그르치게 됩니다. 그래서 환공桓公 때 남자는 음주 때문에 농사일을 그르쳐서는 안 되고, 여자는 베 짜는 일을 그르쳐서는 안 된다고 명확하게 규정해놓은 것입니다. 이 규정을 지키지 않으면 처벌을 받았습니다. 그래서 그 당시 풍기는 순박하고 곧았습니다. 밖으로

도적이 늘지 않았고 안으로 음탕한 짓거리가 없었습니다. 지금 대왕께서는 조정 일은 팽개치고 음주에만 빠져 계시고 근신들도 그에 따라 못된 짓을 저지르니 이는 나라에 아주 좋지 않은 일입니다."

안영의 충고에 감동한 경공은 잘못을 고치기로 결심했다.

얼마 뒤 안영은 경공의 술버릇을 고치기 위해 자신의 집에다 술자리를 성대하게 차려놓고 경공을 초청했다. 그러고는 술과 더불어 국가와 세상사에 대해 이런저런 이야기를 나누었다. 평소 안영의 검소한 생활을 잘 아는 경공인지라 이런 파격적인 접대에 몹시 감격하여 한 잔 두 잔 계속 술잔을 기울였다. 두 사람은 대낮부터 날이 어두워질 때까지 마셨다. 취기가 돌자 경공은 사람을 불러 등불을 밝히게 하고는 계속 마셨다. 이때 안영이 간절한 목소리로 경공에게 말했다.

"시경 300편에 우리에게 술에 관해 이렇게 충고하는 대목이 보입니다. 음주는 수양이 뒷받침되어야 한다, 적당할 때 그칠 줄 알아야 하며, 마시고 나면 자리에서 일어설 줄 알아야 한다, 그래야 손님과 주인의 예를 잃지 않는다고 말입니다. 마시고 취했는데도 자리를 뜰 줄 모르면 손님의 예의를 잃는 것입니다. 저는 오늘 대왕을 초청하여 낮까지만 술자리를 안배했지 밤까지는 안배하지 않았습니다. 대왕께 밤늦게까지 술을 권한다면 이는 신하가 대왕의 잘못을 부추기는 꼴이 됩니다. 오늘 대왕을 모신 뜻이 바로 여기에 있습니다. 부디 깊게 살펴주십시오."

경공은 안자의 마음에 깊이 감동하여 바로 술자리를 파하고 나랏일에 대해 이야기를 나누었다. 이로부터 경공은 안자의 충고를 가슴속에 새겨두고 자신을 절제함으로써 철야 음주는 크게 줄었다.

백성을 위해 일을 꾀하다

안자는 어진 정치를 주장했다. 여기에는 백성을 아끼는 애민愛民 사상이 강하게 깔려 있다. 그는 국군과 귀족들의 호화 사치를 반대했다. 또 백성에 대한 관리들의 잔혹한 착취도 반대했다. 그는 백성을 자기 몸처럼 아끼고 그들의 고통을 따뜻한 마음으로 어루만져야 한다고 생각했다. 그는 이렇게 말한다.

"백성들을 사랑하는 덕보다 더 높은 덕은 없다. 백성들을 즐겁게 하는 행동보다 더 깊은 행동은 없다."

그는 늘 평민 백성들의 이익을 지키기 위해 국군에게 충고했다. 이와 관련한 전형적인 사례 몇 가지를 보자.

바람은 부드럽고 햇볕은 따사한 춘삼월이었다. 경공은 비첩과 백관을 거느리고 야외로 놀러 나갔다. 사람과 말이 앞서거니 뒤서거니 길을 메웠고, 음악과 춤까지 어우러져 한바탕 열기가 대단했다. 일행은 복숭아 숲 사이에서 잠시 쉬어가기로 했다. 경공은 자리에 앉아 봄날의 아름다운 풍경을 감상했다. 새가 지저귀고 꽃향기가 코를 찔렀다. 봄 풍경에 한껏 취해 있던 경공이 문득 고개를 들어 어느 지점을 보는데, 그리 멀지 않은 곳에서 몇 마리 들개들이 몇 무더기 백골 위를 돌아 뛰어가고 있었다. 이상한 기분이 든 경공은 놀러 갈 장소를 바꾸었다. 그러고는 이내 궁녀들과 희희낙락 어울려 놀았다. 그런데 옆에서 경공을 모시던 안영은 아주 슬프고 처연하게 눈물을 흘렸다. 영문을 모르는 경공이 그 까닭을 물었고 안자는 앞쪽의 백골을 가리키며 이렇게 말했다.

"살아서도 때를 만나지 못하고 죽어서도 때를 만나지 못하는 것이 슬퍼서입니다."

경공은 더 모르겠다는 표정으로 안영을 빤히 쳐다보았다. 안영은 기다렸다는 듯 말을 이었다.

"옛날 우리 환공께서는 놀러 나가셨다가 길에서 굶주린 사람을 만나면 먹을 것을 내려주셨지요. 또 병든 자에게는 돈을 주어 치료하게 하셨고, 지친 백성들을 보면 노역을 줄여주셨으며, 힘들게 사는 백성들을 만나면 세금을 면제해주셨지요. 그래서 백성들은 국군이 저 멀리 10리 밖에서 보이기만 해도 기뻐 어쩔 줄 몰라 했지요. 만약 저들이 그때를 타고 났더라면 굶어 죽지 않았을 것임은 물론 저렇게 아무도 수습해 가지 않는 백골이 되어 황야에 버려지지 않았겠지요."

경공은 아무 말도 하지 못했다. 마음으로 깨닫는 바가 있는 것 같았다. 이때를 놓치지 않고 안영은 이렇게 충고했다.

"지금 대왕께서는 한번 놀러 나왔다 하면 사방 40리 이내의 백성들은 너 나 할 것 없이 모두 대왕의 놀이를 위해 수레며 말 따위와 같은 온갖 재물을 갖다 바쳐야 합니다. 그러면서 정작 자신들은 구제하지 못하고 배고픔과 추위에 떨다가 죽은 뒤 저렇게 백골이 되어 서로를 쳐다보아야 하니 이 얼마나 처량한 신세입니까. 그런데도 대왕께서는 저들에게 말 한마디 던지지 않고 춤과 노래판만 벌이니 군주의 도리를 잃은 것이 아니고 무엇이겠습니까?"

잠시 한숨을 돌린 안영은 계속해서 더욱 노골적으로 말했다.

"재물이 다 떨어지고 힘이 다 빠지면 아랫사람이 윗사람을 부양할 수 없게 됩니다. 사치와 안일함에 빠지면 윗사람은 아랫사람을 사랑할 수 없게 됩니다. 위아래의 마음이 서로 갈라지고 덕이 떠나가며, 군주와 신하의 관계가 서로 친목하지 못하면 나라가 쇠망할 조짐입니다. 조종의 기틀을 계속 보전하고 강산을 오래도록 유지하고 싶으시다면 백성을 내 몸처럼 아껴야 합니다. 이것이 가장 큰 근본입니다!"

안영의 말을 듣고 난 경공은 부끄러워 어쩔 줄 몰랐다. 바로 명령을 내려 놀이를 중단하고 무사들을 시켜 백골들을 수습하여 매장하도록 했다. 궁으로 돌아온 경공은 창고를 풀어 백성들을 구제하고, 복숭아 숲 사방 40리 안에 사는 백성들의 1년 세금과 부역을 면제해주었다. 경공은 또 석 달 동안 놀이를 나가지 못하도록 스스로에게 금지령을 내렸다.

두 번째 사례다. 경공은 안자와 더불어 나라를 어떻게 하면 발전시키고 안정시킬 것인가에 대해 논의하고 있었다. 경공은 환공 때의 문무가 조화된 정치 상황을 몹시 선망하면서 선왕의 위대한 업적을 자신이 다시 한 번 회복시키고자 희망했다. 이를 눈치챈 안자는 기회를 잡아 다음과 같이 경공에게 건의했다.

"대왕과 더불어 미복微服을 하고 백성들의 상황을 살핀 다음 다시 국가 발전의 대계에 대해 논의했으면 하는데 대왕의 생각은 어떻습니까?"

경공은 흔쾌히 동의했고, 두 사람은 수도 임치(臨淄, 지금의 산동성 치박시淄博市) 내의 한 신발 가게를 방문하게 되었다. 신발 가게에는 적잖은 신발이 진열되어 있었지만 신발에 대해 물어보는 사람은 아주 적었다. 대신 가짜 발(의족)을 사 가는 사람이 적지 않았다. 이를 이상스럽게 여긴 경공이 가게 주인에게 그 까닭을 묻자 주인이 대답했다.

"지금 국군이 가혹한 형벌을 마구 시행하여 발을 자르는 월형刖刑을 당한 사람이 너무 많소이다. 그런 사람들은 먹고살기는 살아야겠고,

그래서 하는 수 없이 의족을 사서 발에다 다는 것이라우!"

신발 가게 주인의 말에 경공은 어쩔 줄 몰랐다. 다음으로 안자는 경공을 좁은 골목으로 데려가 비바람도 막기 어려운 다 쓰러져가는 민가를 둘러보게 했다. 길에는 굶주림에 누렇게 뜬 얼굴을 한 백성들이 즐비했고, 광주리를 들고 들로 채소를 뜯으러 가는 아이들의 얼굴도 예외 없이 누렇게 뜨고 바짝 말라 있었다. 길거리에서 구걸하는 늙은이들의 모습은 가련하기 짝이 없었다. 이런 현실이 경공의 심기를 크게 건드렸다. 안자는 날이 어두워서야 경공을 모시고 궁으로 돌아왔다.

이튿날 아침, 안자는 입조하여 경공과 더불어 정사를 논의했다. 단 하루의 미행微行이었지만 경공은 깨달은 바가 적지 않았다. 이를 발견한 안자는 일찌감치 자신이 생각해온 치국의 방책과 백성을 위한 정책을 꺼냈다. 그는 말했다.

"지난날 우리 제나라의 선조 환공께서 대업을 이루고 중원의 패자가 될 수 있었던 것은 백성들을 제 몸처럼 아끼시고 근검절약하면서 청렴하게 나라를 위해 일하셨기 때문입니다. 궁중에서는 사치를 금하고 사욕을 위해 세금을 거두지 않았으며 궁실을 짓기 위해 백성들을 노역에 마구 동원하지 않았습니다. 유능한 인재를 골라 임명하니 관리들은 한마음으로 맡은 일에 최선을 다했습니다. 이로써 나라의 기풍이 바르게 서고 돈이 있어도 감히 가난한 사람을 억누르거나 속이지 못했습니다. 공을 세워도 교만하지 않았고, 재능이 있어도 잘난 척하지 않았습니다. 대신들이라도 녹봉이 많지 않았습니다. 홀로 사는 사람들은 부양받았습니다. 높은 자리에 있어도 오만하게 못된 짓을 저지르지 않았으며, 낮은 자리에 있는 사람이라도 눈치를 보거나 아부하는 악습에 젖지 않았습니다. 그리하여 백성들은 왕을 위해 기꺼이 일했으며, 재주와 지혜가 있는 사람들 그리고 관리들은 모두 충성으로 왕을 보필했습니다. 모두가 한마음이 되어 뜻을 이루어나갔습니다. 그런데 지금 대왕께서는 어질고 유능한 군자를 멀리하시고 아첨 소인배들을 가까이하십니다. 백성들의 세금은 무겁고 추위를 막을 옷조차 제대로 얻어 입지 못하고 있습니다. 먹는 것은 배고픔을 면하기 힘듭니다. 그런데도 관부의 창고에는 물건들이 썩어가고 있고 곡식 창고의 양식에는 구더기가 들끓고 있습니다. 관리들의 착취는 기름을 쥐어짜는 것보다 더 심하고 혹형을 남용하여 백성들의 고통은 이루 말로 할 수 없을 지경입니다. 그리하여 마음으로 불만을 품으니 백성들의 원망 소리가 갈수록 커지고 있습니다. 이렇게 가다간 나라가 위험하지 않을까 걱정입니다. 이래서야 어떻게 백성을 부유하게 하고 나라를 강하게 만들어 천하를 호령한단 말입니까?"

경공은 그래도 현명한 군주였다. 안영의 충고를 그 자리에서 받아들이며 이렇게 말했다.

"상국의 말씀에 일리가 있소. 과인이 이제 잘 알게 되었소. 나라를 잘 다스리려면 백성들의 먹고 입는 것을 풍족하게 해야 한다는 것을. 바라건대 상국께서도 선대의 관중管仲처럼 웅대한 지략을 펼쳐 과인을 힘껏 도와주시오. 과인 또한 선군을 본받아 종묘사직을 빛내도록 하겠소이다."

세 번째 사례다. 어느 해 경공이 자신의 궁정을 더욱 아름답고 화려하게 보이도록 하기 위해 궁의 비빈들과 함께 향락에 빠져 신나게 놀았다. 제나라에 몇 해째 재난이 닥쳐 백성들이 얼마나 고통스러운 생활을 하는지는 관심 밖이었다. 굶주림과 추위를 도저히 견딜 수 없는 상황에서 궁중 내의 건물들을 다시 짓고 수리하려고 하자 안영은 한사코 반대하면서 국고와 관부의 창고를 열어 백성들을 구제하라고 경공에게 충고했다. 경공은 듣지 않고 궁전 수리를 밀어붙일 태세였다. 백성들은 도탄에 빠져 있는데 국군은 어리석은 생각에서 헤어나지 못하고 있으니 안영의 마음은 초조했다. 잠도 못 자고 먹지도 못한 채 하루하루 말라갔다. 그러다 안영은 마침내 누이 좋고 매부 좋은 기가 막힌 방법을 생각해냈다.

어느 날 아침, 안자는 무슨 일인지 흥분해서 경공을 향해 말했다.

"대왕, 제가 직접 궁전 건물들을 짓는 일을 책임지겠습니다!"

경공은 깜짝 놀라지 않을 수 없었다. 지금까지 줄곧 이 일에 반대만 해오던 상국 아닌가. 불과 며칠 전만 해도 강력한 어조로 말리더니 갑자기 태도가 바뀌다니 이해할 수 없는 노릇이었다. 하지만 경공으로서는 길게 생각하고 말 것이 없었다. 상국이 동의했을 뿐만 아니라 직접 책임자로 자처하고 나섰으니 이제 자신의 소원이 이루어질 판이었다. 경공은 지체 없이 상국 안영을 책임자로 임명하는 한편, 안자가 요청한 증가된 건설 비용을 비준했다.

사실 안영의 마음이 바뀐 것은 결코 아니었다. 그는 나름대로 생각이 있었던 것이다. 안자는 이 일을 명분 삼아 나라의 창고를 열어 재난에 시달리고 있는 백성들을 돕고자 한 것이다. 그 구체적인 방법은 이랬다. 안영은 우선 건설공사장에 고용되는 민공들의 임금을 올리라고 명령했다. 다음, 방만했던 공사 일정을 재조정하고 민공들을 정기적으로 교체하도록 했다. 그리고 수재민 등 재난을 당한 백성들을 공사에 투입하여 그 임금으로 생계를 유지하도록 했다. 이렇게 3년이 지났다. 공사 기간은 길었고 지출된 비용도 많았지만 궁전 건축물들은 완공되었고, 경공은 몹시 기뻐했다. 백성들도 재난을 무사히 잘 넘기는 등 실질적인 혜택을 보았다. 백성들은 한결같이 안자야말로 정말 지혜가 넘치고 나라와 백성을 위하는 재상이라며 칭찬을 아끼지 않았다.

평화 외교

안자는 국내 정치에서 대단히 깊이 있는 모략을 발휘했을 뿐만 아니라 제후국들 사이의 외교 면에서도 수준 높은 책략을 구사했다. 그는 거만하거나 비굴하지 않고 평등하게 상대를 대했으며 평화로운 분위기로 관계를 이끌었다. 그의 발자취는 제후국 여러 나라에 미쳤다. 그는 상대국이 크든 작든 수준 높은 외교 수단과 빛나는 외교적 언어에 소박하고 절도 있는 자세로 외교에 임했다. 이제 몇 가지 사례를 들어 외교에서 보여준 안자의 외교사상을 설명한다.

첫째, 자신에게 주어진 사명을 결코 욕보이지 않았다. 경공이 안자를 초나라에 사신으로 보냈을 때의 일이다. 초나라 영왕靈王은 초나라가 대국이라는 사실만 믿고 작은 나라를 깔보는 등 매우 오만했다. 그는 이번에 제나라에서 파견한 안영이란 자가 몸집은 작고 비쩍 마른 것이 볼품없다는 말을 듣고는 이 기회를 이용하여 안영에게 수치심을 주어 초나라의 위엄을 과시하고자 마음먹었다.

안자는 전과 같이 베옷에 마른 말이 이끄는 가벼운 마차를 탔다. 수행원들도 모두 소박한 차림이었다. 안영 일행이 초나라의 수도 영郢의 동문에 도착했다. 그러나 성문은 잠겨 있었다. 일행은 하는 수 없이 마차를 멈추고 큰 소리로 문지기를 불렀다. 그러자 한 시자가 임시로 뚫은 한쪽 편의 작은 쪽문을 가리키며 "상국께서는 그 문으로 충분히 출입하실 수 있을 겁니다. 그러면 굳이 대문을 열었다 닫았다 할 필요가 없으니까요."라고 말하는 것이 아닌가. 영왕이 일찌감치 이렇게 안배해놓았던 것이다. 자기 몸집만 하게 뚫려 있는 쪽문을 본 안자는 모든 것을 분명하게 알 수 있었다. 이는 초왕의 수작이다. 한 나라를 대표하는 사신을 이런 식으로 치욕을 주다니! 하지만 안자는 아무렇지 않다는 듯 큰 소리로 고함을 질렀다.

"이건 개구멍 아닌가? 개구멍으로 사람이 드나들 수는 없지. 개의 나라에 사신으로 왔다면 개구멍으로 출입하겠지만, 사람의 나라에 사신으로 왔으니 사람이 출입하는 문으로 들어가는 것이 당연하지 않은가!"

문을 지키는 자가 재빨리 초왕에게 이 일을 보고했다. 초왕은 안자에게 한 방 먹었음을 알았고, 서둘러 대문을 열고 안자 일행을 맞이하도록 했다.

초의 궁으로 들어온 안자는 백관들과 상견례를 가졌다. 이때 초 영왕은 미리 두성연斗成然을 보내 안자를 맞이하게 안배해놓았다. 안자를 맞이한 두성연은 "선생께서는 제나라의 상국 안평중 아니십니까?"라고 말했다. 안자는 예를 갖추어 "그렇습니다만, 혹 무슨 가르침이라도?"라며 정중하게 대답했다. 그러자 두성연은 기다렸다는 듯이 청산유수처럼 말을 뱉어내기 시작했다.

"들자 하니 제나라는 강태공姜太公이 봉해진 나라로 무력은 진晉·초에 맞먹고 재력은 노·위도 못 따랐다는데, 어찌하여 제 환공이 패자로 군림한 이후 갈수록 쇠퇴하여 궁정에서는 정변이 잇따르고 송·진이 얕잡아보고 공격을 하질 않나, 신하들은 아침에는 진으로 저녁에는 초로 도망치고 하루도 편안할 날이 없으니 어찌 된 일입니까? 지금 경공의 의지는 환공 못지않고 선생의 유능함은 관중에 비교할 정도인데, 어째서 한마음 한뜻으로 힘을 모아 발전을 꾀하여 지난날의 대업을 다시 한 번 펼치지 않고 노복처럼 큰 나라를 섬기고 있으니 도무지 이해가 가질 않습니다."

명백한 조롱이었다. 그것도 아주 지독한 조롱이었다. 그러나 안영은 태연하게 두성연의 말을 되받아 공격했다.

"때를 맞추어 힘쓸 줄 아는 사람을 준걸이라 하고, 틀의 변화에 통달한 사람을 영웅호걸이라 합니다. 주 왕조가 힘을 잃은 이래 제·진이 중원의 패자로 군림했고, 진秦은 서융西戎 지역에서 초는 남만南蠻 지역에서 패자로 군림했습니다. 이들 나라에서 인재가 배출되었다고는 하지만 기운과 대세가 그렇게 만든 면이 많습니다. 진晉 문공文公은 웅대한 포부를 가지고 있었으나 여러 차례 침략을 당했고, 진秦 목공穆公은 강성함을 자랑했으나 그 자손 때는 쇠약해졌으며, 그대의 나라 초는 장왕莊王 이후 여러 차례 진晉·오吳 두 나라에게 멸시를 당했습니다. 사정이 이러한데 그대가 감히 지금 제나라가 지난날만 못하다고 말할 수 있습니까? 우리 제나라 왕께서는 천운의 성쇠를 잘 알고 있고, 틀의 변화에 따라 때맞추어 힘써야 할 것을 파악하고 있습니다. 그래서 장수와 병사들을 훈련시키면서 움직일 때를 기다리고 있습니다. 오늘 그대 나라에 온 것은 주 왕조가 마련한 의례에 관한 기록에 따라 이웃 나라를 왕래하는 외교 행위인데 어찌하여 노복 운운하시는 겁니까? 선생의 조상 자문子文 선생께서는 초나라의 명신으로 시세의 변화에 통달하신 분인데 지금 보니 선생이 과연 그분의 후손이 맞는지 의심이 가는군요. 그렇지 않고서야 이렇게 사리에 맞지 않는 말을 하실 수가 없는데 말입니다."

안자의 논리 정연하고 날카로운 반박에 두성연은 얼굴이 벌개져서 고개를 움츠린 채 자리를 뜨고 말았다. 이때 초의 대부 양개陽匃가 나서서 다시 안자를 비꼬았다.

"안영 선생께서는 스스로 때를 알아 힘쓰고 변화에 통달하고 있다고 자부하시는데, 그렇다면 귀국의 최저라는 자가 군주를 시해하고 난을 일으켰을 때 문거文擧 등은 대의를 위해 죽었지요. 그런데 제나라의 명문가인 선생의 집안은 최저를 토벌하지도 않았고 자리를 피하지도 않았고 죽지도 않았습니다. 왜 이렇게 명예와 이익 그리고 자리에 연연해하는 것입니까?"

안자는 주저 없이 다음과 같이 대답했다.

"대의를 가슴에 품은 사람은 자잘한 일에 얽매이지 않습니다. 멀리 내다보는 사람이 어떻게 눈앞의 득실을 따지겠습니까? 제가 듣기에 국군이 나라를 위해 죽으면 신하는 그를 따른다고 합니다. 그러나 우리 선왕 장공은 나라를 위해 죽은 것이 결코 아닙니다. 그러니 그를 따라 죽은 자들은 모두 장공이 총애하던 자들이지요. 이 몸이 덕이 있는 사람은 아니지만 어찌 그런 총애를 받는 사람들의 대열에 끼일 수 있겠습니까? 어찌 한 번 죽음으로 명예를 건져 올릴 수 있겠습니까? 신하가 국가의 위기를 만나면 달려가 그 위기를 구하는 것이 당연합니다. 능력이 없으면 떠나면 그만입니다. 제가 제나라를 떠나지 않은 것은 새로운 왕을 세워 사직을 지키고자 했기 때문이지 개인의 욕심을 채우기 위함이 아니었습니다. 모두가 떠나면 나라의 큰일은 누구에게 의지합니까? 하물며 군주가 시해당하는 정변 같은 변고가 일어나지 않은 나라가 어디 있습니까? 귀국에 만약 그런 정변이 발생하지 않았다고 해서 대신들 모두가 도적을 토벌하고 희생할 열사라 할 수 있습니까?"

안영의 반박은 강력하고 근엄해서, 양개는 입을 다물지 못한 채 아무 대꾸도 할 수 없었다.

이어 또다시 몇몇 대신들이 나와 안영을 향해 인신공격을 가했다. 안영이 너무 인색하고 지독하다는 비난부터 풍채가 보잘것없어 상국을 감당할 재목이 못 된다는 말도 있었고, 심지어는 닭 잡을 힘조차 없다는 어처구니없는 숙덕거림도 있었다. 안영은 상대방의 비열한 인신공격에도 전혀 화를 내지 않고 차분하게 논리적으로 반박했다. 그는 이들의 비난에 다음과 같이 반박했다.

"당신의 견해가 참으로 천박하구료! 내가 상국이 된 이래 본가는 물론 외가 · 처가의 생활이 전보다 훨씬 좋아졌소이다. 이뿐만 아니라 나는 70호 이상의 백성들을 구제할 수 있게 되었습니다. 내 집은 비록 근검절약하며 살지만 친족들은 부유해졌고, 나는 비록 인색하다는 소리를 듣지만 나머지 모두가 풍족해졌지요. 내가 이렇게 해서 국군의 은혜를 드러낼 수 있다면 더 좋은 일 아니겠소이까?"

그리고 말을 이었다.

"내가 듣기에 저울추는 작지만 천 근을 누를 수 있고, 노는 길지만 물에서 사용할 수 있다고 합니다. 교여僑如는 키가 크고 몸집이 좋았지만 노나라에서 피살되었고, 남궁만南宮萬은 힘이 센 역사였지만 송나라에서 처형되었습니다. 낭와囊瓦 선생 당신은 키도 크고 힘도 세니 이들과 같은 전철을 밟지 않도록 조심하십시오! 저는 스스로 무능하다는 것을 잘 알지만 질문이 있으면 바로 답을 얻습니다. 어찌 감히 말재주 따위를 부린단 말입니까?"

안자는 진작부터 자신을 골탕 먹일 준비를 하고 있었던 초나라 대신들에 맞서 차분하게 예의를 지켜가면서 하나하나 물리쳤다. 이는 그

안자가 복숭아 두 개로 힘만 믿고 설치던 장사 셋을 자살하게 만든 '이도살삼사二桃殺三士'의 고사를 나타낸 벽돌 그림

의 말재주가 좋았기 때문만이 아니라 그의 박학다식함이 큰 위력을 발휘했기 때문이다. 그는 상대방의 신분·질문 등에 근거하여 정확하게 반박했으며, 논리에 근거가 있었기 때문에 상대를 굴복시킬 수 있었던 것이다.

이어 초 영왕이 궁전에서 안자를 접견했다. 영왕은 말로만 듣던 볼품없는 안자의 실제 모습을 보고는 싸늘한 미소를 흘리며 안자를 향해 "하하하! 당신 제나라에 인물이 없긴 없는 모양이군." 하며 비꼬았다. 영왕의 오만 방자한 언행에 분노가 치밀었지만 안자는 자신이 지금 나라를 대표하는 사신이라는 신분을 상기하고는 마음을 가라앉혔다. 그런 다음 정중하게 초 영왕을 향해 말했다.

"우리나라는 땅이 넓고 인구가 많습니다. 수도 임치성 사람들이 내뿜는 입김만으로 구름이 되고, 흘리는 땀은 비가 오듯 합니다. 사람들이 길거리에 나와 걸으면 어깨를 부비지 않고는 걸을 수가 없습니다. 무슨 근거로 제나라에 사람이 없다고 하십니까?"

어리석은 영왕은 안자의 말이 자신을 비꼬고 있다는 것도 모른 채 안자를 기만할 수 있다고 생각하여 더욱 무례하게 "인재가 그렇게 넘치는데 어째서 그대를 우리에게 파견했단 말인가?"라며 다그쳤다. 그러고는 고개를 한껏 젖힌 채 미친 듯 웃었다. 안자는 냉정하게 그러면서도 정중하게 영왕의 말을 맞받아쳤다.

"우리 제나라에는 한 가지 규칙이 있습니다. 조정의 사신을 파견할 때는 늘 그 대상을 살펴서 보내는 것입니다. 상대국이 예의가 있는 나라의 군주라면 그에 맞추어 덕이 고상하고 명망이 높은 사람을 사신으로 보내고, 무례하고 거친 나라의 어리석은 군주라면 역시 그에 맞는 재주도 없고 비루한 자를 골라 보내지요. 제나라에서 저는 덕도 능력도 없는 인물이기 때문에 초나라에 이렇게 사신으로 파견된 것입니다!"

초 영왕은 부끄러움에 얼굴이 벌겋게 달아올랐다. 쥐구멍이라도 있으면 숨을 판이었다. 영왕은 어쩔 줄 몰라 하다가 손을 휘휘 저으며 빨리 술상을 차려 안자를 접대하라고 명령했다.

영왕과 안자가 술잔을 들고 서로 축하를 드리려는데, 포졸이 죄수 한 명을 끌고 왔다. 영왕은 일부러 화가 난 듯한 표정을 지으며 "지금 뭣들 하는 짓이냐! 지금 이곳의 손님이 보이지 않는다는 말이냐!"라고 호통을 쳤다. 포졸은 당황해하며 "대왕, 노여움을 푸십시오. 우리가 잡은 이 도적은 다름이 아니라 제나라 사람입니다."라고 말했다. 그러면서 '제나라 사람'에 힘을 주어 길게 외쳤다. 영왕은 안영을 째려보며 "당신들 제나라 사람은 모두 훔치기를 잘하나 보오."라고 다그쳤다.

영왕의 얄팍한 수작을 진즉에 간파하고 있던 안영은 수비로 공격을 대신한다는 전략을 구사했다. 그는 유머와 풍자를 섞어가며 이렇게 말했다.

"대왕, 제가 듣기에 귤나무를 회수淮水 이남에다 심으면 귤이 달리고, 회수 이북에다 옮겨 심으면 탱자가 달린다고 하더군요. 잎도 비슷하고 과일의 생김새도 비슷하지만 맛은 전혀 다르답니다. 왜 그렇겠습니까? 회수 이남과 이북의 땅과 물이 다르기 때문이지요. 지금 제나라 사람이 제나라에서 살면 도적이 되지 않는데 초나라에 온 뒤로 도적이 되었으니 초나라의 풍토가 사람을 도적으로 만드는 것이 아니고 무엇입니까?"

보기 좋게 한 방 먹은 초 영왕은 난처해 어쩔 줄 몰라 했다. 하지만 내심 안영의 재능에 감탄하지 않을 수 없었다. 영왕은 이내 표정을 바꾸고는 "선생은 성인과 다르지 않소이다. 하지만 성인은 농담을 하지 못한다는데, 내가 한 방 먹었소이다."라며 호탕하게 웃었다. 그러고는 예의를 갖추어 안자를 접대하면서 직접 큰 귤의 껍질을 벗겨 안영에게 건네주며 "예의를 지키는 나라의 사신답구료."라며 칭찬했다. 안영은 이렇게 재능과 모략으로 사신의 임무를 원만하게 완성했다.

둘째, 안영은 작은 나라라고 해서 기만하지 않았다. 제나라 국군은 혼신의 힘을 다한 안영의 보좌로 국력을 점점 회복하여 부강한 나라로 탈바꿈시켜갔다. 경공은 지난날 환공처럼 중원의 패자가 되고 싶었다. 그래서 그는 군대를 단련시키고 무기를 만들어 가까운 노나라를 공격할 준비를 갖추었다. 그러나 안자는 극구 반대했다. 경공은 안영의 만류에 따라 무력 사용을 중지하고 안영을 노나라로 보내 우호 관계를 맺게 하여 화친을 강화하도록 했다.

얼마 뒤 경공은 송나라를 공격하려고 했다. 안영이 또 반대했으나 경공은 이번에는 안영의 말을 듣지 않았다. 경공은 직접 군대를 거느리고 공격에 나섰다. 군대가 태산泰山을 지날 때 경공은 악몽을 꾸었다. 꿈의 내용은 두 명의 남자가 얼굴에 노기를 가득 띤 채 경공 앞에 버티고 서서 경공의 길을 가로막고는 경공을 사납게 노려보는 것이었다. 꿈에서 깬 경공은 다음 날 바로 무당을 불러 해몽하도록 했다. 무당은 경공이 군대를 출병시키면서 산신에게 제사를 드리지 않았기 때문에 산신령이 화가 나 꿈에 나타난 것이라고 해몽했다. 그러면서 산신에 제사를 드린 다음 진군할 것을 건의했다.

이 일을 알게 된 안자는 불현듯 머릿속을 스치는 생각이 있었다. 그는 출병을 포기시킬 묘안을 생각해냈다. 지체 없이 경공에게 달려간 안자는 경공에게 말했다.

"대왕께서 꿈에 본 그 두 사람은 산신령이 아니라 송나라의 선조인 탕湯과 이윤伊尹입니다. 이 두 사람은 대왕의 의롭지 못한 송나라 정벌에 화가 나서 대왕의 꿈에 나타나 길을 막아섰던 것입니다."

안자는 경공이 꿈에 본 두 사람의 형상을 상세히 묘사해가며 이야기를 이어갔다. 경공이 무당에게 들려준 꿈 이야기를 벌써 알고 있던 터라 안자의 묘사는 실감나게 들릴 수밖에 없었다. 이야기가 진행될수록 경공은 안자의 말을 믿지 않을 수 없게 되었다. 경공은 파병을 마침내 포기했다. 안자의 기지로 제나라와 송나라는 평화로운 시기를 누릴 수 있었다.

셋째, 상대에 맞추어 정확하고 적절하게 대처했다. 대국의 오만함에 대해 안자는 결코 약한 모습을 보이지 않고 "이에는 이"라는 식으로 과감하게 대처했다. 이런 일이 있었다. 안자가 오나라에 사신으로 파견되었다. 오나라 왕 부차夫差는 자존심이 대단한 인물이었다. 부차는 안자를 한바탕 놀리는 한편 외교상으로도 제나라를 압박할 생각이었다. 안자가 오나라에 도착하자 접대를 책임진 시종관이 안자에게 "천자께서 (당신을) 보고자 합니다."라고 큰 소리를 쳤다. 안자의 심기는 불편했다. 제나라와 오나라는 모두 제후국이거늘 '천자'라니. 가당치 않은 말이었다. 안자는 즉각 부차의 의도와 야심을 알아챘다. 그는 순간적으로 적절한 대응책을 생각해냈다. 안자는 먼저 못들은 척 아무 대답도 하지 않았다. 오나라 관리가 연신 고함을 질러댔지만 안자는 들은 척도 하지 않았다. 오나라 관리는 제 풀에 지쳐 그만두고 부차에게 가서 보고했다. 부차는 안자가 보통이 아니라는 것을 직감하고 자신이 직접 나가 안자를 맞이했다.

부차를 본 안자는 그에게 예를 갖추어 인사를 하고는 바로 이렇게 말했다.

"저는 제나라 군왕의 명을 받고 귀국에 온 사신입니다. 제가 사람이 못나 늘 남에게 속길 잘 합니다. 오늘도 방금 전 시종관이 '천자께서 만나고자 합니다.'라고 고함을 지르는 것이 아니겠습니까? 왕께서 벌써 천자로 자청하신다면 오늘 저는 천자께 조회를 드리러 온 셈이군요. 하지만 감히 한 가지 대왕께 여쭙겠습니다. 그렇다면 원래 오왕 부차는 지금 어디에다 두셨습니까?"

안자의 기막힌 반박에 말문이 막힌 부차는 화가 치밀어 올랐지만 마땅한 대책이 떠오르지 않았다. 부차는 하는 수 없이 그저 어색한 웃음으로 위기를 모면하는 수밖에 없었다. 그러고는 바로 '국군'으로 호칭을 바꾸고 제후의 예로 안영과 정식으로 회담을 가졌다. 그 자리에 있던 오나라 관리들은 "안자야말로 정말 기지 넘치는 외교가로다."라며 감탄을 감추지 못했다.

넷째, 천리 밖에서 상황을 절충했다. 진晉나라 평공平公이 중원의 패자가 되고 싶어 제나라를 공격하고자 했다. 이에 따라 대부 범소范昭를 제나라로 보내 상황을 살피도록 했다. 그러나 안영은 이미 대처 방안을 마련해놓고 있었다. 경공은 범소를 위해 연회를 베풀었다. 모두들 술기운이 돌자 범소는 일부러 손에 들고 있던 술잔을 땅에 떨어뜨리고는 경공의 술잔으로 술을 마시겠다고 요구했다. 경공은 별다른 생각 없이 범소의 요구를 수용하여 자신의 술잔에 술을 따라 범소에게 건네주었다. 잔을 받아든 범소가 술을 들이켜려는 찰라 안영이 범소의 술잔을 빼앗아 술을 버린 다음 다른 잔에 술을 따라 범소에게 주었다. 기분이 몹시 언짢아진 범소는 술에 취한 듯 비틀거리다가 악사를 향해 큰 소리로 "나를 위해 성주成周의 악곡을 연주할 수 있겠는가? 내가 너희들을 위해 춤을 추겠다."며 고함을 질렀다. 악사는 "신은 연주할 수 없습니다." 하고 거절했다. 두 차례나 예를 벗어난 행동에 제동이 걸리자 범소는 서둘러 그 자리를 떠났다. 범소가 불쾌하게 자리를 떠나는 모습을 본 경공은 자리가 끝난 뒤 안자에게 말했다.

"대국인 진나라가 사신을 보내 우리의 정세를 살피고자 하는데 오늘 대국 사신의 심기를 불편하게 만들었으니 장차 군대를 이끌고 우리를 공격하면 어쩌겠소?"

안자는 침착한 말투로 대답했다.

"범소가 예의를 모르는 무지한 사람이 결코 아닙니다. 오늘 그자가 술자리에서 한 행동은 고의로 우리의 군신 관계를 시험해본 것입니다. 우리가 그자의 수에 걸려들 수는 없지요. 그래서 제가 일부러 대왕의 잔을 그자가 사용하지 못하도록 한 것입니다."

경공이 이번에는 악사를 향해 왜 요청한 곡을 연주하지 않았냐고 물었다. 이에 악사는 "성주의 악곡은 주 천자의 것으로 국군을 위해 반주할 뿐입니다. 범소가 신하로서 감히 천자의 곡을 요청한 것은 예를 벗어나는 것이어서 연주할 수 없었던 것입니다."라고 답변했다.

자기 나라로 돌아간 범소는 바로 평공에게 다음과 같이 보고했다.

"지금으로서는 제나라를 공격할 수 없습니다. 제나라는 군주와 신하가 한마음으로 뭉쳐 있는 데다 지혜롭습니다. 술자리에서 제가 그 국군에게 모욕을 주자 안자가 바로 나서서 저를 저지했고, 제가 예제를 무시하자 그 악사가 즉각 제 의도를 간파해버렸습니다. 이렇게 볼 때 제나라는 현재 정치가 투명하고 법도가 문란하지 않습니다. 신하들은 용감하고 상황을 잘 헤아리고 있습니다."

안자의 높은 통찰력과 비굴하지도 거만하지도 않은 외교 수완에 대해서는 공자도 높이 칭찬했다.

"훌륭하도다! 술잔을 벗어나지 않고 천리 밖의 일을 절충하다니, 안자가 바로 그렇구나!"

안자는 춘추시대에 살았다. 따라서 그의 사상과 정치적 주장 그리고 모략은 춘추시대라는 시대적 제한을 받을 수밖에 없다. 하지만 안자는 평생을 정치에 종사하면서 뛰어난 재능과 풍부한 지모를 발휘했고, 늘 공평무사하게 혼신의 힘을 다해 나라와 군주에 충성했다. 또 백성을 위하는 일을 천명으로 여겼다. 특히 외교에서 커다란 성과를 남겼다. 그의 명성과 업적은 청사에 길이 남을 것이다.

귀곡자鬼谷子

종횡의 설을 창안하고 신비한 모략을 행하다

귀곡자는 신비에 싸인 인물로, 전국시대 중기에 살았다고 전해지는 종횡가縱橫家의 비조다. 그의 출신에 대해서는 여러 설이 있는데, 제나라 사람이라고도 하고, 초나라 사람이라고도 하며, 또 다른 설로는 아예 그런 사람이 없었다고도 한다. 의견이 분분하여 일치된 견해를 내릴 수 없다. 전통적인 설로는 성은 왕王, 이름은 지리之利라 하고, 또 어떤 이는 성은 유劉, 이름은 무자務滋라고 말한다. 영천(穎川, 지금의 하남성 우현), 양성(陽城, 지금의 하남성 등봉현 동남쪽 고성진)의 귀곡鬼谷에 은거했기 때문에 귀곡자라 했다.

귀곡자의 가장 이른 기록은 사마천에게서 보인다. 『사기』「소진열전」과 「장의열전」에 이런 기록이 있다. 소진은 동주 낙양 사람이다. 동쪽 제나라에서 스승을 섬겼고, 귀곡선생에게 배웠다. 장의는 위나라 사람이다. 일찍이 소진과 더불어 귀곡선생을 섬겼다. 『태평어람』「예의부」에도 기록이 있다. "주나라에 재주와 능력이 뛰어난 사람이 있는데, 귀곡에 거주하여 귀곡선생이라고 불렸다." 소진과 장의가 그를 보러 갔을 때 귀곡자가 "나는 너희 둘에게 가장 정밀하고 깊은 도법을 강술하겠다."고 말했다. 그래서 두 사람은 목욕재계하고 깨끗한 옷으로 갈아입은 뒤 고기 요리와 술을 먹지 아니하여 입과 몸을 정갈히 하고는 귀곡자를 만났다. 귀곡자는 그들에게 「패합捭闔」·「부신符信」편

귀곡자

등을 강술했다고 한다.

　왕가王嘉의 『습유기拾遺記』에서는 이렇게 전한다. 소진과 장의는 입신출세하기 전 곤궁하고 초라했지만 부지런히 배우고 학문을 포기하지 않았다. 그러는 가운데 성인의 글을 보게 되었다. 그들은 그 문장을 손바닥과 허벅지에 써놓았다가 저녁에 집에 돌아오면 대나무를 잘라 붓으로 삼고 비단에 적어두었다. 좋은 책을 찾아 모으다가 담을 데가 없으면 나무껍질을 벗겨 책가방을 만들었다. 하루는 한 선생이 소진과 장의 앞에 나타나 무엇 때문에 어려운 형편에 애써 공부를 하는가, 라고 물었다. 소진과 장의는 "당신은 누구십니까?"라고 물었다. 그러자 그 선생이 "나는 산골짜기에서 살기 때문에 사람들이 나를 귀곡자라 부른다."고 했다. 나중에 소진과 장의는 사방을 유세하며 떠돌아다니다가 다시 한 번 귀곡자를 만나 가르침을 청했다. 귀곡자는 품 안에서 3권의 책을 꺼내 그들에게 권모술수를 가르쳤다. 소진과 장의는 귀곡자에게 배운 것을 종신토록 지니고 있었다. 이 귀곡자가 사마천이 말한 귀곡선생이다.

동한의 왕충王充이 쓴 『논형論衡』에도 소진과 장의가 귀곡자 선생에게 배운 내용이 나온다. 하루는 귀곡자가 지하 갱도의 입구를 파며 말했다. "아래 안쪽으로 가면 내가 말한 종횡가의 서책 「패합」이 있다. 거기에 천하를 쟁패할 수 있는 도리가 담겨 있다." 그러고는 눈물을 옷깃에 적셨다. "이제 너희들은 각국 군주에게 가서 유세를 하면 부귀공명을 이룰 수 있다." 뒷날 두 사람은 또 한 번 귀곡자를 만났다. 그는 단정히 앉아서 엄숙하게 말했다. "나는 너희들에게 자신을 보존할 수 있는 도법을 일러주겠다."

소진은 6국의 합종을 유세하다가 최후에는 '반간反間'에 의해 죽었다. 소진과 장의는 귀곡자라는 한 스승에게서 배웠다. 소진은 자신의 능력이 장의보다 못하다고 여겼고, 장의 또한 자신의 권모는 소진에게 못 미친다고 말했다. 장의는 각국에 유세할 때 소진이 내세우는 합종合縱의 단점을 말하고 자신의 연횡連橫 책략이 정확하다고 주장했다. 전국시대의 역사는 최종적으로 연횡 모책이 성공했음을 증명한다.

중국 민간에서는 귀곡자가 대군사가인 손빈孫臏의 스승이라고 전한다. 『상우록尚友錄』도 손빈과 방연龐涓이 귀곡에게 병법을 배운 동문이라고 말한다. 귀곡은 손빈을 중시하여 『천서天書』를 그에게 전수해주었고, 이 때문에 방연이 손빈을 증오하게 되었다고 한다.

어느 시대 사람인지는 불분명하나 내곡來鵠이라는 자가 말했다. "귀곡자는 사람들에게 은밀히 속이는 법을 가르쳤다. 표현은 간단했지만 선동성이 대단해서 사람을 은연중에 간사하고 교활하게 만들었다." 전국 시기는 이런 술수가 먹혀들었던 시대이며, 그 대표적인 활동가가 장의와 소진이다. '패합'은 '열고 닫는다'는 뜻으로 상대와의 관계를 밀고 당기는 술수다. '비겸飛箝'은 상대를 올려주어 상대가 숨기는 것이 없을 때 구속하는 술수다. 오늘날 사회에서도 귀곡자의 술수는 은연중에 시행되고 있지 않은가?

유향劉向이 전하는 귀곡자의 말은 이렇다.

"사람이 선하지 않으면 바꾸기가 어렵다. 설득해도 실천하지 않고 말을 해도 따르지 않는 것은 그 언변이 명확하지 않았기 때문이다. 논지가 명확한데도 상대가 행동하지 않는 것은 논지의 견지가 굳세지 않았기 때문이며, 굳세게 밀고 나갔는데도 효과가 없다면 이는 상대의 마음속에 있는 선을 작동시키지 못했기 때문이다. 논리가 명확하고 지속적이고 견고하여 마음속 선까지 적중시켰으면서도, 즉 그 언어가 신실·진기하고 밝고 분명하여 마음속을 움직이듯 설득력을 가졌으면서도 실행을 얻지 못하는 경우란 하늘 아래서 나는 듣지 못했다."

유향은 이것이 변설을 잘하는 구체적인 방법이라고 말했다.

『귀곡자』는 『사기』·『설원』 등에서 인용되긴 했지만 『수서隋書』「경적지經籍志」에 이르러서야 겨우 목록이 수록되었다. 이 때문에 어떤 학자는 소진이 가짜로 귀곡자라는 이름을 지은 것이라 했고, 어떤 학자는 후인의 위서라 주장하기도 했다. 반면에 『귀곡자』는 절대 위서가 아니라는 학자도 있다. 이처럼 귀곡자에 대한 진실 여부는 오랜 세월 동안 일치된 견해가 없다. 사정이 이렇더라도 『귀곡자』가 위진시대 이래로 널리 전해온 것은 누구도 부인할 수 없는 사실이다.

『귀곡자』가 지금까지 오래토록 전해질 수 있었던 것은 귀곡자의 "기이하면서도 변화무쌍하며 기만하는 것 같으면서도 웅장한" 모략과 깊은 관계가 있다. 귀곡자가 전설의 인물이든 실재한 사람이든 그는 고대 모략가임에 분명하다.

일반적으로 처세의 기본은 해로움을 멀리하고 이로움으로 나아가는 것이다. 인류의 행위 역시 해로움을 멀리하고 이로움을 향해 나아갔다. 『귀곡자』는 사람들에게 정치투쟁에서 패하지 않고, 통치에 임하여 해로움을 멀리하고 이로움으로 나아가는 모략을 제시하고 있다. 『귀곡자』에서는 작은 틈이 큰 구멍을 만들고 큰 구멍은 더 큰 틈새를 만든다고 했다. 귀곡자는 정치투쟁 중에 우환을 막으려면 변화무쌍한 정치를 다루는 효과적인 통치 사상을 만들어야 한다고 했다. 그는 말했다.

"틈새가 생기기 전에는 미세한 징후가 있다. 이 징후가 내부에서 생겼다면 봉합해서 막을 수 있고, 외부로부터 온 것이라면 봉합해 물리쳐야 하고, 아래로부터 생겨난 것이라면 봉합해 자라지 못하게 하고, 아직 맹아의 단계라면 봉합해 은폐시켜버리고, 이미 커져서 다스릴 수가 없다면 새로운 것으로 대체한다. 이것이 틈새를 봉합하는 이치다."

그는 정치 통치의 도리도 이와 같아서 사회 동란이 일어날 조짐과 나라의 존망에 관한 대사는 반드시 지대한 관심을 갖고 지켜보아야 한다고 했다.

"사태의 위험을 알리는 조짐을 성인은 미리 알고 독자적으로 전략을 세워 현명하고 적절한 행동으로 자신을 보존한다. 사태의 변화에 따라서 모든 일을 설명하고 계획과 전략을 충분히 마련해서 미세하고 모호한 조짐을 파악해 예방한다. 모든 일은 처음에는 털끝만 한 조짐으로부터 일어나지만 태산의 뿌리까지 뒤흔들 정도로 발전한다. 바깥의 혼란에 대응할 때 미세한 조짐을 봉합하는 새로운 전략은 모두 틈새를 봉합하는 것으로부터 비롯된다."

귀곡자가 은거한 곳으로 전하는 운몽산雲蒙山에는 귀곡자과 관련한 유적들이 적지 않다.

　그 뜻은 이렇다. 사태가 불안전한 조짐이 있을 때 지혜로운 자는 이를 먼저 감지할 수 있다. 이는 성인에게 사리를 통찰할 수 있는 능력이 있기 때문이다. 어떤 사물이든 작은 것에서 시작하여 크게 발전하고, 최전성기도 남의 눈을 끌지 못하는 작은 맹아에서 시작한다. 하찮아서 말할 가치도 없는 것이 그 역량을 예측할 수 없게 발전하여 심지어 드높은 태산도 요동치게 만들 수 있다. 성인은 사람들에게 환란이 오기 전에 그것을 미리 방지하는 모략을 가르쳐주고 있다. 이것은 나라를 다스리고 정치를 펼칠 때 임금과 신하가 반드시 파악하고 있어야 하는 것이다. 인류 사회에서는 나눔과 합침, 분란과 안정이 모두 다 일상적인 일이다. 그러니 통치자라면 마땅히 시시각각 경계하고 유심히 관찰해야 한다. 시세를 자세히 살피고 모략을 잘 써야 지혜롭고 현명한 성인이라 일컬을 수 있고 우수한 통치자가 될 수 있다. 눈앞에 펼쳐진 복잡한 국면과 시세를 냉정히 관찰하여 놀라거나 당황하지 않고, 재능을 감추고 때를 기다렸다가 적시에 혼란 국면을 진정시킬 책략을 강구한다. 때로는 정세를 유리하게 이끌어 혼란을 제지하기도 하고, 때로는 잘 드는 칼로 어지럽게 뒤얽힌 삼 가닥을 자르듯이 신속하게 판을 수습한다. 그리하여 실익에 따라 순조롭게 자신의 통치를 실행한다. 『귀곡자』는 모략의 공리성과 권모술수의 실용성을 조금도 낮게 평가하지 않았다. 당연히 그의 정치모략에는 투기와 은밀함이 숨어 있으나 그 내용이 지나치게 심한 것은 아니다. 『귀곡자』는 종횡가에게 모략의 이론과 방법을 제시하고 있다.

변론이 기이하고 변화무쌍한 점이 귀곡자 모략 예술의 또 다른 특징이다. 그의 독특한 궤변술은 중국 고대 논변 이론을 더욱 풍부히 만들어, 전국시대의 '유사遊士', '책사策士', '모사謀士' 등 권모술수로 유세하는 사람들에게 일련의 궤변 이론을 제공했다. 소진과 장의는 이런 변론술로 성공한 사람의 전형이다. 『귀곡자』의 제1편은 「패합」이다. '패합'은 관계를 맺고 끌어들이는 유세술이다. 귀곡자는 패합을 권모의 근본으로 보았다. 패합은 장막 안에서 작전 계획을 짜고 천리 밖의 전쟁에서 이기는 대 모략이자 지혜이며, 계략의 최고 법칙이다.

> "종횡으로 변화하고 반대로 나타나고 반대로 뒤집혀 드러나고 반대로 거스르는 것이 모두 이 열림과 닫힘으로부터 생겨난다."(『귀곡자』「패합 제1」)

『귀곡자』의 「패합」·「반응反應」·「내건內揵」·「권權」 등은 모두 깊이
논변하여 이기는 방법과 원칙을 논술하고 있다. 「패합」편에서는 이렇
게 말한다.

"연다는 것은 정보를 개방하는 것이고, 말하는 것이고, 공개적으로 드
러내는 것이다. 닫는 것은 정보를 은폐하는 것이고, 침묵하는 것이고,
아무도 모르게 감추는 것이다."

성공하려면 반드시 주도면밀히 살펴 가장 요긴한 것은 아무리 작은
사건이라도 무시하지 말아야 한다. '패捭'의 술수를 쓴다는 것은 상대방
의 실제 정황을 깊이 파고들어 이해한다는 것이고, '합闔'의 술수를 쓴
다는 것은 상대방이 나와 한마음 한뜻이 되어 모책을 성공할 수 있게
한다는 것이다. 따라서 상대를 관찰하고 권력의 경중, 이익과 폐단을
따져보아 상대방에게 어떤 계략을 써야 할지 분명하게 알아야 한다.

"마음을 연다는 것은 어떤 경우에는 마음을 열더라도 상대의 의견을 거
부하기도 하고, 어떤 경우에는 열어서 받아들인다는 것이다. 마음을 닫
는다는 것은 어떤 경우에는 닫아걸더라도 상대의 입장을 취하기도 하
고, 어떤 경우에는 닫아걸고 거부한다는 것이다."

민첩하고 빠르게 변화하여 남이 기계적으로 모방할 수 없게 만들어
야 한다. 패합은 사물의 변화에 따라 정확한 판단과 예측을 하기 위한
술수다. 장생·안락·부귀·영예·명성·기호·재화·득의得意·
정욕 등은 상대에게 공개적으로 드러내는 것으로 '양陽'이다. 사망·
우환·빈천·굴욕·손해·망실·실의·형륙刑戮·주벌誅罰 등은 안

으로 감추는 것으로 '음陰'이다. 이러한 것들은 모두 상대방의 뜻하는 바와 의지를 관측하기 위한 것으로, 패합을 운용하는 기본 법칙이며 타인에게 유세하는 모략이다.

> "양의 방식으로 말하는 사람과 말할 때는 고상하다고 칭찬하면서 상대를 유도하고, 음의 방식으로 말하는 사람과 말할 때는 소심하다고 비하하면서 유도한다. 비하시켜서 소심한 마음을 열게 하고 칭찬해서 마음을 크게 열게 한다. 이런 방식으로 말하면 떠나지 못할 곳도 없고 들어가지 못할 것도 없으며, 설득하지 못할 사람도 없다. 개인을 설득할 수도 있고, 집안을 설득할 수도 있으며, 나라를 설득할 수도 있고, 천하도 설득할 수 있다."

변설에 성공하려면 반드시 상대방을 이해해야 한다. 세상의 모든 사물은 모두 상호 연계되어 있다. 때문에 다른 사람을 이해하려면 반드시 쌍방이 하나의 광활한 공간을 사이에 두고 사고를 해야 하고, 미래를 예측하려면 역사를 염두에 두어야 하며, 오늘을 이해하려면 반드시 어제를 뒤돌아보아야 한다. 자기를 깊게 알아야 상대방을 이해할 수 있다. 상대방을 이해하려면 반드시 상대방에게 말을 하게 하여 그가 말하는 의도와 진짜 생각을 헤아릴 줄 알아야 한다. 귀곡자의 「반응 제2」에는 가만히 움직임을 기다리며 사람의 말을 낚는 주요한 모략이 들어 있다. 그는 이렇게 말했다.

> "말하려 하는 것은 뭔가를 드러내고자 하는 충동이 있다는 것이고, 침묵하려는 것은 냉정을 유지하려는 것이다."

가만히 움직임을 기다린다는 것은 상대의 말을 듣는다는 것이며, 만일 그의 말이 실제와 부합하지 않으면 여러 가지 방법으로 그의 진짜 의도를 드러내게 한다. 이때 상대방이 긍정적으로 반응하게 만들어야 한다.

"이는 미끼로 말을 낚아서 그 말이 상황의 맥락과 부합되는지를 파악하는 것으로 상대의 진실한 의도를 낚는 방법이다. 마치 그물로 짐승을 잡을 때 짐승이 자주 다니는 길에 그물을 많이 만들어 잡듯이, 반문과 질문을 통해서 그 말이 실제 상황의 맥락과 부합하는지를 보면 상대는 자신도 모르게 진실한 의도를 드러내게 된다. 이것이 사람의 마음을 낚시질하는 그물이다."

이것이 바로 상대방을 미끼로 유혹하여 상대방의 반응과 행동을 대조하면서 상대방의 진실된 정황을 이해하는 방법이다. 성인은 여러 가지 말로써 낚아, 상대방이 지혜로운 사람이든 어리석은 사람이든 모두 자신의 모략에 따라 그들을 설복시킨다. 이를 위해 그는 먼저 그윽하고 세밀하게 통찰하여 본상을 알아야 한다고 말한다. 상대방의 말과 현상에 모순이 발견될 때는 상대방에게 따져 묻고 난 뒤 반응을 분석한다. 이것이 사람들과 변론할 때의 가장 중요한 모략이다.

"상대의 소리를 들으려면 자신은 도리어 냉정하게 침묵하고, 상대가 속내를 펼치도록 만들려면 자신은 도리어 안으로 수렴하며, 상대의 감정을 고조시키려면 자신은 도리어 침잠하고, 상대로부터 뭔가를 얻으려면 자신은 도리어 준다."

상대방의 말을 듣고 싶으면 조용히 있어야 한다. 상대방이 말을 하면 자신은 도리어 거두어야 한다. 상대방이 높이면 자신은 비하시켜야 하며, 상대방을 기쁘게 설복시키려면 먼저 듣고 상대방의 생각을 알아야 한다. 상대방의 마음속 문을 열게 하여 진실을 말하게 하려면 먼저 상대방을 끌어들여 그의 뜻과 공감하기를 기다린 후에 대책을 강구한다. 자신의 견해를 표현할 때는 먼저 상대방의 말을 잘 관찰해야 한다. 쌍방의 심리적 호응을 알아야 비로소 상대방의 진실된 정황을 얻을 수 있다. 사람들과 대화할 때는 여러 방면의 화제를 가지고 나오고, 내용 또한 다양하게 한다. 변설 중에 진짜와 가짜, 같음과 다름을 알고 진정과 속임을 변별할 줄 알아야 한다.

변론의 관건은 이총(耳聰, 귀가 밝음) · 지명(智明, 지혜로움) · 사기(辭奇, 말솜씨가 뛰어남)이다. 선진시대 제가백가 중에 종횡가는 시세를 자세히 살펴보고 유세로 사람을 움직이는 것을 자기 임무로 삼았다. 귀곡선생은 전국시대 유세가의 스승이다. 그는 말했다.

"유세란 상대방을 기쁘게 설득하는 것이다. 설득은 반드시 상대의 조건을 바탕으로 해야 한다."(「권변」 제9)

사람의 입은 신체의 한 기관일 뿐이지만 이것으로 사람의 정情과 뜻을 봉쇄할 수도 있다. 사람의 귀와 눈은 마음을 도와주는 보조 기관으로 그것을 통해 틈을 살피고 간사함을 발견할 수 있다. 그러므로 입 · 눈 · 귀 삼자가 서로 조화를 잘 이루어 반응하면 상황에 따라 변론을 유리하게 이끌 수 있다. 만약 상황이 유리하면 자신의 장점을 발휘하고, 불리하면 자신의 단점을 피해가야 한다.

귀곡자는 다른 사람과 논설할 때 다음과 같은 다섯 가지를 주의해야 한다고 했다. 병든 느낌의 말, 두려운 느낌의 말, 근심에 찬 느낌의 말, 분노한 느낌의 말, 기쁨에 들뜬 느낌의 말이 그것이다. 병든 느낌의 말은 쇠락한 기운이 느껴져 생기 없이 들리고, 두려운 느낌의 말은 불안해서 두서가 없는 것처럼 들린다. 근심에 찬 느낌의 말은 마음이 꽉 막혀 말을 하고 싶지 않은 것처럼 들리고, 성난 느낌의 말은 침착하지 못하여 조리 없게 들린다. 기쁨에 들뜬 느낌의 말은 호언장담처럼 들려 핵심을 잃어버리기 쉽다. 변론 대상에 따라 각기 다른 언변술을 써야 한다.

"총명한 사람과 대화할 때는 자신의 박학다식함을 드러내야 하고, 우둔한 사람과 말할 때는 상대가 분별하기 쉽게 해야 하며, 구별을 잘하는 사람과 대화할 때는 간단히 핵심을 말해야 한다. 신분이 높은 사람과 대화할 때는 기세등등해야 하며, 부자와 대화할 때는 호탕 분방하게 말하며, 가난한 사람과 대화할 때는 이득을 근거로 설명해야 한다. 비천한 사람과 대화할 때는 겸허한 태도로 임해야 하고, 용맹한 사람과 대화할 때는 과감한 결단성을 드러내야 하며, 과실이 있는 사람과 대화할 때는 예리한 태도로 임해야 한다. 결론적으로, 변설에 성공하고자 한다면 이총·지명·사기해야 한다."(『권변』제9).

신비의 인물인 귀곡자와 그의 책 『귀곡자』의 진위 여부는 역사학자들의 연구 과제이다. 긴 세월 동안 사람들은 모략사상과 방법이 반영되어 있는 『귀곡자』란 책을 통해서 자신의 의견을 내세우고 상대의 의견에 굴복하지 않았다. 모략을 연구하는 입장에서 본다면 『귀곡자』와 귀곡선생과 관련된 여러 전설은 결코 무시할 수가 없다. 풍부한 모략과 지혜가 담겨 있는 까닭이다.

진진陳軫

좋은 모략을 가슴속에 품고도 자신의 견해를 갖지 못하다

진진은 전국시대의 이름난 종횡가縱橫家이자 천하가 알아주는 웅변가로 외교모략이라는 방면에서 뛰어난 성과를 많이 남겼다. 그러나 정치적으로는 뚜렷한 자기주장을 내세우지 못했고 한 국군에게 충성하지도 못했다. 오늘은 이 국군을 위해 꾀를 내고, 내일은 저 국군을 위해 계책을 세우는 등 그는 평생 정치에서는 뜻을 얻지 못했다.

당초 진진은 장의張儀와 함께 진秦나라 혜문왕惠文王에 의해 중용되었다. 두 사람은 모두 외교모략과 웅변모략의 고수이기도 했다. 이는 달리 말해 두 마리의 호랑이가 같은 산에 함께 살 수 없다는 뜻이나 마찬가지였다. 두 사람은 모두 혜문왕의 총애를 얻으려 했다. 장의는 혜문왕 앞에서 대놓고 진진을 헐뜯었고, 진진은 자신의 충정을 거듭 밝혔다. 그러나 혜문왕은 결국 장의를 상국에 임명했고, 진진은 초나라로 도망쳐 몸을 맡겼다.

초나라는 진진을 반기지 않았을 뿐만 아니라 오히려 그를 자신이 도망쳐 나온 진나라에 사신으로 파견했다. 사신이 되어 위魏나라를 지나게 된 진진은 위나라의 실력자 서수犀首를 만나고자 했다. 그러나 서수는 진진의 면담 요청을 거절했다. 서수는 다름 아닌 공손연公孫衍으로 위나라 진양 사람이다. 그는 평소 장의와 사이가 좋지 않았는데, 마침 진나라가 장의를 상국으로 기용하자 기분이 몹시 상해 있던 터였다.

면담을 거부당한 진진은 "긴히 할 말이 있어 당신을 찾았는데 만남 자체를 거부하니 내일을 넘기지 않고 떠나겠다."며 엄포를 놓았다. 그제야 서수는 진진과의 면담을 받아들였다.

"당신은 왜 술을 좋아하십니까?" 서수를 만난 진진은 불쑥 이런 질문을 던졌다. "달리 할 일이 없어서 그렇소." 뜻밖의 질문에 서수는 퉁명스럽게 대답했다. "그렇다면 당신을 위해 할 일을 만들어주고자 하는데 괜찮겠소?" 하고 진진이 제안했다. "어떻게 말이오?" 서수가 진진 쪽으로 몸을 당기며 관심을 보였다. 자신의 제안에 서수가 관심을 보이자 진진은 기다렸다는 듯이 말을 이어나갔다.

"당신의 위나라 상국 전수田需는 제후들을 모아 동맹을 맺고자 하는데 초나라 회왕懷王이 그를 신임하기는커녕 되레 의심하고 있습니다. 그러니 당신이 먼저 위왕을 만나 연·조 두 나라의 국왕이 나와 친분이 있어 여러 차례 사람을 보내와 할 일도 없는데 자기들 나라에 와서 이런저런 이야기나 나누자고 요청하니 당신을 이 두 나라로 보내달라고 하십시오."

잠시 뜸을 들인 진진은 계속 말을 이어갔다.

"위왕께서 승낙하시면 많이도 말고 대략 30대의 수레만 차출하여 당신 뜰에 모아놓은 다음 공개적으로 연·조에 사신으로 파견되어 간다고 공포하십시오."

서수는 진진의 말을 따랐고, 위왕은 예상대로 서수의 요청을 받아들였다. 연·조 두 나라의 외교관들이 이 소식을 듣고는 즉시 귀국하여 자기 국왕에게 사실을 보고했고, 두 나라는 바로 사람을 보내 서수를 맞이하도록 했다.

한편 이 소식을 접한 초나라 회왕은 크게 화를 내며 "전수가 우리나라와 동맹하기로 약속을 했는데, 어째서 서수가 연·조 두 나라에 사신으로 갈 수 있단 말인가? 나를 속인 게 아닌가?"라며 불만을 터뜨렸다. 애당초 전수를 믿지 않았던 초왕은 이 일로 전수를 더 거들떠보지 않게 되었다.

다른 한편, 제나라는 서수가 북방으로 가서 동맹을 맺으려 한다는 정보에 역시 사람을 보내 서수를 초빙하여 중책을 맡겼다. 사신의 임무를 띠고 위나라를 떠나기도 전에 서수는 벌써 제·연·조 세 나라의 공동 국상을 상징하는 도장을 허리춤에 차고 있었다. 진진은 그제야 위나라를 떠나 진나라로 갔다.

진진의 모략을 보면, 그 자신은 정치적으로 주관이 없었음을 알 수 있다. 늘 상대에게 맞추어 자신의 생각을 전개했을 뿐이다. 진나라에서 장의와 총애를 다투었을 때도 진나라를 위해 최선을 다하지 않았으며, 초나라에서는 사신으로 파견되었지만 역시 전력을 다하지 않았다. 그의 모략은 뛰어난 점이 적지 않았지만 일종의 생존 수단에 지나지 않았다고 할 수 있다.

한 번에 두 마리의 호랑이를 잡다

진진이 진나라에 도착해보니 마침 혜문왕에게 골치 아픈 일이 일어나고 있었다. 당시 한·위 두 나라가 1년 넘게 싸우고 있었는데, 혜문왕은 조정 신하들에게 진나라가 나서서 두 나라의 싸움을 말려야 할지를 놓고 의견 수렴을 했다. 하지만 의견은 거의 반반으로 갈렸다. 혜문왕도 어찌 할 바를 모르고 전전긍긍하고 있었다. 바로 그때 진진이 나타난 것이다.

혜문왕은 장의를 상국으로 기용하는 바람에 진진이 초나라로 떠났기 때문에 진진이 진심으로 자신을 위해 좋은 의견을 내줄 것이라고 생각하지 않았다. 그래서 에둘러 "그대는 진나라를 떠나 초나라로 갔어도 내 생각이 나던가?"라고 물었다. 그러자 진진은 질문에 대한 대답 대신 "대왕께서는 월나라 사람 장신莊舃의 고사를 들어보셨습니까?"라고 되물었다. 금시초문이라는 혜문왕의 표정을 한번 살핀 진진은 이렇게 이야기를 이어갔다.

"월나라 사람 장신은 초나라에서 집규(執圭, 춘추전국시대 제후국의 작위로 조회 때 옥으로 만든 규를 들게 했기 때문에 집규라 했다.)에 임명되었습니다. 하지만 얼마 되지 않아 병이 났습니다. 초왕이 '장신은 원래 월나라 시골 마을에서 최말단 관리를 지냈는데, 지금 우리 초나라에서 집규가 되어 출세를 하고 부귀를 누리게 되니 고향 월나라를 그리워하는 것 아닌가?'라고 물었습니다. 그러자 시종은 '사람들은 아프면 흔히 고향 생각을 합니다. 장신은 고향 생각이 날 때면 말도 고향 말로 하고, 그렇지 않을 때는 초나라 말로 대화를 나눕니다.'라고 대답했습니다. 초왕이 사람을 보내 알아보게 하니 정말 그랬습니다. 지금 제가 초나라로 쫓겨나긴 했습니다만 대왕께서는 제가 사용하는 말이 진나라 말이라는 걸 눈치채지 못하셨습니까?"

진진의 이 말에 혜문왕은 고개를 끄덕이며 자신의 고민을 털어놓기 시작했다. 그리고 진지하게 자신을 위해 대책을 강구해줄 것을 부탁했다. 진진은 혜문왕에게 다음과 같은 대책을 제시했다.

"변장자卞莊子가 호랑이를 활로 쏜 이야기를 들으셨는지요? 사냥꾼 변장자가 어느 날 소 한 마리를 놓고 싸우고 있는 호랑이 두 마리를 발견

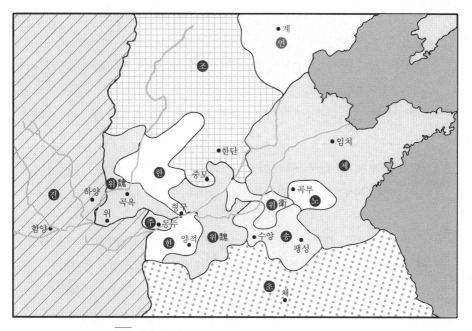

뛰어난 외교가였으나 확고한 자기 철학이 부족했던 진진은 유세가들 난립상의 한 단면을 보여주는 인물이다. 지도는 기원전 3세기 초 다.

했습니다. 변장자가 지체 없이 그중 한 마리를 향해 활을 쏘려 하자 함께 따라 나선 어린 조수가 변장자를 말리며 '지금 저 두 놈이 소를 놓고 싸우기 시작하면 죽기 살기로 싸울 것입니다. 그러면 두 마리 모두 적지 않은 상처를 입을 것이 틀림없습니다. 센 놈이라도 상처를 입고, 약한 놈은 죽기 십상입니다. 두 놈이 다 싸우고 난 다음 상처 입은 센 놈을 찌르면 일거양득 아니겠습니까?'라고 말했습니다. 지금 한나라와 위나라가 1년이 넘도록 화해하지 않고 싸우고 있는 모습이 영락없이 변장자가 호랑이를 찌른 고사와 흡사하지 않습니까?"

진진의 이야기에 혜문왕은 크게 기뻐하며 "정말 기가 막히군."이란 말을 몇 번씩이나 반복했다. 아니나 다를까, 작은 나라는 망하고 큰 나라는 적지 않은 상처를 입었다. 이 틈에 진나라는 한나라를 공격하여 크게 무찔렀다.

소양에게 사족을 경계하게 하고, 이해관계로 제나라의 난관을 돌파하다

주나라 현왕 46년인 기원전 323년, 초나라 장수 소양昭陽이 대군을 이끌고 위나라 정벌에 나섰다. 위나라는 장수가 전사하는 등 대패했다. 순식간에 8개 성이 초나라의 수중에 들어갔다. 소양은 여세를 몰아 다시 제나라를 공격하러 나섰다. 이때 진진은 제나라 위왕의 지시를 받고 소양을 만났다. 진진은 소양에게 승리를 축하하는 예의를 올린 다음 몸을 일으켜 이렇게 물었다.

"초나라 법에 따르면 적의 장수를 죽이거나 적을 대파하면 관작이 어디까지 올라갑니까?"

"관직은 최고 무관직인 상주국上柱國에까지 오르고, 작위 역시 최고 작위인 집규까지 오를 수 있소이다."

"그 관작보다 더 귀한 것은 무엇입니까?"

"영윤令尹 한 자리뿐이오."

"보아하니 영윤이 가장 귀한 자리군요. 하지만 조정에는 영윤 한 사람이 군정의 대권을 장악하고 있어 초왕이 두 명의 영윤을 둘 가능성은 없겠군요."

이어 진진은 '사족蛇足'에 관한 고사를 들려주었다. 초나라 사람 하나가 제사를 다 드리고 난 다음 일을 도운 사인들에게 술을 한 잔 내렸다. 사인들이 술을 보니 한 사람이 마시기에는 남고 다 마시기에는 모자라는지라 땅바닥에다 뱀을 그리는 시합을 해서 먼저 그리는 쪽이 술을 마시기로 했다. 이렇게 해서 시합은 시작되었고, 그들 중 그림을 잘 그리는 한 사람이 뱀을 멋지게 다 그렸다. 그는 왼손으로는 술잔을 가져다 마실 채비를 하면서 오른손으로는 여전히 뱀을 그리면서 "나는 뱀에다 다리까지 붙일 수 있어."라며 큰소리를 쳤다. 그런데 뱀 다리를 다 그리기 전에 다른 한 사람이 뱀을 다 그리고는 술잔을 빼앗았다. 그러면서 "뱀은 본래 다리가 없거늘 어째서 뱀에다 다리를 그리는가."라고 비꼰 다음 술을 단숨에 들이켰다. 먼저 뱀을 그린 사람은 뱀에다 다리를 그리다가 술 먹을 기회를 빼앗기고 말았다.

고사를 다 들려준 다음 진진은 소양에게 다음과 같이 말했다.

"지금 당신은 초 회왕을 도와 위나라를 공격하여 위군을 소멸시키고 적장까지 죽였습니다. 성도 여덟 개나 빼앗았습니다. 그러고도 군대의 사기는 왕성하기 그지없습니다. 지금 당신의 모습은 마치 뱀 다리를 그린 그 사람과 다를 바가 없습니다. 지금까지 세운 전공만으로도 상주국 집규가 되기에 충분합니다. 그런데도 계속해서 제나라까지 공격하려 합니다. 제나라는 당신을 몹시 두려워하고 있고, 당신은 그것만으로도 충분히 명성을 떨쳤습니다. 새로이 공을 세운다 해도 영윤이 될 수 없거늘 어째서 뱀의 다리까지 그리려 하십니까? 전쟁에서 계속 승리한 다음 적절한 시점에서 멈출 줄 모르는 장수는 자칫 목숨을 잃기 십상이며 그렇게 되면 여태까지 쌓은 관작도 남에게 넘어갑니다. 이런 장수야말로 뱀에다 발을 그린 사람과 다를 바가 없지요."

진진의 말에 일리가 있다고 판단한 소양은 제나라를 공격하지 않고 군대를 되돌렸다.

다음으로 주나라 난왕 17년인 기원전 298년, 진진은 제나라 민왕閔 王에게 삼진(三晉:한, 조, 위)과 연합할 것을 권유했다. 그때 진진은 위나라에 있었는데, 진나라가 위나라를 공격하려 했다. 이에 앞서 진진은 한·조·위 3국을 연합시켜 공동으로 진나라에 대항하도록 했다. 하지만 이때는 소진의 노력으로 가까스로 성사시킨 합종책이 각국의 이해관계 때문에 벌써 깨어진 상태였다. 이런 상태에서 강국 진이 바로 코앞까지 군대를 몰고 오자 각국은 일치단결하기가 힘들었다. 이에 따라 진진은 동쪽 제나라로 가서 민왕을 설득하기로 했다. 진진은 다음과 같이 상황을 분석했다.

현재 제·초·연·한·조·위 6개국은 서로 정복 전쟁을 벌이고 있으나 모두 성공하지 못하고 오히려 진나라의 힘만 키워준 꼴이 되었다. 상대적으로 자신들의 힘은 약해졌다. 이는 실제로 동방의 제후국들에게 좋은 전략이 아니다. 산동 6국을 소멸시킬 수 있는 힘을 가진 나라는 막강한 진나라뿐이다. 그런데도 6국은 진의 위협은 아랑곳하지 않고 서로 힘을 빼고 있으니 그 결과는 모두 진나라에게 병합되는 길밖에 없다. 제후국들이 진나라를 위해 서로 정복 전쟁을 벌이고 있으니 진나라는 힘 하나 들이지 않고 앉아서 이익을 누릴 것이 뻔하다. 진은 이렇게 총명하거늘 어째서 산동 6국은 저렇게 어리석은가. 나라가 망하면 군주는 치욕을 당한 채 죽을 것이고, 백성들은 포로로 잡혀 끌려가거나 구덩이에 묻혀 죽을 것이다. 한·위 두 나라가 이미 생생하게 경험하지 않았던가? 다행히 제나라는 아직 이런 꼴을 당하지 않았는데 이는 진나라가 제나라를 존중해서가 아니라 제나라가 멀리 떨어져 있기 때문이다. 보아하니 제나라의 재앙도 멀지 않았다. 진나라가 벌써 위나라의 강현과 안읍으로 쳐들어오고 있지 않은가. 진이 이 두 지방을 공략한다면 동쪽으로 황하를 따라 내려와 안팎으로 제나라를 공격할 것이다. 그렇게 되면 남쪽으로는 초와 위가 고립되고, 북쪽으로는 연과 조가 고립되어 제나라는 어디로부터도 구원을 받을 수 없는 상황에 처하게 된다. 그러니 지금으로서는 한·조·위가 연합하여 형제의 의리를 맹서하고 함께 강현과 안읍을 지키는 것이 상책이다. 여기에 제나라가 참여하지 않으면 틀림없이 후환이 닥칠 것이다. 삼국이 연합하면 진이 쉽게 위를 공격하지 못하고 남쪽 초를 공격할 것이고, 삼진은 제나라가 합류하지 않은 것을 원망하여 제나라를 공격하고 나서면 할 말이 없어진다. 그러니 제나라로서는 서둘러 군대를 보내 삼진과 연합하는 것이 최선이다.

진진은 각국의 이해관계에 입각하여 이렇게 당시 상황을 분석했고, 제나라 민왕도 진진의 분석에 일리가 있다고 판단하고는 흔쾌히 군대를 보내 삼진과 연합하여 공동으로 진에 대항했다.

장의張儀

세 치 혀에 의지하여 연횡 대계를 완성하다

　장의는 전국시대 중기의 저명한 종횡가다. 그와 소진은 귀곡자의 문하에서 유세술을 배웠는데, 소진은 자신의 능력이 장의에 미치지 못한다고 여겼다. 장의는 세 치 혀에 의지해 사방에 유세하여 공명을 구하고자 했다. 한번은 초나라 재상 소양昭陽과 술을 마시는 자리에서 소양이 몸에 지니고 다니던 옥벽을 잃어버렸다. 그 시대에 옥기는 일반적인 장식품이 아니라 특수한 권력과 신분을 상징하는 것이었다. 문객들은 모두 장의가 훔쳐 간 것으로 의심하고, "장의는 가난하여 행실이 좋지 않습니다. 분명 그가 상국의 벽을 훔쳤을 것입니다."라고 했다. 그들은 장의를 잡아다가 수백 대의 매질을 했지만 장의가 죽어도 승복하지 않자 그를 놓아주었다. 집에 돌아오니 장의의 아내가 안타까워하며 말했다.

　"아! 당신이 글을 읽어서 유세하지 않았던들 어찌 이런 수모를 당하겠습니까?"

　"내 혓바닥을 보시오. 아직 붙어 있는가!"

　아내가 웃으며 말했다.

　"혀는 남아 있습니다!"

　"그럼 됐소. 혀만 붙어 있으면 충분하오."

　이 일화에서 '설상재舌尙在', 즉 "혀는 아직 있다."는 유명한 단어가

탄생했다.

뒷날 진나라에 도착한 장의를 진 혜왕이 객경으로 삼으니, 장의는 지난날의 모욕당한 일이 떠올라 소양에게 편지를 썼다.

"그대와 술을 마실 때, 나는 그대의 옥벽을 훔치지 않았는데 그대는 나에게 가혹한 매질을 했다. 그대는 조심하여 나라를 잘 지키도록 하라. 나는 그대의 옥벽이 아니라 그대의 성읍을 훔칠 것이다!"

취하려면 먼저 주어 위나라로 하여금
합종의 맹약을 저버리게 만들다

장의가 일생 동안 했던 것 중 가장 주요하고 걸출한 모략은 진 혜왕을 도와 소진이 공들여 만든 합종 전략을 깨뜨린 것이다. 장의의 맨 처음 유세 상대는 위 애왕이었다. 진 혜왕 9년(기원전 329년), 장의는 소진의 계책에 따라 진나라로 들어갔고 공손연公孫衍을 대신해 대량조大良造가 되었다. 진 혜왕은 공자 화에게 장의와 더불어 포양을 포위하게 하여 항복을 받았다. 이 성을 탈취한 후 장의는 진왕에게 건의하여, 그 땅을 다시 위나라에 돌려주고 아울러 진나라의 공자 요繇를 위나라에 인질로 보내게 했다. 그런 다음 위왕을 설득했다.

"진왕이 위를 매우 후하게 대우했으니, 위에서도 예에 어긋나는 일을 해서는 안 됩니다."

위왕은 진 혜왕의 은덕에 감사하여 상군 15개 현(지금의 섬서성 서북부와 내몽고 자치구 악탁극기 일대)과 소량小梁을 진나라에 바쳐 진으로 하여금 하서 지구를 점거하게 했다. 진 혜왕은 장의의 모략으로 위나라 하서 지구를 정복했기에 그를 재상으로 삼았다.

진 혜문왕 3년(기원전 322년), 장의는 거짓으로 진나라 재상을 사직하고 위나라에 투항했다. 목적은 위나라가 진나라를 섬기게 하여 다른 제후들도 그를 본받게 하려는 연횡 책략 때문이었다. 그러나 위 양왕은 장의의 의견을 따르려고 하지 않았다. 진왕은 노하여 위나라의 곡옥(曲沃, 지금 산서 곡옥)과 평주(平周, 지금의 산서성 개휴현 서쪽)를 공략하여 은밀히 장의를 지원했다. 기원전 319년, 위 양왕이 죽고 애왕이 즉위했다. 장의는 애왕에게도 진나라를 섬길 것을 권했지만 애왕은 여전히 듣지 않았다. 장의는 몰래 사람을 보내 진나라에게 재차 위나라를 공격하라고 알렸다. 위나라는 크게 패했다.

다음 해, 제나라가 관진(觀津, 지금의 하북성 무읍현 동남쪽)을 침입하여 위나라 군사를 격파했다. 진나라가 다시 위나라 공격을 준비하면서 먼저 한나라의 신차申差가 거느린 군대를 격파하고 관병 8만 명을 참살하자 각국에서 크게 두려워했다. 장의는 위 애왕에게 이렇게 권했다.

"위나라의 토지는 천리도 못 되고 사졸은 30만에 불과합니다. 지세는 사방이 평탄하고 높은 산이나 큰 하천이 없어 제후들이 사면팔방에서 공격하기 용이합니다. 위나라의 지세는 본래부터 전쟁터입니다. 남쪽으로 초와 친하고 제와 친하지 않으면, 제는 위나라의 동쪽을 칠 것입니다. 동쪽으로 제와 친하고 조와 친하지 않으면, 조가 위나라의 북쪽을 칠 것입니다. 한과 화합하지 못하면 한은 서쪽을 칠 것입니다. 초와 친하게 지내지 못하면 초는 남쪽을 칠 것입니다. 이는 이른바 사분오열의 지리적 위치 때문입니다. 각국 제후가 합종의 맹약을 하는 것은 국가를 안정시키고 군주를 존엄히 하며 군대를 강대히 하여 이름과 위엄을 드러내고자 하는 것입니다. 그러나 하물며 친형제도 재물을 놓고 다투는데, 소진이 거짓과 속임수로 계획한 모략은 성공할 수 없습니다. 만약 대왕이 진을 섬기지 않으면 진은 황하 남쪽을 쳐 위나라의 권(卷, 지금의 하남성 원양현 서쪽) · 연(衍, 지금의 하남성 연진형 동북쪽) · 연(燕, 지금의 하남성 남쪽) · 산조(酸棗, 지금의 하남성 연진현 서남쪽)를 점거하여 양진陽晉을 위협할 것입니다. 그렇게 되면 조가 남하하여 위나라를 도울 수 없고, 조가 남하하지 못하면 위나라도 북상하지 못합니다. 위나라가 북상하여 조와 연계되지 못하면 합종의 길은 끊어지고 맙니다. 합종이 끊어지면 위나라가 위태로움이 없기를 원하는 것은 불가능한 일입니다. 만약 진이 한을 설복하여 함께 공격한다면 위나라의 멸망은 시간문제입"

니다."

장의는 진나라를 섬기지 않으면 안 되는 위험성을 이렇게 전하면서 다시 새 위왕에게 말했다. "위나라가 진을 섬기면 초와 한이 감히 움직이지 못하니, 위나라는 외환이 없어져 왕께서는 아무 근심 걱정 없이 베개를 높이고 주무실 수 있습니다." 그런 다음 남쪽 초나라를 공격하라고 선동했다.

"진이 가장 약화시키려는 나라는 초나라이고, 초를 약화시킬 나라는 위나라입니다. 초는 외면적으론 강성하지만 그것은 허명일 뿐이고, 초나라 병사들은 수가 많으나 전투력이 떨어져 전쟁이 나면 가볍게 패주시킬 수 있습니다. 만일 위나라 군대를 모두 동원하여 남쪽으로 초를 공격한다면 반드시 승리할 것입니다. 전쟁에서 초를 이기면 위나라는 더욱 강해지고, 초나라 땅을 갈라서 진에 주면 재앙이 다른 나라로 떨어지게 되니 위나라는 편안해질 것입니다. 이는 아주 좋은 일입니다. 이런데도 왕께서 저의 권고를 받아주지 않으신다면 진은 정병을 보내 위나라의 동쪽을 칠 것입니다. 그때 가면 왕께서 진나라를 섬기려 해도 섬길 수가 없습니다."

장의는 위협으로 겁주고 이익으로 회유하면서 위 애왕의 마음을 움직이게 만들었다. 그리하여 위나라는 합종의 맹약과 진나라에 대항하는 정책을 버렸다. 장의 덕분에 위나라와 진나라의 사이가 좋아지게 되었다. 장의는 위나라를 떼어내는 목적이 완성되자 위나라 재상 직을 사임하고 다시 진나라로 돌아가 재상이 되었다.

유세로 초나라를 유혹하여 제나라와 등지게 만들다

진 혜문왕 12년(기원전 313년), 진나라가 제나라를 공격하려 하자 제나라와 초나라가 합종을 맺었다. 진왕은 장의를 초나라로 보내 이간을 책동하도록 했다. 초 회왕은 장의가 온다는 소식을 듣고 최상급 객사를 비워두고 몸소 장의를 숙사로 안내했다. 그는 자신을 낮추며 겸손하게 물었다.

"선생께서는 무엇을 가르치려고 이 구석지고 누추한 나라까지 오셨습니까?"

"만약 대왕께서 신의 말을 따라서 관문을 닫고 제나라와 합종 맹약을 폐기하여 왕래하지 않으신다면, 신은 상오(商於, 지금의 하남성 석천현 서남쪽) 일대의 땅 6백리를 대왕께 바치고, 진나라 미녀를 대왕의 시첩이 되게 할 것입니다. 또한 진나라와 초나라가 서로 며느리를 맞아 오고 딸을 시집보내 영원히 형제의 나라가 되게 하겠습니다. 이는 북쪽으로 제나라를 약화시키고 서쪽으로는 진나라에 보탬이 되게 하는 좋은 계책입니다."

초왕은 매우 기뻐했다. 당시 초나라의 대신 중에 장의의 음모를 간파한 사람이 있었으니 진진陳軫이었다. 그는 초 회왕에게 장의에게 속지 말라고 권했다. 그러나 초 회왕은 진진의 말을 제대로 들어보려고도 하지 않고 오히려 역정을 내며 말했다.

"그대는 입을 다무시오. 과인은 한 사람의 군사도 희생시키지 않고 6백 리의 땅을 얻은 것이오."

초 회왕은 장의에게 재상의 인장과 대량의 재물을 주고 즉각 제나라와의 관계를 단절했다. 그리고 사람을 장의에게 딸려 보내 진나라에 가서 땅을 받아 오도록 했다.

장의는 진나라에 도착하자 수레 줄을 놓친 것처럼 꾸며 수레에서 떨어졌다. 그리고 다리를 다친 것처럼 가장하고는 3개월 동안이나 조정에 나가지 않았다. 물론 땅 문제도 거론하지 않았다. 어리석은 초 회왕이 그 소식을 듣고 말했다.

"장의는 과인이 제나라와 절교하는 것으로 부족하다고 여기는가?"

그는 용사를 보내 송나라에서 부절을 빌리게 하여 그것을 들고 북쪽으로 가서 제왕을 비난하게 했다. 제왕은 몹시 화를 내며 부절을 꺾어 버리고, 오히려 진나라와 관계 개선을 했다. 진나라와 초나라의 관계가 좋아지자 장의는 비로소 조정에 나갔다. 그리고 아무렇지도 않게 초나라 사신에게 말했다.

"제가 소유하고 있는 땅 6리를 초왕에게 바치고자 합니다."

초나라 사신이 대경실색하며 말했다.

"제가 국왕의 명령을 받은 것은 상오의 땅 6백리인데, 고작 6리라뇨."

사신이 돌아가 초왕에게 보고하니, 초왕은 노하여 장군 굴개屈匄로 하여금 진나라를 치게 했다. 이때 진나라는 제나라와 이미 친교를 맺었기 때문에 양국이 공동으로 반격을 가하여 초나라 장수 굴개와 병사 8만 명을 죽이고 단양(丹陽, 지금의 섬서, 하남성의 단강 이북)과 한중(漢中, 지금의 섬서 남부와 호북 서북 모퉁이)의 땅을 탈취했다. 초왕은 다시 더 많은 군사로 진나라를 공격하여 남전(藍田, 섬서성 남전현 서쪽)에서 전투를 벌였으나 대패하고 말았다. 이에 반경 6백 리의 토지가 진나라 소유가 되었고, 초나라는 한중 등의 두 성을 할양하고 진나라와 강화했다.

진나라는 승세를 타고 계속 초나라를 위협하여 무관武關 밖의 땅을 검중(黔中, 지금의 호북성 서남부, 호남성 서북부, 귀주성 동북부) 땅과 바꿀 것을 요구했다. 초왕은 장의에 한이 사무쳐 말했다.

"과인은 땅 바꾸는 것은 원치 않소. 다만 진나라에서 장의를 보내주신다면 검중의 땅을 그냥 바치겠소."

진왕은 장의를 보내고 큰 토지를 얻는 것에 구미가 당겼지만 차마 말을 꺼내지 못했다. 그런데 뜻밖에 장의가 먼저 가기를 자청했다. 진 혜문왕이 말했다.

"초왕은 선생이 상오의 땅을 주겠다고 한 약속을 저버린 것에 화가 머리끝까지 나 있소. 선생은 초나라로 가서 죽고 싶습니까?"

장의는 자신감이 넘치는 태도로 말했다.

"진나라는 강하고 초나라는 약합니다. 신이 대왕의 부절을 받들고 사신으로 가는데, 초나라가 어찌 감히 저를 죽일 수 있겠습니까? 설령 신이 죽는다고 하더라도 진나라가 검중의 땅을 얻는다면 그것은 신이 가장 바라는 바입니다."

초나라에 간 장의는 평소 친교가 있던 초나라 대부 근상靳尚을 통해 초왕의 부인인 정수鄭袖를 매수하여 자신을 변호하게 했다. 정수는 밤 낮으로 초왕에게 권했다.

"신하 된 사람은 각기 자기 임금을 위해 힘을 다하는 것입니다. 지 금 진나라에서 장의를 보내온 것은 대왕을 존중하기 때문입니다. 대왕 이 예로써 대하지 않고 죽여서 보낸다면 진왕은 반드시 대노하여 초나 라를 공격할 것입니다. 대왕은 소첩 모자母子가 강남으로 끌려가 상해 받는 것을 면하길 바랄 뿐입니다."

회왕은 듣고는 후회하면서 장의를 석방하여 전과 마찬가지로 후하 게 대우했다. 장의는 다시 기회를 포착하여 인질·미녀·토지를 가 지고 초왕을 유혹했다.

"초나라와 진나라는 국경을 맞대고 있으니, 마땅히 가깝게 지내야 할 이웃 나라입니다. 대왕께서 진심으로 신의 의견을 받아들일 수 있

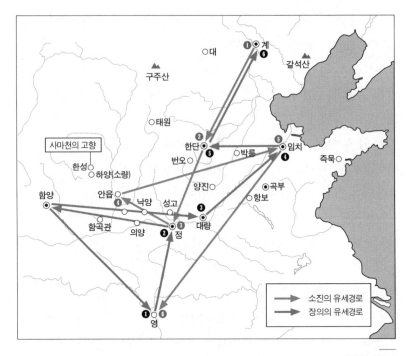

소진의 유세경로
장의의 유세경로

장의의 유세도

다면 신은 진나라의 태자를 초나라에 인질로 들여보내고 초나라의 태자를 진나라에 인질로 들여보내기를 청합니다. 또 진나라의 여인을 대왕에게 보내 시중을 들게 하고, 만호의 도읍을 바치겠습니다. 길이 형제의 나라가 되어 종신토록 서로 공격하는 일이 없도록 해야 할 것입니다. 이보다 더 나온 계책은 없다고 생각합니다."

이후에도 장의는 계속 협박과 이익을 미끼로 한韓 · 제齊 · 조趙 · 연燕나라를 설복하여 연횡 모략을 성공시켰다. 이로써 진나라를 더욱 강대하게 만들었고 진나라에 의한 중국 통일의 여정을 가속화시켰다.

상대의 비위를 맞추고 단점을 이용하다

『전국책戰國策』의 기록에 따르면, 장의가 초나라에 갔을 때 가지고 온 돈과 재물을 다 써버린 적이 있었다. 이에 따라온 노복들이 모두 화가 나 돌아갈 생각만 했다. 장의가 말했다.

"너희들은 분명히 의복이 헤져서 돌아갈 생각을 하는 것 같다. 너희들은 걱정하지 말고, 내가 초 회왕을 만나보고 올 때까지 기다려라!"

당시 초 회왕의 총애를 받고 있던 처는 남후南后와 정수鄭袖였다. 장의가 초 회왕을 만나보니, 초왕은 기분이 좋아 보이지 않았다. 장의가 초왕에게 말했다.

"대왕께서 만일 신을 특별나게 쓰실 생각이 없으면 신은 삼진三晉의 군왕을 뵙고 오길 청합니다."

"편한 대로 하시오."

"대왕께서는 삼진에서 필요한 것이 없습니까?"

"황금ㆍ구슬ㆍ무소뿔ㆍ상아가 모두 초나라에서 생산되어 과인은 부족한 것이 없소. 따로 삼진한테서 구할 것이 없소."

"설마 대왕께서는 미색을 좋아하지 않습니까?"

귀가 여린 초 회왕이 장의에게 물었다.

"당신은 무슨 말을 하고 싶은 것이오?"

"정나라와 주나라의 여자들은 얼굴에 녹말 가루분을 바르고 머리는 새까매서 거리를 나서면 사람 같지 않고 선녀가 하강한 듯하옵니다."

"초나라는 비루한 나라라서 그같이 미모를 지닌 중원 여자를 본 적이 없소. 과인이 어떻게 미녀를 좋아하지 않겠소?"

초왕은 비싼 주옥珠玉을 장의에게 주어 여비로 삼도록 했다.

남후와 정수가 이 소식을 듣고, 만약 회왕이 중원 미녀를 얻으면 자신들은 총애를 잃을 것이 뻔하다고 생각했다. 그들은 서둘러 장의에게 사람을 보내 말했다.

　　"장군이 삼진에 가려 하신다는 소리를 들었습니다. 마침 우리들 손에 황금 천 냥이 있으니 원컨대 좌우 시종과 함께 여비로 쓰시길 바랍니다."

　　정수는 오백 냥의 황금을 장의에게 주었다.

　　며칠 후, 장의는 초나라를 떠나기 전에 초 회왕에게 말했다.

　　"천하 각국은 관문이 서로 통하지 않아서 교통이 불편합니다. 한번 가면 언제 다시 만날지 모르니 원컨대 대왕께선 신에게 전별주 한잔 내려주시길 바랍니다."

　　초왕은 좋다고 말하며 장의를 청해 술자리를 함께했다. 이때 장의가 두 차례 절을 하면서 말했다.

　　"이곳은 다른 사람이 없으니, 대왕께서 총애하시는 사람들과 함께 술을 마시고 싶습니다."

　　초왕은 남후와 정수를 불러 함께 술을 마시게 했다. 장의는 짐짓 놀라는 표정을 지으며 바로 절을 하고는 자신의 죄를 고했다.

　　"신이 대왕께 죽을죄를 지었습니다!"

　　"그게 무슨 소리요?"

　　"천하를 두루 다녔지만 신은 이 두 왕후처럼 아름다운 여자를 보질 못했습니다. 그러니 신이 대왕을 위해 미녀를 찾는다는 것은 대왕을 속이는 일이 아니고 무엇이겠습니까!"

　　초왕도 무안하여 황망히 말했다.

　　"당신은 안심하시오. 과인도 본래 천하에 이 사람들보다 아름다운 여자가 있다고 생각하지 않았소."

장의는 일찍이 자기가 소진보다 못하다고 생각했다. 태사공 사마천이 다음과 같이 평론했다.

"장의가 한 일은 소진보다 심했다. 이 두 사람은 실로 위험한 인물이었다 하겠다."

소대蘇代

유세로 제나라를 격파하고, 글로 진나라 군대를 물러가게 하다

소대는 동주 낙양(지금의 하남성 낙양 동쪽) 사람이다. 일찍이 6국의 공동 재상을 상징하는 도장을 차고 화려한 외교 활동을 벌였던 유세가의 대명사 소진蘇秦의 동생으로, 그 또한 전국시대에 '종횡가縱橫家'로 이름을 날렸다. 이른바 '종縱'이란 약한 자 여럿이 힘을 합쳐 강한 자 하나를 공격한다는 뜻이며, '횡橫'이란 강한 자 하나를 섬기며 약한 자 여럿을 공격한다는 뜻이다.

소대는 공부도 잘했고 당시 형세에 대해서도 많은 연구를 했다. 이를 바탕으로 여러 나라를 바쁘게 오가며 합종연횡의 주동자이자 조직가로 활약했다. 나라들마다 모순 관계가 복잡하고 형세의 변화도 일정치 않았으며 정국도 안정되지 못하고 수시로 흔들렸기 때문에 합종연횡의 기초도 튼튼할 수가 없었다. 그럼에도 소대는 비바람을 몰고 다니며 주도권을 장악했다. 특히 초와 위나라를 후원으로 삼아 공동으로 제와 진나라의 주장을 제지했으며, 연나라를 위해 제후국들을 돌며 유세하여 제후들로부터 합종의 약속을 받아내는 등 역사상 적지 않은 영향을 남겼다.

소대 초상화

합종으로 제나라를 정벌하여 대승을 거두다

당시 각국의 역량이 수시로 변화하는 상황에서 7국은 강자든 약자든 모두가 자신의 우방을 찾고 있었다. 목적은 자신의 힘을 키워 상대를 배척하고 공격하자는 데 있었다. 당시 제나라와 조나라는 연나라의 원수로, 이들 간에는 늘 사소한 다툼과 전쟁이 반복되고 있었다. 또 초나라와 위나라는 연나라의 동맹국으로, 상호 왕래가 끊이지 않는 등 관계가 비교적 좋았다.

연왕은 제나라를 공격하기 위해 소진을 제나라에 보내 첩자 활동을 하게 함으로써 제나라의 왕과 대부들 사이를 갈라놓았다. 이로써 제나라의 분위기는 긴장될 수밖에 없었지만, 소진은 역으로 제나라 선왕의 신임을 얻어 객경客卿이 되었다. 선왕이 죽고 민왕이 즉위한 뒤 소진은 대부들과의 정쟁에서 암살되었다. 소진이 죽자 그때까지 소진이 벌여

온 첩자 활동의 진상이 드러났다. 제나라는 연나라를 원수로 규정하고 보복을 맹서했다

한편 연왕 쾌噲는 제나라와 맞설 용기를 내지 못한 채 녹모수鹿毛壽란 자의 혓바닥만 믿고는 왕위를 자지子之에게 양보하고 말았다. 기원전 314년, 자지가 왕이 된 지 3년째 되던 해 조정의 관리와 백성들의 불만이 터졌다. 연나라는 내란에 휩싸였고 몇 달 사이에 수만 명이 죽었다. 백성들은 불안하고 두려웠다. 이 틈에 제나라가 군대를 이끌고 연나라를 점령했다. 그렇게 3년이란 세월이 흘렀다.

기원전 312년, 연나라 군민들이 대대적으로 일어나 점령군 제나라에 반기를 들었다. 제나라 군대는 연나라에서 물러나는 수밖에 없었다. 연나라 백성들은 태자 평平을 국군으로 세우니 이가 바로 소왕昭王이었다. 소왕은 즉위한 다음 나라를 부흥시켜 원한을 갚겠다는 결의를 다졌다.

이때 소대가 소왕을 만나 연나라의 정세와 미래에 대해 대화를 나누었다.

"듣자 하니 대왕께서는 잠도 제대로 주무시지 못하고 먹을 것도 제대로 드시지 못하면서 늘 제나라에 대해 원수 갚을 일만 생각하신다지요?"

"제나라에 대한 원한이 뼈에 사무친데 어찌 원한을 씻지 않을 수 있는가? 제나라는 연나라의 원수고 나는 제나라를 공격할 것이다. 하지만 연나라의 국력이 너무 모자라고 많이 지쳐 있다."

소대는 연나라의 상황을 분석한 다음 제나라에 대해 어떤 책략을 구사해야 하는가에 대한 자신의 견해를 밝혔다.

"연나라는 약소하여 제나라와 단독으로 맞설 힘이 모자랍니다. 다른 나라와 동맹해야만 제나라를 공격할 수 있을 것입니다. 제나라는

몇 년째 계속 정벌 전쟁을 벌인 탓에 인력과 재력이 모두 바닥이 난 상태라 틀림없이 재물에 욕심을 낼 것입니다. 국왕께서는 먼저 인질을 제나라에 보내 주도적으로 화친을 요청하고, 동시에 진주며 옷감 같은 재물을 제왕에게 뇌물로 보내 믿음을 주는 것이 옳을 것입니다. 그러면 제나라는 연나라 대신 송나라를 공격할 것입니다. 그렇게 되면 우리가 공격하지 않아도 절로 무너질 것입니다. 우리는 기다리기만 하면 그만입니다."

그로부터 연나라는 무려 20년 넘게 표면상 제나라와 우호 관계를 유지했다. 그러나 등 뒤에서는 비밀리에 다른 나라와 왕래하며 폭넓은 동맹 관계를 체결해놓고 복수의 기회가 오기를 기다렸다. 송나라를 멸망시킨 제나라의 국력은 점점 쇠퇴의 길로 접어들었다.

기원전 284년, 연나라는 동맹국을 조직하여 1차로 제나라를 강력하게 공격했다. 연나라는 맹장 악의樂毅로 하여금 연 · 진 · 초 · 조 · 위 · 한의 6국 연합군을 통솔하여 제나라를 공격하게 했고, 결과는 대승이었다. 연은 승리의 여세를 몰아 곧장 제나라 수도를 향해 쳐들어갔고, 일거에 수도 임치를 포함한 70여 개의 성을 함락했다. 제나라는 한 번 싸움으로 완전 고꾸라졌다. 국왕은 피살되었다. 전국시대 역사상 전례가 드문 일이었다. 사마천은 『사기』에서 "제후들이 제나라 민왕의 교만하고 포악함을 징벌하기 위해 모두 연나라와 합종하여 제나라를 정벌했다."고 기록했다. 소대의 합종책이 중대한 작용을 했다.

교묘한 계책으로 옹씨성을 지키다

초나라 땅은 남방에 있었고, 회하와 한수 유역에는 소국들이 많았다. 춘추시대 후기에서 전국시대 초기에 이르기까지 초나라가 이들 소국들을 계속 소멸시켜 10여 개 정도밖에는 남지 않게 되었다. 다시 말해 전국시대 초나라가 멸망시킨 소국이 가장 많았고 따라서 강역도 가장 컸다.

기원전 307년, 초나라는 군대를 발동시켜 한나라의 옹씨성(雍氏城, 지금의 하남성 우현)을 포위했다. 형세는 위급했고, 한나라 군대는 밤낮을 가리지 않고 죽을힘을 다해 저항하여 초나라의 맹공을 몇 차례 물리쳤다. 계속되는 결사 저항으로 한나라의 인력과 재물은 바닥을 보이기 시작했고, 결국 주 왕실을 향해 구조 물자를 요청하기에 이르렀다. 그러나 줄어들 대로 줄어든 영토에 빈약한 인구와 물자로 근근이 버티고 있던 허수아비 왕실로서는 한나라의 구원 요청에 만족할 만한 답을 줄수 없었다. 주 왕실의 국군은 이 일로 밤잠까지 설쳐가며 어찌할 바를 몰랐다. 그러다 결국 소대에게 자문을 구했다. 소대는 웃으면서 다음과 같이 대답했다.

"제게 좋은 대책이 있습니다. 이대로만 하면 한나라가 주 왕실에 구원을 요청하지 않을 뿐만 아니라 주 왕실은 앉아서 고도(高都, 지금의 하남성 낙양 남쪽) 땅을 얻을 수 있을 것입니다."

소대의 자신만만한 대답에 주의 국군은 벌떡 몸을 일으키며 "그렇게만 된다면 나라를 당신에게 맡겨 관리하도록 하겠소."라며 소대의 손을 잡았다.

그리하여 소대는 한나라로 가서 상국 공손치公孫侈를 만나 이렇게 말했다.

"초나라 소응昭應이 한 말을 알고 계십니까? 소응이 초왕에게 '한나라는 전쟁 때문에 벌써 지칠 대로 지쳤습니다. 국고는 텅 비었고, 양식은 턱없이 모자라고, 백성들의 마음은 흩어져 더 이상 버틸 재간이 없을 것입니다. 이렇게 경황이 없을 때 공격을 가하면 한 달 안에 한나라를 손에 넣을 수 있습니다.'라고 권고했다지요. 하지만 벌써 다섯 달째 옹씨성 하나를 공략하지 못하고 있다는 것은 초나라의 힘이 그만큼 달린다는 증거지요. 아마 옹씨성에 대한 공략을 신중하게 재고하고 있을 것입니다. 그런데 이런 상황에서 당신이 주 왕실에 구원을 요청하는 것은 한나라의 내부 사정을 초나라에 있는 그대로 알려주는 것과 무엇이 다릅니까? 소응이 이런 정보를 알면 틀림없이 초왕에게 군대를 증강하여 다시 공격하자고 권유할 것입니다. 그렇게 되는 날에는 며칠도 못 가 옹씨성은 무너지고 맙니다."

공손치는 소대의 말에 일리가 있다고 생각하고 자신이 한 행동을 후회했으나 때는 이미 늦었다. 이에 소대는 "아직 기회는 있습니다. 지금 당장 고도를 주 왕실에게 주십시오."라고 말했다. 느닷없이 땅을 떼서 주 왕실에 주라는 소대의 말에 공손치는 불쾌한 기색을 감추지 않으면서 "그건 또 무슨 소리요? 구원 요청을 철회하는 것으로도 충분히 주 왕실의 체면을 세워주었거늘 뜬금없이 고도를 주라니 그건 무슨 뜻이요?"라며 물었다. 소대는 다음과 같이 대답했다.

"당신이 흔쾌히 고도를 주 왕실에 주면 주 왕실은 틀림없이 감격하여 한나라에 의지할 것입니다. 그리고 초나라가 이 사실을 알면 벼락같이 화를 내며 주 왕실과 맺은 약속의 신표인 부절符節까지 없애버리고 주 왕실과의 왕래를 끊을 것입니다. 고도를 내주고 주 왕실을 고스란히 취하는 일인데, 이 일을 어찌 마다할 수 있겠습니까? 기꺼이 받아들여야지요!"

이 말에 공손치는 무릎을 치며 감탄을 연발했다. 그리고는 당장 구원 요청을 철회하고 고도를 주 왕실에 떼어 주었다. 아니나 다를까, 주 왕실은 태도를 바꾸어 한나라가 적을 맞아 싸우는 일에 적극적으로 협조했다. 초나라는 하는 수 없이 군대를 철수시켰고, 옹씨성은 이렇게 해서 지켜낼 수 있었다.

편지 한 통으로 진나라 군대를 퇴각시키다

전국시대 중·후기 진秦의 발전에서 양후穰侯 위염魏冉의 영향력은 상당했다. 그의 누이는 진 무왕의 후비였고, 무왕이 죽은 뒤 선태후로 책봉되었다. 그녀는 혜문후의 아들과 왕위를 다투었는데, 한 치의 양보도 없이 격렬하게 투쟁했다. 결과적으로 위염이 선태후를 도와 그 아들을 왕으로 옹립했는데, 이가 바로 진 소왕昭王이다. 소왕은 즉위한 다음 위염을 매우 중용하여 그의 계책이라면 모두 따랐다. 위염은 여러 차례 대외 정벌에 나서 많은 공을 세워 명성을 크게 떨쳤다.

기원전 273년, 양후 위염은 장군 백기 등과 함께 군대를 이끌고 조·한·위 3국을 공격하여 단숨에 조나라의 관진(觀津, 지금의 하북성 무읍 동남)을 공략했다. 이어 양후는 조나라를 달래기 위해 빼앗은 시진을 조나라에 되돌려주는 한편, 4만의 진나라 군대를 조나라로 보내 공동으로 제나라에 대해 선전포고할 준비를 했다. 이 소식을 들은 제 양왕은 초조와 불안에 떨다가 묘사 소대를 불러 대책을 상의했다. 소대는 전혀 당황하지 않고 아주 침착하게 제 양왕의 얼굴을 살피며 말했다.

"대왕께서는 너무 서두르지 마십시오. 제가 편지 한 통을 써서 양후에게 이해관계를 밝히면 제나라에 대한 공격을 막을 수 있을지도 모르겠습니다."

양왕은 소대의 말이 다소 황당하기는 했지만 지푸라기라도 잡았다 싶어 몹시 기뻐하며 바로 편지를 쓰도록 했다. 소대가 양후 위염에게 보낸 편지의 내용은 이랬다.

"사신에게 듣자 하니 진나라가 4만의 군사를 보내 조나라와 함께 제나라를 공격하려고 한다면서요? 저는 양후께서 그렇게 하리라 믿지 않습니다. 그래서 제왕께 '진왕은 현명하시고 모략에 익숙하신 분이며, 양후 역시 지혜롭고 군사에 대해 능통하신 분이라 제나라를 공격하는 일은 하지 않을 것입니다.'라고 말씀드렸습니다. 제가 이렇게 위험을 무릅쓰고 단언한 까닭은 간명합니다. 만약 한·조·위 3국이 연합한다면 진나라에게는 매우 불리할 것이 뻔합니다. 지금 제나라를 공격하는 일은 조나라에게는 좋을지 몰라도 진나라로서는 해서는 안 될 어리석은 일입니다. 조나라와 진나라는 대대로 원수 관계였기 때문에 그렇게 하는 것은 진나라의 이익과도 맞아떨어지지 않습니다. 다시 말해 진나라의 뜻있는 사람들은 '제나라를 깨고 조나라를 빼앗은 다음 그 힘으로 남하하여 초나라를 굴복시키는 것이 완전한 전략 아니겠는가.'라고 반문할 것입니다. 사실 제나라는 이미 감당할 수 없을 만큼 지쳐 있어 진과 조가 함께 공격하지 않더라도 무너집니다. 조나라와 합세하여 공격하는 일은 조나라로 하여금 어부지리를 얻게 할 뿐만 아니라 초나라의 제압은 어림도 없게 됩니다."

소대의 편지는 읽는 사람의 마음을 움직이기에 충분한 호소력을 가지고 있었다.

"다음, 진나라가 병력을 적게 내놓을 경우 조나라와 초나라는 제나라 토벌에 진나라가 별다른 성의가 없다고 판단할 것이며, 대군을 출병시키면 진나라에 대해 힘을 합쳐 제나라를 공격하려는 의도가 없다며 의

심할 것이 뻔합니다. 동시에 대군이 제나라의 국경을 압박하면 제나라
는 틀림없이 진나라를 등지고 조나라와 초나라 진영으로 달려갑니다.
이는 진나라가 바라지 않는 결과 아닙니까?"

한번 터진 소대의 입은 말 그대로 청산유수였다. 편지를 읽는 양후
의 표정이 점점 굳어졌고, 가끔 한숨이 터져 나오기도 했다.

"이 밖에 제나라가 땅을 조나라와 초나라에 떼어 주며 화친을 요청하
면 두 나라는 의심 없이 이를 기꺼이 받아들이고, 진나라와 맺은 협약
은 계속 이행되기 어려울 것입니다. 심하면 제나라에 대한 공격을 중지
할 것입니다. 또 제나라가 진나라에 보복하기 위해 조나라와 초나라 두
나라에 동맹을 제안하여 역으로 진나라를 공격하면 속수무책입니다.
이는 조·초 두 나라가 진나라를 이용하여 제나라를 공격하게 하는 것
이나 다를 바 없으며, 또 제나라를 이용하여 진나라를 견제하는 것이
니 가만히 앉아서 용과 호랑이 싸움을 구경하는 것이 아니고 무엇이겠
습니까? 조나라와 초나라는 이렇게 영리하게 머리를 굴리는데, 어째서
진나라와 제나라는 전쟁의 북소리에 귀가 멀었단 말입니까? 따라서 저
는 이렇게 생각합니다. 진나라는 안읍(安邑, 지금의 산서성 하현 서북)을 얻
어 정성을 다해 다스리면 별다른 근심이 없을 것입니다. 그런 다음 차
츰 천하의 중앙으로 진입하여 기반을 차지하는 것입니다. 이렇게 하는
것이 위험을 무릅쓰고 제나라를 공격하는 것보다 훨씬 유리하지 않을
까요? 이 정도 판단은 누구라도 할 수 있는 것 아닙니까? 그렇기 때문
에 저는 진왕과 양후께서 4만이나 되는 대군을 일으켜 제나라를 섣불리
공격하지 않으리라 자신하는 것입니다."

소대의 편지를 다 읽은 양후는 한참을 생각하더니 바로 군대를 철수시킴으로써 제나라에 대한 공격 계획을 거두어들였다. 후대 사람들은 소대가 한 수 높은 착수로 싸우지 않고 승리를 거두었다고 칭찬을 아끼지 않았다.

인상여藺相如

화씨벽을 온전하게 조나라에 돌려보내고, 회합에서 진나라의 횡포를 막다

인상여는 전국시대 조나라 사람이고, 생몰연월은 고증할 수 없다. 그는 조趙나라 혜문왕惠文王 때 진秦나라에 가서 화씨벽和氏璧을 온전하게 조나라로 돌려보냈고, 민지澠池의 회맹에서 조 혜문왕이 진왕에게 모욕당하는 것을 막아주어 조나라에 큰 공을 세웠다. 이 일로 조 혜문왕의 신뢰를 얻어 상경이 되었고, 조나라의 현명하고 능력 있는 재상이 되었다. 그가 일생 동안 보인 업적과 지혜는 역사의 전고典故와 성어가 되어 후세인으로부터 칭송과 찬미를 받게 되었다.

재능을 인정받다

인상여의 출신은 빈천하여 조나라 환관 무현繆賢의 가신이었고, 관청의 정식 관리가 아니었다. 그러나 그는 경륜이 풍부하고 지혜로워 주인 무현이 난관에 처했을 때 좋은 의견을 내놓아 위기를 모면하게 한 적이 있었다. 이 때문에 무현의 큰 신임을 받았다. 무현은 나라의 이익을 중시하는 어진 환관이었다. 그는 조나라가 위급한 난관에 봉착했을 때 조 혜문왕에게 인상여를 추천했다.

조 혜문왕 때 조나라는 천하의 보물로 알려진 '화씨벽'을 초나라로부

인상여의 상

터 얻어 왔다. 이 소식을 들은 진 소왕昭王이 사신 편으로 한 통의 편지를 조왕에게 보냈다. 그 내용은 진나라의 15개 성과 화씨벽을 맞바꾸자는 것이었다. 그러나 이 제의는 진 소왕의 진심이 아니었다. 조왕이 화씨벽을 주면 그만이고, 그렇지 않으면 이를 핑계로 조나라를 침략할 심산이었다.

조왕은 진 소왕의 계략을 간파하고, 대장군 염파와 여러 대신을 모아놓고 이를 상의했다. 만약 진 소왕의 요구대로 화씨벽을 보냈는데 진나라가 15개 성을 주지 않으면 앉은 자리에서 사기를 당하는 꼴이 되고, 주지 않으면 진나라가 이를 핑계로 공격해 올 판이었다. 그러나

이 문제 해결에 대한 좋은 대안은 나오지 않았고, 또 진나라에 가서 속시원히 해명할 사람도 나오지 않았다.

이처럼 매우 어려운 시점에서 환관 무현이 조왕에게 말했다.

"신의 가신 인상여를 사신으로 보낼 만합니다."

"그대는 그를 어떻게 믿고 이 같은 중임을 맡겨 사신으로 보낼 수 있다고 생각하는가?"

"신이 한번은 죄를 짓고 처벌이 두려워 몰래 조나라를 떠나 연나라로 도망갈 생각을 한 적이 있습니다. 그때 인상여가 신에게 '공께서는 어떻게 연왕이 도망 나온 공을 받아주실 것으로 생각하십니까?' 하고 물었습니다. 신이 '예전에 대왕을 따라 연왕과 함께 국경 근처의 우호 회담에 간 적이 있는데, 연왕이 가만히 내 손을 잡고서 친구가 되자고 말한 일이 있다. 그래서 연왕에게 의탁하려고 한다.'고 말했습니다. 그러자 인상여는 '조나라는 강하고 연나라는 약합니다. 게다가 공께서는 조왕의 총애를 받고 있어 연왕이 공과 교제하려고 한 것입니다. 그런데 공께서 조나라를 버리고 연나라로 가신다면, 연나라는 조나라가 무서워 분명 공을 머물게 하지 않을 것이고, 뿐만 아니라 공을 붙잡아 조나라로 돌려보낼 것입니다. 차라리 공께서 스스로 의복을 벗고 도끼를 들고 가서 조왕에게 죄를 청하는 것이 좋을 듯합니다. 그러면 다행히 죄를 벗을 수 있을지도 모릅니다.'라고 말했습니다. 신이 그의 계책대로 했더니, 과연 대왕께서 은혜를 베푸시어 신을 용서해주셨습니다. 신이 보기에 인상여는 용감하고 지모가 뛰어난 사람이니, 이번에 그를 사신으로 보내는 것이 합당하다고 생각합니다."

조 혜문왕은 개방적인 군왕이었다. 그는 무현의 말을 듣고 매우 기분이 좋아져 바로 인상여를 불러 시험해보았다. 조왕이 인상여에게 물었다.

"진왕이 15개 성을 과인의 화씨벽과 바꾸자고 하는데 주어야 하는 가?"

"진나라는 강하고 조나라는 약합니다. 주지 않을 수 없습니다."

"과인의 화씨벽만을 취하고 성을 주지 않으면 어찌하는가?"

"진나라가 성을 줄 테니 화씨벽을 달라고 했는데 조나라가 받아들이지 않으면 잘못은 조나라에 있게 됩니다. 반대로 조나라가 화씨벽을 주었는데도 진나라가 성을 주지 않는다면 잘못은 진나라에 있게 됩니다. 이 두 가지 상황을 놓고 볼 때, 차라리 그들의 말을 들어주어 잘못한 책임을 진나라가 지도록 하는 것이 좋을 것입니다."

"그러면 누가 사신으로 가는 것이 적당하겠는가?"

인상여가 용기를 내어 말했다.

"만약 대왕께서 보낼 사람이 없다면 신이 화씨벽을 받들고 사신으로 가겠습니다. 성이 조나라 손에 들어오면 화씨벽을 진나라에 두고 오겠지만, 만약 성이 들어오지 않는다면 화씨벽을 온전하게 조나라로 가지고 돌아오겠습니다."

조 혜문왕은 탄복하며 흔쾌히 인상여가 화씨벽을 들고 진나라의 사신으로 가도록 했다.

화씨벽을 온전하게 조나라에 돌려보내다

조 혜문왕 16년(기원전 283년), 인상여는 진나라에 사신으로 갔다. 진 소왕은 대단히 오만하여 평소 스스로의 힘을 믿고 약한 자를 능멸했다. 그는 조나라에서 파견된 사신을 궁정 안에서 접견하지 않고 행락 장소인 장대章台에서 만났다. 곁에는 가무하는 시녀들을 늘어서게 하고, 태도 또한 엄숙하지 않았다. 인상여로서는 따지고 뭐고 할 형편이 아니었다. 그래서 어쩔 수 없이 먼저 화씨벽을 진왕에게 바쳤다. 진왕은 화씨벽을 받자 좌우 미녀들에게 보여주며 크게 웃었고, 좌우 사람들은 만세를 불렀다. 인상여는 한동안 기다렸지만 진 소왕은 성을 내줄 기색을 조금도 비추지 않았다. 인상여는 진왕이 애초부터 성을 줄마음이 없었음을 알고 한 가지 계책을 떠올려 앞으로 나아가 말했다.

"화씨벽에 작은 하자가 있으니, 대왕께 보여드리겠습니다."

진 소왕은 계책인 줄도 모르고 화씨벽을 인상여에게 돌려주었다. 인상여는 화씨벽을 받자마자 물러나와 기둥 곁으로 갔다. 참았던 분노가 치밀어 머리카락이 관을 찌를 정도였다. 그는 진 소왕에게 이렇게 말했다.

"대왕께서 화씨벽을 원하시어 사신을 조나라 왕에게 보내 그 뜻을 전달했습니다. 조왕이 여러 신하들을 모아놓고 상의를 했더니 모두 이렇게 말했습니다. '진나라는 탐욕스러워 자기 힘이 강한 것을 믿고 빈말로 화씨벽을 요구한 것이다. 그들이 보상으로 준다는 성은 아마 얻지 못할 것이다.' 그러니 진나라에 화씨벽을 주지 말자고 했습니다. 그러나 신은 '백성들의 사귐에서도 서로 속이는 바가 없는데 하물며 큰 나라끼리의 사이에서 그럴 수 있겠습니까? 또한 구슬 하나 때문에 강한 진나라의 비위를 거스르면 안 됩니다.' 하고 조언을 드렸습니다. 그리하여 조나라 왕은 닷새간 목욕재계를 하신 후, 신에게 화씨벽을 받들게 하고 삼가 진나라 조정으로 보내신 것입니다. 무엇 때문에 그렇게 했겠습니까? 이는 대국의 위엄을 존중하여 경의를 표하신 것입니다. 그런데 지금 신이 도착하자 대왕께서는 신을 예의에 어긋나게 행락소에서 접견하시고, 화씨벽을 받으시자 미인들에게 돌려 보이며 신을 희롱했습니다. 신은 대왕께서 화씨벽의 대가로 조나라에 성을 줄 마음이 없으신 것을 알게 되었기 때문에 화씨벽을 되받은 것입니다. 만일 대왕께서 신을 다급하게 핍박하신다면, 신의 머리를 화씨벽과 함께 기둥에 부딪쳐 깨뜨려 버릴 것입니다!"

그러고는 기둥을 쳐다보며 당장이라도 부딪치려고 했다.

인상여는 오만한 진 소왕 앞에서 당당하게 그의 무례한 행위를 꾸짖었다. 인상여의 정의와 용기는 차치하더라도, 그가 당시 진나라의 지위와 진 소왕의 심리를 정확하게 분석하여 정곡을 찔렀다는 점에 주목할 필요가 있다. 첫째, 진왕이 확실하게 화씨벽을 얻고 싶어 한다는 점을 파고들었다. 둘째, 진나라는 당시 전국칠웅 가운데 가장 강성한 나라로 패권국가가 되려는 야심을 품었으나 각국이 연합하여 저항하는 바람에 무력 사용과 거짓 우호 관계로 각국을 농락하려 한다는 점을 파악하여 타격을 가했다.

과연 진 소왕은 인상여의 돌출 행동과 늠름한 언사에 놀라 안색과 태도를 바꿔 그를 구슬렸다. 그는 도서를 관장하는 관리를 불러 지도를 가져오게 한 다음, 손가락으로 화씨벽과 바꿀 성 15개를 가리키며 곧 조나라에 넘겨줄 것처럼 말했다. 그러나 인상여는 진왕이 거짓으로 성 15개를 조나라에 넘겨주려는 것이며, 실제로는 성을 얻지 못할 것임을 잘 알고 있었다. 그러나 진왕을 안정시키고 사태를 악화시키지 않기 위해 책략을 바꾸어 진나라 왕에게 이렇게 권했다.

"화씨벽은 온 천하가 아는 진귀한 보물입니다. 조왕께서는 대왕이 두려워 화씨벽을 바치지 않을 수 없으셨던 것입니다. 조왕께서는 화씨벽을 보낼 때 닷새간 재계를 하셨습니다. 그러니 지금 대왕께서도 닷새간 재계를 하시고, 조정의 정전에서 구빈의 예를 행하신다면 신은 삼가 화씨벽을 바치겠습니다."

진왕은 억지로 빼앗을 수 없음을 깨닫고 요구대로 하겠다고 대답하고 인상여를 광성전이라는 영빈관에 머무르도록 했다. 인상여는 진왕이 재계를 하더라도 화씨벽을 수중에 넣으면 약속을 번복하여 성을 조왕에게 주지 않을 것임을 알고 있었다. 때문에 시종했던 하수인을 몰래 불러 허름한 옷으로 갈아입혀 평범한 진나라 백성으로 위장하게 한 다음 화씨벽을 품고 샛길로 빠져나가 조나라로 가져가게 했다.

오만한 진 소왕은 인상여의 계책을 눈치채지 못했다. 닷새 동안의 재계를 마치고 궁중 정전에서 융숭한 구빈의 예식을 차리고 인상여에게 화씨벽을 바치라고 했다. 하지만 결과는 또 허탕이었다. 인상여는 의기양양하게 진왕의 궁정에 들어와 말했다.

"진나라에는 목공 이래 20여 군주가 나왔지만, 여태껏 약속을 굳게 지킨 임금은 없었습니다. 신은 대왕에게 속고 조왕을 배반하게 될까 두려워 사람을 시켜 화씨벽을 이미 조나라에 돌려보냈습니다."

그리고 분위기를 완화시키기 위해 다음과 같이 말을 돌렸다.

"진나라는 강하고 조나라는 약합니다. 그래서 대왕이 사신을 보내 조나라에 한마디 하시자 조나라에서는 즉시 화씨벽을 들고 왔습니다. 지금 강대한 진나라가 성 15개를 조나라에게 주면 조왕이 감히 화씨벽을 안 내주고 대왕께 죄를 짓겠습니까?"

계속해서 인상여는 죽음을 무릅쓰고 말했다.

"제가 대왕을 속였으니 죽을죄를 지었습니다. 청컨대 가마솥에 넣고 삶아 죽이는 형벌을 내려주십시오! 그 전에 대왕은 신하들과 잘 상의하셔서 결정을 내려주셨으면 합니다!"

진 소왕은 매우 난감해했고, 신하들은 서로 쳐다보면서 울지도 웃지도 못하는 상황이 되었다. 어떤 사람이 당장 인상여를 잡아 처형하자고 주청을 올렸다. 진왕은 탄식하며 제지하고는 말했다.

"지금 인상여를 죽인다면 화씨벽은 끝끝내 얻지 못할 것이고, 진나라와 조나라 사이의 우호 관계도 끊기게 될 것이오. 그럴 바에 인상여를 후하게 접대하고 조나라로 돌려보내는 것이 나을 것이오, 조왕이 어찌 구슬 하나로 진나라를 속이겠소?"

그리하여 인상여를 빈객으로 대우하여 조정에서 접견하고, 예를 마치자 조나라로 돌려보냈다. 진 소왕은 비록 탐욕스럽고 오만 방자했지만 사태를 잘 수습했다. 인상여는 지혜로운 계책과 용감무쌍한 정신으로 진나라 조정에서 마침내 자신의 사명을 다하고 화씨벽을 온전하게 조나라로 돌려보낼 수 있었다.

민지에서 욕됨을 면하다

인상여의 지혜와 재능으로 진 소왕은 희대의 보물인 화씨벽을 얻지 못했으나 침략 야욕은 버리지 않았다. 얼마 지나지 않아 그는 조나라의 몇 개 성을 침략했다.

조 혜문왕 20년(기원전 279년), 진 소왕은 다시 속임수를 써서 조나라에 사신을 보내 민지(澠池, 지금의 하남 민지 서쪽)에서 우호 회담을 열자고 제의했다. 조 혜문왕은 진나라가 무서워 가고 싶지 않았다. 이에 인상여와 염파가 상의하여 계책을 올렸다.

"대왕이 가지 않으시면, 조나라가 약하고 비겁하다는 것을 보이게 됩니다."

조왕은 그들의 의견을 받아들여 인상여와 함께 진 소왕을 만나보기로 했다. 가기 전에 인상여와 염파 등은 변경에 대군을 주둔시켜 진나라의 습격과 변고에 대비하고자 했다. 염파는 조왕과 인상여를 변경까지 전송하면서 조왕에게 말했다.

"대왕의 이번 여정은 길어야 30일이 넘지 않을 것입니다. 만일 30일이 지나도 돌아오지 않으시면 태자를 왕위에 오르게 하여 진나라의 야망을 끊어버리도록 해주십시오."

조왕은 이를 허락했다. 그리고 인상여 등을 거느리고 민지에서 진 소왕과 회합했다.

회담 중에 술자리가 한창 무르익어가자 진 소왕이 일부러 조 혜문왕을 모독하려고 말했다.

"과인은 조왕이 음악을 좋아한다고 들었는데, 한번 거문고를 연주해보시지요."

일국의 왕이 회담 중에 거문고를 타는 것은 대단히 영예롭지 못한 일이였으나, 진왕은 사전에 사관을 대기시켜놓고 "모년 모월 모일에 진왕이 조왕과 만나 술을 마시던 중 조왕에게 거문고를 타게 했다."고 기록하게 했다. 이는 진왕이 상대방에게 자신의 외교상 승리를 과시하려는 의도가 있었다. 곁에 서 있던 인상여가 진왕의 뜻을 간파하고 맞받아쳐서 진왕에게 말했다.

"조왕은 진왕이 진나라의 음악에 능하시다고 들었는데, 청컨대 질그릇으로 만든 악기인 분부盆缻를 올릴 테니 함께 즐겨보시지요"

그러자 진왕은 연주할 생각은 하지 않고 노여워했다. 인상여는 조금도 물러서지 않고 앞으로 나와 술이 가득한 분부를 바치면서 진왕 앞에서 연주할 것을 청했다. 진왕이 계속 연주할 기미를 보이지 않자 인상여가 말했다.

"대왕과 신의 거리는 다섯 걸음밖에 되지 않습니다. 끝까지 안 하시겠다면 제 목의 피로 대왕을 물들이겠습니다."

진왕의 좌우 장수들이 칼을 뽑아들고 인상여를 죽이려고 했다. 그러나 인상여가 두려워하기는커녕 눈을 부릅뜨고 꾸짖자 그들은 모두 놀라 뒤로 물러났다. 이런 상황에서 진왕은 달리 방법이 없어 마지못해 젓가락으로 분부를 한 번 두드렸다. 그러자 인상여는 뒤를 돌아보고 조나라 사관을 불러 "모년 모월 모일에 진왕이 조왕을 위해 분부를 연주했다."고 기록하게 했다.

이때 진나라의 한 대신이 나서서 말했다.

"청컨대 조나라의 성 15개를 바쳐 진왕의 장수를 축원해주실 바랍니다."

이 말에 인상여는 조금도 주눅 들지 않고 맞받아쳤다.

"청컨대 진나라의 수도 함양을 바쳐서 조왕의 장수를 축원해주시기 바랍니다."

쌍방은 이렇게 서로 조금도 양보하지 않고 연회를 마쳤다. 진왕은 끝까지 조왕을 이길 수가 없었다. 조나라 역시 많은 군사를 배치하여 대비하고 있었으므로 진나라는 감히 경거망동할 수가 없었다.

이 회담은 쌍방의 실력 차가 나는 상황에서 벌인 외교 전쟁이라고 할 수 있다. 인상여는 초인적인 기민함과 융통성을 발휘하여 상대를 조금도 두려워하지 않는 정신으로 진왕과 그 신하들을 굴복시켜 조 혜문왕이 진나라에 모욕당하는 것을 막았다. 이는 약자임에도 강한 상대를 물리친 외교상의 대승리였다.

나라가 사적인 원한보다 중요하다

인상여는 진나라와의 외교전에서 놀랄 만한 담력과 지모를 보여주었을 뿐만 아니라 내정 문제 처리에서도 비범한 행동을 보였다. 그와 염파廉頗 사이에 벌어진 '문경지교刎頸之交'가 바로 그것이다. 이 사자성어는 후세인들에게 공을 앞세우고 사를 뒤로 미루는 것, 그리고 참고 단결하여 충심으로 나라를 위하는 것에 좋은 본보기가 되었다.

민지의 회담에서 귀국한 후 조 혜문왕은 인상여의 공로를 치하하여 상경으로 삼았는데, 그 지위는 염파보다 윗자리였다. 염파는 자신이 조나라의 대장군으로서 성을 공략하고 국토를 지키는 등 동분서주하여 공로가 가장 크다고 여겼다. 그런데 인상여가 단지 혀를 잘 놀린 공으로 빈천한 신분임에도 자신보다 높은 관직에 오르게 된 것이 불만이었다. 그는 도저히 참을 수가 없어서 이렇게 큰 소리쳤다. "내가 인상여를 보면 반드시 욕을 보여주겠다."

인상여는 적국에서는 비굴하지도 거만하지도 않았고, 강적을 안중에 두지도 않았다. 위협에도 굴하지 않았고 죽음도 마치 집에 돌아가는 일처럼 담담히 받아들였다. 그러나 그는 자기 사람을 대할 때는 겸손하고 공손했고, 늘 참고 양보했다. 염파가 자신을 경멸하며 면전에서 모욕을 주겠다고 벼르고 있다는 소식을 들었어도 이에 맞서려 하지 않고 자기 직위가 더 높은데도 양보하는 태도를 보였다. 조정에 나갈 때는 병을 핑계 삼아 늦게 도착하여 염파와 쟁론을 벌이는 일을 피했다. 또 조정이 파하고 나갈 때 염파의 수레와 마주치면 언제나 먼저 길을 양보하여 염파와 직접 대면하지 않으려고 했다.

그의 이런 행동을 아랫사람들은 이해하지 못했다. 그들은 기가 죽는 것이 수치스러워 이렇게 말했다.

"우리가 집을 떠나 공을 모시는 것은 오직 공의 숭고한 인품과 덕성 때문입니다. 그런데 지금 공은 직위가 염파 장군보다 높은데도, 염 장군이 공에게 악담을 하고 치욕을 주려고 하는 것이 두려워 피해 다니

고 계십니다. 이는 보통 사람들도 부끄러워하는 일인데, 하물며 공 같은 대신께서 왜 그리 처신하십니까? 저희는 도저히 참지 못하겠으니, 이만 공의 곁을 떠나가겠습니다."

인상여는 그들의 심정을 충분히 이해하여 떠나는 것을 재삼 만류하면서 말했다.

"그대들은 염파 장군과 진왕 중에 누가 더 대단하다고 생각하는가?"

"그야 진왕이 더 대단하지요."

"저 진왕의 위세에도 불구하고 나는 그의 궁정에서 꾸짖고 그 신하들에게 모욕을 주었다. 이런 내가 아무리 노둔하다 하더라도 진짜 염파 장군이 겁나서 그랬겠는가? 돌이켜 생각해보면 강대한 진나라가 조나라를 공격하지 못하는 이유는 아마도 염파 장군과 내가 있기 때문일 것이다. 비유컨대 두 호랑이가 어울려 싸우면 결국은 둘 다 살지 못한다. 내가 염파 장군을 피하는 진짜 까닭은 '먼저 국가의 위급함을 생각하고 사사로운 원한을 잠시 뒤로 미루기(선국가지급이후사구야先國家之急而後私仇也)' 때문이다."

인상여의 넓은 가슴은 아랫사람들을 굴복시켰고, 이 소식을 들은 염파 장군도 감동시켰다. 그는 자신의 잘못을 고칠 줄 알고 국가의 이익을 중히 여기는 명장인지라 바로 인상여를 찾아가 양해를 청하기로 결심했다. 그는 자신의 어깨를 드러내고 가시나무 채찍을 등에 지고서 인상여의 집 문 앞에 이르러 사죄했다. '부형청죄負荊請罪'라는 고사성어가 여기서 나왔다. "가시나무를 짊어지고 죄를 청했다."는 뜻이다.

"이 비천한 사람이 공께서 그토록 관대하게 생각해주시는지 미처 헤아리지 못했소."

인상여도 그의 행동에 몹시 감동하여 성심성의껏 그를 대했다. 마침내 두 사람은 기분 좋게 화해하고, 생사고락과 환란을 함께하는 좋은 친구 사이가 되자는 '문경지교刎頸之交'를 약속했다. 후세인들이 이를 근거로 '상호단결'과 "공동으로 대적한다."는 내용을 담은 불후의 명극 「장상화將相和」를 만들었다.

풍환 馮驩

문객으로 두 나라에 유세하고, 교활한 토끼처럼 굴을 세 개 파놓다

풍환은 풍훤馮煖이라고도 한다. 전국시대 제나라 사람이다. 맹상군 (孟嘗君, 전문田文) 문하의 모사이다. 일찍이 맹상군의 봉읍인 설(薛, 지금의 산동성 등현의 동남쪽)에서 밀린 채무를 거둬 오는 책무를 수행했을 때, 상환 능력이 없는 채무자들의 채권을 전부 불태워버려 맹상군에게 도의 道義를 심어주었다. 맹상군이 제나라 재상에서 실각했을 때 그는 진왕과 제왕에게 유세하여 맹상군을 복직시켰다. 풍환은 기이하고도 심오한 모략을 운용했는데, '교토삼굴狡兔三窟'은 그 모략사상의 집약체라고 할 수 있다.

감추어 드러내지 않고 심오하여 헤아릴 수 없다

풍환은 맹상군이 빈객을 불러 모으길 좋아한다는 말을 듣고 해진 짚신을 신고 낡은 칼 한 자루를 든 채 맹상군을 만났다. 맹상군이 풍환을 보고 겸손하게 말했다.

"선생은 먼 길을 찾아오셨는데, 저에게 무슨 가르침을 주시겠습니까?"

풍환은 맹상군이 어진 이를 예의와 겸손으로 대하는 것을 보고, 자

신이 도착하자마자 남들의 주목을 끄는 것을 저어하여 이렇게 함축적으로 말했다.

"군께서 모사를 좋아한다는 말을 듣고 빈천한 몸을 군에게 의지하려고 합니다."

맹상군은 그가 자기를 소개할 때 '모사'라는 말을 쓰는 것을 듣고 그를 식객이 머무르는 '전사傳舍'에 있도록 안배했다. 10일이 지나자 그에게 어떤 술책이 있는지 알아보려고 했다. 맹상군은 전사를 관리하는 사람에게 물었다.

"객은 지금 무엇을 하고 있는가?"

"풍 선생은 매우 궁핍해서 낡은 칼 한 자루만 지니고 있는데, 그 칼도 떼풀로 얽어맸을 뿐입니다. 그는 매일 칼을 두드리며 노래하길 '장검아, 돌아가자! 이곳에는 생선 반찬도 없구나.'라고 했습니다."

맹상군은 풍환이 계책을 내지 않는 것은 먹는 것이 변변치 못한 탓으로 생각하고, 고급 숙소인 '행사幸舍'로 옮기게 하여 매일 고기 반찬을 먹을 수 있게 했다.

5일이 지난 후 맹상군은 다시 관리자를 불러 풍환이 무엇을 하고 있는지 물었다.

"풍 선생은 매일같이 장검을 두드리며 노래하길 '장검아, 돌아가자! 이곳에는 출입하는 수레도 없구나.'라고 했습니다."

맹상군은 풍환을 가장 높은 등급의 숙소인 '대사代舍'로 옮기게 하여 출입할 때 수레를 준비하여 타도록 했다. 또 5일이 지나, 맹상군은 관리자에게 풍환이 무슨 좋은 의견을 냈느냐고 물었다.

"풍 선생은 다른 말은 하지 않고, 긴 칼을 두드리며 노래하길 '장검아, 돌아가자! 이곳에는 머물 집이 없구나.'라고 했습니다."

맹상군이 관리자에게 "풍환의 집에 친척이 있느냐?"고 묻자 관리자가 "모친이 있다."고 대답했다. 맹산군은 풍환의 모친에게 돈과 선물을 넉넉히 보냈다. 맹상군은 풍환이 대단히 기이하고 숨은 재능을 지니고 있으나 제대로 발휘하지 못하는 것으로 여겨 그를 책망하지 않고 문하에 남겨두었다.

사전에 승낙을 얻고 주인을 위해 의리를 사다

1년이 지나도 풍환은 맹상군에게 여전히 자신을 의견을 밝히지 않았다. 이때 맹상군은 제나라 재상을 맡고 있었다. 그는 비록 설 지방에 만호의 채읍이 있었지만 그의 식객이 3천여 명이나 있어 채읍의 조세수입으로는 식객들의 소비와 급료를 지급하기에 벅찼다. 그래서 맹상군은 설 땅의 사람들에게 돈을 대부해주었으나 돈을 빌려간 사람들 중에 많은 사람들이 기한이 넘었는데도 이자조차 내지 않았다. 맹상군이 이를 걱정하여 좌우 사람들에게 물었다.

"식객 중에 누가 설 땅에 가서 빚을 거두어 올 수 있겠는가?"

식객을 관리하는 자가 대답했다.

"풍공은 나이가 많고 언변이 뛰어난 것 같은데, 그를 보내 빚을 받아 오는 것이 어떻는지요?"

맹상군은 장검을 두드리고 노래를 부르면서 불평을 털어놓았던 풍환을 떠올리며 그가 채무를 받아 오는 것에 대해 흔쾌히 동의했다. 맹상군은 직접 그를 불러 다음과 같이 당부했다.

"빈객들은 저의 불초함을 알지 못하고 요행히도 내방한 사람이 3천여 명이나 됩니다. 봉읍의 수입으로는 빈객들을 대접하기에 부족해서 이자를 얻으려고 설 땅에 돈을 빌려주었습니다. 그런데 돈을 빌려간 사람들이 이자도 갚지 않아 1년 동안 수입이 거의 없습니다. 그러니 선생이 설에 가서 채무를 받아주셨으면 합니다."

풍환은 대수롭지 않게 생각하고 "알겠습니다."라고 대답했다. 풍환은 떠나기 전에 맹상군에게 설 땅에서 무엇을 사 가지고 와도 되느냐고 물었다. 이에 맹상군은 자기 집에 부족한 것이 있으면 마음대로 사 가지고 오라고 당부했다.

풍환은 설 땅에 가자 먼저 채무자 중에 빚을 갚을 수 있는 자와 없는 자를 조사했다. 그리고 빚을 갚을 수 있는 사람은 서둘러 갚게 하고, 갚을 수 없는 자들은 그 원인을 물어보았다. 얼마 후 그는 거두어들인 10만 전의 이자 돈으로 많은 술과 살찐 소를 사놓고는 모든 채무자들을 불러 모아 잔치를 베풀었다. 술자리가 한창 무르익었을 때 풍환은 증서를 꺼내 들고, 이자를 낼 수 있는 사람에게는 기한을 정해주고, 도저히 이자를 낼 수 없이 가난한 사람들의 증서는 불태워버렸다. 그러면서 말했다.

"맹상군께서 여러분에게 돈을 빌려준 목적은 잠시 돈이 없는 백성들이 본업에 힘쓰게 하기 위해서입니다. 그런데 이렇게 여러분에게 이자를 받으러 온 까닭은 3천여 명이나 되는 빈객들을 대접할 것이 없기 때문입니다. 이제 여러분 중에 이자를 갚을 수 있는 사람은 기한을 정해 갚고, 이자를 갚을 수 없는 어려운 사람은 채무증서를 불태워 없앴습니다. 그러니 여러분들은 마음껏 술과 음식을 드십시오! 여러분들은 이처럼 관대한 영주를 만났으니, 참으로 다행이라고 할 수 있습니다."

채무자들은 풍환의 행동과 말에 감동되어 모두 벌떡 일어나서 환호성을 질렀다. 풍환에게 절을 하고 감사해하면서 맹상군의 어짊과 자선 사업에 대해 입이 마르도록 칭찬을 했다.

풍환은 빚 받는 일을 신속히 마친 후 바로 맹상군에게 돌아와 정황을 보고했다. 맹상군은 풍환이 예상 밖으로 일찍 돌아오자 기이한 한편 기뻐서 서둘러 의관을 갖추고 풍환을 접견하여 물었다.

"풍 선생, 채무 받아 오는 일은 마치셨습니까? 어찌 이리 빨리 돌아오셨습니까!"

그리고 계속해서 물었다.

"사 오신다던 물건은 가지고 오셨습니까?"

풍환은 맹상군을 보며 진지하게 대답했다.

"제가 떠날 때 군께서 군의 집에 부족한 것이 있으면 뭐든지 사 오라고 하셨습니다. 군의 부중府中에는 진귀한 보물이 많이 있고, 우리에서는 많은 개와 말이 사육되고 있고, 또한 시녀와 첩 등 미인도 있습니다. 다만 저는 군께 부족한 것이 '의리'라고 생각했습니다. 그래서 군을 위해 '의리'를 사 가지고 왔습니다."

맹상군은 영문을 모르겠다는 표정으로 다시 물었다.

"선생이 '의'를 사 가지고 오셨다는데, 더 자세히 설명해주실 수 있겠습니까?"

"지금 군께서는 작은 설 땅을 가지고 계시는데, 그곳 백성을 어루만져 사랑할 줄 모르고 이득을 취하려 생각하셨습니다. 그래서 제가 군을 위해 짐짓 군의 지시인 것처럼 가장하여 돌려받지 못할 채권을 몽땅 불태워버렸습니다. 제가 그렇게 하자 백성들이 매우 기뻐하면서 모두들 군을 위해 만세를 불렀습니다. 이 때문에 제가 군을 위해 '의리'를 사 가지고 왔다고 하는 것입니다."

이때까지도 맹상군은 여전히 깨닫지 못하고 기막히고 기분 나쁘다는 투로 말했다. "그만두시오, 풍 선생!" 그러자 풍환은 더 자세히 맹상군에게 설명했다.

풍환의 '분권시의'를 나타낸 그림

"제가 태워버린 채권은 모두 가난한 사람들의 것입니다. 돈 있는 사람의 채권은 태워버리지 않았습니다. 그들에게는 갚을 기한을 정해주었습니다. 가난한 사람들에게는 10년 기한을 주고 갚으라 해도 갚지 못할 것이고 10년치 이자만 점점 늘어날 것이며, 그리 되면 그들은 집을 버리고 달아날 것입니다. 그들이 달아나면 본전과 이자를 돌려받지 못할 뿐만 아니라, 제나라 왕은 군께서 사리사욕만 취하고 선비나 백성을 사랑하지 않는다고 여길 것입니다. 사람들은 군께서 선비와 백성을 사랑하라는 제나라 왕의 종지를 저버렸다고 생각하고 가혹하게 재물만 착취한다고 할 것입니다. 그러면 군의 명성을 드러낼 수 없습니다. 어차피 돌려받을 수 없는 빚 증서를 불태워버려 나중에 받을 수 있다는 헛계산을 버림으로써, 설의 백성들로 하여금 군과 더욱 친하게 하고 널리 군의 훌륭한 명성을 드러내려 한 것입니다. 군께서는 아직까지 제 말을 이해하시지 못하고 의심하고 고민하고 계신지요!"

맹상군은 풍환의 말에 완전히 심복하고 정중히 예를 갖추어 감사해했다. 이상이 저 유명한 '분권시의焚券市義'라는 고사이다. "채권을 불태우고 의리를 사다."는 뜻이다.

교활한 토끼처럼 세 개의 굴을 준비해야
베개를 높이 하고 걱정 없이 잘 수 있다

얼마 후, 제왕은 진나라와 초나라의 이간질에 현혹되어 맹상군이 높은 명성을 바탕 삼아 권력을 제멋대로 휘두른다고 여겨 그를 조정에서 몰아냈다. 맹상군은 실직 후 그의 채읍인 설 땅에 가서 거주하려고 했다. 설 땅의 백성들은 맹상군이 가난한 사람들의 채권을 불태웠던 은덕을 떠올리고 그가 돌아온다는 소식을 듣자 모두 그를 동정했다. 그리하여 집집마다 늙은이를 부축하고 어린이를 이끌고 징을 치면서 백리 밖까지 나와 그를 영접했다. 이를 본 맹상군은 크게 감동했고, 다시금 풍환에게 탄복하며 정중히 말했다.

"선생이 저를 위해 '의리'를 사 가지고 오신 것을 오늘에야 보게 되었습니다."

이에 풍환이 대답했다.

"교활한 토끼처럼 세 굴을 준비해야 하는데, 지금 군께서는 한 굴밖에 파지 못하여 아직은 베개를 높이 하고 걱정 없이 잘 수 없습니다."

이어서 다음과 같이 제의했다.

"제가 군을 위해 다시 두 굴을 파드리겠습니다. 청컨대 진나라에 타고 갈 수 있게 수레 한 승을 빌려주시면 반드시 군께서 제나라에 중용되게 하고 봉읍이 더욱 넓어지도록 하겠습니다. 군께서 한번 시험해보시겠습니까?"

이는 맹상군이 꿈에서도 바라던 일이었다. 그래서 바로 멋진 수레와 여비를 준비하여 그를 진나라로 보냈다.

풍환은 진나라에 도착하자 요긴한 일이 있다며 진나라 왕과의 면담을 청했다. 진왕을 만난 자리에서 풍환은 이렇게 유세했다.

"서쪽으로 수레를 끌고 말을 달려 진나라에 들어온 천하 유세가들 중에 진나라를 강하게 하고 제나라를 약하게 하려고 하지 않는 사람이 없습니다. 반대로 수레를 끌고 말을 달려 동쪽 제나라에 들어가는 사람은 제나라를 강하게 하고 진나라를 약하게 하려 합니다. 왜냐하면 이 두 나라는 자웅을 다투는 나라들이고 세력이 양립하는지라, 두 나라가 다 수컷이 될 수 없으니 최후에 수컷이 되는 나라가 천하를 얻을 것이기 때문입니다."

진왕은 여기까지 들었을 때 자세를 바로 하고 겸손하게 물었다.

"어떻게 해야 진나라가 암컷이 되지 않고 수컷이 되겠소?"

"대왕께서도 제나라에서 맹상군을 파면시킨 것을 알고 계십니까?"

"알고 있소."

"천하에 제나라를 중하게 만든 사람은 맹상군입니다. 지금 제왕이 맹상군에 대한 비방을 듣고 파면시켰으니 그는 속으로 원망하면서 반드시 제나라를 배반할 것입니다. 그가 제나라를 배반하고 진나라에 들어오면 제나라와 인사人事의 실정을 진나라에 모두 다 이야기할 것이고, 그러면 제나라 땅을 얻게 될 것이니, 어찌 다만 수컷만 될 뿐이겠습니까? 왕께서는 시기를 놓치지 마시고 급히 사자를 시켜 예물을 싣고 가서 은밀히 맹상군을 맞이하십시오. 만약 제나라가 깨닫고 다시 맹상군을 등용하게 된다면 그때는 자웅의 소재를 알 수 없을 것입니다."

진왕은 크게 기뻐하며 수레 10승과 황금 100일鎰을 보내 맹상군을 맞이하게 했다.

풍환은 진왕에게 계책을 바친 후 바로 수레를 타고 제왕을 찾아가 유세했다.

"진나라와 제나라는 자웅을 겨루는 나라로 진나라가 강하면 곧 제나라는 약하게 되니, 두 나라가 모두 수컷이 될 수 있는 것은 아닙니다. 지금 제가 듣자 하니 진나라에서 사자를 보내 수레 10승에 황금 100일을 싣고 맹상군을 맞이하게 했다고 합니다. 맹상군이 서쪽으로 가지 않으면 그만이지만, 서쪽으로 가서 진나라의 재상이 된다면 곧 천하가 그에게 돌아갈 것이고, 그리하면 진나라는 수컷이 되고 제나라는 암컷이 될 것이니, 암컷이 되면 임치와 즉묵은 위태로워질 것입니다. 왕께서는 어째서 진나라 사자가 도착하기 전에 먼저 맹상군을 다시 등용하시고 봉읍을 더 넓혀주시어 그에게 사과하지 않습니까? 맹상군은 반드시 기뻐하며 그것을 받을 것입니다. 진나라가 비록 강한 나라이지만 어찌 타국의 재상을 맞이하겠다고 청하겠습니까? 진나라의 음모를 꺾어 그들이 강한 패자가 되려고 하는 책략을 끊어야 합니다."

제왕은 좋은 생각이라고 말하고 즉시 변경에서 진나라 사자를 막는 동시에 맹상군을 불러 재상의 지위를 회복시키고 설 땅에 천 호의 채읍을 더해주었다. 제나라 국경까지 온 진나라 사신들은 제왕이 맹상군을 다시 제나라의 재상으로 삼았다는 말을 듣고 수레를 되돌려 돌아갔다.

맹상군은 복직된 후에 풍환을 찾아갔다. 풍환이 말했다.

"이제 세 번째 굴을 팔 차례입니다. 군께서는 국왕을 만나셔서 '원컨대 선왕의 제기와 종묘를 설 땅에 세우시길 바랍니다.' 하고 말씀드리십시오."

선왕의 제기와 종묘는 모두 권력과 위엄을 나타내는 것으로, 그것들을 맹상군의 봉지에다 세운다면 이후 맹상군의 지위는 흔들려야 흔들 수 없게 되는 것이었다. 과연 제왕은 맹상군의 주장에 동의하여 종묘를 설 땅에 세웠다. 비로소 풍환이 맹상군에게 말했다.

"세 굴을 마련했으니, 군께서는 베개를 높이 하고 편안히 주무실 수 있습니다!"

맹상군은 수십 년 동안 제나라의 재상을 지냈다. 그의 위엄과 명망이 계속 높아진 것은 풍환의 공이라고 할 수 있다. 때문에 『전국책』「풍환객문상군」에서는 "맹상군이 수십 년 동안 재상을 지내면서 아무런 화를 당하지 않았던 것은 풍환의 계책 덕분이었다."고 평가했다.

한번은 맹상군이 풍환에게 말했다.

"내가 항상 빈객을 좋아하고 그들을 대접함에 실수한 일이 없어 식객이 3천여 명이나 되었던 것은 선생께서도 잘 아실 것입니다. 그런데 내가 파직되는 것을 보고 하루 만에 다들 나를 저버리고 가버렸습니다. 이제 선생 덕분에 다시 그 지위를 얻었지만 식객들이 무슨 면목으로 나를 다시 볼 수 있겠습니까? 다시 나를 보려는 사람이 있다면 반드시 그 얼굴에 침을 뱉고 크게 욕보일 것입니다."

이에 풍환이 대답했다.

"그렇지 않습니다. 군의 말씀은 타당하지 않습니다. 군도 잘 알고 계시지 않습니까? '사물이 반드시 돌아가는 것은 필연의 결과'라는 것을요. 삶이 있으면 죽음이 있는 것은 사물이 반드시 돌아가기 때문입니다. 부유하고 귀하면 선비가 많이 모이고, 가난하고 천하면 친구가 적은 것은 당연한 일입니다. 선생께서는 아침에 시장에 모이는 사람들을 보지 못하셨습니까? 날이 밝으면 어깨를 부딪치며 다투어 문으로 들어가는데,

날이 저문 뒤에는 시장을 지나는 사람들이 어깨를 늘어뜨리며 돌아보지 않습니다. 이는 아침을 좋아하고 저녁을 싫어해서가 아니라, 기대하는 물건이 그 안에 없기 때문입니다. 이제 선생께서 지위를 잃으니 빈객들이 다 떠나갔는데, 이를 두고 선비들을 원망하며 일부러 오는 빈객들의 발길을 끊을 필요는 없습니다. 선생께서는 예전과 같이 빈객들을 대우하시기 바랍니다."

맹상군은 그의 가르침을 듣고 말했다.
"삼가 분부한 대로 하겠습니다. 선생의 말씀을 듣고, 어찌 가르침을 따르지 않을 수 있겠습니까!"

우경 虞卿

상황을 예측하여 조나라를 돕다

우경은 전국시대 후기의 이름난 외교모략가다. 그는 짚신을 신고 우산을 든 채 처음 조나라로 가서 효성왕孝成王에게 유세하니 효성왕은 황금 100일(鎰, 1일은 20 또는 24냥)과 백옥 한 쌍을 상으로 내렸다고 전한다. 두 번째 만남에서 효성왕은 그를 상경에 임명했는데, 여기서 우경이란 이름을 얻게 되었다.

기원전 265년, 진秦나라 군대가 원교근공 책략에 따라 한韓나라의 소곡(少曲, 지금의 하남성 제원현 동쪽)과 고평(高平, 지금의 하남성 맹현 서북쪽)을 공격했다. 2년 뒤에는 또 태행산 남쪽 끝의 남양(南陽, 지금의 하남성 심양현)을 점령하여 한나라의 허리를 두 동강냄으로써 상당군(上黨郡, 지금의 산서성 장치시 일대)과 본토가 끊어지게 되었다. 한의 환혜왕桓惠王은 상당을 진나라에 넘겨주고 화친을 청할 생각이었다. 그러나 상당군의 군수 풍정馮亭은 조趙나라에 의지했다. 조나라는 평원군平原君을 보내 상당을 접수하게 했다.

상당은 전략상 요충지라 진이 조를 공격하려면 먼저 상당을 공격해야만 했다. 진은 거의 손에 넣은 상당을 얼떨결에 조에 빼앗기자 열을 받았다. 조의 군대가 방어를 소홀히 하는 틈을 타서 대장 왕흘王齕에게 기습을 가하도록 했다. 상당의 조나라 군대는 장평(長平, 지금의 산서성 고평현 서북쪽)으로 퇴각했다. 이 소식을 접한 조의 효성왕은 급히 염파廉頗

로 하여금 대군을 이끌고 구원하도록 했다. 두 나라 군대는 장평에서 서로 대치하기에 이르렀다.

이때 효성왕은 장수 누창樓昌과 우경을 불러 대책을 상의했다. 누창은 조정의 비중 있는 신하를 보내 강화를 요청할 것을 건의했다. 이에 대해 우경은 이렇게 말했다.

"누창은 강화하지 않으면 패배하는 것처럼 생각하는 모양입니다. 하지만 지금 상황에서 싸우느냐 강화하느냐의 결정권은 진나라 수중에 있습니다. 진나라의 목적은 조나라를 패배시키는 것이기 때문에 우리와 강화하는 것에 동의하지 않을 것입니다. 그러니 귀한 보물과 함께 사신을 초나라와 위나라로 보내 연합을 도모하는 것이 나을 것입니다. 두 나라는 대왕의 귀중한 보물을 얻으려고 우리 사신을 틀림없이 접대할 것입니다. 조나라 사신이 초와 위나라의 접대를 받으면 진나라는 각국이 합종하여 자신에게 대항하는 것으로 의심하여 두려움을 가질 것입니다. 이렇게 한 다음 강화를 거론해야 효과가 있지 않겠습니까?"

그러나 조 효성왕은 우경의 의견을 받아들이지 않고 평양군 조표와 함께 정주를 진나라로 보내 강화를 요청하기로 결정했다. 진나라 양왕 영직(재위 기원전 306~기원전 251년)은 정주를 접대했다. 효성왕은 강화가 성사될 것으로 생각하고 우경에게 "내가 사람을 보내 강화를 요청했더니 진나라가 사신으로 간 정주를 접대했다. 그대는 어떻게 생각하는가?"라고 물었다. 다그치듯 몰아붙이는 효성왕의 기세에 우경은 아랑곳하지 않고 침착하게 대답했다.

"대왕께서는 평화를 얻으실 수 없습니다. 조나라는 틀림없이 진나라에 패합니다. 승리의 축배는 진나라 몫이 될 것입니다. 진나라는 정주를 이용하여 자신들의 우세를 한껏 과시할 것입니다. 조·위 두 나라는 대왕께서 진나라에 대해 강화를 요청했기 때문에 구원병을 보내지 않을 것입니다. 각국이 조나라를 돕지 않으려 한다는 사실을 알게 되면 강화는 물 건너갑니다."

우경의 예상대로 진은 조를 마비시키고 각국의 합종 연합을 방지하면서 시간을 벌어 군사 준비를 강화할 계획이었다. 그래서 조가 강화를 요청한 기회를 이용하여 진·조가 벌써 화해했다고 크게 떠벌렸다. 그러나 실제로는 강화에 나서려 하지 않았다. 초·위·제는 원래부터 진을 두려워하고 있던 차에 이번 일로 조와 더욱 멀어졌다.

결과적으로 진은 장평에서 조나라 군대를 대파했다. 조의 40만 대군이 생매장당하는 일대 참극이었다. 살아 돌아온 자는 고작 240명의 어린 병사들이 전부였다. 조가 장평에서 처참하게 패한 까닭이야 여러 가지지만 외교 면에서는 우경의 말을 듣지 않은 것이 중요한 원인으로 작용했다.

기원전 260년, 장평에서 조의 군대를 몰살하다시피 한 진은 조로 사신을 보내 6개 성을 떼어 받는 조건으로 강화를 제안했다. 이 정보를 접한 우경은 효성왕에게 급히 대책을 아뢰었다.

"진이 조를 공격해놓고 강화를 제안한 것은 진의 군대가 피로 때문에 철수하려는 것일까요, 아니면 힘이 남았는데도 대왕을 아끼는 마음에서 공격하지 않는 것일까요?"

우경의 질문에 효성왕은 "진은 우리를 공격하느라 힘이 다 빠졌을 것이다. 틀림없이 피로 때문에 철군하려는 것이다."라고 대답했다. 이에 우경은 다음과 같이 상황을 분석했다.

"진은 전군을 동원하여 공격해서 성을 얻고 싶어 하지만 병력이 지쳐 철수하려는 것입니다. 그런데 대왕께서는 되레 공략할 수 없는 6개 성을 떼어 주시려 하니 이는 진이 우리를 공격하라고 돕는 꼴입니다.

내년에 진이 다시 우리를 공격할 경우 대책이 있습니까?"

조왕은 우경에 말에 일리가 있다고 생각해서 이 이야기를 누완樓緩에게 알려주었다. 그러자 누완은 말했다.

"손바닥만 한 땅을 내주지 않으려다 내년에 진이 다시 공격해 오면 내지의 땅을 들고 강화를 구걸해야 할 판 아닙니까?"

우경과는 전혀 다른 견해를 제기한 누완에게 효성왕은 "그대의 건의대로 6개 성을 떼어 준다면 진이 다시 우리를 공격하지 않으리라 보증할 수 있는가?"라고 물었다. 이에 누완이 대답했다.

"그건 제가 보증할 수 없습니다. 지난날 한ㆍ조ㆍ위 3국과 진의 관계는 매우 좋았습니다. 지금 진이 대왕만 공격하는 것은 대왕이 한ㆍ위가 하는 만큼 진을 제대로 섬기지 않기 때문입니다. 그러니 이런 관계 때문에 전쟁이 일어나지 않도록 국경에 시장을 열어 서로 교역 관계를 갖도록 하십시오. 말하자면 한ㆍ위와 마찬가지로 진과 수호 관계를 수립하는 것입니다. 그렇게 했는데도 진이 다시 우리 조를 공격해 온다면 그것은 역시 대왕께서 진을 한ㆍ위만큼 제대로 섬기지 못했음을 뜻합니다. 따라서 저로서는 내년에 진이 다시 대왕을 공격하지 않으리라 보증할 수 없습니다."

효성왕은 누완의 말을 우경에게 알려주었고, 우경은 이렇게 말했다.

"6개 성을 가지고 강화를 요청하지 않으면 진이 내년에 다시 공격해 올 것이라 하는데, 그렇다면 6개 성을 할양해도 소용없다는 것 아닙니까? 내년에 다시 진이 공격해 왔을 때 진즉에 떼어준 땅을 가지고 다시 강화를 요청할 순 없는 노릇 아닙니까? 그것은 멸망을 자초하는 짓으로 강화를 거부하느니만 못합니다. 진은 전투에 능한 군대를 가지고도 6개 성을 빼앗지 못했고, 우리 조는 약세임에도 6개 성을 잃지 않았습니다.

진이 공격하다 지치면 돌아갈 것이고, 병사들은 힘이 빠질 것입니다. 우리가 6개 성을 잘 활용하여 천하 제후들을 매수한 다음 다시 한 번 합종책으로 지친 진을 공격하면 우리가 제후국들에게 다소 내주는 것은 있을지 몰라도 진을 공격하여 얻는 바가 있을 것이니 오히려 우리에게 득이 될 것입니다. 누완의 말은 앉아서 진이 우리 땅을 차지하길 기다리는 것으로, 자신의 취약점으로 진을 더 강하게 만들어주는 것이나 마찬가지입니다. 제가 말씀드린 방법이 이보다야 훨씬 낫지 않습니까? 누완은 진이 한·위와 화친하여 우리 조를 공격하는 것은 진을 받드는 대왕의 정성이 한·위만 못하기 때문이라고 했다지요? 이는 대왕으로 하여금 매년 성 6개를 진에 갖다 바치라는 말과 같습니다. 진은 앉아서 우리 땅을 야금야금 다 먹어치우겠지요. 1년 뒤 진이 다시 우리를 공격해 오면 대왕께서는 땅을 또 떼어 주실 참인가요? 주지 않으시겠다면, 그것은 이전에 힘들게 맺어놓은 관계를 포기하고 진의 전의를 도발하는 꼴이 되겠지요? 반대로 땅을 또 떼어 주면 다 줄 때까지 계속 주어야겠지요. 속담에 '강자는 잘 싸우고, 약자는 스스로 지킬 수 없다.'는 말이 있지요. 지금 대왕께서는 진이 판을 벌이는 모습을 그냥 지켜보시겠다는 뜻입니다. 진은 군대를 동원하지 않고도 많은 땅을 얻게 될 것이고, 이는 진을 강하게 만들고 우리 조를 더욱 약화시키는 방법이지요. 본래 강했던 진은 더욱 강해지고, 본래 약했던 조는 더욱 약해지겠지요. 이런 방법은 끝이 없습니다. 다시 말해, 진은 원래 뱀이나 이리 같아 예의 같은 것은 모릅니다. 그 욕망은 끝이 없을 것입니다. 대왕의 땅을 다 차지할 때까지 말입니다. 유한한 땅으로 무한한 욕망을 다 채워줄 수는 없는 노릇 아닙니까? 결과는 조의 멸망입니다. 누완의 건의는 허망한 것입니다. 따라서 대왕께서는 절대 6개 성을 진에 떼어 주어서는 안 됩니다.”

효성왕은 우경의 말에 동의했다. 이 정보를 접한 누완이 다시 입궁하여 효성왕을 만났다. 그는 우경의 논리를 반박하고 나섰다.

"우경은 하나만 알고 둘은 모릅니다. 진과 조가 원수가 되어 서로 치고받고 싸우면 천하 제후들이 모두 기뻐할 것입니다. 왜냐하면 그들은 강국에 의지하여 약국을 속이고 능멸하려고 하기 때문입니다. 지금 조는 진의 손아귀에 있습니다. 하루빨리 땅을 떼어 주고 강화를 애걸하지 않으면 천하 제후들이 진이 성난 틈을 이용하여 조를 지치게 하고 조를 쪼개려 들 것입니다. 그때가 되면 조의 멸망은 불을 보듯 훤합니다. 대체 무슨 조건으로 진을 도모한단 말입니까? 생각해보십시오. 이보다 더 나은 대책은 없습니다."

누완이 효성왕을 찾아가 자신의 의견을 반박했다는 소식을 들은 우경 역시 즉시 입궁하여 다시 한 번 자신의 생각을 강조했다.

"위험천만입니다! 누완이 차라리 진을 돕겠다는 것이나 마찬가집니다. 조가 진의 수중에 있고, 또 땅을 떼어 주고 강화를 구걸한다고 하면 천하 사람들은 조가 더 이상 버티지 못하는구나 하고 의심할 것이 뻔합니다. 게다가 진을 어떻게 만족시킨단 말입니까? 그렇게 되면 오히려 조의 약점을 만천하에 공개하는 것이나 마찬가지입니다. 우리가 땅을 진에 할양하지 않는 것이 누구에게도 땅을 내어주지 않겠다는 뜻은 아닙니다. 진은 대왕께 6개 성을 요구했고, 대왕께서는 6개 성읍을 차라리 제나라에 줄 수도 있습니다. 제는 진과 맞설 수 있는 강적이고, 제가 우리 6개 성을 얻을 수 있다면 대왕과 협력하여 진을 공격하는 데 동의할 것입니다. 대왕께서는 땅을 잃긴 하겠지만 진으로부터 그에 상응하는 보상을 받을 수 있습니다. 또 진에 쌓인 제·조 두 나라의 원한 관계도 이로써 해결되겠지요. 또 있습니다. 우리 조는 자신의 능력과 힘을 각국에 과시하는 효과도 거둘 수 있습니다. 대왕께서 다시 제와 우호 관계를 맺었다는 소식이 전해지면 제 · 조 두 나라 군대가 진을 공격하지 않는다 하더라도 진은 많은 재물을 조에 보내 강화를 요청할 것입니다. 대왕께서는 못 이기는 척 강화를 받아들이시면 되고, 이 소식을 들은 한 · 위 두 나라는 틀림없이 대왕을 존중하여 앞을 다투어 재물과 보화를 대왕께 드리려 할 것입니다. 이렇게 되면 대왕께서는 단숨에 제 · 위 · 한 3국과 친해지고, 진과는 입장이 역전되어 주도권을 쥐게 될 것입니다."

효성왕은 기막힌 계책이라며 칭찬을 아끼지 않았다. 이에 우경을 제로 보내 제왕과 진에 대응하는 방안을 상의하게 했다. 우경이 귀국하기도 전에 제는 조에 사신을 보냈다. 누완은 서둘러 조나라에서 도망쳤다. 조는 우경의 모략으로 나라를 보존할 수 있었으며, 또 큰 성공을 거두었다. 효성왕은 우경에게 성읍 하나를 상으로 내려 그의 공을 치하했다.

조승趙勝

빈객의 모략으로 한단을 위기에서 구하다

조승(?~기원전 251년)은 조나라 종실의 대신으로, 조 무령왕의 아들이고 조 혜문왕의 아우다. 형제 중에 가장 현명하고 유능했으며 선비를 예의로 대우하여 빈객이 수천이나 되었다. '전국사군戰國四君' 중의 하나인 그는 조 혜문왕과 효성왕 때에 재상을 지냈다. 봉지封地가 평원(平原, 지금의 산동성 평원현 서남쪽)이기 때문에 평원군이라 불렸다.

인심을 얻기 위해 미인의 머리를 베다

평원군의 집에는 높은 누각이 있어 민가를 내려다볼 수 있었다. 누각 밑의 민가에 한 절름발이가 있었는데, 절름절름 걸어 우물가에서 물을 길어 오고는 했다. 어느 날 평원군의 젊은 애첩이 누각 위에 있다가 절름발이의 모습을 보고는 깔깔대며 비웃었다. 다음 날 절름발이가 평원군의 문 앞에 와서 말했다.

"저는 군께서 선비와 백성을 좋아하다는 말을 들었습니다. 선비들이 수천 리를 멀다 하지 않고 오는 것은 군께서 선비를 귀히 여기고 첩을 천하게 여길 줄 알기 때문입니다. 저는 불행하게도 허리 굽은 병을 가졌는데 군의 첩이 저를 내려다보고 비웃었습니다. 저는 저를 비웃은

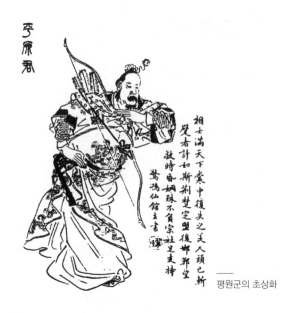

평원군의 초상화

여인의 머리를 얻기 원합니다."

평원군은 건성으로 대하며 아무 일도 아닌 것처럼 웃으면서 말했다. "그렇게 하겠다." 절름발이가 돌아가자 평원군이 다른 사람에게 말했다. "저 사람이 내 애첩이 한 번 웃었다는 이유로 그녀를 죽이려고 하니 이는 너무 심하지 않은가?" 평원군은 끝내 그녀를 죽이지 않았다. 그러자 1년 남짓 사이에 빈객과 문하의 사인들이 하나둘 떠나더니 그 수가 절반으로 줄었다. 평원군이 이를 이상히 여겨 말했다. "내가 여러분들을 대우할 때 예의를 잃지 않았는데, 어째서 떠나는 자가 이렇게 많은가?" 한 사람이 앞으로 나와 말했다. "선생께서 절름발이를 비웃은 자를 죽이지 않았기 때문에 선비들은 선생께서 여색을 좋아하고 선비를 천하게 여긴다고 생각하여 떠나가는 것입니다." 평원군은 마침내 절름발이를 비웃은 애첩의 머리를 베어 든 채 직접 문 밖으로 나가 절름발이에게 주며 사과했다. 그 후 문하에는 다시 선비들이 점점 모여들었다.

모수를 임용하고 간계로 합종을 이루다

조 효성왕 9년(기원전 257년), 진나라 장수 왕흘 · 정안평이 조나라 수도 한단을 포위했다. 조나라는 평원군을 초나라에 사신으로 보내 초나라를 합종의 맹주로 삼아 진나라에 대항하려고 했다. 문하 사람 중에 담력과 용기가 있으며 문무를 겸비한 20명의 식객과 함께 가기로 했다. 그러나 19명까지는 선발했는데, 한 사람이 부족했다. 이때 식객 중에 모수毛遂라는 사람이 용기를 내어 합류하고 싶다고 나섰다. 이것이 바로 '모수자천毛遂自薦'이란 고사의 시작이다. 이에 평원군이 말했다.

"무릇 재능이 있는 사람이라면 주머니 속에 있는 송곳과도 같아서 당장에 그 끝이 드러나 보이는 법입니다. 지금 선생께서 나의 문하에 있은 지 오늘까지 3년이지만 좌우에서 칭찬의 말을 하는 적이 없었고 나도 들은 적이 없으니, 이는 선생에게 뛰어난 것이 없기 때문입니다. 선생은 갈 수 없으니 그냥 이대로 계시오."

모수가 끝까지 버티며 말했다.

"오늘에서야 군의 주머니 속에 있기를 청합니다. 일찍이 저를 주머니 속에 있게 했다면 밖으로 튀어나왔을 터, 아마도 그 끝만 보이지는 않았을 것입니다."

평원군은 마지못해 동의했고, 나머지 19명은 소리는 내지 않고 서로 눈빛으로 모수를 비웃었다.

평원군은 20명의 대표단을 이끌고 초나라에 도착했다. 담판 내용을 확정하기 위해 다 함께 의논했는데 그중에서 모수의 견해가 뛰어나 모두 탄복했다. 평원군이 나서서 초 고열왕과 아침부터 담판을 시작했는데, 한낮이 되도록 결정이 나지 않았다. 19명이 모수에게 "선생이 당위에 오르시지요."라고 했다. 모수는 왼손에 검을 들고 오른손에 칼자루를 잡고 한 걸음에 한 계단씩 빠르게 위로 올라갔다. 그리고 담판대에 올라서는 평원군에게 말했다.

"진나라에 합종 대항하는 것은 이로움과 해로움 두 마디면 결정되는 것인데, 해가 뜰 때부터 이야기를 시작해 한낮이 되도록 결정을 하지 못하는 것은 무슨 까닭입니까?"

초왕은 모수가 예의 없이 담판대로 올라온 것을 보고 평원군에게 물었다.

"저 손님은 누구입니까?"

평원군이 대답했다.

"저의 문객입니다."

초왕은 문객이라는 말을 듣고 꾸짖어 말했다.

"어째서 내려가지 않느냐? 내가 그대의 주인과 함께 이야기하고 있는데 그대는 무엇 때문에 올라왔는가?"

모수는 내려가지 않고 손으로 칼을 만지며 초왕 앞으로 다가가 말했다.

"대왕께서 저를 꾸짖는 것은 초나라 사람이 많다고 생각하시기 때문입니다. 그러나 지금 왕께서는 저의 열 걸음 안에 계시고, 초나라 사람이 많은 것은 믿을 바가 못 됩니다. 왕의 목숨은 저의 손에 달려 있습니다. 우리 주인이 앞에 있는데 저를 꾸짖는 것은 무슨 까닭입니까? 제가 들으니 탕왕은 사방 70리의 땅에서 시작하여 천하의 왕 노릇을 했고, 문

왕은 사방 100리의 땅으로 제후들을 신하로 삼았다고 했는데, 이 모두
가 어찌 그 군사의 많음 때문이었겠습니까? 진실로 그 세력에 의지해서
위엄을 잘 떨쳤기 때문입니다. 지금 초나라 땅이 사방 5천 리이고 병기
를 가진 군사가 1백만 명인데, 이는 패자로서 왕이 될 만한 바탕입니다.
천하에 이런 초나라의 강대함을 당해낼 나라가 없습니다. 그런데 진나
라의 백기 같은 자가 병사 2만 명으로 초나라와 한 번 싸워 언영鄢郢을
빼앗고, 두 번 싸워 이릉夷陵을 불사르고, 세 번 싸워 왕의 조상을 욕보
였습니다. 이는 백세의 원한이며, 우리 조나라도 수치스러워하는 일입
니다. 그런데 왕께서는 이런 수치스러움을 깨닫지 못하고 계십니다. 합
종은 초나라를 위한 것이지 조나라를 위한 것이 아닙니다. 우리 주인이
앞에 있는데, 꾸짖는 것은 무슨 까닭입니까?"

초왕은 이 말을 듣고 황망하게 말했다. "맞소, 맞소. 확실히 선생이
말한 바와 같소. 나는 모든 힘을 기울여 합종하기로 서명하겠소." 모
수가 말했다. "합종을 결정하셨습니까?" 초왕이 말했다. "결정했소."
모수는 초왕의 시종들에게 말했다.

"닭과 개, 말의 피를 가지고 오라."

고대에 혈맹은 희생의 등급에 따라 정해졌다. 제왕은 소와 말을, 제
후는 개와 돼지를, 대부는 닭을 쓰도록 했다. 모수는 구리 쟁반을 받
쳐 들고 무릎을 꿇은 채 그것을 올리며 초왕에게 말했다.

"왕께서 마땅히 피를 마셔 합종의 맹약을 결정하십시오, 그다음 차
례는 우리 주인이고, 또 그다음 차례는 저입니다."

이렇게 합종의 맹약은 이루어졌다.

재물을 털어 사졸의 군량으로 쓰고
가족을 이끌고 한단을 사수하다

평원군이 초나라와 동맹을 맺은 후에도 진나라 군사들은 여전히 한단을 포위 공격했다. 초나라 춘신군은 군사를 이끌고 조나라를 구원했으며, 위나라 신릉군도 위왕의 명령을 가탁하여 진비의 군대를 빼앗아 조나라를 구원했다. 그러나 두 나라의 군대가 모두 도착하기 전에 진나라는 조나라의 한단을 포위 공격하여 위급한 지경에 몰아넣었다. 거의 항복할 상황에 처하자 평원군은 크게 걱정했다. 이때 한단의 숙사를 관리하는 사람의 아들인 이동李同이 평원군에게 말했다.

"군께서는 조나라가 망하는 것이 걱정되지 않으십니까?"

"조나라가 망하면 나도 포로가 될 터인데 어찌 걱정되지 않겠는가?"

그러자 이동이 말했다.

"지금 한단 성안의 백성들은 죽은 사람의 뼈를 태우고 자식을 서로 바꾸어 먹고 있으니 위급해도 너무나 위급한 상황입니다. 그런데 군의 후궁들은 1백여 명이나 헤아리고 비첩들도 무늬 비단옷을 입으며 맛있는 음식을 남기고 있습니다. 반면에 백성들은 거친 옷도 다 갖추어 입지 못하고, 술지게미와 쌀겨도 먹지 못하고 있습니다. 병기는 다하여 나무를 깎아 창과 화살을 만드는데, 군의 기물과 악기는 이전과 다름이 없습니다. 만약 진나라가 조나라를 무너뜨린다면 군께서 그 모든 것들을 계속 가질 수 있겠습니까? 조나라를 보전할 수만 있다면 군께서 어찌 그런 물건이 없음을 근심하시겠습니까? 이제 군께서는 부인과 그 아랫사람들을 군졸 사이에 편성하시어 일을 나눠 하게 하시고, 집에 있는 재물을 모두 군졸들에게 베풀어주십시오. 그리하면 전사들은 이렇게

산동성에 전하는 평원군의 무덤

위태롭고 곤궁한 때를 당하여 군의 행동에 감지덕지할 것입니다.”

평원군이 그의 말을 좇아 행하니 죽음을 각오한 군사가 3천여 명이
나 조직되었다. 이동이 이들을 이끌고 달려가자, 진나라 군사는 30리
정도 물러났다. 때마침 초나라와 위나라의 구원군도 도착하여, 진나
라 군사는 물러나고 한단은 다시 보존되었다.

사마천은 평원군을 논평하길 풍모가 시원스럽고 재능이 있는 자였
으나 큰 도리를 깨우치지 못했다고 했다. 그는 풍정馮亭이 상당上黨의
땅을 들고 조나라에 투항하려 했을 때 욕심에 눈이 먼 나머지 조나라
로 하여금 장평에 군사 40만여 명을 투입하게 했다. 그 결과 진나라에
게 패하여 40만 대군을 산 채로 매장당하게 하는 참상의 빌미를 만들
었다. 그러나 이러한 평가는 어찌 보면 편파적일 수 있다. 그 까닭은
당시 조나라가 상당의 땅을 받지 않으면 진나라가 반드시 취했을 것이
고, 진나라는 그 여세를 몰아 조나라를 공격했을 것이기 때문이다. 평
원군이 재상으로서 이룬 많은 업적들은 후인들의 칭찬을 받았다. 그는

문객을 잘 접대했고, 모수를 임용했으며, 집안사람들을 이끌고 성을 지켰다. 비록 그 자신의 이익을 지키기 위해서 출발한 것일지라도 모략의 각도에서 분석해보면 그의 뛰어남은 인정해야 할 것이다.

범수范睢

원교근공의 창안자

범수는 전국시대 위魏나라 사람(초나라 출신이라는 설도 있다)으로 가난한 집안 출신이었다. 각국을 돌며 유세하여 관직을 얻으려 했지만 가진 돈이 없어 먼저 중대부 수고須賈의 가신이 되었다.(당시 대부는 상·중·하의 구분이 있었다.)

죽은 척하여 목숨을 간신히 건지다

진秦 소왕昭王 37년인 기원전 270년, 범수는 중대부 수고를 수행하여 제나라에 갔다. 제 양왕이 말 잘하고 재능 있는 범수를 보고는 황금 10근과 술을 상으로 내렸다. 범수가 요구한 것도 아니었다. 그런데 이 일을 알게 된 수고는 범수가 제와 내통하여 위의 기밀을 팔아넘겼다고 생각했다. 그래서 제왕이 범수에게 황금과 술을 내린 것이라 판단한 것이다. 수고는 범수에게 술은 받되 황금은 돌려주게 했고, 범수는 그에 따랐다. 귀국한 뒤 수고는 그냥 넘어가지 않고 이 일을 위국의 재상, 즉 위공자 위제魏齊에게 보고했다.

화가 몹시 난 위제는 가신에게 명령하여 범수에게 고문을 가하게 했다. 뼈가 부러지고 이가 빠지는 등 범수는 피투성이가 되어 사경을 헤

범수의 행적을 기록한 『사기』 '범수채택열전'

맬 정도로 두들겨 맞았다. 이런 절체절명의 위기 상황에서 범수는 어떻게든 살아남기 위해 죽음을 가장했다. 위제는 범수의 시신을 멍석에 말아 변소에 던져버리도록 했다. 술에 취한 위제의 빈객들은 일부로 범수의 시신에다 오줌을 갈겨 모욕을 주었다. 물론 타인에 대한 경고의 의미이기도 했다. 외국과 내통한 자의 최후를 똑똑히 보라는 섬뜩한 경고였다

멍석 속에서 가쁜 숨을 몰아쉬던 범수는 틈을 봐서 많은 돈을 주겠다며 간수를 매수했다. 간수는 위제에게 가서 시체를 내다 버리게 해달라고 청했다. 술에 취한 위제는 범수의 시신을 교외에 내다 버려 짐승들이 뜯어먹게 하라고 했다. 이렇게 해서 범수는 천신만고 끝에 사지에서 빠져나올 수 있었다.

얼마 뒤 위제는 문득 범수가 진짜 죽었는지 의심이 들어 사람을 보내 사방을 뒤지게 했다. 범수는 여기까지 예견하고 집안사람들에게 거적에 덮인 자신의 시신 앞에서 통곡하라고 일러두었다. 온 집안 식구들이 범수의 죽음 앞에 통곡하고 있다는 보고를 받은 위제는 그제야 마음을 놓았다. 범수는 친구 정안평鄭安平의 보살핌을 받아 도망쳤다. 이름까지 장록張祿으로 바꾼 채 몸을 숨겼다.

공교롭게도 이때 진 소왕(재위 기원전 306~기원전 251년)이 사신 왕계王稽를 위나라로 보냈다. 범수의 친구인 정안평은 근무병으로 분장하여 공관에서 왕계를 보살피게 되었다. 왕계는 예사롭지 않게 보이는 근위병 정안평에게 "나라를 위해 서쪽으로 가서 유세할 유능한 인재가 위나라에는 없는가?"라고 물었다. 정안평은 기다렸다는 듯이 "제 고향에 장록이란 선생이 계시는데 대인을 뵙고 천하 대사를 논하고 싶어 합니다. 하지만 위나라와 원수지간이라 대낮에 얼굴을 드러낼 수 없는 처지랍니다."라고 대답했다.

이에 왕계는 밤에 함께 오도록 했다. 그날 밤, 정안평은 범수를 데리고 왕계를 만났다. 이야기를 끝내기도 전에 왕계는 범수가 인재임을 알아채고 "내 공무가 다 끝나 돌아가는 길에 삼정(三亭. 지금의 하남성 위씨현 서남) 남쪽 인적이 드문 곳에서 나를 기다리도록 하시오."라고 말했다.

공무를 마친 왕계는 위왕에게 작별 인사를 드리고 수레를 몰아 삼정에 이르렀다. 약속한 장소에서 범수와 정안평이 왕계의 수레에 올랐고, 일행은 함께 진나라로 들어갔다. 왕계 일행이 호지(湖地. 함곡관 서쪽 지금의 하남성 영보현 경내)에 이르렀을 때 서쪽에서 마차가 잔뜩 몰려오는 것이 보였다. 범수, 아니 장록이 "저쪽에서 오는 사람은 누굽니까?"라며 궁금함을 나타냈다. 왕계는 "진나라 재상 양후穰侯가 동부 현읍을 순시하고 있는 중입니다."라고 대답했다. 범수는 짐짓 어두운 표정을 지으며 이렇게 말했다.

"제가 듣기에 양후는 진나라 조정의 대권을 혼자 주무르며 유능한 인재를 질투하고 제후의 빈객을 혐오한다던데 나를 보면 모욕을 줄지 모르니 수레 상자 안에 잠시 숨어 있겠습니다."

잠시 뒤 양후가 다가왔다. 왕계와 인사를 나눈 다음 양후는 마차 앞에서 왕계를 위로하고 "관동(함곡관 동쪽)에 무슨 소식 없습디까?"라고 물었다. "별다른 것 없습니다." 왕계는 형식적으로 대답했다. "혹 제후의 유세객들과 함께 계시는 것은 아니겠죠? 그런 자들은 아무 짝에 쓸모가 없어요. 그저 남의 나라를 혼란에 빠뜨리기만 하지." 양후는 근엄한 목소리로 경고하듯 왕계를 타일렀다. 왕계는 누가 감히 어떻게 그럴 수 있겠냐며 능청을 떨었고, 양후는 안심한 듯 그 자리를 떴다. 이윽고 짐 상자에서 나온 범수가 말했다.

"양후가 매우 총명한 사람이라고 들었는데 어떤 일에 대한 반응은 느리군요. 방금 전 수레에 외부인이 있지 않느냐며 의심까지 해놓고 그저 한 번 흘깃 보기만 하고 조사는 하지 않는군요."

이렇게 말한 다음 범수는 수레에서 내려 걸었다. 그러면서 "조금 있으면 양후가 틀림없이 후회할 것입니다."라고 말했다. 10리 쯤 갔을까? 놀랍게도 범수의 예상대로 양후가 기병을 보내 수레를 뒤졌고, 외부인이 없는 것을 확인하자 바로 돌아갔다. 범수는 이렇게 해서 왕계·정안평과 함께 진의 도성 함양(지금의 섬서성 함양)에 진입하는 데 성공했다.

'원교근공'을 설파하는 범수

왕계는 진왕에게 위나라에 다녀온 상황을 보고한 다음 틈을 봐서 슬 그머니 이렇게 말했다.

"위나라에 장록 선생이란 분이 있는데 천하가 알아주는 인재랍니 다. 그가 말하길 '진나라의 형세가 달걀을 올려놓은 것처럼 위험합니 다. 저의 대책을 채택해야만 안전할 것입니다. 하지만 대책을 글로 써 서 대왕께 전달할 수는 없습니다.'라고 했습니다. 그래서 제가 저의 수 레로 모셨습니다."

하지만 소왕은 평소 유세객들을 혐오하던 터라 왕계가 전한 이 말을 믿지 않았다. 범수의 정착을 허락하긴 했지만 푸대접하며 1년 넘도록 만나주지 않았다.

이에 앞서 진은 소왕 36년인 기원전 271년에 남쪽 초나라의 수도 언 영(지금의 호북성 의성현 남쪽)을 점령하고 계속 동쪽으로 진격하여 제나라 까지 물리친 바 있다. 또 삼진(한·조·위)을 여러 차례 곤경에 빠뜨리기 도 했다. 그 후 양후는 자신의 봉지를 확대하기 위해 군대를 거느리고 한·위를 지나 제나라 강읍(지금의 산동성 영향현 북쪽)과 수읍(지금의 산동성 동 평현 서남)을 공격할 준비를 했다. 바로 이때 범수가 글을 올려 소왕에게 간곡하게 면담을 요청했다. 편지 마지막에 "저를 만나신 다음 한마디도 쓸모가 없다면 죽음으로 보상하겠습니다."라는 대목이 들어 있었다.

장록이란 존재를 까맣게 잊고 있었던 소양왕은 뜻밖의 편지를 읽고 는 무척 흥분하여 왕계를 불러 그의 수레로 범수를 모셔오게 했다. 기 원전 270년, 마침내 범수(장록)는 진나라 궁전에 발을 들여놓았다. 소 왕은 아직 오지 않았다. 범수는 궁중의 길을 모르는 것처럼 하면서 일 부러 후궁 쪽으로 발길을 옮겼다. 바로 이때 소왕이 도착했고, 환관이

'원교근공' 책략을 소왕에게 올리는 범수

기세등등하게 범수를 내쫓으며 "대왕 납시오."라고 고함을 질렀다. 범수는 못 들은 척 일부러 헛소리를 지껄였다. "진나라에는 태후와 양후밖에 없거늘 무슨 대왕이란 말인가?" 이렇게 중얼거리면서 범수는 계속 후궁 쪽으로 들어가려 했다. 범수는 일부러 소왕의 화를 돋우려는 심산이었다. 범수와 환관이 말다툼하는 소리를 들은 소왕은 화를 내지 않고 자신이 직접 다가가 범수를 맞이했다.

소왕은 좌우를 물리쳤다. 궁중에는 이제 두 사람만 남았고, 소왕은 두 무릎을 바닥에 꿇고 몸을 세운 채 정중하게 범수를 맞이했다. 그러고는 "선생께서 과인에게 가르칠 것이 있다고요?"라고 물었다. 범수는 "그렇습니다."를 두 번이나 내뱉었다. 이윽고 소양왕은 다시 두 무릎을 꿇고 진지하게 "선생께서 과인에게 무엇을 지도하려 하십니까?"라고 물었다. 범수는 또 "그렇습니다."를 두 번 반복했다. 이렇게 하길 세 차례, 소왕은 다시 똑같은 자세로 "선생은 과인을 가르칠 생각이 없으신 겁니까?"라고 물었다. 범수는 그제야 표정을 풀며 이렇게 말했다.

"제가 어찌 감히! 그 옛날 여상(강태공)이 문왕을 만날 당시 그는 위수 가에서 낚시나 하는 인물이었습니다. 그들의 관계는 아주 멀었습니다. 두 사람이 한자리에서 대화를 나눈 다음 문왕은 그를 바로 사(師, 군대 최고 사령관)에 임명했습니다. 문왕은 여상의 모략을 채용하여 마침내 상을 멸망시키고 천하를 통치하기에 이릅니다. 지금 저는 타국에 머무르는 나그네로 대왕과의 관계라면 관계랄 것도 없을 정도로 까마득합니다. 하지만 제가 드리고 싶은 말은 모두 국군을 돕거나 군왕의 인척과 관련된 큰일들입니다. 원래 단도직입적으로 말씀드리려 했으나 대왕의 속내를 알 수 없는지라, 대왕께서 세 차례나 추궁하시듯 물으셨음에도 바로 대답 드리지 못한 것입니다."

이 말에 소왕은 몸을 범수 쪽으로 더욱 기울이며 말했다.

"무슨 말씀이십니까? 진은 중원과 멀리 떨어져 있는 데다 이 사람 또한 어리석고 무능합니다. 선생께서 체면 불구하고 이렇게 오신 것은 하늘이 진을 도우신 것입니다. 일이 크건 작건 위로는 태후에 아래로는 대신에 이르기까지 모두 선생의 말씀을 듣고자 합니다. 그러니 과인의 뜻을 의심하지 마십시오."

소양왕의 진심을 확인한 범수는 무릎을 꿇고 정중하게 절을 올렸고, 소양왕도 같은 예로 화답했다. 범수는 드디어 원교근공遠交近攻의 원대한 책략을 소왕에게 펼치기 시작했다.

"용감한 병사를 거느린 강력한 진나라가 제후를 정복하기란 마치 뛰어난 사냥꾼이 토끼 발자국을 뒤쫓듯 쉽습니다. 하지만 지난 15년 동안 진국은 다른 나라를 정복하지 못했습니다. 이는 양후가 대왕께 불충하는 데다, 대외적으로 대처하는 방법이 옳지 못했기 때문입니다. 또 대왕께 좋은 책략이 없기 때문이기도 합니다."

소왕은 범수에게 다시 한 번 정중하게 가르침을 요청했고, 범수는 본격적으로 원교근공의 책략을 풀어놓았다.

"한 · 위는 진의 이웃입니다. 진이 영토를 넓히려면 먼저 이 두 나라를 병합해야 합니다. 그런데 양후는 이 두 나라를 건너뛰고 제나라를 공격하자고 합니다. 이는 매우 모자란 생각입니다."

범수는 소왕을 설득하기 위해 제 민왕이 멀리 초나라를 치다가 실패한 사례를 끄집어냈다.

제 민왕은 이웃 나라를 넘어 멀리 초를 공격하여 적장의 목을 베는 등 단숨에 1천 리 땅을 공략했다. 하지만 결국 단 한 자의 땅도 얻지 못했다. 원인은 전략을 잘못 구사한 데 있었다. 먼 길을 와서 전투를 하다 보니 군대가 지치고 소모가 너무 컸다. 게다가 거리가 너무 멀어 애써 땅을 얻고도 계속 유지할 수 없었다. 이때 다른 나라가 제나라의 허술한 수비와 피로를 틈타 후방을 공격하니 제는 크게 패하고 말았다. 힘들게 빼앗은 초나라 땅은 한 · 위 두 나라 차지가 되었다. 이는 군대를 도적에게 빌려주고 양식을 훔친 도적에게 양식을 보내는 것과 다를 바 없었다.

제나라의 사례를 들어 설명한 다음 범수는 이렇게 이야기를 마무리했다.

"대왕께서는 제 민왕의 교훈을 거울삼아 '원교근공'의 책략을 취하셔야 합니다. 먼 나라와는 우호 관계를 맺고, 가까운 나라를 공략하는 '원교근공' 말입니다. 이렇게 영토를 한 치 한 치 한 자 한 자 넓혀가면 누구도 빼앗을 수 없습니다. 그런데 지금 대왕께서는 이웃나라는 버리고 먼나라를 공격하려 하니 잘못되어도 한참 잘못된 것입니다. 한·위 두 나라는 중원 지대에 위치한 나라로 천하로 통하는 중추와 같습니다. 패업을 이룰 생각이라면 먼저 한·위를 통제하여 멀리 있는 초와 조를 위협해야 합니다. 그리고 이 목적을 이루기 위해서는 먼저 이 두 나라와 외교 관계를 수립해야 합니다. 이 두 나라가 진에 붙으면 제는 두려워할 것이고, 이때 제와 다시 우호 관계를 맺으면 됩니다. 이웃 한·위 두 나라는 이쯤 되면 문제가 되지 않습니다, 전하!"

소왕은 범수의 책략을 칭찬했고, 그를 객경에 임명하여 대외 군사행동을 전문적으로 기획하고 논의하도록 했다. 범수의 모략에 따라 진은 위를 공격하여 회성(지금의 하남성 무척현 서남)을 차지했다. 2년 뒤에는 형구(지금의 하남성 온현 동쪽 부평 옛성)를 공략했다. 소왕 41년인 기원전 266년, 소왕은 응(지금의 하남성 노산현 동쪽) 땅을 범수에게 봉지로 내리고 응후라는 작위를 내림으로써 양후의 재상 자리를 대신하게 했다. 이듬해인 기원전 265년, 진은 다시 동쪽 한나라를 공격했다.

노장 염파에게 반간계를 구사하고,
조나라 병사 40만을 생매장하다

소왕 47년인 기원전 260년, 진은 군대를 동원하여 조를 공격했다. 진은 장평(지금의 산서성 고평 서북)을 포위했고, 조는 노장 염파廉頗를 보내 저항하게 했다. 염파는 명성답게 굳건한 수비로 적의 예봉을 피하는 정확한 전략을 선택했다. 정면충돌을 피하면서 적이 지치기를 기다리자는 전략이었다. 조왕은 염파가 적에게 지레 겁을 먹고 있다며 몇 차례 나무라고 출전을 독촉했지만 염파는 꿈쩍하지 않았다.

범수는 기회를 엿보다 첩자를 이용하여 조나라 진영을 이간시키는 이른바 '반간계反間計'를 활용했다. 범수는 황금 천 금(1금은 황금 20냥)과 함께 첩자들을 보내 조나라 사람들을 매수하여 다음과 같은 유언비어를 퍼뜨리게 했다.

"염파가 쉽게 이길 수 있는데도 너무 일찍 포기하려 한다. 진국은 조사趙奢의 아들 조괄趙括이 조나라 군대를 지휘하게 되는 것을 가장 두려워한다."

조 효성왕은 본래 염파가 공격은 않고 수비만 하는 것에 대해 위신을 잃는 행동이라고 생각하고 있었는데, 이런 유언비어까지 듣고 보니 여간 부아가 치미는 것이 아니었다. 범수의 반간계가 효과를 내는 순간이었다. 과연 효성왕은 조괄을 보내 염파의 자리를 대신하게 했다. 염파가 물러난 이상 상황은 급변할 수밖에 없었다.

어려서부터 병법을 공부한 조괄은 종이 위에서 군대를 논하는 것에는 적수가 없었지만 실전 경험은 전무했다. 하지만 자부심 하나는 대단하여 안하무인이었다. 일찍이 아버지 조사는 "초나라가 내 아들을 장군으로 기용하는 날이 곧 조나라가 장례를 치르는 날이 될 것이다," 라고 경고했을 정도였다.

염파의 자리를 대신한 조괄은 실제 상황은 제대로 점검하지 않고 다짜고짜 전법을 바꾸어 강적과 정면 대결에 나섰다. 한편, 진은 은밀히 경험이 가장 풍부한 백기白起를 최고 사령관으로 기용했다. 그 결과는 예상대로 조의 처절한 패배로 끝이 났다. 조나라 군대 40만이 전부 조괄 손에서 장례를 치르고 말았다.

사마천은 범수를 평가하면서 한비자의 말을 빌려 "소매가 길어야 춤이 아름다워 보이고, 밑천이 든든해야 장사를 잘할 수 있다."고 했다. 정곡을 찌른 말이다. 범수가 당대 최고의 변사로 진국의 재상이 될 수 있었던 까닭은 그가 강력한 진나라에 의지하여 자신의 지혜와 모략을 한껏 발휘했기 때문이다.

한비자는 『오두五蠹』라는 글에서 정치가 안정되고 강성한 나라가 수준 높은 계책을 실행하기 쉽고, 정치가 어지럽고 약소한 나라는 제아무리 좋은 계책이 있어도 성공하기 어렵다고 했다.

범수는 평생 진 소왕을 섬겼고, 그의 모략은 대부분 성공했다. 이는 진이 통일이라는 대업을 이루는 데 크게 공헌했다. 범수는 또 굴욕을 참고 일어선 대장부였다. 힘들다고 뜻을 꺾지 않았으며, 불굴의 의지로 분발하여 성공했다. 그는 성공했다고 자만하지 않았으며, 격류 속에서 용퇴할 줄 알았다. 그는 전국시대를 통틀어 가장 걸출한 책사이자 진정한 모략가였다.

황헐 黃歇

다양한 모략으로 진을 굴복시켰으나 우유부단으로 몸을 망치다

    황헐(?~기원전 238년)은 전국시대 초나라의 대신으로 춘신군春信君으로 더 잘 알려져 있다. 박학다식했으며, 문장과 언변 모두에서 뛰어났다. 춘신군은 제나라의 맹상군 전문, 조나라의 평원군 조승, 위나라의 신릉군 위무기와 함께 이른바 전국시대 '4공자'의 한 사람으로 명성을 크게 떨쳤다. 이들은 각각 자기 휘하에 수천 명의 식객들을 거느리며 전국시대 정국을 주도했다.

진의 철군을 설득하여 초의 위기를 모면하다

    기원전 299년, 진 소왕昭王은 속임수로 초 회왕懷王을 진으로 불러들인 다음 억류시켰다. 초는 태장 웅횡熊橫을 경양왕頃襄王으로 옹립했다. 진국은 본래 억류시킨 회왕을 끼고 땅을 요구할 생각이었으나 초국이 바로 새로운 국군을 세운 것에 몹시 화가 나서 바로 무관武關을 나와 초를 공격하여 대파했다. 무려 5만을 목 베고 석읍(析邑. 지금의 하남성 협현 경계)과 인근 15개 성을 탈취하고 돌아갔다.
    경양왕 3년인 기원전 296년, 회왕은 이국땅 진나라에서 쓸쓸히 생을 마감했다. 진과 초는 외교를 단절했다. 진국은 경양왕을 아예 안중에

호북성 무한 동호에
조성되어 있는 춘신군 황헐의 조각

두지 않았다. 그래서 경양왕 6년인 기원전 293년, 진 소왕은 서신을 보내 "초가 진을 배신했으므로 장차 각국 군대를 이끌고 너희를 공격하여 단번에 승부를 낼 것이니 군대를 잘 정돈하여 한판 승부에 대비하라."고 위협했다. 경양왕은 놀란 나머지 말 잘하는 춘신군 황헐을 진국으로 보내 화의를 의논하게 하고자 했다. 이에 춘신군은 진 소왕에게 다음과 같은 내용의 글을 올렸다.

"천하에 진과 초보다 강한 나라는 없습니다. 지금 대왕께서 초를 공격하려고 하신다는데, 이는 호랑이 두 마리가 서로 싸우는 것과 같습니다. 그러면 그 틈에 약한 개가 이익을 보게 될 것이니 초와 친선을 유지하는 것만 못합니다. 듣기에 사물의 이치가 극에 달하면 처음으로 다시 돌아간다고 합니다. 이처럼 일이 발전하여 극에 이르면 위험해집니다. 대왕께서 이미 쌓아놓은 공적과 명성을 유지한 채, 공격과 탈취라는 야심을 버리신다면 삼왕 오패와 명성을 견주게 될 것입니다. 하지만 많은 인구와 무력을 믿고 힘으로 천하 제후를 복종시키려 하신다면 분명 후환이 따를 것입니다. 초를 공격하려 하시지만 이것은 한과 위를 강하게 만드는 것이니 심사숙고하십시오. 지금으로서는 이렇게 하는 것이 최선입니다.

진은 한·위 두 나라와 몇 대에 걸쳐 원한을 맺어왔습니다. 그런데도 대왕께서는 이 두 나라의 힘을 빌려 초를 공격하시려 하다니 잘못된 생각 아닙니까? 다시 말해, 진이 초를 공격하기 위해서는 한과 위 두 나라에 길을 빌려달라고 해야 할 것입니다. 자기와 원수지간인 나라에 길을 빌려달라고 한다면, 군대를 출발시켜놓고도 돌아오지 못할까 걱정해야 할 것입니다. 이것이 한과 위 두 나라를 돕는 꼴이 아니고 무엇입니까? 길을 빌리지 못한다면 수수(隨水, 지금의 호북성 수주시 서쪽 지구)를 돌아야 하는데 그곳은 온통 넓은 강과 큰 산이라 곡식도 잘 자라지 못하는 곳입니다. 그러니 차지한다 하더라도 쓸모가 없습니다. 명목상 초를 혼내준다 하지만 실제로 얻는 혜택은 아무것도 없습니다. 하물며 대왕께서 초로 진공한다 하더라도 제·조·한·위도 틀림없이 출병할 것입니다. 그렇게 되면 진과 초는 장기전에 돌입할 수밖에 없습니다. 그동안에 위는 유(留, 지금의 강소성 패현 동남)·방여(方與, 지금의 산동성 어대현 서쪽)·질(銍, 지금의 안휘성 숙주시 서쪽)·호릉(湖陵, 지금의 산동성 어대현 동남)·탕(碭, 지금의 안휘성 탕산현 남쪽)·소(蕭, 나라 이름으로 지금의 안휘성 소현 서북)·상(相, 지금의 안휘성 회북시 서북) 등지를 공략할 것이니 원래 송나라 땅들이 모조리 위나라 차지가 될 것이 뻔합니다. 그리고 제나라는 남쪽으로 초를 공격하여 사수 유역을 점령할 것입니다. 이들 지방은 모두 사통팔달에 기름진 평원으로 제나라가 독차지할 것입니다.

결국 대왕께서는 초를 공격하려다가 중원에서 한·위 두 나라의 힘을 키워주고 초나라는 더 강력하게 만들어주고 말 것입니다. 한·위 두 나라가 이렇게 힘이 커지면 진나라와 힘을 겨룰 수 있게 됩니다. 한편 제나라는 남쪽으로 사수를, 동쪽으로 바다를, 북으로 황하를 배경으로 삼게 되니 후환을 걱정하지 않아도 됩니다. 결국 천하에 제·위가 가장 강력한 나라가 됩니다. 1년 뒤면 황제로 칭하지는 못하더라도 대왕의 칭제를 억제할 힘은 충분히 갖추게 될 것입니다. 진은 본래 강국으로 초나라와 원한을 맺었습니다. 이 때문에 한·위가 제를 중시하여 제의 칭제를 돕게 되었으니 이것은 손실입니다.

그래서 제가 대왕 편에 서서 이익을 따져보니 초와 화친하느니만 못합니다. 진과 초, 두 강대국이 연합하여 한를 상대하면 한은 경거망동하지 못하고 통제권 내의 제후국에 머물고 맙니다. 그런 다음 10만 군대를 보내 한나라의 정지(鄭地, 원래 정나라 땅이었고, 지금의 하남성 중부)에다 주둔시키면 위나라가 두려움에 떨 것이 틀림없고, 위나라 역시 대왕의 통제권 내에 있는 제후국이 됩니다. 대왕께서 초와 친선 관계를 맺는 것만으로 한·위 두 대국이 제나라에 땅(지금의 산동성 서북과 하남성 동북 일대)을 요구하게 만들 수 있고, 이렇게 되면 팔짱을 낀 채 땅을 얻을 수 있습니다. 진국의 토지는 서쪽에서 동쪽으로 확장되어 천하를 단속할 수 있고, 연·조 두 나라는 제와 초에 의지할 길이 없어집니다. 그런 다음 연·조를 겁주면 제·초도 떨게 됩니다. 이렇게 하면 무력을 쓰지 않고 4개국을 진에 복종시킬 수 있습니다."

구구절절 진나라를 위하는 듯한 이 글이 결국 소왕의 마음을 움직였고, 소왕은 출병을 취소했다. 또 한·위 군대도 물리게 하는 한편, 초에 사신과 예물을 보내 동맹국이 될 것을 약속했다.

태자 완을 도와 탈출시키다

진 · 초의 맹약을 성사시킨 춘신군은 초로 돌아왔다. 그러자 초왕은 춘신군과 태자를 진에 인질로 보냈다. 초 경양왕 36년인 기원전 263년, 초왕이 병이 났다. 하지만 태자는 진에 억류되어 있어 귀국할 수 없었다. 태자 완完과 진의 상국 응후 범수는 관계가 아주 좋았다. 춘신군은 이 둘의 관계를 알고 범수에게 "상국께서는 우리 태자와 정말 잘 지내고 싶으십니까?"라고 물었다. "물론이오." 범수는 간명하게 대답했다. 이에 춘신군은 범수에게 이렇게 상황을 분석했다.

"지금 우리 경양왕께서 병이 나셨습니다. 아마 오래 사시지 못할 것 같습니다. 그러니 진국으로서는 태자를 돌려보내 왕위를 잇게 하는 쪽이 낫지 않겠습니까? 태자께서 즉위하시면 틀림없이 정중한 태도로 진국을 존중할 것이고 응후께도 깊이 감사할 것입니다. 이렇게 태자를 도와 국군으로 즉위시키면 동맹 관계는 더욱 굳어질 것입니다. 만약에 귀국시키지 않으면 태자는 함양의 일개 평민에 지나지 않을 것입니다. 그렇게 해서 초가 다른 인물을 국군에 앉히면 새 왕은 진국을 섬기려 하지 않을 것입니다. 이렇게 해서 동맹 관계가 깨어지고 초나라 국군과의 우호 관계가 끊어지는 것은 정말 좋은 생각이 아닙니다."

범수는 이 이야기를 소왕에게 보고했으나, 소왕은 그래도 마음을 놓지 않으면서 "먼저 춘신군을 귀국시켜 초왕의 병이 어느 정도인지 살피게 한 다음 다시 대책을 논의하도록 합시다."라고 말했다.

이 이야기를 들은 춘신군은 태자를 위해 다음과 같은 계책을 내놓았다.

"당초 진국이 태자를 억류시킨 목적은 초왕을 끼고 이익을 보고자 하는 데 있었습니다. 그런데 지금 태자가 진국에 이익을 가져다줄 수 없게 되었고, 저는 이것이 정말 걱정됩니다. 초왕의 동생 양문군의 두 아들이 모두 국내에 있는 상황에서 초왕께서 돌아가시면 양문군의 아들 중에서 하나가 자리를 이으려 할 것이고 그렇게 되면 태자께서는 왕위를 잇지 못하게 됩니다. 그러니 방법을 강구하여 초국의 사신과 함께 도망치는 것이 나을 것입니다. 제가 남아 죽음으로 책임을 다하겠습니다."

태자 완은 초국 사신의 수레를 모는 일꾼으로 옷을 갈아입고 이들과 섞여 관문을 나섰다.

춘신군은 원래 거처에 그대로 머무르고 있었다. 빈객들이 방문했으나 태자가 병이 났다는 핑계로 손님을 거절했다. 태자가 추격권에서 훨씬 벗어났다고 생각한 춘신군은 자진해서 진 소왕을 찾아가 "태자께서는 벌써 귀국길에 올라 아마 한참을 가셨을 것입니다. 대왕께서는 제게 죽음을 내려주십시오."라며 죽음을 자청했다. 소왕은 노한 기색을 드러내지 않으면서 춘신군에게 자살하도록 했다. 이때 상국 범수가 나서 소왕을 만류하면서 다음과 같이 말했다.

"춘신군은 군자입니다. 자신의 목숨으로 주인에게 충성을 다하려 합니다. 따라서 초국의 태자가 즉위하면 틀림없이 춘신군을 중용할 것이니 그때를 위해 죄를 묻지 않고 돌려보내는 것이 나을 것입니다. 이렇게 해서 초와 친선 관계를 유지하는 것이 우리 진국에게 유리합니다."

소왕은 가만히 생각해보았다. 태자 완이 벌써 도망가버린 지금 상황에서 춘신군을 죽여봤자 공연히 초국의 감정만 나쁘게 해서 동맹 관계에 하나 도움이 될 것이 없었다. 소왕은 춘신군 황헐을 돌려보내기로 결정했다.

춘신군이 귀국한 지 석 달 만에 경양왕이 세상을 떠났고, 태자 완이 예상대로 자리를 이었다. 이가 바로 고열왕考烈王이다. 고열왕 원년인 기원전 262년, 춘신군은 재상 자리에 올랐고 춘신군으로 봉해졌다. 회북 지역 12개 현이 봉지로 하사되었다.

자신은 죽고 아들이 왕위에 오르다

고열왕에게는 아들이 없었다. 춘신군은 이 점이 몹시 걱정되어 사방팔방으로 뛰어다니며 미녀들을 구해 고열왕에게 바쳤으나 끝내 자식을 보지 못했다. 이원李園이란 조나라 출신의 문객에게 아주 아름다운 여동생이 있었다. 이원은 누이동생을 왕에게 바칠 생각이었으나 왕이 아이를 못 낳는다는 이야기를 듣고는 포기했다. 그런데 이원은 엉뚱하게 누이동생을 춘신군에게 바치려고 했다. 춘신군에게 보내 임신을 하면 그때 가서 누이동생을 다시 왕에게 바치겠다는 참으로 기막힌 발상이었다. 만약 그렇게만 된다면 누이동생의 몸값은 그 무엇으로도 따질 수 없게 된다.

이원은 춘신군에게 휴가를 요청했다. 그러고는 고의로 날짜를 넘겨 늦게 돌아왔다. 춘신군이 사연을 묻자 이원은 "제나라에서 사신을 보내 제 누이동생을 초빙했습니다. 그래서 사신과 더불어 술자리를 갖다 보니 늦었습니다."라며 거짓말을 했다. 춘신군은 이원의 누이동생이 여간한 미인이 아니라는 이야기를 대충 들었던 터라 호기심을 보이며 "예물을 보냈는가?"라고 물었다. 이원이 아직 보내지 않았다고 능

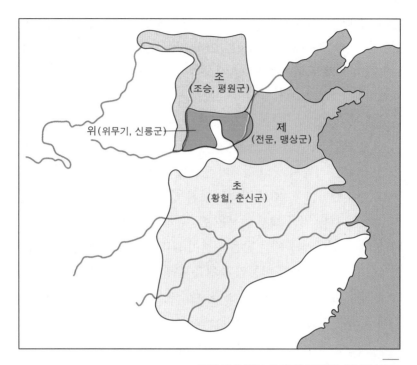

전국시대 양사養士의 기풍을 주도했던 4공자의 분포도

치자, 춘신군은 눈을 반짝이며 "내가 한번 볼 수 있겠는가?"라고 말했다. 이원이 놓은 덫에 제대로 걸려들었다.

이원은 여동생을 잘 단장시켜 춘신군 집으로 보냈다. 그리고 그날로 춘신군의 침소에 머물면서 춘신군을 보살피게 했다. 얼마 뒤, 이원의 누이동생은 예상대로 임신했다. 동생의 임신 사실을 안 이원은 동생에게 자신의 생각을 일러주었고, 누이동생은 춘신군에게 오라비의 생각을 전했다.

"초왕께서 군을 몹시 중하게 생각하시며 총애하십니다. 그 정도가 왕의 형제보다 더하지요. 군께서 초국의 재상을 맡으신 지가 20년이 넘었습니다. 그런데 초왕께서는 아직 자식을 보지 못하고 계십니다. 초왕께서 후계자 없이 어느 날 세상을 뜨시면 형제들이 그 뒤를 이을 것입니다. 그렇게 되는 날에는 군께서 누리시던 총애는 더 이상 불가능하게 될 것입니다. 군께서 오랫동안 높은 지위에 계시면서 혹 국군의 형제들에게 실례를 범한 점은 없는지요? 모르긴 해도 틀림없이 있을 것입니다. 따라서 왕의 형제가 왕위를 잇는 날에는 그 화가 군에게 미칠 것이 뻔합니다. 재상 자리는 물론 강동의 봉지도 보전하기 어렵지 않겠습니까? 지금 제가 임신을 했는데 이 사실을 아는 사람은 없습니다. 제가 군에게 총애를 받은 기간이 그리 길지 않으니 군의 지위를 이용하여 저를 초왕께 바치면 초왕은 분명 저를 예뻐하실 것입니다. 만에 하나 하늘이 보살펴 아들을 낳는다면, 이는 장차 군의 아들이 왕위에 오르는 것입니다. 초나라가 전부 군의 것이지요. 언제 닥칠지 모르는 재난에 비한다면 이 방법이 훨씬 낫지 않겠습니까?"

춘신군은 이 말에 전적으로 동의했다. 그리하여 그녀를 관사에 배치하여 잘 보살피게 한 다음 초왕에게 이원의 아리따운 여동생 이야기를 꺼냈다. 아울러 상을 보니 아들을 낳을 수 있다는 말까지 덧붙였다. 초왕은 몹시 기뻐하며 바로 불러들이게 했다. 예상대로 왕은 그녀를 몹시 아끼고 사랑했다. 달이 차고 그녀는 아이를 낳았다. 아들이었고 태자로 책봉되었다. 이원의 여동생은 왕후가 되었고, 이원도 이를 배경으로 막강한 권력을 누리게 되었다.

하지만 이원은 간사한 성품의 소인배였다. 그는 춘신군이 이 비밀을 누설하면 어쩌나 걱정이 되어서 몰래 춘신군을 제거하려고 했다. 죽여서 입을 봉하자는 속셈이었다. 하지만 경성의 주영朱英이란 자가 이 일을 어렴풋이나마 알게 되었다. 그러던 중 고열왕이 병이 났고, 주영은 춘신군에게 만약을 대비해서 이원을 죽이라고 권유했다. 하지만 춘신군은 이원이 연약하고 무능한 사람이고 자신과의 관계도 아무 문제가 없다며 권유를 무시했다.

고열왕이 세상을 떠나자 이원은 무사들을 동원하여 춘신군을 암살했다. 집안 식구들까지 모조리 몰살시켰다. 이원의 여동생과 춘신군 사이에서 태어난 초왕의 아들은 왕위를 계승하여 유왕幽王이 되었다. 사마천은 이런 춘신군을 두고 다음과 같이 평가했다.

"당초 그가 진 소왕을 설득하고 죽음을 무릅쓰고 태자를 귀국시킨 일은 얼마나 뛰어난 지혜의 결과였던가? 그런데 그 뒤 이원에게 당한 것은 늙었기 때문이리라. 속담에 '결단을 내려야 할 때 내리지 못하면 도리어 화를 입게 된다.'고 했는데, 춘신군이 주영의 충고를 받아들이지 않은 것을 두고 한 말이다."

노중련魯仲連

호탕한 언행으로 고관들의 권세를 꺾다

노중련은 노련이라고도 한다. 전국시대 후기 제나라 사람이다. 그는 기발하고 장쾌하게 그리고 세속을 초탈한 책략을 잘 구사하여 명성을 날렸다. 그러나 정작 자신은 부귀에 전혀 뜻을 두지 않고 고상한 절개를 지켰다.

멸망의 위기에서 조를 구하다

진·조의 장평 전투는 조를 거의 멸망의 구렁텅이로 몰았다. 진은 승리의 여세를 몰아 내친김에 동쪽으로 진격하여 조의 수도 한단을 포위했다. 조 효성왕은 두려움에 치를 떨었고, 각국은 진의 위세에 눌려 감히 구원에 나서지 못하고 있었다. 이때 위나라의 안리왕安釐王 위어(魏圉, 재위 기원전 276~기원전 243년)는 장군 진비晉鄙에게 10만 병사를 이끌고 조를 구원하도록 했다. 구원병이 탕음(蕩陰, 지금의 하남성 탕음현)에 이르자 진은 사신을 보내 위왕을 협박했다. 안리왕은 겁을 먹고 더 이상 군대를 전진시키지 못하고 탕음에 그대로 머물게 했다.

안리왕은 장군 신원연辛垣衍을 한단으로 잠입시켜 효성왕의 숙부이자 조의 실세인 평원군 조승趙勝을 통해 효성왕을 만나고자 했다. 신원

像士高魯

노중련 초상화

연은 조나라가 진으로 사신을 보내 진의 소왕昭王을 황제로 추대하면 진은 틀림없이 기뻐하며 철군할 것이라는 의사를 전달했다. 평원군은 머뭇거리며 결정을 내리지 못했다.

이때 마침 제나라의 이름난 유세가 노중련이 조에 머무르고 있다가 이 소식을 듣고는 역시 평원군을 통해 어렵게 신원연을 만났다. 노중련은 신원연을 만나고도 입을 열지 않았다. 답답하다 못해 신원연이 먼저 입을 열었다.

"지금 한단성이 진군에 포위당해 있는데 성안에 있는 사람이 모두 평원군에게 도움을 바라고 있는 것 같습니다. 그런데 선생께서는 평원군에게 바라는 것이 아무것도 없는 것 같은데, 어째서 포위당한 이 성에 이렇게 오래 머무르며 떠나지 않으시는 게요?"

당초 노중련을 만나기 꺼려 했던 신원연인지라 언짢은 기색이 역력했다. 노중련은 아랑곳하지 않고 이렇게 대답했다.

"세상에서는 주나라 때 은사 포초라는 사람이 너그럽지 못해 죽었다고들 하는데, 이는 틀린 생각입니다. 사람들은 초포의 뜻을 이해하지 못하고 그가 이기적인 사람이라 생각하고 있습니다. 진나라는 예의는 포기하고 오로지 싸움을 앞장세우는 나라입니다. 권모술수로 군사를 부리고, 백성들은 노예처럼 다룹니다. 그런 진나라 왕이 아무런 방해도 받지 않고 제왕帝王이 되어 잘못된 정치를 천하에 펼친다면, 저는 차라리 동해에 빠져 죽겠습니다. 그의 백성이 될 수 없기 때문이지요. 장군을 이렇게 만난 까닭은 그렇게 되지 않게 조나라를 도와주고 싶어서입니다."

그러자 신원연는 "어떻게 조나라를 돕겠다는 말입니까?"라고 물었고, 노중련은 "위·연이 조를 돕도록 해야지요. 제·초는 당초부터 조를 도왔고요."라고 대답했다.

신원연이 다시 물었다.

"연나라라면 당신 말을 믿지요. 하지만 위나라라면 사정이 다릅니다. 제가 바로 위나라 사람이니까요. 무슨 수로 위나라로 하여금 조나라를 돕게 한단 말입니까?"

"위나라는 진나라가 제왕을 칭하게 되었을 경우에 초래될 해독을 모르고 있을 뿐입니다. 그 해독을 알게 된다면 조나라를 돕지 않을 수 없을 것입니다."

"그 해독이라는 것이 어떤 것입니까?"

"그 옛날 제 위왕威王은 인의를 위하여 천하 제후들을 이끌고 주나라에 조회하려 했습니다. 하지만 주나라가 너무 가난하고 약해져 조회에 가려는 제후들이 아무도 없었습니다. 그래서 제나라만 갔지요. 그로부터 1년 남짓 후에 주 열왕이 세상을 떠났는데, 어쩌다 제나라만 다른 제후국들보다 조문에 늦었지요. 이에 주나라는 '천자께서 세상을 뜨시고 새로운 천자가 상중에 있는데 동방 속국 주제에 이렇게 늦게 도착하다니 목을 베어야 마땅하다.'며 화를 냈습니다. 제 위왕은 이 말에 격분하여 '뭐라고? 이 종년의 자식이!'라고 욕을 퍼부었습니다. 주나라는 결국 천하의 웃음거리가 되고 말았지요. 주 열왕 생전에는 조회를 드렸는데 그가 죽자 그 아들을 욕보인 것은 주의 지나친 요구를 참을 수 없기 때문이지요. 천하 이치란 것이 본래 이런 것이니 하나 이상할 것도 없습니다."

"선생은 저 하인들을 좀 보십시오. 하인 열이 주인 하나를 따르는 것이 힘이 약하고 지혜가 모자라서일까요? 아니지요. 주인을 두려워하기 때문입니다."

"어허! 그럼 위나라가 하인과 같다는 말씀입니까?"

"그렇습니다."

"그렇다면 제가 진나라 왕으로 하여금 위나라 왕을 삶아 죽이게 할까요?"

그러자 신원연은 불쾌한 표정을 감추지 못하며 말했다.

"말씀이 지나치십니다. 선생이 무슨 수로 그렇게 할 수 있단 말입니까?"

"얼마든지 할 수 있습니다. 들어보시겠습니까? 옛날 구후와 악후 그리고 주 문왕은 모두 은 주왕 밑에 있던 삼공이었습니다. 구후에게는 딸이 하나 있었는데 대단한 미인이었습니다. 그래서 주왕에게 바쳤는데 어찌 된 일인지 주왕은 그녀가 못생겼다며 구후를 소금에 절여 죽였습니다. 악후가 강력하게 말리며 격한 말투로 항의하자 이번에는 악후를 포 떠서 죽였습니다. 주 문왕이 이 소식을 듣고 탄식하자 주왕은 그를 유리성에 100일이나 가두고는 죽이려고 했습니다. 지금 위나라

왕은 진나라 왕과 같은 신분인데 어째서 다른 사람들과 함께 진나라 왕을 더욱 높여주고 자신은 결국 소금에 절여지는 신세가 되려 한답니까?"

노중련이 이렇게 말한 의도는 신원연에게 위왕이나 진왕이나 모두 왕의 신분인데 위왕이 진왕의 노복으로 자처한다면 그 최후는 구후나 악후 그리고 문왕과 같은 신세밖에 더 되겠느냐는 점을 지적하기 위해서였다. 이어 노중련은 제 민왕의 이야기를 더 꺼냈다.

"제 민왕 때 동은 제, 서는 진, 이 두 강국이 병립하고 있었습니다. 그러나 민왕은 끊임없이 대외 전쟁을 도발했고, 제후들은 진노했습니다. 하지만 민왕은 위기는 아랑곳하지 않고 교만 방자하게 굴었습니다. 민왕이 노나라에 가려고 했을 때의 일입니다. 말채찍을 들고 수행하던 이유자가 노나라 사람에게 '당신들은 우리 군주를 어떻게 대접하겠소?'라고 물었습니다. 노나라 사람은 '우리는 희생 동물 열 가지를 잡아 성대히 대접하는 10태뢰의 예로써 당신네 군주를 접대할 것이오.'라고 대답했습니다. 그러지 이유자는 '대체 무슨 예절에 근거하여 그렇게 대접하려는 것이오? 우리 군주는 천자이시오. 천자께서 순행에 나서면 제후들은 궁궐을 내주고, 성문과 창고 열쇠를 맡기며, 옷을 걷어 올리고 탁자를 배치하며, 대청 밑에서 천자의 수라를 준비하여 올리고, 천자께서 식사를 끝낸 뒤에야 물러나 정치를 돌보는 것이오.'라고 말했습니다. 이 말에 노나라 사람은 문을 닫아걸고 열쇠로 단단히 잠근 채 제나라 민왕을 들여보내지 않았답니다. 노나라에서 거절당한 민왕이 이번에는 설나라로 가려 했습니다. 그곳을 가려면 추국을 거쳐야 합니다. 그런데 마침 추국 군주가 세상을 떠났으므로 민왕은 조문을 하려 했습니다. 이유자가 추나라 왕의 아들에게 '천자께서 조문을 하게 되면 주인은 관을 뒤로

하고 북쪽을 향해 자리를 남쪽에 펴고 앉으며, 그런 다음 천자께서 남쪽을 향해 조문을 하는 것이오.'라고 일렀습니다. 이에 추국의 군신들은 '꼭 그렇게 해야 하는 것이라면 차라리 칼에 엎어져 죽겠다.'며 끝내 추국으로의 입국을 거부했습니다. 추 · 노의 신하들은 국군이 살아 있을 때 제대로 보필하지 못했고, 죽어서도 충분한 제사 음식을 차리지 못할 정도였는데 제나라가 천자의 예를 가지고 두 나라에 강요했으니 결단코 이를 받아들이지 않았던 것입니다.

지금 진나라는 전차가 1만 대나 되는 강국이고, 위나라도 마찬가지입니다. 다 같은 강국에 서로 왕으로 부릅니다. 그런 위나라가 진나라의 단한 번 승리에 질려 진나라를 제왕으로 만들려고 합니다. 이렇게 되면 삼진의 대신들을 추 · 노의 하인이나 첩만도 못하게 만드는 것입니다. 또 진나라가 아무런 방해도 받지 않고 제왕을 칭하게 된다면 제후국들의 대신을 마음대로 갈아치울 것입니다. 못마땅한 사람은 내다 버리고 유능하다고 생각하는 사람을 기용할 것이며, 미운 자를 버리고 제 마음에 드는 자들만 데려다놓을 것입니다. 또 진나라 왕의 요사스러운 부녀자들을 제후의 아내로 삼게 할 것이니 위나라 궁에도 이런 여자들로 넘쳐날 것입니다. 그렇게 되면 위나라 왕이 편히 있을 수 있으며, 장군 또한 지금과 같은 총애와 신임을 받을 수 있겠습니까?"

당초 조나라를 동원하여 진나라를 황제로 추대하려던 신원연은 노중련의 말을 듣고는 몸을 일으켜 두 번 절하면서 사죄했다.

"선생을 여태껏 평범한 사람이라고 생각했는데 오늘에야 비로소 천하의 으뜸가는 기인임을 알았습니다. 저는 곧 이곳을 떠나 다시는 진을 제왕으로 떠받는 말을 입에 올리지 않겠습니다."

진의 장군이 이 소식을 듣고는 한단을 포위하고 있던 군대를 50리 밖으로 물렸다. 이때 공교롭게 위공자 위무기魏無忌가 진비의 군권을 빼앗고 진을 공격해 왔으므로 진은 결국 퇴각할 수밖에 없었다. 이렇게 해서 조나라는 위기를 벗어날 수 있었다.

편지 한 통으로 싸우지 않고 요성을 함락하다

주나라 난왕赧王 36년인 기원전 279년, 그러니까 진나라가 조나라의 수도 한단을 포위한 사건이 있은 지 20여 년 후 연의 장수 악의樂毅가 제나라의 요성(聊城, 지금의 산동성 요성현)을 공격하여 함락시켰다. 제나라는 심각한 위기에 몰렸다. 그런데 마침 연나라 소왕이 죽고 혜왕이 즉위하면서 악의와 사이가 벌어졌다. 제의 장수 전단田單은 이들의 알력을 이용하여 반간계를 구사했고, 혜왕은 더 이상 악의를 신임하지 않게 되었다.

자기 나라로 돌아갈 수도 없게 된 악의는 조나라로 도망쳤다. 남아서 요성을 지키는 연의 장수는 돌아가봤자 죽을 것이 뻔한 상황에서 요성을 사수하기로 결심했다. 전단은 1년 넘게 요성을 공격했지만 함락시키지 못했다. 노중련은 요성 함락을 돕기 위해 연의 장수에게 항복을 권유하는 글을 써서 화살 끝에 매달아 성안으로 날렸다. 편지의 내용은 대체로 다음과 같았다.

"군주는 여러 마음으로 신하를 쓰지 않으며, 유세하는 선비는 그에 대해 이러쿵저러쿵하지 않는 법이오. 그래서 총명한 사람은 망설이지 않고, 용감한 사람은 죽음을 겁내지 않소. 장군은 지금 삶과 죽음, 영예와 치욕, 부귀와 빈천의 갈림길에 있소. 기회는 두 번 다시 오지 않으니 부

산동성에 남아 있는 노중련 사당

디 심사숙고하여 못난 사람들과 같은 판단을 내리지 않길 바라오.

제나라는 모든 병력을 동원하여 전력을 다해 요성을 탈취할 것이오. 1년 넘게 버텨온 요성을 더 이상 사수한다는 것은 절대 불가능하오. 또 당신네 연나라는 지금 큰 혼란에 빠져 있어 군신이 올바른 계획을 세우지 못하고 상하가 모두 정신을 잃고 있소이다. 율복은 10만 군대를 거느리고 원정하여 다섯 번이나 패했고, 그 결과 만승의 강대국 연이 조나라에게 수도를 포위당하는 수모를 겪었소. 땅은 잘려나가고 군주는 욕을 당해 천하의 웃음거리가 되었소. 나라는 황폐해지고 재난마저 자주 닥쳐 백성은 마음 붙일 곳을 잃었소. 그런데 지금 장군이 요성의 지친 백성들을 이끌고 제나라 전체 병력을 막고 있으니, 이는 참으로 묵

적이 초나라를 막아낸 일에 비교할 만하오. 굶주려 사람을 잡아먹고 사람의 뼈다귀를 땔감으로 쓰고 있는데도 장군의 병사들은 배반하지 않고 있으니 장군이야말로 참으로 손빈에 비교할 만하오. 이제 장군은 온천하에 자신의 능력을 보여주었소. 그러나 장군을 위해 생각해본다면, 병력 손실 없이 연나라에 보답하는 것이 가장 바람직할 것이오. 병력을 보전한 채 귀국한다면 왕도 기뻐할 것이고, 백성들도 부모를 다시 만나듯 장군을 환영할 것이며, 친구들은 흥분하여 팔을 걷어붙이며 칭찬을 아끼지 않을 것이오. 장군의 업적을 온 천하가 다 알게 되는 것이지요. 위로는 고립된 군주를 도와 군신들을 단속하고, 아래로는 백성들을 잘살게 하여 이야기꾼들에게 이야깃거리를 제공하고, 나라를 바로잡아 타락한 풍속을 고치면 공명을 이룰 것이오. 혹 이럴 마음이 없다면 연나라를 떠나 우리 제나라로 오시는 것은 어떻소? 그러면 제나라는 땅을 떼어 봉지를 정해줄 것이오. 장군과 후손은 대대손손 세도를 부리면서 부귀를 누리게 될 것이니 이 또한 방법이 될 것이오. 앞서 말한 두 가지 계획은 모두 명예도 이익도 큰 방법이오. 장군께서는 깊이 생각하시어 그중 한 가지를 택하셔야 할 것이오.”

이어 노중련은 관중과 조말이 구차한 예절에 매이지 않고 작은 굴욕쯤은 거뜬히 참아낸 고사를 거론하면서 작은 체면과 사소한 치욕 때문에 목숨을 버리지 말라고 충고했다. 다시 공명을 세워 영원히 칭송을 듣고 명예를 세워 만세의 공을 남기라는 부추김도 잊지 않았다.

이 편지는 제나라 군대가 요성을 함락하는 데 중대한 작용을 했다. 편지를 읽은 연의 장수는 노중련의 가르침에 따르겠다는 뜻을 나타냈다. 연의 군대는 활을 거꾸로 맨 채 퇴각했고, 연의 장수는 고민 끝에 스스로 목숨을 끊었다. 제나라가 포위를 풀고 백성을 사지에서 구한 것은 오로지 노중련의 이 편지 덕분이었다.

노중련은 여러 차례 곤경에 처한 나라들을 구했지만 보수는 한사코 거절했다. 장평 전투 이후 그는 신원연을 설득하여 진을 황제로 추대하는 일이 옳지 않다는 것을 확실하게 보여주었다. 이 일로 평원군은 그에게 상을 내리려 했지만 한사코 거절하며 받질 않았다. 평원군은 그를 위로하기 위해 술자리를 마련했다. 술자리가 무르익자 평원군은 천금을 내놓으면서 노중련에게 사례하려 했다. 이에 노중련은 웃으면서 말했다.

"천하 호걸이 귀중한 까닭은 타인을 위해 곤란함을 해결하고 재난을 없애주기 때문인데, 분규를 해결하고도 보수 따위를 받지 않기에 더 귀한 것입니다. 보수를 받는다면 장사꾼과 다를 바 없지요. 나, 노중련은 장사치가 될 수 없습니다."

그 뒤 전단이 요성을 공격할 때 연의 장수에게 편지를 보내 이해관계를 밝힘으로써 싸우지 않고 요성을 손에 넣게 했다. 전투가 끝난 뒤 전단은 제왕에게 노중련의 공로를 보고하여 작위를 내릴 준비를 했다. 그러나 노중련은 몸을 피해 바닷가로 달아나 숨어서는 "나는 남에게 눌려 살며 부귀를 누리느니 가난하지만 자유롭게 내 맘대로 살겠다."고 말했다.

감라甘羅

12세 신동 외교가

감라는 진나라에서 승상을 지낸 감무甘茂의 손자이자 전국시대 말기에 크게 이름을 떨친 종횡가縱橫家였다. 그는 외교모략에서 상당한 족적을 남겼는데, 불과 12세 때 당시 진나라 재상이었던 문신후文信侯 여불위呂不韋를 수행한 신동이기도 했다.

이해관계를 밝혀 장당을 연에 사신으로 보내다

아직 천하가 통일되지 않았던 시기 진시황이 강성군剛成君 채택蔡澤을 연나라에 사신으로 보냈다. 3년 뒤 연왕 희희姬喜는 태자 희단姬丹을 인질로 보내왔다. 당시의 인질은 맹약의 이행을 보증하고 우호 관계를 유지하기 위한 매개체와 같은 것이었기 때문에 대개 군주의 아들이나 인척 또는 대신들이 그 역할을 맡았다. 당시 두 나라는 우호 관계를 유지했고, 이에 따라 각국의 상국을 뽑을 때는 서로 자기 나라 인물을 추천하기까지 할 정도였다. 이에 따라 진은 장당張唐을 연의 상국으로 추천하여 그를 연으로 보내 조를 공격하여 하간(河間, 지금의 하북성 간현으로 당시 조나라의 기반)으로 세력을 확장하는 계획을 추진케 할 생각이었다. 당시 연나라는 지금의 하북성 북부와 요녕성 서단에 자리 잡고

696

감라를 기용한 여불위

있었던 전국 7웅의 하나였다. 도읍은 계(薊, 지금의 북경성 서남)였다.

그런데 예상 밖으로 장당이 연나라로 가서 상국이 되는 것을 꺼려했다. 장당은 문신후 여불위에게 자신의 생각을 이렇게 밝혔다.

"신이 진 소왕을 위하여 조를 공격한 적이 있는데, 당시 조나라는 신을 원망하여 '장당을 사로잡는 자에게는 100리의 땅을 주겠다.'며 현상금을 걸었습니다. 지금 연나라로 가려면 조나라를 거치지 않을 수 없는데, 신은 가고 싶지 않습니다."

여불위는 마음이 언짢았지만 강요할 수는 없는 노릇이었다. 이때 감라가 여불위의 기색을 살피더니 그 까닭을 물은 다음 자신이 장당을 연나라로 보내겠다고 큰소리를 쳤다. 여불위는 어린 감라가 뭘 모르고 큰소리를 친다며 꾸짖었다. 이에 감라는 "위대한 항탁項橐은 일곱 살 때 공자의 스승이 되었습니다. 신을 시험해보시면 될 일을 왜 미리 꾸짖으시는지요?"라며 반문했다.

감라는 장당을 만나서는 대뜸 물었다.

"그대와 무안군(진나라의 명장 백기) 중 누구 공이 더 큽니까?"

"무안군은 남쪽의 강국 초나라를 꺾었고, 북으로는 연과 조를 눌렀소. 싸우면 이기고 공격하면 빼앗기를 여러 차례 했지요. 성읍을 쳐부수고 함락시킨 경우는 헤아릴 수 없을 정도지요. 그러니 내가 어찌 무안군에 미치겠소."

"그럼 응후(진나라 상국 범수)가 진나라에서 나랏일을 멋대로 주무르는 정도를 우리 문신후와 비교하면 누가 더 심합니까?"

"응후의 권세는 문신후에 미치지 못하지요."

"응후의 전횡이 문신후에 미치지 못한다고 확신하십니까?"

"그렇소."

"응후가 조나라를 치려고 했을 때, 무안군은 이를 어렵게 생각하여 출전하지 않았습니다. 이 때문에 함양에서 7리 떨어진 두우에 이르러 죽었습니다. 이제 문신후께서 직접 그대에게 연의 재상이 되기를 청했는데 그대는 가려 하지 않으니, 저로서는 그대가 언제 어디서 죽음을 맞이하게 될지 장담할 수 없군요."

"젊은이 말에 따르겠소."

위협과 이해관계로 유혹하여
연ㆍ조 사이에서 어부지리를 얻다

연나라 상국 자리를 승낙한 장당이 길을 떠나기 며칠 전, 감라는 문신후 여불위를 찾아가 "신에게 수레 다섯 대만 빌려주십시오. 장당을 위해 먼저 조나라에 가서 알릴까 합니다."라고 말했다. 여불위는 궁에 들어가 진시황을 알현하고 이 상황을 보고하면서 이렇게 말했다.

"감무의 손자 감라는 나이는 어리지만 명문가의 자손으로 제후들이 모두 그를 잘 알고 있을 정도입니다. 이번에 장당이 병을 핑계로 연나라에 가지 않으려는 것을 감라가 설득하여 떠나도록 만들었습니다. 지금 자신이 먼저 조나라로 가서 이 사실을 알리려고 하니 그를 보내도록 허락해주십시오."

진시황은 감라를 조나라로 보냈다. 조나라의 양왕은 교외까지 나와 감라를 맞이했다. 감라는 조 양왕에게 "연나라 태자 단이 진에 인질로 잡혀 있다는 사실은 알고 계시죠?"라고 물었고, 양왕은 알고 있다고 대답했다. 이에 감라는 다음과 같은 말로 조 양왕을 설득했다.

객경의 출신지

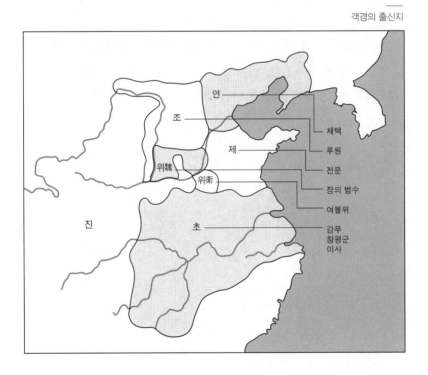

"연의 태자 단이 진에 인질로 간 것은 연이 진을 속이지 않는다는 뜻이고, 장당이 연에 재상으로 가는 것은 진이 연을 속이지 않는다는 뜻입니다. 연과 진이 서로 속이지 않고 동맹하면 조나라를 칠 것이니 조는 지금 매우 위험합니다. 연과 진이 이렇게 하는 까닭은 조를 공격하여 하간의 땅을 넓히려는 의도입니다. 대왕께서는 성 다섯 개를 떼어 제게 주셔서 하간 땅을 확장하게 하는 쪽이 나을 것입니다. 그렇게 하시면 연의 태자 단을 돌려보내고 강한 조와 연합하여 약한 연을 치게 하겠습니다."

　감라의 설득에 조 양왕은 즉석에서 직접 성 다섯 개를 떼어 진에 주어 하간 땅을 넓히게 했고, 진은 약속대로 단을 돌려보냈다. 이에 조는 연을 쳐서 상곡(지금의 하북성 서북부)의 30개 성을 빼앗고, 그중 11개 성을 진에게 떼어 주었다.

　감라가 조나라에 사신으로 가서 진나라를 위해 전쟁으로도 얻지 못할 영토를 얻게 해주었다. 진시황은 매우 기뻐하면서 감라를 상경으로 삼는 한편, 이전 감무의 집과 땅을 다시 그에게 내려주었다.

역이기酈食其

주인을 기다리며 유세하다가 죽다

역이기(?~기원전 203년)는 진한 시기의 저명한 책사로 진류 고양(高陽, 지금의 하남성 기현 서남쪽) 사람이다. 출신이 가난하여 정처없이 떠돌아다니는 신세였지만 독서를 좋아했다. 의식을 해결할 일거리가 없어 성문을 관리하는 말단 관리가 되었다. 그는 자유분방하고 속박을 받지 않았기 때문에 사람들은 그를 미치광이 유생이라고 불렀다. 그런 기풍 때문에 현 안의 권세가나 명망 있는 선비, 지방 호족들도 감히 그를 어찌하지 못했다.

패공에 유세하여 진류를 취하다

진승과 오광의 봉기 이후 여러 호걸들이 각지의 성을 공략했는데, 고양을 거쳐 간 자만도 수십 명에 달했다. 역이기는 이들이 모두 가혹한 요구를 하고 번잡한 예절을 차리며, 그릇이 작아서 자신의 원대한 책략을 말해도 받아주지 못할 것이라며 이들을 만나지 않았다. 뒤에 그는 유방(劉邦, 한 고조 패공沛公)이 군사를 거느리고 진류(陳留, 지금의 하남 개봉 동남쪽의 진류진)를 공략하기 위해 교외에 머물고 있다는 말을 들었다. 이때 마침 유방 휘하의 기병 중에 역이기와 같은 고향(진류) 사람이 있었다. 유방은 천하를 얻고 싶은 마음에 각지의 인재를 구하던 차라, 진류에 와서도 그 일대의 현인과 호걸을 찾고 있었다. 역이기는 그 기병을 만났을 때 이렇게 말했다.

"나는 패공이 오만하고 남을 업신여기지만 웅대한 뜻을 가졌다고 들었네. 그런 분은 내가 섬기고 싶은 사람이네. 하지만 나를 소개해주는 사람이 없으니 자네가 만일 패공을 뵙거든 이렇게 말해주게. '우리 고향에 역이기라는 사람이 있는데, 나이는 60이고 신장은 8척입니다. 남들은 모두 그를 미치광이 유생이라고 부르지만 본인 스스로는 미친 사람이 아니라고 합니다.'라고 말일세."

그러자 기병이 말했다.

"패공은 유학을 좋아하지 않습니다. 빈객 중에 유생의 관을 쓰고 오는 자가 있으면 언제나 그 유생의 관을 빼앗아 거기에다 소변을 봅니다. 그리고 손님과 대화할 때 걸핏하면 상대방을 큰 소리로 욕합니다. 그러니 유생의 신분으로 패공에게 유세한다는 것은 좋지 못합니다."

"자네는 신경 쓰지 말고 내 말을 전해주기나 하게."

기병은 유방을 만나 역이기가 당부한대로 말을 전했다.

유방은 고양의 한 숙소에서 역이기를 만나보기로 했다. 역이기는 도착하자 먼저 문을 지키는 자에게 명함을 내밀며 말했다.

"고양의 비천한 백성 역이기가 패공이 전쟁터에서 온갖 고초를 마다하고 불의한 자를 토벌하신다고 하기에 직접 만나 천하 대사를 위한 계책을 바치겠다고 일러주길 바랍니다."

문을 지키는 자가 "어떤 사람이 알현을 청했습니다."고 통보하니 유방은 그 생김새를 물어보고는 촌구석 유생은 만나지 않겠다고 거절했다.

이때 유방은 마침 침상에 걸터앉아 다리를 벌린 채 두 여자에게 발을 씻기고 있었다. 안으로 들어간 역이기는 이런 예의에 어긋난 행동을 보고도 화를 내지 않았다. 그는 엎드려 절은 하지 않고 양손으로 공손히 읍하면서 침착하게 말했다.

"패공께서는 진나라를 도와 제후들을 치려 하십니까? 아니면 제후들을 이끌고 진나라를 멸망시키려 하십니까?"

유방은 듣자마자 역이기를 꾸짖었다.

"이 비천하고 무능한 멍텅구리 유생아! 오랫동안 천하가 진나라에 고초를 당하여 여러 제후들과 영웅호걸들이 분분이 일어나 진나라를 치려고 하는데, 너는 어찌 진나라를 도와 다른 제후들을 친다고 말하는가?"

"패공께서는 참으로 군중을 모으고 정의로운 의병을 만들어 무도한 진나라를 없애고자 하십니까? 그렇다면 침상에 앉아 다리를 벌리고 오만불손한 태도로 나이 든 사람을 만나서는 안 됩니다. 그래서는 천하의 유능한 인재를 잃어버릴 뿐입니다. 천하의 대업을 이루고자 하시는 분이 사람을 이렇게 대한다면 이는 모두 패공의 실책입니다."

그제야 유방은 찾아온 사람이 보통이 아닌 줄 간파하고 바로 발 씻기를 멈추고 일어나 의관을 단정히 하고 역이기를 윗자리에 앉게 한 뒤 사과했다.

"조금 전에는 선생의 외모만을 보고 큰 소리를 쳤는데, 지금에야 선생의 속뜻을 알았습니다."

더불어 천하를 얻을 수 있는 책략에 관한 가르침을 청했다. 이에 역이기는 6국의 합종연횡책과 투쟁의 역사에 대해 설명하고 천하의 형세를 격의 없이 의논했다. 유방은 대단히 기뻐하며 음식을 접대하면서 말했다.

"천하를 얻는 대책은 어떻게 만들어야 하겠습니까?"

"공께서 훈련 경험도 없는 오합지졸들과 여기저기 흩어진 병사를 모으셨지만 그 수는 만 명을 넘지 않습니다. 이런 병력으로 강대한 진나라를 공격한다는 것은 호랑이의 입에 뛰어드는 것과 같습니다."

역이기는 먼저 진류를 취하는 전략을 유방에게 권했다.

"진류는 천하의 요충지이며 사통오달의 지역입니다. 그러나 현재 성안에는 수천 석의 식량이 비축되어 있고 성의 방어도 견고합니다. 저는 진류의 현령과 친분이 있으니, 제가 사신으로 가서 항복을 권유하겠습니다. 만일 그가 제 말을 듣지 않는다면 공께서 성을 공격하십시오. 제가 성안에서 내응하여 그를 죽이고 진류를 탈취하겠습니다. 공께서는 군중을 통솔하여 진류를 점거한 다음 그곳 식량을 가지고 진나라와 대항할 수 있는 의병을 모으십시오. 그러면 공이 천하를 종횡하더라도 감히 막을 자가 없을 것입니다."

유방은 그를 진류에 사신으로 보내고, 뒤따라 군대를 이끌고 갔다. 역이기는 밤에 진류 현령을 만나 항복을 권했다.

"진나라가 포학무도하여 천하가 모두 대항하려 하니, 당신도 그 추세를 따라 함께 진나라에 대항하면 큰 공을 세울 수 있습니다. 만약 당신이 장차 멸망하게 될 진나라를 위해 끝까지 성을 사수한다면 당신의 앞날이 어떻게 될지 걱정스러울 따름입니다."

이에 진류의 현령이 말했다.

"진나라의 법률은 가혹하고 엄하기 때문에 어떻게 해야 할지 모르겠습니다. 잘못하면 멸족멸문을 당하니, 저는 바로 승낙하기가 어렵습니다. 선생께서는 그런 말씀 다시 하지 말아주십시오."

역이기는 아무 말 하지 않고 숙소에 머물다가 야밤에 일어나 진류 현령을 죽이고 그 머리를 성벽에 걸어놓고 유방에게 보고했다. 이에 유방이 바로 진류성을 공격하니, 성안 사람들은 성벽에 현령의 목이

긴 장대에 걸려 있는 것을 보고 대경실색하여 서둘러 투항했다. 진류를 점거한 유방은 성안 병기를 거두고 비축해둔 식량을 먹으면서 3일 동안 많은 병사들을 모집할 수 있었다.

　유방은 역이기의 계책 덕분에 영토를 넓혔기 때문에 그를 광야군廣野君으로 봉했다. 이로부터 역이기는 유방의 모사가 되어 다른 제후 사이를 오가며 유세하게 되었다.

하늘이 하늘이 된 까닭을 아는
사람이 왕업을 이룰 수 있다

　한 3년(기원전 204년) 가을, 항우가 한나라를 공격하여 형양(滎陽. 지금의 하남성 형양현 동북쪽)을 함락시켰다. 한나라 군은 공(鞏. 지금의 하남 공현 서남쪽 30리)과 낙양(洛陽. 지금 낙양시 동북쪽) 일대로 후퇴하여 지키고 있었다. 유방은 성고成臯의 동쪽 지역을 포기하고 공현과 낙양에서 초나라 군을 막을 계획이었다. 이때는 초한전쟁에서 매우 중요한 시기로, 누구도 승리를 예측하기가 어려웠다. 역이기가 유방에게 말했다.

　"신은 '하늘이 하늘이 된 까닭을 아는 사람은 왕업을 이룰 수 있고, 하늘이 하늘이 된 까닭을 알지 못하는 사람은 왕업을 이룰 수가 없다. 천하에 왕 노릇하는 자는 백성을 하늘로 알고 백성은 먹는 것을 하늘로 안다.'고 들었습니다. 저 오산(敖山. 형양 동북쪽)이라는 곳에서 천하의 양곡이 교역된 지 오래되었습니다. 신은 거기에 엄청난 식량이 비축되어 있다고 들었습니다. 항우가 형양을 함락시킨 뒤 오창(오산의 식량창고)을 견고히 지키지 않고 오히려 군대를 이끌고 동진하면서, 죄수와 억지로 징발한 군대로 성고를 지키게 한 것은 하늘이 한나라를 돕는 것이라 하겠습니다. 이때야말로 초나라를 공격하여 취하기 쉬운 상황인데도 한나라는 오히려 퇴각함으로써 스스로의 호기를 놓치고 있으니, 신은 이것이 잘못된 것이라 생각합니다. 지금 천하는 초나라와 한나라가 병립할 수 없는 형세입니다. 두 나라가 오랫동안 대치만 하고 결전하지 않는다면, 백성들은 안정을 찾지 못하고 천하가 불안해집니다. 농민들은 쟁기를 버리고 베 짜는 여인들은 베틀에서 내려올 것이니, 천하 민심이 안정되지 못합니다. 원컨대 왕께서는 즉시 다시 군대를 진격시켜 형양을 회복하고 오창의 식량을 차지하십시오. 그런 뒤 성고의 요새를 막고 대행으로 가는 길목을 차단하며, 비호의 입구를 가로막고 백마를 견고히 지켜, 제후들에게 현재의 실제 형세가 누구에게 기울고 있는가를 보여주십시오. 그렇게 되면 천하가 돌아갈 곳을 알게 될 것입니다."

유방은 역이기의 모략대로 다시 오창을 탈취했다.

목숨을 걸고 제나라 왕에게 항복을 권유하다

역이기는 천하의 대세를 분석하여 유방에게 말했다.

"연나라와 제나라가 이미 평정되었으나, 아직 제왕은 항복하지 않고 있습니다. 지금 전광은 넓은 제나라를 차지하고 있고, 전간은 20만 명의 군대를 이끌고 역하에 주둔하고 있습니다. 전씨 일족의 세력은 강한 데다 바다를 등지고 황하와 제수로 앞이 가로막혀 있습니다. 또한 남쪽으로 초나라와 가까울 뿐 아니라 그쪽 사람들이 권모술수에 능하니, 왕께서 비록 수십만 군사를 파견하여 공격한다 하더라도 1년 혹은 몇 개월 안에 격파할 수 없습니다. 원컨대 신이 조칙을 받들고 제왕을 설득하여 그들이 한나라의 동쪽 속국으로 귀속하게 만들겠습니다."

유방이 승낙하자, 역이기는 제왕을 만나 말했다.

"왕께서는 천하의 인심이 어디로 돌아갈 것인지 알고 계십니까?"

"모르오."

"왕께서는 천하 민심이 어디로 돌아갈 것인지 아신다면 제나라를 보전하실 수 있겠지만, 모르신다면 제나라를 보전하실 수 없을 것입니다."

"천하 민심이 어디로 돌아갈 것 같소?"

"한왕에게 돌아갈 것입니다."

"그대는 무슨 근거로 그렇게 말하는 것이오?"

"처음에 한왕과 항왕은 힘을 합쳐 진나라를 공격할 때 함양에 먼저 들어서는 자가 왕이 되기로 약속했습니다. 그런데 한왕이 먼저 함양에 입성하자 항왕은 약속을 저버리고 한왕에게 함양을 주지 아니하고 한중의 왕으로 삼았습니다. 또 항왕은 의제를 추방하여 살해했습니다. 한왕이 이 소식을 듣고서 즉시 촉한의 군대를 동원하여 삼진을 공격하고, 함곡관을 나와 의제를 살해한 죄를 따졌습니다. 그리고 천하의 병사를 수습하고, 각 제후의 후예를 세웠습니다. 성을 빼앗으면 바로 그 장수를 후로 봉하고, 재물을 얻으면 바로 그 병사들에게 나누어 주는 등 천하와 더불어 그 이익을 함께했습니다. 이에 영웅, 호걸, 현인, 재사들이 모두 한왕에게 기꺼이 기용되고자 했습니다. 그리하여 제후들의 군대가 사방에서 왔으며, 촉한의 곡식을 실은 배들이 나란히 장강을 내려오고 있습니다. 반면에 항왕은 약속을 배반했다는 오명과 의제를 살해했다는 큰 죄가 있으며, 다른 사람의 공에 대해서는 기억하지 못하면서도 다른 사람의 죄에 대해서는 잊어버리는 일이 없고, 전투에서 승리한다 하더라도 상을 내린 적이 없으며, 성을 함락시킨다 하더라도 봉토를 내린 적이 없습니다. 또한 항씨 일족이 아니면 권력을 잡을 수가 없으며, 봉지가 아까워 가지고 있을 뿐 다른 사람에게 주려고 하지 않았습니다. 성을 공격하여 재물을 얻어도 쌓아두기만 할 뿐 남에게 상으로 주는 일이 없습니다. 이런 까닭에 천하 사람들은 그에게 반기를 들고, 현인과 재사들은 그를 원망하여 그를 위해 일하는 사람이 없습니다. 따라서 천하의 선비들이 한왕에게 돌아갈 것이니, 한왕은 힘들이지 않고 그들을 부릴 것입니다. 한왕은 촉한에서 군대를 일으켜 삼진을 평정했고, 서하를 건너 상당의 군대를 모아 정형을 점령하고 성안군을 죽였으며, 북위를 공격하여 32개 성을 함락시켰습니다. 이는 진실로 치우의 군대와 같아, 인간의 힘이 아니라 하늘이 내려준 큰 복인 것입니다. 지금 한왕께서는 이미 오창의 곡식을 차지하고 계시며, 성고의 요새를 막고 계시며, 백마진을 지키고 태항산으로 가는 길목을 차단하고 계시며, 비호의 입구를 장악하고 계시니, 만일 천하의 제후들 중에 뒤늦게 한왕에게 항복하는 자는 남보다 먼저 멸망하게 될 것입니다. 왕께서 서둘러 한왕에게 항복하신다면 제나라의 사직을 보존할 수 있으실 것입니다. 그러나 만일 한왕에게 항복하지 않으신다면 멸망을 앉아서 기다리시게 될 것입니다."

전광은 역이기의 말이 맞다고 생각하여 유방에게 귀순하기로 결정하고, 역하의 수비를 풀고 역이기와 더불어 날마다 술자리를 벌였다.

한신은 역이기가 유세객의 신분으로 세 치 혀를 놀려 제나라의 70여 성을 설복시킨 것에 질투가 나서 몰래 제나라를 습격하여 제나라를 정복했다. 제왕은 역이기가 자기를 속인 것으로 생각하여 역이기를 끓는 물에 삶아 죽였다. 이것이 역사상 유명한 '사간死間'이었다. 역이기가 자신의 의지와는 상관없이 목숨을 바치고 임무를 완수한 '사간'이 되었기 때문이다.

역이기는 초한 쟁패의 와중에서 풍부한 경험과 식견을 바탕으로 유방을 도와 형세를 유방 쪽으로 유리하게 이끄는 데 큰 역할을 해냈다. 호방한 외교 책략가로서 손색이 없는 인물이었다 하겠다.

괴통嗣通

사리에 능통하고 종횡설에 뛰어나다

괴통은 진한 시기의 저명한 변설 모략가로, 범양(范陽, 지금의 하북성 정흥현 서남쪽 고성진) 사람이다. 괴통의 원명은 괴철嗣徹로 한무제 유철劉徹과 같은 이름이라 사마천의 『사기』에서는 괴통으로 고쳐 적었다. 괴통은 종횡술에 정통했고 응대하는 말이 절묘하며 사변思辯에 뛰어났다.

모든 일을 순조롭게 만들고 무신군을 도와 격문을 써서 천리를 평정하다

진秦 2세 원년(기원전 209년) 7월, 진승과 오광은 안휘 기현 대택향에서 봉기한 뒤 부장 무신군武信君에게 조나라 땅을 공격하게 하여 10여 성을 취했다. 그러나 나머지 성들이 굳게 방어하고 투항하지 않아 무신군은 조나라 땅을 신속하게 평정하지 못했다. 괴통은 이처럼 정국이 동요하는 시기에 자신의 종횡페합술縱橫捭闔術을 펼쳐보리라 마음먹었다. 그는 먼저 범양현령 서공徐公을 찾아가 말했다.

"저는 범양의 평민 괴통으로 현령께서 사지로 들어가는 것을 보고 현령을 조문하러 왔습니다. 그러나 현령의 눈앞에 닥친 위기가 저를 만나 전화위복이 될 수도 있기에 경하 드립니다."

서공은 자신이 죽을 것이라는 말을 듣고 아연실색하여 말했다.

"당신은 나를 조문하러 왔단 말이오?"

"당신은 범양의 현령으로 십수 년을 지내면서 가혹한 형벌을 집행하여 남의 부모를 죽이고 남의 아들을 고아로 만들고 백성의 다리를 끊어놓고 백성의 이마에 죄인이라는 글씨를 새기는 등 남을 해치는 짓을 서슴없이 자행했습니다. 그런데도 당신이 해친 사람들이 감히 당신을 죽이지 못한 것은 진나라 법률이 두려웠기 때문입니다. 현재 천하가 크게 혼란하여 진나라의 법률은 이미 쓸모가 없게 되었고, 이제 당신이 해친 사람들은 바로 당신을 비수로 찔러서 이름을 남기고자 할 것입니다. 이것이 바로 제가 공을 조문하는 까닭입니다."

이 말을 들은 서공은 근심 걱정에 안절부절못했다. 안 그래도 진승이 봉기하여 무신군이 조나라 땅을 공격한 후로 어떻게 대응해야 할지 몰랐는데, 괴통의 말을 듣자 더욱 황망하여 계속 물어보았다.

"선생을 만난 것이 전화위복이라는 말은 무슨 뜻입니까?"

"현재 제후들은 이미 진나라에 반기를 들었습니다. 무신군의 군대는 빠르게 성 아래에 도착하여 공격을 준비할 것입니다. 그러면 당신은 범양성을 굳게 지키려고 해도 성안의 젊은이들이 당신을 죽여 무신군에게 항복할 것입니다. 그러니 당신이 먼저 사람을 보내 무신군을 만나보면 화를 복으로 돌릴 수가 있습니다. 당신의 생사는 이 행동에 달려 있다고 해도 과언이 아닙니다."

괴통은 자신이 무신군을 만나 어떻게 처신할 것인지 소상히 설명했고, 서공은 절을 하며 감사해했다. 그리고 수레를 마련하여 괴통으로 하여금 무신군을 만나도록 했다.

괴통은 무신군을 만나 말했다.

"당신께서는 늘 전쟁으로 땅을 넓히고 공격으로 이긴 뒤에 성읍을 취하려고 하는데, 이는 잘못된 것입니다. 만약에 당신이 저의 계책을 받아들이신다면 공격하지 않고도 성읍을 얻고 격문을 포고하여 천리 땅을 평정할 수 있습니다. 당신은 저의 말을 따를 의향이 계신지요?"

무신군이 어찌된 영문인지를 말해보라고 했다. 이에 괴통이 말했다.

"지금 당신이 범양으로 진군하신다면 범양 현령 서공은 당연히 병사들을 정돈하여 성을 사수하려 할 것입니다. 그러나 서공은 누구보다 겁이 많아 죽음을 두려워하며, 부귀영화를 탐하는 자입니다. 그는 먼저 투항하고 싶어도 진나라에서 임명한 관리인 데다, 이전에 당신이 10개 성을 공격하여 진나라 관리를 죽였던 것같이 자신을 죽일 것이라고 여겨 매우 두려워하고 있습니다. 만약에 그가 먼저 투항했는데, 당신이 그를 죽여 성 밑에서 시위를 한다면, 성을 지키는 장졸들은 금성탕지(金城湯池, 쇠로 만든 성과 그 둘레에 파놓은 뜨거운 물로 가득 찬 못이라는 뜻)처럼 견고하게 지켜서 난공불락이 될 것입니다. 그밖에도 지금 범양의 젊은이들 역시 그 현령을 죽이고 스스로 성을 근거로 하여 공에게 항거하려 하고 있습니다. 따라서 당신을 위한 계책을 드리고자 합니다. 만일 저에게 제후의 인장을 들고 가서 서공을 범양 현령에 봉하게 한다면 범양 현령은 성을 들어 공에게 항복할 것이고, 젊은이들도 당신이 두려워 감히 그 서공을 죽이지 못할 것입니다. 이어서 범양 현령으로 하여금 화려한 장식의 붉은 수레를 타고 연과 조나라 교외를 지나가게 하십시오. 그러면 연과 조나라 사람들이 그런 모습을 보고서 '저 사람은 범양 현령인데, 가장 먼저 항복하여 부귀영화를 누린다.'며 부러워할 것입니다. 그리하면 연나라와 조나라는 싸우지 않고서도 투항시킬 수 있을 것입니다. 이것이 바로 격문을 포고함으로써 천리를 평정시킬 수 있는 계책입니다."

무신군은 괴통의 말을 다 듣고 크게 기뻐하며 백 승의 수레를 준비하고 기병 2백 명으로 호위하게 하여 서공에게 제후의 인장을 하사하도록 했다. 연과 조나라에서 이 소식을 듣고, 공격하지 않았는데도 30여 성이 투항해 왔다. 괴통의 계책 그대로였다.

한신, 괴통의 어부지리 계책을 쓰지 않아서
마침내 아녀자 손에 죽다

한 고조 3년(기원전 203년) 6월, 한신은 조趙·대代·연燕나라 등지를 평정하고, 한왕의 명을 받들어 승세를 타고 동쪽 제나라로 진군했다. 평원(平原, 평원진平原津. 당시 황하 나루터로 지금의 산동성 평원현 경내)에 이르렀을 때, 한왕이 사신으로 보낸 역이기가 제왕에게 유세하여 한나라에 귀순시킨다는 소식을 들었다. 그래서 제나라에 대한 공격을 멈추려고 했다. 이때 괴통이 계책을 내어 말했다.

"장군이 조서를 받고 제나라를 공격하려는데, 한왕이 단독으로 밀사를 보내 제나라를 귀순시켰습니다. 그러나 장군에게는 제나라를 공격하지 말라는 조서가 내려오지 않았습니다. 그렇다면 무엇 때문에 공격을 하지 않고 있습니까? 역이기는 한낱 변사로 세 치 혀를 놀려 제나라 70여 개 성의 항복을 받았습니다. 반면에 장군께서는 수만 명의 장졸을 거느리고도 한 해가 넘도록 겨우 조나라 50여 개 성의 항복을 받았을 뿐입니다. 장군이 되신 지 벌써 여러 해가 되었는데, 비천한 유생의 공로보다 못해서야 되겠습니까?"

한신은 괴통의 말에 자극을 받아 즉각 그의 계책에 따라 군대를 황하 나루터를 건너 제나라로 진격시켰다. 제왕은 괴통의 유세를 듣고 귀순 조약을 맺은 뒤 만사를 제쳐두고 연일 술잔치를 벌이고 있었다.

책사 괴통의 책략을 받아들이지
못한 바람에 '토사구팽' 당한 한신

한 고조 4년(기원전 203년) 10월, 한신은 일거에 역하(지금의 산동성 제남시)에 있던 제나라 군대를 습격하고 드디어 수도인 임치(臨菑, 즉 임치臨淄. 당시 제나라의 도성으로 지금의 치박시 동북쪽)에 이르렀다. 제나라 왕 전광은 역이기가 자기를 속였다고 생각하여 그를 삶아 죽인 다음 고밀(高密, 지금의 산동성 고밀현 서남쪽)로 달아났다.

한 고조 4년(기원전 203년) 11월, 한신은 제나라를 평정한 뒤 현지에 임시로 왕을 세워야 백성들을 진정시킬 수 있다는 명분을 내세워 스스로 제왕이 되었다. 한왕은 처음에 노했으나 진평이 이해관계를 따져 설득해 오자 한신을 잠시 제왕으로 삼아 이용하기로 했다. 한편, 항우도 한신과 한왕 사이에 틈이 벌어진 것을 눈치채고 한신이 한나라를 배반하도록 종용했다. 괴통은 한신과 한왕 사이의 모순으로 인해 한신의 일거수일투족이 초나라와 한나라에 중대한 영향을 끼친다는 것을 알고 있었다. 만약 한신이 한나라를 거들면 한나라가 승리하고 초나라를 거들면 초나라가 승리하는 형국이었다. 아울러 괴통은 유방과 항우가 모두 한신을 이용할 생각은 있어도 자신들의 권위에 도전하는 것은 용납하지 않는다는 것도 소상히 알고 있었다. 그래서 그는 한신을 설득하여 자립할 수 있는 정권을 세우도록 기이한 계책을 냈다. 즉, 관상 이야기로 한신의 마음을 돌려놓을 생각을 했다. 괴통이 한신에게 말했다.

"제가 일찍이 관상을 배운 적이 있습니다."

"선생께서 관상을 본다는 말씀이십니까?"

"사람들의 고귀와 비천은 골상骨相에 있으며, 사람들의 근심 걱정과 희열은 기색氣色에 있으며, 사람들의 성공과 실패는 결단決斷에 달려 있습니다. 이 세 가지를 종합적으로 분석하여 관상을 본다면 거의 착오가 없음을 보장합니다."

"잘됐습니다. 그러면 선생은 나의 관상을 좀 보아주십시오."

"청컨대 주변 사람들을 물러나게 해주십시오."

주변 사람들이 물러가자 괴통이 말했다.

"당신의 상은 제후에 불과합니다. 그것도 위험하고 안전하지 않습니다. 그러나 당신의 등쪽[背]은 고귀하기가 이를 데 없습니다."

한신은 매우 명석한 사람이라 괴통이 지적한 '背'자의 의미가 한나라를 등지고 자립하라는 뜻이라는 것을 모를 리 없었다. 그러나 짐짓 모르는 척하면서 "무슨 뜻이냐?"고 되물었다. 괴통은 유방과 항우, 양대 세력이 투쟁하는 현상을 분석하여 이렇게 말했다.

"진나라 말기에 전국에서 봉기가 일어날 때 각지의 영웅호걸들이 스스로 왕을 칭하자 천하의 선비들이 구름처럼 모이고, 물고기 비늘처럼 겹치고, 불길이나 바람처럼 일어났습니다. 그때 모두의 염원은 시급히 진나라를 멸망시키는 것이었습니다. 그런데 진나라가 멸망하고 초나라와 한나라가 싸우게 되자 천하 백성들은 도탄에 빠지고 시신과 해골이 들판에 뒹구는 것을 이루 다 헤아릴 수 없게 되었습니다. 초나라는 팽성에서 일어나 여러 곳에서 전쟁을 벌여 형양에까지 이르렀는데, 그 세력이 각지를 석권하니 위세가 천하를 진동했습니다. 그러나 그 부대는 경京과 삭索 지역 사이에서 곤경에 빠지고, 성고成皋 서산에서 막혀 더 이상 전진하지 못한 지 3년이나 되었습니다. 한왕은 수십만의 대군을 거느리고 공현(鞏縣, 지금의 하남성 공현 서남쪽)과 낙양(洛陽, 지금의 낙양 동북쪽) 지역에서 험준한 산하를 방패로 삼아 하루에도 몇 차례씩 초나라 군대와 전투를 벌였지만 조그만 공도 세우지 못하고 매번 패배해도 지원군이 없었습니다. 한 고조 3년(기원전 204년) 4월에 항우에게 형양에서 포위당하고, 11월에는 성고 부근에서 한왕이 활에 맞아 가슴 부상을 당한 채 완성宛城과 섭성葉城 사이로 퇴주했습니다. 유방은 참으로 슬기롭고 항우는 실로 용맹스럽지만, 그들은 모두 곤란한 처지가 되었습니다. 날카로운 기세는 험준한 요새에서 꺾이고, 창고 양식은 떨어지고, 백성들은 너무도 피곤하고 힘이 다하여 원망하고 의지할 곳이 없게 되었습니다."

괴통은 이렇게 정세를 분석한 후에 한신의 일거수일투족이 전체 국면에 중대한 영향을 끼친다고 역설하며 이렇게 말했다.

"천하의 성현이 아니라면 이런 환란을 그치게 할 수 없을 것입니다. 그런데 지금 한나라와 초나라 왕의 운명은 당신이 어떻게 하느냐에 달려 있습니다. 만약 당신께서 한나라 편을 들면 한나라가 이길 것이요, 초나라 편을 들면 초나라가 이길 것입니다. 저는 따로 생각이 있어 이런 말씀을 드리는 것입니다. 그러나 당신이 이를 쓰지 않을까 걱정입니다."
그런 다음, 자신의 계책을 다음과 같이 털어놓았다.

"당신을 위한 계책은 모두가 손해를 보지 않는 동시에 모두가 함께 존속하는 것입니다. 당신이 그들과 더불어 천하를 삼분하여 솥발처럼 웅거하면 어느 편에서도 감히 먼저 움직이지 못할 것입니다. 장군은 현명하고 유능하며 덕을 겸비한 사람으로서 수많은 병사를 거느리고 있습니다. 강대하고 부유한 제나라에 기반을 두고 연나라와 조나라를 복종시킬 수 있습니다. 또한 병사를 거느리고 한나라 및 초나라 후방의 주인 없는 땅을 취할 수 있습니다. 그리하여 백성들이 바라는 대로 초한전쟁을 끝내게 하여 그들의 생명을 구해주신다면 천하의 제후들은 바람처럼 달려오고 메아리처럼 호응할 것이니, 누가 감히 복종하지 않을 수 있겠습니까? 그런 다음에 큰 나라는 나누고 강한 나라는 약하게 하여 제후를 세우면 천하가 신하로 복종하고 장군의 공덕을 칭송할 것입니다. 당신은 제나라 옛 땅에서 교하膠河와 사수泗水 유역(지금의 산동성 동부 및 남부)을 보유하고, 덕으로써 제후를 회유하고 삼가 겸양의 예를 지키면 천하의 군주들이 서로 와서 제나라에 입조할 것입니다. 속담에 '하늘이 주는 것을 받지 않으면 도리어 벌을 받고, 때가 왔을 때 단행하지 않으면 도리어 그 재앙을 받는다.'고 합니다. 장군께서는 이 일을 잘 고려하시길 바랍니다."

어떠한 모략도 마찬가지겠지만 특히 대국적인 전략성 모략은 모두 시기와 형세를 자세히 분석한 가운데 이뤄진 사유의 결정판이다. 괴통의 모략은 한신의 입장에서 본다면 확실히 뛰어난 것이었다. 괴통은 전국시대 이래로 지속된 장기간의 전쟁과 진나라 말기의 연속된 혼전이 평민에게 큰 고통을 주었고 이 때문에 평민들이 안정을 갈망하고 있음을 살폈다. 그는 한신을 이용하여 유방과 항우의 전투에서 어부지리를 취하도록 함으로써 삼국정립의 가능성을 제시했다. 그러나 한신은 한왕이 자신을 제왕으로 봉한 것을 보았고, 적을 물리친 후 토사구팽 당할 것임을 예측하지 못하여 괴통의 모략을 받을 의사가 없었다. 괴통은 한신에게 고금의 사례를 들어 지금 결단을 내리지 못하면 앞날이 어떻게 전개될지 예측할 수 없다고 충고했다. 며칠이 지나도록 한신은 결단을 내리지 못하고 괴통의 책략을 받아주지 않았다. 괴통은 유세가 이뤄지지 않자 뒤탈이 날까 두려워 미치광이로 가장하고는 제나라로 몸을 숨겼다.

한 고조 5년(기원전 202년) 12월, 해하垓下 전투가 벌어졌다. 이 전투에서 항우는 패하여 오강烏江에서 자살하니 초한전쟁이 종식되었다. 그리고 승리자인 유방 정권 내부에서 투쟁이 시작되었다. 유방은 해하의 전투를 마치자 바로 한신의 군권을 회수했고, 한 달이 못 되어 한신을 제왕에서 초왕으로 강등시켰다. 한 고조 6년(기원전 201년) 12월, 유방은 진평의 계책에 따라 한신을 붙잡았다. 한 고조 11년(기원전 196년) 정월, 한신은 여후와 소하에 의해 장락궁 종실鐘室에서 죽임을 당한다. 한신은 죽기 전 괴통을 생각하면서 탄식했다.

"내가 괴통의 계책을 쓰지 못한 것이 후회스럽다. 이제 한낱 아녀자의 손에 죽게 되었구나."

교묘한 비유로 삶겨 죽는 형벌을 면하다

유방은 진희陳豨의 반란을 평정한 후 장안으로 돌아오자 한신이 죽

기 전 했던 말을 듣고 괴통을 체포하라는 명령을 내렸다. 괴통이 잡혀
오자 유방이 물었다.

"네가 일찍이 한신에게 모반하라고 사주했는가?"

괴통은 차분하게 대답했다.

"그렇습니다. 내가 그를 사주했습니다. 그러나 그 못난이는 나의 계
책을 받아주지 않고 스스로 죽는 길을 택하여 이같이 비참한 결과를
낳았습니다. 만일 그 못난이가 나의 계책을 썼다면 폐하께서 어찌 그
를 죽일 수 있었겠습니까?"

유방이 크게 노하여 "삶아 죽여라!"고 말했다. 그러자 괴통이 급히,
그러나 변명하지 않고 말했다.

"내가 삶겨 죽다니 원통합니다."

"너는 한신의 모반을 사주해놓고, 무엇이 원통하단 말이냐?"

"진나라가 쇠미해지자 산동이 크게 어지러워지고, 각 성姓의 세력
이 동시에 일어나니 영웅준걸들이 까마귀 떼처럼 모여들었습니다. 진
나라가 망하자, 누구나 모두 왕위를 쟁탈하고 싶어 했는데, 최후에는
실력이 강대하고 행동이 빠른 사람이 취했습니다. 도척의 개가 요 임
금을 보고 짖는 까닭은 요 임금이 어질지 않아서가 아니라 주인이 아
니기 때문입니다. 그때 신은 오직 한신만을 알았을 뿐이지, 폐하를
알지는 못했습니다. 하물며 천하에는 칼끝을 날카롭게 갈아 폐하께
겨루려는 사람들이 많았습니다. 그들은 다만 능력이 모자랐을 뿐이었
습니다. 지금 당신이 한왕이 되었다고 그들을 모두 삶아 죽이시겠습
니까?"

유방은 이제 막 천하를 평정한 데다 성격이 활달하며 인재를 아끼는
제왕이라, 괴통의 말을 듣고는 도리가 있다고 여겨 그를 사면했다.

기회를 보아 일을 행하고, 재상 조참에게 불을 빌리다

한 고조 6년(기원전 201년) 정월, 유방은 동성同姓들을 왕으로 분봉하고, 서자 유비劉肥를 제왕齊王으로 삼았다. 조참曹參은 재상이 되어 어진 선비를 대우하고 괴통을 문객으로 청하여 정사에 참여시켰다. 제나라에는 동곽선생과 양석군이라는 선비가 있었는데, 제왕 전영은 항우와 싸울 때 이 두 사람을 협박하여 정사에 참여시키려 하면서, 따르지 않으면 죽인다고 했다. 두 사람은 하는 수 없이 그에 따랐다. 전영이 죽고 난 후 두 사람은 난리에 종사한 것을 부끄럽게 여겨 깊은 산속에 숨어서 나오지 않았다. 조참이 재상이 되었을 때 어떤 사람이 괴통에게 말했다. "당신은 지금 조참 재상에게 대우를 받으면서 제나라의 어질고 유능한 선비를 천거하고 있다. 제나라의 양석군과 동곽선생은 다른 사람과 비할 수 없이 뛰어난 사람들인데, 어찌하여 조 재상에게 천거하고 있지 않은가?"

괴통은 일단 "좋다." 하고는 잠시 생각한 뒤 이렇게 말했다.

"내 고향에 어떤 부녀가 이웃과 사이좋게 지냈다. 하루는 야밤에 이 부인 집에서 고기 한 덩어리를 잃어버렸는데, 시어머니는 그녀가 훔친 것으로 의심하여 그녀를 쫓아내버렸다. 부인은 새벽에 집을 떠나가다가 사이좋은 이웃을 만나자 그들에게 사연을 말하고 고별인사를 했다. 어떤 할머니가 말했다. '너는 길을 서두르지 말라! 나한테 네 집안사람들이 당신을 뒤쫓아가 집으로 다시 데려가게 할 방법이 있다.' 이야기를 마치고 할머니는 삼다발을 가지고 고기를 잃어버린 집으로 불을 빌리러 갔다. 그 집에 도착하여 말하길 '어젯밤에 몇 마리의 개가 한 덩어리의 고기를 가지고 치열하게 다투다가 우리 집 개가 물려 죽었다. 그래서 나는 당신네 불을 빌려 죽은 우리 집 개를 잡아먹어야 하겠다.' 이 말을 들은 그 집안사람들은 며느리를 잘못 쫓아낸 것을 알고 황급히 쫓아가 며느리를 불렀다. 이 할머니는 유세하는 선비는 아니지만 삼다발과 불을 빌린다는 말로 소기의 목적을 달성했다. 모든 사물에 서로 감응하는 바가 있고 일은 적절하게 운용하는 바가 있어야 한다. 나는 지금 기회를 봐서 조 재상에게 불을 빌리러 갈 것이다."

이날 괴통은 조참을 만나 말했다.

"두 여인이 있는데 한 사람은 장부가 죽은 지 사흘 만에 재혼을 했고, 다른 한 사람은 집에서 수절을 하면서 문밖을 나오지 않았습니다. 재상께서는 만약에 두 여인 중 한 사람을 선택한다면 어떤 사람을 뽑겠습니까?"

"그야 당연히 수절하고 재혼하지 않은 여인을 뽑겠습니다."

"그 이치는 어진 신하를 구하는 일에서도 마찬가지입니다. 동곽선생과 양석군은 제나라의 준걸인데 은거하여 나오지 않고 비굴하게 벼슬자리를 구하지 않습니다. 청컨대 재상은 격식을 갖추어 그들을 초빙하십시오."

조참은 흔쾌히 승낙하고 두 선비를 초빙하여 상객으로 삼았다.

괴통이 변설에 정통한 것은 그가 "사물은 감응하는 바가 있고, 일에는 적합한 때가 있다."는 것을 잘 인식하고 있었기 때문이다. 사물을 꿰뚫어보는 안목과 기회를 잘 포착하고, 철저한 분석이 있어서 가능했다. 그는 만년에 전국시대 유세객들의 권변지술權變之術을 정리하고 자기의 이론을 덧붙여 81편에 달하는 글을 썼는데, 책명은 『전영雋永』이었다.

육고陸賈

문무병용文武幷用, 강온겸시强溫兼施

육고는 초楚 출신의 서한 초기 대신이자 유방의 모사로 역사에 뚜렷한 족적을 남긴 인물이다. 언변에 능해 늘 제후들에게 사신으로 파견되어 크게 활약했다.

강·온책을 동시에 구사하여 위타를 복속시키다

기원전 202년, 유방이 한 왕조를 건립했다. 위타(尉佗, 본래 성은 조趙, '위'는 관직 이름이다)는 진정(眞定, 지금의 하북성 정정현) 출신으로 진나라 때 용천현(龍川縣, 지금의 광동성 용천현)의 현령을 지냈다가 그 뒤 남해군위를 지냈기 때문에 '위타'라 불렸다. 그는 항우의 초와 유방의 한이 천하의 패권을 다툴 때 계림과 상군을 병합하여 남월왕으로 자립했다. 남월南越은 고대 남방에 살았던 월인越人의 한 갈래로 남월南粵이라고도 불렀다. 주로 지금의 광동·광서 그리고 호남성 남부에 흩어져 살았다.

유방은 중원이 여러 해 동안 전란에 시달려 백성들이 많은 고통을 받은 사실을 깊이 생각하여 남월에 대해 강경책을 쓸 수 없었다. 기원전 196년, 유방은 육고에게 봉인을 주어 남월로 보내 위타를 정식으로 왕에 봉하게 했다.

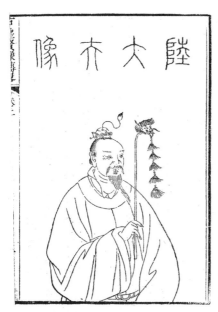

정권 초기의 상황에서 지혜롭게 처신하며
실질적인 업적을 남겼던 육고의 초상화

    육고는 위타를 만났다. 하지만 위타는 육고를 영접하기는커녕 방망이 모양의 상투를 틀고 두 다리를 쩍 벌리고 앉은 채 육고를 접견했다. 유방의 책봉 따위에는 애당초 관심이 없었기 때문에 위타는 유방에게 신하로 복종하고 싶지 않았을 뿐만 아니라 남방에서 한에 맞서 위세를 과시하고 싶었다.

    위타의 오만 방자한 모습을 본 육고는 다음과 같이 점잖게 그러면서도 엄중하게 경고했다.

    "귀하는 중국 사람으로 조상의 무덤과 친척과 형제가 모두 진정이란 곳에 있지 않습니까? 그런데 지금 보잘것없는 이 작은 나라를 믿고 황상에 맞서려 하니 장차 큰 화가 닥칠 것입니다. 지난날 진나라는 나라를 잘못 다스려 제후와 호걸들이 들고 일어났고, 우리 한왕께서 맨 먼

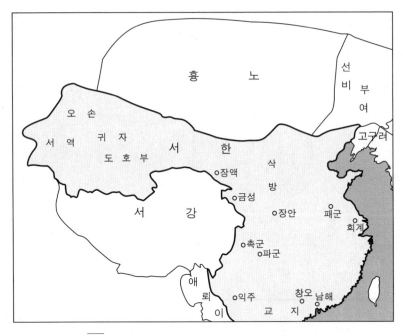

육고는 서한 초기 대외관계를 안정시키는 데 적지 않은 공을 세운 외교가였다. 지도는 서한시대의 형세도다.

저 함곡관에 들어와 함양을 차지했던 것입니다. 그런데 항우가 약속을 저버리고 자신이 서초의 패왕 자리에 올랐고 제후들도 모두 그에게 복속했으니 그 기세가 대단했습니다. 그러나 우리 한왕께서 파·촉에서 일어나 천하 백성을 다스리고 제후를 정복하여 마침내 항우를 물리쳤습니다. 5년 만에 천하가 평정되었으니, 이는 사람의 힘이 아니라 하늘이 일으켜주신 것입니다.

천자께서는 귀하가 남월왕이 된 뒤 천하를 돕기는커녕 오히려 폭도와 반역자를 감싼다는 소식을 들으셨습니다. 그러자 한의 장군과 재상들이 군대를 일으켜 귀하를 죽여야 한다고 목소리를 높였으나 천자께서는 다시 백성들을 힘들게 하는 것을 불쌍하게 여겨서 잠시 그들을 쉬게 하는 대신 신을 여기로 보내 귀하께 왕의 도장을 내리고 황제의 부절符節을 나누어 사신을 왕래하도록 하신 겁니다.

따라서 귀하는 교외로 나와 사신을 맞이하고 북쪽을 향해 신하 됨을 아뢰어야 마땅한데도, 안정되지도 못한 신생 남월국의 무엇을 믿고 이처럼 강경하게 나오십니까? 한에서 이 사실을 안다면 귀하의 선조들 무덤을 모조리 파헤쳐 불 지르고 종족을 모두 없애려 할 것이며, 부장 한 사람에게 10만 대군을 이끌고 남월을 공격하게 할 것이 뻔합니다. 그렇게 되면 월나라 사람들이 귀하를 죽여서 한에 항복할 것이니, 이 정도야 손바닥 뒤집듯 쉬운 일입니다."

육고의 이 말에 위타는 깜짝 놀라며 벌떡 일어나 자세를 바르게 한 다음 육고에게 "오랑캐 땅에 오래 살다 보니 실례가 많았소이다."라고 말하고는 "나를 소하·조참·한신에 비교하면 누가 더 낫습니까?"라고 물었다. 육고는 "귀하가 조금 더 나은 것 같습니다."라고 대답했다. 이에 위타는 "그럼 황제와 비교해서는 어떻소이까?"라며 당돌한 질문을 던졌다. 이에 육고는 다음과 같이 대답했다.

"우리 황제께서는 풍·패 지역에서 일어나시어 포악한 진을 토벌하고 강력한 초를 멸망시킴으로써 천하를 위하여 해로움을 없애셨습니다. 이는 오제와 삼황의 대업을 계승하여 중국을 통일하는 대업을 성취하신 것입니다. 중국의 인구는 헤아릴 수 없이 많고, 사방 만리의 기름진 땅에 살고 있습니다. 사람도 많고 수레도 많으며 모든 물산이 풍부하며 정치는 황실 일가에 의해 통일되었습니다. 이런 일은 천지가 개벽한 이래로 전례가 없었습니다. 반면 귀하의 나라는 인구 수십만에 그나마 모두 오랑캐에 지나지 않습니다. 땅은 험한 산과 바다 사이에 끼어 있어 우리 한나라의 군 하나에 불과한데 어찌 한나라와 비교하려

하십니까?"

육고의 대답에 위타는 크게 만족하여 그를 몇 달이나 머물게 하면서 함께 술 마시고 즐겼다. 그는 육고에게 자신은 더불어 대화를 나눌 사람이 없었는데 육고가 와서 이런저런 소식을 듣게 되어 매우 기쁘다면서 천금과 그에 상응하는 보물을 내려주었다. 육고는 위타를 남월왕에 임명하고, 한의 신하가 되겠다는 맹서를 하게 했다. 육고가 돌아와 고조 유방에게 보고하자 유방은 매우 기뻐하며 황제 곁에서 여러 가지 일을 논의하는 일을 담당하는 태중대부에 임명했다.

'문무병용'과 장기적 대책

육고는 학문이 상당했던 인물로, 황제에게 올릴 말이 있으면 늘 유가의 경전인 『시경詩經』이나 『상서尙書』 따위를 인용하곤 했다. 무식한 고조 유방은 이런 육고의 말이 잔소리로 들렸던지 육고에게 욕을 하면서 "나는 말 위에서 천하를 얻었다. 『시경』이니 『상서』가 무슨 쓸모가 있단 말인가?"라며 고함을 질렀다. 이에 육고는 침착하게 다음과 같이 말했다.

"폐하께서는 말 위에서 천하를 얻으셨는지는 몰라도 말 위에서 천하를 다스릴 수는 없습니다. 그 옛날 은의 탕왕과 주의 무왕은 천자를 내쫓고 천하를 얻었지만 민심에 따라 나라를 지키셨습니다. 이렇게 문무를 함께 사용하는 것이 국가를 영원히 보존하는 방법입니다. 옛날 오왕 부차와 진의 지백은 무력을 지나치게 사용하다 나라를 잃었으며, 진은 가혹한 형벌만 믿고 변화하지 못하다가 역시 멸망했습니다. 당시 진이 천하를 통일한 뒤 어진 정치를 펼치고 옛 성인을 본받았다면 지금 폐하께서 어떻게 천하를 차지할 수 있었겠습니까?"

고조 유방은 마음이 편치 않았지만 부끄러운 기색을 보이며 육고에게 "그렇다면 시험 삼아 진이 천하를 잃은 까닭과 내가 천하를 얻은 까닭이 무엇인지, 그리고 옛날 성공하거나 실패한 나라의 역사적 사실을 기록해보시오."라고 명령했다. 이에 육고는 국가 존망의 징조들에 대해 약술하여 모두 12편의『신어新語』라는 책을 지었다. 매 편을 완성하여 고조 유방에게 올릴 때마다 고조는 칭찬하지 않은 적이 없었으며, 좌우 사람들도 모두 만세를 부르며 환호성을 울렸다. 그의 저술은 지금까지도 그 사회적 가치를 잃지 않고 있다.

형세를 살펴 물러나 기회를 살피다

봉건사회에서 황제의 권력은 지고무상하다. 따라서 대신의 생사는 모두 제왕의 좋고 나쁜 기분에 따라 언제든 뒤바뀔 수 있다. 유방이 죽은 뒤 아들 유영(劉盈, 재위 기원전 194~기원전 188년)이 즉위하니 이가 효혜제다. 하지만 조정의 대권은 여후(呂后, 유방의 아내인 여치呂雉)에게로 넘어갔다. 그녀는 자신의 권력을 다지기 위해 인척인 여씨들을 왕으로 삼았다. 유방을 오랫동안 보좌했던 육고는 여후가 얼마나 독한지 아주 잘 알고 있었다. 자신의 힘으로는 도저히 이들을 막을 수 없다고 판단한 육고는 병을 핑계로 사직한 다음 고향으로 돌아갔다.

기름진 땅이 있는 고향에서 편안하게 세월을 보낼 생각이었다. 그에게는 아들이 다섯 있었다. 육고는 남월에서 돌아올 때 위타가 준 많은 보물을 다섯 등분하여 아들들에게 나눠 주면서 집과 땅을 사게 했다. 그리고 자신은 늘 네 마리 말이 끄는 편안한 수레를 타고 춤추고 노래하고 연주하는 시종을 10여 명씩 데리고 다녔다. 또 100금이나 나가는 보검을 찬 채 친한 친구 집을 찾아다니거나 아들들 집을 차례로 돌면서 밥 먹고 술 마셨다. 그는 일찍이 아들들에게 다음과 같이 약속한 적이 있다.

"내 너희들과 약속하마. 내가 너희들 집에 들르면 내가 데려온 사람과 말들에게 술과 먹을 것을 주어라. 실컷 놀고 즐기다 열흘이 지나면 다음 아들 집으로 옮기겠다. 그러다 내가 죽는 집에서 내 보검·수레·말 그리고 시종들을 가지도록 해라. 1년 중 남의 집에 머무는 것을 빼면 대략 두세 번 정도 너희들 집에 들를 것이다. 자주 보면 싫어할 테니 오래 묵으면서 너희들을 귀찮게 하는 일은 없을 것이다."

표면적으로 보아 육고는 조정을 떠나 시골에 머무르며 정치를 떠난 것 같았지만 실제로는 조정의 정치에 대해 단 한순간도 신경을 쓰지 않은 적이 없었다. 여후가 어리고 약한 혜제를 끼고 유씨 정권을 위협하자 우승상 진평조차 그 부담을 견디기 어려워했고, 이 순간 육고는 기발한 모략을 내서 여후의 음모를 좌절시켰다. 이어 여씨 일족들을 주살하고는 바로 효문제를 옹립하는 데 큰 힘을 썼다. 육고는 한나라 초기 조정에서 명성을 크게 떨친 대표적인 정치가이자 외교가였다.

장건張騫

처음으로 서역과 통하게 하고 멀리 월지와 외교 관계를 맺다

장건(?~기원전 114년)은 서한의 외교가로, 한중 성고(成固, 지금의 섬서 성고현) 사람이다. 그는 의지가 굳세고 도량이 크며, 관대하고 남에게 성실했다. 한 무제가 황위를 계승할 때, 그는 이미 조정에서 '낭관郎官'으로 있었다.

서한 건국 시기에 북방의 흉노 유목 민족이 자주 기병을 이끌고 한나라 영토를 침략하여 소요를 일으키고 중원에 사는 백성들을 강탈했다. 기원전 200년, 한 고조는 평성 백등산(白登山, 지금의 산서 대동 동쪽)에서 흉노에게 포위되어 섬멸당할 뻔했다. 이때부터 한나라 통치자들은 북방의 흉노와 가급적 전쟁을 일으키지 않고 대부분 화친 정책을 펼치며 재물을 흉노에게 선물로 하사했다. 그러나 흉노의 귀족들은 이에 만족하지 않고 여전히 중국을 침범했다. 한 문제 때에는 심지어 감천甘泉까지 침입하여 장안을 핍박하기도 했다. 한 무제 때 한나라 사회는 경제가 회복되고 발전하여 중앙집권이 더욱 강화되었고, 봉건사회의 강성한 시기로 진입하여 국력이 강대해졌다. 한 무제는 경제 실력을 바탕으로 흉노의 침입에 반격을 가하여 흉노의 위협을 근본적으로 해결하고자 했다.

이를 위해 멀리 서역의 월지국月氏國과 외교 관계를 맺어 흉노를 협공하는 것을 한나라의 전략목표로 삼았다. 한 무제는 한나라에 투항한

흉노인과 돈황·기련 일대에 거주하는 유목 민족인 대월지에 대해 잘
알고 있었다. 흉노의 늙은 선우는 월지왕을 죽이고 월지왕의 두개골을
술 마시는 그릇으로 삼았다. 월지인들은 흉노의 핍박에 못 이겨 서쪽
으로 옮겨 갔지만 그들은 시종일관 흉노에게 원한을 품고 있었다. 그
러나 동맹을 맺어 연합으로 흉노에게 반격할 대상이 없었다. 마침 흉
노에 대한 공격을 준비하고 있던 한나라는 월지국의 이런 정황을 알게
되자 월지국과 외교를 맺어 흉노를 협공할 것을 전략으로 삼았던 것이
다. 장건은 이러한 전략 임무를 맡고 한 무제에 의해 서역 사신으로 떠

나게 되었다.

기원전 139년(무제 건원 2년), 장건은 명을 받들어 100여 명을 이끌고 월지국에 사신으로 갔다. 당읍씨堂邑氏의 흉노족 노예 출신인 감보甘父가 길 안내와 통역을 맡았다. 장건 일행은 농서隴西에서 출발하여 도중에 흉노에게 붙잡혀 포로가 되었다. 군신선우(軍臣單于, 늙은 선우의 아들)가 장건이 서역의 월지국에 사신으로 가다가 붙잡혔다는 말을 듣고 장건에게 물었다.

"월지는 우리의 서쪽 변경에 있는데, 한나라에서 어떻게 우리 흉노를 통과하여 그곳에 사신을 보낼 수 있단 말인가? 만약에 우리가 한나라를 통과하여 월국(越國, 서한 때 남방의 나라 이름)에 사신을 보낸다면 한나라에서 승낙하겠는가?"

흉노는 자신들의 이익을 위해 한나라와 월지국의 연맹을 원치 않았으며 그래서 장건을 억류했다.

한나라와 월지국의 연맹을 저지하기 위해 그들은 장건을 흉노의 여자와 결혼하게 하여 아이까지 낳도록 했다. 이렇게 장건이 억류된 지 10여 년이 지났다. 그러나 장건은 시종일관 자신의 신성한 사명을 잊지 않았고, 언제나 한나라 사신의 부절을 가지고 사명을 완수할 생각을 했다. 그는 흉노의 서쪽 변경에 거주하면서 시기를 기다리고 있었다.

흉노에 거주하는 동안 흉노인의 감시가 점차 느슨해지자 장건은 무리를 이끌고 흉노의 서쪽으로 도망쳤다. 그들은 십수 일 만에 대원국大宛國에 도착했다. 대원국에서는 일찍이 한나라가 물자가 풍부하다는 말을 듣고 서로 통상을 하려고 생각했는데, 흉노에 가로막혀 실현할 수가 없었다. 때문에 장건의 일행을 보고 매우 기뻐했다. 그들은 장건에게 물었다. "당신들은 어디로 가려고 하는가?" 장건이 대답했다. "우리는 한나라 사신 일행으로 월지국에 가려다가 중도에 흉노에

장건 무덤 앞에 세워진 장건의 상

게 잡혀 있었습니다. 지금 도망쳐 나왔는데, 대왕께서 우리에게 길 안
내를 해주신다면 월지국에 도착하고 한나라로 돌아간 뒤 황제께 아뢰
어 무수히 많은 재물을 선사하도록 하겠습니다."

대원왕은 장건의 요구를 승낙하고 길 안내와 통역할 사람을 파견하
여 장건 일행을 강거(康居, 고대 서역의 나라)까지 데려다주었다. 강거왕도
사람을 파견하여 그들을 대월지국까지 보내주었다.

한 문제 초, 월지는 흉노의 핍박에 못 이겨 일부분은 서쪽 이리하伊
犁河의 상류로 옮겨 가 '대월지大月氏'라고 칭했다. 한 경제 때 오손국鳥
孫國이 흉노의 지지 아래 대월지를 공격하니, 대월지는 이리하 유역에
서 계속 서쪽 함해咸海 부근의 규수(嬀水, 즉 오호하鳥滸河, 함해로 들어간다) 지
역으로 옮겨 가 대하大夏를 정복하고 그곳에 거주했다. 왕궁은 규수 북

쪽에 있었다. 장건이 한나라를 떠나 대월지국에 도착한 것은 10여 년이 지난 후였다. 장건 일행은 길거리에서 숙식을 했고 식량이 떨어지면 당읍보가 짐승을 사냥하여 굶주림을 면했다. 일행 중에 적지 않은 사람들이 도중에 죽었다. 대월지의 정황 또한 큰 변화가 생겼다. 원래의 월지국 왕은 흉노에 의해 살해되고 그 태자가 왕이 되었다. 새로운 국토는 비옥하고 물산이 풍부하여 점차 유목 생활을 접고 농업에 적응했으며, 외적의 침입이 적어서 백성들은 편안히 생활하고 있었다. 그래서 다시 동쪽으로 가 흉노를 치고 옛 땅을 되찾고 싶어 하는 의지가 없었다. 또한 그들은 한나라가 월지국과 너무 멀리 떨어져 있어 연합으로 흉노를 공격한 이후에 만일 위급한 정황이 발생한다면 한나라가 자신들을 구하기 어려울 것으로 생각했다. 장건은 월지국에 1년 정도 머물면서 월지국과 연맹하여 흉노를 공격하는 것을 설복시키지 못함을 알고 원삭 원년(기원전 128년)에 한나라로 돌아갔다.

돌아가는 길에 흉노를 피해 남산(南山, 천산天山·아이금산阿爾金山·기련산祁連山)으로 돌아 강족羌族이 거주하는 지방을 지났지만 강족이 흉노의 지배하에 있었기 때문에 다시 흉노의 포로가 되어 1년여 동안 억류되었다. 기원전 126년(건원 2년), 흉노의 군신선우가 죽자 국내에 큰 난리가 생겼다. 장건은 그 난리를 틈타 자신의 흉노 처자와 당읍보를 데리고 장안으로 도망쳤다. 장건은 무제 건원 2년(기원전 139년) 서역으로 사신으로 가 원삭 3년(기원전 126년) 햇수로 14년 만에 한나라로 돌아왔다. 출발할 때 100여 명이었던 것이 돌아올 때는 장건과 당읍보 2명뿐이었다.

장건은 처음 서역에 사신으로 갈 때는 월지국과 수교를 맺고 흉노를 협공할 계획이었다. 그러나 당시의 역사 조건의 한계로 말미암아 장건은 걸어서 먼 길을 갔고, 흉노·월지 등 소수민족의 전란과 부단한 변화 속에서 애초의 목적을 달성할 수가 없었다. 하지만 출발할 때의 정세로 볼 때 그 전략은 정확한 것이었다. 이후 서한 왕조는 정치·군사·외교 활동과 흉노와의 전쟁에서 장건이 수집한 정보를 적극적으로 활용했고, 이는 중국 역사에 심원한 영향을 끼쳤다.

한 무제는 장건이 서역에 사신으로 간 공적을 표창하여 장건을 태중대부(太中大夫, 낭중령에 속한 관리, 정사를 의론하는 것을 관장함)로 삼았다.

또 '중지重地'로 출정했다고 하여 '박망후博望侯'로 봉했다. '중지'는 『손자병법』에 따르면 적지 깊숙이 들어가는 것을 말한다. 적지에 깊숙이 들어가 작전을 할 때 가장 중요한 것은 적의 지형과 지리를 알고 군량을 적시에 공급하는 것이다. 기원전 123년(무삭 6년) 2월과 4월, 대장군 위청衛靑은 두 차례에 걸쳐 흉노를 공격하여 적의 깊숙한 중지에서 작전을 펼쳤다. 한 무제는 장건에게 위청을 따라가 막북漠北을 공격하라고 지시했다. 한나라 군대가 천리 밖 대사막과 대초원에서 군량을 제때에 공급하기란 대단히 어려운 일이었다. 그러나 장건은 흉노 군대의 특징을 잘 알고, 사막에서의 행군 경험과 풍부한 지리 지식을 가지고 있었기 때문에 한나라 군대를 잘 인도했다. 장건이 물과 풀이 있는 곳을 잘 알고 있었기에 군대는 곤란을 겪지 않았고, 이로 인해 전쟁에서 승리를 거둘 수 있었다.

그는 오손국과 연합하여 흉노를 고립시키려고 다시 서역에 사신으로 갔다. 기원전 121년(무수 2년), 장건은 위위衛尉가 되어 '비장군飛將軍' 이광李廣과 더불어 우북평(右北平, 한나라 때의 군명郡名, 지금의 하북성 동북부와 요녕성 대능하 상류의 남쪽, 육고하의 서쪽 지구)으로 출정하여 흉노를 공격했다. 그러나 이광과 약속한 기일에 도착하지 못하여 사형에 처해지게 되자 재물로 속죄하고 평민이 되었다. 이 무렵 한나라 장수 곽거병霍去病이 농서로 출격하여 언지산(焉支山, 지금의 감숙 산단현 동남쪽)을 지나 천여 리까지 진출하자 흉노는 엄중한 타격을 받았고, 하서河西를 지키던 흉노의 혼야왕渾邪王이 무리를 이끌고 한나라에 투항했다. 이로써 하서에서 염택(鹽澤, 로브노르Lob Nor: 방황하는 호수)까지를 한나라가 제압하게 되었다. 기원전 119년(원수 4년), 한 무제는 대군을 파견하여 흉노를 공격하여 흉노가 서북쪽으로 이동하게 만들었다. 그리하여 대막大漠 이남에서는 다시는 흉노의 소요가 일어나지 않았다. 또 한 무제는 근본적으로 흉노의 위협을 해결하기 위해 흉노의 서역 통치를 철저하게 타파하고자 서역의 정보를 수집했고, 장건에게 여러 차례 의견을 물어보았다. 장건은 처음 서역에 갔을 때 그동안 몰랐던 오손국에 대해서 이해하게 되었다. 오손국 왕은 곤모라 했고, 곤모의 아버지는 흉노에 의해 피살되었다. 이 때문에 오손국은 명의상 흉노의 속국이 되었지만 실제로는 흉노에 반감을 가진 서역의 독립 소수민족 강국이었다. 장건은 이러한 서역의 형세를 분석하여 한 무제에게 말했다.

"흉노는 한나라 군대에 의해 타격을 받고 혼야왕이 항복한 이후 그들이 거주하는 지방에는 사람이 살고 있지 않습니다. 서역 지구에서 흉노와 맞설 수 있는 나라는 오손국뿐입니다. 만일 오손국에 큰 재물을 하사하시고 그들로 하여금 동쪽 혼야왕이 살던 지역으로 이주해 와 한나라와 형제지간을 맺고 합작을 하자고 하면 곤모왕은 이에 동의할 것입니다. 그러면 대원大宛 · 강거康居 · 월지月氏와 대하大夏 등의 서역 여러 나라들이 한나라로 귀순하게 될 것입니다."

이렇게 장건은 한 무제에게 오손국과 연합하여 흉노를 고립시킬 것을 건의했다. 한 무제는 장건의 분석이 옳다고 여겨 그의 건의를 받아들이고, 중랑장으로 기용하여 다시 한 번 서역에 사신으로 보냈다.

기원전 119년(원수 4년), 장건은 300여 명에 달하는 사신단을 조직하여 서역으로 출발했다. 이때는 매 사람마다 말 두 마리씩 주고, 소와 양수만 마리와 수백만에 해당되는 금과 비단을 가져가게 했다. 그리고 많은 수행원을 딸려 보내 만약 편리한 길이 있다면 그들을 다른 소수 민족 나라에도 파견할 수 있게 했다.

장건이 오손국에 도착하니 오손국 왕은 흉노 선우의 예법으로 한나라 사신을 접견하여 장건을 곤혹스럽게 만들었다. 장건은 오손국 왕 곤모가 재물을 탐내는 것을 보고 이렇게 말했다.

"천자가 하사한 물건은 대왕이 예의를 갖추어 절하고 받지 않으면 하사한 물건을 되돌려주셔야 합니다."

곤모왕은 일어나 절하고 하사한 물건을 받았으나 기타 예법은 여전히 고치지 않았다. 장건은 정식으로 한나라에서 파견한 목적을 설명하면서 "오손국과 형제지간의 관계를 맺고 오손국이 혼야왕이 살던 곳으로 이주한다면 한나라 제후의 공주를 보내 곤모왕의 부인으로 삼게 할 것이다."고 말하고, 공동으로 흉노를 협공할 것을 제의했다.

그러나 이즈음 오손국은 분열 국면에 처해 있었다. 곤모왕은 나이가 많고 한나라와 거리가 멀며 한나라가 얼마나 큰 나라인지도 몰랐다. 또 오손국은 흉노에 부속된 지 오래되었고, 오손국 대신들도 흉노에 겁을 내어 동쪽으로 이주하는 것을 반대하여 곤모왕도 자기 마음대로 결정할 수가 없었다. 이런 정황하에서 그는 장건과 구체적인 조약을 맺지 못하고 단지 흉노에게 반감을 지니고 있다는 정도의 의사표시만 했다.

이에 장건은 부사副使들을 나누어 대원·강거·대월지·대하·안식安息·신독身毒·우전于闐·우미扜罙 및 인접한 나라에 사신으로 보냈다. 오손왕은 길 안내인과 통역원을 딸려 장건을 돌려보내주었다. 장건은 오손왕이 한나라로 보내는 사신 몇 십 명과 말 몇 십 필을 답례의 표시로 함께 데리고 왔는데, 오손왕은 이를 기회로 삼아 한나라의 허실을 살피고 얼마나 광대한지도 알아보도록 명했다.

오손국 사자들이 돌아가 한나라가 인구가 많고 풍족하다는 것을 곤모에게 보고하니 오손국은 한나라를 더욱 중시했고 뒤에 한나라와 화친을 맺었다.

장건이 귀국하자 한 무제는 그를 대행령(大行令, 고대 중앙정부의 최고 관직 중 하나)으로 봉하여 구경九卿의 대열에 서게 했다. 1년 뒤에 장건은 죽었다. 장건은 고대 중국과 서역의 교통 및 대외 경제·문화 교류의 개척자이자 봉건국가 전략의 최고 외교가로 길이 후세인들의 존경을 받는 대상이 되었다.

반초班超

기책으로 적을 제압하고 서역에 위세를 떨치다

반초(32~102년)는 자가 중승이고, 동한시대 부풍 안릉(安陵. 지금의 섬서 함양시) 사람이다. 관료 집안 출신으로, 아버지 반표班彪는 동한 광무제 유수가 일찍이 현령으로 삼았으며 뒤에 사관이 되어『사기후전史記後傳』65편을 썼다. 그의 형 반고는 아버지의 뜻을 이어『한서漢書』100권을 저술한 동한의 저명한 역사가이다. 누이 반소班昭 또한 역사상 저명한 여성 수재이자 학자, 사학자로 반초가 나이가 들어 서역과 중원을 다닐 때 한 화제和帝에게 상소문을 올림으로써 그에게 도움을 주었다.

반초는 아버지와 형의 영향으로 어렸을 때부터 학문을 좋아했고, 도량이 넓고 품은 뜻이 컸다. 그러나 문학적인 재질은 아버지나 형에 미치지 못했다. 집안 살림이 곤궁하여 청년 시절에는 문서 베끼는 일을 했다. 이 일은 매우 고달프고 피곤하여 남들이 무시하는 직업이었다. 반초 자신도 이 일에 만족하지 않았다. 어느 날 그는 갑자기 붓을 던지며 격양되어 말했다.

"대장부가 특별한 지략이 없으면 마땅히 부개자傅介子나 장건張騫을 본받아 이역만리로 나가 공을 세워 제후에 봉해져야지 어찌 붓에 연연할 수 있단 말인가!"

곁에서 그의 탄식 소리를 들은 사람들은 모두 비웃었다. 그는 앞으

반초의 초상화

로 나아가 말했다. "소인배들이 어찌 장사의 뜻을 알리오." 뒷날 그는 과연 서역에 가서 공을 세우고 제후에 봉해졌다. 이것이 '투필종융投筆從戎', 즉 "붓을 던지고 오랑캐 땅으로 가다."는 성어와 전고의 유래이다.

반초는 확실히 허풍만을 치는 사람이 아니었다. 그는 문무를 겸비했고 자기만의 독특한 장점을 지니고 있었다. 그는 하면 한다는 성격으로 약삭빠르고 기지가 넘쳤으며, 일에 임하여 과감하고 결단력이 있었다. 말재주가 좋았고 웅변에 능했다. 그는 자신의 재능과 지혜로 직접한 명제明帝에게 상서하여 형 반고의 옥살이와 살해당할 뻔한 것을 구해주었다. 이로 말미암아 명제의 칭찬을 받았고, 난대현령蘭台縣令으로 발탁되어 벼슬길에 오르게 되었다.

시대가 영웅을 낳는 법이다. 반초가 서역에 사신으로 간 이면에는 심각한 역사적인 배경이 있었다. 서역은 역사적인 지리 개념이다. 한 대에는 일반적으로 지금의 감숙성 옥문관玉門關 양관陽關에서 서쪽으로 신강과 중앙아시아 지구를 통칭하여 서역이라고 불렀다. 장건이 서역에 사신으로 간 뒤부터 이 지역의 각국과 중국 조정과의 관계는 밀접해지고 사신의 왕래가 빈번해졌다. 서한 때 오루성(烏壘城, 지금의 신강 윤대 동북쪽)에 서역도호가 설치되어 서역 각국을 통괄 관리하고 있었다. 그러나 서한 말기 한나라 통치 계급의 부패와 내란으로 서역에 대한 통제와 관리 능력을 상실하고 말았다. 왕망의 통치 기간에 남방의 소수민족을 압박하는 바람에 서역과의 교통이 단절되었다. 북방에서 강성해지기 시작한 흉노가 서쪽으로 진출하여 서역 각국을 침입하여 멋대로 약탈하고 세금을 거두는 등 못된 짓을 마음대로 하고 있었다. 때문에 각국의 인민들은 생존하기 어려웠고 분분히 한나라에 사신을 파견하여 흉노를 내쫓아줄 것을 제의했다. 그러나 동한 초에는 힘이 부족하여 도울 수가 없었다. 명제가 즉위한 후 동한 정권은 차츰 안정을 되찾았고, 경제가 발전하고 국력이 크게 강성해져 마침내 군사를 서역으로 보내 흉노에 대항할 수 있게 되었다.

한 명제 영평 16년(73년), 동한은 두고竇固에게 군사를 주어 북쪽의 흉노를 공격하게 했다. 두고는 반초를 가사마假司馬로 임명하고 주천(酒泉, 지금의 감숙성 주천시)을 막는 동시에 천산(天山, 지금의 신강 토노번성 북쪽)에 이르기까지 흉노의 호연왕呼衍王을 공격하여 천여 명을 섬멸했으며, 포류해(蒲類海, 지금의 신강 파리곤호)까지 뒤쫓아가 천산북로의 문호인 이오려(伊吾廬, 지금의 신강 합밀 서쪽)를 탈취하고 사막 600리까지 진출하여 큰 승리를 거두었다. 반초는 이 전쟁에서 공을 세움으로써 두고의 큰 신임을 얻었다. 동한은 북흉노의 세력을 내쫓고 서역과의 정치 관계를 다시 회복시키기 위해 관리를 파견하기에 이른다. 이에 반초는 큰 업적을 쌓을 좋은 기회를 맞이했다. 그는 두고의 추천으로 가사마의 관직으로 서역에 사신으로 나가게 되었다. 반초는 서역에 사신으로 갈때 단지 30여 명의 수행원만 데리고 떠났다. 이역만리의 인정과 풍속은 확실히 중국 내지와 달랐고, 더욱이 흉노의 난으로 안정되지 못하여 큰 고생을 했다. 그러나 그는 서역에서 확고하게 자리를 잡아 31년동안 서역의 크고 작은 국가에서 성공적으로 한나라 조정의 임무를 수행함으로써 한나라와 뒷날의 중국 통일에 위대한 업적을 남겼다.

반초가 성공한 것은 강대한 한나라라는 배경도 있었지만 개인적으로 그의 탁월한 외교 술수와 어떤 상황에서도 침착하고 두려워하지 않는 용감한 정신이 있어서 가능했다.

범의 굴에 들어가지 않고 어떻게 범 새끼를 잡겠는가?

"범의 굴에 들어가지 않고 어떻게 범 새끼를 잡겠는가?"는 오늘날 모험하지 않으면 성공할 수 없다는 성어로 자주 사용되고 있다. 이 성어는 반초에서 비롯된 것이다. 당시 반초는 이 책략을 쓸 때 단순히 모험만 한 것이 아니라 사전에 정보를 얻고 구체적으로 분석 연구한 후에 실행에 옮겼다.

동한 영평 16년(73년), 반초는 종사관 곽순郭恂과 더불어 36명을 이끌고 서역에 사신으로 갔다. 그들은 먼저 선선국(鄯善國, 지금의 신강 약강)에 이르렀다. 처음 도착했을 때 선선국 왕은 그들을 극진히 예우하고 공경의 신분으로 대했다. 그러나 며칠이 지나자 태도가 급변하여 냉담하고 오만 방자하게 굴었고 적의까지 드러냈다. 기민하고 세심한 반초는 그 까닭을 헤아려보았다. 그리고 즉각 부하들을 모아놓고 대책을 강구했다. 반초는 그들에게 말했다.

"너희들은 느꼈는가? 내가 생각하기에 선선왕이 우리를 대하는 태도가 변한 것은 반드시 흉노의 사신단이 왔기 때문이다. 그래서 선선왕이 우리에게 오만 방자하게 구는 것이다."

그는 자신의 판단이 정확한지의 여부를 확인하고 싶어 초대소를 관리하는 선선국 관리를 불러 물었다.

"흉노의 사신단이 온 지 얼마나 되었는가? 당신들은 무엇 때문에 말하지 않았는가? 그들은 어디에 묵고 있는가?"

선선국 관리는 갑작스런 물음에 놀라 얼떨떨해하다가 반초에게 흉노의 사신단 수와 묵고 있는 곳을 모두 말해주었다. 반초는 자신의 판단이 옳았음이 증명되자 사태가 더 안 좋은 방향으로 흘러가는 것을 막기 위해 과감한 결단을 내렸다. 그는 36명의 수행원을 불러다놓고 말했다.

"너희들은 나와 함께 이역만리에 와서 공을 세우고 업적을 남겨 부귀영화를 누리려고 했다. 그러나 현재 흉노의 사신단이 온 지 며칠 만에 선선국 왕은 태도가 돌변하여 우리를 박대하고 있다. 이는 모두 흉노 사신단 때문이다. 만약 우리가 적당한 방법을 취하지 못하면 우리들은 승냥이와 이리의 먹잇감이 되고 말 것이다. 그러니 밤을 타서 화공으로 공격하여 흉노 사신단을 쓸어버리자."

마지막으로 그는 매우 결연한 어조로 말했다.

"범의 굴에 들어가지 않으면 범 새끼를 잡을 수 없다. 오로지 흉노 사신단을 공격하여 죽여야만 성공할 수 있다!"

그날 밤 반초는 10여 명의 수행원과 함께 흉노 사신단이 묵고 있는 장막으로 가서, 뒤에는 북 든 사람을 배치하고 나머지는 양쪽에서 활과 병장기를 들고 매복하도록 했다. 약속한 시간에 불길이 치솟으면 북을 치고 큰 소리를 지르며 힘껏 싸워 모두 죽여버리도록 했다. 반초 가 먼저 흉노 사신단의 숙소에 들어가 불을 지르니 삽시간에 불길이 하늘로 치솟았고 죽여라는 소리가 땅을 뒤흔들었다. 흉노 사신단은 잠 결에서 막 깨어나 다수는 불타 죽고 나머지는 도망하다가 사살되고 말 았다. 얼마 후 130여 명에 달하는 흉노 사신단이 전부 섬멸되었다. 다 음 날 반초는 흉노 사신의 수급을 가지고 선선왕에게 보이니 선선왕은 혼비백산하여 거듭 자신의 잘못을 인정했다. 반초는 선선왕을 위로하 면서 한나라의 덕정을 선전하고 다시는 우유부단하게 이리저리 붙지 말라고 일렀다. 선선왕은 머리를 조아리면서 알았다고 하고 즉각 자식 을 한나라에 볼모로 보냈다.

반초의 모략과 기지, 용감함은 선선국의 전역에 알려졌으며 이웃 국 가들에도 전해져 모두 두려워 떨게 만들었다. 이후 동한의 위엄과 한 나라 사신단의 위세는 멀리 있는 서역 나라들에까지 전해져, 반초와 수행단이 장기적으로 서역에서 활동하기에 좋은 조건이 조성되었다.

상황에 따라 적절히 행하고 처음으로 서역을 평정하다

반초가 선선국에서 세운 공적은 두고를 통해 명제에게도 전해졌다. 명제는 크게 기뻐하며 즉각 반초를 군사마로 승진시켜 계속 서역에 사 신으로 가게 했다. 떠나기 전 두고는 반초에게 수행 병사를 더 주려고 했으나 반초는 필요하지 않다며 말했다. "전과 같이 30여 명이면 충분 합니다. 만일 의외의 사건이 발생한다면 많은 인원이 도리어 불편할 수도 있습니다." 두고는 일리가 있다고 여겨 그의 말을 따랐다.

이번에 반초가 사신으로 간 곳은 우전국(于闐國. 지금의 신강 화전현)이었다. 이즈음 우전왕 광덕廣德은 병사를 이끌고 사거(莎車. 지금의 신강 사거)를 격파하여 서역 남도의 여러 나라 중에서 강국이 되어 있었다. 북흉노도 사신단을 이 나라에 파견하여 감독 보호하고 있었다. 이 때문에 광덕왕은 반초 등의 한나라 사신단이 도착하자 오만한 태도로 냉담하게 대했다. 당시 서역 각국에서는 미신이 유행했는데 우전왕도 무당을 가장 신임했다. 광덕왕은 한나라와 흉노 사신단 사이에서 갈피를 못 잡고 있었다. 그래서 무당에게 점을 보게 하니 흉노 사신단은 좋은 점괘를 얻었고 한나라 사신단은 나쁜 점괘를 얻었다. 무당이 국왕에게 말했다. "신이 노여워하십니다. 그 까닭은 한나라 사신단이 타고 온 말 중에 주둥이가 검은 누런 말 때문입니다. 이 말을 신에게 희생으로 바쳐야 합니다." 광덕왕은 한나라 사신단에게 주둥이가 검은 누런 말을 요구했다.

반초는 사태의 추이를 예의주시하여 우전왕이 불경한 태도를 보인 것을 이미 간파하고 있었다. 우전국에 도착한 후 그는 한나라에 호감을 갖고 있는 사람을 통해 우전국에 대한 정보를 얻어냈고, 광덕왕의 일거수일투족을 철저하게 주시하여 광덕왕과 무당의 일에 대해 아주 잘 알고 있었다. 그래서 광덕왕이 말을 요구했을 때 이미 그에 대한 준비를 하고 있었다. 반초는 말을 달라고 온 사람에게 말했다.

"말은 줄 수 있소. 단, 반드시 무당이 직접 와서 가져가야 한다고 국왕께 말씀드리시오."

국왕과 무당은 그에게 무슨 계책이 있는지 몰랐고, 무당은 기꺼이 말을 가지러 왔다. 무당이 도착하자 반초는 수하에게 큰 소리로 명령을 내려 무당의 머리를 베게 했다. 반초는 무당의 머리를 들고 즉각 광덕왕에게 가서 보였다. 광덕왕은 놀라 부들부들 떨며 일전에 반초가 선선국에서 흉노 사신단을 섬멸한 것을 떠올렸다. 그는 자신이 황망히 한나라 조정에 불경을 저질렀음을 깨닫고 즉시 흉노 사신단을 죽여 한나라에 귀부할 것임을 표시했다. 반초는 광덕왕이 확실하게 태도 변화를 보인 것을 보고, 더 이상 지난 허물을 따지지 않고 선린 관계로 대우하겠다며 광덕왕을 위로했다. 그리고 한나라 사신의 명의로 광덕왕 및 그 신하에게 일일이 상을 하사했다. 이로써 우전국은 한나라에 귀순하게 되었고, 60여 년 동안 단절되었던 서역의 길이 다시 트이게 되었다.

지혜로 도제를 잡고 소륵국을 회복시키다

동한 영평 17년(74년), 반초는 사신을 이끌고 서역 북도의 소륵국(疏勒國, 지금의 신강 객십시: 카슈가르) 경내로 들어갔다. 소륵왕 도제兜題가 거주하는 반탁성盤橐城 밖 90리 정도에서 잠시 머물렀다. 그 이유는 도제가 소륵국 사람이 아니라 구자(龜玆, 지금의 신강 고차) 사람으로, 흉노의 지지 하에 소륵을 공격하여 강제 위탁 왕으로 와 있었기 때문이었다. 반초는 먼저 전려田慮에게 소수의 수행원을 이끌고 도제를 만나 상황에 따라 지혜롭게 행동하라고 분부했다. 그를 떠나보내기 전 반초는 다음과 같이 계책을 일러주었다.

"도제는 소륵 사람이 아니니, 소륵 사람들은 반드시 그의 명령을 듣지 않을 것이다. 그가 만약 즉각 한나라에 항복하여 귀부하지 않는다면 너는 기회를 틈타 그를 납치해 오라."

전려 일행이 반탁성으로 들어가자, 도제는 그들의 수가 몇 안 되는 것을 보고는 한나라에 항복 귀부할 뜻을 아예 보이지 않았다. 전려는 도제의 호위병들이 방심하고 있는 틈을 타 그를 납치하여 반초에게 데리고 왔다. 반초는 즉시 반탁성으로 들어가 소륵의 관리들을 불러 모아놓고 구자국의 침략 행위를 규탄한 뒤 소륵왕 형의 자식인 하력荷勒으로 하여금 왕위를 계승하게 하고 그 이름을 충忠으로 삼았다. 그러자 소륵 사람들은 모두 기뻐하며 한나라 조정과 사신을 찬탄했다. 소륵왕 충과 신하들은 도제를 사형에 처할 것을 요구했지만, 반초는 뒷날을 생각하고 아울러 한나라 조정의 위신을 세우기 위해 그들의 말을 듣지 않고 도제를 구자국으로 되돌려 보냈다.

오랑캐를 오랑캐로 제압하고 서역으로 출정하다

영평 18년(75년) 8월, 명제가 죽고 황태자 달炟이 황위를 계승했으니 바로 장제章帝 황제다. 장제는 황위를 계승한 직후 국내 정사에 바빠 외교와 서역을 돌볼 겨를이 없었다. 흉노가 이를 틈타 서역 각국을 침입하고 나아가 한나라의 서역 주둔지를 공격했다. 서역의 일부 국왕들은 한나라가 이미 서역 관리 능력을 잃은 줄 알고 분분이 흉노에게 귀부했다. 이 기간 반초와 30여 명의 사신단은 고립무원의 곤란한 처지에 빠졌다. 그러나 반초는 가는 곳마다 위엄과 덕을 베푸는 책략으로 한나라 조정의 덕정을 선전했고 이는 현지 백성과 신하들로부터 환영을 받았다. 그들은 반초 일행이 떠나지 않기를 바랐다. 한나라 조정은 서역의 군사적 측면에서 잃은 것이 많았지만 반초는 여전히 서역에서 임무를 수행하고 있었다.

건초 3년(기원 78년), 한나라 조정은 서역 주둔군의 군사력을 회복했다. 반초는 즉각 서역의 길을 열어두었다. 이해 4월, 반초는 소륵과 강거 등의 병사 1만 명을 거느리고 고묵석성(姑墨石城, 지금의 신강 전현 경내)을 공격하여 적 700여 명을 섬멸했다. 이번 승리는 "오랑캐로 오랑캐를 공격"하는 방책으로 이뤄낸 것이었다. 반초는 장제에게 상소를 올려 자신의 전공을 알리는 동시에, 앞으로 이러한 계책을 채택하되 병력을 서둘러 파견하여 서역 전역을 통하게 할 것을 건의했다. 이를 받아들인 장제는 반초를 장군장사로 승진시켰으며 아울러 반초와 사이가 좋고 서역에 뜻이 있는 서간徐干을 가사마로 임명하고 천여 명의 군사를 주어 반초에게 지휘하게 했다.

서간 등의 병사들이 도착한 후 반초는 서역 각국을 정벌했는데, 그 중에서 중점을 둔 것은 한나라에 비우호적인 구자국이었다. 그는 여전

1세기 동한 시대의 강역도

히 오랑캐로 오랑캐를 공격하는 수법을 썼다. 그는 '공현십만(控弦十萬, 활시위로 십만을 쏜다.)'한다는 오손국(烏孫國, 지금의 신강 이리하와 이색극호 일대)의 힘을 빌리기로 했다. 오손국은 병력이 강성할 뿐만 아니라 일찍이 한 무제 때 제후의 공주와 왕이 결혼한 이래 한나라와 수호 관계를 맺고 싶어 했다. 만일 오손왕이 동의만 해준다면 구자국 정벌은 쉬운 일이었다.

반초는 한편으로 오손에 연락을 취하고 다른 한편으로 한 장제에게 "사신을 보내 위로하고 공동으로 병력을 내 공격해달라."는 상소를 올렸다. 장제가 오손국에 사신을 보내 위로하자 오손도 사신을 보내 조공하여 한나라와 수교를 맺었다.

반초가 운용한 "오랑캐를 오랑캐로 공격"하는 책략은 단순한 것이 아니었다. 건초 9년(84년), 반초는 다시 동한 조정에 병력 증강을 요청한 후 소륵과 우전의 병사를 모아 사차(莎車, 쿠차) 정벌에 나섰다. 그러자 사차왕은 은밀히 대량의 보물을 보내 소륵왕 충을 매수했다. 충은 재물에 눈이 멀어 자신을 왕에 올려준 은혜를 저버리고 사차와 연합하여 한나라에 대항했다. 소륵은 서역 경영의 중요한 기지로, 절대 놓칠 수 없는 곳이었다. 반초는 과감히 충을 폐위시키고 소륵부 승상 성대成大를 소륵왕으로 삼는 한편, 한나라에 동조하는 소륵국 관리와 백성들로 하여금 충을 공격하게 했다. 그러나 험준한 오즉성을 믿고 완강히 대항하는 충을 쉽게 공략할 수가 없었다. 나중에 반초는 충이 강거국 정병의 지원을 받는 것을 알았다. 이에 반초는 강거국 왕을 설득하여 월지국과 통혼케 하고, 양국이 친밀해지자 대량의 금은보화와 비단을 월지국 왕을 통해 강거국 왕에게 전하면서 충을 지원하지 말도록 했다. 이 조치는 효과를 보았다. 강거국 왕은 충을 지원하지 않았고 충은 성안에서 고립무원이 되었다. 그런 후에 오즉성을 공략하니 마침내 소륵국은 안정을 되찾았다.

상대방의 계책을 역이용하여 모반을 꾀한 왕을 죽이다

모반한 왕 충은 강거국에 잡혀간 후 처형되지 않았다. 그는 뛰어난 말솜씨를 발휘하여 도리어 강거국 왕에게 병사를 빌려 소륵으로 복귀하고자 했다. 그는 은밀히 구자국 왕과 소통했다. 구자국 왕으로 하여금 사신을 반초에게 보내 충이 진심으로 투항한다고 말하게 하고, 그 투항을 기회로 소륵국 내부에 깊숙이 들어가 난을 일으킬 계획을 세웠다. 그러나 반초는 그의 속임수를 간파하고, 상대방의 계책을 역이용하기로 했다. 충이 거짓으로 귀순하자 반초는 그들의 투항을 환영한다고 말했다. 충은 의기양양하게 기병을 이끌고 성으로 들어와 반초와 회담했다. 반초는 성대한 주연상을 차려놓고 음악과 가무도 곁들여 흥을 돋우었다. 그리고 충이 거나하게 취했을 때 매복 병사들에게 명령을 내려 즉각 모반 왕 충을 잡아 참수했다. 반초는 그 여세를 몰아 성밖의 충이 데리고 온 군사 700여 명을 참살하여 대승을 거두었다.

범을 산으로부터 유인해내듯
사차를 유인하여 항복시키다

원화 4년(87년), 반초는 우전 등의 나라에서 병사 약 2만 명을 차출하여 다시 한 번 사차국을 공격했다. 구자왕이 이 소식을 듣고 5만 명의 대군을 보내 사차를 구원했다. 이에 반초는 성동격서 방책과 "범을 산으로부터 유인해내는" '조호리산調虎離山'의 계책을 썼다. 출전하기 전 그는 회의를 열고 우전왕과 장교들에게 거짓으로 말했다.

"지금 우리 군대는 적고 적은 많으니 상대하기 힘들다. 우리의 계책은 분산하여 철수하는 것이다. 우전왕은 동쪽으로 가고 우리는 서쪽으로 간다. 날이 어두워 북치는 소리가 들리면 분산하여 떠난다."

반초는 이 작전 내용을 고의로 부하들에게도 전하게 하여 마침내 포로들도 알게 만들었다. 그리고 감시의 끈을 느슨하게 해 포로들이 도망가 작전 내용을 알리게 했다. 용병과 실제 정보에 밝지 못한 구자왕 등은 계책에 걸려들고 말았다. 구자왕은 친히 1만 명의 기병을 거느리고 서쪽으로 나아가 반초를 기다리고, 온숙(지금의 신강 아극소 일대) 왕은 8천 병사를 이끌고 동쪽으로 나아가 우전왕을 막으려고 했다. 반초는 이들이 출병한 것을 확인한 후 즉각 부하 장수들을 소집하여 야간에 사차 군영지를 습격하도록 했다. 사차는 아무 대비도 없이 괴멸되고 말았다. 반초는 고삐를 늦추지 않고 파죽지세로 공격하여 사차의 5천여 명을 섬멸시키고, 대량의 군마와 재물을 획득했다. 사차는 항복했고, 구자왕 등은 병사를 뒤돌리자니 매복이 두려워 자진 철수해버렸다. 반초의 신과 같은 용병술은 서역 땅 널리 전해졌다.

신묘한 지략과 기묘한 계책으로 월지에게 조공을 받다

반초가 서역 남로(신강 타림 분지 남쪽)의 여러 나라와 소통하며 잇달아 승리를 거둘 즈음에 중앙아시아 지구의 월지인이 귀상(貴霜, 대략 지금의 신강 이리하 유역 및 서쪽 지역)제국이란 나라를 세워 강대국이 되었다. 그들은 호시탐탐 서역 각국을 병탄할 생각을 가지고 있었다. 그러나 반초가 성공적으로 서역에 진군하자 위장 전략을 세웠다. 거짓 수교로 한나라 조정을 미혹시키고 한나라 조정의 세력 확장을 암묵리에 인정하는 척했다. 반초는 이를 이미 간파하고 있었기에 귀상국 공주와의 결혼을 통한 화친 정책에 반대했다. 귀상국 왕은 크게 원망하면서 무력으로 자신의 정치 야심을 달성하려고 했다.

영원 2년(90년), 귀상국의 부왕副王 사謝가 병사 7만여 명을 이끌고 동쪽으로 반초를 공격했다. 당시 반초의 병력은 아주 적어서 부하들이 두려워했다. 그러나 가슴속에 계획을 품고 있던 반초는 부하들의 용기를 북돋아주기 위해 이렇게 말했다.

"월지국은 병사도 많고 기세가 흉흉하다. 하지만 그들은 천리를 달려왔고 험준한 언덕과 산길을 넘어오느라 식량이 많이 부족해 있을 것이다. 게다가 물을 건너야 하는 수고로움도 있다. 그러니 두려워할 것이 없다. 우리가 양식을 간수하고 잘 지킨다면 수십 일 내에 그들은 기아를 견디지 못하고 항복할 것이다."

전세는 반초가 예측한 대로 전개되었다. 귀상국의 부왕 사는 수차례 반초를 공격했으나 이기지 못했다. 곧 식량이 바닥났고, 병사들로 하여금 약탈하도록 했으나 소득이 없었다. 반초는 사가 공격을 늦추는 것을 보고 식량이 이미 바닥났으며, 그러면 가까운 구자국에 도움을 청하러 갈 것을 예측하고 있었다. 이에 병사 수백 명을 구자국으로 가는 길목에 매복시켜두었다. 아니나 다를까, 사는 구자국에 지원을 요청하기 위한 사신단을 보냈다. 그러나 그들은 반초가 미리 매복한 군사들에 의해 섬멸되었다. 반초는 부하 병사에게 월지국 사신의 머리를 들고 사를 만나보도록 했다. 사는 사신의 머리를 보자 크게 놀라 반초에게 사람을 보내 사죄하고 자신들의 무사 생환을 희망했다. 반초는 관용을 베풀어 그들이 서쪽으로 돌아갈 수 있도록 했다. 이후 월지국은 다시는 한나라에 대항하지 않았고 해마다 조공을 바치게 되었다.

풍부한 지혜와 계략으로 서역에서 큰 공을 세우다

월지인이 한나라에 귀순하자 다년간 완강한 태도를 보였던 구자 · 고묵 · 온숙 등의 국가들이 선선이 항복했다. 영원 3년(91년), 동한은 서역도호기도위西域都護騎都尉, 무기교위관戊己校尉官을 설치하고 반초를 도호都護로 삼았다. 이 기간 동안 반초는 완고한 구자왕 우리다尤利多를 낙양으로 보내고 그 대신 백패白覇를 국왕으로 삼은 뒤 자신은 구자국 택건성宅乾城에 주둔했다. 당시 서역에서는 언기焉耆 · 위수(危須, 지금의 신강 언기회족 자치현) · 위리(尉犂, 지금의 신강 고이륵庫爾勒) 삼국이 아직까지 한나라에 귀순하지 않은 상태였다.

영원 6년(94년) 가을, 반초는 때가 무르익었다고 판단하고 구자국과 선선국 등 8개국에서 7만 병졸과 관리 선비 등 7천여 명을 이끌고 언기 등 삼국 토벌에 나섰다. 이때는 서역이 이미 어느 정도 안정돼 있는지라, 반초는 이번 용병에서는 먼저 외교적인 의례를 앞세우고 나중에 정벌하는 정책을 펼쳤다. 반초는 진군 도중에 사신을 보내 언기 · 위수 · 위리의 국왕에게 말했다.

"도호가 온 까닭은 삼국의 난리를 평정하고 민심을 가라앉히기 위해서다. 만약 당신들이 개선할 의지가 있다면 마땅히 대인을 보내라. 그러면 왕후 대인에게 모두 상을 내리고 그런 연후에 돌아가리라."

그리고 사신 편으로 무늬 비단 500필을 하사했다.

언기왕 광은 조정 권신인 좌장左將 북건지北鞬支를 시켜 소뿔 술잔을 받들어 반초를 영접하게 했다. 반초가 북건지에게 말했다.

"너희가 비록 흉노를 곁에서 섬기고 있으나 지금은 어엿한 언기국의 자주권을 가지고 있다. 도호가 왔는데, 너희 왕이 직접 영접 나오지 않은 것은 모두 너의 잘못이다."

놀란 건지는 두 다리를 후들후들 떨었다. 어떤 사람이 건지를 죽이자고 했으나 반초가 제지하며 말했다.

"이 사람의 위신을 왕이 중히 여기는데, 지금 그를 죽이면 그들은 놀라서 결단코 사수하려 할 것이다. 그러면 우리가 언제 그 성 아래 도착할 수 있겠는가?"

그러고는 건지에게 서신을 주어 돌려보냈다. 언지왕 광은 이 소식을 전해 듣고 곧바로 위리로 나와 반초를 영접했다.

그러나 언기국 왕은 여전히 승복하지 않았다. 그는 풀로 엮은 다리와 산악의 험준함을 이용해 한나라 군대가 경내로 들어오는 것을 막을 생각이었다. 그는 다리를 없애고 언기와의 교통로를 단절시켰다. 그러자 반초는 길을 돌아 물이 얕은 곳을 건너 언기 도성의 20리 밖 대택大澤에 주둔했다. 언기왕은 생각 밖으로 반초의 진군이 신속한 데다 정세가 급박하게 돌아가자 무리를 이끌고 산중에서 대항하려고 했다.

언기국의 좌후左侯 원맹元孟은 종전에 사신으로 낙양에 갔다가 인질이 되었는데, 한나라에서 후한 접대를 받아 한나라에 친한 감정을 가진 사람이었다. 그는 남몰래 국내 거동을 반초에게 알려주었다. 반초는 원맹을 보호하기 위해 정보를 들고 온 사람을 처형함으로써 그가 원맹을 신용하지 않음을 거짓으로 내보였다.

반초는 삼국의 완고한 사람들을 제압하기 위해 진군과 동시에 다른 계책을 짰다. 그는 여러 국왕과 만날 약속을 정해놓고 오는 사람에게는 중상을 내리고 오지 않는 자에게는 그 죄를 묻겠다고 했다. 결과적으로 언기왕 광, 위리왕 신汛 및 북건지 등 30여 인이 약속 장소로 나왔다. 언기국의 재상 복구 등 17인은 도망갔다. 위수 왕 또한 오지 않았다. 반초는 이를 빌미로 언기왕 광에게 노성을 질렀다.

"위수왕은 무엇 때문에 오지 않았소? 복구 등은 왜 도망쳤소?"

광 등이 미처 대답도 하기 전에 반초는 좌우 장수들에게 명하여 광과 신 등을 잡아다 참수시켰다. 이어 삼국의 완고한 적들을 뒤쫓아가 죽이니, 삼국 전역이 매우 신속히 평정되었다. 이로부터 서역 50여 개국은 모두 한나라 조정에 복종했다. 반초는 원맹의 공을 잊을 수가 없어서 그를 위기국 왕으로 삼았다.

노숙魯肅

독자적 판단력으로 삼국정립의 정세를 꾀하다

노숙(172~217년)은 자가 자경子敬이고 임회 동성(東城, 지금의 안휘성 정원 동남)의 대지주 집안에서 태어났다. 부잣집에서 태어났지만 베풀기를 좋아했다. 한나라 말기 천하가 큰 혼란에 빠지자 그는 가정일은 돌보지 않고 검술과 기마술 그리고 활쏘기 등을 배우면서 호걸들과 사귀었다. 그리고 가산을 처분하여 가난한 사람을 구제하는 등 인심을 크게 얻었다. 젊은이들을 모아 먹고 입을 것을 주고 산속을 오가며 함께 사냥을 하는 등 몰래 무리를 지어 군사훈련을 시키기도 했다. 당시 소(巢, 지금의 안휘성 소현)에 주둔하고 있던 주유周瑜가 수백의 군대를 이끌고 노숙의 집을 지나가다 그에게 군량을 좀 도와달라고 요청했다. 당시 노숙의 집에는 큰 창고가 두 개 있었는데, 창고마다 쌀이 몇 만 말씩 쌓여 있었다. 노숙은 그중 큰 창고를 가리키며 통째로 주유에게 내주었다. 이 일로 주유는 노숙이 기이한 인물임을 알게 되었고, 두 사람은 마침내 좋은 친구가 되었다. 그 뒤 주유는 동오東吳의 실권자 손권孫權에게 노숙을 추천하면서 이렇게 말했다.

"노숙은 한 시대를 이끌 만한 재능을 가지고 있으므로 그를 얻어 대업을 이루도록 하셔야지 떠나보내서는 안 됩니다."

노숙은 손권이 이끄는 동오 집단에서 주유 다음가는 핵심 참모였다. 건장한 체구에 어려서부터 큰 뜻을 품고 이런저런 기이한 계책을 잘

노숙

냈다. 손권이 육손과 더불어 노숙을 이렇게 말했다.

"주유가 노숙을 내게 추천하길래 그와 더불어 천하 대사를 논의하고 제왕의 공업을 세우는 전략을 두루 이야기했는데 정말 통쾌했지. 조조가 10만 대군을 이끌고 우리를 공격해 오자 노숙 혼자 여러 사람들의 의견과 달리 유비와 연합하여 조조를 공격하는 전략을 제안했지. 그의 계책과 모략은 지난날 소진이나 장의보다 한 수준 위였어."

『삼국지』는 노숙의 모략을 상세히 논하면서 그는 "뭇사람을 뛰어넘는 독단적이면서 정확한 판단력을 지닌 기재였다."고 평가했다.

오 · 촉이 연합하여 위에 맞서 천하를 삼분하다

노숙을 만나 이야기를 나눈 손권은 이내 그와 의기투합했다. 빈객들이 다 물러날 때 노숙도 물러났다. 그러나 손권은 노숙 한 사람만 따로 불러 은밀히 제왕의 공업을 세우는 일을 상의했다. 손권이 말했다.

"지금 한 왕조의 정권이 쇠락하여 사방에서 혼전이 일어나고 있소. 나는 부형이 물려준 대업을 계승하여 춘추전국시대의 제나라 환공이나 진나라 문공과 같은 패업을 수립하고자 열망하고 있는데 그대는 어떻게 나를 보좌할 셈이오?"

이에 노숙이 대답했다.

"지난날 한 고조 유방은 본래 의제를 옹립할 생각이었으나 뜻을 이루지 못했습니다. 항우가 반대했기 때문입니다. 지금 조조가 바로 그당시 항우와 같은 존재입니다. 이런 상황에서 어떻게 제 환공이나 진문공을 본받아 패주가 될 수 있겠습니까? 제가 보기에 한 왕조는 다시 부흥할 수 없고, 조조도 그다지 염려하실 것이 없습니다. 왜냐? 북방에 있는 조조로서는 남방을 돌볼 겨를이 없습니다. 우리는 먼저 황조를 소멸시키고 다시 형주의 유표를 공격하여 장강 이하를 손에 넣은다음 제왕을 선언하고 천하를 도모하면 한 고조와 같은 제업을 이룩할수 있을 것입니다."

손권은 노숙의 전략 구상에 몹시 기뻐하며 그를 더욱 중시했다.

그로부터 얼마 뒤 유표가 죽자 노숙은 손권에게 다음과 같이 건의했다.

"원래 유표가 다스리던 형 · 초(지금의 호북 · 호남 두 성)는 우리와 서로 국경을 맞댄 채 물이 북으로 흐르는 형세입니다. 밖으로는 강한(江漢, 양자

강과 한수)이 띠처럼 두르고 있고, 안으로는 산과 구릉이 막혀 쇠로 만든 성처럼 견고합니다. 기름진 땅이 만리에 이르러 인민들은 넉넉합니다. 이곳을 차지한다면 제업을 이루는 기초가 마련될 것입니다. 지금 유표가 죽고 그의 두 아들은 서로 사이가 좋지 못합니다. 군대 내부도 서로 다른 마음을 품고 있는 상황입니다. 한편 유비는 천하의 영웅으로 조조와 맞상대가 될 만합니다. 유표에 몸을 맡겼지만 유표가 시기하고 질투하여 중용되지 못했습니다. 지금 만약 유비가 유표의 두 아들과 협력하고 상하가 단결한다면 우리는 그에 맞추어 그들과 동맹하여 공동으로 조조에 맞서야 합니다. 또 그들 내부가 분열되면 우리는 그 모순을 이용하여 그들을 손에 넣어 대사를 성취하면 됩니다. 우선 사절을 보내 유표의 죽음을 조문하고 두 아들을 위로하는 동시에 군부도 위로하십시오. 또 유표의 부하들을 잘 다독거려 우리와 마음을 합쳐 조조에 대항하자고 유비를 설득하십시오. 유비가 우리의 건의를 받아들인다면 천하는 안정될 것입니다. 우리 쪽에서 서둘러 손을 쓰지 않으면 조조가 먼저 손을 댈 것입니다."

노숙의 이러한 구상은 당시 여러 정치 역량에 대한 깊은 인식을 바탕으로 한 것이었다. 조조는 100만 대군을 소유한 막강한 힘의 소유자여서 동오의 힘만으로는 그에 맞설 수 없었다. 세력이 삼분되어야만 자신의 실력을 발전시키고 조조의 위협에서 벗어날 수 있었다. 그런 다음 천하 정세가 변하면 기회를 봐가며 공세를 취하여 중원을 도모하고 제왕의 업을 이루면 된다는 것이었다. 손권은 노숙의 모략에 전적으로 동의했고, 마침내 그를 형주로 보냈다.

하구(夏口, 지금의 호북성 한구)에 도착한 노숙은 아니나 다를까, 조조가 벌써 군대를 이끌고 형주로 진격하고 있다는 사실을 알게 되었다. 유표의 둘째 아들 유종은 조조에 투항한 뒤였다. 그리고 유비는 황망히 남쪽으로 도망쳐 장강을 건널 준비를 하고 있었다. 노숙은 자신이 직접 당양 장판(長坂, 지금의 호북성 당양)으로 달려가 유비를 만나 손권의 의도(실제로는 노숙 자신의 계책)를 설명했다. 노숙은 강동(동오)은 여전히 강대한 실력을 갖고 있으니 동오와 합작하여 함께 조조에 대항하자고 유비를 설득했다. 유비는 이 모략 구상을 듣고는 몹시 흥분하며 노숙과 함께 하구로 와서 연합으로 조조에 대항하기 위한 실천적 방안을 모색하기 시작했다.

양양을 점령한 조조는 밤낮으로 길을 재촉하여 다시 남군(南郡, 지금의 호북성 강릉)을 차지하고 계속 동쪽으로 진격할 뜻을 분명하게 보였다. 손권은 깜짝 놀라 서둘러 부하들과 대책을 상의했다. 부하 장수들은 모두 조조를 환영해야 한다고 주장했다. 말이 환영이었지 실제로는 조조에 투항하자는 것과 다를 바 없었다. 그러나 노숙은 한마디도 하지 않았다. 손권은 노숙의 뜻을 알고는 그의 손을 잡아끌며 "경은 무슨 말을 하고 싶은 게요?"라고 물었다. 노숙이 대답했다.

"방금 여러 사람들의 의견은 주군의 대업을 그르칠 뿐으로 이런 자들과는 대업을 논의할 수 없습니다. 저 노숙은 조조에게 항복할 수 있지만 주군께서는 안 됩니다. 왜냐? 저 노숙이 조조를 환영하면 그는 저를 고향으로 돌려보내거나 관직을 줄 것입니다. 명분에 따르면 적어도 종사(從事, 참모관)보다 낮지 않을 것입니다. 소가 끄는 수레를 타고 호위병들을 거느린 채 사대부들과 사귀다 보면 고위 관직에도 오를 수 있을 것입니다. 그러나 주군께서 조조를 환영한다면 그가 주군을 어떻게 대접해야 합니까? 저들의 주장을 받아들이시지 말고 빨리 결심하셔야 할 겁니다."

손권은 한숨을 내쉬며 말했다.

"여러 장수들의 건의가 나를 몹시 실망시켰도다. 그대의 명철한 분석은 나의 생각과 일치한다. 이는 하늘이 나를 돕는 것이다."

노숙의 모략으로 손권과 유비의 연합군은 마침내 적벽에서 대승을 거두었고, 이로써 삼국이 정립하는 정세가 확정되었다.

유비의 힘을 빌려 조조의 세력을 분산시키다

적벽대전은 실제로는 조조·유비·손권이 전략적 요충지인 형주를 탈취하기 위한 전쟁이었다. 적벽대전이 끝난 뒤 조조는 강릉으로 철수할 수밖에 없었다. 210년, 유비는 자기 세력의 뿌리를 내리기 위해 직접 경구京口로 와서 손권을 만나 형주에 대한 관리를 요청했다. 이 문제를 둘러싼 노숙의 모략은 보통 사람으로서는 생각할 수 없을 정도로 수준 높은 것이었다. 노숙을 잘 아는 주유조차 극구 반대하며 이렇게 말했다.

"유비는 당대의 영웅이며 관우와 장비 등과 같은 용장들이 보좌하고 있어 남의 밑에 오래 있지 않을 것이다. 그러니 그를 큰 궁실을 지어 연금시켜놓고 미녀 등으로 그의 의지를 소모시키면서 관우와 장비로부터 떼어놓아야 할 것이다. 그런 다음 유비를 끼고 그의 지역을 공격하면 큰일을 이룰 수 있다. 만약 지금 그에게 땅을 떼어 주고 한데 모여 살 수 있게 한다면 이는 용이 구름과 비를 만난 것과 같다. 저들은 결코 연못 속에 갇혀 있지 않을 것이다."

여범呂范 등도 손권에게 유비를 억류하라고 권했다. 그러나 오직 노숙만은 형주를 유비에게 빌려주라고 권했다. 그는 말했다.

"조조는 역량이 막강한 강적입니다. 지금 우리가 형주를 차지하긴

노숙의 무덤

했지만 그 지역민들에 대한 은혜와 신뢰가 부족합니다. 따라서 민심이
하나로 되지 못한 상태입니다. 형주를 유비에게 빌려주어 그로 하여금
민심을 다독거리게 하여 조조에게 또 다른 적을 만들어주는 것입니다.
유비를 형주에 두어 우리를 위해 조조를 막게 하는 것이 상책입니다."

손권은 노숙의 견해를 받아들였다. 조조는 손권이 형주를 유비에게
주기로 했다는 소식을 듣고는 깜짝 놀라 마침 글을 쓰고 있던 붓을 떨
어뜨렸다고 한다. 형주를 유비에게 떼어 줌으로써 조조의 병력은 분산
되고 또 동오는 유비와 계속 연합하여 조조에 대항할 수 있게 되었으
니 전략상 조조에게는 크게 불리할 수밖에 없었기 때문이다.

어떤 모략이든 일정한 목적과 이익을 위해 적용된다. 노숙은 손권을

보좌하는 과정에서 삼국의 정립이라는 정세를 만들어내는 전략을 기본으로 내세웠다. 탄탄하게 기반을 다진 다음 천하의 변화를 관찰해가면서 때를 기다려 발전을 도모하자는 것이었다.

적벽대전 이후 노숙이 형주를 유비에게 떼어 주자고 강력하게 주장한 것 역시 삼국정립이라는 큰 국면을 위한 총체적인 전략에서 나온 것이었다. 유비의 힘을 빌려 조조의 공세를 막음으로써 손권을 패할 수 없는 위치에 서게 하자는 것이었다. 이런 전략적 구상은 손권이 229년 마침내 황제에 오를 때까지 장기적이고 주도적인 모략으로서 그 역할을 다했다.

노숙은 건안 22년인 217년, 46세의 한창 나이로 세상을 떠났다. 『오서』는 그를 이렇게 평가하고 있다.

"노숙은 사람이 근엄하고 근검절약하는 생활을 했다. 군대를 제대로 다스렸고 군령을 엄격하게 시행했다. 군에 있으면서도 손에서 책을 놓지 않았다. 또 담론을 좋아하고 생각이 넓어 남다른 데가 있었다. 동오의 장수들 중 주유를 제외하고 그를 앞서는 사람은 없었다."

노숙은 '삼분천하'라는 원대한 전략을 끝까지 견지하여 삼국정립이라는 국면을 형성하는 데 절대적인 역할을 해냈다.

장손성 長孫晟

'이강합약離强合弱'에서 '이이제이以夷制夷'까지

장손성(552~609년)은 자가 계성季晟이고 선비족 출신이다. 수나라 시대에 군사가이자 외교가로 크게 이름을 떨쳤다. 그 선조 장손치는 북위에서 태사를 지냈고, 그 뒤 대대로 낙양에 정착했다. 청년기의 장손성은 총명한 두뇌로 각종 서적과 기록을 섭렵했으며 활쏘기 등에도 뛰어났다.

북주 말년, 여남공 우문신경을 따라 돌궐에 사신으로 갔으며, 돌아와서 봉동도위로 승진 임명되었다. 수 왕조가 들어선 다음에는 거기장군·좌훈위거기장군·무위장군·우효위장군 등 군사와 관련된 수많은 요직을 두루 거쳤다. 수 양제 대업 5년인 609년 병으로 세상을 떠났다. 그때 나이 58세였다.

장손성의 일생을 대표하는 중요한 사업은 수 왕조를 대표하여 돌궐을 통제하고 다독거린 일이었다. 돌궐과 벌인 오랜 군사투쟁과 외교투쟁에서 장손성은 임기응변과 기발한 모략을 잇달아 제기하여 큰 효과를 보았으며, 이로써 수 왕조를 위해 큰 공적을 남겼을 뿐만 아니라 개인적으로도 큰 명예를 얻었다. 수 왕조에 귀순한 귀족들은 장손성을 이렇게 칭찬했다.

"돌궐에서는 장손총관(장손성)을 크게 두려워해 활 소리만 듣고도 천둥치는 소리라 했고, 달리는 말을 보면 번개가 번쩍인다고 했다."

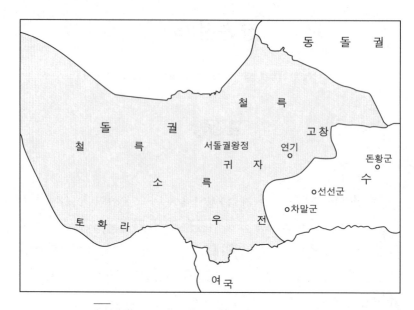

수나라 초기 대외관계의 주요 상대는 돌궐이었다. 그리고 돌궐과의 원만한 외교관계의 틀을 놓은 사람은 수나라 건국에 크게 기여한 장손성이었다. 지도는 수나라 당시의 돌궐 형세도다.

수 양제 양광도 "장군이 한번 성을 내면 그 위엄이 나라 밖까지 뻗쳤고, 천둥 번개가 그와 함께했으니 이 얼마나 장쾌한가!"라고 칭찬을 아끼지 않았다.

조사와 확인을 거듭하여 '지피지기'하다

6세기 중엽 이후 돌궐이 유연을 대신하여 중국 북방에서 가장 강력한 소수민족이 되었다. 579년, 북주의 선제는 돌궐과 우호 관계를 맺기 위해 조왕 우문탁의 딸을 천금千金공주라는 이름으로 돌궐의 칸 사발략沙鉢略에게 시집보냈다. 이듬해인 580년, 우문신경과 장손성으로 하여금 천금공주를 돌궐로 모셔가도록 해서 혼사를 성사시켰다. 사발략은 무예가 남다르고 용감하고 씩씩한 사람을 무척이나 좋아했다. 그는 장손성의 풍채를 보고 감탄했다. 게다가 활쏘기가 백발백중이라는 이야기를 듣고는 장손성에게 특별한 관심을 보이며 당분간 돌궐에 머물게 하고는 늘 그와 함께 사냥을 다니곤 했다.

한번은 사발략이 고기를 놓고 싸우는 두 마리의 수리를 발견하고는 두 발의 화살을 곁에 있던 장손성에게 주면서 자기 대신 수리를 쏘게 했다. 장손성은 즉시 활시위를 당긴 다음 말을 몰아 사냥감을 겨누었다. 순간, 두 마리의 수리가 한데 엉켜 싸우는 모습을 보고는 화살 한 발만 쏘아 두 마리를 한꺼번에 잡았다. 사발략은 감탄사를 계속 내뱉으면서 자제들과 종실 귀족들에게 장손성을 잘 모시라고 명령을 내렸다. 장손성과 가까이 지내면서 그의 무예를 배우라는 뜻이었다.

사발략의 동생 처라후處羅侯는 돌궐에서 인심을 크게 얻고 있었는데 이 때문에 사발략으로부터 시기를 샀다. 처라후는 이 분위기를 눈치채고는 심리적으로 많이 불안해했으며 장손성과 좋은 관계를 가지고 싶어 했다. 그래서 늘 장손성과 함께 사냥하고 산천도 유람했다.

장손성은 마음 씀씀이가 예사가 아닌 사람이었다. 그는 두 나라가 외교투쟁을 벌이든 군사투쟁을 벌이든 '지피지기知彼知己'해야만 패하지 않는다는 점을 아주 잘 알고 있었다. 이에 따라 장손성은 자신에 대한 돌궐의 신뢰와 사방으로 떠돌며 사냥하는 기회를 한껏 이용하여 조심스럽게 소리 소문 없이 각지의 산천 형세 등을 조사하고 각 부락의 세력 분포와 통치 집단 내부 상황 등을 파악했다.

1년 뒤 장손성은 수집한 대량의 정보를 가지고 북주로 돌아왔고, 북주 정권을 장악하고 있던 대승상 양견(楊堅. 훗날 수 문제)에게 상세히 보고했다. 양견은 장손성이 무명 청년이던 18세부터 지켜보고 있어 그를 잘 알았다. 당시 양견은 장손성의 손을 잡아끌면서 사람들에게 "장손성은 무예가 남다르고 말도 적절하게 잘 구사하는 데다 기략까지 풍부하니 훗날 명장이 이 젊은이가 아니고 누구겠는가?"라고 칭찬한 바 있다. 그런데 지금 장손성으로부터 이런 보고를 받았으니 얼마나 기뻤겠는가. 양견은 장손성을 바로 봉거도위로 승진 임명했다.

약하면 합치고 강하면 떼어놓는 '합약리강' 대책을 건의하다

581년, 양견은 정식으로 북주 정권을 탈취하고 수 왕조를 건립했다. 이 소식은 돌궐에도 전해졌다. 천금공주는 큰 불만을 갖고 사발략에게 북주를 위해 수를 공격하여 복수해달라고 적극 선동했다. 이에 사발략은 이전 북제에서 영주자사를 지낸 고보녕의 길 안내를 받아 임유진(지금의 하북성 산해관)을 공격하여 점령하는 한편, 각 부락과 공동으로 남침을 약속했다. 이 일로 수 왕조 북부 변경은 큰 혼란에 빠졌다.

이런 상황에서 양견은 하는 수 없이 진陳에 대한 정벌 계획을 포기하고 돌궐을 상대하는 데 전력을 집중했다. 이때 돌궐의 내부 사정을 잘 아는 장손성이 양견에게 글을 올려 돌궐에 대응하는 대책을 진술했다.

"현재 중원 지방은 안정을 찾았지만 북방의 돌궐이 소동을 일으키려 합니다. 하지만 대규모 출병은 때가 아니라고 판단됩니다. 그렇다고 그냥 두면 갈수록 더 소란을 피울 것입니다. 따라서 치밀한 계획 아래 적절

장손성을 중용하여 수 왕조 초기
돌궐 지역을 안정시켰던 수 문제 양견

하게 대응해야 할 것입니다. 제가 돌궐에 있을 때 파악한 상황에 근거하면 현재 돌궐은 몇몇 칸들이 사방으로 나뉘어 강력한 군대를 통솔하고 있습니다. 저들은 내부적으로는 서로 의심하고 경계하고 있으면서도 겉으로는 단합을 과시합니다. 따라서 힘으로 제압하긴 힘들어도 서로 갈라서게 하는 것은 쉬운 편입니다. 그중 사발략이 지위가 가장 높고 세력도 가장 큽니다. 그 삼촌인 칸 달두達頭는 강한 군대를 가지고 있긴 하지만 지위가 높지 않아 표면적으로는 사발략에게 복종하고 있습니다. 이 둘 사이의 모순은 분명합니다. 따라서 숙부의 불만을 부추기면 틀림없이 내분이 일어날 것입니다. 게다가 사발략의 동생 처라후도 딴마음이 있습니다. 세력은 약하지만 인심을 많이 얻고 있는 편이어서 사발략이 늘 경계의 눈초리를 거두지 않고 있는 존재입니다. 사발략의 형 칸 아파阿波도 세력은 보잘것없지만 쥐새끼처럼 누구가 되었건 강한 쪽에 달라붙을 위인입니다.

이런 상황에 근거하여 저들에게 '원교근공遠交近攻'과 '합약리강슴弱離强'의 모략을 강구해야 합니다. 이 모략에 따라 사발략의 숙부인 달두와 관계를 맺어 아파와 힘을 합치게 함으로써 사발략의 병력을 서쪽으로 분산시켜야 합니다. 동시에 사람을 보내 처라후를 비롯하여 거란 등 여러 부락과도 연계함으로써 사발략의 병력을 동쪽으로 투입하게 만들어야 합니다. 이렇게 되면 사발략이라는 주적은 앞뒤에서 적을 맞이하는 처지에 빠지게 될 것이고, 우리는 기회를 봐서 공격하면 단번에 상대를 평정할 수 있을 것입니다."

양견은 장손성의 모략에 크게 기뻐하며 당장에 그를 궁으로 불러들여 세부적인 논의를 벌였다. 양견을 만난 장손성은 때로는 말로 때로는 손으로 그림을 그려가며 손바닥 들여다보듯 환하게 적의 상황과 허실을 지적해냈다. 양견은 장손성의 모략에 칭찬을 아끼지 않으면서 그의 계책을 모두 채택하고 얼마 뒤 그를 거기장군으로 승진시켰다.

적의 세력을 분산시키고 '이간' 모략을 실시하다

장손성은 돌궐에 대처하기 위해 '합약리강'이란 모략을 제안했을 뿐만 아니라 그것을 직접 실행에 옮기기도 했다. 양견은 장손성의 건의에 따라 태복 원휘를 이오도(지금의 신강성 합밀)로 보내 달두를 만나게 해서 자신의 우호적인 의사를 전하게 하는 한편, 성의의 표시로 낭두기(狼頭旗, 깃발)와 다른 예물을 많이 선사했다. 또 달두가 수 왕조에 보낸 사신은 특별 우대하여 사발략이 보낸 사신보다 상석에 앉힘으로써 저들 간의 상호 질시와 의심을 증폭시켰다. 이와 동시에 거기장군 장손성에게 후한 예물을 가지고 황룡도(지금의 요녕성 조양시)로 가게 해서 처라후와도 연락을 취하도록 했다.

장손성은 먼저 거란 등과 우호 관계를 튼 다음 그들의 안내를 받으며 처라후를 만났다. 서로 친밀한 대화를 통해 장손성은 처라후에게 수 왕조로 귀순할 것을 권했다. 두 사람이 원래 깊은 우정을 간직하고 있던 터라 장손성의 설득은 큰 성과를 거두었다. 582년, 장손성이 미처 귀국하기 전에 사발략이 40만 대군을 징발하여 수 왕조를 남침했다. 선발 부대는 연안·상군 등지로 곧장 쳐들어온 다음 계속 남쪽으로 내려오고 있었다. 이국땅에 있는 장손성이 이 소식을 접하고는 바로 모략 하나를 생각해냈다.

그는 거짓 정보를 만든 다음 처라후의 아들 염간染干을 시켜 사발략에게 전하도록 했다. 그 정보란 "북방의 철륵鐵勒 부락 등이 반란을 꾀하고 지금 사발략의 본부를 공격하려고 준비 중에 있다."는 것이었다. 사발략은 거짓 정보를 듣고는 사실 여부를 확인하지도 않고 바로 군대를 이끌고 변방을 나섰다. 이듬해인 583년, 사발략은 다시 군대를 몰아 남쪽으로 내려왔다. 이때 장손성은 귀국하여 장안에 있었다.

양견은 돌궐에 반격을 가하기 위한 정치·군사적 조건이 무르익었다고 보고 위왕 양상에게는 삭주(지금의 간서성 삭현)에서, 하간왕 양홍에게는 영주(지금의 영하 영무)에서, 상주국 두영정에게는 양주에서, 유주총관 음수에게는 노룡(지금의 하북성 희봉구)에서, 좌복야 고영에게는 영주(지금의 감숙성 영현)에서, 우복야 우경칙에게는 원주(지금의 영하 고원)에서 각각 길을 나누어 북벌에 나서도록 명령했다. 장손성은 두영정의 부장으로 이 북벌에 참여했다.

준비가 충분했기 때문에 수의 이번 반격은 매우 순조로웠다. 양상이 백도(지금의 내몽고 호화호특 서북)에서 단숨에 사발략의 주력군을 격파하니

적들은 황급히 도주했다. 두영정은 고월원(지금의 감숙성 무위) 서북에서
여러 차례 아파의 군대를 격파하여 감히 구원에 나서지 못하도록 막았
다. 기회가 왔다고 판단한 장손성은 이간계離間計를 다시 펼쳤다. 장손
성은 아파에게 사람을 보내 다음과 같은 말로 심기를 헤집어놓았다.

 "사발략은 남하하여 매번 승리를 거둔 반면 당신은 첫 참전에서 잇
달아 패했으니 돌궐족의 수치가 아닐 수 없다. 마음속으로 부끄럽지
않은가? 당신과 사발략의 병력은 막상막하인데 사발략은 연승하는 바
람에 갈수록 존경을 받고, 당신은 연패하여 국가에 치욕을 안겼다. 그
렇다면 사발략은 구실을 붙여 틀림없이 당신에게 죄를 묻고 당신 부
락을 집어삼켜 자기의 묵은 소원을 성취하려 할 것이다. 잘 생각하라,
당신이 그를 막을 수 있는지 어떤지?"

 마음이 흔들릴 대로 흔들린 아파는 장손성에게 사람을 보내 대책을
상의했다. 장손성은 다음과 같은 계책을 일러주었다.

 "현재 달두는 벌써 우리 수와 연합했고, 사발략도 어쩔 도리가 없을
것이다. 아파가 수에 의지하고 여기에 달두와 연계하여 셋이 함께 힘
을 합치면 무적이 될 것이다. 지금으로서는 이것이 최선책이다. 죄를
짓고 귀국했다가 사발략에게 잡혀 죽는 것보다 훨씬 낫지 않은가?"

 칸 아파는 마침내 장손성의 건의를 받아들여 국경 요새에 머무르면
서 사신을 수에 보내 우호 관계를 맺었다. 칸 사발략이 백도에서 패한
뒤 국내에 돌아와보니 아파가 수 왕조에 달라붙었다는 소식이 기다리
고 있었다. 크게 화가 난 사발략은 칸 아파의 근거지를 기습하여 부족
들을 포로로 잡고 아파의 어미를 죽였다. 오갈 데가 없어진 아파는 서
쪽 달두에게 몸을 맡기고 병력 10여만을 빌려 사발략을 공격했다.

 아파는 옛 부락과 땅을 되찾았다. 이로써 사발략과의 분쟁이 끊임없
이 계속되었다. 궁색해진 사발략도 수에 사신을 보내 조공하는 한편

화의를 요청하기에 이르렀다. 수 왕조의 북부 변경은 이렇게 해서 안정을 되찾았다.

염간을 속이고, '임기응변'하다

587년 이후 돌궐 내부에 큰 변화가 생겼다. 칸 사발략과 돌리突利가 잇달아 병으로 죽고 그 아들들인 옹려雍閭와 염간染干이 각각 부락을 통솔하게 되었다. 옹려와 염간은 모두 수와 혼인 관계를 요구했다. 장손성은 이 둘에 대한 정보를 분석한 결과 옹려는 신뢰하기 힘든 인물임을 발견했다. 만약 그와 통혼했다간 옹려는 수 왕조의 위세를 업고 염간과 달두까지 통제함으로써 더욱 강대해질 것이고, 그때 가서 수에 반발하면 제압하기 힘들 것이다. 반면 염간 부자는 줄곧 수에 온순했고 병력도 약한 편이라 길들이기 쉽다. 따라서 염간과의 통혼은 허락하고 옹려의 통혼은 거절하는 쪽이 낫다. 장손성의 이런 판단에 문제 양견도 동의하고, 종실의 여자에게 안의공주라는 이름을 붙여 염간에게 시집보냈다. 이에 따라 염간은 부락을 거느리고 남쪽으로 이동했고, 늘 수 왕조에 돌궐의 내부 상황을 보고했다.

599년, 염간은 옹려가 공격을 위한 각종 장비를 만들어 대동성(지금의 내몽고 오랍특전기 북쪽)을 공격할 준비를 하고 있다고 알려 왔다. 보고를 받은 문제 양견은 여섯 총관에게 길을 달리하여 정벌하라는 명령을 내렸다. 이 소식을 접한 옹려는 지레 겁을 먹고 서둘러 달두와 동맹하여 먼저 염간을 기습했다. 염간은 크게 패했다. 염간의 형제와 조카가 피살되었고, 부락민들은 모두 흩어졌다. 염간은 소수 친위병들만 이끌고 장손성과 함께 남쪽으로 도망쳤다. 100여 리를 도망치던 중 염간은 갑자기 마음을 바꾸어 부하들에게 은밀히 말했다.

"지금 내가 싸움에 패하고 수나라에 입조해봐야 항복한 자에 지나지 않는다. 수의 천자가 나를 어떻게 보겠는가? 달두가 옹려는 돕고는 있지만 나와는 원수진 일도 없고 하니 그에게 몸을 맡기면 틀림없이 도와줄 것이다. 그쪽이 낫겠다."

장손성은 염간이 심리적으로 동요를 일으키고 있다는 사실을 재빨리 간파하고는 몰래 사람을 복원성으로 보내 수비병에게 거짓 봉화를 피우도록 했다. 사방에서 봉화가 피어오르는 것을 본 염간은 장손성에게 "성안에서 웬 봉화요?"라고 물었다. 장손성이 말했다.

"성안의 수비병들은 가장 높은 자리에 위치해 있다. 옹려의 추격병을 발견한 것이 틀림없어 보인다. 수나라 규정에 따르면 적의 수가 적으면 봉화 두 곳에 불을 붙이고, 많으면 세 곳, 대규모로 접근해 올 때는 네 곳에 불을 붙인다."

이 말에 염간은 몹시 두려워하며 "추격병이 바로 쫓아오니 잠시 성안으로 피신하도록 하자."며 부하들을 설득했다. 염간과 장손성은 복원성으로 들어갔고, 장손성은 염간의 부장 집실에게 잠시 부하들을 통솔하게 한 다음 자신은 염간을 데리고 황궁으로 입조했다. 장손성의 보고를 받은 문제 양견은 대단히 만족해하며 그를 좌훈위표기장군에 임명하고 조정을 대표하여 돌궐을 관할하는 일을 맡도록 했다.

달두를 정벌하고 '이이제이'하다

염간이 수 왕조에 몸을 맡기자 돌궐의 도속都速 등 부락 남녀 만여 명이 염간에 귀순했다. 장손성은 이들을 새로 쌓은 삭주 대리성에 안치했다. 600년, 옹려가 부하에게 살해되면서 돌궐 내부가 큰 혼란에 빠졌다. 장손성은 이 기회에 염간의 부하들을 보내 돌궐 각 부락이 수에 투항하도록 설득 공작을 펼치게 하자는 건의를 올렸다.

달두는 돌궐의 인구가 유실되는 것을 걱정해서 대규모 병력을 징집하여 수 왕조에 대항할 준비를 갖추었다. 문제 양견은 장손성을 진천행군총관에 임명하여 투항한 돌궐인과 함께 진왕 양광(楊廣. 훗날 수 양제)을 수행하여 달두를 정벌하도록 했다. 장손성은 돌궐인이 모두 샘물을 마신다는 사실을 알고는 샘물에 독을 푸는 계략을 세웠다. 달두의 부락과 가축들이 독을 탄 우물을 마시고 중독되어 많은 사상 피해를 입었고, 그 결과 돌궐 내부에는 엄청난 공포 분위기가 조성되었다. 달두는 야밤을 틈타 도주하려 했고 장손성이 바로 추격해서 수천 명의 목을 베었다. 가축 수천 두도 함께 얻었다.

이듬해인 601년, 수 문제는 양소를 행군원수로, 장손성을 수항사지로 삼아 염간의 정벌을 돕도록 했다. 수나라 군대는 저항하는 돌궐 부락에 대해 강력한 공격을 가하는 한편 염간으로 하여금 각 부락에 사람을 보내 부족민들을 회유하게 하여 큰 성과를 거두었다. 적극적인 노력 끝에 철륵·사결·복리구·혼·곡살·아발·복모 등 10여 개 부락이 달두에게 등을 돌리고 수에 항복했다. 이렇게 해서 달두의 부락은 점점 붕괴되었다. 오갈 데 없는 상황에서 달두는 서쪽 토곡혼에 투항했다. 이로써 수 왕조의 북쪽 변경은 비교적 안정된 새로운 시기로 접어들었다.

군사모략의 천재들

군사모략가는 전쟁을 통해 갈고 닦여져 나온다. 중국은 세계에서 가장 많은 전쟁을 치른 나라다. 어림잡은 통계치에 따르더라도 청나라 말까지 약 3,700차례의 전쟁이 있었다고 하며, 이 수치는 전 세계 전쟁의 약 25%를 차지한다. 이 숱한 전쟁을 통해 많은 군사모략가들이 나타났으며, 이론과 실천에서 두드러진 인물들이 적지 않았다. 우리는 그중 대표적인 인물들을 골라 이 책에 실음으로써 오랜 역사를 통해 여러 전쟁에서 그들이 발휘했던 신기한 책략과 놀라운 비술을 반영코자 했다.

가장 이른 시기에 나타난 군사모략가를 들라면 상商나라 초기의 이윤(伊尹, 약 기원전 16세기)과 흔히 강태공으로 잘 알려진 강상(姜尙, 약 기원전 11세기)을 꼽을 수 있다. 그들의 군사모략사상은 탕湯 임금이 하夏나라 걸桀 임금을 물리친 '명조鳴條 전투'와 주周나라 무왕武王이 은殷나라 주왕紂王을 패배시킨 '목야牧野 전투'에서 최대의 성공을 거두었다. 특히 강상은 최초의 체계적인 군사모략 저술인 『육도六韜』를 남겨 '병가의 시조'로 추앙받고 있다.

춘추전국시대(기원전 770~기원전 221년)에 접어들면 전쟁의 횟수도 잦았고 규모도 커졌다. 이에 따라 군사모략사상도 전에 없이 발전하여 우리에게 『손자병법』으로 아주 유명한 손무(孫武, 약 기원전 5세기), 오기(吳起, ? 기원전 440~기원전 381년), 손빈(孫臏, 약 기원전 4세기) 등 최고 수준의 군사모략가들이 나타났다. 그들은 모략으로 승리를 얻은 유명한 전쟁들을 창조했을 뿐만 아니라 정교하면서도 깊이를 갖춘 모략 이론을 남겨 국내외에 커다란 영향을 미쳤다.

기원전 3세기 말 진·한 교체기와 삼국시대(220~280년)에는 "군대 막사 안에서 천리 밖의 승부를 결정짓는" 모략가들이 대거 출현하여 모략을 보다 높은 수준으로 끌어올렸다. 양진(兩晉, 265~420년)과 남북조시대(420~589

년)에도 전쟁은 계속되었고, 여러 제후국들은 앞다투어 출중한 모략가들을 발탁했다. 수·당시대(581~907년)에도 모략 인재는 끊이지 않았다. 특히 이정(李靖, 571~649년)은 전쟁이란 실전 경험을 통해 남다른 모략을 발휘했을 뿐만 아니라 이론에서도 손자의 모략사상을 확대하고 심화시켰다. 송대(960~1279년) 이후 모략은 더 이상 전문가들의 전유물로만 머물지 않고, 여러 방면에서 주목을 받게 되었다. 여러 방면의 인재들을 장점에 따라 기용했다. 전에 없이 치열하고 파란만장한 전쟁에서 모략의 천재들이 배출되었고, 그들의 모략 운용도 더욱 변화무쌍하고 신출귀몰해졌다.

"병은 속임수로 성립한다."고 했다. 군사모략가는 적을 물리치기 위해 늘 위장, 형세 조작, 양동, 첩보, 심리전 등의 방법을 동원한다. 이는 전쟁 쌍방의 적대적 성질로 결정된다. 이런 방법들이 일상 사회생활에는 잘 적용되지 않는다. 군사모략가는 상식과는 반대되는 사유 방식으로 사람들의 생각을 열어주며, 이는 특히 진부하고 정체된 사유 형태에 대해 대단히 유익하게 작용할 것임에 틀림없다.

오늘날 세상은 눈이 핑핑 돌 정도로 급변하고 있으며, 두뇌 싸움도 치열하게 벌어지고 있다. 경제 전쟁은 더욱 복잡하게 진행되고 있다. 이런 상황에서 군사모략가들의 지혜를 배워 자신의 무기로 삼을 수 있다면 큰 도움이 될 것이다.

강상姜尙

병가의 비조, 모략의 대종사

서주 건국에 큰 공을 세운 강상은 중국 역사상 최초의 총사령관 직능에 해당하는 사師라는 관직을 가졌던 인물이다. 그는 동시에 군사모략 이론의 창시자이자 이론의 기초를 놓은 걸출한 모략가이기도 했다.

강상은 이름과 별명이 많다. 여상呂尙・여아呂牙라는 또 다른 이름과 태공망太公望・사상보師尙父와 같은 존칭으로도 불렸다. 후대에는 흔히 '강태공'으로 불렸다. 그의 생애와 행적은 기록이 소략하고 견해도 일치하지 않지만 기본적인 윤곽과 중요한 사실은 그래도 분명한 편이다. 군사사의 각도에서 보면 다음 몇 가지가 눈길을 끈다.

첫째, 강상의 활동 범위는 대단히 넓었다. 그의 선조가 하나라의 시조 우 임금을 도와 치수 사업에 공을 세워 여(呂, 지금의 하남성 남양)라는 지역에 봉해졌기 때문에 성을 여, 이름을 상이라 한 것이다. 그는 오랫동안 가난한 생활을 했다. 한때는 상나라의 도읍인 조가朝歌에서 도살업에 종사하기도 했고, 맹진孟津에서는 밥장사도 했다고 한다. 그 후 동해에 은거했으며, 위수渭水 가에서 낚시를 하기도 했다. 이렇게 그의 발길은 지금의 하남・하북・산동・섬서에 이르는 넓은 지역에 미치고 있다. 훗날 그가 편하고도 익숙하게 주 무왕武王을 도와 맹진에서 제후의 군대를 열병하고 목야牧野의 결전에서 승리할 수 있게 한 것도 이런 그의 경력과 나름대로 관계가 있을 것이다.

강상 초상화

　둘째, 강상은 정치 경험이 풍부했다. 사마천의 『사기』 기록에 따르면, 그는 박학다식하여 한때 상나라의 마지막 임금 주紂 임금을 모신 적이 있는데 주 임금이 도리에 어긋나게 행동하자 바로 떠났다고 한다. 이후 그는 제후들을 찾아다니며 자신의 뜻을 펼치려 했으나 임자를 만나지 못하다 마침내 서쪽의 주에 몸을 맡기게 되었다고 한다. 이런 경력을 통해 그는 상·주 두 나라는 물론 각지 제후국들의 상황도 잘 파악할 수 있었다. 그는 주 임금이 통치하는 상 왕조의 상황에 대해 다음과 같은 분석과 판단을 내린 바 있었다.

　"지금 저 상나라는 너 나 할 것 없이 홀려서 끝없이 색을 밝히고 있다. 내가 저들을 보니 잡초가 곡식을 뒤덮고 사악함이 정직함을 이기고 있다. 관리들을 보니 도적과 같이 포악해서 법을 깨뜨리고 형벌을 어지럽히고 있다. 그런데도 위아래는 이를 깨닫지 못하고 있으니 망국의 때가 온 것이다."(『육도』「무도」. 이하 특별한 언급이 없으면 모두 『육도』에서 인용한 것임.)

이 기록은 강상이 상과 다른 방국邦國에서 정치를 한 적이 있다는 것을 분명히 보여준다. 뿐만 아니라 상 왕조에 대해서는 넓고 깊게 관찰하고 있음을 알려준다. 이는 훗날 그가 주의 문왕과 무왕을 도와 정확한 전략을 수립할 수 있게 한 중요한 조건이 되었다. 『손자병법孫子兵法』에 "주나라가 흥기할 때 강상은 상에 있었다."고 한 대목은 근거가 있는 사실로 보인다.

셋째, 강상과 주 문왕의 만남은 역사의 선택이었다. 『여씨춘추呂氏春秋』에 따르면 강상은 "한 시대를 다스리고자 했으나 주인을 못 만나고 있다가 문왕이 어질다는 소리를 듣고는 일부러 위수에 낚싯줄을 드리워놓고 살폈다."고 한다. 『사기』도 강상이 늙은 나이에도 불구하고 낚시로 주 서백(문왕)에 접근하려 했다고 기록했다. 또 다른 설도 『사기』에서 나왔다. 그에 따르면, 일찍이 주 서백이 유리성羑里城에 갇혀 있을 때 여상은 바닷가에 숨어 살고 있었다. 평소 여상을 알고 있던 산의생散宜生과 굉요閎夭가 그를 불렀다. 이에 여상은 "내가 듣기에 서백(西伯, 문왕)은 어질고 어른을 잘 모신다고 하니 어찌 그에게 가지 않을소냐."라 했다고 한다. 요컨대 주 문왕은 상을 멸망시키고 주를 흥기시키기 위한 사업 때문에 인재를 필요로 했고, 강상은 자신의 정치적 포부를 실현하기 위해 유능한 군주를 찾고 있었던 것이다. 따라서 누가 주동적인 자세를 취했든 서로를 이해하는 기초 위에서 쌍방이 서로를 선택한 결과였다. 우연을 통한 역사의 필연성이 드러난 셈이다.

강상과 문왕이 위수에서 서로 만난 이야기는 널리 퍼져나가면서 신화적 색채를 강하게 띠게 되었다. 이 고사에 따르면 주 문왕이 사냥에

도축업에 종사하는 강태공을 묘사한 그림

나서기 전에 점을 쳐본 결과 용도 이무기도 호랑이도 곰도 아닌 왕을 보필할 자를 잡을 것이라는 점괘가 나왔다고 한다. 문왕은 위수 북쪽으로 사냥을 나갔고, 아니나 다를까, 초가집에 앉아 낚시를 하고 있는 여상을 만나게 된다. 두 사람은 낚시로부터 나라를 다스리는 것으로 화제를 바꾸었고, 대화는 물고기가 물을 만난 듯 활기에 넘쳤다. 두 사람은 단번에 의기투합했다. 문왕은 자신의 선조 고공단보古公亶父가 언젠가 성인이 주나라를 도와 강성하게 만들 것이라는 예언을 남겼다면서 "우리가 태공 선생을 기다린 지 오래입니다."라며 감격스러워했다. 그는 여상을 '태공망'으로 높여 부르면서 함께 수레를 타고 돌아와 사師에 임명했다. 사마천은 이런저런 전설을 거론한 다음, 전설에 따라 여상이 주를 섬기게 된 경위는 다 다르지만 요점은 그가 주 문왕과 무왕의 사師가 되었다는 데 있다고 지적했다.

넷째, 강상은 서주의 개국과 건국 사업에 남다른 공헌을 했다. 문왕과 무왕 두 왕이 집권하는 기간 강상의 직무는 '사'였다. '사'는 국왕을 보필하는 중요한 자리였다. 정치적으로는 보(保, 태보)·재(宰, 태재)와 같이 조정의 백관과 사방의 제후들을 통솔하고 국가의 중요한 정책 결정에 참여하는 후대의 재상과 같았다. 군사적으로는 국왕의 군대 통솔을 보좌하여 군사정책의 결정과 전투 지휘에 참여하는, 후대의 군사軍師 또는 사령관에 해당했다. 개국 단계에서 강상은 문왕을 도와 은밀히 덕을 닦아 상의 정권을 무너뜨렸는데, 그 일들은 주로 용병술과 기묘한 계책을 마련하는 것이었다. 그래서 훗날 용병술과 주의 권모를 말하는 이들은 모두 태공을 그 주모자로 존경했다. 천하의 2/3가 주나라로 귀순한 데는 태공의 계책에 힘입은 바 컸다.

그 뒤 강상은 무왕을 보필해서 상의 주 임금을 정벌하러 나섰다. 그는 맹진에서 제후들의 회맹을 조직하고 목야 전투를 지휘하여 단숨에 상 왕조를 뒤엎었다. 건국 단계에서는 무왕을 도와 일련의 정치·군사적 조치를 취했다. 예를 들면, 축문을 읽어 신에게 주 임금의 죄를 징벌한 사실을 아뢰고, 녹대鹿臺에서 얻은 돈과 거교鉅橋의 창고에서 식량을 풀어 가난한 백성들을 구제했다. 아울러 상 왕조에서 박해를 받았던 비간比干의 무덤을 높이 쌓고 갇혀 있던 기자箕子를 석방시키는 한편 구정九鼎을 주나라의 도읍으로 옮겨 천명이 주나라로 기울었음을 만방에 선포했다. 주나라의 정치를 정비하여 온 천하를 새롭게 했는데, 이런 일들 대부분이 강상의 계책에 따른 것이었다.

전쟁이 끝난 뒤 무왕은 공신과 모사들에게 논공행상을 실시했는데,

사상보(강상)가 단연 으뜸이었다. 강상은 제齊 땅에 봉해졌다. 제 지역에 도착한 강상은 정치를 가다듬고 그곳의 풍속에 따라 의례와 절차를 간소하게 했으며, 상공업과 어업 생산을 장려했다. 그러자 많은 사람들이 제나라에 귀순했고 제나라는 동으로 동해, 서로 황하, 남으로 목릉, 북으로 무체에 이르는 지금의 산동성·하남성 동부·강소성 북부·하북성 동부의 넓은 지역을 관할하는 큰 나라가 되었다. 강대한 제나라는 제후들을 정벌할 수 있는 특권을 누리는 등 그 지위가 다른 봉국과는 달랐다.

이상의 기록들은 강상이 정치와 군사 활동에서 보여준 두드러진 특징이 '모謀'에 있다는 사실을 잘 보여준다. 그의 공헌은 서주의 정치·군사 방면의 정책 결정에서 집중적으로 나타나고 있다. 강상은 또 자신의 실천 경험을 이론으로 승화시켰다. 말하자면 고대 중국에서 처음으로 계통적인 모략 이론을 제기한 정치가이자 군사가인 셈이다. 강상의 모략사상을 기록한 서적이 전국시대에 널리 유행했으며, 진한 이후로 그 영향력은 더욱 넓어졌다.

한나라 때 전적 중에는 '태공 237편'이 있었는데, 그중 모謀가 71편, 언言이 71편, 병兵이 85편이었다고 한다.(『한서』 「예문지」) 강상의 저술로 전하는 『육도六韜』는 현존하는 중국 고대의 병서 중에서 비교적 계통적으로 모략사상을 논술한 최초의 저작으로 꼽힌다. 강상은 '병가의 비조'로 불린다. 후세에 용병술과 주나라의 권모술수를 말하는 이들은 모두 태공을 그 주모자로 떠받든다.(『사기』 「제태공세가」)

강상의 모략사상은 소박한 유물론과 변증법적 관점을 갖추고 있다. 전쟁에서 인간의 자각적 능동성을 강조하며, 군사투쟁을 정치투쟁과 외교투쟁과 결합시키는 데 관심을 돌렸다. 특히 모략을 운용하여 싸우지 않고 완전히 이기는 목적을 달성하라고 강조한다. 그의 모략사상은 그의 저술과 실천 활동을 통해 체현되고 있다. 그 요지는 대체로 다음 몇 가지로 압축된다.

백성을 힘들게 한 죄를 벌한다는 기치를 높이 치켜들다

강상은 인심의 향배가 전쟁의 승부를 결정하는 요소이며 이해득실은 인심 향배의 물질적 기초라고 인식했다. 이는 강상 모략사상의 기본 출발점이자 그의 모략사상이 갖는 뚜렷한 특징이었다. 그는 추상적인 인의 도덕을 떠들지 않았다. 대신 인심의 향배와 물질적 이익을 직접 연계시켰다. 그는 이렇게 말한다.

"천하를 얻으려는 것은 마치 들짐승을 쫓는 것과 같아 천하가 모두 고기를 나눌 마음을 가지는 것이며, 또 배를 타고 물을 건너는 것과 같아 물을 건너고 나면 모두 그 이익을 나누고 패하면 모두 피해를 입는 것입니다."(「무도」)
"인민들과 더불어 같이 아파하고, 같은 마음으로 일을 이루고, 좋지 않은 일은 서로 돕고, 좋아하는 일에 서로 모이면 군대가 없어도 이기고, 무기가 없어도 공격하며, 참호가 없어도 지킬 수 있습니다."(「무도」)
"천하는 한 사람의 천하가 아니라 천하의 천하입니다. 천하의 이익을 함께 나누는 자는 천하를 얻고 천하의 이익을 혼자 차지하려는 자는 천하를 잃습니다."(「문도」)

이러한 관점에서 출발하여 그는 문왕과 무왕 두 왕을 도와 상나라를 멸망시키고 주나라가 흥기할 때 일련의 조치로 인심을 얻었다. 대내

적으로 인민들에게 은혜를 베풀고 나라를 부강하게 하는 정책을 실시했다. 더불어 생산을 발전시키고 유능한 인재를 초빙했다. 이로써 인민들이 때를 놓치지 않고 자기 일에 힘쓰게 했고, 형벌은 줄이고 세금은 가볍게 했다. 위정자는 궁실을 검소하게 꾸미고, 관리들은 너그럽고 깨끗하게 일함으로써 평민과 노예주 귀족 사이의 모순을 완화하고 경제력을 키워나갔다. 대외적으로는 덕을 닦고 좋은 일을 많이 베풀어 동맹국을 많이 끌어들였다.

구체적인 사례를 보자. 당시 노예들이 대량으로 도망치자 상나라의 실권자인 주紂를 비롯한 그 주변의 노예주들은 이들을 마구 차지했다. 반면에 주나라는 도망친 노예에 대해서는 철저하게 조사하여 원래 주인에게 되돌려주는 조치를 취했다. 이러한 조치는 국내의 노예제 통치 질서를 다지는 효과를 보았을 뿐만 아니라 각지 노예주 귀족들의 지지를 얻었다. 그 결과 제후들이 주 임금에게 등을 돌리고 서백에게 귀순함으로써 천하의 2/3가 주나라의 영향권에 들게 되었다. 이런 기초 위에서 공개적으로 백성을 괴롭히는 자를 토벌한다는 깃발을 높이 치켜들고 상나라를 멸망시키는 군사행동에 나섰던 것이다.

이와 동시에 '태서泰誓'·'목서牧誓' 등과 같은 정치선언문을 발표하여, 무고한 사람들을 마구 죽여 그 해독이 천하에 퍼졌다며 주 임금의 죄악을 폭로했다. 서주는 하늘의 뜻을 저버리고 인민에게 원한을 산 천하 공공의 적을 없앰으로써 하늘을 대신하여 천벌을 내린다는 것이었다. 이러한 정치적 공세로 제후들을 단결시키고 주 임금을 고립시키는 효과를 거두었다. 이는 서주가 정치적으로 주도권을 잡고 상나라를 공격하는 군사행동과 적절하게 어울려 상승효과를 낼 수 있었다.

문무의 조화로 대사를 성취하다

강상의 모략사상에서 두드러지게 나타나는 특징은 변증법적이고 상호 연계적이며 발전적인 관점으로 나와 적의 형세를 살펴 군사투쟁을 정치·외교투쟁과 절묘하게 결합시키고 있다는 점이다. 서주와 은상의 전쟁에서 기본적 형세는 서주의 열세였다. 숫자도 적고 실력도 약세였다. 따라서 서주의 과제는 어떻게 약세를 우세로 바꿀 것이냐 하는 것이었다. 이런 문제를 해결하기 위해 강상은 적을 분열시키고 와해시키는 전략을 집중적으로 세웠다. 강상은 실력의 강약은 상대적이기 때문에 바뀔 수 있다고 보았다.

"존재냐 멸망이냐는 멸망을 근심하는 데 달려 있고, 즐거움이냐 아니냐는 재앙을 걱정하는 데 달려 있다."
"지금의 상나라 왕은 자신이 살아남을 것만 알았지 망할 것은 생각도 하지 않는다. 즐거움만 알았지 재앙은 모르고 있다."(이상 「문도」, '병도'.)

따라서 기세에 따라 유리하게 상황을 이끌고 정확한 모략을 운용하여 자기에게 유리한 쪽으로 실력을 키우도록 해야 한다는 것이다. 강상은 이러한 사상을 정치적·군사적 실천에 철저하게 관철하여 문왕과 문왕 두 왕이 성공적으로 다음 두 방면의 정책을 실행하도록 도왔다.

첫째, 자신의 실력과 진면목을 철저하게 숨기는 도회韜晦의 계책을 실행했다. 이를 통해 적을 유혹하고 적을 조종하면서 자신의 실력을 쌓고 기회를 기다리게 했다. 서주의 흥기는 은상 왕조의 경계심을 불러일으켰다. 그 결과 계력季歷이 살해되고 문왕 희창姬昌이 유리성에 감금되는 사태가 발생했다. 상은 이러한 일련의 강경 조치로 서주에 대한 통제를 강화하고자 한 것이다. 이러한 교훈을 받아들여 강상은 문왕에게 부드럽게 상의 주 임금을 떠받들면서 아무 일도 하지 않는 것처럼 꾸미라고 건의했다. 자신의 진면목을 감춘 채 표면적으로 "상을 섬기"면서 주는 은상을 멸망시키기 위한 준비를 차근차근 진행시켜나갔다. 강상은 이렇게 말했다.

> "매가 먹이를 덮치려 할 때는 날개를 거두고 낮게 날며, 맹수가 먹이를 덮치려 할 때는 귀를 내리고 몸을 낮추는 법입니다. 이처럼 성인이 움직이려 할 때는 반드시 어리석은 척합니다."(『무도』, '발계')

이러한 주도적인 사상으로 "미녀와 기이한 물건 및 좋은 말 따위를 구해 주 임금에게 바치고" "낙서 땅을 바쳐 포락형과 같은 혹형을 폐지해달라고 요청하는"(『사기』 「은본기」) 한편 서쪽의 제후들을 거느리고 주임금에게 인사를 드렸다. 한편으로는 그 자신도 미녀들과 어울려 음악을 연주하며 놀이에 빠진 것처럼 위장하기도 했다. 상의 주 임금은 이러한 서주의 위장술에 속아 "서백이 지난날의 잘못을 뉘우쳤으니 이제 걱정할 것이 없구나."라며 서주에 대한 경계심을 풀고 문왕 희창을 서주로 돌려보냈다. 그러면서 서백(문왕 희창)에게 제후들을 정벌할 수 있는 권한을 상징하는 큰도끼를 하사하기까지 했다. 그리고 이러한 조치의 확실한 징표로 군대의 주력을 서쪽 전선에서 동쪽으로 이동시켰다.

이렇게 해서 서주는 시간을 벌었다. 거기에 서쪽 제후들을 정벌할 수 있는 특권까지 얻었다. 서주는 이를 이용하여 자신의 정치·군사·경제적 역량을 발전시켜나갔다. 그 결과 "서백의 세력이 날로 커지고 주 임금은 서서히 권력의 무게중심에서 멀어졌다."(『사기』「은본기』)

둘째, 상 왕조의 약점과 모순을 이용하여 상의 통치 집단을 분열시키고 와해시켜 적의 실력을 약화시켰다. 상의 주 임금은 결코 못난 인물이 아니었다. 하지만 그는 자신의 능력을 과신하고 있었다. 스스로 충고를 듣지 않아도 될 만큼 지혜롭고, 잘못을 덮을 만큼 말재주가 뛰어나다고 생각하는 인물이었다. 교만하고 음탕하여 백성들을 포악하고 잔인하게 다루었으며 제후들의 권리도 함부로 빼앗기 일쑤였다. 이런 상황에 맞추어 강상은 군사투쟁을 정치 · 외교투쟁과 결합하여 전개하는 이른바 '문벌文伐'을 건의했다. 그 구체적인 방법으로는 두 가지를 제시했는데 요점은 유혹과 부패였다. 즉, 각종 미끼로 적국의 군주를 유혹하여 통치 집단을 부패시키는 것이었다. 구미와 그 뜻에 맞추어주고, 그 명성을 치켜세우며, 건전한 비판과 같은 언로를 막고, 나라를 어지럽히는 난신들을 포섭했다. 미녀들을 바쳐 주색에 빠지게 하고, 좋은 개와 말을 바쳐 놀이에 빠져 지치게 하여 부패와 포악한 행위를 조장했다. 이렇게 해서 형세 판단을 그르치게 하여 잘못된 결정을 내리게 했다. 군주와 신하 사이를 이간질했다. 적국의 신하들을 각종 이권으로 매수하여 그들을 통해 각종 정보를 수집했다. 신하들은 두마음을 가지고 통치 집단을 분열시켰다. 이렇게 해서 적의 통치 집단 내부의 모순은 갈수록 확대되고 심화되었다. 또 갖은 이익으로 내부의 신하들을 유혹하여 놀이와 주색에 빠지게 함으로써 국고를 텅 비게 하고, 나아가서는 생산 라인을 마비시켜 적국의 경제력을 약화시켜나갔다.

강상은 이러한 책략들은 군사투쟁으로 이룰 수 없는 목적을 달성케 하고 군사투쟁의 승리를 가속화할 수 있다고 말한다. 이러한 책략들이 잇달아 실천되자 아니나 다를까, 뚜렷한 효과를 거두기 시작했다. 상의 임금 주는 부패되어갔고 통치 집단 내부의 모순은 심화되었다. 상을 섬기던 속국의 민심은 점점 상을 떠났고 상 왕조의 정치·군사·경제력은 갈수록 약화되었다. 이제 상은 안팎으로 민심이 떠난 곤경에 처하지 않을 수 없었다. 이렇게 근본적으로 형세를 역전시켜 상을 멸망시키기 위한 전략 수립에 필요한 조건을 준비할 수 있었다.

군사행동의 주도권을 빼앗다

강상은 초보적이지만 전쟁이란 교전 쌍방의 힘겨루기이자 전쟁을 이끄는 쌍방 지도자의 지혜 겨루기라는 사실을 잘 알고 있었다. 이에 따라 그는 모략 투쟁을 대단히 중요한 위치로 끌어올렸다. 일에 앞서 모략을 잘 구사하는 자는 번창하고 그 반대인 자는 망한다는 이치를 체득한 것이다. 전쟁의 승부는 오로지 모략을 얼마나 교묘하게 잘 구사하느냐에 달린 것이다. 나라를 다스리든 군대를 동원하든 장수를 선발하든 그는 모든 분야에서 지모를 중요한 위치에 놓았다. 그는 현명한 지도자의 세 가지 조건에 대해 이렇게 분석하고 있다.

눈은 밝아야 하고, 귀는 총명해야 하며, 마음은 지혜로워야 한다.
지혜가 보통 사람과 같으면 국사國師가 아니다.
장수가 지혜롭지 못하면 군대 전체가 의심한다.

그러면서 지혜롭게 권모를 구사할 줄 모르는 자는 장수로 기용해서는 안 된다고 주장했다. 전쟁을 이끌고 군사상의 정책 결정에서 가장 중요한 것은 필승의 전기를 파악하는 것이고, 용병과 실제 전투에서 가장 중요한 것은 은폐와 신비이며, 군사행동에서 가장 중요한 것은 적의 의도를 벗어나는 것이고, 군사모략에서 가장 중요한 것은 적으로 하여금 나의 행동을 간파하지 못하도록 하는 것이다. 이와 관련하여 강상은 적에게 겉으로 보여주는 이른바 '시형示形'의 책략으로 적을 착각하게 만들고 예상치 못하게 만들어야 한다고 주장한다. 겉으로는 어지러운 것 같지만 속으로 차분히 다듬고, 겉으로는 배고픈 것 같지만 속으로는 배불리 먹으며, 겉으로는 둔한 것 같지만 속은 날카롭게 만들어놓으라는 것이다. 합쳐졌다 떠나고, 모였다 흩어지는 것을 자유자재로 구사하여, 은밀히 꾀하고 몰래 살피고 높이 보루를 쌓고 정예병을 숨겨두는데, 병사들은 소리 없고 적은 나의 준비를 눈치채지 못한다.(「문도」 '병도')

그런 다음 틈을 타서 허를 찌르고, 동쪽을 공격하는 척하면서 서쪽을 치고, 미처 대비하지 못한 곳을 공격하며, 의외의 전략을 구사한다. 강상은 말한다.

"잘 싸우는 자는 이익을 보면 때를 놓치지 않고, 때를 만나면 의심하지 않는다. 이익을 잃고 때를 놓친다면 재앙이 도리어 내게 닥친다. 따라서 지혜로운 자는 때를 잃지 않고, 치밀한 자는 결단을 내림에 머뭇거리지 않는다."(「용도」 '군세')
"싸워서 이기는 방법은 몰래 적의 기미를 살피고 틈을 타서 빠르게 그 이익을 취한 다음 다시 신속하게 불의의 기습을 가하는 것이다."(「문도」 '병도')

강상의 이러한 모략사상은 그가 직접 지휘한 세 차례 군사행동에서 집중적으로 실현되고 있다.

먼저, 상나라의 날개를 자르는 군사행동이었다. 상나라 후기 통치에 가장 큰 위협이 된 적은 동방의 이족夷族과 서방의 주족周族이었다. 동이는 복종과 반항을 수시로 바꾸어가며 한 걸음 한 걸음 상의 중심으로 압박해 들어오고 있었다. 현실적 위협 세력이 아닐 수 없었다. 서주는 실력은 약했지만 의욕적으로 발전을 꾀하고 있는 잠재적 위협이었다. 양면 협공의 형세에 직면해서 상은 원래 양면에서 동시에 작전하는 것을 피하기 위해 한쪽을 먼저 격파하는 전략을 구상했다. 즉, 동이를 평정하는 데 전력을 집중하고, 서주에 대해서는 공세를 저지하는 정책을 취했다. 또 서주의 공손한 태도를 곧이곧대로 믿고 한순간 서주에 대한 통제와 방어를 늦추었다.

서주는 강상의 모략을 채택했다. 상의 주 임금이 특별히 내린 제후들에 대한 특권적 정벌권을 이용하여 상의 서방 속국들에 대한 군사행동을 개시했다. 먼저 지금의 섬서성 서부와 감숙성 경하 유역, 즉 상의 서북쪽에 있는 견융犬戎·밀수密須와 완阮·공共 등을 정벌하여 등 뒤의 걱정거리를 해결했다. 그런 다음 동쪽으로 황하를 건너 여(黎, 지금의 산서성 장치 서남)·한(邗, 지금의 하남성 심양 서북)을 정복하고 상나라의 심복 속국인 숭(崇, 지금의 하남성 숭현)을 소멸시켜 상의 도읍 조가朝歌로 진군하기 위한 길을 닦았다.

둘째, 맹진孟津에서의 군대 사열이었다. 이는 강상이 '사상보師尚父'의 신분으로 주 무왕을 도와 행한 군사 연습으로, 제후들이 주 임금을 정벌하는 전쟁에 어떤 태도를 보이는가를 관찰하는 데 있었다. 아울러 군대의 작전 준비를 점검하는 실용적 목적도 있었다. 강상은 왼손에는 큰도끼를 오른손에는 흰 깃발을 들고 무왕의 호령을 대변하면서 군대의 기율을 선포했다. 맹진의 회맹에 참가한 800여 제후는 모두 같은 적에 대해 적개심을 드러내면서 무왕의 지휘를 받아들이는 분위기였다. 이 회맹으로 서주는 정치 · 군사적으로 우위를 차지했을 뿐만 아니라, 그때까지 통일된 훈련을 받지 못했던 제후들의 연합군으로 하여금 한 차례 행동 통일을 위한 훈련을 실시함으로써 장차 다가올 전략 수립에 필요한 조건을 창출할 수 있었다.

셋째, 목야의 결전이다. 맹진에서의 회맹과 군대 사열을 성공적으로 마친 서주는 시시각각 변화하는 상나라의 동향을 예의주시하면서 결전의 시기를 기다렸다. 2년 뒤 상 왕조는 정치적으로 민심이 떠나고 통치 집단이 지리멸렬하는 곤경에 빠졌다. 국가 원로인 비간을 죽이고 기자는 감금했고, 이 때문에 많은 인재들이 나라를 빠져나갔으며 백성들의 원성은 하늘을 찔렀다. 군대의 주력은 동쪽 전선에 신경을 쓰느라 겨를이 없었고, 서방의 군사력은 허약하여 수도 조가는 텅 비어 있는 것이나 마찬가지였다. 강상은 무왕에게 전기를 놓치지 말고 바로 수도로 치고 들어가자고 건의했다. 마침내 상을 토벌하는 전략이 결정되었다. 상의 주 임금은 서둘러 대응에 나섰으나 단 한 번의 싸움으로 완전히 궤멸되고 말았다. 17만 대군이 순식간에 와해되고 주 임금은 분신자살했다. 600년을 이어온 상 왕조가 이로써 멸망을 고했다.

인간을 중시하고 천명이라도 얽매이지 않다

이는 강상의 모략사상이 갖는 뚜렷한 특징의 하나다. 언젠가 무왕과 강상이 용병의 원칙에 관해 토론을 벌인 적이 있었다. 무왕은 천도天道 · 지리地利 · 인사人事 등을 열거하면서 무엇이 첫 번째냐고 물었다. 강상은 인사가 으뜸이라고 대답했다. 이와 관련하여 강상은 이렇게 말했다.

"천도는 살피기 어렵지만 지리와 인사는 얻기 쉽습니다."

"천도와 귀신 따위는 보고자 해도 나타나지 않고 들으려 해도 들리지 않으며 찾으려 해도 얻을 수 없습니다."

"천도를 따른다고 꼭 길한 것이 아니며, 천도를 어긴다고 꼭 해로운 것이 아닙니다. 지리를 잃으면 병사들이 어쩔 줄 몰라 하며, 인사가 조화를 이루지 못하면 싸울 수 없습니다."

"유능한 인재를 잘 기용하고 일을 시행함에 지리를 얻으면 시기를 살피지 않아도 유리해지며, 점을 치지 않아도 길하며 빌지 않아도 복이 옵니다."

따라서 '천도'나 '점복' 따위는 지혜로운 장수라면 그를 본받지 않고 어리석인 장수는 그것에 얽매인다.(이상 『육도』의 잃어버린 문장) 당시 역사 조건에서 천도와 귀신을 신봉하는 통치 집단과 사회 풍조에 직면해서 강상은 이런 소박한 유물주의 관점을 견지했다. 군사상의 정책 결정과 전쟁을 이끄는 실천적 활동에서 이러한 입장을 견지하기란 참으로 어려운 일이 아닐 수 없었다.

목야 결전의 전략 수립과 전쟁 과정은 인간과 인간의 일을 중시한 반면 천도에 얽매이지 않은 강상의 사상을 생동감 넘치게 체현하고 있다.『주서周書』의 기록에 따르면, 주 왕조의 정책 결정 과정은 최후에는 점복의 길흉으로 결정하고 있다. 목야 결전의 결정도 이렇게 이루어졌다. 대략 기원전 1027년, 서주는 상의 주 임금을 정벌하는 전략의 세부 항목들에 대한 준비를 완성했다. 정치적으로는 천하의 2/3를 차지하는 국면을 창출했고, 군사적으로는 상나라 도읍 조가에 대해 칼을 씌우듯 공세를 취했다. 상 왕조는 안팎으로 곤경에 처했다. 민심은 떠났다. 서주는 마침내 상에 대한 총공세를 결정했다.

그런데 뜻하지 않게 출병에 앞서 친 점복의 점괘가 '불길'하다고 나왔다. 게다가 폭풍우를 만나 중무장한 전차가 빗물에 잠기고 깃발이 세 동강이 나는 등 불길한 조짐이 곳곳에서 나타났다. 모두들 두려움에 떨지 않을 수 없었다. 무왕의 동생인 주공周公 단旦과 산의생 등은 "하늘이 돕지 않으니" "거사가 불가능하다."고 판단했다. 주 무왕도 머뭇거리며 결정을 내리지 못한 채 강상에게 정벌이 가능하겠냐고 물었다. 이런 중대한 고비에서 강상은 굳세게 처음 의지를 밀고 나갔다. 그는 다른 사람들의 의견과는 달리 무왕에게 얻기 어려운 기회를 놓치지 말고 출병해야 한다고 설득했다. 그는 말했다.

"성인은 천지간에 쇠퇴한 난세를 타고 일어나는 것입니다. 거북점이라는 것은 알고 보면 뼈를 말려 치는 것이고, 산가지점이라는 것은 풀을 꺾어 치는 것에 지나지 않습니다. 이것으로 길흉을 판단하기에는 부족하지 않습니까?"

"지금 주 임금이 비간의 배를 갈라 심장을 꺼내 죽이고 기자를 옥에 가두었습니다. 게다가 비렴 같은 자에게 정치를 맡겼으니 그를 정벌하지 않고 어쩐단 말입니까?"(이상 『태평어람』 권328)

무왕은 강상의 주장을 받아들여 비를 무릅쓰고 군대를 동쪽으로 진군시켰다. 300량의 전차와 3천의 정예병, 4만5천의 병사들 그리고 제후들의 연합군이 물밀 듯 조가로 밀려갔다. 목야 결전의 승리로 서주는 마침내 상을 멸망시키는 대업을 달성했다. 이와 관련하여 아래 '대명大明'이란 시는 목야 결전의 장렬한 장면과 강상의 탁월한 공헌을 아주 생동감 넘치게 묘사하고 있다.

넓고 넓은 목야 평원으로
눈부시게 단단하고 날카로운 단목으로 만든 전차가 달려가고.
장대한 전투마는 위풍도 당당하구나.
모략에 뛰어난 군사 강상은
매가 날듯이 계책을 꾸미는구나.
무왕을 도와 상을 멸하고 주를 흥기시키니
파랗게 갠 하늘에 욱일승천하는 해와 같구나!

손무 孫武

병가의 성인 '병성', 병법서의 바이블 '병경'

동서고금을 통해 가장 큰 존경을 받고 있는 손무와 그의 저서 『손자병법』은 중국은 물론 세계 군사사에서 아주 중요한 자리에 있다. 인물은 병가의 성인이란 뜻으로 '병성兵聖' 또는 '무성武聖'으로 추앙받고, 그 저작은 병가의 바이블이란 뜻의 '병경兵經'으로 불릴 정도다. 군사모략학이란 각도에서 보자면, 손무는 단연 첫손가락에 꼽히는 모략의 대가이기도 하다.

손무는 자가 장경長卿에, 춘추시대 말기 제齊나라 낙안(樂安, 지금의 산동성 혜민현) 사람이다. 그는 당시로서는 신흥 지주계급이라 할 수 있는 군사 전문가 집안에서 태어났다. 그의 선조 진완陳完은 원래 진陳나라(지금의 하남성 회양 일대) 공자로 내란 통에 제나라로 도망 와 성을 전田으로 바꾸었다. 손무의 할아버지 전서田書는 거莒를 공격하는 전쟁에서 공을 세워 제 경공景公이 낙안을 근거지로 주고 동시에 '손孫'이란 성까지 하사했다.

이런 집안 분위기 때문에 청년 시절 손무는 병법에 큰 관심을 보였고 검술도 잘했다. 기원전 532년, 제나라에 전田·포鮑·난欒·고高 '4성의 반란'이 터졌고, 손무의 집안도 이 정치투쟁에 휘말렸다. 이때 손무는 가족을 따라 오吳나라로 이주했다.

이후 20년 동안 손무는 "병법을 깊이 탐구하면서 산간벽지에 숨어

손무의 석상

사는" 생활을 보냈다. 이 기간에 그는『손자병법』을 저술해냈다. 그 뒤 오대부 오원(伍員, 오자서)의 추천을 받아 "병법으로 오왕 합려閨閭를 만났고, 이어 장군에 임명되어 오가 초를 격파하는 전쟁에서 중대한 공을 세웠다."

만년의 손무에 대한 기록은 부실하기 짝이 없어 그저 죽어서 오현에 묻혔고, 그 자손은 부춘富春에 정착했다고만 되어 있다. 동한 말기 부춘 사람 손견孫堅이 자칭 '손무의 후손'이라고 했다는 기록이 보인다.

오나라를 강국으로 끌어 올린 주역 손무와 오자서

이로 보면 손무는 생애 대부분을 오나라에서 보냈던 것 같다. 그의 주요한 공헌은 먼저 『손자병법』을 남긴 것이고, 다음으로는 합려를 도와 초를 격파한 것이다.

　『손자병법』은 손무의 군사이론서로, 기원전 512년 손무가 오나라 장군에 임명되기 전에 완성되었다. 시간적으로는 지금으로부터 2,500년 이상 전이었다. 세계에 현존하는 군사이론서 중에서 가장 이른 바이블과 같은 저작이다. 『손자병법』은 문장이 간결하고 생동감 넘치며, 내용은 넓고 깊다. 분량은 약 5,900자에 지나지 않지만 군사과학 각 분야의 내용을 모두 포함하고 있다. 춘추시대 이전 역대 군사사상과 전쟁 경험을 집대성하여 계통화하고 이론화한 것으로, 기본적으로 전쟁의 일반적 법칙을 제시하면서 군사작전의 일반 원칙을 정교하고 예리하게 분석하고 있다. 논리 속에는 소박한 유물주의와 변증법 사상이 충만하여 고대 군사과학의 기초를 닦았을 뿐만 아니라 일반 철학의 관점에서 보더라도 동시대 철학가들의 수준을 훌쩍 뛰어넘고 있다.

『손자병법』의 출현은 군사과학이 독립된 과학으로 사회과학 영역에 출현했음을 뜻하는 것으로, 중국과 세계 군사사에 획기적인 의미를 가진다. 2,000년 넘게 『손자병법』은 '병경'으로 존중되어오면서 걸출한 장수를 기르고 전쟁에서 승리를 이끌었을 뿐만 아니라 일본과 유럽 등지로 전파되어 세계 군사과학의 발전에 심대한 영향을 끼쳤다. 특히 20세기 70년대 이후로는 더욱 넓게 세계의 주목을 끌었다. 일본의 군사평론가 고야마 우치히로小山內宏는 이렇게 『손자병법』을 평가했다.

> "『손자병법』은 전략론일 뿐만 아니라 심중한 의미를 품은 전쟁 철학이며, 심지어 현대 전략 전술에도 대단히 훌륭한 계시를 준다."(『현대전략론』 1972년판)

또 미국의 군사이론가 존 콜린스는 다음과 같이 평가했다.

> "손자는 고대에 처음으로 전략 사상을 수립한 위대한 인물이다."

"오늘날 전략의 상호 관계, 고려해야 할 문제, 그리고 받을 수밖에 없는 제한 등에 대해 손자보다 더 심각하게 인식한 사람은 없다. 그의 관점 대부분은 오늘날 우리 상황에서도 여전히 당시와 같은 중대한 의미를 갖는다."(『대전략』 1973년판)

일본과 미국 등지에서는 『손자병법』이 밝힌 전쟁 지도 원칙을 국가 전략과 군사정책의 수립 등에 운용하고 있을 뿐만 아니라 기업 경영에도 활용하고 있다. 그 결과 실천을 통해 성공을 거두어 손자의 군사이론이 얼마나 강력한 생명력을 가지고 있는가를 잘 보여주었다.

전쟁은 인류 사회의 특수한 활동으로 국가·민족과 정치집단의 성패존망과 관계되는 교전 쌍방의 실력과 지혜의 전면 경쟁이다. 따라서 전쟁 지도자의 모략사상과 지휘술에 대한 가장 신속하고 가장 무정한 시험장이 된다.

"자각한 능동성은 인류의 특징이다. 인류는 전쟁에서 이런 특징을 강력하게 표출한다."(모택동, 『지구전에 관하여』 중 '전쟁에서의 능동성')

전쟁의 객관적 법칙을 어떻게 인식하고 장악하느냐, 인간의 자각적 능동성을 충분히 발휘하여 적을 물리치고 승리하느냐 하는 문제 등은 역대 군사 전문가들이 의식적으로든 무의식적으로든 해결점을 찾기 위해 몰두해왔던 것들이다.

손무 군사사상의 두드러진 특징과 우수한 점은 이론상 이 문제를 초보적으로나마 해결했다는 데 있다. 즉, 전쟁을 이끄는 데서 객관적 규칙성과 주관적 능동성을 통일시킨 것이다. 이 점에 대해 손무는 정확한 철학적 언어로 표현해내지는 못했지만 그의 학설 전체를 관통하면서 군사사상의 철학적 기조를 이루는 데는 성공했다. 손무의 군사모략 사상은 그의 군사사상에서 중요한 구성 부분이다. 특히 위에서 말한 특징과 장점을 선명하게 체현했고 많은 방면에서 독창적인 공헌을 남겼다. 이제 그 주요 사상을 알아보자.

'선승후구전先勝後求戰' 사상

"먼저 승리한 다음 싸운다."는 사상이다. 손무는 전쟁의 승부는 교전 쌍방의 실력대결에서 결정 날 뿐만 아니라 전쟁을 정확하게 이끌었느냐의 여부에서도 결정 난다고 보았다. 그는 말한다.

> "무릇 싸우지 않고 묘산廟算하여 이기는 사람이 승리할 공산이 크다. 싸우지 않고 묘산에서 이기지 못하면 승리할 공산이 적다. 가능성이 크면 이기고, 적으면 진다. 하물며 가능성이 없는 경우에야 오죽하겠는가?"(제1편 '시계始計')

그는 또 이렇게도 말한다.

> "따라서 승리하는 군대는 먼저 이긴 뒤에 싸움을 찾고, 패하는 군대는 먼저 싸운 뒤에 승리를 구한다."(제4편 '군형軍形')

따라서 손무는 특별히 전투에 앞서 전략과 대책 수립 그리고 전쟁 중의 모략 투쟁을 중시한다. 이에 따라 '묘산'(국가 최고 통치자의 군사정책과 결정)을 군사 활동의 첫머리에 두고 모략으로 승리하는 '벌모伐謀'를 가장 좋은 투쟁 방식으로 꼽는다. 그리고 '지智'를 장수가 갖추어야 할 첫 번째 조건으로 제시한다. 총 13편의 『손자병법』에서 '시계'편이 처음에 안배된 것은 결코 우연이 아니다. 이는 손무가 군사모략을 대단히 중시했음을 단적으로 드러내는 절묘한 안배다.

손무는 군사상의 정책 결정과 전쟁의 지도 방향이 갖는 중요성을 논증했을 뿐만 아니라 결정된 정책을 정확하게 실행하는 기본 방법도 제시한다.

> "따라서 다섯 가지 일로 경영하고, 일곱 가지 꾀로 헤아려 그 정황을 찾아낸다."(제1편 '시계')

이른바 다섯 가지 일이란 뜻의 '오사五事'란 도道 · 천天 · 지地 · 장將 · 법法을 가리킨다. 손무의 해석에 따르면 이 오사의 의미는 다음과 같다.

> "도道란 백성으로 하여금 지도층과 더불어 뜻을 같이하게 하는 것이니, 함께 죽을 수 있고 함께 살 수 있기에 위기를 두려워하지 않는다."
> "천天이란 음과 양, 추위와 더위, 시기를 말한다."
> "지地란 멀고 가까움, 험하고 평탄함, 넓고 좁음, 죽음과 삶을 말한다."
> "장將이란 지智 · 신信 · 인仁 · 용勇 · 엄嚴이다."
> "법法이란 곡제曲制 · 관도官道 · 주용主用을 말한다."(이상 '시계')

손무가 말하는 '오사'란 정치 · 기후 · 지리 · 장수 · 군제와 후방 등 전쟁의 승부에 영향을 주는 기본 요소들을 말하며, 이 요소들을 종합해서 관찰해야 한다는 뜻이다. 그런 다음 따지고 비교하는데, "누가 주도권을 쥐는지, 어느 쪽 장수가 유능한지, 기후와 지리는 어느 쪽이 장악했는지, 병졸의 숙련 여부는 어느 쪽이 나은지, 상벌은 누가 분명한지"를 파악하는 것이다. 교전 쌍방은 이 7개 방면(훗날 이를 '칠계七計'라 불렀다)의 조건을 비교해서, 이를 가지고 승부의 가능성을 분석·추출하고 실제에 적합한 정책을 결정한다.

이전 군사가와 비교해서 손무가 이 방면에 남긴 공헌은 군사상 정책 결정과 모략 투쟁이 전쟁에서 차지하는 중요한 지위와 작용을 명확하게 지적하고 군사정책 결정의 기본 요소와 방법을 제기하여 초보적이고 단편적이었던 이전 학설을 계통화하고 이론화했다는 데 있다.

'지피지기知彼知己, 백전불태百戰不殆' 사상

손무는 교전 쌍방의 실제 상황을 정확하게 인식하는 것을 적을 극복하고 승리하는 전제 조건이자 정확한 정책 결정의 객관적 기초로 보았다. 『손자병법』 13편에서 손무는 반복해서 이 사상을 천명하고 있다.

"따라서 현명한 군주와 장수가 움직여 승리를 거두고 출중하게 성공할 수 있는 까닭은 먼저 알기 때문이다."(제13편 '용간用間')
"따라서 상대를 알고 나를 알면 승리하여 위태롭지 않고, 기상과 지리를 알면 승리를 보장할 수 있다."(제10편 '지형地形')
"상대를 알고 나를 알면 백 번 싸워도 위태롭지 않다. 상대를 모르고 나만 알면 한 번 이기고 한 번 진다. 상대도 나도 다 모르면 싸웠다 하면 진다."(제3편 '모공謀攻')

손무는 규칙성을 갖춘 과학적 진리를 내세우고 있으며, 나아가서는 제대로 아는 방법에 대해 이야기하고 있다.

첫째, "귀신에게 물어 알아서는 안 되며, 다른 일을 본받아서도 안 되며, 기타 천문 따위를 보고 추측해서도 안 된다. 반드시 사람을 통해 적의 정황을 알아야 한다."(제13 '용간') 이는 다시 말해 귀신을 함부로 믿어서는 안 되며, 주관적 판단에 따라 억측해서도 안 되며, 정찰과 간첩 등의 수단을 통해 정보를 얻어야 한다는 것이다. 예컨대 이윤이나 강상(강태공)처럼 정치·군사가들이 몸소 전략을 수립하고 정찰하여 제1차 정보를 얻은 다음 이를 군사행동의 근거로 삼으라는 것이다.

둘째, 현상을 통해 본질을 간파할 것을 강조한다. 제9편인 '행군行軍'에서 손무는 두 군대가 진지를 사이에 두고 교전하는 중에 나타나는 열두 가지 표면적 현상을 통해 적군의 진정한 의도를 간파할 것을 강조하고, 적이 만들어낸 가상에 현혹되어서는 절대 안 된다는 점도 지적한다.

셋째, 유리한 요인과 불리한 요인에 대해 전면적으로 인식하고 있다. 손무는 이렇게 말한다.

"지혜로운 자는 반드시 이익과 손해를 함께 고려해야만 한다. 이익을 생각해야 일에 힘을 쓸 수 있고, 손해를 생각해야만 근심거리를 풀 수 있다."(제8편 '구변九變')
"따라서 용병의 해로움을 다 알지 못하는 자는 용병의 이로움도 다 알지 못한다."(제2편 '작전作戰')

이상에서 우리는 손무의 모략사상에 번득이는 소박한 유물론과 변증법의 빛을 볼 수 있으며, 일부 논리는 전쟁의 객관적 규율을 반영하고 있어 지금까지도 강력한 생명력을 과시한다. 모택동은 "손자가 내세운 '나를 알고 적을 알면 백 번 싸워도 위태롭지 않다.'는 규칙은 과학적 진리다."라고 말한 바 있다.

'치인이불치우인致人而不致于人' 사상

"상대를 끌고 다녀야지 상대에게 끌려다녀서는 안 된다."(제6편 '허실虛實')는 이 사상은 손무의 군사모략사상에서도 아주 이채롭고 빛나는 부분이다. 그 기본 정신은 전쟁의 주도권을 잡아 적과 나의 형세를 나에게 유리한 방향으로 바꾸는 데 있다. 손무는 말한다.

> "따라서 잘 싸우는 사람은 상대를 끌고 다니지 상대에게 끌려다니지 않는다."
> "따라서 공격을 잘하는 자는 적이 어디를 잘 지킬지 모르게 하며, 잘 지키는 자는 적이 어디를 공격해야 할지 모르게 한다. 아주 미세하고 형체도 없으며 귀신같이 소리도 없다. 그렇기 때문에 적의 생사를 쥔 '사령司令'이 될 수 있다."(이상 제6편 '허실')

용병에 능하여 미묘하고 신기한 경지에 이르면 자신은 주도적 위치에 서는 반면 적은 피동적 상황, 심지어는 적으로 하여금 나의 조종과 지휘를 받게 만들 수도 있다.

어떻게 하면 이렇게 할 수 있는가? 손무는 '임세任勢'와 '궤도詭道'를 든다. '임세'란 형세에 따라 이익을 끌어내어 적을 제압하고 승리를 거두는 것을 말한다. 손무는 전쟁은 그 자체의 특수한 운동 법칙을 갖고 있다고 보았다.

"군대의 모습은 물과 같다. 물은 높은 곳을 피하여 아래로 흐르고, 군대는 튼튼한 곳을 피해 허술한 곳을 공격한다. 물은 땅을 봐가며 흐름을 만들며, 군대는 적의 상황에 따라 승리를 창출한다. 따라서 군대는 정해진 형세가 없고, 물 역시 정해진 모양이 없다. 적의 상황을 가지고 변화하여 승리하는 것을 신神이라 한다."(제6편 '허실')

"기세에 맡긴다는 '임세'를 할 줄 아는 사람은 싸움을 나무와 돌을 굴리듯이 한다. 나무와 돌의 성질은 편안하면 조용하고, 위태로우면 움직이며, 모나면 멈추고, 둥글면 굴러간다. 따라서 잘 싸우는 사람의 기세는 마치 둥근 돌을 천 길 산 위에서 굴리는 것과 같다."(제5편 '병세兵勢')

용병에 능숙한 사람은 전쟁의 객관적 규칙에 따라 자신의 전법을 결정한다. 예컨대 "가두어둔 물을 천 길 골짜기에 떠놓은 것 같다."거나 "둥근 돌을 천 길 산 밑으로 굴리는 것"과 같다. 이렇게 하면 자각적 능동성을 충분히 발휘하여 전쟁의 주도권을 장악할 수 있다. 양군이 교전에 앞서 "적이 이길 수 없는 태세를 갖추고 (적을) 이길 수 있는 기회를 기다린다."(제4편 '군형軍形')

"패하지 않는 위치에 서서 적의 패배를 놓치지 않는다."(제4편 '군형') 양군이 교전에 들어가면 "적의 날카로운 기운은 피하고 느슨한 기운을 공격하여" "자신을 다스려 적의 혼란을 기다리고, 차분하게 적의 소란함을 기다리며" "짧게 이동하여 먼 길의 적을 기다리며, 쉬면서 적의 피로를 기다리며, 배불리 먹고 굶주린 적을 기다린다."(이상 제7편 '군쟁軍爭')

이 모든 것들이 모두 자신의 우세를 충분히 발휘하고 적의 약점을 이용하여 내게 유리하고 적에게 불리한 형세를 조성하여 전쟁에서 최후의 승리를 거두기 위한 것이다.

다음 '궤도'는 속임수라 할 수 있다. 구체적으로는 어떤 가상의 모습을 보여 적을 혼란에 빠뜨리고 적을 조종한다는 의미도 갖는다. 손무는 교전 쌍방의 강약, 우열, 주동과 피동 모두가 상대적이어서 일정한 조건에서는 서로 뒤바뀔 수 있다고 본다.

"혼란은 평온에서 생기고, 겁은 용기에서 나오며, 나약함은 강함에서 생긴다."(제5편 '병세兵勢')

정확한 모략을 운용하면 약세를 강세로, 열세를 우세로, 피동을 주동으로 전환할 수 있다는 말이다. 따라서 손무는 말한다.

"적을 잘 움직이게 만드는 자는 가상으로 적을 반드시 따라오게 만들고, 적이 반드시 취할 수 있게 이익으로 유혹한다."(제5편 '병세')

손무는 이러한 전환을 실현할 수 있는 두 가지 기본적인 방법도 제시한다. 첫째가 '시형示形'으로 가상을 만들어낸다는 뜻이다.

"할 수 있으면서 못하는 척, 활용할 생각이면서 그렇지 않은 척, 가까이 있으면서 멀리 있는 것처럼, 멀리 있으면서 가까이 있는 것처럼 보인다."(제1편 '시계')

이런 식으로 자신의 의도와 행동은 은폐하여 적을 착각하게 만들거나 적의 의표를 찔러 "무방비를 공격하고 불의의 기습을 가하는"(제1편 '시계') 것이다. 아군의 수가 적고 적이 많은 상황에서는 "상대는 잘 드러나게 하고, 나는 잘 보이지 않게" 해서 먼저 "내 쪽은 하나로 뭉치고 적은 갈라놓아" "아군이 많고 적은 적게" 보이는 우세를 조성한 다음, 계속 전략상의 우세로 발전시킨다. 또 하나의 방법은 '이익'으로 적을 유혹하고 손해가 난다는 점을 보여줌으로써 적을 조종하는 것이다.

> "내가 싸우고자 하면 적이 흙을 높이 쌓고 도랑을 깊이 파고 수비에 들어가도 나와 싸우지 않을 수 없게 만드는 것은 적이 반드시 구원하지 않으면 안 되는 곳을 공격하기 때문이다. 내가 싸우지 않으려면 땅에 선만 그어놓고 지켜도 적이 공격하지 못하게 만들 수 있는 까닭은 의표를 찔러 적의 목적과 어긋나게 만들기 때문이다."(이상 제6편 '허실')

따라서 적의 장점과 약점을 겨냥하여 "이익으로 꼬드기고, 어지럽혀 취하고, 튼튼하면 대비하고, 강하면 피하고, 성나게 만들어서 혼란스럽게 하고, 낮추어 교만하게 만들고, 편안하면 수고롭게 만들고, 친밀하면 떼어놓음으로써"(제1편 '시계') 전쟁의 형세를 내게 유리하게 발전시킬 수 있다.

이렇게 보면 손무의 "상대를 끌고 다녀야지 끌려다니지 않는다."는 사상은 전략 전술의 본질과 핵심을 움켜쥐고 객관적 법칙과 주관적 능동성의 통일을 실현하고 있다. 이는 군사모략사상의 정수다. 당 태종 이세민과 저명한 군사가 이정이 "모든 병서들을 놓고 볼 때 손무를 벗어나지 않는다. 그리고 손문 13편은 '허실'편을 벗어나지 않는다."고 한 것이나, "수많은 말들이 결국은 '상대를 끌고 다녀야지 끌려다녀서는 안 된다.'는 구절에서 벗어나지 않는다."(『이위공문대』)고 한 것이 바로 이 점을 잘 보여준다.

'부전이굴인지병不戰而屈人之兵' 사상

"싸우지 않고 상대를 굴복시킨다."는 이 사상은 손무의 군사모략에서 또 하나의 빛나는 부분이다. 손무는 전쟁의 이해관계를 전면적으로 가늠하여 전쟁 문제를 해결하는 최선의 방법이 "싸우지 않고 상대를 굴복시키는" 것으로 인식했다. 즉, 단순히 군사적 수단에만 의존하는 것은 자신의 실력을 소모하는 것으로, 자신의 전략 의도를 실현할 수 없다고 본 것이다. 그는 다음과 같이 말한다.

> "백 번 싸워 백 번 이기는 것이 최선이 아니다. 싸우지 않고 이기는 것이야말로 최선이다."
> "따라서 용병에 능숙한 자는 싸우지 않고 상대를 굴복시키고, 공격하지 않고 성을 무너뜨리고, 오래 끌지 않고 적국을 깬다. 희생 없이 온전하게 천하를 다툰다. 따라서 군대를 손상시키지 않고 이익을 온전히 지킨다. 이것이야말로 꾀로 싸우는 방법이다."(이상 제3편 '모공')

이 같은 기본 관점에서 출발하여 전쟁 방식의 선택이란 문제에서 손무는 "군대를 쓰는 최상의 방법은 '벌모'이며 다음이 '벌교伐交'이고 그 다음이 '벌병伐兵'이고, 가장 낮은 것이 '공성攻城'이다."라고 말한다. '벌모'와 '벌교'는 정치와 외교 수단으로 적의 전략 의도를 깨는 것으로 피 흘리지 않고 싸우지 않고 승리하는 것이다. 이것이 상책이다. '벌병'은 전쟁이란 수단으로 적을 소멸시키는 것으로 취할 만하다. 성을 공격하고 땅을 공략하는 것은 어쩔 수 없을 때 취하는 전법이다. 당시 조건에서 공성전은 병력과 물자를 지나치게 소모하여 득보다 실이 많은 경우가 대부분이었기 때문이다.

"싸우지 않고 적을 굴복시킨다."는 손무의 사상은 강상이나 관중의 비슷한 사상을 계승하고 발전시켰을 뿐만 아니라 한 단계 더 승화시켜 계통적으로 이론화함으로써 국가 전략을 수립하는 주도적 사상이 되었다. 오늘날에도 현실적 의의를 충분히 갖추고 있는 사상이다.

손무의 생애—이론과 실천의 결합

오나라를 중흥시키고 초나라를 멸망시킨 전쟁은 손무 최초의 성공적인 군사상 실천 활동이었다. 이 전쟁은 적고 약한 군대로 많고 강한 군대를 격파한 전쟁이자 모략으로 승리한 전쟁이었다. 이 전쟁에서 손무는 주요한 정책 결정자이자 지휘자의 한 사람으로 전략 수립과 사전 준비는 물론 결전 시기의 선택, 공격 방향의 확정 등에서 모두 중요한 역할을 담당함으로써 자신의 모략사상과 지휘술을 유감없이 발휘했다.

손무는 오기와 함께 오왕 합려를 도와 "서쪽으로는 강력한 초를 격파하고, 북쪽으로는 제·진에게 위세를 과시하고, 남쪽으로는 월을 복종시키는" '강국패왕'의 전략을 수립했다. 초는 땅이 넓고 병력이 막강하여 제후국의 패자가 되려는 전략적 목표를 가지고 끊임없이 북쪽 중원을 공략함과 동시에 동남에서 일어난 오를 공격하여 후방의 근심거리를 해소하려 했다. 이에 따라 초는 오의 발전에 가장 큰 걸림돌이었다.

초는 해마다 대규모 군대를 동원하여 오를 공격하는 바람에 백성은 지치고 재정은 바닥을 드러내고 있었다. 게다가 안팎으로 곤경에 처해

오에게 반격의 기회를 제 손으로 갖다 바치려는 상황이었다. 이에 오는 초를 주요 공격 목표로 삼아 초를 소멸시키기 위한 일련의 전략을 수립하는 한편, 정치·경제·군사 방면에서 적극적인 준비를 해나가기 시작했다.

정치 방면에서는 유능한 인재를 기용하고 백성들에게는 물질적 혜택이 돌아가는 정책을 통해 민심을 얻었다. 경제 방면에서는 농업과 상업을 동시에 장려하고 토지를 개간했으며, 성곽을 쌓고 창고를 넉넉하게 하여 생산을 발전시키는 등 경제적 번영을 꾀했다. 군사 방면에서는 군대를 확충하고 장비를 개선했다. 군사들에 대한 훈련 강화도 잊지 않았다.

6년에 걸친 노력 끝에 오의 경제·군사력은 크게 늘어 기본적으로 초와 맞설 수 있는 조건을 갖추었다. 기원전 512년, 오는 대외적으로 군사작전을 시작했다. 먼저 초와 연합하여 자신을 공격했던 북쪽의 종오와 서국(지금의 강소성 숙천현 이북)을 멸망시키고, 초와 연맹했던 남쪽의 월을 격파한 다음, 초의 서·육·잠·소(지금의 안휘성 서성·육안·곽산·합비 일대) 등 속국과 속지를 공략하여 승리를 거두었다.

결전의 시기와 공격 방향을 선택함에 손무는 오자서와 함께 신중하면서 과감하게 상대의 의표를 찌르는 결정을 내렸다. 기원전 511년, 초와의 첫 전투에서 승리를 거둔 뒤 합려는 초의 수도인 영까지 곧장 쳐들어가려고 했다. 하지만 손무와 오자서는 때가 무르익지 않았다고 판단하여 두 가지 조치를 합려에게 건의했다. 하나는 초의 실력을 좀 더 약화시켜 결전 조건을 한결 유리하게 조정하자는 것이었다. 즉, 군대를 세 갈래로 나누어 돌아가면서 초를 기습 공격함으로써 초를 지치게 하자는 것이었다. 상대가 나오면 도망치고, 상대가 도망가면 뒤쫓아 공격하여 초를 기진맥진하게 만들었고, 이로써 초의 국력은 크게 소모되었다. 또 하나는 외교였다. 북방의 당·채가 초와 사이가 좋지 못한 것을 이용하여 이들과 연합으로 초를 공격함으로써 초를 약화시키고 오를 키우는 목적을 달성했다. 뿐만 아니라 북방에서 우회하여 초를 공격하는 전략적 요충지를 확보했다.

그로부터 5년 뒤인 기원전 506년, 손무 등은 결전의 시기가 무르익었다고 판단하여 마침내 유명한 '백거지전柏舉之戰'을 발동했다. 공격 방향에서 손무 등은 장거리지만 우회하여 공격하는 노선을 건의했다. 즉, 오나라 북부에서 출발하여 초의 방어가 약한 동북쪽에서 공격함으로써 초의 중심부에 해당하는 강한 지역으로 곧장 쳐들어가자는 것이었다. 이런 기발한 공격으로 오군은 거의 저항 없이 초의 내지까지 깊숙이 들어갔고, 마침내 백거(지금의 호북성 마성)에서 초군과 결전을 벌였다. 결과는 초의 대패로 끝났고, 오군은 승세를 몰아 다섯 번 전투를 잇달아 승리하고 수도 영성(지금의 호북성 강릉 서북의 기남성)을 점령했다.

이로써 강한 지역에 둥지를 틀고 중원을 호령하던 강국 초가 한순간에 낙화유수의 꼴이 되었다. 반대로 오는 위세를 크게 떨쳤고, 중원 제후국들은 눈을 씻고 오를 다시 보게 되었다.

이후 오는 북으로 제·진을 제압하는 겨루기에서 승리하여 기세를 한껏 올렸다. 기원전 494년 애릉艾陵 전투에서는 제나라 군대를 대파했고, 기원전 482년 오왕 부차는 황제 회맹을 통해 진을 이어 패주 자리에 올랐다.

30년이 채 안 되는 기간에 오가 이처럼 큰 승리와 성공을 거둘 수 있었던 까닭은 여러 방면에서 찾아야 하겠지만 손무와 오자서의 탁월한 모략사상과 지휘술이 중요하게 작용했음은 의심의 여지가 없다. 사마천은 『사기』에서 오가 초·제·진을 제압하고 제후들 사이에서 위세를 떨칠 수 있었던 것은 손무의 힘이 컸다고 지적했다. 이 평가는 실제

죽간 『손자병법』

와 부합한다.

　손무의 일생을 전체적으로 훑어보면 그는 이론상 먼저 성취했고 실
천은 나중이었다. 그리고 이론적 성취가 실천에서 얻은 것보다 훨씬
컸다. 이 때문에 손무의 사상은 어디서 왔으며, "이론은 실천에서 비
롯된다."고 하는 과학적 논리와 과연 맞아떨어지는가 하는 문제가 발

생한다.

마르크시즘에서는 역사 발전의 요구에 적응하는 하나의 이론이 탄생하려면 두 가지 객관적 조건이 있어야 한다고 본다. 하나는 앞 사람들이 축적해놓은 사상적 자료이며, 또 하나는 사회 역사 조건 즉, 사회경제 기초 및 그 상부구조다. 현재 남아 있는 관련 자료로 볼 때 손무의 군사사상은 탄생을 위한 객관적 조건을 갖추고 있다. 먼저, 제나라는 '병가의 원조'로 일컬어지는 강상(강태공)의 봉국으로 강상의 군사 저작 및 서주의 기타 저작들인『군정軍政』·『군지軍志』·『사마법司馬法』 등도 제나라로 들어왔다. 손무는 이들 저작들 중에서 우수한 사상을 계승하고 발전시켰던 것이다.

이러한 점은『손자병법』의 내용과 문장에서 그 증거를 찾을 수 있다. 예컨대 '군쟁편'에 보면『군정』의 "말로는 서로 들리지 않기 때문에 꽹과리와 북을 만들었다. 서로 모습을 확인할 수 없기에 깃발을 만들었다."는 대목이 인용되어 있다. 다음으로 제나라는 중원 지구에 위치해 있어 "사방이 전투지"다. 전설시대 치우와 황제의 '탁록전', 상탕과 하걸의 '명조전', 주 무왕과 은 주의 '목야전', 제·노의 '장작전', 진·초의 '성복전' 등과 같은 역사상 유명한 전쟁들이 모두 제나라 부근에서 일어났다.

손무는 이들 전쟁에 직접 참여하지는 않았지만 이 전쟁들로부터 간접 경험을 얻었을 가능성은 충분하다. 이를 통해 손무는 전설시대 황제로부터 춘추 중기에 이르는 역대 전쟁의 경험과 교훈을 섭취하고 종합했던 것이다. 이 또한『손자병법』에서 증거를 찾을 수 있다. 이를테면, '허실편'·'행군편'·'구지편'·'용간편' 등에는 황제·이윤·강상·조예 및 전저·오월 등의 구체적인 군사 사례들이 열거되어 있다. 손무는 이런 사건에다 자신의 관점으로 논증까지 덧붙이고 있다.

이상 두 가지 객관적 조건에다 귀족 가문이자 군사 전문가 집안의 출신이라는 손무의 출신 성분 및 총명하고 학문을 좋아했던 개인적 자질까지 합쳐 본다면, 그가 과거의 사상적 자료와 간접 경험을 결합하여 수준 높은 군사이론을 창조한 것이 전혀 이상할 것도 없다. 그것은 결코 우연이 아니었다.

춘추전국시대에 관중 · 사마양저 · 오기 · 손빈 같은 걸출한 군사 전문가들이 모두 제나라와 그 부근에서 출현한 것도 이러한 객관적 조건과 무관하지 않을 것이다.

사마양저 司馬穰苴

엄격한 군법을 만들고, 사마법을 창조하다

중국 군사사에 『사마법司馬法』이라는 유명한 고대 병법서가 있다. 이 병법서를 저술한 사람은 사마양저로 알려져 있다.

사마양저의 본명은 전양저田穰苴이고 춘추시대 제나라 출신이다. 태어나고 죽은 해는 고찰할 길이 없지만, 남아 있는 역사 기록에 근거하면 선조는 원래 진陳나라 사대부로 명문대족이었다. 그러나 사마양저 일대에 와서 집안이 몰락하고 진나라도 제나라에게 병합되었다.

몰락한 집안에 가난했기 때문에 유년 시절 사마양저의 생활은 몹시 고달팠다. 하지만 사마양저는 가난에 굴하지 않고 뜻을 키웠고, 이를 위해 학문에 용맹정진했다. 입신양명에 뜻을 둔 이상 어느 것 하나 소홀히 할 수 없었다. 특히, 당시 안팎으로 혼란에 시달리던 제나라 상황에서 그는 뼈를 깎는 노력으로 국가와 군대를 다스리는 방법을 연구했다. 그 결과 사마양저는 깊고 넓은 모략을 두루 갖추기에 이르렀다.

강국으로 가는 길과 방법도 파악했고, 군대를 효율적으로 이끄는 요령도 체득하여 명실상부 '치국평천하'할 수 있는 장상將相의 재목으로 성장했다. 그는 국가에 보답하겠다는 일념으로 노력했고, 언젠가는 자신의 재능을 발휘할 날이 올 것으로 굳게 믿고 있었다.

사마양저의 상

경공에게 계책을 올리다

문무 모략을 겸비한 사마양저는 마침내 제나라 재상 안영晏嬰의 눈
에 들게 되었다. 당시 내란과 외환에 시달리고 있던 제나라는 인재가
급히 필요했으며, 특히 군대 일에 통달한 장수가 절대 부족이었다. 말
을 고르는 특별한 눈을 가진 백락伯樂이라는 사람처럼 안영은 양저를
경공景公에 추천했다. 안영은 경공에게 이렇게 말했다.

"전양저란 인물은 전씨 집안의 먼 후손이긴 하지만 문장은 여러 사
람들의 지지를 얻었고, 군사에 관한 조예는 적의 위협이 되기에 충분
합니다. 왕께서는 꺼리지 말고 데려다 시험해보십시오."

이런저런 곤경에 처해 있던 경공은 바로 양저를 불러들였고, 양저는

경공 앞에서 나라와 군대를 다스리는 방략을 이야기했다. 다음은 그 진술의 요점이다.

첫째, 나라와 군은 다스리는 방법이 달라야 한다. 나라를 다스리는 '치국治國'은 문치文治에 중점을 두어야 한다. 즉, 예의를 추구하고 조화를 귀하게 여기며, 공손하고 겸손하며, 자신에게는 엄격하고 남에게는 너그러워야 한다. 그러면서 인내와 양보를 강조해야 한다. 군을 통제하는 '치군治軍'은 전권과 과감한 판단이 필요하다. 상투적인 예절에 매이지 말고 법 집행에 원칙을 지키며 위기에서 흔들려서는 안 된다. 군대에서 장수는 모든 것을 결정해야 하는데, 군주의 명령조차 받지 않을 수 있다.

둘째, 군을 다스릴 때는 엄격해야 한다. 엄격한 군대만이 위엄을 가지며, 용감하게 싸워 승리할 수 있다. 하지만 장수도 위세를 믿고 속여서는 안 된다. 이와 관련하여 사마양저는 백성과 병사들에 대해 장수는 사랑으로 감화시키고 의리로 격려하고 지혜와 용기로 작전을 이끌고 공명과 이익으로 승리를 얻도록 자극해야 한다는 점을 밝히고 있다.

셋째, 병사들의 사기를 한껏 끌어올려야 한다. 사마양저는 병사들의 정신교육에 특별히 주목했다. 전투에 임하기에 앞서 동원령이 내려지면, 병사들의 투지를 격려하는 사령이 전달되고 상벌에 대한 명령이 하달된다. 작전 임무를 분배할 때는 병사 개인의 특기를 발휘할 수 있도록 신경 써야 한다. 이렇게 해야만 적을 물리치고 승리할 수 있다.

넷째, 상벌은 엄격하고 분명해야 한다. 군대에서 정확하고 분명한 상벌은 대단히 중요하다. 상은 제때 주어 상을 받는 사람이 즉시 좋은 이익을 얻을 수 있게 해야 한다. 벌도 시기를 넘겨서는 안 된다. 즉시 내려 그 결과가 어떤지 모두가 볼 수 있게 해야 한다. 그러나 상벌은 남용해서는 안 된다. 반드시 군법에 따라 처리해야 한다. 작은 죄를 지은 자는 화살로 귀를 뚫는 벌을 주고, 중죄를 지으면 발을 자르고, 큰 죄를 지으면 목을 베어야 한다고 주장했다. 변절자는 목을 베는 엄벌에 처해야 한다. 양저는 만약 작은 죄를 지은 자에게 사형과 같은 큰 벌을 내리면 병사들이 승복하지 않을 것이고, 그렇게 되면 큰 혼란이 일어날 것이라는 점도 잊지 않고 지적한다.

다섯째, 작전과 관련된 여섯 가지 요지를 제시했다. 구체적인 작전을 이야기하면서 사마양저는 다음 여섯 가지 요지를 강조한다.

하나, 천시天時에 순응할 것.
둘, 지리地利를 이용할 것.
셋, 물질적 준비를 충분히 할 것.
넷, 장수와 병사가 단결할 것.
다섯, 병기를 적절하게 배합하여 사용하는 방법을 강구할 것.
여섯, 적의 상황을 관찰하고 이해할 것.

경공은 사마양저의 치군 방략을 듣고는 칭찬을 아끼지 않았다. 그리고는 바로 그를 대장군에 임명하여 군대를 이끌고 진晉과 연燕의 침입에 대응하도록 했다. 이렇게 해서 사마양저는 자신의 재능을 펼칠 절호의 기회를 얻게 되었다.

군기를 정돈하다

사마양저는 대장군이란 중책을 짊어지고 즉각 전투에 나섰다. 이 과정에서 그는 두 가지 어려운 문제에 부딪히게 되었다. 하나는 관리의 부패와 군기의 해이, 그리고 그에 따른 국력의 약화였다. 또 하나는 비천한 자신의 신분으로는 전군을 통솔하기 힘들다는 판단이었다. 하지만 그는 이런 난관에 기죽지 않고 적극적인 방법으로 해결해나갔다. 그가 취한 방법은 군대를 엄격하게 다스리고 군기를 정돈한 것이었다.

사마양저는 경공으로부터 임명을 받는 자리에서 말했다.

"제 신분은 비천합니다. 왕께서 저를 갑자기 하층에서 대부라는 상층에 올려놓으셨기 때문에 사졸들이 복종하려 들지 않을 것이며, 백성도 저를 믿음직스럽게 생각하지 않을 것입니다. 사람은 미약하고 권한은 가벼우니 말입니다. 그러니 왕께서 총애하는 권신을 한 사람 보내 감군監軍에 충당해주십시오."

경공은 흔쾌히 허락하고는 자신의 측근인 장고莊賈를 감군으로 보내기로 했다. 사마양저는 장고와 다음 날 정오에 군영 입구에서 만나기로 단단히 약속했다.

다음 날 아침 일찍 사마양저는 군영으로 달려갔다. 장고가 오길 기다리면서 군영 문 앞에다 나무로 해시계와 물시계를 세워놓고 정확하게 출발할 만반의 준비를 갖추었다. 그러나 교만 방자한 장고는 경공의 총애만 믿고 시간관념 같은 것은 애당초 염두에 두지 않았다. 군기는 말할 것도 없고 사마양저조차 안중에 두지 않았다. 장고에게 국가의 안위나 백성의 고통은 관심 밖이었다. 적군이 국경을 압박해도 전혀 급할 것 없다는 듯이 하루 종일 술에 취해 춤추고 떠들며 놀았다. 경공이 중책을 맡겼음에도 그것은 아랑곳하지 않고 먹고 마시는 데만 푹 빠져 있었다. 약속 시간을 잊은 것은 당연했다.

사마양저는 군영 문 입구에서 정오가 될 때까지 장고를 기다렸다. 그러나 장고는 코빼기도 보이지 않았다. 그는 즉각 해시계와 물시계를 철수시키고 혼자 군영으로 들어가 말을 준비시킨 다음 기율을 발표했다. 사마양저는 삼군을 향해 다음과 같이 선포했다.

"군대는 사람과 같다. 장수는 몸뚱아리며, 부장은 팔다리고, 병사는 손가락과 같다. 따라서 삼군이 한사람처럼 서로 협동하여 움직일 때 승리할 수 있는 것이다. 군중의 명령은 모든 것에 우선한다. 복종하면 상을 받고 어기면 벌을 받는다. 명령에 복종하지 않는 것, 승리에 대한 믿음이 모자란 것, 서로 단결하고 화목하지 못한 것, 게으른 것, 의심하는 것, 나아가지 못하고 위축되는 것, 죽음을 두려워하는 것, 교만 방자한 것, 제멋대로 구는 것, 행동이 굼뜬 것 등등이 모두 작전 중 가장 해서는 안 될 행위이므로 상황에 따라 처벌할 것이다. 군법은 엄숙하고 지고무상한 것이니 모두가 군법에 따라야 하며, 어떤 예외도 있을 수 없다!"

사마양저가 군기를 다 선포하고 나니 날이 벌써 저물고 있었다. 그때 감군 장고가 어슬렁어슬렁 나타났다. 양저는 장고에게 "어째서 약속한 시간에 오지 못했는가?"라고 물었다. 장고는 잔뜩 찡그린 불쾌한 얼굴로 "친척과 친구들이 송별회를 베풀어주어 정신이 없었소이다."라고 대답했다. 이에 양저는 엄한 표정을 지으며 말했다.

"장군은 명을 받고 출정하는 그날로 식구들을 모두 잊어야 한다. 군중에서는 친구나 친척도 잊는다. 북을 울리며 진군할 때는 생사마저 도외시하는 법이다. 지금 적병이 우리 국토를 침범하여 백성을 도살하고 있어 군주조차 먹지도 자지도 못하며 걱정하고 있다. 그런데 너는 감군이란 막중한 신분으로 백성의 안위가 네 몸에 달려 있거늘 어찌하여 송별회 따위 때문에 늦을 수 있단 말인가?"

穰苴斬監

장고의 목을 베는 사마양저

　그런 다음 양저는 군정(軍正, 군법을 담당한 군관)을 불러 "군법에 약속 시간을 어기면 어떻게 처벌한다고 되어 있는가?"라고 물었다. "참수형입니다!" 군정이 큰 소리로 대답했다. 이 말에 장고는 소스라치게 놀라며 자기 수하를 시켜 바람같이 경공에게 달려가 자신을 구해달라고 요청하게 했다. 그러나 양저는 말을 마치기 무섭게 장고를 삼군이 보는 앞에서 군법대로 처형했다. 삼군의 장수와 병사들은 너 나 할 것 없이 양저의 행동에 감탄하며 사기를 북돋웠다.

　얼마 뒤 경공이 보낸 사자가 군영으로 수레를 몰아 달려왔다. 장고를 용서하라는 경공의 명령을 전달하기 위해서였다. 그러나 양저는 결연한 태도로 "장수가 전장에 나가면 군주의 명이라도 듣지 않을 수 있다(장재군將在軍, 군명유소불수君命有所不受)!"고 말하면서 군정에게 "마차를 몰고 군영에 함부로 들어오는 자는 군법에 어떻게 처리한다고 되어 있는가?"라고 물었다. "참수!" 군정은 짤막하게 대답했다.

사신은 겁에 질려 사시나무 떨 듯 온몸을 부들부들 떨었다. 사마양저는 "군주의 사신을 내 마음대로 목 벨 수는 없지."라고 말한 다음 대신 왼쪽 편 말을 베어 군법의 엄중함을 보여주었다. 양저는 사신을 경공에게 되돌려보내 보고한 다음 출정에 나섰다.

병사를 내 몸처럼 아끼다

사마양저는 전쟁에서 승리하는 데 병사들이 얼마나 중요한지 아주 잘 알고 있었다. 따라서 그는 장수가 병사들을 존중해야만 병사들이 마음을 놓고 따른다고 주장했다. 또 장수가 솔선수범해야 병사들도 기꺼이 복종한다고 했다. 사람은 사랑을 위해 죽을 수 있고, 분노 때문에 죽을 수 있고, 의리를 위해 죽을 수 있으며, 이익을 위해서도 죽을 수 있다. 장수는 은혜와 사랑을 베풀고, 분노로 자극하고, 의리로 권장하며, 이익으로 유인해야 한다. 이래야만 병사들이 용감하게 달려나가 정의를 위해 피 흘리는 희생도 마다하지 않는다.

사마양저는 실천을 통해 자신의 군사사상을 증명했다 그는 부대가 행군할 때는 늘 병사들의 막사에 들러 함께 식사하며 애로사항을 물어 병사들의 상황을 이해하려 했다. 병이 난 병사가 있으면 즉시 의사를 보내 살피고 처방하게 했다. 때로는 자신이 직접 찾아가 보살피기까지 했다. 그는 장수들에게 줄 돈과 양식을 모두 풀어 병사들에게 고루 나누어 주었다. 그리고 자신도 병사들과 똑같이 양식을 나누었다.

양저의 군대 통솔은 병사들 모두로부터 지지를 얻었다. 전군의 상하 모두가 일치단결하여 사기는 높았고 전투력은 크게 증가했다. 이로써 그가 군을 이끌고 진·연 두 나라 군대의 침입에 저항했을 때 병사들은 너 나 할 것 없이 앞다투어 용감하게 싸웠다. 심지어 병든 병사들까지 출전을 자원할 정도였다. 이렇게 해서 두 나라 군대를 금세 물리치고 잃었던 땅을 되찾았다.

그물의 한 면을 열어놓다

사마양저는 공격 전략에서 무작정 맹공은 꺼려했다. 그는 적을 포위할 때는 3면만 포위하고 1면은 터놓아 적이 살길을 찾아 도주할 수 있게 해야 한다고 주장했다. 그래야만 적이 필사적으로 싸우는 것을 피할 수 있다고 본 것이다. 적이 패하여 도망칠 때는 90리 이상 떨어져 추격해서는 안 된다. 그래야만 적의 매복이나 유인계를 피할 수 있다는 것이다. 이에 따라 그는 진·연 두 군대를 물리친 다음 적국 깊숙이 추격하지 않고 바로 군을 거느리고 개선했다. 이는 사마양저가 당시 제나라의 실력에 근거하여 수립한 전략 사상으로 실천과 맞아떨어짐으로써 성공을 거둘 수 있었다.

교만을 경계하다

사마양저는 교만한 군대는 패할 수밖에 없다는 점을 깊이 인식하고 있었다. 그래서 전투에서 절대 경계를 늦추어서는 안 되며, 특히 교만

해서는 안 된다고 주장했다. 신중하게 모든 것을 조심스럽게 접근할 것을 주문했다. 승리했다고 해서, 자신의 병기가 날카롭고 갑옷이 견고하고 전차가 튼튼하고 전마가 사나워 모든 것이 다 잘 될 것이라고 자신해서는 안 된다고 사마양저는 말한다. 제나라 군대는 사마양저의 통솔하에 갈수록 강해졌고, 이웃 나라들도 더 이상 제나라를 넘보지 못했다.

사마양저는 작전에서 공을 세워 명성을 크게 높였다. 관직도 받았고 대사마大司馬로 존중되었다. 이것이 전양저가 사마양저로 바뀌게 된 내력이다. 그러나 나무가 크면 바람을 부르고, 권력이 커지면 시기와 질투가 따른다. 전씨 가문의 재기는 제 경공의 우려를 샀고, 다른 귀족들의 시기와 질투에 직면했다. 통치 계급 내부의 권력 쟁탈전이란 와중에 경공은 양저의 직무를 박탈했다. 양저는 관직에서 쫓겨난 뒤 우울하게 지내다가 울화병으로 죽었다.

병법은 무한하다

사마양저는 군대를 이끌며 전투에 직접 참여했던 대장군이자 전문 군사이론가였다. 그는 후손들에게 군사이론을 남겼다. 이는 중국뿐만 아니라 세계 군사사에도 깊은 영향을 남겼다. 위대한 역사학자 사마천은 "내가 『사마양저병법』을 읽어보았는데 정말 원대하고 심오했다. 하·상·주 3대의 성왕들이 보여준 용병모략도 그를 뛰어넘지 못했다."고 평가했다. 『사마양저병법』은 『사마병법』 또는 더 줄여서 『사마법』이라고 한다. 책이 완성된 이래 역대 군사가들이 대단히 중시하여 반드시 읽어야 할 군사 교과서가 되었다. 안타깝게 이 방대한 군사서

『사마법』155편이 지금은 단 5편만 남아 있을 뿐이다.

현재『사마병법』의 남아 있는 문자는 많지 않지만 군사사상, 전략 전술 및 고대 병제, 군사 활동 상황 등을 포함하는 그 내용은 여전히 풍부하다. 그중 가장 두드러진 것이 전쟁에서 정의正義라는 원칙, 정의로운 전쟁에서 지켜야 할 도덕규범 등을 심각하게 논술하고 있는 점이다. 이는 다른 고대 병서에서는 찾아보기 힘든 부분이다. 현존하는『사마법』의 주요 내용은 대체로 다음과 같다.

첫째, 전쟁 원칙.『사마법』은 전쟁의 원칙성 문제를 처음으로 밝혔다. "고대에는 인의仁義가 근본이었다. 따라서 인의는 치국평천하의 정상적 수단이다. 정상 수단이 통하지 않을 때 전쟁이란 방법을 쓰는 것이다. 하지만 이것도 부득이한 방법이다."『사마법』은 전쟁에 대비하는 준비를 강조한다. "천하가 평안하더라도 전쟁의 위험을 잊으면 위기가 닥치기 마련이다." "나라가 아무리 커도 전쟁을 좋아하면 망하게 되어 있다."

정의로운 전쟁이 지켜야 할 도덕규범에 관해『사마법』은 군대 동원에서 먼저 시기를 고려하라고 강조한다. 농번기를 피해야 하고 백성들을 지나치게 힘들게 해서는 안 된다. 적국에 대해서도 재난을 당하고 있을 때 공격해서는 안 된다고 지적한다. 사람을 죽이거나 재물을 약탈해서도 안 된다고 말한다. 또 집이나 나무를 부수거나 마구 베어서도 안 되며, 포로는 우대해야 한다. 적국은 병합하지 말고 목표를 제거하고 나면 상대가 유능하고 바른 사람을 세워 나라를 바로잡도록 도와야 한다고 주장한다.

둘째, 병사의 사용.『사마법』은 병사가 전쟁의 주체라고 본다. 병사의 소질 여부가 전쟁의 승부와 직접적인 관계를 갖는다는 것이다. 따라서 장수는 자신이 모범이 되어 솔선수범 병사를 교육시킴으로써 병사의 마음을 얻고 그 소질을 높여야 한다는 점을 크게 강조한다. "병사들을 사전에 교육시키지 않으면 사용할 수 없다." 하지만 병사들을 동원할 때는 장점은 살리고 단점은 피하는 데 주의해야 한다. 우수한 사병을 선발하되, 장수가 직접 살펴 신중하게 골라야 한다. 『사마법』에서는 특히 용병과 작전에서는 포진이 어려운 것이 아니라 사병들이 진법에 익숙하고 정통해지기 어렵다는 점을 지적한다.

셋째, 전술 사상. '지피지기'는 전쟁에서 승리하는 중요한 전술 원칙이다. 『사마법』은 이 문제를 논하면서 먼저 쌍방의 병력을 정확하게 계산할 것을 강조해마지 않는다. 아군의 수가 많으면 정상적인 전술로 3면을 포위하고 1면은 터서 적의 살 길을 열어준다. 그런 다음 추격을 통해 섬멸한다. 아군의 수가 열세면 병력을 집중한 다음 적을 유인하여 병력을 분산시켜 상황을 역전시킨 뒤 승리를 취한다. 다음으로 양군이 대치하고 있을 때는 아군의 진을 엄격하게 정돈하고 기다리면서 적의 동향과 실력 등을 주의 깊게 살펴 아군의 진퇴 여부, 병력의 집중·분산 여부를 결정한다. 또 적군의 사기를 관찰하여 적을 부술 수 있는 모략을 선택한다. 적이 아군의 계략에 걸려들 가능성을 충분히 고려한 다음 유인병을 보낼지의 여부를 결정한다. 적진의 상태가 어떤지를 관찰하여 진공 여부를 결정한다.

요컨대 적의 의혹·지연·피로·두려움 등등을 이용하여 승리를 거둔다는 것이다. 상황이 완전 반대일 경우에는 적시에 신속하게 이동하여 아군의 손실을 줄인다. 다음으로 전투 중에 선제공격은 아군을 빨리 지치게 할 가능성이 있고, 적이 움직인 다음 움직이는 것도 적의 공세에 겁먹을 가능성이 있다. 전투 중에 휴식과 정돈할 틈을 가지지 못하면 군대가 극도로 피로해진다. 반대로 휴식이 너무 길면 병사들이 늘어져 전투력이 감퇴된다. 따라서 장수는 가장 적절한 전기를 잘 선택해야 한다.

『사마법』에서 말하는 전술 원칙은 비교적 객관적이고 전면적으로 쌍방의 이해관계를 분석하고 있어 비교적 소박한 변증법적 관점을 보여준다.

넷째, 병기 응용. 『사마법』은 병기 응용에 대해서도 과학적인 인식을 보여준다. 병기에는 길고 짧은 구분이 있어 긴 병기는 공격에 유리하고 짧은 병기는 수비에 유리하다. 긴 것으로 짧은 것을 지킬 수 있고, 짧은 것으로 긴 것을 구할 수 있다. 따라서 길고 짧은 병기를 적절히 배합해서 사용해야만 큰 효과와 최대의 위력을 발휘할 수 있다. 『사마법』은 동시에 병기의 장단과 경중에 따라 차이가 나는 작용과 특징을 잘 배합해서 사용해야 한다고 지적한다. 이런 논점은 오늘날에도 여전히 유익하다.

『사마법』은 사마양저가 우리에게 남긴 귀중한 정신적 자산이다. 『사마법』이 사마양저 한 사람의 저작이라고는 할 수 없지만 사마양저 군사사상의 결정체라는 점은 확실하게 인정할 수 있다.

오기吳起

용병에는 방법이, 치국에는 대책이

오기는 전국시대 초기 위衛나라 사람으로 대략 기원전 440년에 태어나 기원전 381년에 세상을 떠났다. 그는 일찍이 노魯·위魏·초楚에서 벼슬하면서 많은 공을 세우고 큰 업적을 남겼다.

오기가 살았던 시대는 중국 사회가 노예제에서 봉건제로 급변하던 격변기였다. 당시 제·초·연·한·조·위·진 등 제후국들은 너나 할 것 없이 변법變法 혁신에 나서 부국강병을 외치며 세력을 확장하고 천하를 다투었다. 이에 따라 서로 빼앗고 다투었다. 약육강식과 합병 전쟁이 하루도 쉴 날 없이 계속되었다. 오기는 이런 시대에 살았고 또 이 시기에 꽃을 피웠다. 영웅에게는 자신의 능력을 발휘할 때가 있는 법이다.

의리를 위해 재물을 아끼지 않다

오기는 위나라의 비교적 부유한 가정에서 태어났다. 어려서부터 공부를 좋아했고, 문무를 함께 익혔다. 특히 칼과 검을 연습하고 병학을 연구했다. 큰일을 이루어 국가에 보답하겠다는 뜻을 세웠다. 이를 위해 그는 가산을 아끼지 않고 사방으로 뛰어다니며 스승을 구하고 친구

오기의 석상

를 사귀었다. 그는 의리와 믿음을 중시하는 사람이었다. 그는 굳센 의지로 진지하게 일을 처리했으며, 목적을 이루지 못하면 절대 멈추지 않았다. 한번은 친구와 집에서 저녁 식사를 하자는 약속을 했는데, 친구가 갑자기 일이 있어 약속을 지키지 못한 일이 있었다. 그러나 오기는 식탁 옆에서 밤새 친구를 기다렸고, 이튿날 친구가 오자 함께 식사를 하면서 아주 만족해했다.

오기는 명예와 의리를 중시했으며 벼슬을 간절히 추구했다. 그러나 안타깝게 그의 나라 위衛는 너무 작고 약한 데다 군주까지 무능하여 위魏 · 제 · 조 3국의 하수인 노릇밖에 못 하고 있어 오기의 비범한 재능과 원대한 포부를 실현하기 어려웠다. 그보다 더 큰 문제는 나라 안의 못난 쥐새끼 같은 부류들이 계속 오기를 할 일 없이 놀기만 하는 건달이라며 놀리고 비웃는다는 것이었다. 강직한 성격에다 기회를 만나지 못해 속을 끓이고 있던 오기는 이런 치욕을 감당하지 못했다. 격분한 오기는 벼락같이 화를 내며 단숨에 자신을 비웃은 자들을 무려 30여 명이나 베어 죽였다. 그러고는 연로한 노모를 남겨둔 채 위나라를 떠나 이웃 노나라로 도망치기로 결정했다. 떠나기에 앞서 오기는 자신의 팔을 깨물어 노모에게 상경이나 재상 같은 대관이 되어 큰일을 이루지 못하면 절대 돌아오지 않겠노라 맹서했다

노에서 벼슬하고, 제에 대항하다

노魯나라는 서주 초기 주공 단의 봉지이자 공자의 고향으로 나라는 작았지만 유명 인사가 많고 예를 숭상하는 고장으로 이름나 있었다. 말하자면 중국 문화의 원형을 보존하고 있는 자부심 강한 나라였다. 노나라에 도착한 오기는 곧장 공자의 제자인 증자曾子 문하에 들어가 공부를 시작했다. 그는 노력과 진지한 자세로 유가 경전과 저술을 깊이 연구했다. 여기에 타고난 재능까지 보태져 그는 뛰어난 성적을 거두어 선생과 학우들로부터 높은 평가를 얻었다. 제나라의 어떤 대부는 오기의 재능을 알아보고 자기 딸을 오기에게 시집보냈다.

오기가 세월도 잊고 열심히 공부하던 중 불행히도 노모가 병으로 세상을 떠났다는 비보가 날아들었다. 유가의 윤리에 따르면 오기는 바로 집으로 돌아가 삼년상을 지내야만 했다. 하지만 오기는 조국을 떠나올 때 어머니 앞에서 팔을 깨물며 맹서했던 일을 떠올리며 귀국하지 않기로 했다. 이런 행동이 증자의 심기를 건드렸다. 증자는 오기가 유가의 가르침을 어긴 불효막심한 자라며 자기 학생으로 인정하지 않았다. 오

기는 뭐라 말도 못 하고 증자의 문하를 떠나 다른 길을 찾을 수밖에 없었다.

이때부터 그는 '문文'을 버리고 '무武'를 익히기 시작했다. 그는 닥치는 대로 병서를 읽고 병법을 연구했다. 뜻이 있는 곳에 길이 있다고 했던가. 3년 뒤, 오기의 재능이 노나라의 상국 공의휴公儀休에 의해 발견되었다. 그의 추천을 받아 오기는 노나라 대부가 되었다.

기원전 401년, 패자를 꿈꾸던 제齊나라는 힘만 믿고 약한 노나라를 공격해 왔다. 노나라를 아예 합병하겠다는 기세였다. 이 위기 상황에서 노나라 목공은 오기를 대장군으로 기용하여 제나라에 대항하고자 했다. 목공의 이러한 의도는 상국 공의휴의 지지를 받았다. 그러나 오기의 아내가 제나라 대부 전거田居의 딸인지라 오기가 중요한 순간에 결단을 내리지 못하고 주저하면 어쩌나 의심이 들어 목공은 선뜻 결정을 내리지 못하고 있었다. 이런 상황을 알게 된 오기는 자기 손으로 아내를 죽여 노나라에 대한 충정을 표시했다. 그제야 목공은 의심을 풀고 바로 오기를 장군에 임명하여 제나라 군대를 맞이해 싸우도록 했다.

장군의 도장을 허리춤에 찬 오기는 제·노 두 나라의 형세와 역량을 면밀히 비교하고 분석했다. 제나라가 강하고 노나라가 약한 실제 상황을 앞에 두고 오기는 기세가 사나운 제나라 군대와 정면으로 부딪쳐서는 승산이 없다고 판단했다. 차라리 우회 전술과 허허실실 전략을 구사하는 것이 낫겠다고 결론을 내렸다. 먼저 제나라 군대를 마비시키기 위해 오기는 나약하고 겁을 먹은 듯한 자세를 취하고 사신을 보내 화친 담판을 요청했다. 이와 동시에 자신의 병력은 급히 부서를 조정하는 등 비상 태세를 갖추어나갔다. 오기의 용병술은 신기했다. 적의 예상과는 전혀 다르게 늙고 약한 병사들을 중군에 배치하고, 정예병을 양쪽 날개 쪽에 숨겨놓는 전술을 택했다. 그러고는 제나라 군대가 상황을 미처 파악하지 못해 방비를 허술하게 한 틈을 타서 양쪽 날개 쪽에서 벼락같이 기습을 가했다. 뜻밖의 공격에 우왕좌왕하며 대응하던 제나라 군대는 순식간에 무너졌다. 노나라는 대승을 거두고 제나라의 침공을 물리쳤다.

약한 군대로 강한 군대를 물리침으로써 오기의 군사적 재능은 충분히 입증되었다. 그런데도 목공은 오기를 중용하지 않았을 뿐만 아니라, 제나라의 이간책에 흔들려 오기가 아내마저 죽인 것은 그의 인품이 열등하다는 것을 드러낸 행동이라는 신하들의 어리석은 말을 믿기에 이르렀다. 게다가 오기가 자신의 조국인 위나라를 버리고 노나라로 도망쳐 오는 바람에 두 나라의 화목한 관계에 금이 가기 시작했다는 모함도 있었다. 이 때문에 목공은 오기를 승진시키기는커녕 그의 병권마저 회수해버렸다. 이런 불공평한 대우를 오기는 견딜 수 없었다. 그는 노나라에도 머무를 수 없는 처지가 되었다.

위를 도와 서하에 공을 남기다

위魏나라는 전국 초기 7웅 중에서 가장 강한 나라였다. 위나라가 강국으로 발돋움할 수 있었던 것은 국군 문후文侯가 인재를 대우하고 사람을 적절하게 기용하여 밝은 정치를 펼치며 개혁을 주장한 것과 불가분의 관계가 있다. 문후는 이괴李悝·서문표西門豹 등을 기용하여 7웅 중 가장 먼저 혁신 정치를 펼쳤다. 이로써 위나라의 정치·경제·군사력은 신속하게 발전했고, 이내 중원 지구의 강국으로 부상했다.

오기는 진작부터 문후의 부국강병 정책을 존중하고 있던 터라 자신의 다음 정착지로 위나라를 선택했다. 영웅이 영웅을 알아본다고 했다. 문후는 오기의 탁월한 군사 재능을 높이 평가했다. 그래서 오기가 오자마자 대장군에 임명했다. 파격이었다. 그로부터 얼마 뒤인 기원전 409년, 문후는 오기에게 진秦나라를 공격하는 책임자로 발탁하여 황하 서쪽 지구를 빼앗으라고 명령했다.

오기는 귀신같은 용병술과 지휘력을 발휘하여 다섯 개 성을 단숨에 빼앗았다. 그리고 2년 사이에 서하(西河, 지금의 섬서성 동북부) 지구 전체를 손에 넣었다. 이어 오기는 군대를 몰아 한 · 조와 연합으로 동쪽의 제나라 정벌에 나서 곧장 영구(지금의 산동성 등현 동쪽)를 공격하여 한 차례 대승을 거두었다.

이후 오기는 서하 지역의 총책임자에 해당하는 서하수西河守에 임명되었다. 아울러 진 · 한 두 나라와 함께 작전을 수립하는 중책까지 맡았다. 문무를 겸비한 사람답게 그는 서하를 20년 넘게 굳게 지키며 서하를 질서 정연하게 다스려 진 · 한 두 나라로 하여금 두려움을 갖게 만들었다.

오기는 위나라에 전후 27년을 머물렀다. 이 시기는 그의 일생에서 가장 많은 성취를 이룬 시간이었다. 이 기간에 그는 제후국들과 76차례나 전투를 치렀고, 그중 무려 64차례 승리를 거두었다. 나머지 12차례는 승부를 가리지 못했다. '상승장군常勝將軍'이란 별명에 걸맞게 그는 단 한 차례도 패하지 않았다. 그가 위나라에 있는 동안 위나라는 사방으로 천 리 가까운 땅을 개척했고, 이는 오기의 공에 힘입은 바 컸다.

죽을 때까지 초나라의 혁신을 돕다

오기는 위나라에서 세운 공과 업적으로 많은 사람의 존경을 한 몸에 받았다. 하지만 시기와 질투도 적지 않았다. 오기 역시 계급사회 특유의 폐단에서 벗어날 수 없었던 것이다. 위 문후가 죽은 뒤 무후武侯가 뒤를 이었다. 그도 처음에는 오기를 신임하여 서하를 지키는 중임을 계속 맡겼다. 그리고 무후는 자신의 사위 공숙公叔을 상국에 임명했다. 그런데 이 공숙이 오기를 몹시 시기하고 미워했다. 늘 무후 앞에서 오기를 헐뜯었다. 오기가 두마음을 품고 있다는 것이었다. 오기에 대한 신뢰도가 문후에 비해 현격하게 낮았던 무후는 사위의 말만 믿고 오기의 직책을 거두어들였다.

오기는 신변의 위험을 느꼈다. 그래서 무후를 찾아가 눈물을 흘리며 지금처럼 자신을 믿어주면 틀림없이 진秦나라를 멸망시킬 수 있다고 호소했다. 아울러 자신을 헐뜯는 말만 믿고 자신의 충정을 의심한 나머지 파면하면 서하의 넓은 땅은 머지않아 진나라에게 빼앗기고 위나라는 약세를 면치 못할 것이라고 경고했다. 그러나 한번 떠난 마음을 돌리기란 쉽지 않은 법, 무후는 오기의 말을 듣지 않았다.

오기는 다시 한 번 발걸음을 타지로 돌릴 수밖에 없었다. 그리고 아니나 다를까, 오기가 떠난 지 얼마 되지 않아 위나라는 진나라에게 패했고, 20년이 채 되지 않아 서하 지구 전부를 빼앗겼다.

오기는 초나라로 갔다. 초나라 도왕悼王은 오기의 명성을 익히 들어 잘 알고 있던 터라 오기가 오자마자 영윤(상국)에 임명하여 국정을 관장하게 했다. 당시 초나라는 덩치는 컸지만 치국방략이 모자랐다. 겉으로는 막강해 보였지만 정치는 부패하고 경제는 난관에 부딪혀 있었다. 따라서 군사력도 매우 약했다.

오기가 초나라로 올 무렵 그의 나이는 벌써 환갑을 넘기고 있었다. 하지만 그는 왕성한 노익장을 과시하며 의욕적으로 일을 처리해나갔다. 상국에 임명되자마자 그는 썩어빠진 낡은 귀족 세력의 강력한 반대에도 불구하고 적극적으로 변법變法 혁신을 추진했다. 목표는 역시 부국강병이었다.

그는 도왕의 전폭적인 지지하에 법령을 투명하게 하고 필요 없는 관직은 폐지하는 한편 부패하고 무능한 귀족들을 내쳤다. 이를 바탕으로 전투력을 갖춘 군대를 양성했다. 즉, 세습 귀족의 특권을 취소하고 농업을 발전시키고 전투력 있는 병사 양성을 적극 추진한 것이다. 그는 군대를 엄격하게 정돈하는 한편 이런저런 유세가들의 헛소리를 일절 배제한 채 실용적인 정책을 밀고 나갔다.

오기가 취한 일련의 개혁 조치는 급속도로 초나라를 강화시켰고, 초나라의 국력은 궤도에 올랐다. 이제 초나라는 진정한 강국으로 부상했다. 그로부터 얼마 뒤, 오기는 대외 전쟁에 나섰다. 남으로 백월(당시 중국 남방의 여러 소수민족에 대한 총칭)을 평정했고, 북으로 진陳 · 채蔡 두 나라(지금의 안휘 · 하남성 경계 지역)를 멸망시키는 한편 위魏 · 조趙 · 한韓 3국의 침입을 물리쳤다. 또 서북으로는 진秦의 군대마저 물리치는 등 연전연승하면서 천하에 위세를 한껏 떨쳤다.

그러나 세상일이라는 것이 우여곡절을 겪기 마련이다. 오기는 자신의 원대한 포부를 실현하기 위해 평생을 기구하게 분투한 인물이다. 그리고 그의 최후는 더욱 비장했다.

기원전 381년, 오기가 초나라에 온 지 2년이 넘은 시점이었다. 오기를 지지했던 현명한 군주 도왕이 병으로 세상을 떠났다. 도왕의 죽음은 낡은 귀족 세력들에게 반격의 기회를 주었다. 그들은 즉각 정변을 일으켜 왕궁을 포위한 채 오기를 잡기 위해 나섰다. 일촉즉발의 위기 상황에서도 오기는 자신의 개혁을 지지했던 도왕을 잊지 않았다. 그는 도왕의 시신이 안치된 영당으로 달려가 도왕의 시체 위에 엎어졌다. 그 순간, 수많은 화살이 오기의 몸으로 날아들었다. 그때 그의 나이 63

세, 일대 개혁가이자 기재는 이렇게 비운의 삶을 마쳤다.

병법은 영원하고, 명예는 청사에 길이 남다

오기의 일생은 일과 함께한 빛나는 삶이었다. 그러나 그가 사람들로부터 더욱 큰 평가와 존경을 받을 수 있었던 것은 그가 남긴 『오자병법』 때문이다.

역사 기록에 따르면 『오자병법』은 오기가 위나라에서 서하 지역을 지키는 동안 자신의 실제 작전 경험 등에 근거하여 저술한 것이라 한다. 당시는 모두 48편이었으나 시간이 흐르면서 이런저런 사연으로 대부분 망실되고 지금은 6편만 남아 있다. 『오자병법』은 조각조각 나 있지만, 오기의 일생과 그의 군사전략사상 및 지휘술 등을 결합해보면 대단히 정교하고 독특한 그만의 견해를 확인할 수 있다. 그것은 지금까지도 여전히 연구하고 본받을 만한 가치를 지니고 있다. 다음은 『오자병법』의 주요한 사상이다.

첫째, 군의 요체는 숫자의 많고 적음에 있는 것이 아니라 "다스려" 승리하는 데 있다. 여기서 "다스린다."는 것은 병사를 뽑아 훈련시켜 전투력이 강한 정예부대로 기른다는 뜻이다. 오기는 위 문후에게 이와 관련한 군사모략사상을 밝힌 바 있다. 그는 경전을 인용해가며 다음과 같이 말했다.

"그 옛날 제나라 환공은 5만 용사를 모집하여 제후국 사이에서 패자로 군림했고, 진나라 문공은 4만 정예부대를 집중하여 중원 패자의 꿈을 이루었다. 또 진나라 목공은 3만 병사를 골라 용사들을 적의 진지로 맹렬하게 돌진시켜 사방 열강을 정복했다."

오기는 이론을 실천과 접목시켰다. 위나라에서 그는 폭넓은 조사와 깊은 분석 그리고 연구를 통해 뛰어난 정예병을 선발하는 한편 병사들의 특징과 장점에 근거하여 부대를 편성하고 엄격하게 훈련을 시켰다. 그는 "한 사람이 전투와 관련된 일을 배워 열 사람에게 가르치고, 열 사람이 전투와 관련된 일을 배우면 백 사람을 가르치고, …… 1만 명이 전투와 관련된 일을 배우면 3군을 가르친다."(『오자』 '치병')고 말한다.

　위나라 군대는 오기의 세밀하고 엄격한 훈련을 받은 결과 평시에도 군기가 시퍼렇게 살아 있을 뿐만 아니라 전시에는 용맹하고 강하게 전투에 나서는 무적의 정예부대로 성장할 수 있었다. 오기 자신도 일찍이 5만 군대를 거느리고 50만의 진나라 군대를 물리친 바 있다. 이는

오기의 죽음을 묘사한 석상

그의 군사이론을 충분히 입증한 좋은 사례다.

둘째, 군을 엄격하게 다스리고, 상벌을 분명히 했다. 오기는 병사들에게 명령을 엄격하게 집행할 것을 특별히 강조했다. 오기는 또 약속은 틀림없이 지켰다. 그는 모든 사병에게 명령에 따라 집행할 것을 요구하면서 성과를 올리기만 하면 아무리 그 수가 많아도 반드시 상을 내렸다. 명령에 따라 행동하지 않거나 군기를 어기면 아무리 큰 공을 세우더라도 엄격하게 처벌했다. 한번은 오기가 군을 이끌고 진나라 군대와 전투를 벌였을 때의 일이다. 한 병사가 혼자서 멋대로 적진으로 돌진하여 적군의 머리 둘을 베어 가지고 돌아왔다. 결과로 보자면 당연히 상을 받아야 했다. 하지만 오기는 상은커녕 그 병사를 즉결 처분했다. 군법을 위반했기 때문이었다. 오기가 잡아놓은 엄격한 기율 아래 위나라 병사들은 군법을 준수하면서 일단 전투에 나서면 모두 죽기를 각오로 적진을 향해 돌진하는 정예병으로 성장했다.

셋째, 병사를 아끼고 자신을 엄격하게 통제하여 병사들로 하여금 기꺼이 전쟁에 나서도록 만들었다. 군사와 관련하여 오기는 병사의 정치교육과 내부 단결을 몹시 중시했다. 그는 엄격한 관리를 강조하면서, 명령과 상벌을 확실하게 집행함과 동시에 병사들로 하여금 수치심을 알게 했으며, 바른 예의로 사병을 자극할 것 등을 집중적으로 거론했다. 이렇게 해야만 병사들이 기꺼이 전투에 참여하여 죽음도 마다않고 싸우게 할 수 있다고 본 것이다.('여사勵士')

내부 단결력을 높이기 위한 방안으로 오기는 장수들의 자기 자신에 대한 엄격한 통제를 요구했다. 장수는 늘 병사들 생활 속으로 들어가 그들과 함께 동고동락해야 한다는 것이다. 오기가 병사들을 얼마나 아꼈는가를 잘 보여주는 사례가 『사기』에 생동감 넘치게 전해온다.

"오기가 장군이 되자 가장 신분이 낮은 사졸들과 같은 옷을 입고 식사도 함께했다. 잠을 잘 때는 자리를 깔고 자지 않았으며, 행군할 때는 말이나 수레를 타지 않고 자기 먹을 식량을 직접 가지고 다니는 등 사졸들과 수고로움을 함께 나누었다.

언젠가 병사 중 하나가 독한 종기가 났는데 오기가 그 종창을 입으로 빨아주었다. 그 병사의 어머니가 이 일을 듣고는 통곡했다. 어떤 사람이 '당신 아들은 일개 병사에 지나지 않는데 장군이 직접 종창을 빨아주었거늘 어째서 통곡을 하는 거요?'라고 묻자, 그 어머니는 '그게 아니라우. 예전에 오공(오기)께서는 그 아이 아버지의 종창도 빨아준 적이 있는데, 그이는 물러설 줄 모르고 용감하게 싸우다가 전사하고 말았지. 오공이 지금 내 자식의 종창을 또 빨아주었으니 이제 그 애가 언제 죽을지 모르게 되었소이다. 그러니 통곡하지 않을 수 있겠소이까?'라고 말했다."(손자오기열전' 중에서)

위 일화는 병사들에 대한 오기의 사랑이 한순간이 아니라 일관된 것임을 잘 보여준다. 때문에 그는 병사들로부터 전폭적인 지지와 깊은 사랑을 받았고, 자신이 원하는 바를 이룰 수 있었던 것이다.

넷째, 전기轉機를 장악하여 적을 극복하고 승리를 거둔다. 작전지휘라는 측면에서 오기는 '지피지기'와 적의 상황에 따라 적절하게 작전을 수립할 것을 크게 강조했다. 오기는 지휘관에게 적의 약점들을 세밀히 관찰한 다음 전기를 움켜쥐고 대담하고 과감하게 공격하고 출격할 것을 주문했다. 적이 다르면 전략 전술도 달라야 한다고 주장한다. 즉, 기동성을 갖추고 기민하게 전략 전술을 변경하여 대처해야 한다는 말이다. 그는 이렇게 말한다.

吮卒病疽

병사의 종기를 자신의 입으로 빠는 오기

"속일 수 있으면 속이고, 뇌물이 통하면 뇌물을 먹여라. 첩자를 쓸 수 있으면 첩자를 보내고, 위협이 통하면 위협하라. 끊어서 공격할 수 있으면 그렇게 하고, 유인할 수 있다면 유인해라.……"

오기는 또 지휘관에게 '사기四機'를 파악하라고 요구한다. '사기'란 이렇다. 첫째는 '기기氣機'다. 병사의 사기士氣를 적절하게 파악하여 관건이 되는 시점에 좋은 강철을 칼날에 사용하듯 적을 압도하는 기백을 갖추게 하라는 말이다. 둘째는 '지기地機'다. 이는 지형을 정확하게 이용하여 적을 불리한 상황으로 몰아라는 뜻이다. 셋째는 '사기事機'다.

이는 간첩 · 양동陽動 · 위장 등 각종 방법으로 적을 현혹하고 파괴하여 적을 피동적 상태로 몰아넣는 것이다. 넷째는 '도기刀機'다. 무기 · 기술 · 장비 · 전술 등의 작용을 충분히 발휘하여 인적 · 물적 자원을 결합하고 이로써 적을 효과적으로 제압한다는 뜻이다.

오기는 작전에서 과감하게 기지를 발휘할 것을 특별히 강조한다. 머뭇거리지 말라는 뜻이다.

> "용병에서 가장 큰 피해는 머뭇거리는 데서 비롯된다. 삼군의 재앙이
> 의심에서 나온다."('여사')

이는 오기의 작전지휘술이 손자의 그것과 일맥상통하고 있음을 보여준다. 중요한 이론이자 실천에 근거한 것이라는 점에서 그 의미가 만만치 않다

다섯째, 안으로는 문文을 밖으로는 무武를 닦고 준비하라. 군사와 정치의 관계에 관해 오기는 깊은 인식과 독특한 입장을 보여준다. 그는 정치가 군사에 결정적인 작용을 한다고 인식했지만, 동시에 상호 보완적이어야 한다는 지적도 잊지 않았다. 이 같은 인식은 당시로서는 군사이론의 최고 정점에 오른 것으로, 지금 보아도 대단히 정확하고 올바른 판단이다. 오기는 일찍이 위 문후에게 현명한 군주는 반드시 안으로는 문치文治를 밖으로는 무비武備를 실천해야 한다고 강조하면서, 이 둘을 결합해야만 국가를 잘 다스릴 수 있다고 했다.

그는 여러 차례 과거 경전을 인용해가면서 문후에게 다음과 같이 경고했다.

> "국가의 안위와 성쇠는 정치의 좋고 나쁨과 관련이 있지 산과 강의 험

준함에 있는 것이 아닙니다. 또 민심과 군주의 덕치에 달려 있지 자연
적 험준함 같은 방비에 있는 것이 아닙니다."

이에 문후가 어떻게 하면 군대를 안정시켜 적이 부술 수 없게 단단
히 지키며 적을 공격하여 승리할 수 있느냐고 묻자, 오기는 이렇게 대
답했다.

"덕 있는 사람을 위에, 모자라는 사람을 아래에 두면 군대의 진영은 자
연스럽게 안정됩니다. 백성이 즐겁게 자기 일에 종사하게 하고 각급 관
리와 화목하게 잘 지내게 되면 군대의 수비는 단단해 격파할 수 없게
됩니다. 백성이 자기들의 군주를 한결같이 칭송하는 반면 적국의 군주
를 혐오하면 전쟁에서의 승리는 의심할 것이 없습니다."

오기는 정치에서의 구체적 운용을 전략 전술에 놓고 작전에서 필요
한 '사화四和'라는 중요한 원칙을 제기했다.

"불화不和하는 나라는 출병할 수 없고, 군대와 불화하면 진영을 짤 수
없고, 진영이 조화를 이루지 못하면 공격할 수 없고, 전투에서 불화하
면 결코 승리할 수 없다.(도국圖國)

당시의 역사적 조건에서 이렇듯 변증적 요소가 풍부한 사상을 갖춘
오기의 군사이론과 전략 전술은 정말 보기 힘든 귀중한 것이다.
오기의 군사 지휘술 · 이론 · 모략사상에 대해 역사가들은 역대로
대단히 높은 평가를 내렸다. 전국시대 말기의 한비자는 천하에 병법을
논하는 사람치고 손자와 오기의 병법을 갖고 있지 않은 사람은 없다

고 했다. 서한의 위대한 역사학자 사마천은 『사기』에서 손무 · 손빈 · 오기 세 사람을 같은 열전에 편입했다. 송나라 때의 유학자 주희朱熹는 손빈과 오기를 고대 작전지휘를 가장 훌륭하게 해낸 군사가라고 했다. 청나라 말기의 양계초梁啓超는 오기를 "중국 초일급 명장"이라며 칭찬을 아끼지 않았다. 이런 칭찬들은 오기에게 전혀 과하지 않다.

손빈 孫臏

손무를 능가하는 병법

　전국시대 중기 탁월한 전공을 세웠던 제나라의 군사軍師 손빈은 손무의 군사사상을 계승하고 발전시켜 군사이론과 실천에서 대단히 높은 수준을 과시했다. 그가 창안한 '삼사법三駟法'은 군사 응용학의 선구를 이루었고, '위위구조圍魏救趙'와 '감조유적減灶誘敵'과 같은 전법은 지금도 적을 극복하고 승리를 거두는 데 유용한 모범적 사례로 꼽힌다. 손빈은 중국 군사사에서 중대한 지위를 차지하는 군사이론가이자 군사모략가이다.

　손빈은 제나라 사람으로 지금의 산동성 양곡 · 견성 일대에 해당하는 아阿 · 견鄄 지방에서 태어났다. 그는 춘추시대의 걸출한 군사 전문가로 훗날 '병성兵聖' 또는 '무성武聖'으로 추앙받은 손무의 후손으로 알려져 있다. 주로 제나라 위왕과 선왕 재위 기간에 해당하는 기원전 356년에서 319년 무렵에 활동했다. 청년 시절에는 방연龐涓과 함께 병법을 배웠는데, 학업 성적이 늘 방연을 앞질러 방연의 시기와 질투 대상이 되었다. 학업을 마친 뒤 방연은 위魏나라에 가서 벼슬을 하다가 혜왕惠王에 의해 장수에 임명되었다. 당시 제나라와 위나라는 중원의 패권을 놓고 격렬하게 싸우고 있었다.

　방연은 자신이 손빈만 못하다는 사실을 잘 알고 있었다. 따라서 제나라에서 손빈을 기용하면 어떡하나 몹시 꺼려했다. 그래서 비밀리에

앉은뱅이 손빈의 상

손빈을 자신이 몸담고 있는 위나라로 초빙했다. 손빈이 위나라로 오자 이번에는 혜왕이 뛰어난 손빈을 발탁하지 않을까 그것이 걱정되어 음모를 꾸며 손빈을 해쳤다. 사악한 방연은 손빈의 선조 손무가 남긴 병서를 손에 넣기 위해 손빈을 죽이지 않고 무릎 아래를 잘라내는 형벌인 빈형臏刑을 가해 앉은뱅이로 만들었다. 여기에 손빈의 얼굴에다 죄인임을 나타내는 경형黥刑의 흔적까지 남겼다. 물론 방연은 자신의 정체와 의도를 철저하게 숨긴 채 손빈에게 마치 은혜를 베푸는 것처럼 꾸몄다.

얼마 뒤 동문수학한 방연의 지독하고 천인공노할 흉계와 그 진상을 알아낸 손빈은 불굴의 의지로 사지에서 벗어나 제나라 사신을 따라 몰래 제나라로 도망쳤다. 이때부터 손빈은 제나라에서 자신의 일생 중 가장 빛나는 시절을 보냈다.

손빈의 주요 군사 활동을 대체로 정리해보면 다음과 같다. 우선 손빈은 이른바 '삼사법三駟法'을 창안했고, 이것이 인연이 되어 제나라 위왕威王으로부터 군사軍師에 임명되었다. 그리고 대장군 전기田忌를 도와 두 차례 전쟁에서 큰 승리를 거두었으며, 이러한 경험을 바탕으로 한『손빈병법』이라는 군사이론서를 남겼다.

'삼사법'

제나라로 돌아온 손빈은 제나라 귀족의 눈에 들어 장군 전기의 상객이 되었다. 당시 제나라 귀족들 사이에서는 많은 돈을 걸고 하는 경마 노름이 크게 유행하고 있었다. 손빈은 경마에 참여하는 말들이 상·중·하 세 등급으로 나누어져 있고, 시합은 삼판양승으로 한다는 것을 알았다. 이에 손빈은 전기에게 다음번 시합에서는 반드시 이길 수 있게 해주겠노라 장담했다. 전기는 손빈의 말을 믿고는 천금을 걸고 위왕을 비롯한 공자들과 내기를 했다.

시합이 시작되기에 앞서 손빈은 전기에게 다음과 같은 방법을 일러주었다. 먼저 제일 못한 하등 말을 상대의 상등 말과 붙여서 한 판을 져주고, 다음 상등 말을 상대의 중등 말과 붙여 한 판을 만회한 다음 상대의 하등 말과 내 중등 말을 붙이면 필승이라는 것이었다. 전기는 이 방법으로 당연히 시합에서 이겼다. 훗날 사람들은 손빈이 제기한 이 방법을 '삼사법'이라 불렀다.

이 일을 통해 전기는 손빈이 출중한 지혜를 지닌 인재임을 알게 되었고, 위왕에게 손빈을 추천했다. 이 무렵 위왕은 중원을 두고 패권을 다투던 때라 인재에 목말라 있었다. 위왕은 손빈을 바로 불러 그와 함께 병법을 논의했다.

산동성 임기臨沂 은작산銀雀山 한나라 무덤에서 나온 『손빈병법』 기록에 따르면, 손빈은 위왕 등과 더불어 전쟁관으로부터 치군治軍 · 작전作戰에 이르는 각종 문제를 토론한 것으로 나온다. 손빈을 만난 위왕은 보기 드문 장군감으로 평가하고 그를 군사(사령관의 작전참모)에 임명했다. 이후 손빈은 제나라 통치 집단의 전략 회의에 참여하여 뛰어난 용병술과 군사이론으로 명성을 크게 떨쳤다.

'위위구조'

기원전 353년에 벌어진 제나라와 위나라의 '계릉桂陵 전투'는 중원 쟁탈전의 관건이 되는 한판 승부였다. 당시 전국 7웅 중에서 가장 강한 나라는 위魏나라였다. 그러나 사방에서 적이 협공하는 바람에 위나라의 국력은 몹시 피폐해져 있었다.(서쪽의 진, 동쪽의 제, 중앙의 조 · 한과의 격전 등.) 위나라 혜왕은 이런 곤경에서 벗어나기 위해 한 · 진 · 제 3국과 연계하여 역량을 집중시킨 다음 조나라를 공격한다는 책략을 취했다.

혜왕은 당초 조나라 북방에 있는 중산국中山國을 먼저 쳐서 조나라의 수도 한단을 원거리에서 위협할 작정이었다. 그러나 방연은 한단을 바로 공격하자고 건의하면서 "중산국은 위나라에서 멀고 조나라에서 가까우니 원정보다는 가까운 곳을 떼어 먹는 쪽이 나을 것입니다."라고 말했다.

기원전 354년, 위나라 혜왕은 방연을 사령관으로 임명했다. 방연은 8만 대군을 이끌고 조나라를 공격하여 수도 한단을 포위했다. 위기에 몰린 조나라 성후成侯는 제나라로 사람을 보내 구원을 요청했다. 제나라 위왕은 신하들과 대책을 논의했다. 논의 결과 위왕은 구원을 반대하는 재상 추기의 주장을 물리치고 "천천히 구원하자."는 대부 단간봉의 책략을 받아들였다.

1년이 지나도록 위나라 군대는 한단을 함락시키지 못한 채 피곤에 시달리고 있었다. 시기가 왔다고 판단한 제 위왕은 조나라 구원에 나서기로 결정했다. 위왕은 당초 손빈을 사령관으로 삼으려고 했으나 손빈은 형벌을 받은 몸으로 중책을 감당할 수 없다며 사양했고, 이에 위왕은 전기를 사령관에 손빈을 군사에 임명했다. 그리고 손빈은 수레에 앉아서 작전 계획을 수립하도록 했다.

작전방침을 결정하는 자리에서 전기는 한단으로 바로 진군하여 조나라 군대와 안팎에서 협공하여 한단에 대한 포위를 풀자고 주장했다. 반면에 손빈은 당시 형세를 분석하여 위나라의 정예부대가 모두 이 전투에 출병하여 국내에는 늙고 약한 병사들만 남아 있다는 사실을 확인할 수 있었다. 따라서 신속하게 위나라의 수도인 대량(지금의 하남성 개봉시)으로 진격하여 교통의 요충지를 점거한 다음 비어 있는 후방을 습격한다면 위나라 군대는 형세상 틀림없이 조나라에 대한 공격을 포기하고 자신들의 도읍을 구원하기 위해 군대를 돌릴 수밖에 없을 것이라고 했다. 이렇게 하면 조나라에 대한 포위도 풀고 위나라 군대로 물리치는 일거양득의 효과를 거둘 수 있다는 것이었다. 이와 관련하여 손빈은 이렇게 말했다.

"어지럽게 엉켜 있는 실을 풀려면 주먹을 꽉 쥐고 쳐서는 안 되며, 싸우는 사람을 말리려면 그 사이에 끼어들어 그저 주먹만 휘둘러서는 안 됩니다. 강한 부분은 피하고 약한 부분을 공격하면 형세가 불리해지므로 자연히 풀리게 됩니다."

이 작전방침을 보다 확실히 실행하기 위해 손빈은 또 다른 군사들을 안배하여 적을 유인하고 조종했다. 먼저 취한 행동은 남쪽의 평릉을 공격하는 것이었다. 평릉은 지키기는 쉬워도 공격하기는 어려운 위나라 동부의 중요한 군사 요충지였다. 그리고 자칫 잘못했다간 위나라 군대에 의해 식량 수송로를 차단당할 위험마저 안고 있었다. 하지만 바로 이것이 손빈의 작전이었다. 일부러 이런 공세를 취해 제나라 지휘부가 무능하다는 가상을 만들어내자는 것이었다. 제나라 군대를 평릉으로 접근하면서 주력군은 숨긴 채 일부 병력만 평릉을 공격하게 했다.

위나라 군대는 예상대로 반격에 나섰고, 제나라 군대는 즉시 후퇴하면서 겁을 먹은 듯 가상을 연출했다. 그러고는 일부 전차와 보병을 서쪽 대량 근교로 급히 보내 수도 대량을 공격하는 척하면서 방연을 자극했다. 방연의 회군을 유도하자는 전략이었다. 주력군은 위나라 군대가 지나게 될 계릉(桂陵. 지금의 산동성 하택 동북)에다 매복시켜놓게 했다. 대중군 전기는 손빈의 계략을 지지했고, 바로 행동으로 옮겼다.

과연, 방연은 손빈이 쳐놓은 그물에 걸려들었다. 방연은 상황을 보고받자 바로 군대를 철수시켜 밤낮으로 자신들의 수도인 대량을 향해 진군했다. 그리고 마침내 계릉에 이르렀다. 그 순간 제나라의 매복병들이 벼락같이 기습을 가했고, 위나라 군대는 당황해서 쩔쩔매다가 결국 참패를 당했다.

계릉 전투의 결과는 '위위구조'라는 책략이 정확하게 맞아떨어졌음을 입증했고, 동시에 손빈의 탁월한 모략사상과 지휘술을 보여주었다.

'감조유적'

　계릉 전투 이후 위나라 군대는 한나라와 진나라 등으로부터 공격을 받았다. 위나라는 해마다 계속되는 전쟁으로 백성과 군인이 지칠 대로 지치고 국가의 창고가 바닥나는 곤경에 처하게 되었다. 안팎에서 조여 드는 압력과 곤경에서 벗어나기 위해 혜왕은 조·진과 연계하여 이번에는 한韓나라를 치는 책략을 썼다. 기원전 340년, 한나라에 대해 전쟁을 도발했고, 한나라는 제나라에 구원을 청했다.

　한나라를 구원할 것인가? 구원한다면 어떻게 구원할 것인가? 제나라 군신들은 이 문제를 놓고 한바탕 격론을 벌였다. 추기는 전처럼 구원에 반대했다. 전기는 하루라도 빨리 구원하자고 했다. 한편 손빈은 구원은 하되 빨리 구원에 나서서는 안 되며 상황을 봐가며 천천히 구원하자고 주장했다. 그의 판단은 대체로 이런 것이었다.

　한나라와 위나라 두 나라의 군대가 모두 별다른 손상을 입지 않은 상태에서 제나라가 구원에 나서는 것은 제나라가 한나라를 대신해서 위나라의 공격을 받는 것과 마찬가지니 이는 실제로는 한나라의 지휘를 받는 꼴이 된다. 또 구원에 나서지 않으면 위나라가 한나라를 멸망시킨 다음 그 여세를 몰아 틀림없이 제나라를 공격할 것이다. 따라서 한나라와 은밀히 연락을 취하면서 천천히 구원하는 것이 낫다.

　위왕은 손빈의 의견을 받아들이는 한편 다시 한 번 전기를 사령관에 손빈을 군사에 임명하여 한나라를 구원하도록 했다. 작전은 지난번과 마찬가지로 일단 위나라의 수도인 대량을 공격하는 것이었다.

　위나라 경내에 진입한 제나라 군대는 곧장 대량으로 진격해 들어갔다. 당황한 혜왕은 서둘러 회군을 명령했다. 그리고 태자 신申을 상장군, 방연을 사령관에 임명하여 총력을 기울여 제나라 군대를 공격하도록 했다. 이번에는 사생결단을 내겠다는 심산이었다.

위나라 군대가 기세등등하게 결전에 나선 모습을 본 손빈은 겁을 먹고 후퇴하는 것처럼 꾸며 적을 깊숙이 유인하는 전법을 건의했다. 손빈의 군대는 전투에 익숙지 않은 태자 신과 교만하고 승리에만 급급한 방연의 약점을 이용하여 취사용 밥솥을 줄여서 적을 유인하는 전법을 구사했다.

제나라 군대는 위나라 군대와 맞닥뜨리자 바로 머리를 돌려 후퇴했다. 그리고 첫날 10만 병사의 밥 짓는 솥을 둘째 날에는 반으로 줄였다. 3일째는 3만 명 분으로 줄였다. 제나라 군대의 밥솥이 계속 줄어드는 것을 확인한 방연은 제나라 군대가 전투에 진짜 겁을 먹고 있다고 판단했다. 그러고는 "제나라 놈들이 겁이 많다는 것은 진즉에 알고 있었지만 우리 경내에 들어온 지 단 사흘 만에 절반 이상의 병사들이 도망칠 줄이야!"라며 의기양양해했다. 방연은 중장비 부대와 보병은 남겨둔 채 빠르고 센 기병만 이끌고 밤낮없이 제나라 군대의 뒤를 쫓기 시작했다.

손빈은 위나라 군대의 추격 시간을 계산한 결과 그날 밤이면 마릉(馬陵, 지금의 산둥성 견성 동북)에 도착할 것으로 예상했다. 마릉은 길이 좁고 지세가 험한 데다 나무가 무성하여 매복에 안성맞춤이었다. 게다가 손빈 자신이 이곳 출신인지라 이 일대의 지형은 훤했다. 그는 이곳을 선택한 다음 활쏘기에 능숙한 병사 1만을 도로 양옆에 매복시키고, 위나라 군대가 도착하여 횃불이 타오르면 일제히 불빛이 있는 쪽으로 화살을 날리도록 명령을 내려두었다. 또 길옆에 서 있는 가장 큰 나무의 껍질을 벗기고 드러난 허연 부분에다 "방연이 이 나무 아래에서 죽는다!"고 써넣었다.

날이 어두워지자 예상대로 방연이 마릉에 이르렀다. 방연은 길옆 큰

마릉전투도

나무에 희미하게 무슨 글자 같은 것을 발견하고는 좀 더 자세히 보기 위해 횃불을 밝히도록 명령을 내렸다. 횃불이 타오르는 순간, 방연이 글자를 채 확인하기 전에 화살이 비 오듯 날아들었다. 위나라 군대는 순식간에 일대 혼란에 빠졌다. 명령도 신호도 퇴각을 알리는 북소리도 먹히지 않았다. 대세가 기울었음을 직감한 방연은 "지혜가 다 떨어지면 군대는 패하기 마련"이라며 스스로 목숨을 끊었다. 죽기에 앞서 방연은 "결국 손빈 이 자식의 명성을 높여주는구나!"라며 끝까지 질투의 마음을 버리지 못했다.

승기를 잡은 제나라는 일제히 진격하여 위나라 군대를 섬멸시키고 태자 신을 포로로 잡았다. 이후 위나라는 더 이상 국력을 떨치지 못했고, 제후들은 동쪽 제나라를 섬기기에 이르렀다. 손빈은 마릉 전투에서 위나라의 수도 대량을 곧장 공격함으로써 위나라의 회군을 유도하고, 솥을 줄여가며 위나라 군대의 추격을 유인한 다음 마릉에 매복해 있다가 섬멸시킬 수 있었던 조건을 창출해나가는 전법을 구사했다. 이는 작전과 작전이 고리처럼 연결되는 특출한 모략이자, 기세를 이용하여 적의 움직임에 따라 적을 제압한 전쟁사의 모범적 사례였다.

영원한 생명력

손빈의 군사이론서인 『손빈병법』은 그의 생전에 이미 완성되어 각지로 유포되었다. 『사기』와 『손빈병법』의 기록에 따르면, 제나라 위왕이 손빈에게 병법을 물은 적이 있고, 마릉 전투 이후 손빈의 병법은 세상에 유포되었다. 한나라 때 이 병법은 『제손자齊孫子』로 불렸고 총 89편에 4권의 그림이 딸려 있었다. 그러나 동한 이후 전파되는 과정에서 이런저런 사정으로 잃어버렸다. 그로부터 약 1,700년이 지난 1972년 『손빈병법』의 일부가 산동성 임기 은작산 서한시대 무덤에서 다시 모습을 드러냈다. 안타깝게도 손실된 부분이 많지만 1만1천 자를 확인할 수 있었고, 모두 30편으로 정리되었다. 하지만 이 정도로도 『손빈병법』이 『손자병법』과 일맥상통한다는 것을 확인할 수 있는데, 당시에는 이를 합쳐 '손씨지도孫氏之道'라 했다.

『손빈병법』은 손무의 사상을 계승하고 있을 뿐 아니라 그것을 좀 더

진전시키고 창조하기까지 했다. 일부 이론은 『손자병법』보다 더 심대하고(예컨대 전쟁의 법칙에 관한 이론) 더 풍부해졌다(이를 테면 진법과 전술에 관한 이론). 『손빈병법』은 『손자병법』과 마찬가지로 중국 고대 군사이론의 진귀한 유산으로 날이 갈수록 더욱 중시되고 연구되고 있다.

손빈의 군사모략사상에서 두드러진 점과 장점은 손무와 마찬가지로 객관적 규칙성과 주관적 능동성의 통일이라 할 수 있다. 어떤 면에서 이 점은 더욱 심화되고 풍부해졌다. 특히 '귀세貴勢'·'지도知道'·'용법用法' 사상은 소박한 유물론과 변증법이 번득이는 그의 군사사상에서 가장 이채로운 부분이다.

첫째, '귀세'는 전쟁의 형세를 집중적으로 연구한 부분으로, 모략을 결정하는 객관적 기초로 보고 있다. 손빈은 전쟁이란 교전 쌍방의 물질적 역량과 정신적 역량의 겨룸으로 본다. 특히 전쟁에서 인간의 능동적 작용을 중시하며, 정치적 요인과 정신적 요소의 작용도 중시한다. 그는 강조한다. 전쟁이 진행 중일 때 한편으로는 충분한 물질적 비축과 '부국富國'이 가장 긴요하며, 한편으로는 정당한 이유로 민중의 지지를 얻어야 한다고.

그는 전쟁에서 승리할 수 있는 요소들을 열거하면서 '늘 이기는' 것과 '늘 이기지 못하는' 조건에는 다음 다섯 가지가 있다고 지적한다.

하나, 장수가 군주의 신임을 얻어 전권을 가지고 작전하면 승리하지만, 장수가 군주로부터 견제를 당해 행동이 자유롭지 못하면 승리하지 못한다.

둘, 전쟁의 규칙을 알면 승리하고, 그렇지 못하면 이기지 못한다.

셋, 민중의 지지를 얻으면 승리하고, 그렇지 못하면 이기지 못한다.

넷, 장수가 단결하면 승리하고, 그렇지 못하면 이지기 못한다.

다섯. 적의 정세와 지형에 익숙하면 이기고, 적의 정세를 살피지 못하면 진다.

이를 통해 볼 때 손빈은 전쟁의 승부는 교전 쌍방의 실력 여부로 결정될 뿐만 아니라 민중의 지지를 얻느냐의 여부, 전쟁 지도자가 전쟁의 원칙을 이해하고 있느냐의 여부 등에서 결정 난다고 인식했다. 그는 말한다. "전쟁을 잘 이끄는 사람은 결정과 모략을 전쟁 형세를 객관적으로 분석한 위에다 수립해야 한다."

둘째, '지도'란 전쟁의 운동 규칙을 이해하는 것이다. 이는 손빈의 모략사상에서 시종 일관되고 있는 붉은 선이다. 『손빈병법』 30편 중에 13편이 '지도知道'와 '용도用道'를 직접 언급하고 있다. 전쟁 규칙의 중요성과 방법을 인식하고 이용하라는 것이다. 물론 손빈은 '도'에 대해 그렇게 엄밀하게 논하지는 못하고 있다. 때로는 규칙을 가리키는 것 같고, 때로는 원칙을 가리키는 것 같다. 그런가 하면 이 둘을 동시에 의미하기도 하는데 대부분은 규칙을 가리킨다.

그는 이렇게 인식했다. 전쟁의 규칙은 자연계의 규칙과 마찬가지로 객관적 존재이자 인식할 수 있는 부분이다. 형체가 있는 사물로 인식 불가능한 것은 없으며, 인식 가능한 사물로 제압할 수 없는 것은 없다. 이른바 '지도'란 손빈의 해석에 따르면, 위로는 천도를 알고 아래로는 지리를 알고, 안으로는 민심을 얻고 밖으로는 적의 정세를 아는 것이다. 군진이라면 8진의 원리를 알고, 승리를 보고 싸운다. 전쟁의 규칙을 인식하고 장악하면 전쟁이 전개되는 추세를 예견할 수 있다. 전쟁의 규칙을 인식하고 파악하면 형세를 내게 유리한 쪽으로 바꿀 수 있다.

손빈은 전쟁의 승부를 결정하는 객관적 요소는 정지되어 있거나 불

〈손빈병법〉 죽간

변하는 것이 아니라 상호 전환될 수 있다고 본다. 전환의 조건은 그것이 발전하고 변화하는 객관적 규칙을 인식하고 이용하는 것이다. 따라서 국가의 안전을 보장하려면 군주의 권위를 확대해야 하고, 백성의 생명을 지키려면 전쟁의 법칙을 이해해야 한다. 전쟁의 규칙을 이해하지 못한 채 출병하면 운이 좋아야 승리할 수 있을 뿐이다. 그래서 손빈은 반복해서 전쟁의 규칙을 알면 승리하고 모르면 패배한다는 점을 강조한다.

셋째, '용법'은 적을 극복하고 승리를 낚아채는 전법의 장악을 말한다. 손빈은 전쟁 중 상황 변화는 무궁무진하므로 각종 상황에 적응하는 전법도 무궁무진하다고 본다. 『손빈병법』은 당시 실전 경험을 종합하여 다섯 종류의 적군에 맞서는 법, 10종 상황에 대응하는 전법 및 10종 진법의 성능과 운용 방법을 논술하고 있다. 『통전通典』에 수록된 손빈의 문장 중에는 기병 전법을 계통적으로 논하고 있다. 특별히 눈길을 끄는 것은 손빈이 전쟁 중에 '공심攻心'과 '사기士氣'의 작용을 강조하고 있다는 사실이다.

『손빈병법』의 '연기延氣'편은 사기를 격려하고 투지를 고무시키는 중요성과 다섯 가지 기본 방법을 계통적으로 논술하고 있다. 이 점은 이전 군사이론에 비해 매우 독창적인 발전이다. 그가 창안한 '삼사법'은 부분적 패배를 이용하여 궁극적 승리와 바꾸는 현대 군사학의 원리와 기본적으로 일치하며, 지금도 왕성한 생명력을 유지하고 있다.

위료 尉繚

지혜에서 승부가 난다

위료는 전국시대 말기 위魏나라 대량(大梁, 지금의 하남성 개봉시) 사람이다. 만년에 진秦나라로 건너와서 대략 진시황 10년 무렵인 기원전 236년 전후 6국 통일을 위한 대책을 건의했다. 당시 진나라는 6국을 멸망시킬 준비를 적극적으로 추진했고, 위료는 6국의 합종을 깰 책략을 진시황에게 올려 크게 칭찬을 들었다. 위료는 진시황에게 이렇게 말했다.

"진나라가 이렇게 강력한 상황에서 제후들은 군현의 우두머리 정도에 지나지 않습니다. 제가 걱정하는 것은 각국이 합종연맹을 결성하여 갑자기 진을 기습하는 것입니다. 진晉의 지백은 조·위·한 3가에 의해 멸망당했고 자신도 피살되었습니다. 오왕은 부왕의 복수 때문에 조나라를 크게 무찔렀습니다. 그 뒤 진과 패권을 다투던 중 조가 기회를 잡아 공격하여 오는 망하고 오왕 부차는 자살했습니다. 기원전 284년, 제나라는 5국의 연합 공격을 받아 민왕이 상국 요치에게 거 지방에서 피살되었습니다. 이런 것들이 모두 교훈이 될 만합니다. 바라옵건대 대왕께서는 재물을 아끼지 말고 각국 대신에게 뇌물을 써서 그들의 합종모략을 혼란에 빠뜨리십시오. 그래봐야 30만 금이면 충분하고 제후들은 전부 수습될 것입니다."

진시황릉 앞에 조성되어 있었던 위료자의 모습

이 모략은 진시황의 뜻에 들어맞았다. 진시황은 그의 계책을 받아들이기로 했다. 그 후로 진시황은 위료를 만나면 자신과 같은 예로 대했고, 옷과 음식까지 위료와 같이했다. 하지만 위료는 진시황의 인품에 대해 그다지 탐탁하게 생각하지 않았으며 심지어는 이런 평가를 내리기도 했다.

"진왕의 모습을 보면 높은 코, 긴 눈, 맹금류와 같은 가슴, 승냥이 울음소리와 같은 목소리에 인덕이 부족하고 호랑이나 이리 같은 사나운 마음을 가져서 어려울 때는 쉽게 다른 사람 밑에 처하지만, 일단 뜻을 얻으면 바로 사람을 잡아먹을 것이다. 내가 평민이거늘 나를 볼 때마다 늘 자신의 몸을 낮춘다. 진왕이 자기 뜻을 이루는 날에는 천하 사람이 모두 그의 노예가 될 것이다. 그와는 오래 교유하기 힘들다."

진시황에 대해 이런 인상을 갖고 있었기에 위료는 진나라에서 도망치려 했다. 하지만 진시황이 굳이 그를 붙들고 놓아주지 않았고, 게다가 최고군사령관에 임명하여 시종 그의 모략을 채용했다. 위료의 모략사상이 진의 통일에 상당히 공헌했음을 알 수 있다.

병법서들만 전문적으로 모아놓은 『무경칠서武經七書』에 들어 있는 『위료자尉繚子』는 위료의 언론을 모은 것으로 선진시대 대표적인 병서의 하나로 꼽힌다. 이는 풍부한 군사사상으로 전략·전술 등 각 방면을 포괄하고 있어 위료의 모략사상이 집중적으로 표현되고 있다는 평가다.

위료는 전국시대 후기에 생활했다. 『손자병법』은 중국에서 가장 이른 비교적 완전한 병가 전문서로 중국 선진시대 군사사상의 최고봉을 이룬다. 『오기병법』과 『손빈병법』은 각각 전국시대 초기와 중기 병가사상의 발전 상황과 수준을 대변한다. 어떤 의미에서 보자면, 이 둘은 선진시대 군사사상의 두 번째, 세 번째 봉우리라 할 수 있다. 그리고 위료는 새로운 전쟁 형태를 인식하고 연구할 수 있는 전국시대 후기라는 조건하에서 선배들의 사상을 종합적으로 흡수하여 새로운 이론 수준에 이르렀다. 말하자면 위료는 선진시대 병학의 마지막 대가이며, 그가 남긴 『위료자』는 선진시대 병학의 집대성이라 할 수 있다.

위료의 모략사상은 다음 몇 가지 방면에서 집중적으로 표현되고 있다. 우선 위료는 전략 수립과 그 결정을 대단히 중시했다. 그는 승리에는 '도승道勝'·'위승威勝'·'역승力勝' 세 종류가 있으며, 그중에서 '도승', 즉 모략으로 승리하는 것이 가장 수준 높은 승리로 본다. 이는 전쟁에 앞서 모든 것을 주도면밀하게 계획 세우고 준비하여 주도권을 장악함으로써 불패의 위치에 서야 한다는 점을 강조한 말이다. '도승'은 다른 말로 '지승智勝'이다. 최고 수준의 전략 사상으로 "싸우지 않고 상대를 굴복시킨다."는 전승 사상과 일맥상통한다.

다음으로 '권權'을 핵심으로 하는 용법이다. 쉽게 말해 '주도권'에 관한 전문적인 토론이다. 그는 '병권兵權'편에서 적과 나 쌍방의 상황을 손바닥 들여다보듯 훤하게 장악하여 상호 비교하고 연구한 다음에라야 비로소 전쟁의 주도권을 잡고 상대를 물리칠 수 있다고 보았다. 그리고 용병에서는 속임수, 가짜와 진짜, 허와 실을 적절하게 구사하여 적으로 하여금 나의 진짜 의도를 모르게 해야 한다는 점을 강조한다. 그는 경솔하게 공격하는 행동을 강력하게 반대한다. 전쟁의 원칙을 이해하는 사람이라면 사전에 모든 가능성을 열어두고 철저하게 생각하고 준비해야 한다. 만약 경솔하게 공격했다가 막상 싸움이 붙고 난 다음 불리하다는 것을 발견하면 그때는 이미 늦었다. 설사 그 순간 철수를 결정하고 물러난다 하더라도 주도권은 이미 상대에게 넘어간 뒤다.

정공법과 변칙을 동시에 구사하는 자가 적을 잘 막을 수 있다는 점도 강조한다. 이는 중국 고대 군사모략의 중요한 부분으로, 춘추시대 병가의 선구자 손무도 제기한 바 있는 사상이다. 위료는 전쟁이 발전하면서 직면하게 된 새로운 특징들에 주목하여 특별히 정공과 변칙을 자유자재로 구사하는 용병모략을 중시했다. 그는 군과 형세에 근거하여 빠르게 적을 제압할 것과 기발한 전략으로 승리할 수 있는 작전 원칙을 명확하게 지적했다. 이와 함께 적의 튼튼한 곳은 피하고 약한 곳을 공격하라는 점도 잊지 않았다. 그의 이런 논리는 대단히 정교하다.

솔선수범과 동고동락을 통해 병사들을 통제하는 사상도 위료의 논리에서 돋보이는 대목이다. 위료는 장수와 병사의 관계를 아주 적절하게 '마음'과 '팔다리'에 비유했다. "마음이 간절하고 정성이 있으면 팔다리에 힘이 생기고, 마음에 의심이 들면 팔다리도 어긋나기 마련이다." 이를 위해 사병들과 함께 먹고 마시며 동고동락할 것을 강조한다. 이렇게 할 수 있는 장수의 부대는 전투가 계속되더라도 피곤함을 못 느끼고, 설사 피곤하더라도 사기는 떨어지지 않는다.

상벌을 분명하게 하는 것이 군을 다스리는 방법이라는 점도 인식했다. 위료는 "한 사람을 죽여 군 전체를 겁줄 수 있으면 죽여야 마땅하고, 한 사람에 상을 내려 모든 사람이 기뻐할 수 있다면 당연히 상을 내려야 한다."고 말한다. "제도를 분명하게 하는 것이 우선이고, 형벌을 내리는 것은 나중이다." 이 점을 알아야만 상을 내려도 태산처럼 무겁고, 벌을 내려도 골짜기처럼 깊을 수 있다.

위료는 상벌을 분명히 할 것을 강조함과 동시에 형벌의 남용과 잔혹한 진압을 강력하게 반대했다. 그리고 법제를 엄격하게 밝히는 것과 도덕교육이 중요하다는 점을 주장했다. "예의와 신의가 먼저고 상은 그다음이다. 염치가 먼저고 형벌은 그다음이다. 병사들을 사랑한 다음 자신을 단속하라."

법을 공정하게 집행하는 것도 위료가 내세운 중요한 항목의 하나다. 공이 있으면 반드시 상을 내리고, 잘못을 범하면 꼭 처벌하라는 말이다. 상벌에는 등급이 없다. "아무리 귀한 자라도 잘못하면 죽는 것이고, 아무리 미미한 자라도 잘하면 상을 내리는 것이다." 벌에는 위가 없고, 상에는 아래가 없다는 말이다. 그래야만 병사들이 마음으로 기꺼이 장수를 따르고, 전쟁에 적극적으로 나서 공을 세운다.

"군대란 무武라는 나무와 문文이란 씨가 공존하는 곳이다." 위료는 전쟁과 정치는 서로 연계된다고 보았다. 그는 전쟁을 "정의를 내세우는 것과 원한을 풀기 위한 것"의 두 종류로 나누어 보았다. 그리고 그 근원에는 경제적 이익이 도사리고 있다고 간파했다. 정치라는 집의 기둥이 튼튼해야 군사라는 기둥도 튼튼해진다. 둘 중 하나라도 없으면 집은 무너진다. 이 둘의 관계를 파악하는 것이 성패를 가름한다.

먼저 정치는 전쟁의 승부를 결정하는 으뜸가는 조건이다. 정치가 맑으면 국민을 단결시킬 수 있고, 군민이 단결하면 사기를 최대한 끌어올릴 수 있다. 그러면 그 군대는 무적이다.

국가는 먼저 정치라는 면을 강화해야 한다. 부패를 다스리고 사치 풍조를 근절하여 떠나간 민심을 다독거려 자기 일에 열심히 힘쓰게 해야 한다. 이런 것들이 가능하다면 군대를 굳이 출정시킬 필요가 없다. 그렇게 하지 않아도 천하에 그 위세를 얼마든지 보여줄 수 있다.

전쟁의 성격은 정의로워야 한다. 폭력과 불의를 다스리는 전쟁이라야 명분을 가지고 공감을 얻을 수 있다. 그래야 병기에 피를 묻히지 않고도 천하 사람들과 친구가 될 수 있는 것이다. 그래서 전쟁의 승부는 그 나라의 정부 안에서 결정 난다고 한다. 군대를 다스리는 '치군'과 나라를 다스리는 '치국'은 한 몸의 두 부분일 뿐이다. 장수가 전쟁에 나가는 것은 국민들 때문이다. 이 점을 인식하지 못하면 그 전쟁은 허울뿐인 전쟁이 된다.

전쟁은 또한 정치에 직접적인 영향을 준다. 춘추전국시대 각국의 통치도 군사투쟁에서의 승리를 통해 보장받았다. 군대가 강하면 전쟁에서 승리하고, 이는 국가의 정치와 통치에 활력을 줄 수 있다. 위료는 이와 함께 전쟁에서의 승리는 반드시 튼튼한 물질적 역량을 방패로 삼아야 한다고 지적한다. 이를 위해 농업과 상업의 발전을 강조한다. 국고가 튼튼해야 전쟁을 수행할 수 있기 때문이다.

동시에 백성들을 피곤하지 않게 하고 백성들의 재산을 축나지 않게 해야 한다. 민심을 잃으면 그 전쟁은 하나마나다. 국가가 저축이 많고 강해야 군대도 강해지는 법이다. 전쟁 때문에 백성들을 고달프게 하고 재산을 축나게 하는 것은 전쟁의 기본을 잃은 것이다.

그러나 부국이 강병의 전쟁이긴 하지만 부국이 강병과 같다는 것을 의미하지는 않는다. 나라와 군에서 물자가 새어나가면 막을 길이 없다. 다시 말해 상층부의 통치 계급이 아무리 부유해도 백성들이 가난하면 그 재앙은 무엇으로도 구제할 수 없다.

청나라 때의 학자 주용朱墉은 『무경칠서휘해武經七書彙解』에서 수많은 병법가들 중에 그 학문적 수준이 넓고 깊은 것으로 말하자면 위료가 단연 으뜸이라고 했다. 『위료자』에 대해서는 아직 연구가 덜 되어 있고 논쟁도 문제도 많다. 그럼에도 위료가 보여주는 모략사상은 전국시대 말기 가장 위대한 모략가로서의 역사적 지위를 보증하기에 충분하다. 들녘